KB274372

중국
주영신
교육문집
6

反思與借鑑
반성과 배움
중외(中外) 교육 평론

주영신 지음 ● 최영준 옮김

어문학사

1991년, 저자가 일본을 떠나기 전 은사님과 일본 경제사회연구소
소장(왼쪽에서 첫 번째) 등과 함께

1991년, 일본 방문 시 현지 초등학교 학생들과 함께

1996년 12월, 텍사스 공과대학 교
육학과의 초청으로 협력 연구 차
미국을 방문했을 당시

2001년 8월, 저자가 미국 뉴저지주 몽클레어 주립대에서 수학할 당시

2001년 8월 30일. 저자가 암스트롱 대학의 초청으로 미국을 방문해
교장 황텐중(黃天中) 박사(왼쪽에서 첫 번째)로부터 '훌륭한 교육자상'을
수여받았을 당시

2003년 10월, 아르헨티나 현지 학생들의 과외활동에 참여한 저자

　우리 출판사는 '교육에 이바지하고 학술을 발전시키며 문화 인프라를 구축한다服務敎育, 繁榮學術, 積累文化.'는 목표 아래,《차이위안페이 연보장편蔡元培年譜長篇》,《예성타오 교육문집葉聖陶敎育文集》,《우바이쑤 문집吳伯簫文集》,《류정 문집劉征文集》,《량헝 문집梁衡文集》등 여러 권의 중점 도서를 기획 출판하여 사회에 커다란 영향을 미쳤다. 이 가운데서 많은 도서들이 국가도서상, 중국도서상, 국무원 각 부와 각 위원회급 우수상 등을 수상하였다. 이를 바탕으로 본 출판사는 다시《十五》출판 계획의 중점 프로젝트로서 중점도서를 기획하였는데,《주영신교육문집朱永新敎育文集》이 바로 이 중 하나이다.

　주영신朱永新 교수는 일찍이 쑤저우대학蘇州大學 교무처장, 교육과학부 주임, 중국심리학회 상임이사 겸 이론심리학 · 심리학사 전문위원회 부주임, 대만 잡지《본토심리학 연구》의 학술고문, 일본 조치대학上智大學 연구원 등을 역임했다. 지금은 중국 인민정치협상회中國人民政治協商會議의 전국위원회 상무위원, 중국 민주건국회의 중앙위원회 상무위원, 쑤저우시蘇州市 인민정부 부시장, 쑤저우대학 교수, 박사학위 지도교수, 북경사범대학 등의 겸임교수, 교육부 교사교육 전문가위원회 위원, 고등교육기관 심리학 교수지도위원회 위원을 맡고 있다. 주영신 교수는 교육정책, 중국교육사, 중국심리학사, 일본교육 등의 영역에 관한 연구가 깊고, 그가 추진한 신교육 실험은 이미 중국의 수백 개 초, 중고등학교에서 전개되고 있다. 이렇게 바쁜 업무 가운데서도 그는 집필 활동을 멈추지 않고,《중화교육사상 연구》,《곤경과 초월―당대 중국교육 논평》,《영혼의 자취―중국 본토심리학 초고》,《나의 교육이상》,《신교육의 꿈》등 영향력 있는 저서를 저술하였고,《당대 일본교육 총서》등 30여 권의 편집을 주관하였다. 이 밖에도《신세기 교육문고》《교육과학 우수교재 번역집》

의 편집·출판을 주재하면서, 중국 및 외국 학술지에 300여 편의 논문을 발표했다. 또한 주영신 교수는 일찍이 여러 차례 유네스코에서 위탁한 연구 프로젝트, 국가 자연과학기금 프로젝트, 국가 사회과학기금 프로젝트, 성급省級, 부급部級 연구 프로젝트를 진행하였다. 이러한 저서들은 국가도서상의 노미네이트상, 중국도서상, 중국 우수 대중정치이론 도서 1등상, 장쑤성江蘇省과 산시성山西省의 《오개일五個一》 프로젝트상, 국가 자연과학기금 프로젝트 우수성과상 등을 수상했다.

《주영신 교육문집》은 전 10권으로 구성되어 있다.

1. 1권은 총론으로, 작가가 교육에 대한 거시적인 사고와 이상적인 교육에 대한 청사진을 그린 것이다.
2. 2권~4권은 작가의 중국교육사상에 관한 연구로, 상고시대부터 당대까지의 중국교육과학의 성과와 공헌을 논술하였다.
3. 5권, 6권은 중외中外 교육문제에 관한 작가의 분석과 논평으로 이루어져 있으며, 교육 정책에 대한 연구와 건의가 포함되어 있다.
4. 7권, 8권은 중국 심리학과 교육심리학에 대한 작가의 연구 성과를 담은 저작물이다.
5. 9권, 10권은 작가의 교육수필과 중국 각지 교사들의 답변, 기자와 네티즌의 다양한 물음에 대한 기록 등을 담고 있다.

인민교육출판사

2004년 1월

쉬자루許嘉璐

추천사

　주영신朱永新 교수 문집 출판을 앞두고, 주영신 교수는 제게 문집의 서문을 써달라고 부탁했습니다. 아마도 제가 교육에 관심이 많아 자주 교육에 대한 견해를 발표하는 것을 보았거나, 혹은 우리가 마쉬룬馬敍倫, 저우젠런周建人, 예성타오葉聖陶, 뢰이제충雷潔瓊 등과 함께 중국 민주촉진회의 후진들이기 때문일 것입니다. 우리는 중국 민주촉진회의 회원입니다. 주영신 교수가 어떻게 생각할는지 모르지만, 저는 그의 학술적 성취에 탄복하였고 또한 젊은 학자에 대한 사랑과 교육에 대한 관심으로 그 제안을 응낙하게 되었습니다. 하지만 제가 직접 서문을 써도 좋겠다는 생각을 한 것은 단지 이것 때문만은 아닙니다. 교육 분야에 줄곧 관심을 가진 비전문가의 안목으로써 이 문집과 작품에 대한 견해를 말하는 것이, 어쩌면 더욱 냉정하고 객관적일 수 있기 때문입니다.

　저는 누구나 중국교육에 대해 말할 수 있다고 이야기한 적이 있습니다. 왜냐하면 교육문제 자체가 너무 복잡하고, 특히 중국의 교육문제는 더욱 심각한 수준이기 때문입니다. 중국이 개발도상국가로서의 미약한 실력으로 세계에서 가장 규모가 큰 교육을 실시하고 있다는 사실은 차치하고라도 지금 중국이 시대적 전환기를 맞아 도시와 농촌, 동부와 서부 사이에 불균형이 심각하고, 몇 세대 간의 사상과 관념이 서로 부딪히고 요동치고 있는 것 자체만으로도, 오늘날 세계에서 찾아볼 수 없는 유일무이唯一無二한 현상이 벌어지고 있다고 말할 수 있습니다.

　교육 보급률이 향상됨에 따라 교육에 대한 평론을 발표하는 사람들도 당연히 증가하고, 거의 집집마다 항상 논의할 정도로 많아지고 있습니다. 이렇게 교육과 유관한 연구에 많은 것을 제기하는 것은 어쩌면 다른 나라에서는 별로 부각되지 않는 문제일 것입니다. 저는 이 가운데서 두 가지 문제가 가장 시급하다고 생각합니다. 하나는, 교육에 관한 일은 머리카락 한 올만 뽑아도 몸 전체가 움직이는 것처럼 교육만을 가지고 교육을 논할 수 없는 일이며, 교육의 일부분만을 논하고 다른 부분을 고려하지 않아 사람들의 일상적인 담론에서 벗어나서는 더욱 안 된다는 것입니다. 다른 하나는, 교육학이 어떻게 하면 협소한 교육이론의 틀을 벗어나 더욱 많은 사람들이 그것을 이해하고, 평론하고, 실천하게 하며, 더욱 큰 범위 내에서 일반 대중들에게 받아들일 수 있을지를 검증함으로써 전문가와 사회가 쉽게 공감대를 형성하도록 하는 것입니다. 주영신 교수의 이 문집은 바로 이 두 가지 문제에서 저에게 큰 기쁨과 위안을 주었습니다.

주영신 교수는 이 문집에서 국내외 정치·경제·사회·문화, 고금古今의 넓은 시각으로 중국의 교육 문제에 대해 면밀히 고찰하고 생각하였습니다. 주영신의 논술은 교육을 받은 사람이면 누구나 경험한 전반적인 교육 과정에 두루 걸쳐 있습니다. 크게는 교육이념과 원칙, 그리고 작게는 수업시간의 개혁 및 방과 후 활동에 이르기까지, 그는 이 모든 것에 대해 진지하게 생각하고, 체계적으로 조사하고, 성실하게 실험함으로써 언제나 체계적인 이론적 과정까지 끌어올렸습니다. 심리학은 교육학과 밀접하게 관련되어, 중국교육을 연구할 때 동시에 전개되는 국제교육에 대한 인식과 분석을 필요로 하는데, 이러한 내용 또한 그가 언급한 범위 내에 있습니다.

주영신 교수는 결코 '순수한' 학자는 아니지만, 교육이론연구만큼은 그가 진행하는 많은 업무 가운데서 언제나 머릿속을 맴도는 핵심 내용입니다. 주영신 교수는 교사, 고급공무원, 그리고 연구자로서 일인 삼역을 해오다, 아이가 태어남에 따라 학부형이라는 또 하나의 신분을 갖게 되었습니다. 이를 계기로, 그는 교육체계를 연구할 때 어느 한 단락 혹은 어느 한 방면만을 관찰할 수 없게 되었으며, 반드시 전면적이고 다각적이며 과정적인 연구를 해야만 했습니다. 나는 그가 극도로 지쳤을 때의 모습을 보고서 '이것은 하늘이 장차 이 사람에게 큰 임무를 맡기려는 시험인가, 아니면 그의 '운명'이 이와 같아서 어쩔 수 없는 것일까?'라고 마음속으로 생각한 적이 있었습니다. 그러나 사실 이것은 바로, 다른 사람은 얻기 어려운 절호의 연구 환경과 조건을 그에게 제공해 준 셈입니다. 언제나 역할을 바꾸게 되면 생각의 각도와 방법을 바꾸고, 거시적 안목과 미시적 안목을 자연스럽게 결합하는 시간들이 켜켜이 쌓여야 하는데, 그만의 독특한 연구 방법과 스타일은 이렇게 만들어진 것입니다.

우리가 어떤 사물에 대해 연구할 때 이성적인 추진력은 있으나 그 사물에 대한 깊은 인식에 기초하여 나오는 지극한 애정이 없다면, 즉 연구 대상에 대한 폭넓은 애착이 없다면 사물을 창조적이고 특색 있게 만들어 낼 수 없습니다. 주영신 교수의 교육연구의 특징 중 하나는 바로 전심전력으로 몰두한다는 것입니다. 몸은 하나의 신분으로서 세 가지 역할을 맡아야 했기에, 그는 자연히 역할을 완수하기 위해 모든 시간과 정력을 쏟아야 했습니다. 마음은 볼 수 없는 것이지만 그의 모든 일에 꿰어져 있고, 그의 모든 논저에 표현되어 있는 선명한 사랑은 가장 좋은 증거라 할 수 있습니다.

그는 "교육은 한 편의 시다"라고 말하고, 그의 교육문집 제10권을 '시의와 이성詩意與理性'으로 명명하였습니다. 그는 시적인 언어로 교육을 노래하였으며, 그의 교육사상을 표현하였습니다.

교육은 한 편의 시
이 시의 이름은 열애.
모든 아이들의 눈동자 속에
어머니의 마음이 있듯이,
교육은 한 편의 시

이 시의 이름은 미래.
문명을 계승하는 긴 강 위에
파도 헤치는 한 척 배처럼.

만약 너무도 이성적이기만 하고 넘쳐흘러 억제할 수 없는 감정이 없다면, 어떻게 이러한 시적 정서를 뿜어낼 수 있겠습니까? 그러나 그는 낭만주의자는 아닙니다. 그는 원래 매우 바빴습니다. 하지만 오히려 솔선수범하여 자비를 들여서 교육 웹사이트를 개설하고, 여기저기 교육개혁 일선에서 분투하는 많은 네티즌의 친구가 되었습니다. 그는 날마다 피곤한 발걸음을 이끌고서 집으로 돌아온 후에 인터넷 사이트 쪽지와 메일을 한 편씩 차례로 검색하고 일일이 리플을 달아주었습니다. 사실 이것은 사서하는 고생입니다. 그러나 그는 이것을 "시적 감성이 이성과 함께 하는 동행"이며 "즐거움이자 행복"이라고 여겼습니다.

그는 '인간 세상의 천당人間天堂'이라 불리는 쑤저우蘇州에서 일하고, 생활하며, 이곳에서 이미 12년 동안 교육을 널리 펼쳤습니다. 지금은 대학교육을 보급하는 목표를 추진하고 있는데, 전체 도시의 문교사업을 주관하는 부시장이면서도 마음은 오히려 서부 지역에 가 있습니다. 그는 어떻게 하면 동·서부 간의 교육 격차를 축소할 수 있을지 숙고하며 끊임없이 외치고 있습니다……. 그는 어떻게 이렇게 오랫동안 활동할 수 있었을까! 저는 그 가장 큰 원동력은 바로 '위대한 사랑'이라고 생각합니다.

감성과 이성을 빈틈없이 연결하려는 노력은 교육사업과 교육이론 연구를 오로지 돈벌이 사업으로 간주하는 태도와 구별되는 가장 큰 차이점이며 또한 성공의 요소입니다.

교육은 인류사회가 끊임없이 발전하게 할 수 있는 근본적인 보장입니다. 사람이 사람답고 다른 동물과 구별되는 까닭은 어떤 의미로 말하자면, 서로 다른 경로를 통해서 서로 다른 수준과 내용의 교육을 받은 결과입니다. 한 국가로 말하자면, 교육은 바로 국가가 발전하고 강대해지는 것을 보장하는 기초적인 프로젝트입니다. 이러한 견해는 이미 우리의 공통된 인식입니다. 그러나 교육은 지극히 복잡하고 방대한 시스템으로서 많은 교육이론 전문가와 관리 전문가를 필요로 합니다. 왜냐하면 교육에 몸담고 있는 사람은 그 안에서 즐거움을 찾겠지만, 제3자의 입장에서 볼 때 교육이론연구는 무미건조하고 어려운 것이기 때문입니다. 지나치게 많은 교육학 저서도 사람들의 이러한 느낌을 더욱 확실히 강화시켰습니다.

관리업무가 사람들에게 주는 인상은 번잡하고 자질구레합니다. 이러한 느낌과 인상은 종종 교육이론연구가, 관리자와 포괄적 교육 참여자(학부모와 학생, 그리고 방관자를 포함함)가 서로 거리감을 느끼도록 만드는 원인 중 하나였습니다. 우리 사회는 이론 연구와 관리를 한 몸에 집중시키고, 자신의 교육에 대한 애착심을 사회의 학자들에게 전달함으로써 사람들과 함께 교육이라는 바다에서 노니는 즐거움과 행복을 누리기를 바라고 있습니다. 그러나 오늘날 이러한 저서와 학자는 너무도 적습니다.

우리는 교육이론과 같은 인문사회과학의 이른바 '학문'에 대해 오해하였습니다. '오로지 특정한 전문 용어를 사용하고, 산더미 같은 술어와 독자들이 반복적으로 음미해야 알 수 있는 문장을 포함하고 있어야 학술인 것일까? 아니면 가장 명확한 언어로 복잡한 사물을 표현하는 데 뛰어난 사람이 그다지 많지 않아서일까? 그렇지 않으면, 교육이론은 확실히 오묘하고 깊어 예측하기 어려운 학문이기 때문에 반드시 사회관습을 '초월'하는 언어를 사용해야 분명하게 말할 수 있어서일까?' 라고 생각했던 것입니다. 하지만 나는 진리는 언제나 매우 소박하고 지극히 간단하다는 이치를 굳게 확신합니다. 진정한 '대가大家'는 분명 심오한 사상과 복잡한 법칙을 쉽고도 생동감 있는 언어로 표현할 수 있는 능력을 갖추고 있으며, 역사상으로도 그러한 예는 적지 않습니다.

주영신 교수는 젊은 교육이론가로서 이러한 목표를 향해 노력하고 있으며, 게다가 이미 자신의 스타일을 만들어냈습니다. 논술, 서정, 문답의 병용, 논리적이고 엄밀한 이성적 언어, 보통 사람들이 듣고 말하는 것에 습관화된 통속적 구어, 생각이 통통 튀며 열정이 넘치는 시구 등을 구비하여 생각이 이르는 곳, 감정이 머무는 곳, 글이 필요한 곳에 그것들을 펼쳐냈습니다. 어떤 문장은 읽을 때에는 엄숙하고 경건해지고, 어떤 것은 감탄을 금치 못하며, 어떤 것은 반복해서 음미해야 했습니다. 더욱 값진 것은, 이러한 글들이 결코 그가 고심하여 쓴 것이 아니라 천성이 이러하여 자연스럽게 드러난 것이라는 점입니다. 이러한 천성은 바로 그의 교육 사업에 대한 사랑이며 그 귀결점은 바로 국민에 대한 사랑인 것입니다.

어떤 스타일이 이미 사회에 만연하고 많은 사람들에게 익숙해져 그들의 잠재의식 속으로 스며들 때 또 다른 종류의 스타일이 출현하게 되는데, 초기에는 그런 스타일이 언제나 '다른 종류'(나는 잠시 '이단'이란 말을 쓰지 않겠다)'로 간주됩니다. 주 교수도 이러한 경험이 있었는지는 모릅니다. 저는 진정 설사 누군가 "이것은 논문이 아니다." 라고 하더라도 그가 흔들리지 않기를 간절히 바랍니다. 왜냐하면 학술적 생명력의 강하고 약함은 최후에 가서 사람들이 판단하는 것이지, 결코 작은 학술 그룹에 의해 단정 지어지는 것이 아니기 때문입니다. 저는 또한 그가 이 방면에서 끊임없이 단련하여 교육이론계에 신선한 바람을 계속 불어넣기를 바랍니다.

사람들의 생활과 밀접하게 관련되어 있는 다른 모든 사물과 마찬가지로 교육은 민감하게 시대의 흐름을 바짝 따르고 사람들의 수요에 찰싹 달라붙어 시대에 따라 달라지고 지역에 따라 맞춰집니다. 주영신 교수의 문집은 주로 그가 교육학 분야에 발을 들여놓은 때부터 2003년까지 발표한 논문과 저서들을 수록하고 있습니다. 이것은 중국 개혁개방 이래 교육영역의 이론연구와 실천과정을 반영한 것입니다.

"전투는 어려운 시기에는 일어나지 않는 법이다." 기본적으로 먹고 살만한 수준小康의 사회에서, 대체적으로 먹고 살만한 수준의 사회로 접어든 20여 년 동안 한도 끝도 없는 교육문제가 대량으로 나타났습니다. 이를 해결해야 했기 때문에 끊임없이 관찰하고 생각하고 연구해야 했습니다. 중국의 교육학은 이러한 과정에서 발전하고 성장하고 있습니다. 중국만의 특색을 지닌 교육학도 이러한 시기에 형성된 것입니다.

주영신 교수는 한창 나이인데다 이름인 '永新'처럼 영원히 새로울 것입니다. 백 년에 한 번 있을까 말까 한 이 기회를 절대 놓치지 말고 반드시 자신의 연구를 심화하고 넓혀 나감으로써 중국교육 사업을 위해서, 그리고 중국의 교육이론을 위해서 자신의 모든 재주와 지혜를 바쳐서 더욱 훌륭하고 많은 글을 써내길 바랍니다.

우리는 기대하고 있겠습니다.

이것으로 서序를 대신합니다.

2003년 12월 14일
日讀一卷(날마다 책 한 권을 읽는) 서재에서

흔히 교육은 '백년지대계百年之大計'라고 한다. 인재 양성은 '백 년 앞을 내다보는 원대한 계획'으로서 국가와 사회 발전의 근본 초석이 되며, 그 영향 또한 지대하기 때문이다. 그래서 어느 나라, 어느 사회, 어느 가정에서든지 교육에 대한 관심과 열정은 그만큼 뜨겁다.

중국은 유구한 역사만큼이나 교육의 역사도 깊고 그 내용도 매우 풍부하다. 특히 교육에 대한 문제의식과 문제의 해결 방법도 우리와 놀라우리만치 비슷한 점을 많이 갖고 있다. 이러한 중국의 교육제도, 교육철학, 교육이론, 교육현황 등을 살펴보는 것은 우리의 교육을 되돌아보고 가다듬는 데도 매우 유익한 일이 아닐까 여겨진다.

역자는 대학에서 '중국어교수법연구' '중국어교과교재연구 및 지도법' '중국어교육론' 등을 강의하면서 우리 사회에 중국의 교육에 대한 전문서적이 매우 드물다는 것을 늘 안타깝게 생각해왔다. 이에 대해 고민하던 중 중국 교육학 대가인 주영신 교수의 《교육문집敎育文集》을 접하게 되었고, 중국교육 연구에 대한 서광을 발견한 기쁨을 느꼈다. 그의 저서는 교육 철학, 교육 사상, 교육 역사, 교육 심리, 교육 평론, 교육 수필, 교육 상담 등 중국교육 전반에 대해 체계적이고 일목요연하게 기술하여, 중국교육 연구에 대해 충분한 내재적 가치를 포함하고 있었기 때문이다.

저자 주영신 교수는 중국 쑤저우대학苏州大学 교무처장, 쑤저우시 인민정부 부시장 등을 역임하였으며, 심리학자이자 교육학자 그리고 교육 실천가로서 중국에 널리 알려진 저명인사이다. 지금은 중국의 전국정협상위全国政协常委 민진중앙상위民进中央常委의 부위원장으로서 정치활동뿐만 아니라 교육 관련 활동으로 각계의 주목을 받고 있다. 그는 《주영신교육문집朱永新教育文集》 10권외에, 《당대일본교육총서當代日本教育叢書》, 《교육온라인문고教育在線文庫》

등 30여 종을 주편하였고, 《신세기교육문고新世紀敎育文庫》 편집과 출판을 주관하였으며, 국내외 학술간행물에 200여 편의 논문을 발표하기도 하였다. 이 가운데서 역자는 주영신 교수의 《주영신교육문집朱永新敎育文集》 10권을 번역 텍스트로 삼았는데, 그 내용은 다음과 같다.

1권: 《신교육의 꿈 ― 이상적인 도덕교육》은 도덕교육, 지식교육, 체육교육, 심미교육, 노동기술교육에 대한 이상理想과 해법을 제시하고 있으며, 이상적인 학교·교사·교장·학생·학부모 등 상호 유기적인 역할 관계를 분석하고 있다.

2권: 《근원과 찬란 ― 중국고대교육사상사》는 중국고대교육사상의 기원과 주요 특징, 이론적 기초, 고대 덕육관, 고대 교학론, 고대 교사론, 과거제도, 고대의 독서법, 서원, 몽학 등을 다루고 있다.

3권: 《소통과 융합 ― 중국근현대近現代교육사상사》는 중서中西교육사상의 교류와 융합, 양무교육사상, 유신교육사상과 중국 현대의 개성 교육, 직업 교육, 평민 교육, 농촌 교육, 생활 교육, 산 교육 사상, 그리고 혁명교육사상을 다루고 있다.

4권: 《변천과 구조 ― 중국당대當代교육사상사》는 당대 교육사상의 변천 과정, 마오쩌둥, 덩샤오핑 등 지도자의 교육이상, 당대 도덕교육사상, 당대 교육심리사상, 당대 교육개혁이론, 당대 교육발전전략, 당대 교육과학 등을 다루고 있다.

5권: 《곤경과 초월 ― 중국교육문제 분석》은 중국교육의 성과, 학업에 대한 심리적 분석, 가정교육 문제점, 의무교육, 독서, 시험, 인터넷 등 교육문제를 분석하고 있다.

6권: 《반성과 배움 ― 중외中外교육 평론》은 중국교육 평론에서 거시교육 정책, 중국교육 주제 연구, 지역교육 발전 연구를 다루었고, 외국교육 평론에서는 비교교육 연구, 일본교육 연구, 교육사상 연구 등을 다루고 있다.

7권: 《마음의 궤적 ― 중국심리학 연구》는 응용심리에서 중국 고대 교육심리,

인재심리, 범죄심리, 군사심리, 의학심리, 관리심리, 꿈에 관한 학설, 근대 교육심리 사상을 다루었으며, 인물학파에서는 이정二程, 주희朱熹, 육구연陸九淵, 왕정상王廷相, 왕부지王夫之, 안원顔元, 현학자玄學者의 심리 사상을 다루었다. 그리고 종합평론에서는 지의志意의 본질, 중국인의 사회 정치 심리분석, 중국인의 '파리스 콤플렉스', 중국 고대 학자의 대뇌 연구, 중국 사회개혁 심리 연구 및 중국심리학사 연구를 다루고 있다.

8권: 《교정의 파수꾼—중국교육심리학 논문》은 '학교 심리 상담'에서 학교 심리 상담의 정의·준비·실제, 학습 심리, 진로 선택, 정신 건강, 상담의 원칙, 심리 측정, 심리 치료 등을 다루었고, '학생들과의 서신 상담'에서는 올바른 자기 인식을 위한 조언, 강한 의지를 기르는 방법, 원만한 관계 형성법, 능률 학습법 등을 다루었다. 그리고 '주영신 교수의 연구 논문'에서는 현대 학습 이론, 학습 동기 소고, 협동 학습과 집단 심리학, 대학 커리큘럼의 심리적 기초 등을 다루고 있다.

9권: 《누림과 행복—중국교육수필 선집》은 성장과 깨달음, 교단에 대한 평가, 과학적 연구에 관한 이야기, 명사들과의 대화, 인터넷에 대한 단상, 교육의 법칙 등에 관한 수필들을 다루고 있다.

10권: 《시와 이성—중국교육 문답록》은 교사와의 대화, 교사의 새로운 사고, 이슈 토론, 초점 토론, 교육 방침에 관한 토론 등 질문과 응답 방식을 통해 교육에 관한 문제를 알기 쉽게 다루고 있다.

이처럼 주영신 교수의 《교육문집教育文集》 10권은 중국교육 전반에 대한 이론과 실제, 그리고 담론을 거시적인 안목으로 총체적으로 망라하고 있다. 이러한 이유만으로도 그의 저서는 중국교육 연구의 중요한 지침서가 되기에 충분하다고 생각한다. 따라서 중국교육에 관심 있는 사람이라면 누구나 일독해 볼 만한 책으로 망설임 없이 추천하고자 한다.

역자로서는 중국교육에 대한 역사성, 이론성, 현실성 등을 분명하게 전달하고자 하는 원저자의 저작 의도를 최대한 존중하면서도, 이념적 배경과 사회적 환경에 의한 정서적 충돌을 줄이기 위해서 부득이하게 일부 선역과 우회적 번역이 불가피했음을 밝혀둔다. 또한 짧은 시간에 방대한 분량의 책을 번역하여 충분한 검토를 거치지 못한 상태에서 출판에 임하여, 번역의 오류와 역주의 미진한 부분들이 발견될 가능성이 높다는 점을 부인할 수 없다. 앞으로 발견되는 문제점들은 향후 철저한 수정 보완 작업을 통하여 보다 완벽한 역서로 재출간한다는 계획으로 위안을 삼고자 한다.

끝으로 이 책을 번역하여 세상에 내놓는 데는 많은 분들의 도움이 있었다. 우선 중국어 교육 등을 공부하면서 번역 수업에 함께 참여했던 교직이수 학부생, 교육대학원생, 그리고 직 간접적으로 참여했던 여러 번역자들에게 진심으로 감사드린다. 아울러 번역 교정에 수고를 아끼지 않은 성은기, 조아라, 서조원 석사생과 이경훈, 이은영, 이승매, 김영 선생에게 깊은 감사의 마음을 전한다. 또한 훌륭한 저서의 번역을 허락해주신 주영신 교수님, 중국 인민출판사 관계자에게 감사드리며, 특히 여러 가지 어려운 상황을 무릅쓰고 중국교육 관련 역서를 정성 들여 출판해주신 어문학사 윤석전 사장님과 편집부 직원 여러분께 심심한 감사를 드린다.

2009년 11월
최영준

교육의 길을 걸으며(서문을 대신하여)

나는 여행자다.
가벼운 발걸음으로 그렇게 교육의 길에 서 있다.
나의 얼굴에는 미소가
나의 마음에는 햇살이
나의 여행가방 속에는 교육을 위한 채비가 되어 있다.
이상, 지혜, 열정 그리고 역량

나는 여행자다.
달과 별을 보며 그렇게 교육의 길에 서 있다.
나는 여정을 계획하고 나아갈 방향을 생각한다.
중국의 교육, 무엇이 부족한가?
의무교육의 부담은 누가 져야 하나?
사립교육의 길은 어디인가?

나는 여행자다.
산 넘고 물 건너 그렇게 교육의 길에 서 있다.
나의 사명은 탐구요, 발견이다.
사람의 발길이 잘 닿지 않는 곳에 찾아가
생명을 녹여내고 불태워
무던히 흐르는 세월에 봄볕을 가득히 채운다.

나는 여행자다.
분주히 여행을 준비하며 그렇게 교육의 길에 서 있다.
나는 조국의 방방곡곡을 돌아보며
뻐꾹새 마냥 맹하孟夏에 땅을 갈아 씨를 뿌리라 하고
두견새 마냥 황폐한 소택지를 위해 구슬픈 눈물을 흘리고
종달새 마냥 화하華夏에 문명의 향기가 퍼져감에 기쁨의 노래를 부른다.

나는 여행자다.
밤낮을 쉬지 않고 길을 재촉하며 그렇게 교육의 길에 서 있다.
교육 명소를 두루 방문하고 세기의 풍광을 마음껏 구경한다.
나는 나의 여행기를 어머니께 바치고자 한다.
나는 행복을 나의 천국에 녹여내고자 한다.
나는 오천 년의 문명이 반드시 다시금 찬란히 빛날 거라 믿는다.

상편

중국교육 평론

상편에는 중국교육을 크게 '중국의 거시 교육 정책, 중국교육의 문제점, 지역의 교육 발전'의 세 부분으로 나누어 연구한 내용이 담겨 있다. 상편은 이론 분석과 시찰, 중점 과제, 구체적 교육 과정, 그리고 과거, 현재, 미래에 대한 고찰을 두루 다루어 내용이 비교적 광범위하면서도 심도 있다는 특징이 있다. 세 부분으로 나뉜 글에서 우리는 중국의 교육학 학자이자 정부 관리인 필자가 교육 문제를 바라보는 독특한 시각을 엿볼 수 있다.

01

거시 교육 정책 연구

이 장의 주요 논제는 중국교육의 거시 정책이다. 1990년대에 집필한 논문 여덟 편이 실려 있는데, 비록 논제가 광범위하여도 필자가 주목하는 바를 분명하게 보여주고 있다. 첫째, 현現 중국교육의 일부 거시 정책과 그 변화 발전 과정을 정리함으로써 중국교육 발전의 성과와 규칙성, 이론성을 시사한다. 둘째, 중국교육 사업의 발전 과정에서 마주쳤거나 현존하는 문제점을 냉철한 시각으로 바라보고 중국의 각급 정부와 중국 사회가 이러한 문제들을 어떻게 해결해왔는지, 또 앞으로 어떻게 해결해 나아가야 하는지에 대해 필자의 이론을 제시한다. 셋째, 21세기에 중국교육 사업이 나아가야 할 개혁 방향과 발전 방향을 제시하고 그에 상응하는 실천 방법을 구상한다. 이 장은 필자가 1990년대 전반에 걸쳐 주목했던 중국 거시 정책에 대한 탐구 과정을 재현했다.

1. 중국의 교육, 무엇이 부족한가?

중국의 교육, 무엇이 부족한가? 바로 돈이다. 중국 농촌 지역 학교들은 특히나 자금 사정이 어려워서 제때 교사의 임금을 지급하지 못하거나 번듯한 교실도 갖추지 못했으며 심지어는 많은 학생들이 배움의 기회조차 얻지 못하고 있는 실정이다. 중국이 9년 의무교육을 보편화했다고는 하나 실질적으로 진정한 의미의 보편화를 이룬 것은 아니다. 진정한 보편화란 정부가 학교, 교사, 학생을 재정적으로 충분히 지원해주는 것을 말한다. 하지만 중국의 현 실정을 살펴보면 사실 재정 지원이 턱없이 부족하다. 최근 의무교육을 주제로 국무원에서 열린 화상 회의에서도 리란칭李嵐淸 부총리가 현존하는 교육 재정 문제를 철저히 개선해야 한다고 밝힌 바 있다.

중국의 교육, 무엇이 부족한가? 바로 인재다. 그렇다고 현 중국 교사들의 자질이 걱정스러운 수준이라는 뜻은 아니다. 중국은 충직하고 훌륭한 교육자를 다수 보유하고 있으며, 묵묵히 자신의 소임을 다하는 그들이 없었다면 중국교육의 오늘날도 없었을 것이다. 하지만 가난한 나라에서 교육이라는 대업을 일으키는 형편인지라 중국의 많은 교사가 수준 높은 전문 훈련을 받은 적이 없고, 그런 까닭에 교육의 규율을 이해하지 못하는 등 아직도 갈 길이 먼 상태다.

중국의 교육, 무엇이 부족한가? 바로 공평성이다. 언젠가 한 학생이 나에게 중국의 교육은 공평성이 부족하다고 말한 적이 있다. 중국교육의 문제점에 대해 매우 관심 어린 의견이었다. 하지만 나는 농담조로 그들에게 이렇게 말했다.

"너희가 지금 학교에서 공부하는 것 자체가 불공평한 거야."

아직도 수많은 아이들이 너희보다 못한 환경에서 공부하고 있고, 혹은 배움의 기회조차 얻지 못했는데 어떻게 공평하겠느냐고 말이다. 중국은 학교에 따라 교육비, 교사 대우, 교육 시설 등에서 엄청나게 차이가 난다.

중국의 교육, 무엇이 부족한가? 바로 교육 이념이다. 어떤 이는 지식이 운명을 바꾼다고 말하지만 내 생각은 다르다. 이념이 있어야만, 즉 지식의 축적, 지식의 체계화, 지식의 이성화가 이루어져야만 교육과 민족, 그리고 인류의 운명을 바꿀 수 있다.

중국의 교육은 확실히 자금, 인재, 공평성, 이념이 부족하다. 하지만 현 중국교육은 특히 다음의 4가지가 부족하다고 생각한다.

(1) 서비스 의식

중고등학교를 다닐 때 교육 서비스라는 말을 들어본 적이 있는가? 없을 것이다. 그도 그럴 것이 교육 서비스란 최근에 생겨난 개념으로 이제 막 사람들의 주목을 받기 시작했기 때문이다. 교육 서비스가 생겨나고 주목을 받기 시작한 데는 여러 가지 이유가 있다. 우선 중국이 WTO에 가입할 당시 교육 서비스와 무역 서비스 협상이 함께 이루어졌다는 점을 들 수 있다. 서양인들의 시각에서 교육은 일종의 서비스이기에 서비스 분야를 개방한다면 당연히 교육 분야도 함께 개방해야 한다고 보았다. 둘째로는 교육 방식의 다원화를 들 수 있다. 과거 공립학교는 자원 배치, 교장 임명, 교사 임용이 정부의 총괄로 천편일률적으로 이루어졌다.

그러나 사립학교가 출현하면서 공립학교에 도전장을 던지고 있다. 도태되느냐 성공하느냐의 갈림길에 서 있는 사립학교는 학교 운영뿐만 아니라 서비스에도 총력을 기울이고 있다. 심지어 많은 사립학교에서 '학생과 학부모가 왕이다'라는 슬로건을 내세우고 있다. 이러한 슬로건이 과학적인지 아닌지 여부를 떠나서 사립학교의 서비스 정신이 중국의 현대교육에 큰 도전이 되고 있음은 부인할 수 없다.

현재 중국의 교육은 전반적으로 서비스 의식이 부족하다. 수업을 하면서 자신이 지금 서비스하고 있다고 생각하는 교사가 있는가? 자신이 가르치는 모든 학생을 만족시키고 발전시킬 수 있다는 생각을 해본 적이 있는가?

내가 보기에 대부분의 수업은 학생을 위한 교사의 서비스라기보다 교사를 위한 학생의 서비스에 가깝다. 특히 공개 수업은 학생이 교사를 위해 서비스하는 전형적인 예라고 할 수 있다. 이뿐만이 아니다. 학생의 성적이 우수하면 그 학생을 가르치는 교사가 유능해서라고 여겨지니 이 역시 학생이 교사에게 서비스한다고 할 수 있다. 어쩌면 중국의 교육계에 서비스 의식이 부족한 것은 당연한지도 모른다. 서비스 의식이란 시장과 자원 분배의 경쟁에서 비롯되는 것이니, 시장 경제 체제로 전환되기 전 중국에는 진정한 서비스 의식이 존재할 수 없었다. 서비스 의식은 수요와 공급이 균형을 이루거나 공급이 수요보다 많을 때 비로소 생겨난다.

일례로, 서비스 의식이 상점의 운명을 좌우하는 오늘날 과연 어떤 점원이 감히 서비스 의식을 저버릴 수 있겠는가? 10~20년 전만 하더라도 상점 점원에게 서비스 의식을 찾아보기란 어려운 일이었다. 하지만 지금은 다르다. 아무도 그들에게 고개를 숙이라고 강요하지 않지만 그들 스스로 고개를 숙이고 친절한 손길을 내민다. 이런 상황에서 자발적으로 서비스 의식을 갖추는 교육자가 교육 시장을 선점하게 될 것이다.

지난번 난징南京의 한 중등학교 교장이 나를 좌담회에 초청해서 강연하러 갔던 적이 있다. 당시 한 젊은 교사는 내 강연이 감동적이었다며 자신은 여태껏 단 한 번도 교육을 서비스로 생각해본 적이 없다고 말했다. 과거 학부모들은 교사의 호출이 있으면 난징대학南京大學 교수, 성省의 청장할 것 없이 모두 한 걸음에 학교를 찾아갔다. 이 젊은 교사는 언젠가 난징대학의 박사 과정 지도교수로 있는 한 학부모를 호되게 나무랐다고 한다. 나는 그에게 당시 어떤 느낌이었느냐고 물었고 그는 이렇게 말했다.

"아무 느낌 없었어요. 학부모가 제 말을 잘 들어줬거든요."

그래서 나는 그에게 학부모는 자식을 위해서라면 모두 말을 잘 들어줄 수밖에 없다고 말했다. 그렇지 않으면 자식에게 득 될 것이 없다는 사실을 뻔히 알고 있는데 어느 학부모가 교사의 말을 경청하지 않을 수 있겠는가? 여기서 나는 학교와 교장, 그리고 교사에게 한마디 하고 싶다. 당신만 학부모를 훈계할 수 있는 것이 아니라 학부모도 학교에 요구할 수 있다는 사실을 알아야 한다고 말이다.

교사 한 명 한 명에서 그들의 수업 시간에 이르기까지, 교장부터 일선의 교사에 이르기까지, 그리고 교육 행정 부처에서 학교에 이르기까지 모두 교육 서비스 의식을 강화해야 한다. 우리의 교육은 서비스 의식을 강화하는 과정에서 진정으로 학생들에게 환영받는 교육으로 거듭날 수 있다. 우리는 말끝마다 '아이들을 위해, 아이들의 모든 것을 위해, 모든 아이를 위해'라고 외치지만 실제로는 이를 실천하지 못하고 있다. 아직 서비스 의식을 갖추지 못했기 때문이다. 서비스 의식을 갖추려면 아이들 한 명 한 명을 진심을 다해서 대해야 한다. 사실 서비스 의식과 사랑은 각기 다른 측면에서 교육의 이미지를 규범화한다.

사랑은 마음에서 우러나오는 교육의 밑바탕이다. 즉 사랑이 없으면 교육도 없다. 그러나 서비스는 다르다. 서비스는 가장 기본적인 요구로, 모든 교사에게 서비스 의식이 필요하며 우리에게 가장 부족한 것 역시 서비스 의식이다.

(2) 인문적 관심

많은 사람들이 인문 정신, 과학 정신을 심오한 무언가라고 이야기한다. 하지만 나는 그렇게 심오한 것이 아니라고 본다. 인문이란 무엇인가? 내가 통속적으로 생각하는 인문人文이란 글자 그대로 사람과 문화, 즉 인류의 운명과 타인, 인류의 문명, 인류의 문화에 관심을 기울이는 것이다. 물론 이는 내 개인적인 해석이고 그렇게 과학적이지도 않다. 교육은 인문 정신이 무척이나 부족한 분야이다. 이는 중국뿐만 아니라 전 세계적으로 비슷한 상황이지만, 중국이 특히 더하다.

나는 1990년대 말부터 2000년 초까지 20세기를 회고하는 문장을 쓴 적이 있다. 중국공산당 탄생 80주년 때는 '중국공산당과 중국교육中國共産黨和中國敎育'이라는 문장을 써서 《교육연구敎育硏究》 1면에 발표하기도 했다. 나는 중국이 지난 20세기 동안 교육 분야에서 거두어들인 성과를 높이 평가하고 또 이것을 진심으로 기쁘게 생각한다. 하지만 21세기에 들어서서 나의 일부 평가와 판단에 문제가 있었음을 발견하게 되었다.

우리가 지나온 100년은 다시 한 번 진지하게 되돌아볼 만한 가치가 있다. 지난 100년간 인류는 전대미문의 과학적 발명과 창조를 이뤘다. 우주를 정복했다고 할 수는 없지만 인간은 우주 탐사를 통해 우주 정복에 한 발짝 다가섰다. 위성을 쏘아올리고, 달에 인간이 상륙하기도 했다. 많은 상인들이 벌써부터 우주에서 비즈니스 기회를 찾고 있으며, 어떻게 하면 지구인을 다른 별로 보낼 수 있을까 고심한다. 미시적으로 볼 때 인류는 유전자 재조합을 통해 인간의 DNA 중 어떤 유전자가 어떤 병을 유발하는지 밝혀냈고, 이로써 암을 포함한 수많은 질병을 정복하게 될 날이 곧 다가올 것이다. 따라서 어떤 변수가 작용하지 않는 한 인간의 수명은 크게 늘어날 것임이 분명하다. 유전자 문제와 유전자 코드 문제가 해결되면 인간의 건강을 크게 개선할 수 있기 때문이다.

위안룽핑袁隆平이 벼의 유전자 문제를 해결하면서 식량 문제도 해결되었다. 머지않아 복제 인간도 탄생할 것이다. 비록 여러 윤리적, 법적 문제를 야기하겠지만 복제 인간의 탄생은 그 누구도 막을 수 없을 것이다. 과학은 인간의 생활 방식을 크게 바꿔놓았다. 우리는 이미 전기가 없는 생활은 상상조차 할 수 없게 되었다. 전자레인지, 선풍기, 전기다리미 등 우리 생활 곳곳에 사용되는 물건들이 대부분 전기로 움직인다. 그러나 이러한 시대에 인간의 인문 정신은 어떠한가? 우리는 수천수만 년에 걸쳐 형성된 삼림을 거의 모두 베어버렸다. 전 세계 삼림의 대부분이 지난 100년간 우리의 두 손에서 자취를 감추었다.

영화 〈남정북전南征北戰〉을 보면, 한 병사가 두 손에 강물을 담뿍 담아 들고 다음과 같이 말하며 감격하는 장면이 있다.

"다시 고향의 물을 맛보는구나!"

20~30년 전까지만 해도 강에는 맑은 물이 흘렀지만 오늘날에는 먼 옛날이야기가 되고 말았다. 이제는 깨끗한 강물을 찾아보기가 어렵다. 공기도 마찬가지로 오존층이 파괴되어 큰 구멍이 뚫렸다.

20세기 들어 인간의 자연 파괴는 최고조에 달했다. 더욱 참을 수 없는 것은 바로 세계대전이 일어났다는 점이다. 두 차례의 세계대전에서 발생한 사상자 수는 지난 여러 세기에 벌어진 전쟁의 사상자를 더한 것보다 많다. 적벽대전赤壁之戰이나 비수대전淝水之戰에서 발생한 사상자 수는 세계대전과 비교하면 그야말로 새 발의 피다. 의아한 점은 그동안 역사 속에서 인간이 자학을 멈춘 적이 없다는 사실이다. 전 세계적으로 얼마나 많은 사람이 죽임을 당하고 또 이산가족이 되었는가. 아직도 세계 곳곳에서는 전쟁의 연기가 피어오르고 팔레스타인과 이스라엘, 인도와 팔레스타인 간 분쟁은 날로 심각해지고 있다. 여기서 질문 하나 던지겠다. 과연 인간은 날이 갈수록 똑똑해지는 것일까, 어리석어지는 것일까?

지난 달, 나는 쑤저우시蘇州市 장자강張家港에서 열린 제1회 전국 지혜학智慧學 회의에 참석했다. 그곳에서 광위안光遠 선생을 비롯한 전문가들에게 지혜학이 무엇인지 몰라 가르침을 얻고자 하니, 인간이 과연 날로 똑똑해지고 있는지, 아니면 날로 어리석어지고 있는지를 물어보았다. 그러자 사람들은 모두 웃음을 터뜨렸다. 나는 다시 왜 이런 문제가 생겨났는지, 여기서 교육은 어떤 책임을 져야 하는지 물었다. 많은 사람이 이 모든 것은 다 관리들이 불러온 재난이라고 말하며 전쟁을 일으킨 것도, 삼림 벌채를 명령한 것도, 강을 오염시키고 오염 기업을 세운 것도 모두 관리들이라고 했다. 그렇다면 관리는 누가 양성했는가? 바로 교육이다. 유치원에서 초, 중고등교육에 이르기까지 학교에서 받는 교육은 사람에게 엄청난 영향을 미친다. 하지만 이러한 영향은 몇몇 선생님이나 학교에 의한 것이 아니라 학교를 통해 투영된 사회 전반의 가치관이 학생에게 전달되는 것이다. 르네상스 시절의 인문 정신은 오늘날에 접어들어 더욱 발전하기는커녕 오히려 그 명맥이 끊겼다고 해도 과언이 아니다. 아직도 세계 여러 나라 사이에는 정치적, 경제적, 군사적 경쟁이 과열되고 있으니 말이다. 이들 국가는 인재를 양성할 때 인재의 정치·경제적 가치를 더욱 중시하는 반면 인간 본연의 존재적 가치는 소홀히 여기고 있다. 다시 말하면, 갈수록 많은 사람이 인간을 인간이 아니라 일종의 도구로 여기고 있다는 뜻이다.

20세기 초에 민주교육의 움직임이 시작되고 인문주의, 항존주의, 본질주의의 교육 철학이 나타났는데 이들 철학 유파에는 한 가지 공통점이 있다. 바로 인문교육을 중시하고 불변의 것, 인류의 명작, 인간의 불굴의 정신을 계승해나갔다는 점이다. 교육이란 무엇인가? 어떤 의미에서 보면 교육은 인류의 문명을 계승해 다음 세대가 기존 세대보다 더 교양 있고 현대적인 삶을 영위하게 하는 것이라고 할 수 있다. 그런데 소련에서 인공위성을 쏘아 올리자마자 미국을 시작으로 서양 여러 나라에서도 과학교육에 힘을 쏟기 시작했다. 이로써 과학주의적 관점과 구조주의적 이론, 고효율적인 이론이 교육의 주류를 이루게 되었다. 각종 주의主義가 대두되었고, 이들은 하나같이 과학 정신과 과학주의의 기치를 내걸고 '민족의 생존과 경제 발전을 위하여'를 외쳤다. 이렇듯 우리는 인문과 과학이란 인간에게 양팔과 같은 존재이며 어느 하나도 부족해서는 안 된다는 사실을 잊고 있었다. 인문과 과학이 균형을 잃으면 사회는 물론 인간도 균형을 잃게 된다.

20세기는 바로 우리의 교육이 중심을 잃은 시기이다. 내 의견에 사람들이 동의할지는 모르겠지만 내 생각은 이렇다. 교육 현장에서 학생의 인문 정신을 배양하기 위해 진심으로 노력하는 교사가 과연 얼마나 되는가? 우리는 우리 아이들에게 고전 읽기를 충분히 권하고 있는가?

사실 20세기는 고전을 멀리한 시대이다. 『노트르담 드 파리Notre Dame de Paris』를 읽은 학생이 몇 명이나 될까? 아마 거의 없을 것이다. 그래서 우리 학생들은 아름다움과 추함을 잘 구분하지 못하고 선과 악이 무엇이지 잘 알지 못한다. 『안데르센 동화』를 읽은 사람은 또 얼마나 되겠는가? 역시 얼마 없을 것이다. 따라서 무엇이 동정인지, 무엇이 선의인지 알지 못한다. 공자를 읽은 사람도 극소수라 중국 문화의 뿌리도 알지 못하는 사람이 수두룩하다. 심지어 교사들 중에도 공자나 수호믈린스키B. A. Сухомлинский, 타오싱즈陶行知의 저서를 정독한 이를 찾아보기 어려울 정도다. 이러한 문화적 소양 없이는 인문 정신을 이어나가기 어렵다. 이는 일종의 본질적인 문명의 단절이다. 그래서 우리의 인문적 관심이 부족하다고 말하는 것이다. 교사는 아이들에게 단순히 어떤 지식이나 개념을 가르치는 데 그칠 것이 아니라 문화와 문명, 그리고 이념을 가르쳐야 한다. 또한 고전을 통해 인류 문명의 맥을 이어나가고 계속해서 발전할 수 있도록 해야 한다. 인문교육의 중점은 바로 생명 존중이다. 풀 한 포기, 나무 한 그루에도 생명이 있다. 우리가 이러한 점을 알았다면 삼림을 무차별하게 벌목하는 일도, 각종 전쟁을 일으키거나 가담하는 일도 없었을 것이다. 사실, 오늘날 교과서 속 영웅을 비롯한 대부분의 영웅들이 모두 전쟁 영웅이다. 물론 전쟁 영웅을 부정하는 것은 아니다. 하지만 지금 같은 시대에 우리가 무엇을 숭상하고 또 무엇을 추구해야 하는지는 꼭 돌아볼 만하다. 우리 아이들에게 인류 문명과 문화의 깊이를 어떻게 전달하느냐 하는 것은 새로운 교재는 물론 새로운 기초교육에서부터 시작되어야 한다. 하지만 우리는 아직까지도 이러한 문제를 중점적으로 다루지 않고 있다. 나는 개인적으로 이러한 문제에 대해 모든 교사가 함께 고심할 책임이 있다고 생각한다.

전에 나는 중국의 도덕교육에 대해 '아이들 마음에 다가가는 교육을 말하다'라는 문장을 써서 도덕교육의 핵심이 덕성德性을 기르는 데 있다고 주장한 바 있다. 현재 우리 주변에는 덕성을 갖추지 못한 사람이 더러 존재한다. 덕성을 기르는 것은 지성을 갖추는 것과는 또 다른 일이다. 그런데 우리는 지금 지성을 갖추는 방법으로 덕성을 기르고 있다. 도덕교육의 개요화, 커리큘럼화, 체계화라는 것도 모두 일리 있는 말이긴 하지만, 내 생각에는 다 부질없는 일이다. 덕성을 기르는 것은 지성을 갖추는 것과 달리 적어도 다음의 세 가지 기본 규칙을 준수해야 한다.

첫째, 자연적이고 자주적인 활동을 통해 덕성을 길러야 한다. 사실 인간의 덕성은 학교나 수업을 통해 학습된다기보다는 함께 게임하고 뛰노는 과정에서, 그리고 가정에서 길러진다. 게임을 할 때는 모두 게임의 규칙을 준수하며 민주적으로 의견을 주고받는다. 이는 수업 시간에 규칙을 지켜야 한다고 천 번 만 번 말하는 것보다 훨씬 효과적이다. 규칙을 지키지 않으면 같이 노는 친구들에게 타박을 듣게 되고, 그렇게 친구들과의 관계가 틀어지면 같이 놀 상대가 없어진다는 논리를 피부로 실감하기 때문이다. 다른 사람이 자신을 상대해주지 않을 때 가장 괴로워하는 것이 아이들이다. 아이들은 친구들과의 놀이에서 기쁨을 얻으므로, 이런 활동이 없으면 덕성도 있을 수 없다. 나는 항상 권리, 책임, 의무 같은 것들은 다 함께 뛰어노는 과정에서 자연스럽게 체득된다고 입버릇처럼 말한다. 우리 가정은 1남 2녀로 내가 장남이고 아래로 여동생 둘이 있는데, 청소나 빨래, 설거지 등 집안일을 할 때 부모님이 일일이 역할을 나눠 줄 필요가 없었다. 우리는 서로 협의해서 내가 청소를 하고, 둘째는 빨래를 하고, 막내는 설거지를 했다. 때때로 내가 재미있는 이야기를 들려주면 동생들이 내 청소를 도와주었다. 또 맛있는 음식을 아껴두었다가 일을 도와주는 사람에게 주기도 하고, 음식을 먹을 때는 동생들에게 더 많이 양보하기도 했다. 나는 명색이 오빠이고, 오빠는 동생을 보호하고 도와줄 의무가 있기 때문이었다. 이렇게 우리는 자연스럽게 조금씩 배워나갔다. 요즘 아이들은 모두 외동이라 이런 기회가 없으니 놀이를 통해 배울 수밖에 없다. 그런데 이러한 활동이 없다면 어떻게 덕성을 기를 수 있겠는가? 게다가 요즘은 가정 안에서 아이들의 덕성을 기른다는 것은 사실상 불가능하다. 부모가 아이들에게 어떤 일도 시키지 않기 때문이다. 덕분에 요즘 아이들은 뚱뚱보 아니면 말라깽이다. 나는 반드시 아이들이 다양한 활동을 경험해보아야 한다고 말한다. 능력은 여러 활동을 통해서 키워지는 것이지 교실 안에서 거저 얻는 것이 아니다. 웅변대회, 독서대회, 문예·체육 활동 등 여러 활동을 통해서만이 능력을, 덕성을, 그리고 인문정신을 배양할 수 있다.

둘째, 독서를 해야 한다. 여러 활동을 통해 얻은 체험은 독서를 통해서 비로소 공감하게 되고 나아가 이성으로 승화될 수 있다. 아이들에게 독서는 무척이나 중요하다. 그래서 나는 국내외 교육 전문가 팀을 조직해『신세기교육문고新世紀敎育文庫』세트를 편찬했다. 우리는 아이들이 꼭 읽어야 할 책을 엄선하고자 많은 노력을 기울였다. 초등학생이 꼭 읽어야 할 10권, 20권짜리 기초도서가 있다. 이뿐만 아니라 초등학생용『중국고전송독하기中華經典誦讀本』에는 중국 문화의 뿌리라고 할 수 있는 관중, 노자, 공자의 명언부터 유명 시와 당시, 송사, 원곡의 정수를 총망라했다. 나는 아이들이 이 글들을 외워서 글을 쓰고 말하고 행동할 때 가치 있게 사용하길 바란다. 중학생에게는 기초 도서를 포함한 100권의 책을 추천하고 싶다. 그중에『영어명작송독하기英文名篇誦讀本』라는 책이 있는데, 영어를 배우는 학생들이 책 속에 담긴 명언, 속담, 시, 산문 등을 열심히 공부해서 외운다면 실력 향상에 도움이 될 것이다. 여기 실린 내용은 서양의 문화를 이해하고 영작하는 데 빠져서는 안 될 부분이다. 물론 교사들도 필독서가 있어야 한다. 아직까지 교사를 위한 필독 도서 목록이 선정되지는 않았지만, 우리 팀이 기본 작업에 착수해 초보적 성과를 거둔 상태이다. 앞으로 '21세기 교사, 무슨 책을 읽어야 하는가?'라는 주제로 전국적인 토론을 벌여 다시 한 번 의견을 많이 모으고 도서 목록을 수정해 2003년 말쯤 100권의 도서 목록과 10권 또는 20권의 기초 도서를 발표할 예정이다. 최근 후난성湖南省 리우양시瀏陽市에서는 교사들을 대상으로 5년 동안 책 20권 읽기 운동을 시작했다. 2003년의 책으로 선정된 네 권은 수호믈린스키, 타오싱즈, 린충더林崇德, 주영신朱永新의 책이다. 독서가 교사에게 미치는 영향은 실로 막대하다. 5년 동안 20권의 책을 열심히 읽는다면 교사는 그 안에서 그야말로 엄청난 영향을 받을 것이다. 독서하지 않는 교사는 독서하지 않는 학생과 마찬가지로 인문 정신과 덕성을 갖춘 교사가 될 수 없다. 물론 어떤 이는 딱히 책을 읽지 않는데도 훌륭한 인품과 덕성을 고루 갖추었고, 또 어떤 이는 사서오경四書五經을 정독하고도 남몰래 나쁜 짓을 일삼기도 한다. 하지만 이는 어디까지나 개별적 사례일 뿐이며, 문맹이 넘쳐나는 국가가 진정한 문명국이 될 수 없다는 것은 자명한 사실이다. 그러므로 열심히 책을 읽는 것은 무척 중요하다. 훌륭한 교사 중에 독서를 게을리 한 사람은 없다. 어떤 훌륭한 교사가 자신은 생전 책을 읽지 않는다고 당당히 말한단 말인가? 내 제자 중에 박사 과정을 밟는 리전시李鎭西라는 학생이 있다. 그는 청두스스중학成都石室中學의 평범한 국어 교사로, 지금도 교편을 잡고 있다. 그가 쓴《리전시교육총서李鎭西敎育文叢》에는 '사랑과 교육愛心與敎育', '마음에 다가가기走近心靈', '비판에서 건설로從批判走向建設' 등의 글이 담겨 있는데 모두 다 훌륭하기 그지없다. 그는 수호믈린스키와 타오싱즈의 책이라면 모두 찾아서 읽었다. 수호믈린스키와 타오싱즈의 책을 모두 읽을 수 있는 중등학교 교사는 현실적으로 많지 않아서 그는 쓸모 있는 인재가 될 수 있었다. 이 선생도 스스로 자신이 성공할 수 있었던 것은 오로지 노력 덕분이었다고 말한다. 그는《인민교육人民敎育》에 자신의 성공 과정을 소개하며 교육의 낭만주의에서 교육의 현실주의로, 그리고 다시 교육의 이상주의에 이르기까지 자신이 어떻게 책을 읽었는가를 이야기했다. 우리는 교사와 학생 모두 열심히 책을 읽을 수 있도록 이끌어야 한다.

세 번째 규칙은 바로 재예才藝이다. 과거에 우리는 재예를 그저 피아노치고, 노래 부르고, 운동하는 일종의 재주로만 생각했다. 그러나 재예는 사실 인간의 정신세계를 풍부하게 하는 데 큰 도움이 되고, 풍부한 정신생활을 하는 아이는 대부분 덕성을 갖춘 아이로 성장한다. 건전한 생활로 대부분의 시간을 보내서, 컴퓨터 게임이나 인터넷 채팅에 빠질 새가 없기 때문이다. 그런데 요즘 아이들은 재예를 멀리한다. 우리는 흔히 현대교육이 예전의 과거 제도만 못하다고 말한다. 과거 제도가 비록 옛날 판 입시 교육이기는 하지만 고대의 수재나 문인은 시 짓기, 거문고, 그림에 두루 능통했기 때문이다. 그와 비교해서 지금 우리 아이들은 어떠한가? 유치원 때부터 그림이다 피아노다 해서 이것저것 배우기는 하지만, 이는 단지 조기 교육 차원이거나 또는 어린 시절 못 배운 부모의 한을 풀기 위해서일 뿐이다. 아이가 부모의 바람을 쫓아가지 못한다 싶으면 대부분의 학부모가 아이가 초등학교 4학년이 되는 시기를 기점으로 학원을 그만두게 한다. 30%가 재예의 교육을 지속한다면 훌륭할 정도다. 그러나 중고등학교에 들어갈 때가 되면 거의 전멸 수준이다. 피아노나 그 밖의 예술을 배우는 학생이 과연 얼마나 되는가?

(3) 특색

나는 항상 우스갯소리로 우리는 지금 전면적인 발전이라는 기치를 내걸고서는 정반대의 길을 갈 궁리만 하고 있다고 말한다. 하느님이 우리를 이 세상에 보낼 때에는 각자 다른 용모와 개성, 특기를 주었는데 우리는 굳이 똑같은 사람으로 키워내려고 하지 않은가? 우리는 표준화된 교육 요강과 교재로 표준 평가를 하고 표준화된 시험을 보며 표준에서 벗어나는 것을 용납하지 않는다. 이는 우리 교육의 가장 큰 결함이다. 누구든 성과를 얻으려면 반드시 특색이 있어야 한다. 마찬가지로 학교가 영향력이 있으려면 특색이 있어야 하고, 지역

교육 또한 분명한 특색이 있어야 자리를 잡을 수 있다. 역사는 공로와 특색을 인정할 뿐 노고는 인정하지 않는다. 남보다 뛰어난 것만 인정하고 군계일학의 학만 기억하는 것이 바로 역사이다. 물론 평범한 사람이 중요하지 않다고 말할 수는 없지만, 소홀해지기 쉽고 눈에 잘 띄지 않으며 역사책에 이름을 남기기도 어려운 것이 사실이다. 전 세계에서 일어나는 일에 대해 이러쿵저러쿵 말하기를 좋아하는 미국의 《뉴스위크NEWSWEEK》가 지난해 쑤저우蘇州 사람들을 기쁘게 한 일이 있었다. 《뉴스위크》가 선정한 세계 9대 신흥 과학기술 도시에 아시아에서 유일하게 쑤저우의 이름이 명시된 것이다. 선전深圳, 다롄大連, 칭다오靑島, 상하이上海, 베이징北京처럼 유명 도시도 아닌 쑤저우가 선정되었으니 도시 사람들이 기뻐할 수밖에. 쑤저우는 최고라고 단언할 수는 없지만 나름의 특색이 있다. 고성 지역이 주를 이루는 도심을 주축으로 주변의 신시가지를 거느린 도시 구조, 세심하고 정밀한 업무 방식, 유구한 역사 문화와 현대 문명의 기막힌 조화, 금융 중심이자 항만 중심 도시인 상하이와의 근접성이 바로 그것이다. 많은 이들이 쑤저우를 최우선 투자처로 꼽는다. 세계 500대 기업의 180개 회사와 9,000여 개에 이르는 외자 기업이 쑤저우에 모여 있다. 외국인이 쑤저우에 투자하는 금액은 이미 400억 달러, 약 3,000억 위안을 넘어섰다. 참고로 지난 2년 동안 중국의 연간 소득은 9,000억 위안이었다.

《뉴스위크》는 또 세계 10대 학교를 선정하기도 했는데 나는 『나의 교육 이상我的敎育理想』에서 이 학교들을 소개한 바 있다. 미국이나 일본, 독일 등 외국 학교 중에서 자신의 학교가 대학 진학률 1위라고 떠벌리는 곳은 없다. 외국에서는 모든 시험 성적을 비밀에 붙인다. 학생 역시 해당 시험 센터에 가서 자신의 성적표를 받아 자신이 가고 싶은 대학에 보내기만 하면 된다. 나는 중국의 일부 명문 학교 교장들에게 이렇게 묻는다. "그 많은 훌륭한 학생들을 진정 당신이 키워낸 것이 맞습니까?" 가정, 유치원, 초등학교, 중학교에서 다양한 영향을 받은 훌륭한 학생은 어딜 가도 공부를 열심히 하게 마련이다. 그래서 나는 명문 학교 교장에게 당신이 이른바 삼류 학교 교장으로 가게 되더라도 지금 같은 수준의 학교로 변화시킬 수 있는지는 두고 봐야 아는 일이니 너무 자신만만해서는 안 된다고 말한다. 물론 내로라하는 영재들이 모인 학교의 교장이라면 기쁘고 자신감이 생기는 것이 당연하겠기만, 도를 넘어서는 안 된다고 말이다. 진정으로 훌륭한 교육은 특색이 있어야 한다. 나는 쑤저우 산업 단지에 있는 싱하이星海중등학교 교사들에게 무엇이든 남과 비교하지 말라고 조언했다. 그리고 아이들에게 다음 사항들을 지킨다면 반드시 성공할 것이라는 말도 덧붙였다.

첫째, 6년 뒤 모든 아이가 모국어와 영어를 유창하게 구사하게 될 것임을 학부모에게 약속하라. 아이가 커나가는 데 말재주를 갖추는 것은 매우 중요하다. 허풍을 잘 떨어야 한다는 소리가 아니라 자신의 생각을 일목요연하게 논리적으로 말할 줄 아는 언변이 있어야 한다는 뜻이다. 나에게 낯가림이 심하고 소극적인 아이들을 데려오면 그들을 대범하고 말 잘하는 아이로 바꿔놓을 자신이 있다. 중국인에게는 표준어를, 외국인에게는 유창한 영어를 구사하는 아이로 가르치는 것이다. 당신은 이 일을 해낼 수 있겠는가?

둘째, 아이들에게 컴퓨터를 가르쳐서 컴퓨터 게이머로 만들어라. 내가 말하는 컴퓨터 게이머란 컴퓨터 전문가가 아니다. 아이들은 놀면서 자라야 하지 않겠는가? 인터넷 세상을 종횡무진 누비되 스스로 자기 자신을 통제할 수 있도록 가르쳐라.

셋째, 6년 동안 모든 아이에게 유명 인사의 강연을 100차례 정도 들려주어라. 쑤저우에는 회사가 몇 백 개나 있고 세계 500대 기업도 수십 개에 달하니 기업 CEO를 학교에 초청해서 포럼을 개최하라. CEO가 안 된다면 생산 책임자를, 생산 책임자가 안 된다면 엔지니어를 초청해도 좋다. 도저히 여건이 허락되지 않는다면 학부모나 교사 또는 학생 중에서 적임자를 찾는 것도 한 방법이다. 성장기의 아이들이 100차례의 흥미진진한 강연을 들을 수 있다면 분명히 아이들의 인생에 큰 영향을 줄 것이다. 좋은 책 한 권이 인생을 바꿔놓기도 하듯이 좋은 강연은 단 한 번만으로도 사람의 인생을 변화시킬 수 있다. 하물며

100차례의 명강연을 듣는다면 어떻겠는가? 기업이 어떻게 회사를 세우고 발전시켜나가는지에 대한 이야기는 충분히 들어볼 만한 가치가 있다. 그들이 들려주는 강연은 학원 선생님이나 담임선생님이 늘어놓는 지루한 설교가 아니라 생생한 경험담이다. 게다가 당신은 돈 한 푼 들일 필요가 없다. 그들이 기쁜 마음으로 응해줄 것이기 때문이다. 오히려 빈손으로 오지 않고 더 많은 선물을 가져다줄지도 모를 일이다. 기업 CEO에게 강연은 미래의 브랜드 마니아를 양성하는 일이기 때문이다. 본래 소니Sony를 모르던 이도 소니의 CEO를 알게 됨으로써 그 브랜드를 알게 되고, 훗날 소니 제품을 구매할 수도 있다. 실제로 쑤저우의 한 학교는 외국 기업 경영진들이 모여 이사회를 조직했고 그들에게 몇백만 위안에 달하는 설비를 비롯해 학교의 모든 시설을 선물 받았다.

넷째, 아이들에게 100권의 좋은 책을 읽게 하라. 이를 실천한다면 진학률에 연연하지 않아도 좋다. 교육이 무엇인가? 진정한 교육은 학생이 스스로 학습하는 능력을 키워주는 것이다. 가르치지 않아도 가르침을 받고, 선생님을 떠나서도 계속해서 노력하는 학생을 만드는 것이야말로 성공적인 교육이다. 자율학습 시간에도 마음을 놓지 못하고 학생을 감시하는 교사가 더러 있는데, 이렇게 가르친 학생은 성공한 사람이 될 수 없다. 하고자 하는 마음이 있는 사람이라면 평생 걱정할 일이 없다는 사실을 명심하라.

특색 있는 교육을 하려면 이 4가지를 실천해야 한다. 교육 이론가의 가장 큰 행복은 누군가가 자신의 의견을 이해하고, 동의해주고, 시행해보려고 하는 것이다. 내가 강연을 좋아하고 기회만 되면 강연을 하는 이유도 여기에 있다. 나는 나의 공감자共感者, 이해자理解者, 지지자支持者를 양성하고 있고, 이는 이론가로서 가장 중요한 일이기도 하다. 예전에 나는 이론가가 권력을 얻기만 하면 당장 이론을 현실로 만들 수 있을 줄 알았다. 그러나 지금은 권력이 있다고 해서 이론을 현실로 바꿀 수는 없다는 것을 잘 알고 있다. 자신의 생각이 많은 교사들에게 받아들여지지 못할 때, 생산력으로 전환될 수 없을 때, 살아 있는 교육 방법이 될 수 없을 때는 무척 괴로운 것이 사실이다. 물론 기쁘게도 나의 많은 생각들, 특히 특색 있는 교육에 관한 의견이 현재 여러 학교에서 받아들여져 시행되는 중이다. 일례로 쑤저우의 한 초등학교는 대부분의 선생님과 일부 학생들이 예쁜 붓글씨를 쓸 수 있게 되었다. 이 학교는 교사가 매일 올바른 필법을 제시하여 학생들이 과제를 수행할 때 그 필법에 따라 글을 쓰도록 가르쳤다. 청둥城東의 한 초등학교는 모든 아이가 두 가지 이상의 민속 기악을 연주한다. 중등학교도 이런 사례가 있다. 쑤저우에서 비교적 수준이 낮았던 학교의 교장이 나를 찾아와 조언을 구한 적이 있었다. 그때 나는 이렇게 말했다.

"죽을힘을 다해도 대학 진학률을 높이기는 어려울 겁니다. 특색 있는 학교를 만드십시오. 특색 있는 학교를 만들려면 우선 좋은 교사를 임용해야 합니다."

그래서 그는 예술적 특색을 갖춘 학교 만들기에 돌입했고, 대학 교수를 비롯한 유명 음악가와 문학가를 초빙해 수업에 전격 투입했다. 체육도 마찬가지로 사회에서 활동하는 훌륭한 코치를 초빙했다. 결과적으로 현재 이 학교는 전국에서 손꼽히는 모범학교가 되었다. 특색 교육은 이른바 삼류 학교에 특히 효과적이다. 물론 일류 학교에도 특색은 중요하다. 특색이 없다면 전국의 그 많은 학교 중에 왜 우수 학교만 이야기하겠는가? 우리 모두가 끊임없는 노력으로 자신만의 브랜드를 만들어가길 바라는 바이다. 특색을 위한 특색, 형식에 그친 특색이 아니라, 그리고 특색 있는 학교 만들기를 위해 학생들을 강제로 휘두르는 것이 아니라 모두에게 개성의 중요성을 일깨워주는 교육이어야 한다. 이런 의미에서 나는 상하이 젠핑上海建平중등학교 펑언홍馮恩洪 교장의 '합격 플러스 특색'이라는 말을 참 좋아한다. 특색은 모든 이가 똑같은 특색을 갖추도록 하는 것이 아니다. 학생과 교사 한 명 한 명이 모두 저마다의 특색이 있다면, 이 학교는 분명히 넘치는 활력 속에서 계속 발전해나갈 수 있을 것이다. 따라서 교사와 학생의 남다름은 반드시 격려해주어야 한다. 쑤저우의 교장과 교사는 모두 알고 있다. 우리는 학생을 만나면 으레 어떤 특기나 특이사항이 있느냐고 질문하고, 학생들은 대부분 이에 대답하지 못한다는 사실을 말이다. 나는 교사에게도 같은 질문을 던진다. 사실 우리가 지금 일류라고 평하는 교사들도 딱히 특출난 점은 없다. 다른 사람과 비교해 별반 차이가 없다는 말이다. 만약 내가 학교 교장이라면 나는 교사에게 얼마나 많은 문장을 발표하고 얼마나 많은 책을 편찬했는지를 묻기보다는 당신의 교육 이념은 무엇이냐고 묻겠다. 일류 교사라면 자신의 교육 이념이 있어야 마땅하다. 당신의 특색은 무엇인가? 다른 교사와 차별화되는 점은 무엇인가? 이 두 가지에 답할 수 있다면 당신은 일류 교사로 평가받을 수 있다. 물론 이보다 더 중요한 것이 있다. 바로 학교를 졸업하고도 당신을 기억하는 학생이 얼마나 되느냐이다. 학생은 최고의 스승을 평생 기억한다. 그러므로 교장이 훌륭한 교사를 알아보는 방법도 아주 없는 것은 아니다. 5년, 10년, 20년이 지나고 과연 얼마나 많은 학생이 그를 기억하고 카드를 보내오는지를 관찰하면 된다. 학생들이 기억하는 스승은 자신의 일생에 영향을 미친 특색 있는 사람이 분명할 테니 말이다.

(4) 이상

학부모의 한 사람으로서 나는 우리의 교육에 기개와 이상, 활력, 창조성이 조금은 부족하지 않나 싶다. 이들은 모두 이상과 연관이 있다. 이상이 없는 사람은 멀리 나아갈 수 없다. 이상이 없는 학교도 마찬가지이며, 이상이 없는 교육은 더 말할 것도 없다. 교육이란 본질적으로 이상적인 사업으로, 교사는 교사로서 마땅히 추구하는 바가 있어야 한다. 추구하는 바가 있는 교사와 추구하는 바가 없는 교사는 생활 방식에서 큰 차이를 보인다. 이상이 없는 교사는 교사를 그저 직업으로만 여기지만, 이상이 있는 교사는 교사라는 직업을 하나의 사업으로 여긴다. 직업은 일종의 생계 수단으로 가족을 부양하기 위한 것이지만 사업에는 끝이 없다. 교사는 1년 수업을 하고 나면 똑같은 방법으로 같은 수업을 수없이 반복하는 매너리즘에 빠지기 쉽다. 첫해에 준비했던 방법으로 어제와 같은 오늘을 끊임없이 반복하는 것이다. 이런 교사는 시간이 흘러도 교육의 경지에 이르지 못한다. 오직 창조와 혁신에 게으르지 않은 사람만이 교육의 이상에 다다를 수 있다. 열심히 아이들을 가르치는 5년 경력의 젊은 교사가, 1년을 가르치고 그것을 계속 반복하는 30년 경력의 교사보다 교육을 잘 이해한다. 어째서 젊은 교수가 나이 많은 교수보다 성취도가 높은지도 알 만한 일이다. 이는 바로 이상의 문제이다. 꿈을 좇아 끊임없이 10년만 노력한다면 반드시 성공할 수 있을 것이다. 왜 성공하는 사람은 항상 소수일까? 보통 사람에게는 그렇게 버텨나갈 인내심이 없기 때문이다. 그래서 마음속에 이상을 품어야 한다는 것이다. 언젠가는 마음속에 큰 이상을 품고 이를 좇는 젊은이들, 이상적인 교사를 목표로 하는 젊은이들이 그들의 식지 않는 열정과 노력을 등에 업고 반짝반짝 빛을 발할 날이 올 것이라고 믿는다.

2. 중국공산당과 중국교육

1921년 7월 저장浙江 남호의 유람선 위에서 위대한 중국공산당이 탄생했다. 이는 중국 역사에 큰 획을 그은 사건으로 그 역사적 의미가 크다 하겠다. 중국공산당이 탄생한 후 중국혁명은 새로운 모습으로 탈바꿈했다. 이와 함께 혁명사업의 중요한 일부분인 교육 역시 몰라보게 달려져 중국교육 역사상 유례없는 발전의 움직임이 감지되었다.

중국공산당은 당을 설립하던 그날부터 교육을 중요한 혁명사업과 전략적 임무로 삼았다. 이를 통해 중국 국민을 과거의 봉건주의, 관료자본주의, 제국주의 교육에서 벗어나 과학적, 민주적, 대중적 교육으로 인도해 현대교육의 틀을 마련했다. 중국공산당이 발전해 온 지난 80여 년 동안 중국교육 역시 성격, 목적, 규모, 질적인 면에서 비약적인 발전을 보이면서 중국공산당의 발전목표와 일치하는, 그러면서 중국 특유의 사회주의를 띤 교육시스템을 구축했다. 이것이 바로 중국공산당이 일궈낸 위대한 업적이다.

(1) 중국공산당, 중국교육의 근본적인 기조변화를 이끌어 인구 대다수를 차지
    하는 노동자와 그 자녀들에게 교육의 기회를 제공했다

1922년 7월, 공산당 제2차 대표대회에서 당의 최고 강령과 최저 강령이 정해졌다. 그 가운데 공산당이 이뤄야 할 목표에는 '여성을 속박하는 모든 법률을 폐지하고, 여성이 정치, 경제, 사회, 교육에서 평등한 권리를 누리도록 한다.', '교육제도를 개선하고 교육보급에 힘쓴다.'라는 내용이 담겨 있었다. 여기서 알 수 있듯이 중국공산당은 당 건립 초기부터 국민들에게 교육의 기회를 제공하자는 것을 모토로 삼고 있었다. 공산당은 토지土地혁명전쟁, 항일전쟁, 해방전쟁 기간 내내 단 한순간도 이 목표를 저버리지 않았다. 1931년 중국 소비에트Soviet 혁명 당시 노동자 민주정부를 설립하면서 다음과 같이 선언했다.

"노동자는 남녀 모두 사회, 경제, 정치, 교육 분야에서 평등한 권리와 의무를 지닌다. 또한 모든 노동자와 그 자녀는 국가에서 제공하는 교육을 무료로 받을 권리가 있으며 교육사업의 권한은 소비에트에 귀속된다. 인민을 무기력하게 만드는 봉건주의, 종교, 국민당의 삼민주의 교육은 모두 없애버릴 것이다."

아울러 소비에트는 제1차 전국 소비에트 대표회의 상에서 《헌법대강憲法大綱》을 통과시켰는데, 여기에는 이러한 규정이 있다.

"중국 소비에트 정권은 노동자의 교육 권리를 보장하기 위해 허용범위 내에서 최대한 무료 교육을 보급할 것이다."

당시 통계에 따르면 제2차 국내혁명기간 동안 중국공산당은 수많은 역경을 딛고 많은 국민에게 교육 기회를 주기 위해 노력했다. 이에 중국공산당은 그들이 관할하던 소비에트 지구에 레닌 초등학교 2,052곳에 학생 89,710명, 야학 6,462곳에 학생 94,517명을 두었다.

이외에도 공산당은 소비에트 지구에서 전 국민을 위한 '식자운동識字運動'을 펼쳐 노동자들의 문화 수준을 한 단계 끌어올렸다. 당시 월감粵贛(광동성과 강서성)두 성省에 식자운동 조직이 32,380개, 취학아동의 입학률이 60%에 달했는데, 이는 중국교육 역사상 첫 업적으로 평가받는다.

1934년 1월 마오쩌둥毛澤東은 제2차 소비에트 대표회의 석상에서 '소비에트 문화교육' 건설 방침을 공식 발표했다. 이와 함께 그 정신을 설명했다.

"인민에게 공산주의 정신을 교육하고 혁명전쟁과 계급투쟁에서 문화교육이 제 역할을 담당하도록 하며 교육과 노동자를 하나로 연계해 보다 많은 중국 인민이 문명의 혜택을 누릴 수 있도록 한다."

이는 토지혁명전쟁 당시 중국공산당의 교육방침이자 반세기 동안 중국교육이 걸어온 방향이기도 했다. 중국교육의 기본 성격을 결정지은 이 방침은 중국공산당이 펼친 교육정책이 인민을 위한 교육정책이었음을 잘 보여준다.

세 차례 내전과 항일전쟁의 여파로 중국 대부분 지역은 국민당 통치 하에 있었다. 그런 탓에 신新중국이 건설되기 전 중국의 수많은 국민들이 교육의 혜택을 누리지 못했다. 그러다 중화인민공화국이 탄생한 후 여당과 정부의 주도 하에 세계 역사상 최대 규모를 자랑하는 기초교육시스템을 구축했다.

(2) 중국공산당, 중국교육의 근본적인 목적을 변화시켜 국민들 사이에서 교육 기능에 대한 새로운 공감대를 형성했다

인류가 탄생하던 그 순간부터 교육은 존재해왔고, 교육에 대한 사람들의 인식도 그때부터 생겨나 지금까지 계속 발전해오고 있다. 20세기 이전의 봉건사회에서 봉건통치계급은 교육을 봉건 전제통치 질서를 유지하기 위한 수단으로만 여겼다. 이처럼 교육이 정치의 부속품에 지나지 않았기 때문에 당시에는 교육의 본질, 교육의 기능은 제 가치를 인정받지 못했다. 그렇게 역사가 흘러 20세기에 진입할 무렵 교육에 대한 사람들의 인식에 변화가 찾아왔다. 아편전쟁이 시작된 후 중국 국민들은 중국이 쇠락의 길을 걷게 된 이유가 낮은 국민성에 있음을, 그리고 이를 해결할 수 있는 길이 중국교육을 개선하는 데 있음을 인식하고 교육진흥을 통해 나라를 살리고자 했다.

중국 국민은 교육이야말로 이미 봉건전제 교육사상을 넘어서 국가와 민족을 발전시키는 수단이라고 여기고 있었다. 이는 교육 인식론에 대한 중요한 돌파

구였다.

중국공산당은 민족독립과 민족해방을 실현하는 데 교육이 가장 근본적인 역할을 담당한다는 것에 주목했다. 이에 마오쩌둥은 1921년 8월 후남湖南 창사長沙에 중국 현대교육 역사상 최초의 신식 학교인 후남 자수대학自修大學(독학대학 – 역주)을 세웠다. 이 대학은 혁명 인제를 양성하는 대학이자 중국 무산계급의 첫 혁명대학이었다.

마오쩌둥은 자수대학을 건립한 목적은 혁명 의지가 있는 젊은이를 혁명 인재로 양성하는 데 있다고 했다. 이 대학은 '현실 사회를 바꾸자.'라는 목표 하에 이를 위해 학문을 연구할 학생들을 필요로 했다. 부잣집 도련님이나 아가씨, 어리석고 생각 없는 학생들은 사양했다. 그래서 이 대학에서는 실용적인 학문, 더 나은 학문을 가르쳤을 뿐만 아니라 독립정신, 불굴의 의지도 배우게 해 학생들을 보다 완벽한 인격을 갖춘 인재로 양성하고자 했다. 이 모든 것이 사회를 바꾸고자 하는 준비단계였다.

항일전쟁 때 중화민족은 일본 제국주의 침략에 맞서 멸망의 위기에 빠진 나라와 민족을 구하는 것이 급선무였다. 이에 중국공산당은 항일전쟁에서 문화교육이 전면적이고 지속적으로 제 역할을 다해야 한다고 언급했다. 이를 통해 항일전쟁에 동참할 인재를 양성하고 국민의 민족문화와 민족정신을 고취시켜 민족정신을 후대에도 계승해야 한다는 것이다.

해방전쟁 때는 제국주의, 봉건주의, 관료주의 하의 통치체제를 무너뜨리는 것이 급선무였다. 이에 중국공산당은 노동자에게 해방전쟁에 대해 알리고 그들의 참여를 이끌어 내는 것이 교육의 역할이라고 지적하면서 교육이라 말로 중국 전역을 해방시킬 수 있는 강력한 무기라고 했다.

이처럼 중국 혁명 역사 속에서 교육은 과거 봉건주의, 제국주의, 관료주의 통치를 이끌어 주던 수호자에서 봉건주의, 제국주의, 관료주의를 무너뜨린 강력한 무기로 탈바꿈했다. 이를 주도한 것이 중국공산당이다.

중화인민공화국이 설립된 후 공산당은 사회주의 현대화를 실현함에 있어 교육의 역할이 무엇보다 중요하며 부국강병을 이루기 위한 중요요소임을 인식했다. 이때부터 교육의 역할과 기능에 대해 전면적이고 깊이 있는 연구가 시작되었다. 중국의 제1대 지도자인 마오쩌둥이 1950년 5월 1일《인민교육人民敎育》창간호 서문에서 인민들에 대한 교육을 재개하고 이를 발전시키는 것이 지금 우리가 해야 할 일이라고 언급하면서 생산을 회복하고 사회발전을 촉진하는 데 있어 교육의 역할이 중요하다는 인식이 부각되었다.

문화대혁명文化大革命 이후 방치되었던 일들이 하나하나 실행되었다. 이에 덩샤오핑鄧小平은 국가와 민족의 생사가 교육에 달렸음을 인식하고 과학기술과 교육을 발전시키기 위한 업무에 착수했다. 이로써 교육 전선의 혼란을 바로잡고 교육질서를 바로 세웠다. 덩샤오핑은 일찍이 교육은 한 민족의 가장 기본이 되는 사업이고, 나라 국력의 강약, 경제 발전 정도는 모두 노동자의 수준, 지식인의 수와 수준에 달렸음을 인식한 바 있다. 10억 인구를 가진 인구대국 중국은 교육을 진작했고, 여기서 양성된 거대한 인구자원은 세계 어느 나라보다 우수했다. 인재 우위를 확보한 상태에서 선진화된 사회주의 제도를 도입한 중국은 그들의 목표에 한 걸음 가까워지는 듯했다. 덩샤오핑의 '교육 우선 발전전략'은 개혁개방 당시 교육이 다시 살아나고 발전해 나갈 수 있는 밑거름이 되었다.

덩샤오핑의 발언이나 당의 13대 정치보고에서 드러나듯 과학발전, 경제부흥, 나아가 사회발전은 사실 노동자 자질의 높고 낮음, 얼마나 많은 우수 인재를 양성해내느냐에 달렸다. '백년대계는 교육이 최우선이다.'라는 말도 있다. 교육 사업을 전략적 핵심 사업으로 삼아야만 사회주의 현대화 건설에서 교육이 제 역할을 다 해낼 수 있다.

공산당의 지도자이자 국가 지도자였던 장쩌민江澤民 역시 교육 사업을 중시했다. 그는 백년대계는 교육이 가장 근본이라고 하며 교육은 사회주의 물질문명과 정신문명을 위한 중요한 초석이라고 언급했다. 뿐만 아니라 교육은 국민의 의식과 도덕, 과학 문화수준을 향상시키고 사회주의 사업을 짊어질 계승자를 양성하는 데 중요한 전략적 의미를 갖는다고 했다. 이처럼 중국은 교육 업무를 강화하고 교육 사업을 발전시키는 데 노력을 아끼지 말아야 한다. 중국의 교육 사업이 최근 십여 년간 장족의 발전을 거둔 것은 사실이자만 개혁개방과 현대화 건설을 이루기 위한 목표치에는 크게 못 미친다. 지속적으로 교육을 중시하고 끊임없이 앞으로 나아가야만 발전을 이룰 수 있다. 당의 14대 정치보고에서 다음과 같이 말했다.

"과학기술 발전, 경제번영, 사회발전은 모두 노동자의 자질에 달렸다. 많은 인재를 양성하고 교육발전을 핵심 전략으로 삼아 민족 사상과 도덕, 과학문화 수준을 끌어올리는 데 힘써야 한다. 그래야만 중국 현대화를 실현할 수 있다."

그리고 1995년 당 중앙은 '과학교육 부흥국가 실현을 위한 발전전략'을 정식 발표했다. 그해 당 14기 5중 전회에서 《국민경제와 사회발전을 위한 '9차 5개년 계획九五과 2010년을 위한 장기계획에 관한 건의》를 통과시키고, '과학교육 부흥국가 실현 전략'을 향후 15년부터 21세기까지 중국의 사회주의 현대화를 건설하는 데 기본 방침으로 정했다. 1996년에는 중국공산당중앙위원회中共中央의 건의에 따라 전인대全人代 8기 회의에서 《중화인민공화국 국민경제와 사회발전을 위한 '9차 5개년 계획九五과 2010년을 위한 장기계획 개요》를 정식으로 통과시키고 '과학교육 부흥국가'를 중국의 기본 국책으로 정했다. 또 당 15기에서는 다음과 같이 강조했다.

"현대화에 부응하는 수준 높은 노동자와 전문 인재를 양성해 우리가 가지고 있는 거대한 인적자원의 우수성을 십분 발휘해야 한다. 이는 21세기 사회주의 사업 전반에 영향을 줄 것이다. 때문에 교육을 전략적 핵심과제로 삼아 우선 발전시켜야 한다."

1995년 중국은 '과학교육 부흥 국가' 전략을 실현시키고자 주룽지朱鎔基 총리가 대표를 맡은 전문 지도층이 발족되었다.

1999년 6월 장쩌민은 전국 제3차 교육업무회의 석상에서 국가발전 전략에 있어 교육을 우선 발전시키는 것은 시대적 흐름이라고 그 중요성을 다시 한 번 강조했다. 장쩌민은 지금 우리가 살아가고 있는 시대는 경제력, 국방력, 민족 응집력이 곧 국가의 경쟁력이라고 했다. 또 교육은 이 모든 분야의 기초가 되는 것으로 교육이야말로 민족 부흥과 국가 번영을 이루는 중요한 열쇠라고 지적했다.

중화인민공화국 성립 후 50여 년 동안 중국의 교육사업과 사회주의 현대화 건설은 괄목할 만한 성과를 일궈냈다. 이는 마오쩌둥, 덩샤오핑, 주룽지를 주축으로 한 중국공산당이 교육에 대한 새로운 인식을 갖고 교육을 중시했기 때문에 가능했던 것이다.

(3) 중국공산당의 연구와 혁신으로 중국 특유의 교육 지도사상과 이론을 확립했다

중국공산당은 줄곧 과학이론을 근거로 한 실천을 중시했다. 이와 더불어 중국공산당은 중국교육을 발전시켜나가는 과정에서 중국에 적합한 교육 지도사상과 이론을 찾고 연구하는 데 노력을 아끼지 않았다. 중국공산당이 이끌었던 80여 년간의 중국교육 발전 역사 속에서 공산당은 중국 색채를 띤 중국 고유의 교육 지도사상, 교육 이론체계, 교육 발전사상을 형성했다.

중국공산당 설립 초기, 당 창립자인 리다자오李大釗, 마오쩌둥, 차이허썬蔡和森 등은 의식적으로 마르크스 사상을 근간으로 한 교육관을 받아들이고 마르크스 교육이론 학설을 핵심으로 삼았다. 이를 토대로 중국의 교육문제를 해결하고 교육혁명을 실천해 새로운 민주주의 교육운동을 발전시켜 나갔다. '교육은 경제 기반에 의해 결정되는 상층 건축물 같아서 새로운 교육제도를 구축하려면 먼저 사화경제 구조를 개선해야 한다.', '노동자에게 반드시 교육의 기회를 제공해야 한다.', '지식층은 노동자들과 결합해야 한다.' 등이 바로 마르크스주의 교육학설을 토대로 형성된 관념으로, 이후 중국공산당이 교육개혁과 교육발전을 이끄는 토대가 된 지도사상이기도 하다. 중국공산당은 마르크스주의 교육이론학설을 토대로 혁명학교를 설립하고 노동자들에게 노동문화 교육운동을 펼쳤다. 그 덕분에 마르크스주의 교육이론학설은 중국 대륙에서 꽃을 피울 수 있었고 공산당은 마르크스 교육이론을 중국 상황에 맞게 발전 승화시켰다.

중국공산당이 설립된 후 토지혁명전쟁, 항일전쟁, 해방전쟁을 겪으면서 마오쩌둥을 주축으로 한 제1대 핵심 공산당 지도부는 1940년 신新민주주의의 문화교육 문제를 언급하고 신민주주의의 교육방침을 제정했다. 또 신민주주의 문화교육은 무산계급을 중심으로 한 반反제국, 반봉건 문화로, 민족적이고 과학적이며 대중적인 문화임을 강조했다. 마오쩌둥은 다음과 같이 말했다.

"신민주주의 문화교육이 민족적인 것은 신민주주의 문화교육은 제국주의의 억압에 반대하고 민족의 존엄성과 독립을 존중하기 때문이다. 아울러 중국의 신민주주의 문화교육은 다른 민족의 사회주의 문화와 결합해 서로 발전적 관계를 구축함으로써 세계의 새로운 문화를 만들어 나갈 수 있다."

그리고 이렇게 언급했다.

"신민주주의 문화교육이 과학적인 이유는 신민주주의 문화교육은 봉건사상과 미신사상을 반대하고 사실에 입각한 진실, 객관적인 진실, 이론과 일치된 진실만을 추구하기 때문이다."

신민주주의 문화교육이 대중적이라는 관점에 대해서는 다음과 같은 견해를 피력했다.

"신민주주의 문화교육은 국민 전체의 90% 이상을 차지하는 노동자를 위한 것으로 점차 그들의 문화로 자리 잡아가고 있기 때문이다."

신민주주의 문화교육 방침은 중국공산당원들의 지혜에 마르크스주의 교육학설을 가미한 것으로, 마르크스 교육관은 한층 더 빛을 발하게 됐다. 마오쩌둥을 주축으로 한 중국공산당이 제시한 신민주주의 문화교육 방침은 신민주주의 혁명이론의 중요한 일부분으로 자리 잡았고 신민주주의 혁명의 발전을 촉진했다. 이 외에 수십 년 동안 이어져온 중국 혁명 역사 속에서 마오쩌둥을 주축으로 한 중국공산당은 여러 교육문제에 대해서도 참신한 견해를 제시했다.

사회주의 교육 목적에 대해 마르크스는 '전면적으로 발전할 수 있는 생산자'를 배출해내기 위해서 라고 했고, 레닌은 '공산주의자'를 양성하기 위한 것이라고 했다. 이에 마오쩌둥은 마르크스와 레닌 교육학설을 토대로 보다 전면적이고 체계적이며 구체적인 견해를 피력했다.

"교육을 받은 자들이 도덕, 지식, 체육 등 다양한 분야에서 발전된 모습을 보여 사회주의 의식이 있는, 문화 수준이 있는 노동자로 성장하는 것이 우리의 교육방침이다."

교육목표에 대한 마오쩌둥의 견해 속에는 교육을 하는 모든 이유가 담겨있을 뿐만 아니라 구체적으로 어떤 인재를 양성하고자 하는지 그 기준도 나타나 있다. 아울러 인간의 일반적인 성장규율과 교육의 사회주의 성격과 그 방향도 담겨 있다. 마오쩌둥의 관점은 중국공산당이 마르크스주의 교육관을 창의적으로 발전시켜 냈음을 보여주는 대목이기도 하다.

개혁개방의 평화시대에 덩샤오핑을 주축으로 한 중국공산당 제2대 지도층이 탄생했다. 그들은 전체적인 틀과 미래를 모두 고려한 장기적인 안목으로 사회주의 현대화 건설을 위한 교육의 폭넓은 역할에 대해 중요한 교육이론과 견해를 제시했다. 그들의 교육이론과 사상은 마르크스주의 사상을 토대로 중국의 새로운 상황을 고려한 것으로 중국이 직면한 새로운 문제를 해결하는 과정에서 탄생한 것이다. 또 마오쩌둥의 교육사상을 계승 발전한 그들의 교육이론과 사상은 중국 특유의 사회주의 이론의 일부분으로 자리 잡았다. 1983년 10월 1일 덩샤오핑은 베이징 징산景山학교에 '교육은 현대화를 향하고, 세계를 향하며, 미래를 향해야 한다教育要面向現代化, 面向世界, 面向未來.'는 글귀를 남겼다. 이처럼 '세 가지 방향'을 언급한 교육사상은 덩샤오핑이 문화혁명 이후 모든 혼란을 바로잡고 역사경험을 정리하는 과정에서 교육에 대해 제시한 지도사상이다. 또한 당대의 세계 발전 흐름과 민족 역사운명을 고려해 중국사회주의 교육개혁과 발전에 대해 전체적인 목표와 방향을 제시한 것이다. '세 가지 방향'을 제시한 덩샤오핑의 교육사상은 당시 시대적 요구를 그대로 반영한 것이자 현대교육의 본질적 특성을 여실히 보여주고 있다. 덩샤오핑 교육사상의 정수精髓로 꼽히는 '세 가지 방향' 교육론은 그를 주축으로 하는 제2대 공산당 지도층이 만들어낸 지혜의 결정체이기도 하다. 이 외에도 덩샤오핑은 새로운 시대에 중국교육의 목표, 교사층 구축, 교육 개혁 및 발전, 교육 지도 등에 대해 과학적이고 창의적인 견해를 제시했다. 이를 토대로 뚜렷한 특색을 지닌, 새로운 시대의 사회주의 특징이 있는 교육이론을 형성했는데, 이것이 중국 당대의 마르크스주의 교육사상 이론이다.

당의 13기 4중 전회 이후 장쩌민을 주축으로 탄생한 중국공산당 제3대 지도층은 중국 개혁개방과 사회주의 현대화 건설 과정에서 예전과 다름없이 중국 교육발전을 중시했으며 덩샤오핑의 교육이론 사상을 계승, 발전시켰다. 아울러 1990년대 이후 빠르게 발전하고 있는 국내외 경제, 과학기술, 교육 등 다양한 분야의 새로운 흐름에 발맞춰 새로운 분석과 판단을 근거로 차별화된 교육사상을 마련했다. 그들은 21세기의 지식경제와 사회발전을 고려해 볼 때 지식혁신과 기술혁신이 절실히 필요하다고 언급했다. 이에 대해 장쩌민은 다음과 같이 강조했다.

"이 시대는 과학기술과 인재가 곧 나라의 경쟁력이다. 과학기술의 발전, 지식의 혁신이 한 나라, 한 민족의 발전을 결정짓는다. 혁신이란 끊임없이 앞으로 발전해나가는 정신을 의미한다. 중화민족은 예부터 스스로 노력하는 정신, 결연한 혁신 정신이 돋보이는 민족이었다. 혁신을 할 수 없다면, 혁신을 포기한다면 그 민족은 발전할 수 없고, 세계 속에 우뚝 설 수 없다. 혁신의 기본은 바로 교육과 인재에 있다. 시대적 흐름과 현대화 요구에 부응할 수 있는 많은 인재를 양성하고 새로운 과학기술 분야를 개척해 나가야만 중국의 발전전망이 밝고 국제적 지위가 향상될 것이다."

장쩌민은 1999년 열린 전국 제3차 교육업무회의 석상에서 다음과 같이 지적했다.

"교육은 지식을 혁신하고 전파하며 활용하기 위한 중요한 토대이자 혁신적인 정신과 혁신적인 인재를 양성해 내는 요람이다. 수준 높은 노동자나 전문 인재를 양성하는 것은 물론이고 혁신능력을 향상시키고 지식 및 기술혁신 성과를 제공하는 데도 교육은 중요한 의미를 갖는다."

장쩌민의 혁신교육사상을 토대로 중국의 각 급 학교들은 인재 양성의 혁신정신, 혁신의식, 혁신능력을 교육의 핵심목표로 정했다. 이 지도사상은 중국의 인재 양성이 질적 향상을 실현하는 데 큰 역할을 담당했다. 이 외에 장쩌민은 '과학교육 부흥국가'라는 전략과 중국교육계가 직면한 중요한 두 가지 사고 변화(교육은 현대화 건설에 부응하는 인재를 양성해야 하고, 학교운영의 질적 향상 및 효율 증대를 실현해야 한다)를 언급했다. 장쩌민의 이 같은 새로운 교육사상은 중국교육현실에 대한 인식에서 시작된 것으로, 마르크스와 레닌주의 교육학설, 마오쩌둥 교육사상, 덩샤오핑 교육이론에 근거해 자신만의 견해를 제시했다. 이는 중국공산당 제3대 지도층이 만들어낸 지혜의 결실로 평가 받는다. 아울러 그의 사상은 대세를 꿰뚫어보는 거시적 지도력과 구체적인 흐름을 읽는 현실적 기능도 갖추고 있었다.

이렇듯 마오쩌둥, 덩샤오핑, 장쩌민으로 대표되는 중국공산당 지도층의 교육이론사상이 발전해온 길을 되돌아보면 중국공산당은 혁명전쟁, 경제건설을 이룬 위대한 정당일 뿐만 아니라 교육 분야에서도 독특하고 혁신적인 교육사상을 갖고 있는 정당이다. 중국공산당이 교육을 실천하는 과정에서 확립한 교육이론, 교육사상, 교육학설은 중국의 교육발전을 위한 단계별 행동지침서이자 중국의 교육과학이론을 풍부하게 하는 밑거름이다.

(4) 중국공산당, 교육 규모 확대, 교육 질적 향상, 교육 구조 최적화를 실현해 중국교육의 전반적인 실력을 향상시켰다

구 중국에서 교육의 기회는 전체 인구의 일부분을 차지했던 봉건 지주계층에게만 돌아갔고, 인구의 대다수를 차지했던 노동자계층이나 그 자녀들에게는

기회가 거의 돌아가지 않았다. 그런 탓에 중국의 교육규모는 아주 미비했다. 이 외에 중국 수나라 때부터 시작되어 청나라 말기까지 이어진 1,300여 년 역사의 과거제도도 한몫했다. 과거제도로 인해 학생들은 일부 경전이나 화려한 사부詞賦를 익히는 데 평생을 바쳐야 했고, 기계적이고 무용지물인 교육내용은 인재를 양성하는 데 걸림돌로 작용했다. 게다가 과거제도를 통해 선발되는 학생 수가 워낙 적다보니 진정한 재능과 학식을 갖춘 인재를 배양할 수 있는 규모와 수준을 마련할 수 없었다.

하지만 중국공산당이 설립된 이후 과거 봉건 지주계층에서 독점하던 교육의 기회가 인구 대부분을 차지하는 노동자 계층으로 옮겨오면서 중국의 교육규모는 유례없는 성장을 나타냈다.

당 창립 초기 중국공산당은 노동자교육 운동을 적극 추진했다. 한 예로, 1992년 마오쩌둥, 류사오치劉少奇 등은 안위안安源 탄광으로 가서 노동자를 위한 학교를 열어 야학이나 모임을 통해 마르크스의 계급투쟁에 대해 교육을 진행했다. 이와 함께 중국공산당은 전국적으로 빠르게 퍼져나가는 농민운동의 흐름에 부응하고자 광저우廣州 농민운동 강습소와 우한武漢 중앙농민운동 강습소를 운영했다. 또 혁명 간부의 자질 향상을 위해 당 창립 초기부터 간부 교육에 신경을 썼다. 이에 후난湖南에 후난 자수대학, 상하이上海에 평민대학과 상하이 대학 같은 혁명 간부를 위한 대학을 열었다. 비록 당시 중국공산당이 세운 학교 수는 결코 많지 않았지만 이는 훗날 교육 발전의 발판이 되었다. 중국공산당의 세력이 커지면서 그들이 진행하는 교육사업의 범위와 규모도 확대되었다. 토지혁명전쟁, 항일전쟁, 해방전쟁 등을 거치면서 꾸준한 발전을 이뤘고, 초등학교, 중등교육학교, 고등교육학교가 포함된 비교적 완벽한 교육 시스템을 갖춰나갔다. 1956년 사회주의가 등장했을 당시 중국 전역에는 유치원 18,534곳에 유치원 입학 아동 108만 1천 명이었고 이듬해인 1957년 전국 초등학교 재학생 수가 6,428만 3천 명으로 입학률이 61%였다. 1956년 중국에는 중등교육학교 6,715곳, 여기에 재학 중인 중학생은 537만 7천 명, 고등학생은 90

만 4천 명이었다. 1957년 중국에는 중등 사범학교가 592만 곳에 재학생 수는 29만 5천 명이었다. 그리고 1955년 전국 고등교육학교 수는 194곳이었고 1956년 재학생 수는 40만 3천 명이었다.

성인교육 분야는 1953년 통계에 따르면 전국적으로 258만 명의 노동자 가운데 230여만 명이 1년간 지속적으로 교육을 받았고 1,939만 명은 농한기에만 교육을 받은 것으로 조사되었다.

민족교육 분야는 1954년 통계에 따르면 전국에 소수민족을 위해 별도로 설립된 초등학교는 26,463곳, 민족 중등전문학교 275곳, 민족 고등교육학교 10여 곳으로 조사되었다.

중국공산당 창당부터 신중국이 건설까지 20여 년 동안 중국교육은 당초의 노동자 운동 강습소, 농민 운동 강습소, 일부 간부학교에서 시작해 건국초기의 규모로까지 발전했다. 이는 중국공산당이 만들어낸 업적이라 해도 과언이 아니다. 중국공산당이 혁명기를 겪으며 발전하고 힘을 키워 세력을 확장해 나갔듯 중국교육 역시 이 기간 동안 발전을 이뤄 보다 강하고 확고해졌다.

신중국 건설 후, 특히 11기 3중 전회이후 중국공산당은 교육에 더 많은 관심과 정성을 기울였고, 중국교육은 이때부터 빠른 속도로 발전해나갔다. 1999년 중국에는 유치원 18만 1천 곳, 유치원 학급 78만 1천 개, 유치원 학생 수 2,326만 3천 명이 있었고, 같은 해 초등학생 수는 13,548만 명으로 초등학교 입학률은 99.1%에 달했다. 1999년 중학생 수는 5,811만 7천 명으로 중학교 입학률은 88.5%였고, 고등학생 수는 2,190만 3천 명으로 그중 일반 고등학생은 1,049만 7천 명, 중등 직업기술 학교 재학생은 1,040만 6천명으로 고등교육학교 입학률은 약 41.5%였다.

개혁 개방 20년 동안 교육은 사회주의 인재 양성에 양적, 질적 공헌을 했다. 1999년 중국에는 일반 고등교육학교 1,071곳을 포함해 모두 1,942곳의 고등교육학교가 있었다. 일반 대학 진학인구의 입학률이 1978년 1.4%였던 것이 2000년에는 11%까지 증가했다. '9차 5개년 계획'기간 동안 전문대학과 일반

대학의 신입생 수는 1995년 184만 명(그중 본과생은 92만 6천 명)에서 2000년에는 376만 명(그중 본과생은 146만 명)으로 배 이상 증가했다. 대학원생은 1995년 5만 명에서 2000년에는 12만 명까지 늘어 140%의 증가세를 나타냈다.

전체적으로 봤을 때 개혁개방이 실시된 이후 중국은 대학원생, 전문대 및 본과 졸업생을 모두 1,801,15만 명 배출해냈는데, 그중 박사는 3만 6천 명, 석사는 39만 4천 6백 명이었다. 또 중등 직업교육을 실시해 국가를 위해 일할 2,770명의 '실용형 인재'를 배출했다. 2001년 일반 고등교육학교는 250만 명, 성인 고등교육학교는 167만 명, 대학원생은 16만 명의 신입생을 선발할 예정이다. 이처럼 중국의 인재양성 규모가 날로 커지고 있다.

중국은 교육의 질을 보장하기 위해 다양한 분야를 통해 교육의 여건을 개선시켜 나갔다.

첫째, 교사 수준을 향상시키고자 힘썼다. 1995년 국무원이《교사 자격 조례》를 공포하고 교사 자격증 제도를 실시한 이후 중국의 초, 중고등학교 교사의 학력 합격률이 매년 증가했다. 1999년 초등학교와 중학교 교사의 학력 합격률은 각각 95.9%와 85.63%였고, 일반 고등교육학교 1999년 전임교사 비율은 44%에 달했다. 교사들의 학력 및 교수 능력 향상은 고스란히 교육의 질적 향상으로 이어졌다.

둘째, 교육에 대대적인 지원을 펼쳐 학교운영 여건을 개선하고 교육의 질적 향상을 위해 힘썼다. 한 통계에 따르면 1991년 중국 전국의 일반 중등학교와 초등학교의 예산 가운데 교육 사업비는 각각 107.94억 위안과 123.28억 위안이었고, 1996년에는 중학교 214.27억 위안, 초등학교 340.11억 위안, 1999년에는 초등학교 333.95위안, 초등학교 557.37억 위안으로 나타났다.

1999년 예산 중에 의무교육 사업비는 1991년의 4배에 해당하는 규모를 보였다. '9차 5개년 계획'기간 동안 전국 초등학생과 중학생의 1인 평균경비가 큰 폭으로 증가해 1999년 초등학생의 1인 평균 사업비와 평균 공공경비는 각각 414.78위안과 35.72위안이었고, 일반 중학생의 1인 평균 사업비와 공공경비는 각각 736.55위안과 100.09위안으로 조사되었다. 초, 중고등학교와 대학교는 '자질 교육을 통한 인재양성'이라는 새로운 교육 모델을 강조했다. 1999년에 열린 전국 제3차 교육업무회의는 '자질교육과 혁신능력 향상'이라는 두 가지 주제로 회의를 진행했는데, 이 역시 우수인재를 양성하기 위한 중요한 과정이다.

구 중국 당시 단일화된 중국의 교육구조는 중국사회가 발전하는 데 큰 걸림돌로 작용했다. 중화인민공화국이 탄생하면서 중국의 교육구조는 비교적 완벽한 구조 시스템을 갖췄고 교육 구성 및 구조는 경제와 사회 발전의 흐름에 맞춰 끊임없이 조정한 결과 합리적으로 변모했다. 1949년 당시 중국에는 기술 공업학교 3곳에 재학생 2,700명, 중등 기술학교 561곳에 재학생 7만 7천 백 명이 고작이었다. 하지만 1990년에 이르러 기술학교 4,184곳에 재학생 133만 1천 7백 명, 중등 기술학교 2,956곳에 재학생 156만 7천 1백 명, 그리고 농업, 직업 중등학교 9,164곳에 재학생 295만 1백 명으로 늘었다.

교육구조가 점차 합리적으로 바뀌면서 교육의 내부적인 발전은 물론이고 사회주의 건설 흐름에도 부합하게 되었다. 고등교육 분야는 대학원생, 본과생, 전문대생의 비율이 1949년에는 0.7 : 100 : 24였던 것이 1990년에는 6 : 100 : 143으로 조정되는 등 수준, 종류, 구성 등 구조적인 변화를 보였다. 1988년부터 중국 고등교육은 정치, 법률, 재정 등의 학과 비율이 매년 증가하기 시작했고, 공과 계열에서는 건축, 식품, 법의학, 간호학 등 상대적으로 약했던 학과들이 발전했다. 특히, 최근 들어 현대 과학기술과 사회가 발전하면서 컴퓨터, 에너지, 환경, 원자재, 생물기술, 의료기술 등의 학과가 상당히 두각을 나타내고 있다. 현재 중국은 문과, 이과, 공과, 농업과, 의과, 재정과, 법과, 교육과 등 주요학과 구조가 차츰 완벽한 틀을 형성하면서 경제건설과 사회발전에 필요한 고등교육 시스템에 가까워졌다.

이 외에 유치원, 초등학교, 중학교, 고등학교, 대학교 비율이 전반적으로 균형을 이루면서 교육시스템과 구조가 안정적으로 운영, 발전할 수 있었다.

중국교육이 위에서 언급한 여러 분야에서 가시적인 성과를 거둔 것은 중국 공산당의 노력이 있었기 때문이다. 그외에 민족교육, 여성교육, 특수교육 등에서도 괄목할 만한 성과를 거뒀다. 학교운영 체제, 교육투자, 학생모집 체제, 교사 자질 및 대우 등에서도 강력한 개혁을 추진해 중국 특유의 사회주의 교육이 빛을 발하기 시작했다.

중국공산당이 탄생한 후 중국교육계가 걸어온 80여 년을 되돌아보면 결코 순탄하지만은 않았다. 이 발전의 역사는 반식민지, 반봉건적 교육에서 신민주주의, 사회주의 교육으로 근본적인 변화를 이끌어 낸 80년, 미비했던 중국의 교육 여건을 거대하게 키운 80년, 단순하고 획일적이었던 교육구조를 체계적이고 전면적으로 탈바꿈하게 만든 80년, 중국교육의 수준과 효율이 지속적으로 발전한 80년, 교육에 대에 대식이 깊어지고 교육기능이 강화된 80년, 중국 공산당이 중국 국민들의 개혁을 이끌어 중국 특유의 사회주의 교육이론이 완성되고 중국교육이 과학적, 체계적, 민주적으로 변모한 80년이다. 그리고 중국 공산당이 중국국민과 함께한 80년, 교육을 진작하고 사회를 발전시켜 중화민족의 영광을 되살린 80년이었다.

중국공산당이 중국교육을 이끌어 온 눈부신, 그러나 험난했던 80년을 들여다보면 우리는 한 가지 결론을 얻게 된다. 바로 중국공산당이 없었다면 오늘날의 중국교육도 없었다는 사실이다. 중국교육은 과거에도 그랬고 지금도 그렇고 앞으로도 그렇듯이 교육을 중시하고 체계적으로 관리할 수 있는 정당이 교육의 발전을 이끌어야 한다. 무수히 많은 사실이 말해주듯 이 막중한 역사적 사명을 짊어질 정당은 중국공산당밖에 없다. 21세기 지식경제 사회에서 교육은 곧 그 나라의 국력을 결정짓는다. 중국은 무엇보다 사회주의 교육 사업에 박차를 가해야 할 것이다.

필자는 중국 생산력의 현대화, 중국 문화의 선진화를 이끌고 수많은 중국 국민의 이익을 대변하는 중국공산당이 국민들과 함께 중화민족의 교육 사업이 21세기에 높이 날아오르게 할 거라고 굳게 믿고 있다.

3. 교육의 현대화와 사람의 현대화

현대화는 20세기 이후, 특히 제2차 세계대전이 종식된 후 인류가 겪은 최대의 변화다. 현대화는 공업화에 기반을 두고 낙후된 경제상을 변모시키고 사회의 지속적인 발전을 목표로 한 전 세계적인 운동이다. '교육 현대화'는 현대화의 중요한 단계로 20세기, 특히 1990년대 이후 유례없는 주목을 받으면서 '현대문명과 사회발전을 이끄는 원동력'으로 인정받았다. 교육 현대화가 세인의 관심을 받은 것은 '교육'은 사람의 현대화, 사회의 현대화와 관련이 있기 때문이다.

(1) 현대화의 기본목표는 인류에게 따뜻하고 아름다운 보금자리를 제공하고 삶의 질과 수준을 향상시키는 것이다. 또, 인간의 현대화는 사회 현대화를 이루기 위한 선결조건이자 현대화의 최종목표다

현대화 문제는 제2차 세계대전이 발발하기 전부터 주목을 받아오다가 최근 몇 년 사이 하나의 학문으로 자리 잡았다. 서양의 현대화 이론은 주류사회 학과의 파생물로 그 연구 대상은 변화의 소용돌이 속에 놓여 있는 제3세계, 즉 개발도상국이다. 중국의 현대화 역시 오랜 탐색기간을 거쳤다. 100여 년 전 캉유웨이康有爲와 량치차오梁啓超를 필두로 한 유신維新운동 때부터 중국 지식인들은 중국의 현대화를 모색하기 시작했다. 후스胡適는 일찍이 1930년대에 다음과 같이 언급한 바 있다.

"30년 전 '유신'을 주장한 사람이 바로 지금 현대화를 주장하는 사람이다."

또 1933년 7월에는 상하이 《신보월간申報月刊》 제2권 제7호에 《중국 현대화 문제》라는 특집을 발표하기도 했다. 1964년에는 미국 터프스Tufts 대학의 커Kerr 교수는 홍콩 중문中文대학에서 《중국과 일본의 현대화 비교》라는 제목으로 강연을 펼쳐 큰 관심을 불러일으켰다. 그는 현대화라는 관념은 100여 년간 중일 양국이 보여준 경제 변천사를 설명할 수 있다고 했다. 현대화는 곧 기술과 경제의 변화이고, 또 이로 인해 야기된 문화, 사회제도, 심리적인 변화를 말

한다고 생각했기 때문이다. 하지만 그의 강연은 중국과 서양의 문화비교 수준에서 맴돌았고 현대화에서의 경제, 특히 사람의 역할에 대해서는 거의 언급하지 않았다.

1970년대 말에 이르러 중국이 전면적으로 '사회주의 현대화 실현'을 목표로 새로운 발전을 꾀하면서 현대화 이론은 급속도로 퍼져나갔다. 개혁개방이라는 새로운 흐름 속에 '현대화'는 가장 두각을 나타내는 단어, 가장 강한 목소리를 내는 이슈가 되었다. 그러면서 사람들은 현대화를 실현할 주체, 즉 사람의 현대화 문제에 관심을 보이기 시작했다. 무기의 현대화부터 제도의 현대화까지, 더 나아가 사람의 현대화까지 사람들은 현대화에 내재된 의미와 그 발전과정에 대해 깊은 관심을 보였다.

사회 현대화('현대화'로 약칭)에 내재된 의미는 실로 풍부하다. 여기에는 경제, 정치, 사회, 생활, 관념 등 다양한 분야의 내용이 담겨있다. 사회 현대화를 가늠할 기준은 보통 정량定量과 정성定性의 두 가지 측면에서 결정된다.

정량은 주로 종합 지표 시스템을 제정해 판단하는 것을 말하는데, ASHA 종합평가시스템, PQLI 생활수준지수, 유엔 인간개발지수HDI, 유엔 생활 및 복리 수준평가 시스템, 프랑스의 경제복리 지수시스템, 인켈레스의 현대화 10개 표준 등이 있다. 그 가운데 인켈레스의 현대화 10개 표준이 널리 통용되는데 구체적인 내용은 다음과 같다.

① 1인당 국민총생산GNP 〉 3,000달러
② 국민 총생산 중 농업 부가가치세 비중 〈 12~15%
③ 국민 총생산 중 제3차 산업 비중 〉 45%
④ 전체 인구 중 비노동인구 비중 〉 70%
⑤ 전체 인구 중 식자인구 비중 〉 80%
⑥ 청년인구 중 고등교육을 받은 사람 비중〉 10~15%
⑦ 전체 인구 중 도시인구 비중 〉 50%

⑧ 의사 1인당 진료 환자 수 〈 1,000명
⑨ 1인 평균 예상 수명 〉 70세
⑩ 인구 자연 증가율 〈 1/1,000

한편에서는 인켈레스의 10개 표준이 사회 현대화의 주된 특징과 중요한 변수를 잡아내긴 했지만 급변하는 시대흐름을 반영하지는 못한다는 지적도 있다. 예를 들어 1인당 국민총생산의 경우, 세계은행이 발표한 〈1995년 세계발전 보고서〉에서는 695달러, 696~8,626달러, 8,626 달러의 세 개의 표준을 제시 저소득, 중등 소득, 고소득 국가나 지역으로 분류하고 있다. 이를 근거로 한다면 3,000달러는 상당히 낮은 수치다.

이 외에도 경제성장 가운데 과학기술 발달의 공헌 정도, 엥겔 지수, 사회보장 적용범위, 빈부격차, 형사 안건사고 등도 지표 시스템에 포함되어야 한다.

정성은 위에서 언급한 지표 시스템을 합리적으로 정리해 몇 가지 단계로 포괄하는 것이다. 크게 두 가지 유형의 분류법이 있다. 첫 번째 분류법은 장쑤성 사회과학원에서 제시한 것으로, 쑤난蘇南지역을 중심으로 현대화 목표에 내재된 의미를 네 가지로 정리했다.

첫째, 국민경제의 지속적인 성장을 원동력으로 하고 공업화를 핵심으로 하는 경제 현대화.

둘째, 과학적인 분업, 제도 혁신을 토대로 효율, 질서, 민주 추구를 목표로 하는 정치 현대화.

셋째, 사회 흐름의 가속화와 보편적 사회관계 형성을 내용으로 하고 도시를 사회경관 특징으로 삼는 사회구조 현대화.

넷째, 사람의 생활방식, 가치관의 변화를 골자로 현대 대중 전파방식의 보급을 메신저로 하는 문화와 사람의 현대화.

두 번째 분류법은 일부 역사학자, 사회학자가 제시한 것으로, 현대화를 물질, 제도, 사람 세 가지로 분류하고 있다. 물질의 현대화는 국민총생산을 필두로 경제수량지표가 중심인 현대화를 말한다. 제도의 현대화는 정치변혁과 관리체재 개혁을 핵심으로 한 현대화이고 사람의 현대화는 사람의 자질을 향상시키는 데 초점이 맞춰진 현대화다. 현대화는 내부 핵심이 곧 사람이고 중간층이 제도, 껍질이 물질에 해당한다. 일반적으로 사람들이 가장 관심을 갖고 신경을 쓰는 부분은 아마도 껍질인 물질의 현대화일 것이다. 그러다 차음 겉에서 속으로 관심 대상이 이동하면서 제도와 사람의 현대화에도 관심을 갖게 된다. 이것이 현대화에 대한 자연적 사고 과정이다. 영국으로 대변되는 골수 자본주의 국가와 중국으로 대변되는 일부 개발도상국이 이런 모델을 선택하는 편이다. 일본으로 대변되는 신흥 자본주의 국가와 한국으로 대변되는 후진국은 오히려 정반대다. 그들은 사람의 현대화를 근거로 제도 현대화와 물질 현대화를 함께 추진한다. 이것이 현대화에 대한 자각적 사고 과정이다.

자연적 사고와 자각적 사고의 가장 큰 차이점은 사람의 현대화를 사회 현대화의 결과물로 보느냐, 아니면 사회 현대화의 원인으로 보느냐에 달렸다.

자연적 사고는 자본의 원시적 축척을 현대화의 기점으로 보는 골수 자본주의 국가에게는 적합한 모델이지만 지금의 개발도상국에게는 결코 어울리지 않는다. 이에 대해 인켈레스는 다음과 같은 견해를 피력했다.

"현대화에 안간힘을 쓰는 수많은 개발도상국들은 현대화를 실현하기 위해 갖은 고통과 좌절을 맞본 후에야 한 가지 사실을 깨닫게 된다. 전통적 관념에서 벗어나지 못하는 국민적 사상이 경제와 사회 발전을 저해하고 있다는 사실을 말이다."

또한 다음과 같이 지적했다.

"어느 한 국가가 외국에서 현대화의 상징인 선진기술을 도입해 올 수도 있고, 선진국의 우수한 공업관리 방식, 정부기관 형식, 교육제도, 나아가 모든 커리큘럼을 옮겨올 수도 있다. 이 나라는 이렇게 외국에서 들여온 선진기술을 자신의 나라에 옮겨 심으면 현대화 국가 대열에 들어 설 수 있다고 생각하지만 실상은 그렇지 않다. 그들에게 돌아가는 것은 실패와 실망뿐이다."

만약 그 나라의 국민들이 선진화된 제도와 기술에 진정한 생명력을 불어넣어 줄 마음의 준비가 안 되어있다면, 아무리 현대화된 제도나 관리방식이라도, 아무리 뛰어난 기술이라도 그들 손에서는 한낱 쓰레기일 뿐이다. 이에 인켈레스는 다음과 같은 결론을 얻었다.

"사람의 현대화는 국가의 현대화를 이루기 위해서는 없어서는 안 될 요소다. 결코 현대화를 이룬 후에 얻게 되는 부산물이 아니라 현대화 제도와 경제가 장기적으로 발전하고 성공을 거둘 수 있는 밑거름이다."

사실 사람의 현대화는 사회 현대화의 선결조건일 뿐만 아니라 사회 현대화의 최종 목표임을 기억해야 한다. 현대화의 기본 목표는 국민에게 따뜻하고 아름다운 보금자리를 제공하고 삶의 질과 수준을 향상시키는 데 있다. 현대화의 주체는 사람이다. 사회 현대화의 과정은 곧 사람의 현대화를 이뤄가는 과정이고, 현대화 된 사람이 제도의 현대화와 물질의 현대화를 추진해나가는 과정이다.

(2) 현대교육은 강한 인위성, 분명한 목적성, 강력한 계획성과 체계성, 일정한 영구성과 개방성을 갖고 있다. 또 사람의 자아의식을 일깨워 주고 현대인의 문화 자질, 행동 방식, 인생 태도를 결정지어 인간의 현대화에 결정적 역할을 한다

인간의 현대화에 대해 가장 먼저 직접적인 연구를 시작한 사람은 독일의 사회학자인 막스 베버Max Weber였다. 그는 근대 자본주의가 탄생함에 따라 새로운 경제체제는 물론이고 새로운 사회질서, 새로운 생활방식이 필요하다고 주장했다. 산업혁명으로 시작된 근대近代생활은 여러 분야에서 중세와는 전혀 다른 모습을 보였고 새로운 사회여건, 새로운 사회생활이 등장하면서 새로운 세대의 사회인을 만들어냈는데, 그게 바로 자본주의 신인이다. 이 신인들의 등장으로 새로운 사회생활이 구축되고 유지될 수 있었다. 프랑스 경제학자인 장 모네Jean Monnet는 현대화는 사람이 우선이고 그 다음이 물질이라고 했다. 그의 말처럼 반드시 선후를 나눠야 하는 것은 아니지만 사람의 현대화를 중시하

는 사상은 앞을 내다볼 줄 아는 안목이 있다 하겠다.

유엔개발계획UNDP 호프만Hoffmann 전 사무총장은 개발도상국은 공장만 지으면 현대화를 실현할 수 있다고 생각하지만 이건 꿈에 불과하다고 꼬집어 말했다. 공업화는 우선 시장과 시장 시스템을 구축해야 한다. 그는 물질의 현대화는 단독적으로 이루어질 수 없는 것이라고 현대화에 대한 단편적인 이해에 대해 비판을 가했다. 이 문제에 대해 깊이 있는 연구를 진행한 인물이 바로 미국의 유명한 사회학자 인켈레스다. 그는 1962년부터 1964년까지 사회학자 팀을 구성해 아시아, 아프리카, 라틴아메리카 6개 국가(아르헨티나, 칠레, 인도, 이스라엘, 나이지리아, 파키스탄)를 대상으로 오랜 시간에 걸쳐 조사를 진행했다. 무려 6천여 명을 방문 조사해『현대화를 향해』와『개인의 현대화 탐구』등의 서적을 출간했으며, 이를 통해 사람의 현대화에 대한 그의 예리한 견해를 세상에 알렸다. 그는 사람의 현대화는 국가 현대화를 이루기 위한 필수조건으로, 현대화 과정에서 생겨난 부산물이 아니며 현대제도와 경제가 지속적으로 발전하고 성공을 거두기 위해서 없어서는 안 될 중요한 요소라고 강조했다. 이와 함께 인켈레스는 12가지 현대인이 갖춰야 할 품성과 특징을 제시했는데, 그가 제시한 현대인과 전통인의 차이점은 크게 세 가지로 정리할 수 있다. 첫째는 새로운 사물을 기꺼이 받아들일 줄 아는 개방성, 둘째는 자주성, 진취성, 창조성, 셋째는 사회를 신뢰하고 타인과 자신에 대해 정확한 판단을 할 수 있는 겸용兼容성이다.

중국은 사람의 현대화에 대한 탐색을 일찍 시작한 편이다. 옌푸嚴復가 19세기 말에 주장했던 '국민의 지식계발, 국민의 체력 고양, 국민의 도덕갱신開民智, 鼓民力, 新民德'와 20세기 초에 량치차오가 내세운 '신민설新民說'은 사람의 현대화에 관한 연구의 효시로 평가받는다. 또 한 발 앞서 사람의 현대화 문제를 다룬 글은 1919년 12월 발표된 린위탕林語堂의『기기와 정신機器與情神』, 뒤이어 발표된 판광단潘光旦의『공업화와 인격工業化與人格』이 있다. 그들은 글을 통해 중국 국민성의 문제점을 지적하면서 구성원 모두가 자신의 임무를 인식하고 민족정신을 진작해 다시금 '민족영혼'을 고취시켜야 한다고 국민들에게 호소했다. 사실 모든 사상은 한계점을 갖고 있기 마련이지만 탐색을 위한 이론적 가치는 상당히 크다. 신민주주의 시기, 중국공산당은 사람의 현대화에 대해 직접적인 연구를 펼치지는 않았다. 하지만 '사람'이라는 핵심 주제를 두고 인품수양이나 행동규율 등에 관한 상세한 논술을 제시, 지금까지도 걸작으로 평가 받는다. 마오쩌둥의 『인민을 위해 일한다爲人民服務』, 류사오치의 『공산당원의 수양을 논하다論共産黨員的修養』 등이 대표적이다. 신중국이 탄생하면서 '사람'에 관해 논저가 쏟아져 나왔지만 사람의 현대화 문제에 관한 체계적인 논술을 여전히 등장하지 않고 있었다. 세계화가 빠르게 진행되면서 '사람'의 중요성이 더욱 두드러졌고, 1970, 80년대 이르러 수많은 학자들이 '사람의 현대화'로 눈을 돌리기 시작했다. 중국인의 현대화에 관해 가장 깊이 있는 연구를 한 학자로 양귀수楊國樞와 그의 제자들이 꼽히는데, 그의 저서 『중국인의 현대화中國人的現代化』만 보더라도 개인의 현대성에 대해 구체적인 설명이 담겨 있다.

인켈레스, 양귀수 등이 진행했던 사람의 현대화에 관한 연구 및 조사에는 그들 나름의 시대적 배경이 녹아 있다. 그러다 보니 그들이 말한 현대인의 특징과 당대 사람들이 지적한 현대인의 특징에는 차이가 날 수밖에 없다. 인켈레스는 당시 선진 자본주의 국가를 모델로 삼아 사람의 현대화에 관한 연구를 진행했고, 양귀수는 중국인의 보수성, 경직성 등 여러 문제점을 극복하는 데 초점을 맞춰 연구를 진행했다. 그들의 연구 성과는 분명 가치 있는 것이지만 당대 중국인의 현대화에 적합하다고 말하긴 힘들다.

사람의 현대화는 사회 현대화보다 더 복잡하고 더 단정 짓기 힘들다. 사람의 현대화 연구는 일반적으로 전통인과 현대인의 차이점을 분석하는데서 출발한다. 인켈레스는 칠레, 아르헨티나, 인도, 이스라엘, 나이지리아, 파키스탄에 관한 연구를 통해 전통인이 가지고 있는 10대 특징을 정리했다.

첫째, 혁신과 사회 개혁을 두려워한다.

둘째, 새로운 생산방식, 새로운 사상관념을 불신하거나 적대시한다.

셋째, 수동적으로 운명을 받아들인다.

넷째, 전통적인 권위를 맹목적으로 복종하고 신뢰한다.

다섯째, 효율과 개인의 역할이 부족하다.

여섯째, 겸허의 도덕사상에 순종하고 낡은 방식을 탈피해야 한다는 창조적 사고나 행동이 부족하다.

일곱째, 생각의 폭이 좁아 입장이 다른 의견이나 견해에 대해 방어적이고 두려워한다.

여덟째, 모든 일을 선인, 성인, 그리고 전통의 척도로 가늠하려 한다. 전통과 부합되지 않으면 반대하거나 비방한다.

아홉째, 사회 공공사업에 대해 무관심하고 외부세계와 단절된 채 안하무인으로 살아간다.

열째, 당장의 이익이나 실리와 분명한 관계가 없는 교육이나 학술연구를 무시한다.

인켈레스는 이를 토대로 현대인의 특징 12가지를 제시했다.

첫째, 경험해보지 못한 새로운 생활체험, 새로운 사상관념, 새로운 행동방식 등을 기꺼이 받아들인다.

둘째, 사회 개혁과 변화를 받아들일 준비가 되어 있다.

셋째, 생각의 폭이 넓고 깨어 있으며 견해차를 보이는 의견도 존중하고 받아들인다.

넷째, 현재와 미래를 모두 중시하고 시간을 아낀다.

다섯째, 개인의 역할이 강하고 사람과 사회의 능력에 대해 자신감이 가득하고 업무 시 효율을 따진다.

여섯째, 자신의 현재와 미래를 설계한다.

일곱째, 새로운 지식을 추구하고 지식을 존중한다.

여덟째, 인류의 이성적 능력과 그 이성이 지배하는 사회를 신뢰하고 타인도

신뢰한다.

아홉째, 전문기술을 중시하고 기술력에 따라 대우가 달라질 수 있다는 사고를 한다.

열째, 자신이나 자녀 모두 과거 선망의 대상이던 직업에 연연해하지 않고 교육 내용이나 전통적인 지혜에 과감히 문제제기를 한다.

열한째, 서로 이해하고 존중한다.

열둘째, 생산과정을 이해한다.

인켈레스는 이런 특징을 보다 효과적으로 체크하기 위해 현대성 수치 측정표를 제작하기도 했다.

또 다른 사회학자 커 교수는 브라질과 멕시코를 조사, 연구해 다음과 같은 현대인의 특징을 제시했다.

첫째, 인간관계와 일처리에 있어 주동적이다. 중요한 문제는 사전에 계획을 세우고 이 계획이 실현될 거라는 안도감을 느낀다.

둘째, 계획과 목표를 실행할 때 남의 힘에 기대지 않고 자신의 능력만으로 해낸다.

셋째, 개인주의 성향이 있어 단체생활에서 지나친 공동체 의식은 꺼린다.

넷째, 도시생활의 자극과 기회를 즐기고 친구를 사귈 줄 안다.

다섯째, 도시 사회구조의 가변성을 강조하고 모든 사람이 사회에 영향을 준다고 주장한다.

여섯째, 생활 또는 사업의 기회는 고정불변의 것이 아니고, 출신이 미천해도 자신의 꿈과 포부를 이룰 수 있다고 생각한다.

일곱째, 대중매체를 최대한 활용한다.

대만 학자인 양궈수는 중국인의 현대화 문제에 대해 수많은 연구를 진행한 인물이다. 그는 전통적 중국인에게 나타나는 다섯 가지(권위 존중, 부모에게 효도하고 조상을 섬김, 본분을 지킴, 숙명에 따르고 자기 보호적임, 남성우월주의) 특징을 토대로 개인 현대성에 나타나는 특징 5가지를 제시했다.

첫째, 평등하고 개방적이다.

둘째, 독립적이고 자발적이다.

셋째, 진취적이다.

넷째, 감정을 중시한다.

다섯째, 양성평등을 존중한다.

그가 말한 '평등하고 개방적이다.'란 권력의 평등을 의미한다. 즉 백성이 관리를 비판할 수 있고, 학생이 스승이나 어른과 토론을 펼칠 수 있고, 자녀가 부모와 함께 논쟁을 벌일 수도 있다는 것이다. 개방적이고 수용적인 태도를 갖고 있음을 의미한다. '독립적이고 자발적이다.'란 생활이나 행동에서 독립적이고 자주적이어서 타인의 영향을 되도록 적게 받음을 의미한다. '진취적이다.'란 사회발전에 대해 낙관적이고 주변사람이나 일을 믿는 것을 말한다. '감정을 중시한다.'란 모든 인간관계는 진심어린 마음이 깔려 있어야 함을 강조한 것이다. 마지막으로 '양성평등을 존중한다.'란 남녀 두 성性은 교육 기회, 담당업무, 사회지위 등 모든 분야에서 평등하고, 부부 역시 인격독립, 사회활동, 친구교제 등에서 평등하다는 의미다.

중국 국내 학술계에서 사람의 현대화를 문화수준의 현대화, 행동방식의 현대화, 인생태도의 현대화로 귀납하는 학자도 있다.

사람의 현대화 과정은 사람의 사회화 과정에 수반하여 실현된다. 사람의 현대화는 가정, 학교, 사회 등 다양한 요소에 제약을 받고 법률제도, 대중매체, 교육수준 등에도 영향을 받는다. 이와 함께 사람은 주체로서 이런 제약과 영향 속에서 선택과 제어의 과정을 겪는다. 인간의 현대화 과정에서 법률과 교육은 특히 중요한 의미가 있다. 중국에는 '학교면기전 법금방기후學校勉其前, 法禁防其後'라는 옛말이 있다. 현대화를 향해 가는 과정에서 우리는 타율他律에서 자율自律로, 소극적인 자세에서 적극적인 자세로 변모하는 과정을 거치게 된다. 법률은 인간의 행동을 규제하고 인간의 문명을 조성하는데 있어 실로 무시할 수 없는 역할을 담당한다.

사실 제도의 현대화와 사람의 현대화는 본질적으로 상부상조의 관계다. 제도가 갖고 있는 강제성과 권위성은 인성人性에 녹아 있는 충동성을 자제시키고 현대문명에 어긋나는 행위를 제어해준다. 이런 의미에서 볼 때 제도는 문명을 낳는다 하겠다. 하지만 제도를 집행하고 감독하는 주체 역시 사람인지라 자질을 갖춘 사람이라야 제도의 근엄성과 권위성을 지키고 제도 앞에 모든 사람을 평등하게 대한다. 이렇게 할 때 진정한 의미의 법제정신이 완성된다 하겠다. 이처럼 자질을 갖춘 사람은 또 교육과 무관하지 않기 때문에 법제는 본래 교육에 바탕을 두고 있다고 할 수 있다.

교육은 사람의 현대화에 더 직접적인 영향을 미친다. 인켈레스 등 여러 학자의 연구에서 말해주듯 교육수준과 현대성은 아주 밀접한 관련이 있다. 그들의 조사결과에 따르면 조사대상자 가운데 교육수준이 낮은 사람은 13%, 교육수준이 높은 사람은 49%가 현대적 품성을 갖추고 있는 것으로 나타났다. 교육이 인간의 현대화에 직접적이고 독립적인 영향을 준다는 단적인 예다.

교육, 특히 현대교육은 인간의 현대화에 큰 영향을 주는데, 이는 현대교육의 본질적인 특징 때문이다.

첫째, 현대교육은 강한 인위성과 분명한 목적성을 갖고 있다. 따라서 사회가 개인에게 바라는 요구에 맞춰, 개인의 발전 방향과 분야에 맞춰 사회규범을 만들어내고 현대적 인간을 양성해 내는 것을 본연의 임무라 생각한다. 지금 현대교육의 가장 큰 특징은 과학, 문화, 도덕규범의 분위기가 강하다는 것이다. 모든 교육활동과 환경은 치밀한 준비를 거친 후 경험이 있는 교육자들의 지도하에 진행되고 활동이 끝나면 결과에 대한 조사도 진행된다. 이렇게 하면 나쁜 요소를 배제하고 억제할 수 있기 때문에 젊은 층이 사회규범에 따라 건강하게 발전할 수 있다.

둘째, 현대교육은 강력한 계획성과 체계성을 갖고 있다. 위에서 언급한 사회규범을 주된 내용으로 하는 현대교육은 사회정치경제제도, 생산력 발전에 어떤 인재상이 필요한지, 지식의 논리순서, 학생의 연령, 학습 수용능력까지 함께 고려하고 있어 높은 수준과 높은 효율성을 갖춘 인재를 양성해낸다. 따라서 현대교육을 받은 사람은 지식의 질적, 양적인 면은 물론이고, 지식을 받아들이는 태도나 능력도 월등하다. 교육을 받지 못한 사람과 비교해 볼 때, 사회의식이나 사회책임감 등도 한 수 위다.

마지막으로 현대교육은 일정한 영구성과 개방성을 갖고 있다. 현대교육에서는 '교육은 모름지기 지속적으로 인간의 인생에 녹아 있어야 한다.'라는 말로 교육의 영구성, 그리고 학교교육과 사회교육의 단일화를 강조한다. 교육의 이런 특징은 사람의 현대화 실현을 위해 무한한 교육 기회와 공간을 제공해준다.

요컨대 현대교육은 현대인이 문화자질, 행동방식, 삶의 태도를 양성하는 데 있어 사회 규범적 역할을 담당한다. 뿐만 아니라 인간의 자아의식을 일깨워주고 현대인의 요구와 자아교육 능력을 향상시켜주며 영구적이고 개방적인 교육 환경 속에서 자신을 발전시켜 나갈 수 있게 한다. 이렇게 볼 때 현대화 교육 없이는, 교육의 현대화가 없이는 진정한 의미의 '사람 현대화'도 불가능하다.

(3) 교육 현대화는 '교육사상의 현대화'라는 논리에서 출발해 교육내용, 교육설비, 교육방법, 교육단체, 교육관리 등 다양한 분야를 다룬다

사회 현대화나 사람의 현대화와 마찬가지로 교육 현대화에 대한 정확한 정의를 두고 의견이 분분하다. 각기 다른 분류기준을 적용하다보니 의견이 분분한데 크게 세 가지, 네 가지, 여섯 가지, 일곱 가지 요소설說이 있다.

세 가지 요소설은 사회 현대화의 3가지 분야에 기초를 둔 것으로 교육의 현대화를 물질, 제도, 그리고 관념의 현대화로 분류한 것이다. 양둥핑楊東平은 《교육 현대화—세기를 뛰어넘은 위대한 사명敎育現代化 : 跨世紀的偉大使命》에서 교육의 현대화를 다음 세 단계로 분류하고 있다.

첫째, 물질적 측면에서의 교육 현대화다. 이는 수나 규모 상의 발전 및 학교 운영 여건, 기숙사, 설비, 기술수단, 교육 경비 등 분야의 선진화된 정도를 말한다. 보통 사회현대화의 교육지표로 사용되는데, 예를 들어 전체 인구 중 식자인구의 비중, 진학 연령 중 재학생의 비중, 국민 총생산 중 교육경비의 비중 등이 포함된다.

둘째, 제도적 측면에서의 교육 현대화다. 즉 현대사회의 정치, 경제, 과학기술, 문화에 부합하는 교육제도를 마련하는 것을 의미하며 국가의 교육체제, 학교의 운영체제, 운영기구 등이 포함된다.

셋째, 교육가치, 교육사상, 교육관념 측면에서의 현대화다. 현대생활과 세계문명에 일치하는 새로운 교육관념, 교육내용, 교육방법을 마련하고 책임감과 창조력이 뛰어난 현대사회의 시민을 양성하는 것을 의미한다. 교육가치, 교육사상, 교육 관념의 현대화가 바로 '세 가지 요소설'이 말하는 교육 현대화의 핵심이다. 이는 현대화의 내재된 뜻이자 표면적으로 도달하고자 하는 목표다.

네 가지 요소설은 세 가지 요소설 위에 지식적 측면을 더한 현대화로, 즉 커리큘럼, 교재, 교수법, 학습법 등의 교육 교학 체계를 가미한 것이다.

여섯 가지 요소설은 장쑤성 교육위원회가 1993년 발행한 《쑤난 지역의 교육현대화 공정 시범실시 지정에 관한 의견》에 잘 나타나있다. 교육사상의 현대화, 교육발전수준의 현대화, 교육체계의 현대화, 학교운영 여건의 현대화, 교사 단체의 현대화, 교육 관리의 현대화가 그 6가지 요소다.

일곱 가지 요소설은 장쑤성 교육위원회 저우더판周德藩 부주임이 제시한 의견이다. 그는 위에서 언급한 6가지 요소에 사회지역 교육의 현대화를 제시했다. 현대화된 사회지역 교육은 교육의 현대화에 큰 의미가 있으며 다른 분야의 교육 현대화와 상호보완 및 상호촉진적인 역할을 담당한다. 또한 학교교육 현대화와 현대화된 인재를 양성하는 데 없어서는 안 될 요소라고 강조했다. 따라서 가정교육을 중시, 연구하고 현대 사회교육의 자원 개발, 구축, 이용에 대해 연구해야만 보다 완벽한 현대적 교육시스템을 구축할 수 있다.

사용의 편리성과 실행가능성 측면에서 본다면 분류가 구체적이든, 상세하든 크게 상관없지만 이론연구의 깊이나 체계성 측면에서 본다면 분류는 원칙적이고 폭넓은 것이 좋다고 필자는 생각한다. 지금부터 사용 측면에서 교육 현대화의 내재적 의미에 대해 이야기하고자 한다.

첫째, 교육사상의 현대화다. 교육사상이란 주로 교육의 기본적인 문제를 해결하는 견해를 말하는 것으로, 교육의 이상과 이상적인 교육의 문제, 어떤 인재를 양성하는 것과 어떻게 인재를 양성할 것인가 하는 문제 등이다. 교육사상의 현대화는 교육발전의 내재적 규율과 시대적 특징을 파악해 올바른 교육관과 인재관을 수립하는 것이다. 예를 들어 전면적인 발전관념, 평생교육의 관념, 민주평등의 관념, 다원화 교육의 관념, 자질교육의 관념 등이다. 교육사상의 현대화는 교육 현대화의 전제조건이라 할 수 있다. 모든 교육 지도자와 수많은 교사들의 교육사상이 현대화되지 않는다면 진정한 의미의 교육 현대화는 요원한 일이 되고 만다.

둘째, 교육내용의 현대화다. 교육내용의 현대화는 교육체계의 현대화라고도 할 수 있는데, 커리큘럼 시스템, 교재내용, 그리고 이에 상응하는 교육방법의 현대화를 의미한다. 일반적으로 커리큘럼의 수준은 학생의 자질수준을 결정짓고, 커리큘럼의 구조는 학생의 자질구조를 결정지으며 교육내용의 현대화는 학생의 자질을 결정짓는다. 지금 당장 학과 커리큘럼의 최적화, 커리큘럼의 활성화, 환경 커리큘럼의 개발도 중요하지만 그보다 현대교육 관념에 부합하고 국제화와 현지화를 통일한 커리큘럼과 교재 시스템을 구축하는 것이 급선무다. 교육내용의 현대화는 곧 교육 현대화의 핵심이다.

셋째, 교육시설의 현대화다. 교육시설의 현대화는 학교운영 여건의 현대화라고도 할 수 있는데, 기숙사 시설, 설비여건이 선진화된 수준을 갖추고 있어 현대 정보기술, 체능훈련기계, 예술교육도구 등을 이용할 수 있어야 하고, 선진화된 과학실험설비, 충분한 도서자료 등도 갖추고 있어야 한다. 교육시설의 현대화는 교육 현대화의 기초로, 그중 도서자료는 교육시설 현대화에 빠져서는 안 될 중요한 부분이다.

넷째, 교사 단체의 현대화다. 교사 단체의 현대화는 교사가 높은 학력과 문화지식 수준을 갖추고, '스스로 배우기를 좋아하고 참을성 있게 남을 가르친다.學而不厭, 誨人不倦’는 직업정신을 갖추고 있어야 한다는 뜻이다. 또 교사는 더 나은 것을 추구하고 타의 모범이 되겠다는 스승으로서의 수양정신과 우수한 교수법을 갖추어야 한다. 교사 단체의 현대화는 교육 현대화의 근본이다. 예전의 구태 의연한 교사 모습에서 학자 스타일의 교사, 교육자적인 교사로 변모한다면 교사 현대화에 성공한 것이다. 그러려면 교사 양성, 임용, 연수, 승진을 관장하는 제도를 구축하고 교사의 지위와 대우를 근본적인 개선해야 한다. 이것이 교사 단체의 현대화를 이루는 열쇠다.

다섯째, 교육 관리의 현대화다. 교육 관리의 현대화는 관리단체, 관리제도, 관리수단 세 가지 분야의 현대화를 의미한다. 즉 현대적 교육사상으로 무장하고 현대적 관리지식을 갖춘 수준 높은 관리 팀, 완벽한 현대교육 관리제도, 현대적 관리수단을 갖춰야만 과학적인 교육관리가 가능하다는 의미다. 교육 관리의 현대화는 교육 현대화의 밑거름이다. 지금 당장 교육 관리 현대화를 실현하려면 중국 상황에 꼭 맞는 교육평가 및 장려체제를 마련하는 것이 급선무다.

교육발전수준의 현대화는 교육 관리 현대화의 일부분으로 봐도 좋다. 그래서 교육구조의 현대화라 부르기도 하는 교육발전수준의 현대화는 각 종류별 교육구조, 단계별 기관, 전문구조, 그리고 분야가 모두 갖춰진 특색 있는 교육 시스템을 구축하는 것을 의미한다. 교육발전수준의 현대화는 사실상 거시적 교육 관리의 결과물이자 교육 현대화의 상징이다.

여섯째, 사회교육의 현대화다. 사회교육의 현대화는 학교와 사회 간에 상호 연계 체제를 구축하는 것을 의미한다. 그래서 ‘학교가 주축이 되고 사회지역이 협조하며 정부가 총괄해 사회가 함께 인재양성에 동참한다.’는 전면적인 교육의 큰 틀을 마련함으로써 학생은 사회지역에, 사회지역은 학생에게 관심을 보이는 환경, 그리고 학교시설은 사회에, 사회시설은 학교에 전면 개방하는 환경을 조성하는 것이다.

위에서 언급한 여섯 가지 내용은 유기적으로 연결되어 있으며 교육사상의 현대화라는 논리에서 시작된 것이다. 그중에서도 교사 단체의 현대화가 무엇보다 중요하다. 하버드 대학의 코난트Conant전 총장의 다음과 같은 말 역시 일맥상통하는 내용이다.

"학교의 명예는 기숙사나 학생 수에 달려 있지 않다. 진정한 학교의 명예는 교사 수준에 달렸다."

이처럼 교사 단체의 현대화는 지도자들이 교육 현대화를 추진하는 과정에서 가장 먼저 고려되어야 할 중점 전략이다. 교육 현대화를 실현하기 위한 돌파구를 찾아야 한다. 실제상황에 근거해 선택을 해도 좋고, 교육시설에 정성을 쏟아 부어도 좋다. 또 교육 관리를 위한 글을 써도 좋고 교육내용이나 사회지역 교육을 위해 지혜를 짜내는 것도 좋다. 하지만 어떤 것을 돌파구로 선택하든 전체적인 흐름, 시스템의 최적화라는 원칙에 따라 진행해야 교육 현대화의 전반적인 발전이 가능하다는 것을 기억해야 한다.

교육 현대화의 거대한 흐름은 중국이 다양한 분야에서 추진하고 있는 현대화 교육에 중요한 메시지를 전해준다. 중국은 21세기로 향하는 이 시점에서 교육의 현대화라는 역사적 사명을 인식해야 한다. 그리고 국내외의 교육 현대화에 관한 각종 노하우를 받아들이고 중국교육 현대화의 시대적 배경을 파악해 교육 현대화를 적극 추진해야 한다. 이렇게 할 때 '신세기로 통하는 열쇠'인 교육이 우리에게 밝고 눈부신 21세기의 문을 열어줄 것이다.

4. 혁신적인 교육과 교육의 혁신

현재 우리 사회는 지식 경제 시대로 접어들었다. 지식 경제는 새로운 발견, 발명, 연구, 그리고 혁신을 원동력으로 삼아 발전하며, 그중에서도 기술 혁신을 비롯한 혁신은 지식 경제 발전의 핵심이라고 할 수 있다. 이러한 지식 혁신과 기술 혁신을 이룰 수 있게 하고 혁신적 인재를 양성하는 핵심의 근간은 바로 교육에 있다. 그러나 현재의 중국교육은 지식 경제 사회가 요구하는 '혁신'이라는 흐름을 따라가기에 역부족이며, 따라서 혁신적인 교육 실시가 시급하다.

(1) 민족의 진보를 이끄는 영혼이자 국가의 지속적인 발전을 가능케 하는 원동
    력, 교육에 대한 지식 경제 사회의 시대적 요구인 혁신 교육

  오늘날처럼 과학 기술이 막대한 위력과 놀라운 속도로 경제, 사회 발전에 영
향을 미친 적은 없었다. 21세기라는 새로운 세기를 앞두고 많은 사람들이 장밋
빛 전망들을 쏟아낼 때, 우리 사회에는 새로운 경제 흐름이 나타나 발전하기
시작했다. 이 새로운 경제 흐름은 폭발적인 속도로 전 세계에 확산되며 우리를
새로운 시대, 즉 지식 경제의 시대로 이끌었다. 지식 경제는 지식의 끊임없는
혁신을 기반으로 발전한 일종의 지식집약형, 스마트형 경제이다. 지식 경제는
노동자의 혁신적 자질이 곧 경제 발전을 이끄는 성장 동력이라고 강조하며 발
명 혁신, 디자인 혁신, 발상, 이론의 혁신 등 창조성을 중시한다. 이들은 경제
의 지속적이고 안정적인 발전을 가능하게 하며 막대한 부를 창출해낸다. 그래
서 지식 경제 시대로 접어든 오늘날에는 갈수록 혁신 능력이 큰 가치를 인정받
고 주목받고 있다. 지식 경제 시대에 혁신이 없다면 지식 경제의 주체도 그 생
명력을 잃는다고 할 수 있다.

  거시적인 시각에서 볼 때 혁신은 국가와 민족의 종합 국력과 경쟁력을 결정
짓는다. 장쩌민江澤民 전 중국 국가 주석은 이렇게 지적한 바 있다.

  "혁신은 민족의 진보를 이끄는 영혼이자 국가의 지속적인 발전을 가능하게
하는 원동력이다. 혁신이 없는 민족은 세계라는 정글에서 살아남기 어렵다."

  세계 역사에서 중화민족은 찬란한 문명의 꽃을 피웠다. 특히 중국 고대의 4
대 발명은 중화민족의 빛나는 지혜와 탁월한 혁신 능력을 고스란히 보여준다.
그러나 근현대에 접어들어서는 중국의 혁신 능력이 다른 나라보다 못한 수준
으로 전락했다. 현재 세계 과학계에서 최고 권위를 자랑하는 노벨상을 예로 들
어보자. 노벨상은 한 국가와 민족의 과학 수준과 혁신 능력을 보여주는 지표라
고도 할 수 있다. 오늘날까지 이미 96차례 노벨상 수상자가 선정되었지만, 그
중에 세계 인구의 5분의 1을 차지하는 인구 대국 중국 국적의 인물은 단 한 명
도 없었다. 한편, 이와 대조적으로 양전닝楊振寧, 리위안저李遠哲, 리정다오李政

道 등 중국계 미국인 6명이 노벨상 수상의 영광을 안았다. 이러한 결과는 중국이 안고 있는 지극히 현실적이고 심각한 문제를 여실히 보여준다. 엘리트 중국인은 왜 해외에서만 빛을 보는 것일까? 이는 반드시 진지하게 고심해볼 문제이다. 여기서 한 가지 분명한 점은 중국의 혁신 인재 양성 시스템에 심각한 문제가 있으며 혁신 인재 양성에 적합한 환경도, 체계적이고 효과적인 운영 메커니즘도 마련하지 못하고 있다는 사실이다.

물론 한 국가와 민족 발전에서 혁신의 의미가 단지 노벨상 수상에만 국한되는 것은 아니다. 혁신의 진정한 의미는 경제 발전 촉진과 종합 국력 증강에 결정적인 영향을 미친다는 것이다. 그래서 현재 많은 국가가 혁신 시스템 구축을 정부의 전략적 주요 임무로 삼고 있다. 그동안 '모방'으로 대표되었던 일본도 많은 자금을 투입해 미국의 첨단 기술 상품 생산 라인을 사들이고 타국의 혁신 지식을 이용해 새로운 제조 상품을 개발해야 한다고 강력히 주장한 바 있다. 농업 경제와 산업 경제 시대에 일본은 기적과도 같은 경제 성장을 이룩하며 세계를 호령했지만 지식과 기술 혁신 중심의 지식 경제 시대가 되자 독창적인 혁신 메커니즘의 부재로 경제의 기반fundamental이 흔들리면서 아시아 금융 위기의 직격탄을 맞았다. 그래서 이제 일본 정부는 '모방의 시대'와 결별을 선언하고 교육과학기술 연구 정책과 시스템을 대대적으로 정비하며 '과학 기술 혁신 국가 건설'을 추진하고 있다. 과학기술 연구 혁신 분야에 대한 일본의 투자는 최근 몇 년간 줄곧 상승세를 보이고 있다.

지식 경제 시대를 맞아 일본이 실시하고 있는 조치들은 중국에 큰 교훈을 준다. 중국은 투자 부족, 혁신 시스템과 운영 메커니즘 미비 등으로 국가적 수요나 국제 수준과 비교해 상대적으로 혁신 능력이 크게 뒤떨어지는 상태이다. 그러므로 오직 사회주의 시장 경제에 걸맞은 국가 혁신 시스템을 구축하고 국민의 혁신 능력을 향상시켜야만 국제 경쟁에서, 세계무대에서 국가의 지위를 높일 수 있다.

혁신은 거저 이루어지는 것이 아니라 지식의 전파, 전환, 응용을 기반으로 일어나는 것이다. 그리고 이 모든 과정은 교육에 그 뿌리를 둔다. 다시 말해, 지식 혁신이든 기술 혁신이든 교육이라는 버팀목이 필요하다는 뜻이다. 따라서 혁신 의식과 혁신 능력을 높이기 위한 움직임은 교육에서부터 시작되어야 한다. 대대적인 혁신 교육을 통해 학생들에게 혁신 정신을 배양함으로써 시대 흐름에 걸맞은 혁신 능력과 혁신 의식을 갖춘 진정한 인재를 양성하고, 더 나아가 나라 전체의 혁신 수준을 높여야 한다. 그래야만 중국이 지식 경제 시대로 향하는 과도기를 순조롭게 넘어서고 선진국과 거리를 좁힐 수 있다.

미시적인 시각에서 보면 혁신적인 교육은 개인의 자질과 인격 형성, 개인의 발전에도 매우 중요한 역할을 한다. 기존의 학습은 일종의 '계승하고 유지하는' 학습으로, 학생들은 이미 확립된 사상이나 방법, 원칙 등을 학습했다. 이러한 학습은 농업 사회나 산업 사회를 살아가는 데 필요한 문제 해결 능력을 키워주었다. 그러나 문화 지식과 과학 기술, 경제가 하루가 다르게 발전하는 지식 경제 시대에는 그처럼 전통 사회의 규율에 적응하는 것만으로는 부족하다. 빠른 변화에 맞추어 개인의 삶을 개선해나가고 새로운 생활을 창조함으로써 자신을 끊임없이 개선해야 한다. 이를 위해서는 혁신적 정신, 혁신적 사상, 혁신적 행동이 뒷받침되어야 한다. 오직 혁신적인 교육을 통한 혁신적인 학습이 선행되어야만 지식 경제 사회에서 발 빠르게 새로운 지식을 받아들이고 새로운 삶과 새로운 세계를 창조할 수 있다. 하버드대학 총장이 베이징대학에서 강연하면서 이런 말을 한 적이 있다.

"새로운 세기로 나아가는 과정에서 최고의 교육은 바로 혁신 능력을 키우는 교육이다. 사고에 능하고 이상과 통찰력이 있는 더욱 완벽한 사람을 양성하는 것이다."

혁신 능력은 단순 지적 능력이 아닌 인격이나 정신 상태, 종합적 자질이 모두 복합된 능력이다. 혁신에 기반을 둔 교육은 인간의 발전에 매우 중요한 의미가 있다. 1996년 국제21세기교육위원회가 내놓은 보고서 〈교육-그 속에 부가 있다敎育-財富蘊藏其中〉에는 혁신을 교육의 최고 목표로 삼으라는 주장이 포함되어 있다.

"교육의 임무는 모든 사람의 창조적 재능과 잠재력이 결실을 맺을 수 있도록 하는 것이다. …… 이는 다른 어떤 목표보다도 중요하다."

국가 민족 발전이라는 시각에서든 개인 발전이라는 관점에서든 혁신 교육의 실시는 매우 시급한 사안이다. 중국의 저명한 교육가 타오싱즈는 일찍이 1930년대에 창조교육을 주장했고, 그의 스승인 미국 교육가 듀이John Dewey 역시 기존 교육에 창조성이 부족함을 지적하며 학생의 창조적 사고 능력을 키우는 창조교육을 해야 한다고 주장했다. 이처럼 일찍이 창조교육에 대한 목소리는 있었지만 산업 사회라는 사회적 특징 탓에 창조교육은 크게 주목받지 못했다. 오늘날 우리는 세 번째 인류 문명인 지식 경제와 마주하여 혁신 교육의 필요성을 절감하고 있다. 지식 경제 시대는 교육 시스템에서 교육 모델, 교육 구조, 교육 방법, 교육 내용에 이르기까지 교육의 전면적인 개혁을 요구하고 있다. 교육의 혁신을 통해 교육자의 혁신 능력을 제고하고 지식 경제 시대에 걸맞은 인재를 양성하라고 주문하고 있는 것이다.

(2) 혁신 교육의 핵심은 학생의 혁신적 의식, 혁신적 사고, 혁신적 재주, 혁신적 감성, 혁신적 인격 배양

'혁신'은 20세기 초에 처음 등장한 개념으로, 당시에는 주로 경제학자들이 기술의 응용이라는 측면에서 '혁신'을 이야기했다. 그러나 사회가 발전과 변화를 거듭하면서 '혁신'이라는 단어의 의미 역시 계속해서 확대, 심화되고 있다. 단어 자체의 의미를 살펴보면 혁신은 사물의 발전 과정과 발전 결과, 새로운 발견과 발명, 새로운 사상과 이념, 새로운 학설과 기술, 방법 등 모든 새로운 것을 말한다. 그리고 혁신 교육이란 혁신적 교육을 통해 학생의 혁신 능력을 배양하고 더 나아가 앞서 언급한 새로운 것들을 가르치는 것이다. 혹은 혁신 원리에 근거하여 학생에게 혁신적 의식, 혁신적 사고, 혁신 능력, 혁신적 개성을 배양하는 것을 목표로 하는 교육 이론 또는 방법이라고 할 수 있다. 혁신 교육은 학과 지식의 체계적인 학습과 혁신 능력 배양을 모두 중시하며, 그중에서도 혁신 능력 배양이 혁신 교육의 핵심이라고 할 수 있다.

혁신 교육의 첫 번째 단계는 혁신적 의식 배양으로, 혁신을 추구하고 혁신을 자랑으로 여기는 의식을 길러주는 것이다. 강렬한 혁신 의식이 바탕이 되어야만 강력한 혁신 동기가 부여되고, 이를 바탕으로 혁신 목표를 세워 혁신 잠재력과 재능을 발휘할 수 있다. 창웨이위長韋鈺 중국 교육부 부장관은 혁신이란 열정을 원동력으로 한 자각적인 사고에서 비롯되며, 혁신적 사고는 곧 애착과 추구, 분투, 헌신 정신이 집중되어 나타나는 자각적 사고라고 지적했다. 이러한 자각적 사고는 바로 유네스코UNESCO가 '3권의 패스포드'에서 언급한 '사명감과 개척 정신'이자 피터 센게Peter Senge가 《학습 조직의 5가지 수련》에서 언급한 '자아 초월'의 경지이다.

혁신 교육의 두 번째 단계는 혁신적 사고를 배양하는 것이다. 혁신적 사고란 새로운 방식의 발명 또는 발견을 통해 어떤 사물을 처리하는 사유 과정을 뜻하는데, 이는 생각을 재조직하여 새로운 상품을 생산해낸다. 이른바 '임프루빙 멘탈 모델Improving Mental Models'이라는 혁신적 사고를 배양하는 것이다. 혁신적 사고는 남다름 추구, 섬세한 관찰력, 창조적인 상상, 독특한 지식 구조, 자유로운 영감의 다섯 가지 뚜렷한 특징이 있다. 이러한 혁신적 사고는 학생이 순조롭게 문제를 해결하고 완벽하게 지식을 습득할 수 있도록 하며, 새로운 지식을 공부하는 데 이들 지식을 사용하여 원활하게 학습할 수 있도록 돕는다. 따라서 혁신적 사고는 모든 혁신 활동의 핵심이자 혁신 능력의 핵심이라고 할 수 있다. 혁신 교육은 반드시 이러한 사고 능력을 키우는 데 집중되어야 한다.

혁신 교육의 세 번째 단계는 혁신적 기능을 배양하는 것이다. 이는 혁신 주체에 행동 기술을 부여하여 행동 능력을 키우는 것이다. 혁신 기능에는 혁신 주체의 정보 가공 능력, 일반 업무 수행 능력, 행동 능력, 조작 능력, 숙련도, 응용 능력, 혁신 성과의 표현 능력 등이 있는데 이러한 혁신 기능을 배양하는 것은 마땅히 중요시되어야 한다. 따라서 중국학교교육은 기본 기능을 중심으로 과학 능력과 과학 방법의 훈련을 강화해야 한다.

혁신 교육의 네 번째 단계는 혁신 감성과 혁신 인격을 배양하는 것이다. 혁신은 순수한 지능 활동만으로 이루어지는 것이 아니라 원대한 이상, 굳건한 신념, 혁신에 대한 불타는 열정 등 혁신적인 감성이 뒷받침되어야 한다. 지능과 혁신 감성의 상호 작용을 통해서만 비로소 인간의 혁신 능력이 종합적으로 발휘될 수 있는 것이다. 혁신 감성과 함께 혁신 능력을 배양하고 혁신 활동을 이끄는 데 중요한 역할을 하는 것이 바로 개성이다. 개성의 차이는 혁신의 성과를 결정짓기도 한다. 혁신적인 개성은 일반적으로 용감함, 유머, 독립성, 변함없는 마음, 그리고 굴하지 않는 곧은 인격이 특징이다. 교육 대상이 우수한 혁신 감성과 개성을 갖추고 있다면 이는 혁신 능력을 배양하고 발휘하는 데 좋은 밑바탕이 마련된 것이라고 할 수 있다.

(3) 교육 이념, 교육 내용, 교육 방법, 교육 수단, 교사의 자질, 교육 관리 등 교육의 혁신이 필요한 혁신 교육

학교는 직접적인 교육의 장이자 학생의 혁신 의식, 혁신 정신, 혁신 능력을 배양하는 곳이다. 따라서 학교는 혁신적인 교육을 실시하는 데 꼭 필요한 요소라고 할 수 있다. 학교는 학생에게 최적화된 교육 서비스를 제공함으로써 학생의 혁신 잠재력을 최대로 끌어올리고 이를 개발해야 한다. 하지만 전통적인 교육 시스템은 혁신적인 인재를 양성하기에는 빈틈이 너무 많아 학생의 혁신 능력을 배양하는 데 심각한 영향을 미치고 있다.

전통적인 학교교육의 교육 이념, 양성 목표, 교육 방식, 교육 내용 등은 중국이 현재 제창하는 혁신 교육과는 거리가 있다. 지식, 능력, 자질 중에서 지나치게 지식의 전수를 중시하는 반면에 학생의 능력 배양, 특히 혁신 능력을 배양하는 데는 소홀하며, 교사와 학생 관계에서도 교사의 주도성만 강조하고 학생의 주체성을 간과하고 있다. 학생에게도 획일적인 것만 강조하며 통일된 요강으로 통일된 교재를 사용하고 통일된 시험을 치름으로써 개인차를 간과한다.

다시 말해 암기와 시험만 중시하고 혁신 탐구에는 소홀한 기존의 교육 모델은 학생의 주동성과 자율성 등을 발전시키는 데 심각한 영향을 미치고 있으며, 결과적으로 미래 사회에 필요한 혁신 인재를 제대로 양성해내지 못하고 있는 것이다. 지식 경제 시대인 지금 혁신 인재에 대한 사회의 수요를 충족시키려면 반드시 교육 이념, 양성 목표, 교육 내용, 교육 방법, 교육 수단, 관리 시스템 분야의 혁신을 강화하고 혁신 교육을 추진해야 한다.

① 교육 이념의 혁신

이념에는 인간의 가치관이 반영되며, 인간이 실질적인 활동을 하는 데 정신적 버팀목이 되기도 한다. 교육 이념은 교육에 대한 인간의 가치관을 구체적으로 반영하며 우리의 교육 방향과 행동 모델에 직접적인 영향을 미친다. 교육 활동의 결과 역시 교육 이념에 따라 크게 달라진다.

혁신적인 인재가 필요한 21세기 지식 경제 시대에 중국은 혁신적 인재가 태부족이다. 이러한 상황이 발생한 것은 중국의 전통적 교육 이념과 직접적인 연관이 있다. 일례로 머릿속에 전통적 교육 이념이 굳건히 자리 잡은 이들은 혁신적 인재 양성의 필요성에 의문을 제기했다. 그동안에는 교육을 통해 배출된 인재의 90%가 생산 활동에 종사했고, 단 10%의 사람들만이 과학 기술 연구 분야에 종사했기 때문이다. 그래서 어떤 이들은 심지어 학교의 주된 임무란 생산 분야에 종사할 노동자를 양성하는 것이라고 생각하기도 했다. 혁신 교육은 극소수의 우등생에게만 필요한 것일 뿐 그들에게 학교교육이란 그저 학생에게 필요한 지식과 기술을 가르치면 그만이라고 여긴 것이다. 학생의 혁신 자질을 배양하는 데 또 다른 걸림돌은 바로 두려움이었다. 사람들은 '혁신'을 소수의 걸출한 과학자들의 전유물 정도로 여기며 혁신 능력을 배양한다는 것에 대해 일종의 신비감을 가지고, 심지어는 '창조력은 배양할 수 없다'고 생각하기도 했다. 이처럼 전통적인 교육 이념에는 혁신 자질 배양의 필요성과 가능성에 대한 정확한 이해와 인식이 부족했다. 그래서 혁신 교육에 대한 목소리도 그저 허장성세에 불과할 수밖에 없었던 것이다. 굳건한 신념이 없다면 혁신 교육도 방향과 신념을 잃게 된다.

아직까지도 사람들의 사상과 의식 속에는 전통적인 교육 이념과 인재관이 깊이 뿌리 박혀 있다. 그런 탓에 '혁신 인재 양성'이라는 21세기 지식 경제 시대의 요구에 직면해서도 이에 발 빠르게 대응하지 못하고 있는 것이 사실이다. 혁신 인재 양성이라는 목표를 실제 교육 현장에 반영하려면 반드시 새로운 교육 이념을 수립해야 한다. 혁신적 이념을 수립하기 위해 선행되어야 할 사항은 다음과 같다.

첫째, 혁신적인 가치관을 수립해야 한다. 혁신적 가치관이란 혁신이 사회와 개인의 발전에 매우 큰 의미가 있음을 충분히 인식하고 교육자와 피교육자, 나아가 모든 국민이 창조력의 가치를 인정하도록 하는 것을 말한다. 국가적 차원에서 이야기하자면 국가는 민족의 혁신 자질을 배양하는 것을 민족 발전의 주춧돌이자 원동력으로, 민족의 종합 경쟁력을 평가하는 중요 지표로, 또 민족 발전의 핵심으로 삼고, 이를 교육 사업의 최우선 과제로 두어야 한다. 사회 구성원은 혁신 자질을 가장 가치 있는 능력으로, 그리고 자기 안의 틀을 깨고 자기 자질을 뛰어넘어 더 많은 발전을 이룰 수 있게 하는 능력으로 여겨야 한다. 혁신 능력이란 단순한 지적 자질이 아니라 인격과 정신 상태가 하나 되는 종합적 자질이라는 것을 알아야 하는 것이다. 교사는 학생의 혁신적 자질을 길러주는 것이 자질의 신성한 소임이라는 것을 확고히 해야 한다. 학생의 혁신 자질 배양을 저해하는 것은 교육 사업의 실패를 부르는 것이자 독직 행위이고 그런 교사는 교사 부적격자이다. 그리고 만약 학생이 혁신 자질의 배양을 목표 삼지 않는다면, 이는 그 학생이 아직 이성적이지 못함을 뜻한다. 이러한 학생들은 자기 자질에 대한 책임감은 물론 사회적 책임감도 부족할 수밖에 없다. 반 배양학교가 피교육자의 혁신 자질 배양을 교육 목표로 삼지 않고 학생의 혁신 자질 배양에 유리한 환경과 분위기를 조는 주지 않는다면 결코 성공한 학교가 될 수 없다. 다시 말해 우리는 모든 사회 구성원, 특히 교육자와 학생이 혁신을 자랑으로 여기는 진보적 이념을 수립하고자 노력해야 한다. 끊임없는 탐구와 창조를 자신의 신성한 책무이자 마땅한 소임으로 여기도록 해야 하는 것이다. 이러한 혁신적 가치관이 바탕에 깔려 있을 때 비로소 사회 구성원들의 혁신 자질을 배양하는 일이 가능해진다.

혁신적 가치관을 수립함과 동시에 혁신 자질을 배양하는 데는 가소성이 있다는 사실을 깨닫고, 또 혁신 자질 배양에 대한 신비감을 깨뜨려야 한다. 중국의 저명한 교육가 타오싱즈는 다음과 같이 말한 바 있다.

"인류 사회 곳곳이 바로 창조의 땅이고, 하루하루가 바로 창조의 시간이며, 사람 한 명 한 명이 바로 창조주이다."

모든 사람이 혁신의 잠재력을 갖추고 있음을 보여주는 대목이다. 여러 과학 연구 성과나 교육적 성과도 이를 증명해준다. 단지 사람마다 혁신 잠재력을 드러내는 방식이 다를 뿐이므로 교육자는 반드시 모든 학생의 혁신 잠재력을 믿고 존중해야 한다. 적합한 교육을 통하면 반드시 학생의 혁신 잠재력을 현실로 바꿔놓을 수 있다고 굳게 믿어야 한다.

둘째, 혁신적 교육 기능관을 수립해야 한다. 올바른 교육 기능관을 수립하려면 교육의 역할과 본질에 대한 우리의 새로운 이해와 인식이 필요하다. 현대교육은 전통적인 '전도傳導, 전수傳授, 문제 해결破惑'의 기능을 뛰어넘어 학생의 혁신 자질 배양을 자신의 사명과 임무로 삼아야 한다. 교육을 통해 학생의 혁신 능력을 키우는 것이야말로 현대교육의 진리이다. 1972년 유네스코 국제교육발전위원회는 〈학회생존學會生存〉이라는 보고서에서 다음과 같이 지적한 바 있다.

"사람들은 교육을 통해 자신의 의식 속에 잠재된 창조성을 모두 발휘하고자 한다. 인간의 창조 능력은 쉽게 문화의 영향을 받아 인간의 성과를 다시 한 번 뛰어넘으며 발전할 수도 있고 쉽게 스트레스를 받아 좌절될 수도 있는 능력이다. 교육은 이러한 창조 능력을 발전시킬 수도, 질식시킬 수도 있는 힘이 있다."

학생의 혁신 능력을 배양하는 과정에서 교육이 양날의 검과도 같다는 점을 보여주는 대목이다. 즉 우리가 교육에 대해 얼마나 정확히 인식하느냐에 따라 교육의 긍정적 기능이 발휘될지 여부가 결정된다는 것이다. 학생의 혁신 능력을 배양하는 데 교육이 얼마나 중요한 역할을 하는지 마음속 깊이 깨달아야만 전통적 교육이 학생의 혁신 능력을 배양하는 데 미치는 부정적 영향을 피해 혁신 교육에 유리한 환경을 마련할 수 있다. 바꿔 말하면, 우리가 무의식중에 학생의 혁신 자질 배양에 불리한 교육 환경을 조장할 수도 있다는 뜻이다.

심리학자 피아제Jean Piaget는 교육이란 선대가 한 일을 반복하는 것이 아니라 혁신 능력을 갖춘 인재를 양성하는 것을 목표로 한다고 말하며, 지식을 전수하고 계승하는 기존 교육에서 학생의 혁신 정신과 혁신 능력을 배양하는 모델로 전환해야 한다고 지적한 바 있다. 새로운 교육 기능관은 21세기 지식 경제 혁신이라는 기치 아래 제기된 교육에 대한 새로운 요구이다.

셋째, 혁신적인 인재관, 학생관, 교사관, 학교관을 수립해야 한다. 인재란 사회에 공헌하는 개체를 말한다. 21세기의 국제 경쟁은 곧 혁신력 경쟁이다. 이러한 상황에서 인재에 대한 사회 평가 기준에도 눈에 띄는 변화가 생겼다. 바로 혁신 정신과 혁신 능력을 갖추는 것이 새로운 인재관의 중요한 기준이 된 것이다. 그래야만 인재의 재능이 사회 발전을 촉진하는 역할을 할 수 있다. 한 저명한 컴퓨터 전문가는 인재를 가늠하는 기준이 지식의 축적 정도에서 지식의 탐구, 지식의 창조 능력으로 바뀐 지 오래라고 지적했다. 이제 우리는 최단시간에 가장 효과적인 방법으로 몰랐던 지식을 얻고, 이러한 일종의 재능을 바탕으로 다시 지식을 넓혀나가야 한다. 21세기는 단순 암기에만 능한 고득점자에게 자리를 내어주지 않을 것이다. 이는 21세기의 인재 평가 기준이 전통 농업 사회와 산업 사회의 기준보다 질적으로 발전하리라는 것을 뜻한다. 따라서 학생, 교사, 학교에 대한 인식 평가에도 반드시 새로운 인재 평가 기준을 중심으로 한 새로운 변화의 바람이 필요하다.

좋은 학생인지 아닌지를 평가할 때 우리는 흔히 학생이 말을 잘 듣는지, 즉 순종적인지를 본다. 그러나 앞으로는 끈기 있고 잔꾀가 많은 아이들을 주의 깊게 살피고 그들을 지원해주어야 할 것이다. 이러한 학생들은 실험 정신이 강하고 실패를 두려워하지 않아 끊임없이 개척하고 혁신하는 학습 습관을 쉽게 익히기 때문이다. 실제로, 사회에 나갔을 때 이러한 학생들이 혁신 의식과 혁신 능력 면에서 보수적인 학생보다 오히려 월등히 뛰어난 경우가 많다. 특히, 어린 학생들은 가소성이 있다. 따라서 우리 사회는 학생의 혁신 능력을 배양하고 발전시키는 데 적합한 환경을 조성함으로써 모든 학생이 새로운 사회에서 자신의 개성을 충분히 발휘하고 창조적 열정을 불태우며 혁신적인 인품을 쌓아 지금 사회에 필요한 진정한 인재로 거듭나도록 이끌어야 한다.

이 밖에도 혁신적 자질을 갖춘 학생을 양성하는 것을 목표로 삼아야 한다. 이를 위해서는 우선 교사가 혁신에 대한 두려움을 지워야 한다. 앞으로는 책 속의 죽어 있는 지식만 가르치고 시험 요강과 교과서에 얽매이는 교사는 자연스럽게 도태될 것이다. '교사, 교실, 교재 위주'의 교육 모델을 바꾸어 교육 활동이 학생의 사고와 열정을 이끌어내는 과정이 되도록 해야 한다. 교사는 지식 전수자라는 전통적 역할에서 벗어나 학생이 스스로 탐구하도록 이끄는 안내자가 되어 학생의 혁신 의식과 혁신 능력 배양을 도와야 한다. 이것이 바로 혁신 교육에 필요한 교사의 자질이요, 역할이다. 아울러 학생의 학습 공간인 학교는 지식을 전파하는 기관에 머무를 것이 아니라 학생의 혁신 의식과 혁신적 사고, 혁신적 기능, 혁신적 개성을 배양하는 낙원이 되어야 한다. 좋은 학교인지 아닌지 평가하는 기준 역시 시험 성적 순위가 아닌 학생의 종합적인 자질, 특히 학생이 혁신 자질을 갖추었는지 여부가 되어야 한다.

② 교육 내용의 혁신

학생의 혁신 자질을 키우려면 반드시 교육의 힘이 필요하다. 과학적이고 합리적인 교육 내용은 학생의 혁신 자질을 키우는 데 매우 중요한 역할을 한다. 그러나 현재 중국의 교육 내용은 학생의 혁신 자질을 배양하는 데 제 역할을 다하지 못하고 있으며, 심지어 걸림돌이 되고 있다.

먼저 교과과정 내용을 살펴보면 교육 내용이 많이 낙후되어 있다는 것을 알 수 있다. 이러한 문제점은 고등 교육에서 특히 두드러지며, 혁신 교육이 요구하는 참신함과 불협화음을 이룬다. 내용이 10여 년 전, 혹은 수십 년 전에 정체되어 있는 일부 교재가 초등학교나 중고등학교, 대학 할 것 없이 여전히 사용되고 있다. 사회 발전과 정보의 홍수 속에서 학생들도 계속해서 변화 발전을 거듭하는데, 교재는 아직도 그 밥에 그 나물이다. 신선함이라고는 전혀 없는 낡은 정보가 학생들의 혁신적 사고를 가로막고 있는 것이다.

혁신은 실생활에서 비롯된다. 일상생활과 사회 활동 과정에서 비롯되고 확립되어 우리 생활에 도움을 준다. 그런데 교육은 실생활과 동떨어진 내용을 담고 있어서 학생들에게 혁신 자질을 길러주고자 하는 노력의 발목을 잡고 있다. 학생들은 온종일 책의 바다 속에서 공허한 이론과 자질구레한 공식들을 배우며 외부 세계와는 담을 쌓고 지낸다. 공부에 대한 학생들의 부담이 날로 커져만 가고 학습 난이도도 계속해서 높아지고 있지만 학생들은 여전히 실질적인 문제에 대해서는 속수무책이다. 어쩌면 그러는 동안 그들의 내면에 존재했던 혁신적 지혜라는 자그마한 불꽃도 어느새 사라져버렸는지 모를 일이다.

현재 중국의 교과 구조를 살펴보면 단일화 경향이 두드러진다. 학과 과정, 필수 과목, 단과 과목만 중시하고 실천 과정, 선택 과목, 종합 과목은 소홀히 하는 것이 보통이다. 중국의 현 교육 내용과 교과목 시스템은 주관적으로나 객관적으로나 여러 문제점을 안고 있어서 학생의 혁신 자질을 발전시키는 데 어려움을 주고 있다.

따라서 학생의 혁신 자질 배양이라는 시대적 요구에 부응하여 각 학교가 교과목 혁신을 이루는 것은 혁신 교육의 시급한 과제이자 혁신 교육 실시의 돌파구라고 하겠다.

우선 교과 내용에 시대적 특징을 담아내야 한다. 혁신의 특징은 참신함과 앞서나간다는 것이다. 따라서 혁신 교육을 시행하려면 반드시 학생에게 새로운 지식을 가르쳐 세계의 최신 발전 흐름을 이해하도록 해야 한다. 그래야 학생들이 기존 수준을 바탕으로 한 단계 더 높이 도약할 수 있다. 이를 위해서는 최신 과학 기술 연구 성과나 과학 개념을 바로바로 교재에 포함시켜야 한다. 학생에게 물질세계에 대한 객관적인 개념을 가르치는 것이 아니라 스스로 새로운 지식을 탐구하여 혁신 정신을 키우도록 이끄는 것이다.

둘째로, 교과목을 전면적으로 설정해야 한다. 혁신 능력을 키우고 발전시키려면 해박한 지식이 밑받침되어야 한다. 지식은 일반 지식과 전문 지식으로 나눌 수 있는데 혁신 교육은 두 가지 모두에 높은 수준을 요구한다. 일찍이 미국은 과학자 131명의 논문, 성과, 보급 등을 분석하여 과학자 대다수가 해박한 지식을 갖추고 있다는 사실을 발견했다. 이러한 결과를 바탕으로 미국은 기초 교육을 강조하는 동시에 '백과사전식' 교육을 제창했다. 그런 반면에 중국의 교육(특히 고등교육)은 구소련의 영향을 받아 전문성을 중시하므로 광범위하게 지식을 쌓기에는 불리한 구조이다. 이러한 점 때문에 교과목을 전면적으로 설정해야 하는 것이다. 학생이 학교 수업을 통해서 국한된 지식을 배우는 것이 아니라 개방적인 학습을 통해 다방면의 지식을 쌓도록 해야 한다. 그래야만 다양한 분야에 해박한 지식을 쌓은 팔방미인이 될 수 있고, 끊임없이 참신한 아이디어를 내놓을 수 있다.

셋째로, 과학적인 교과 구조를 마련해야 한다. 해박한 지식 기반이란 단순히 과학 문화 지식만을 이야기하는 것은 아니다. 현재 학생들의 학습 현황을 살펴보면, 비非순수과학문화의 교육을 늘리고 교과 구조를 과학적으로 안배할 필요가 있다.

인간의 뇌는 생리학적으로 좌뇌와 우뇌로 나뉜다. 좌뇌는 추상적 사고, 상징적 관계, 세부사항에 대한 논리적 분석과 연관이 있고, 추상적으로 사고를 요약하는 기능을 담당한다. 반면에 우뇌는 감성적 부분을 인식하고 사고를 형상화하는 기능을 담당한다. 사람의 혁신 능력은 우뇌와 밀접한 관련이 있지만, 연구 결과 좌뇌와 우뇌의 기능이 균형적으로 발전해야 두 뇌가 서로 활동을 도우면서 인간의 혁신 능력도 배가된다는 것이 증명되었다. 그러나 현재의 교육 이론과 교육 상황은 거의 '좌뇌화'되어 있다. 초등학교 교육에서 대학원 교육에 이르기까지 모두 언어 사유와 추상적 사고만 중시할 뿐 비언어 사유와 형상적 사고는 중요시하지 않는다. 이렇게 간과된 사유 형식은 공교롭게도 혁신 능력에 아주 중요한 요소들이다. 따라서 혁신 교육은 인간의 생리적 잠재력에서 출발하여 좌뇌의 기능을 발전시켜나감과 동시에 음악, 미술, 체육 등 과목을 통한 우뇌의 잠재력을 개발하는 데도 주의를 기울여야 한다. 대과학자인 아인슈타인, 리쓰광李四光 등은 과학적 능력과 예술적 재능을 겸비한 전형적인 예라고 할 수 있다. 아인슈타인은 바이올린 연주에도 능해서 바이올린 독주회를 연 적도 있다. 리쓰광 역시 프랑스 유학 시절인 1920년 파리에서 중국 최초의 바이올린 독주곡 〈행로난行路難〉을 작곡했다. 이 곡은 1990년에 발견되어 음악계의 찬사를 받았다.

이 밖에 초등학교, 중고등학교, 대학교를 막론하고 문화 지식 과목과 과외 실습 과목의 비중이 심각하게 차이가 난다는 것도 문제이다. 과외 실습 과목은 학생의 혁신 능력을 배양하는 데 매우 중요한 역할을 하지만 그에 마땅한 대우를 받지 못하고 있다. 실습은 혁신의 기초이자 원천이다. 학생은 실습을 통해서 비로소 사물을 관찰할 기회를 얻고 사물을 탐구하는 데 흥미를 느끼게 된다. 이로써 혁신의 구체적인 동기가 생기고 실습을 매개로 혁신적 사고의 결과를 물질적인 형식으로 표현하게 된다. 이뿐만 아니라 실습 활동을 통해서 학생은 자신이 일군 혁신적인 성과를 얻게 되고 혁신의 즐거움을 체험함으로써 탐구에 열정을 느끼게 된다.

마지막으로 혁신 능력 배양과 관련한 전문 지식 교육을 늘려야 한다. 그럼으로써 학생들이 어떻게 스스로 혁신 능력을 키워나가야 하는지 이해시키고, 더나아가 관련된 분야의 훈련을 스스로 강화할 수 있도록 해야 한다. 일례로 미국의 MIT공대는 일찍이 1948년에 '혁신 능력 개발'이라는 교과 과정을 개설했다. 일본도 1950년대 중반에 각 현縣마다 '주말 발명 학교'를 세웠고, 1974년에는 '소년 소녀 발명 클럽'을 만들어 혁신적 사고를 하는 훈련을 했다. 그 결과 혁신적인 발명이나 아이디어가 나오는 비율이 무려 10배나 크게 늘었다. 독일에는 현재 약 150개에 이르는 발명인 클럽이 있고, 그중에 약 100개가 학교에 근간을 둔다. 모든 발명 클럽은 해마다 3,000~5,000마르크의 지원을 받는다. 이 밖에도 러시아 등 여러 국가에서 혁신적인 교과 과정을 매우 중요시한다. 이들 국가의 경험은 중국이 혁신 교육을 실시하는 데 귀감이 된다. 중국의 초, 중고등학교와 대학교는 적절한 형식으로 학생에게 혁신 능력에 관한 전문 지식, 예컨대 창조학, 창조심리학 등의 지식을 전수해야 하며 혁신발명과, 자아설계과, 혁신사유훈련과 등 관련 학과를 개설해 학생의 혁신 능력을 배양하는 데 적합한 조건을 마련해주고 그들의 길라잡이가 되어주어야 한다.

③ 교육 방법과 방식의 혁신

교육 방법은 일종의 기술이자 종합 능력이다. 정확한 교육 방법은 학생의 혁신 자질을 배양하는 데 큰 도움이 되는 반면에 낙후된 교육 방법은 걸림돌이 될 수 있다. 현재 중국 학생들의 혁신적 자질이 그리 높지 않은 것도 낙후된 교육 방법에 그 원인이 있다고 해도 과언이 아니다.

아직도 학교에서는 '세 가지 중심', 즉 교사 중심, 교실 중심, 교과서 중심의 교육 방법이라고도 불리는 '주입식' 교육이 성행한다. 교사들은 야근을 해가며 학생들에게 지식을 '주입'하고 학생들은 그 지식들을 기계적으로 받아들여 무조건 암기한다. 이러한 교육 방법은 '고득점, 능력 저하'라는 결과를 초래하며 판에 박힌 기계적 사고를 양산해 학생들의 적응력, 임기응변 능력, 창조력 발전을 저해한다.

따라서 학생의 혁신적 자질을 배양하려면 반드시 그에 걸맞은 교육 방법을 채택해야 한다. 학생의 혁신적 자질을 배양하는 교육 방법은 반드시 다음과 같은 조건을 갖추어야 한다.

첫째, 교사가 길라잡이가 되어 학생들을 일깨워야 한다. 혁신은 본래 자주적인 활동이다. 따라서 혁신 교육 과정에서 교사의 주된 임무는 학생을 일깨우고 이끌어주는 것이어야 한다. 전통적인 교육은 연습이나 필기, 암송 또는 암기를 위주로 이루어졌다. 지식을 기억하는 데만 집중하여 지식의 이해나 소화의 중요성을 간과했고, 그 결과 학생의 주관적인 능동성이나 사고를 저해함으로써 지식을 응용하는 능력을 떨어뜨렸다. 이런 상황이므로 혁신적 사고나 혁신 능력을 배양하는 것은 더 말할 것도 없다. 《학기學記》는 학생 지도와 학생의 독립성을 배양하는 것의 중요성을 강조했는데, 이는 오늘날 혁신적 인재 배양이라는 임무를 수행하는 데 매우 귀중한 본보기가 된다. 일깨우는 교육만이 학생의 자발성과 자각성을 이끌어내어 학생을 수업의 주인공으로 만들고 수업에 활력과 열정을 불어넣을 수 있다. 또한 학생에게 사고의 적극성을 이끌어내어 분석 능력과 문제 해결 능력을 키울 수 있다. 교사의 지도 아래 스스로 규율을 찾아내고 그것을 바탕으로 새로운 발견을 하고 혁신을 이루는 것이다.

앞서 전통적 교육 방법과 창조적 교육 방법의 비교를 통해 우리는 전통적인 '주입식' 교육 방법이 학생의 혁신적 자질을 배양하는 데 심각한 걸림돌이 된다는 것을 알았다. 혁신 교육을 실시하려면 반드시 감응을 이끌어내는 사상을 교육 방법에 투영하여 혁신적인 방법으로 학생의 혁신적 자질을 배양해야 한다.

둘째, 민주화 교육을 중시해야 한다. 교실은 사제師弟가 함께 정보를 교류하고 학문을 토론하는 논단이지 경문을 통독하는 예배당이 아니다. 전통적인 교육 방식은 교사의 권위만 강조하며 학생이 교육 과정에서 갖추어야 할 주체성을 간과했다. 그래서 학생은 자연스럽게 자발성을 잃었고 학생의 혁신 의식도 교사의 권위에 짓눌렸다. 따라서 우리는 반드시 학생의 혁신적 자질을 배양하는 데 유리한 교육 방법을 찾아내고 그에 아울러 민주성의 원칙을 도입해야 한다. 또한 교사는 학생이 더욱 개방적이고 자유로운 마음으로 수업할 수 있도록 노력해야 하며, 학생의 남다른 의견을 존중하고 학생이 탐구에 도전하는 것을 격려하여 혁신적인 사고의 싹을 틔울 수 있도록 도와야 한다.

셋째, 개방적인 교육을 중시해야 한다. 오늘날 세계는 하루가 다르게 발전하고 있다. 정보화는 이 새로운 세기 사회 발전의 기본적인 특징 중 하나이다. 저명한 미래학자 앨빈 토플러Alvin Toffler는 다음과 같이 말했다.

"지금 도래한 새로운 세기는 혼란스럽고 무질서해 보이지만 그 속에 지식의 팽창과 빠른 전파라는 뚜렷한 특징이 있다. 새로운 이론과 기술 지식이 매일 갱신되고, 어제까지만 해도 SF소설의 소재였던 것이 오늘은 현실이 된다.”

이러한 사회 속에서 학교교육은 반드시 개방적인 교육 방식을 채택하고 끊임없이 사회와 접촉하며 세계의 최신 지식과 정보를 받아들여야 한다. 수업 내용이 교재나 교사의 지식에만 국한되어서는 안 된다는 뜻이다. 교사는 학생이 개방적인 학습 습관과 학습 능력을 기르도록 이끌어주고 학생 스스로 세계의 발전 움직임과 발맞추어 나가도록 함으로써 혁신적 자질을 배양하는 데 기반을 마련해야 한다. 구체적인 교육 과정 측면에서 이야기하자면, 반드시 개방적인 교육 방법을 채택할 필요가 있다. 개방적인 교육은 학생의 학구열과 혁신능력을 높이는 데 매우 중요한 의미가 있기 때문이다.

④ 교육 수단의 혁신

옛말에 어떤 일을 제대로 하려면 먼저 그 연장을 다듬는다고 했다. 현재 컴퓨터 멀티미디어가 교육에 도입되고 있는데, 이는 교육의 질과 학교교육의 효율성을 높이고 창조적 인재를 양성하는 데 매우 중요한 의미가 있다. 외국의 연구 결과에 따르면 인간은 청각적으로 얻은 지식을 15% 기억하고, 시각적으로 얻은 지식을 25% 기억한다고 한다. 만약 시각적 요소와 청각적 요소를 결합하면 65%의 내용을 기억하게 되는 것이다. 현대교육은 바로 이처럼 종합적인 수단을 활용한다. 다시 말해 음성, 영상 등 여러 표현 수단을 통해 학생들이 배운 지식을 더욱 명확하고 확실하게 기억할 수 있도록 지식에 대한 감성적 인식을 강화하는 것이다. 전통 교육 기술이 시공간의 제약을 받았다면 현대교육 기술은 이를 뛰어넘어 거시적인 부분에서 미시적인 부분에 이르기까지 모든 것을 가능하게 한다.

이뿐만 아니라 현대화된 교육 수단으로는 학생의 자아 탐구 능력을 제고하고 독립성을 배양하는 것은 물론 자신감과 호기심도 키울 수 있다. 현대화된 교육 수단을 통해 학생의 혁신적인 두뇌 활동에 더 유리한 환경을 마련함으로써 학생의 능력을 극대화할 수 있는 것이다. 미국의 한 의학대학은 의과대학생들이 컴퓨터를 이용해 심장병으로 사망 위기에 놓인 사이버 아기를 연구, 치료하도록 했다. 학생들이 응급 처치를 하면 컴퓨터는 사이버 아기의 상태 변화를 확인해 아기의 맥박과 호흡 정보를 CRT 단말기에 나타냈다. 그러면 학생들이 이에 따라 처방을 내리고 그것을 기계에 입력하면 컴퓨터는 다시 합병증 등을 유발해 학생들이 다시 진단을 내리도록 하는 식이었다. 이처럼 시뮬레이션 환경을 조성하는 것과 같은 현대화된 교육 수단은 학생의 혁신적 사고 능력을 훈련하는 데 더할 나위 없이 좋은 방법이다.

⑤ 교사 자질의 혁신

교사의 지도 없이 학생의 혁신적 자질을 배양한다는 것은 불가능한 일이며, 학생의 자질은 교사의 자질에 따라 달라질 수 있다. 그러므로 혁신 교육을 하려면 우선 교사가 학생에게 혁신적인 자질과 이미지를 보여주어야 한다.

혁신 교육은 더 이상 교사들이 '전도, 전수, 문제 해결'에만 만족해서는 안된다고 말한다. 더 나아가 혁신 교육 과정에서 학생에게 모범이 되어 그들을 이끌어야 한다고 주문한다. 즉 교육자는 자신의 혁신 의식, 혁신적 사고, 혁신 능력으로 피교육자를 감화하고 그들의 혁신 능력을 이끌어내야 하는 것이다. 어떤 의미에서 보면 혁신적인 교사만이 혁신적인 교육을 하고 그럼으로써 혁신적인 학생을 양성할 수 있는 셈이다. 1972년 이전까지 미국에서 연구한 노벨상 수상자 92명을 예로 들면 그중에 절반 이상(48명)이 역대 수상자의 학생이었거나 대학원생, 조수 혹은 파트너였던 것으로 드러났다. 혁신 실천 과정에서 혁신 능력의 형성·발전 규율을 발견하고 이를 혁신 교육에 직접적으로 활용하는 것도, 그리고 지식 전수와 혁신적 사고를 결합하여 학생의 혁신 잠재력을 발굴하고 학생의 번뜩이는 아이디어를 포착하여 다각적으로 학생의 혁신 정신과 혁신 능력을 배양하는 것도 모두 교사 스스로 혁신적 의식과 혁신 능력을 갖추었을 때 가능하다는 것을 보여주는 대목이다.

일반적으로 교사의 혁신 능력이란 교육 문제를 해결하는 남다름과 참신함을 말한다. 혁신 능력을 갖춘 교사는 구체적인 교육 환경에 따라, 또한 학생의 사상과 지식, 기능에 의한 객관적 규율에 따라 각종 교육 수단을 적절하게 응용할 줄 안다. 어떤 한 가지 방식만 고집하거나 어떤 모델을 그대로 가져다 쓰는 법이 없다.

혁신 교육에서 교사는 조직, 길잡이, 통제, 해답의 역할을 해야 한다. '무조건적인 주입'이라는 교육의 폐단을 없애고 학생 위주의 생기 넘치는 학습 분위기를 만들면 학생의 열정을 쉽게 이끌어낼 수 있다. 스탠퍼드대학교 총장 캐스퍼Gehard Casper 교수는 스탠퍼드대학과 실리콘 밸리의 성공을 이야기하면서 자유로운 학습 환경이야말로 학생의 혁신 능력을 배양하는 데 필수 요소이며, 이러한 환경을 조성할 수 있는지 여부는 교사의 자질에 달려 있다고 해도 과언이 아니라고 밝힌 바 있다.

⑥ 교육 관리 시스템의 혁신

혁신 교육이 발전하려면 그에 적합한 환경과 조건이 마련되어야 하는데, 이는 교육 관리 시스템과 직접적인 연관이 있다.

먼저 교육 행정 부처와 학교의 관계를 명확히 해야 한다. 전통적인 교육 관리 시스템에서는 교육 행정 부처와 학교가 수직적이고 폐쇄적인 관계였고, 이는 학교의 자주권 부재라는 문제를 야기했다. 따라서 혁신 교육을 실행하기에 앞서 반드시 교육 행정 부처와 학교의 관계를 정리해야 한다. 특히 시장 경제라는 시대적 환경에서 학교에 자주적 경영권을 보장하여 독립성을 갖추도록 해야 한다. 이는 학교가 자신만의 특색을 바탕으로 혁신적인 교육 활동을 하게 함으로써 혁신적인 인재 양성의 전제 조건을 마련하는 길이다.

다음으로, 집중적이고 일률적인 기존의 교사 관리 시스템을 버려야 한다. 많은 학교가 교사에게 수업 준비나 진도, 교육 요강 등을 통일하라고 요구하는데, 이는 교사가 혁신 능력을 발휘하는 것을 원천봉쇄하는 것과 같다. 따라서 혁신 교육은 교사에게 일정한 자주권과 자유를 부여하여 교사의 노동이 단조로운 반복 행위가 되는 것을 막아야 한다고 주문한다. 다시 말해, 교사의 개성이 충분히 발휘되도록 하여 교사의 교육 활동이 명실상부한 창조적 활동이 되도록 요구하는 것이다.

혁신 교육은 특히 혁신적인 학생 관리를 강조한다. 학생의 개성을 존중하고 학생이 자신만의 독특한 인품과 스타일을 형성하도록 격려하여 자신만의 개성과 특기를 만들어가도록 해야 한다는 것이다. 인재, 특히 혁신적 인재는 아인슈타인의 '올림피아'식 자유 환상과 자유 창조라는 영양을 섭취해야 한다. 그렇지 않으면 잠재적 인재도 있을 수 없고, 배출되는 혁신적인 인재 역시 교육 관리 시스템에 질식하고 말 것이다. 이 모든 것에는 혁신을 지원하는 혁신적 교육 관리 시스템이 필요하다. 대학교의 교육 관리 시스템을 예로 들어보자. 현재 많은 대학이 학점제, 복수전공제, 편입생 제도, 전학 제도 등 혁신적 관리 시스템을 도입하고 있는데, 이는 혁신적 인재 배양을 위한 개혁이라고 할 수 있다. 실제로 혁신적 관리 시스템은 학생의 개성이나 혁신적 자질을 배양하는 데 분명한 효과를 보이고 있다.

한 마디로 말하자면, 혁신은 인류 사회를 끊임없이 발전하게 하는 원동력이자 민족 발전의 마르지 않는 원천이다. 한 민족이 세계라는 무대에 우뚝 설 수 있느냐 없느냐, 역사의 선두에 설 수 있느냐 없느냐, 과학 기술의 선두에 오를 수 있느냐 없느냐는 모두 혁신 능력과 그 수준에 달렸다. 그리고 이 혁신 능력과 수준은 국가와 민족의 혁신 교육이 순조롭게 실시되느냐에 달렸다. 전통 교육의 속박을 깨고 새로운 교육 혁신 시스템을 구축해야만 혁신 교육의 발전에 유리한 환경을 마련하고 발전을 촉진할 수 있으며, 혁신 교육의 실시는 다시금 교육 개혁을 이끈다. 이처럼 혁신 교육과 교육 개혁은 서로 촉진제 역할을 하며 상호 작용하게 된다. 나는 교육 혁신의 촉진 작용으로 혁신 교육이 지식·기술 혁신과 혁신적인 인재 양성이라는 역사적 사명을 짊어질 수 있으리라고 확신한다.

5. 교육과 중화민족의 응집력

세계 국가들의 종합국력 경쟁이 날로 치열해지고 있는 요즘, 민족 응집력은 종합국력을 형성하고 발전시키는 중요한 요소이자 정치 안정, 경제발전, 사회

발전의 중요한 버팀목이 되고 있다. 이런 민족응집력을 키워주는 것이 바로 교육이다. 교육은 국민의 의식수준을 향상하고, 새로운 시대의 민족 가치관, 단체의식, 시대적 정취가 담긴 민족정신을 형성하는 데 중요한 역할을 담당한다. 교육을 통해 전 민족의 과학문화 수준을 제고시키고, 교육을 통해서 사회 생산율을 끌어올리고, 특히 교육을 통해 소수민족의 교육 사업을 발전시킨다. 현재 중화민족의 응집력을 형성하는 데도 중요한 의미를 가진다.

(1) 민족 응집력은 종합국력의 중요 요소로 국가성장과 번영, 외부침략 방어, 국가 흥성과 발달의 원동력이자 국가 강성의 중요한 상징이다

민족 응집력의 정도에 따라 한 나라의 정치, 경제, 문화 등 다양한 분야의 발전이 일정부분 영향을 받는다. 미국의 대표적인 학파 모겐소Morgenthau는 국력을 결정짓는 요소에는 지리조건, 자연자원, 산업능력, 군비상황, 인구 수, 외교수준, 정부 능력 등이 있지만 이 외에 민족의 전통, 민족의 응집력 같은 민족 특성도 무시할 수 없다고 지적했다.

상하이 재경대학 청차오쩌程超澤 박사는 종합국력 문제를 논하는 자리에서 다음과 같이 언급했다.

"종합 국력은 오픈된 동적 시스템으로, 이는 국토, 인구, 자원, 경제, 과학기술, 국방 등의 '하드'변수, 전략목표, 국민 응집력 등의 '소프트'변수, 그리고 사회제도, 정부요소, 정책수준 등의 '시너지'변수가 작용한다."

그외에 많은 학자들이 종합국력을 분석할 때 '민족 응집력'이라는 요소를 제시하면서 종합국력을 키우는 데 민족 응집력의 역할이 중요함을 강조했다. 수많은 역사와 사건이 말해주듯 민족 응집력은 과거 종합국력을 키우는 밑거름이었고, 오늘날 세계 국가들의 종합국력을 결정짓는 요소로 작용하고 있다.

이에 장쩌민 주석은 전국 제3차 교육업무회의 석상에서 처음으로 민족 응집력은 종합국력 향상의 중요 요소라고 우수한 민족정신을 발휘해 국가 경제 및 사회 발전을 도모해야 한다고 지적했다. 또 민족 응집력은 국가성장 및 번영,

외부침략 방어, 국가 흥성과 발달을 이끄는 원동력이자 국가 강성의 중요한 상징이라고 언급했다.

중화민족은 유구한 역사를 지닌 우수한 민족이다. 중화민족의 발전사를 되돌아보면 끊임없이 융합하고 하나로 단결해 중화민족의 신기원을 탄생시켰다. 중화민족은 강력한 민족 응집력을 지니고 있었기에 끊임없이 앞으로 발전해 나갈 수 있었다. 과거에도 그랬고 지금도 그렇듯이 중화민족의 응집력은 중화민족을 강성하게 만드는 생명력이자 정신력이다.

이런 응집력이 있었기에 역사의 매 고비마다 역경과 고난을 이겨냈고 중화민족의 물질, 정신문화를 지속적으로 고취시켜 인류문명의 발전을 이끌었다.

중화민족은 역사의 흐름 속에서 언제나 민족분열과 국가분열을 반대하며 하나로 뭉쳤고, 외세침략에 맞서 싸워 중화민족의 주권과 독립을 수호했다. 또 역사흐름과 사회발전을 가로막는 반동계급, 반동 사회세력, 반동 사회제도 등에 완강히 저항하며 투쟁했다. 심지어 중화민족의 수많은 여성과 어린이까지 국가의 번영과 발전을 위해 기꺼이 목숨을 바쳤다. 이 모든 것이 깊고 강한 민족 응집력과 위대한 민족정신이 한민족漢民族의 사상과 행동을 이끌어 주었기에 가능했던 것이다. 중화민족의 강력한 민족 응집력은 투쟁과 시련의 역사 속에서 조금씩 형성, 발전해 온 것으로, 현 시대에도 특별하고 중요한 의미를 갖는다.

중국은 다민족 국가다. 사회주의 현대화 실현은 모든 민족의 공통된 목표이자 염원이다. 하지만 이 위대한 사업을 실현하려면 우선 모든 민족이 결속해야 하고 안정적이고 단결된 환경이 조성되어야 한다. 즉 민족의 결속이 바로 나라의 안정과 단결의 초석이고, 각 민족 간의 강한 응집력이 바로 국가발전의 원동력이자 생명력이다. 중화민족은 '조국사랑, 통일수호' 신념과 우수한 전통을 지켜왔고 강한 구심력과 민족 응집력을 갖고 있었다. 이처럼 어느 나라보다 우수하고 막강한 정신문화가 있었기에 급변하는 국제정세 속에서도 사회 안정을 유지하고 경제 질서를 바로 잡으며 개혁개방 정책을 펼칠 수 있었다. 이것이 바로 중국의 종합국력이 세계에서 한 단계 한 단계 발전해 나갈 수 있었던 근본 원인이다. 중화민족의 모든 민족 구성원들이 자발적으로 중화민족의 오랜 민족 응집력을 고수, 발전시켜 나간다면 세계의 그 어떤 혼란과 침략도 중화민족의 굳건한 만리장성을 흔들지 못할 것이다. 따라서 중국이 중화민족의 응집력을 지속적으로 강화하고 발전시켜 나가는 것은 시대적 이유이자 역사의 흐름이다. 아울러 21세기 중화민족이 번영하고 발전해나가는 데 없어서는 안될 필수 요소다.

(2) 중화민족의 응집력, 각 민족이 갖고 있는 중화민족 가치관 및 민족정신에 대한 공감대, 중화민족 발전목표에 대한 동질감, 중화민족과 하나라는 운명 의식, 중화민족과 동고동락을 함께 한다는 귀속감, 민족의 이익을 위해 헌신하겠다는 책임감과 사명감에 달렸다

민족 응집력의 속뜻은 무엇일까? 미국 심리학자 레온 페스팅거L. Festinger는 민족 응집력은 민족 구성원이 민족 집단 내에 모이게 하는 힘, 또는 사람들을 민속 집단 내에 모이게 하는 감정이라고 정의했다. 좀 더 정확히 말하면 한 구성원이 그 집단에 대해 외부사람보다 더 친밀한 감정을 느끼는 것이다. 이런 의미에서 볼 때 중화민족 응집력의 형성과 발달은 다음 네 가지 부분으로 정리할 수 있다.

첫째, 중국 각 민족의 중화민족 가치관 및 민족정신에 대한 공감대다. 민족 정신은 민족의 역사와 함께 축척되고 계승 발전되어온 가치추구이자 정신적 버팀목이다. 주체가 객체의 가치 속성을 추구하는 과정에서 사람들은 늘 '특정한 방식'으로 가치추구의 목적을 이루려 한다. 이런 '특정적인 방식'이 민족적인, 상대적으로 안정된 특징을 형성하면 민족문화의 가치 방향이 정해진다. 중화민족의 응집력은 결국 공통된 가치관 형성에 있다. 공통된 가치관이 없이는 민족 전체가 나가야 할 공통된 방향이 없고, 목표와 추구할 대상이 사라지기 때문에 모든 민족이 함께 이뤄나갈 공통된 이상이 사라지는 것이다. 공통된 가

치관이 형성되었다는 것은 중화민족의 응집력을 끌어 모을 수 있는 초석을 다졌다는 의미다. 공통된 가치관의 틀 속에서 집단의식이 형성되고, 이 집단의식이 강해지면 민족 응집력도 강해진다.

둘째, 중국 각 민족의 중화민족 발전목표에 대한 동질감이다. 각 민족구성원이 민족발전 목표에 대해 동질감을 갖는 것은 민족 응집력을 끌어 모으는 데 없어서는 안 될 요소다. 공통된 민족발전 목표는 민족 구성원의 투지와 참여의식을 고취시켜 그들의 적극성을 이끌어낼 수 있다. 항일전쟁 당시 '일본 제국주의를 무너뜨리고 중화민족의 독립을 이루자.'라는 민족의 공통된 목표 아래 전국의 모든 민족이 하나로 단결해 중화민족은 굳건한 방어막을 쌓았고 일본 제국주의 침략자를 응징하고 중화민족의 주권독립을 이뤘다.

오늘날 공산당은 중국 특색을 띤 사회주의를 건설하고, 중국을 부강, 민주, 문명적 사회주의 현대화 국가로 발전시키자고 제시했다. 이는 중국 모든 민족의 공통된 목표이자 이상이다.

공통된 민족발전 목표와 이상이 있기에 중화민족의 모든 구성원은 사회주의 현대화 건설에 헌신할 수 있었고 강력한 응집력을 가진 사회주의 건설 대군을 형성해 새로운 앞날을 열어갈 수 있었다.

셋째, 중국 각 민족의 중화민족과 하나라는 운명의식과 중화민족과 동고동락을 함께 한다는 귀속감이다. 중화민족은 강한 민족 자존감을 갖고 있다. 이런 민족 자존감은 일반적으로 민족과 자신이 하나라는 운명의식이나 민족과 동고동락을 함께 한다는 귀속감으로 표출된다. 민족 자존감을 다는 사실을 깨닫게 된다. 또 잠재의식 속에 구성원 개인과 그가 속한 민족단체가 하나이고 중화민족의 흥망성쇠에 기쁨과 즐거움을 느끼게 된다. 게다가 단체 개체는 소속단체의 다른 구성원과 함께 생활하는 과정에서 특정 민족에 맞는 생산 및 생활방식의 언어, 가치관, 도덕관, 그리고 개인과 타인이 소통할 수 있는 행위방식을 만들어나간다. 서로를 의심하지 않고 무시하지 않는다면 자존감을 느끼게 된다. 반면, 다른 민족 집단 속에서 생활하게 되면 특히 초기에는 생리적,

심리적 불편함으로 인해 좌절감을 맞보게 된다. 이런 상황에서 특히 민족의 귀속감이나 운명의식이 강하게 표출된다. 오랫동안 타국을 떠돌았던 수많은 중화민족 이민자들이 중화민족의 번영과 발전을 갈망하는 이유도 바로 여기에 있다. 중화민족 구성원 개개인이 갖고 있는 나라와 하나라는 운명의식이나 동고동락을 함께 하겠다는 귀속감은 중화민족의 응집력을 모아주는 가장 중요한 조건이자 상징이다.

마지막으로, 중화민족의 응집력은 중화민족 사업에 헌신하겠다는 책임감과 사명감에서 잘 나타나는데, 중화민족은 이를 몸소 실천하고 있다. 중화민족이 수천 년 동안 그 맥을 이어오고, 오늘날 세계무대에서 가장 활력이 넘치고 발전 잠재력이 큰 민족으로 성장할 수 있었던 중요한 원인이 바로 여기에 있다. 구성원 개개인이 민족의 흥망성쇠가 자신에게 달렸다는 생각으로 평소 책임감과 사명감을 다했기 때문이다. 범중엄範仲淹은 다음과 같이 말했다.

"세상 사람이 근심하기 전에 앞서서 근심하고, 세상 사람이 다 기뻐한 후에 기뻐하라先天下之憂而憂, 後天下之樂而樂."

또한 고염무顧炎武는 다음과 같이 언급한 바 있다.

"나라가 흥하고 망하는 데에는 한낱 필부에게도 책임이 있다國家興亡, 匹夫有責."

이는 중화민족의 수많은 자손, 인자仁者, 지사志士들이 중화민족의 흥망성쇠를 마음속에 새기고 있었음을 말해준다. 중화민족의 발전 역사를 되돌아보면 수많은 인물들이 민족과 국가를 위해 헌신한 기록이 있는데, 민족을 생각하는 그들의 책임감과 사명감이 있었기에 가능했던 것이다. 책임감과 사명감이 민족 응집력을 형성하는 가장 직접적인 원동력이자, 민족 응집력을 가장 현실적으로 표출하는 방법이다.

(3) 교육은 중화민족 응집력을 증진하는 데 홍보, 심화, 융합의 역할을 담당하고, 민족 자강의식, 민족부흥에 대한 책임감, 민족 자존감을 형성하는 데 많은 영향을 미친다

　중화민족의 응집력을 형성하고 발전시켜나가는 것은 중국의 종합국력 향상, 중화민족의 부흥에 중요한 의미와 역할을 담당한다. 그렇다면 민족 응집력을 형성하고 발전시키는 기초는 무엇일까? 바로 교육이다. 장쩌민 역시 전국 제3차 교육업무회의에서 다음과 같이 강조했다.

　"오늘날 종합국력의 경쟁은 경제력, 국방력, 민족 응집력의 경쟁으로 판가름 난다. 이 가운데 어느 것이 되었던 그 수준을 끌어올리려면 교육이 우선되어야 한다."

　과거 역사를 통해서, 그리고 사회주의를 건설해가는 현 시대도 장쩌민의 이 논단論斷이 얼마나 정확하고 과학적인지를 잘 말해준다. 중화민족이 발전해온 역사 속에서 교육은 중화민족의 응집력을 형성하고 발전시키는 데 홍보, 심화, 융합의 역할을 담당해왔다.

　중국 봉건사회는 수천 년 동안 이어져 오면서 완벽한 봉건 교육제도를 형성했다. 봉건 교육제도는 봉건황제 및 지주계급의 통치권을 보호하기 위해 존재했다고 말할 수 있다. 그래서 유가교육으로 대표되는 봉건 교육사상과 이론은 삼강오상三綱五常, 충군보국忠君報國, 반란금지 등의 봉건논리와 도덕정신을 교육해야 한다고 제창했다. 봉건 통치권을 수호하고 그들이 필요로 하는 인재를 양성해 그들의 '치민治民'기술을 전수하려는 것이다. 하지만 다른 각도에서 본다면 유가가 주장한 이런 교육제도와 사상은 민족 단결과 안정에 긍정적인 기여를 했고 민족 응집력을 모으는 데 촉진제 역할을 담당했다. 일찍이 이천 년 전 중국의 위대한 교육자 공자孔子는 다음과 같이 논하며 통일된 교육사상을 강조했다.

　"천하에 도가 있으면 예악과 정벌이 천자로부터 나오고, 천하에 도가 없으면 예악과 정벌이 제후로부터 나오게 된다天下有道, 則禮樂征伐, 自天子出, 天下無道,

則禮樂征伐, 自諸侯出. 제후로부터 나오면 대개 십대에 잃지 않을 자가 드물고, 대부로부터 나오면 오대에 잃을 자 드물고, 모신 신하가 나라의 명을 잡으면 삼대에 잃지 않을 자가 드물 것이다自諸侯出, 蓋十世希不失矣, 自大夫出, 五世希不失矣, 陪臣執國命, 三世希不失矣. 천하에 도가 있으면 정사에 대부가 필요 없고 천하에 도가 있으면 서인이 분분한 의론이 없을 것이다天下有道, 則政不在大夫, 天下有道, 則庶人不議.”

공자의 이 사상은 훗날 맹자孟子의 '정우일定於一(하나에 정해져야 한다)'사상, 순자荀子의 '천자위일天下爲一(천하는 하나다)'사상, 그리고 여불위呂不韋의 '일칙치, 양칙란一則治, 兩則亂(하나가 있으면 다스려지고 둘이 있으면 혼란스러워진다)' 민족 통일사상에 커다란 영향을 미쳤다. 뿐만 아니라 고대 중국의 민족 독립을 수호하고 국가통일을 이루는 데 긍정적인 역할을 했다.

중국 최초의 교육경전인 《학기學記》에도 다음과 같은 교육관이 분명히 드러나 있다.

"나라를 다스리고 백성을 다스릴 때는 무엇보다 먼저 가르치고 배우는 교육을 우선했다.建國君民, 敎學爲先"

그리고 『대학大學』에서 언급한 대학교육의 '팔조목八條目' 가운데 '제가齊家, 치국治國, 평천하平天下'를 유교교육의 실천목표로 삼았다. 이 대목에서 말해주듯 당시 지주계급 중 일부는 사회혼란이 종식되고 태평성대, 민족융합, 민족단결이 실현되길 염원했다. 중국은 고대 교육 덕분에 역사적으로 걸출난 애국주의자가 앞 다퉈 등장해 애국주의가 물씬 풍기는 시가 작품을 남겼다. 악비嶽飛와 문천상文天祥의 다음과 같은 시 등이 대표적인 글이다.

"맨 선두에 서서 빼앗긴 산하를 수복한 후, 천자의 궁궐로 조회하리라待從頭收拾舊山河, 朝天闕."

"자고로 인생에 죽지 않는 이 없거니, 일편단심 남기어 청사에 길이 빛내리人生自古誰無死, 留取丹心照汗靑."

그들의 위대한 장거는 중화민족 후손들에게 영향을 주어 그들을 이끌었을 뿐만 아니라, 민족 응집력을 형성하고 발전하는 직접적인 원동력이 되었다.

아편전쟁이 발발한 1840년, 서방열강들은 무력을 앞세워 중국 영토를 침략했고 중국사회는 반식민지, 반봉건사회로 전락했다. 그 후 끊임없이 이어지는 서방열강의 약탈에 중화민족은 멸망의 위기에 처하게 되었다. 중화민족이 내부적으로는 민주정신을 잃고 외부적으로는 국권을 상실했던 당시, 생각이 깨어 있던 일부 중국인은 국가와 민족에 대한 강한 책임감, 그리고 국가와 민족의 운명과 앞날을 걱정하는 마음에서 나라와 국민을 살릴 새로운 길을 모색하기 시작했다. 이에 중화민족을 위기에서 구해내자며 모든 민족에게 각성과 응집력을 호소했다. 그중에서 '교육구국教育救國'사상이 가장 핵심이었다. 중국의 근대 교육 발전사를 되돌아보면, 실학교육, 유신교육, 민주혁명 교육, 양무교육, 과학교육 사조 모두 거시적 관점에서 출발했다. 그들은 중국의 기존 교육제도를 어떻게 개혁할 것인가를 연구했고, 국민의 무지몽매함을 없애고 진정한 인재를 양성해 중화민족을 하나로 단결시키고자 했다. 또 서방열강의 탄압과 모욕에 맞서 중화민족의 자강독립을 실현코자 했다. 유신 교육을 예로 들어 보면, 유신 교육 개혁파의 대표적 인물로 손꼽히는 캉유웨이와 량치차오는 교육의 사회적 역할을 무엇보다 중시했다. 그들은 교육 사업이 중화민족의 흥망성쇠, 번영과 발전을 결정짓는다고 여겼기에 교육을 통해 국민을 계몽하고 국가를 개혁하며 유신변법에 걸맞은 인재를 양성하고자 힘썼다. 또 다른 교육구국론 학자인 옌푸는 중화민족이 나약하고 가난한 것은 백성의 지혜가 비천하고 백성의 덕이 부족해서라고 언급한 후, 만약 이 굴레에서 벗어나지 못한다면 '물경천택物競天擇(사물은 경쟁을 통해 선택된다)' 법칙에 따라 중화민족은 제국주의의 노예로 전락할 것이라고 호소했다. 그는 교육을 발전시키는 것이 곧 중화민족이 부흥하는 길이라고 생각했고, 교육으로 '고민력, 개민지, 신민덕'을 이루려 힘썼다. 이를 통해 중화민족의 전반적인 수준을 끌어올리고 중화민족 구성원의 애국주의, 민족 자존감, 민족 사명감, 민족 책임감을 고취시키고자 했다. 역사가 말해주듯 옌푸의 교육 구국 사상은 당시 중화민족이 응집력을 형성하고 발전시키는 데 촉진제 역할을 담당했다. 이 외에도 쑨중산孫中山, 저우룽鄒容, 천톈화陳天華 등 자산계급의 혁명파 사상가들도 교육 구국론에 동참했다. 저우룽의 『혁명군革命軍』과 천티엔화의 『맹회두猛回頭』, 『경세종警世鍾』 등은 후세에 큰 영향을 준 걸작으로 꼽힌다. 그들은 후손들에게 중화민족에게 닥친 위기에 대해 교육함으로써 구성원 모두가 스스로 나라를 구해야 한다는 의식을 갖도록 했고, 이를 통해 중화민족의 응집력을 도모했다.

5·4운동五四運動 당시 교육은 더더욱 민족 응집력을 한데 모으는 견인차 역할을 했다. 5·4운동은 20세기 초에 일어난 개혁운동으로 사상문화 교육에 역사적 전환을 가져왔다. 5·4운동은 '민주, 과학'이라는 슬로건을 내걸고 깊은 잠에 빠져있던 중화민족을 깨웠고 중화민족 정신을 새롭게 했으며 중화민족의 자아의식을 한 단계 성숙시켰다. 특히 루쉰魯迅을 필두로 한 사상문화 교육전사들은 날카로운 필체로 구 중국의 어두운 면면을 꼬집어내 중화민족이 나아가야 할 방향을 제시하고 중화민족의 발전을 위해 민족 구성원이 짊어져야 할 책임감을 심어 주었다. 5·4운동 정신에 영향을 받아 중국대륙에는 민족 계몽과 민족자강을 부르짖는 교육사상과 사조가 역사에 등장했다. 중국 현대 향촌교육의 대표주자인 옌양추晏陽初는 중화민족이 가난하고 낙후된 것은 평민들이 무지하고 협동정신이 결여되었기 때문이라고 했다. 이에 옌양추는 평민을 위한 4대 교육과 3대 방식을 제시했고, 이를 통해 중국 농민의 사상문화 수준을 향상시켜 중화민족의 응집력을 형성하고 민족 번영을 추구했다. 물론 그의 이론이 국민당에게 이용되긴 했지만 객관적으로 평가할 때 중화민족의 민족의식을 고취하고 민족의 전반적인 수준을 끌어올리는 데 중요한 역할을 담당했다.

중화민족이 근현대기에 유례없던 단결력과 응집력을 보인 것은 국민에게 선진사상을 전파하고 교육했기 때문이다. 이 교육을 통해 중화민족 구성원의 민족의식, 민족 위기감, 민족 자존감, 책임감을 고취시켰고 중화민족은 마침내 깊은 잠에서 깨어났다. 또 그들의 애국심을 자극해 자발적으로 '민족'이라는 틀 속으로 녹아들게 해 함께 숨을 쉬고 같은 운명의 길을 갔다는 강한 응집력을 이끌어냈다. 중화민족 구성원에 대한 민족교육이나 홍보가 없었다면, 교육을 통해 전 민족의 자질을 향상시키지 못했다면 이런 민족자강의식이나 민족 부흥에 대한 책임감을 기대하기는 어려웠을 것이다. 하물며 그 어느 때보다 강했던 민족 응집력은 말할 나위도 없다.

현재 건설 중인 사회주의 현대화 역시 여러 민족 구성원들의 단결과 협력이 없이는 불가능하며, 교육은 지금도 민족 응집력을 증진하는 데 중요한 역할을 담당하고 있다.

중화민족의 역사는 끊임없이 융합하고 강한 응집력으로 모든 역경을 이겨내며 새로운 미래를 만들어온 역사다. 교육은 모든 민족의 응집력을 모으는 데 없어서는 안 될 요소이자 촉진제였다.

(4) 민족 응집력을 강화하려면 우선 사상교육을 강화하고 각 민족 구성원의 사고수준을 향상시켜야 한다. 이를 통해 새로운 시대에 적합한 공통된 민족 가치관, 집단의식, 시대적 정취가 담긴 민족정신을 형성한다

민족 응집력을 형성하려면 각 민족 구성원들이 공감하는 민족 가치관, 민족 정신, 민족 공통의 발전목표, 민족 사명감과 책임감이 있어야 한다. 그리고 이런 정신적 요소는 교육이라는 특수한 수단을 통해서만 사람들의 의식 속으로 흡수된다. 특히 사상정치 교육 단계를 거쳐야 한다.

현재 모든 민족 구성원의 공통된 염원은 중국을 민주, 부강, 문명의 사회주의 현대화 국가로 건설해 중화민족의 부흥을 이루는 것이다. 공통된 민족 염원과 신념은 교육이라는 루트를 통해 중화민족 구성원 개개인의 의식 속에 녹아들고 있다. 공통된 염원을 바탕으로 중화민족은 모든 역경과 좌절을 극복하고 구성원 모두의 힘을 모아 21세기 중화민족의 기적을 탄생시켰다.

장쩌민은 사회주의 건설에서 민족 응집력을 증진시키는 것은 다름 아닌 교육임을 강조했다. 이와 함께 1988년 사상 최대의 홍수피해가 발생하자 공산당

이 앞장서 군민軍民 협동 단체를 조직해 필사적으로 싸운 결과, 홍수와의 싸움에서 승리를 거뒀다고 덧붙여 설명했다. 당시 이 재해는 공산당과 당 간부들의 전투력을 테스트하는 시험대이자 중화민족의 응집력을 테스트하는 시험대와 같았다. 이처럼 강력한 홍수 앞에서는 그 어떤 역경과 고난, 그리고 적군도 꼼짝할 수 없었다. 장쩌민은 다음과 같이 주장했다.

"이처럼 감격적이고 위풍당당한 모습으로 자연재해를 이겨낼 서방국가는 단 하나도 없을 것이다. 또한 이러한 거대한 민족적 응집력은 중화민족의 우수한 전통에서 비롯된 것이자, 중국공산당 숭고한 이상과 사회주의 제도의 우수성과, 애국주의, 단체주의, 사회주의, 마르크스주의 교육에서 비롯된 것이다. 정확한 세계관, 인생관, 가치관을 확립하는 것도, 우수한 민족 전통을 널리 알리는 것도, 공통된 이상과 정신적 버팀목을 형성하고 공고히 하는 것과 과학문화 수준을 향상시키는 것 역시 모두 교육을 떠나서는 생각조차 할 수 없다."

이에 장쩌민 주석은 모든 학교기관과 교육업무 담당자들에게 민족 응집력을 포함한 종합 국력을 향상시켜야 한다는 막중한 책임의식을 심어줬다.

장쩌민의 연설 내용에 담긴 정신을 본받아 민족 응집력을 증진해나가야 한다. 그 가운데 사상정치 교육업무를 강화해야 하는데 다음 네 가지 사상교육에 특히 신경을 써야 한다.

① 애국주의, 집단주의, 사회주의 교육을 강화해야 한다. 이는 사상 정치 교육의 핵심이자 민족 응집력을 형성할 수 있는 뒷받침이 된다

민족성의 함의에서 볼 때 조국祖國이란 민족이 존재하고 발전해 나가는 자연적, 사회문화적 환경 공동체다. 애국주의는 깊고 두터운 기초와 독특한 뿌리를 갖고 있는 심리로, 인류의 자연적 감정과 민족심리 속에서 형성된 것이다. 우리는 애국주의 교육을 통해 국민들의 민족 귀속감과 자존감을 깨우고 민족 응집력을 형성하며 자기 민족에 대한 책임감과 희생정신도 고취시킬 수 있다. 중화민족은 유구한 역사를 가진 고대문명 국가로 한민족은 자자손손 중화대륙에서 번영하면서 찬란한 물질문명과 정신문명을 탄생시켰고 독특한 색채의 역사

문화 전통을 형성했다. 이는 중국이 애국주의 교육을 실시할 수 있게 하는 토대가 되고 있다. 게다가 중화민족의 애국주의 사상은 오랜 역사와 함께 사람들의 마음 깊이 파고들어 거대한 응집력과 생명력을 갖고 있다. 과거 역사를 보더라도 중국은 애국주의 정신을 바탕으로 한 교육이 있었기에 수차례 민족 위기를 모면할 수 있었다. 애국주의 교육은 과거에도 그랬고 지금도 그렇듯 민족 응집력을 한데 모으는 중요한 루트로 여겨진다. 아울러 중화민족의 모든 구성원이 애국주의 정신을 널리 알리고, 민족 영혼, 민족정신, 민족의 힘, 민족의 위대한 업적을 달성하는 데 중요한 역할을 담당하고 있다. 애국주의 교육은 중국의 여러 민족을 사회주의 건설이라는 대업大業을 위해 하나로 뭉치게 하는 기치旗幟이자, 애국주의 정신과 응집력을 조국건설과 조국수호라는 열정으로 바꿔주는 거대한 힘이다.

일찍이 1990년 장쩌민은 5·4운동 기념 보고서 상에 다음과 같이 언급했다.

"우리나라 역사에서 애국주의는 줄곧 국민의 단결과 노력을 독려해 온 기치이자 모든 민족의 정신적 버팀목이었다. 아울러 조국 통일과 민족단결, 외세침략 저항, 사회주의 추진 등 여러 분야에서 중요한 역할을 담당해왔다."

애국주의 정신 아래 중국과 중국 각 민족은 스스로 끊임없이 노력해 강한 응집력과 생명력을 갖게 되었다.

이처럼 교육 업무에서 애국주의가 한 나라, 한 민족의 국민을 하나로 뭉치게 하는 중요한 사상적 기초, 정신적 원동력이 된다는 것을 인식해야 한다. 따라서 사상 교육을 진행하기에 앞서 우선 애국주의 교육이 선행되어야 한다.

애국주의 교육을 강화함은 물론이고 이와 함께 집단주의 교육, 사회주의 교육도 강화해야 한다. 이 세 가지는 유기적으로 연결된 하나의 공동체라 할 수 있다. 중화민족은 전체의 이익을 중시하기로 세계적으로 정평이 나 있다. 전통적인 집단주의 민족정신과 민족문화관념은 중화민족의 응집력과 구심력을 끌어올리는 데 촉진제 역할을 담당했고, 중화민족 응집력의 사상적 근거를 형성했다. 중국은 집단주의 교육을 중시함으로써 중국 각 민족 구성원이 시장경제 여건 하에서 변함없이 집단이익과 민족이익을 수호하고 각자의 책임감과 명예심을 가질 수 있도록 해야 한다. 이를 통해 '중화민족'이라는 이 집단이 구성원 간에 서로 기대고 하나로 뭉칠 수 있는 응집력이 강한 공동체가 되어야 한다. 집단주의 교육이라는 기치 아래, 모든 구성원이 집단을 위해 헌신할 수 있도록 투지를 고취시키고 깨지지 않는 굳건한 중화민족 응집력을 형성해야 한다.

　사실 애국주의 교육과 사회주의 교육은 본질적으로 일맥상통한다. 역사에서도 알 수 있듯이 사회주의는 중화민족의 애국주의 정신을 승화시킨 결과물이자 애국주의가 현실로 표출되는 결과물이다. 따라서 사회주의 교육에서 무엇보다 중요한 것은 국민에게 사회주의에 대한 확고한 신념을 심어주는 것이다. 이를 통해 사회주의와 공산주의 이상과 신념을 중국 각 민족의 공통된 목표로 삼아 중화민족의 모든 구성원이 '사회주의'기치 하에 하나로 뭉치게 해야 한다. 이것이 바로 사회주의 현대화가 순조롭게 발전해 나갈 수 있는 힘의 원천이다.

② 중화민족의 우수한 전통과 민족정신에 대한 교육을 강화해야 한다. 이를 통해 이미 형성된 중화민족의 응집력을 21세기에 보다 공고히 해야 한다

　민족의 우수한 전통과 민족정신은 사회심리와 사회이념에 대해 응고성과 이력履歷성을 갖고 있다. 중화민족은 유구한 역사와 찬란한 문화를 가진 근면 성실한 민족이자 자유를 사랑하고 혁명 전통이 풍부한 민족이다. 그들의 이런 우수한 민족전통과 민족정신은 중화민족의 역사서의 한 페이지를 찬란하게 장식했다. 중국의 역사, 특히 근대 역사가 시작된 후 중화민족의 역사는 그야말로 치열하게 싸운 투쟁의 역사요, 새로운 업적을 세운 창조의 역사였다. 이는 중화민족의 응집력을 교육하고 알리는 데 좋은 교재가 되고 있다. 교육을 통해 많은 젊은이들은 아편전쟁 160년, 5 · 4운동 80년 동안 중화민족이 보여준 불굴의 의지를 보여준, 외세에 맞서 싸운 역사를 이해한다. 또 먼 옛날부터 오늘날의 역사까지, 표면적인 것에서 깊이 있는 역사까지 교육함으로써 중화민족의 유구한 민족전통과 정신을 익히고 그들의 민족 자긍심, 귀속감, 책임감, 사명

감을 자극할 수 있다. 이와 함께 민족전통 교육은 중화민족의 모든 구성원이 중국공산당이 중화민족의 발전과 인류의 숭고한 이상을 실현하기 위해 얼마나 노력하고 희생했는지, 또 그들이 어떤 업적을 이뤘는지, 그들이 합심해 얼마나 드높은 기세를 발휘했는지를 알 수 있다. 이를 통해 민족 구성원의 자긍심과 구심력을 고취시켜 중화민족이 나가고자 하는 발전 방향과 공통된 신념을 지켜나가야 한다. 중화민족의 우수한 전통과 정신은 과거 중화민족이 아름답고 찬란한 중화문명을 탄생시키는 데 밑거름이 되었고, 앞으로는 중화민족이 더 높은 곳을 향해 날아오르고, 힘을 합쳐 앞으로 나아갈 수 있도록 하는 동력이 될 것이다.

③ 중화민족 응집력을 뒷받침해줄 수 있는 민족 문화심리, 민족 가치관, 민족 공동 발전목표에 대한 교육을 강화해야 한다

민족 심리는 계급 심리나 다른 기타 사회군중 심리와 마찬가지로 수유, 이익, 관점, 감정, 정서, 여론, 전통 등의 사회심리 현상으로 이루어진 것이다. 이처럼 다양한 성분이 함께 작용해 민족심리의 면모를 형성하고 어느 한 민족의 민족 심리 특징이 된다. 민족심리 면모에는 성격, 민족의 자아의식, 민족의 자신감, 민족 전통, 습관 등이 포함된다. 또 각 민족은 인류 문화와 자연계가 서로 영향을 주는 과정에서 민족 문화의 특색을 형성하고, 문화 심리 속에 깊이 깔려져 있다가 감정이 특정한 민족심리 구조로 바뀐다. 특정 시대의 민족문화 구조는 특정적인 사회심리, 문화관념 민족정신이 부활해 만들어지는 것으로 세계 모든 나라들이 민족문화 심리의 귀속감을 강조한다. 민족심리와 민족문화는 민족 응집력을 형성하는 데 없어서는 안 될 핵심요소로, 이 모든 것은 교육이라는 루트를 통해 각 민족 구성원에게 전해지고 스며든다. 일본만 보더라도 학과 수업 내용에 '야마토 다마시大和魂(대화혼)'나 '일본정신' 같은 문화의식이 가득하고 단결과 생존을 함께 하자는 민족 인격적 특징이 농후하다. 반면, 미국 수업 시간에는 USA 국민의 자긍심을 유난히 강조하면서 세계의 시

민, 세계의 주인이라는 자부심이 드높다. 세계적으로 중요한 지위를 점하고 있는 중화민족의 민족 문화심리는 더 오랜 역사를 갖고 있다. 그들의 변치 않는 민족 문화심리 덕분에 중화민족의 각 민족 구성원들은 공통된 가치 방향과 공통된 신념을 갖게 되었다. 사회주의 건설이 진행 중인 21세기에는 교육을 통해 민족 문화심리를 형성하고 이를 전파할 수 있도록 힘써야 한다. 이는 중화민족 응집력이 발전할 수 있는 가장 튼튼한 뿌리이자 초석이 되기 때문이다.

일본 사상가 나카무라 하지메中村元는 자신의 저서『비교 사상론比較思想論』을 통해 다음과 같이 언급했다.

"자신들의 문화를 중국 정신으로 삼아 계승해 내려오고 있는 중국인은 실로 위대한 국민이다. 만약 중국인이 그들의 유구한 역사와 문화 기반을 버렸다면 중국은 발전하기 못한 채 자신들의 문화도 상실했을 것이다. 중국의 개혁은 그들 스스로의 문화에 기반을 두어야 하며 이 문화는 세계 문명의 일부분이다. 중국은 서방국가를 모방해 개혁을 진행해서는 안 된다. 만약 그들의 문화 기반을 버리고 서양화를 추구한다면 중국은 결국 멸망하고 말 것이다."

나카무라 하지메의 이 논점을 우리는 깊이 새겨야 한다. 중국 전통문화는 이론적으로 '사회본위社會本位' 가치관 기준에서 출발한 것이고, 서방 현대문화는 천부인권을 강조하는 '개인본위個人本位' 가치관 기준에서 출발한 것이다. 봉건관료주의가 제창한 '사회본위' 민족 심리 문화는 그 목적과 본질이 당대의 '사회본위' 관념과는 근본적으로 다르다. 하지만 다른 각도에서 본다면 중화민족이 역사 속에서 형성된 이런 민족 문화 심리는 당대의 민족 융합과 응집 심리에 크게 기여했다. 따라서 민족 응집력을 형성하는 데 민족 문화와 민족 심리가 제 역할을 다할 수 있도록 각종 교육기관에서는 다양한 교육형식을 채택해야 한다. 이를 통해 민족 문화와 민족 심리를 조직적이고 대규모로, 그리고 지속적으로 창조하고 전수해야 한다. 이것이야말로 민족이 생존해나갈 수 있는 뿌리자 발전해 나갈 수 있는 사회적 조건이다.

④ 중국 각 민족 구성원을 대상으로 국정國情에 대한 교육을 강화해야 한다. 이는 민족 공감대를 형성하고 민족 응집력을 증진하는 데 중요한 부분이다

국정 교육 내용 가운데 특히 자원, 환경, 인구 등에 관한 의식 교육을 강화해야 한다. 그래야 인구, 환경, 자원 등의 기본 국정 사항에 대한 젊은이들의 올바른 인식을 이끌어 낼 수 있다. 이 외에 국정 지식을 전수함으로써 구성원 모두가 자신 민족의 역사와 현황을 우선 이해하고, 이를 바탕으로 중화민족의 후손으로서 가져야 할 민족 책임감과 사명감에 대해 이해하도록 해야 한다. 그 구성원의 민족의식과 민족정신을 고취시키고 민족 자존심, 자신감, 자강의식, 민족 자긍심을 형성해 강력한 민족 응집력을 한데 모아야 한다. 이를 통해 구성원 모두가 중화민족의 지속 가능한 발전을 위해 함께 노력해야 한다. 국정지식의 성공 여부는 중화민족이 21세기에 세계열강 속에 우뚝 설 수 있느냐를 결정지을 것이다.

위에서 언급한 몇 가지 분야의 사상교육을 진행함에 있어 주의할 사항이 있다. 교육 내용이 사회교육, 학교교육, 가정교육에까지 깊게 연관되어 있어야 하고 교육 대상에 따라 적합한 교육방식을 채택해야 한다는 점이다. 예를 들어 학교교육에서 대학생, 중, 고등학생, 초등학생의 사상 교육 교재와 그 방법은 분명 달라야 한다. 사상 교육의 내용도 사상 정치 수업에만 국한할 것이 아니라 모든 학과 수업, 활동에서 이와 관련된 내용의 교육이 진행되어야 한다.

그 외, 중국이 중화민족의 애국주의, 민족 가치관, 민족정신, 국정 등에 관한 교육을 실시한다고 해서 교육의 국제화 원칙을 부정하는 것은 아니다. 또한 교육을 통해 민족 응집력을 증진하려 한다고 해서 교육의 내용을 자국 소재에만 국한시키는 것도 아니다. 반드시 다른 국가와 민족의 사회 발전 상황을 인식하고 선진국의 노하우와 다른 민족의 민족정신을 배워야 한다. 이를 토대로 중화민족 구성원의 민족 책임감과 긴박감을 자극해야 민족 응집력을 증진하는 데 있어 '이곡동공異曲同工(방법을 달라도 결과는 같음)'의 효과를 거둘 수 있다.

⑤ 민족 응집력을 증강하려면 민족 구성원의 과학문화에 대한 전반적인 수준 향상과 인재 양성 분야에서 교육이 제 역할을 발휘할 수 있도록 힘써야 한다. 이와 함께 올바른 사회 풍토 및 사회도덕 형성을 촉진하고 정신문 명의 전면적인 발전을 추진해 민족 응집력 형성을 위한 인적 토대와 사회 환경을 마련해야 한다

민족 응집력은 중국 각 민족의 자각적이고 자발적인 의식과 행동으로 형성 되는 것이다. 아울러 민족 응집력의 형성 여부 또는 민족 응집력의 강도는 상 당부분 중화민족 구성원의 종합적인 수준에 달렸다. 그중에서 과학문화 수준 은 모든 교양의 기초가 된다. 레닌은 문맹이 넘쳐나는 나라에서는 사회주의를 건설할 수 없다고 말한 바 있다. 이와 마찬가지로 문맹이 많고 과학문화 수준 이 낮은 민족이 구성원 각자가 자발적으로 민족 책임감과 사명감을 형성하기 란 어렵기 때문에 민족 응집력을 위한 필수 조건과 그 토대가 사라지게 된다.

과학문화 교육은 사상관념을 형성하고 새롭게 바꾸는 데 있어 큰 영향력을 가지고 있다. 현대 사회에서 개인의 교육수준은 그들의 가치관 형성과 생활방 식을 결정지을 뿐만 아니라 민족 문화, 민족정신, 민족 문명의 발전 정도에도 영향을 미친다. 따라서 과학문화 수준을 향상시키는 데 있어 교육의 역할을 무 엇보다 중시해야 한다. 다양한 교육 루트를 통해 모든 민족 구성원에게 자연과 학과 사회과학에 관한 지식을 전파해 그들이 일정한 과학문화 지식을 습득하 도록 해야 한다. 이를 토대로 자아와 민족의 발전 관계를 인식하고 자발적으로 자아와 민족이 함께 발전해나갈 수 있는 길을 선택하도록 해야 한다. 이런 의 미에 더해 형성된 민족 응집력은 더 영구적이고 견고하며 그 범위가 폭넓다.

아울러 문명적이고 과학적인 지식, 그리고 건전한 지식과 정보로 사람들을 교육하고 최적화된 사회도덕 풍토를 위해 적극적으로 홍보하는 문화 분위기를 조성한다. 그리고 현대문명을 전파하고 확대시켜 나가 사람들이 그 속에서 조 금씩 교육을 받게 한다. 이는 이상적인 사회 환경을 건설하는 데 직접적으로 영향을 미쳐 사회가 전반적으로 높은 문명 수준을 보이게 된다. 민족 구성원

모두는 이런 문명적이고 조화로운 사회 분위기 속에서 자연히 강한 민족 귀속
감과 민족 자긍심을 느끼게 되고 민족 응집력도 크게 향상된다.

이 외에 교육은 민족의 전반적인 문화수준을 향상시켜 줄 뿐만 아니라 우수
하고 혁신적인 인재를 대량 양성하기 때문에 세계 속의 중화민족으로 발전할
수 있다. 이는 중화민족 모든 구성원의 민족 자존감과 자긍심을 증진시킬 뿐만
아니라 민족 응집력 형성에도 직, 간접적으로 영향을 미친다.

현재 중국은 세계 인구의 1/4을 차지하고 있지만, 과학기술 분야에서 위대한
업적을 남겼거나 세계적으로 영향력 있는 걸출한 인재는 상대적으로 적다. 이
런 현실은 민족 자긍심과 자존감은 물론이고 민족 응집력을 형성하고 발전시
켜 나가는 데도 일정부분 영향을 미친다. 이에 덩샤오핑은 이렇게 강조했다.

"10억 인구 대국이 제대로 교육을 발전시킨다면 세계 어느 나라도 넘볼 수
없는 막강한 인적자원을 보유하게 된다. 우수한 인적 자원에 선진 사회주의제
도를 가미한다면 중국은 이루고자 하는 목표에 반드시 다다를 수 있다."

덩샤오핑의 이 고견은 오늘날 우리가 교육을 어떻게 이용해서 민족 응집력
을 형성해야 할지 그 방향을 제시해주고 있다.

⑥ 민족 응집력을 증강하려면 사회생산력 촉진 분야에서 교육이 제 역할을 발
   휘할 수 있도록 힘써야 하고 종합국력과 국민 전체의 생활수준을 향상시켜
   야 한다. 이와 함께 소수민족의 교육 사업을 대대적으로 발전시켜 소수민
   족의 전반적인 수준을 향상시켜야 한다

민족 응집력은 물질 축척과 정신 축척이라는 두 가지 요소가 함께 작용해 만
들어진 결과물이다. 한 나라의 경제발전 상황은 그 구성원들의 실질적인 이익
과 직접적으로 연관되어 있다. 그래서 국가 경제력이 강성해져야만 그 구성원
들의 질적 생활수준도 향상된다. 이것이 민족 구성원의 민족과 국가에 대한 동
질감과 귀속감을 증진시키는 데 필요한 첫 번째 요소다.

특수한 시대적 배경 속에서는 민족의 낙후나 가난이 구성원들의 진취성과
응집력을 자극할지 모르지만 오늘날처럼 평화로운 사회 속에서는 상상하기 힘

든 일이다.

'교육'은 사회경제가 발전해 나감에 있어 강한 추진력을 부여하고 민족 응집력을 키우는 데 직접적인 영향을 미친다. 덩샤오핑은 다음과 같이 언급하면서 과학기술이 바로 생산력과 교육의 기초 사상이라고 강조했다.

"교육은 모든 민족에게 가장 기본이 되는 사업으로, 4개 현대화(농업현대화, 공업현대화, 국방현대화, 과학기술현대화) 건설은 지식과 인재에 의해서만 가능하다."

미국 경제학자 데니슨Denison은 교육이 미국 경제 성장에 미치는 영향에 대해 계산을 한 적이 있다.

그의 계산에 따르면 미국이 1929년에서 1957년까지 국민 경제가 21% 성장한 것은 교육 덕분이라고 했고, 1909년에서 1929년까지는 물질자본의 경제 성장 기여도가 학교교육의 경제 성장 기여의 2배로 나타났다. 하지만 1929년에서 1957년 사이에는 학교 기여도가 물질자본 기여도를 넘어섰다. 소련 사회과학원의 스터럼린Sterlumlin도 이 문제에 대해 의견을 제시했는데, 소련의 국민 수입 증가분 가운데 30%는 교육 덕분이라고 했다. 그들의 주장에서도 알 수 있듯이 교육은 거대한 경제적 효과를 가져다줄 뿐만 아니라 생산력 발전과 종합국력 향상을 이끌 수 있는 밑거름이다. 특히 21세기 지식경제 시대에 국가와 민족의 경제 발전은 더 많은 부분 교육의 영향을 받을 수밖에 없다. 그래서 민족 경제력 증강을 통해 민족 응집력을 발전시키는 과정에서 교육은 더 막중한 임무를 담당하게 된다. 영국 교육 경제학자인 존 시한John Sheehan은 교육의 경제효과는 직접적인 것과 간접적인 것이 있고, 유형적인 것과 무형적인 것이 있다고 했다. 이 말을 통해 그는 교육은 생산율 향상은 물론이고, 여러 가지 사회적, 경제적 이점도 제공하며 사회단결과 안정을 촉진해 생산 효율도 촉진한다고 사실을 강조하고자 했다. 이렇듯 교육에 대한 투자를 보다 확대하고 '과학교육 부흥국가' 전략을 정착시켜야 한다.

중국은 다민족을 가진 통일 국가로 55개의 소수민족을 가지고 있고 민족 자치구역 면적이 전 국토의 64%, 소수민족 인구가 9,000만 명에 달한다. 여러 가지 복잡한 사회 역사적 이유로 중국 소수민족 대부분은 국방 요충지인 변방지역에 거주하고 있다. 한 통계에 따르면 중국 대륙의 국방지역은 모두 2.1만 km로, 국방에 위치한 136개 현縣은 12개 국가와 인접에 있다. 이곳 대부분은 소수민족들의 거주지인데, 그중 일부 소수민족은 국경 너머에 살기도 하고 일부 소수민족은 뿌리, 언어, 풍속, 습관, 종교 신앙 등이 인접국가의 다른 민족과 흡사하고 오랫동안 역사, 사회적으로 연관성을 맺어왔다. 이런 이유로 중국의 소수민족들은 인접국가와 우호적인 관계도 유지하면서 동시에 외세 침략을 막고 조국을 수호하는 이중 임무를 맡고 있다. 이처럼 소수민족은 중화민족 전체에서 아주 중요한 역할을 담당하고 있다. 소수민족 간에, 또는 소수민족과 한족 간에 얼마나 강한 응집력이 형성되느냐에 중화민족의 앞날이 달려 있다 해도 과언이 아니다. 민족 응집력을 형성하는 데 교육이 가장 중요한 토대라고 한다면 소수민족의 교육 사업을 대대적으로 발전시켜 나가는 것이야말로 진정한 중화민족의 융합과 단결을 이끌어 내는 조건이다.

소수민족의 교육 사업에서 가장 신경 써야 할 부분은 애국주의 교육이다. 이를 통해 소수민족에게 마르크스주의 민족관 수립, 각 소수민족과 중화민족의 형성 및 발전 과정에 대한 이해, 중화민족이 유구한 통일 역사를 가진 문명 고대 국가로 여러 민족이 함께 살아가는 공동체라는 사실을 인식하게 한다. 아울러 소수민족 구성원이 진정으로 페이샤오퉁費孝通이 언급한 '통일 민족은 공동체 구성원이 모두 자기 사람이다.'라는 경지까지 이를 수 있고, 중화민족이라는 큰 틀의 통일된 국가관, 강렬한 중화민족 의식, 민족 자신감, 민족 자존감, 민족 책임감, 민족 사명감을 꾸준히 확립할 수 있으며 지역의 편협한 민족주의도 제거할 수 있다.

소수민족의 교육 사업을 발전시키려면 민족 교육 가운데 문화교육을 보급하고 소수민족 거주지의 교육 질을 제고해야 하며 소수민족의 전체적인 수준도 향상시켜야 한다. 나아가 소수민족 지역의 경제 및 사회발전을 촉진해야 한다.

소수민족 교육은 중국 국가 교육 사업에서 중요한 부분으로, 다른 지역 교육과 서로 돕고 서로 영향을 주는 관계라 할 수 있다. 국가 교육 발전은 민족 교육 발전과 서로 떼려야 뗄 수 없는 관계다. 서로 영향을 주는 두 가지를 어떻게 일치시키고 어떻게 조화롭게 발전시켜 나가냐가 민족 응집력을 결정하는 필수조건이다.

세계 각국의 종합국력 경쟁이 날로 치열해지고 있는 요즘, 이 치열한 국제 경쟁 속에서 민족 응집력의 영향력은 날로 두드러지고 있다. 장쩌민은 전국 제3차 교육업무회의에서 발표한 '교육과 민족 응집력'이라는 연설문을 통해 21세기 중국이 어떻게 민족 응집력을 키워나가야 할지, 그 방향을 제시했다. 중국은 '과학교육 부흥 국가'라는 거대한 기치 아래, 중화민족의 우수한 교육 전통을 알리고 다양한 교육기관과 형식을 충분히 이용해 중화민족 구성원이 단결할 수 있도록 해야 한다. 하나로 힘을 뭉친다면 그 누구도 막을 수 없다. 중국은 중화민족의 21세기 부흥을 위해 함께 노력해 나가야 한다.

6. 자질교육이 안고 있는 정책적 문제

교육 정책 분석, 연구, 제정은 중·하위 관리직은 감히 넘보지 못하는 고위 지도층의 몫이라는 게 교육계의 불문율이었다. 교육 현대화가 진행되고 교육 정책 문제에 대한 해외 학술계의 관심이 높아지면서 교육 정책 연구는 교육 연구의 핵심으로 부상했다. 또 이론팀과 실무팀 모두 어떻게 하면 교육 정책 제정, 현 교육 정책에 대한 평론, 새로운 교육 정책에 대한 건의 등을 좀 더 효율적으로 진행할지를 고민했다. 본문에서는 중국교육 정책에 관한 몇 가지 문제에 대한 필자의 견해를 제시하고자 한다.

(1) 유형별 관리 문제

넓은 국토를 가진 중국은 각 지역의 자연조건, 생산력 수준, 사회발전 상황,

문화 전통 등 모든 부분에서 차이점이 존재하며 인구 지역분포 역시 상당히 불균형적이다. 그래서 전국 각 지역의 교육 발전 수준도 뚜렷한 차이를 보이며 지역적 불균형이 두드러진다. 의무교육 지표에서 본다면 변두리 지역이나 빈곤 지역의 교육은 연안 지역에 비해 짧게는 10년, 길게는 그 이상 낙후된 것으로 나타났다. 90년대 이후 국가 교육발전 연구센터가 진행한 몇 차례 분석에 따르면, '원바오溫飽(의식주 등 기초생활이 해결된 상태)' 문제가 해결된 지역은 특별 빈곤지역보다 초등교육 보급 가능성이 5배 높은 것으로 조사되었다. 이런 중국 국내 상황에 비춰볼 때, 교육 정책이나 교육발전 전략을 수립함에 있어 획일적이고 동일한 정책으로는 불균형 발전 양상을 보이고 있는 지역 교육의 수요를 만족할 수 없는 것을 알 수 있다. 따라서 각 지역의 실상에 근거해 지역별 대책, 단계별 정책, 구역별 계획, 유형별 관리 및 평가가 가능한 방침을 내놓아야 한다. 이것이 바로 중국이 교육정책을 제정함에 있어 가장 중시해야 할 부분이다.

교육 정책 재정에서 단계별 정책, 유형별 관리를 고수하려면 다음 문제에 주의를 기울여야 한다.

첫째, 교육 기준을 설정해야 한다. 국가가 교육 표준에 대해 가장 최소한의 조건과 가장 기본적인 룰을 정하는 것이다. 예를 들어, 국가가 '한 학교의 교사와 학생의 비율이 얼마여야 하나', '어떤 여건을 갖추고 있어야 하나', '어떤 기관과 시설을 갖추고 있어야 하나' 등의 가장 기본적인 표준을 정하고, 이런 표준들이 시행될 수 있도록 입법화해야 한다. 이런 기준 속에서 중국 각 지역은 현지의 경제 발전 상황, 인구 상황, 지리조건 등에 맞춰 지역 교육 기준을 수립함으로써 다른 지역과의 교육발전 갭을 줄여나갈 수 있다.

현재 중국의 교육 기준은 아직 완벽하지 않다. 대부분 높은 표준에 대한 시범적 기준만 있고 낮은 표준에 대한 기준이 절대적으로 부족하다. 이런 정책 성향은 상황이 좋은 곳엔 더 많은 지원을, 상황이 어려운 곳은 외면하는 형상이다. 특히 농촌지역에 대한 교육 기준을 제정할 때는 유형별 관리, 구역별 계획, 단계별 추진 등의 방침이 중요한다. 성省, 현縣, 향鄕별 상황을 자세히 조사, 연구 한 후에 유형별 관리를 진행한다면, 농촌 각 지역은 현지 실정에 꼭 맞는 교육 목표, 진도, 단계, 나아가 학교 운영 규모 등을 실시할 수 있다.

둘째, 교육 평가 및 관리감독을 실시해야 한다. 즉 중국 국정에 부합하고 지역별 갭을 고려한 교육 평가 및 관리감독 표준 시스템을 구축해, 각기 다른 참조 계수로 각 지역의 교육을 분석하고 평가해야 한다. 또 이를 근거로 해당지역이 다음 단계에서 어떤 부분에 중점을 두고 교육을 발전시킬 것인지, 어떤 개선 조치를 취할 것인지를 알려준다. 교육을 발전시킴에 있어 지역적 갭이 존재하고 불균형적인 교육 정책을 실시해왔던 것이 사실이다. 때문에 지역별 정책을 통해 교육 발전을 꾀하고 지역 간 갭을 줄여나가야만 중국 전역의 교육 발전이 가능하다.

이 외에도 현실 교육정책을 분석해 볼 때, 유형별 관리는 낙후지역이나 약자 교육에 치중되어야 하고, 국가나 지역 정부는 낙후 지역, 특히 빈곤지역에 우호적인 정책을 펼쳐야 한다. 정부는 '희망공정希望工程(빈곤지역의 아동들이 계속적인 학업이 가능하도록 돕는 일종의 공익사업)'에 앞장서 빈곤지역에 교육 기준이 제대로 실행되고, 의무교육 기준과 수준이 보장받을 수 있도록 정부 차원의 재정지원을 아끼지 말아야 한다. 도시의 각 정부부처는 유형별 관리의 일환인 타지출신 노동자의 자녀 교육 문제에도 관심을 기울여야 한다.

(2) 공평과 효율의 문제

공평과 효율은 인류 사회 발전 과정에서 추구하게 되는 가장 기본적인 목표와 선택하게 되는 가장 기본적인 가치로 서로 모순된 개념의 공동체다. '공평함'이란 사회주의 교육의 본질적인 규정이자 내재적 기준이지만, 사회의 현실적 여건에 부합되지 않으면 현재 절박하게 요구되는 중국 현대화 교육의 효율성 실현을 이룰 수 없다. 단순한 교육의 공평성을 추구하다보면 이런 목표를 실현하지 못함은 물론이고 교육, 더 나아가 전 사회가 저효율 하의 공평함을 맛보게 된다. 이와 마찬가지로 맹목적으로 교육 효율만을 쫓다보면 어느 한쪽으로 기울 수밖에 없기 때문에 교육의 방향 자체가 길을 잃게 된다. 따라서 각 지역 정부는 교육 정책을 결정할 때 공평과 효율을 동시에 만족하는 과학적인 교육관을 확립해 교육을 관리해야 한다.

① 전체적인 정책 틀을 바탕으로 공평과 효율 추구

사회 경제의 조화로운 발전을 고려해 교육 정책을 분석, 연구 제정해야 사회 안정은 물론이고 대다수 사회 구성원의 발전을 보장할 수 있다. 또 대大교육관에서 출발해 각 단계에 따라 서로 다른 발전전략을 세워야 한다. 중국은 공평과 효율을 동시에 추구한다는 전제 하에 단계별 공평 및 효율 좌표계를 마련해 이에 상응하는 정책 및 전략을 세워야 한다. 초등 교육을 예로 들어 보면, 의무교육을 꾸준히 보급해 모든 구성원이 교육 받을 수 있는 기본 권리를 보장해야 한다. 아울러 적절히 조치를 취해 전반적인 질적 향상을 꾀함으로써 피교육자가 성공적으로 학업을 마칠 수 있도록 해 교육 결과의 공평성을 확보해야 한다. 이 외에 전면적인 자질교육을 통해 학생의 개성을 살리고 학생들이 천부적인 재능을 충분히 발휘할 수 있는 기회를 마련해줘야 한다. 학생들의 잠재능력을 개발해줌으로써 인본주의 교육 평등을 실천해야 한다.

중등교육과 고등교육에서 정부는 교육 규모 확대에 힘써야 한다. 해당 연령대의 사람들에게 교육의 기회를 제공하고 교육 자원을 적절히 분배함으로써 효율 최적화라는 목적을 이뤄 사회발전에 이바지해야 한다.

② 실사구시實事求是에 근거한 지역 교육 평가

각 지역의 역사와 기본 요소가 다르다보니 지역별 경제, 사회, 교육 발전 현황에 갭이 존재한다. 그렇기 때문에 중국 정부는 정책을 결정할 때 각 지역의 상황을 고려해 그에 상응하는 정책을 제정해야 한다. 낙후 지역이나 개발 도상 지역에 대해서는 정부가 보다 많은 지원을 제공함으로써 해당지역의 취학아동이 기본교육을 받을 수 있도록 해야 한다. 공평성 우선을 실현해야 하지만 효율성 원칙도 잊어서는 안 된다. 상대적으로 발전된 지역에 대해서는 기본교육을 받을 권리가 보장된다는 전제 하에 효율성을 우선 실현하고 공평성을 함께 고려한다는 원칙을 택해야 한다. 현재의 사회발전은 다양한 인재상을 원하고 있고, 사람들은 각기 다른 학교교육을 받을 권리가 있다. 사회가 각 구성원에게 특수 교육의 기회, 특히 명문교에서 고등교육을 받을 수 있는 극기 제한된 기회를 제공할 때는 교육 자원의 합리적인 분배, 최적화된 조직, 효율적인 이용 등을 우선해야 한다. 정부는 합리적인 정책을 제정하고 공정한 방법을 채택함으로써 능력에 따른 교육의 기회를 제공해야 한다.

③ 상대적인 공평 관념과 전략적인 효율 관념

공평성은 상대적인 개념이다. 사회가 모든 이에게 동일한 조건에서 동일한 양, 동일한 질의 교육을 받게 하고, 모든 이에게 동일한 교육의 결과를 보장한다는 것은 불가능하다. 교육의 공평이란 기회의 공평성을 말하는 것으로 모든 사람은 기회 앞에서는 평등하다는 의미다. 모든 사람들이 스스로의 노력을 통해 공평하게 경쟁에 참여할 수 있는 기회가 균등한 환경을 조성하는 것이 바로 정부가 할 역할이다. 아울러 정부는 우수한 교육 자원의 비율이 확대되도록 최선을 다해야 한다. 이에 반해 효율성은 일시적이고 국부적인 개념이다. 정책 결정자는 전략적인 효율 관념을 수립해 효율성을 따져야 한다. 즉 장기적인 안목에서 전체를 고려한 관념으로 자원분배의 효율성을 따지고, 교육이라는 큰 틀과 교육과 사회, 경제발전의 관계를 고려한 관념으로 효율성을 결정해야 한다.

(3) 기초교육의 데이터베이스 구축

교육 정책은 과학적 정책에 근거해 재정되어야 하고 과학적 정책은 현실에 대한 정확한 판단에 근거해야 한다. 신뢰할 만한 데이터가 없으면 단순히 경험이나 주관적 평가에 근거해 판단하기 때문에 현실 상황을 정확히 판단하기 어렵다. 중국처럼 큰 나라는 지역에 따라 경제, 문화, 인구 등의 요소가 다르기 마련이다. 그런데 일률적이고 획일적인 관리 정책을 채택한다면 교육 자원의 낭비는 물론이고 교육 사업의 발전을 저해하는 우를 범하게 된다. 데이터 없이는 과학적인 정책결정도 없다. 정책 제정은 더 말할 나위가 없다. 따라서 신뢰할 수 있는 데이터베이스를 구축하는 것이 교육 결책부가 교육정책을 과학적으로 결정하고 관리하기 위한 기초 공사다. 이 공사만 제대로 한다면 효율적으로 교육개혁을 진행할 수 있다. 신뢰도 높은 데이터를 가진 객관적 근거가 존재할 때 비로소 현실상황에 꼭 들어맞는 개혁방안이 나올 수 있다. 아울러 이를 실천하는 과정에서 제때에 잘못된 부분을 바로 잡고 정책 내용도 수정할 수 있다.

하지만 중국은 지금까지도 국가 교육 데이터베이스를 구축하지 못했다. 그런 탓에 중국교육 관리 기관은 급변하는 국제 및 국내 상황을 제때 파악하지 못하고 교육 관리 분야에서는 국제 추세에 동참하지 못하고 있는 실정이다. 물론 데이터베이스 구축, 운영을 통한 정책 결정 및 관리 방법이100% 과학적이고 믿을만하다는 의미는 아니다. 다만 신뢰할 만한 데이터베이스, 과학적인 수리 통계방법과 결책 과정이 있어야 교육 정책 결정 및 관리의 객관성과 정확성을 높아지고 나아가 정책 법규의 과학성과 효과성을 향상시킬 수 있다. 이런 점에서 볼 때 미국 교육 관리 시스템은 본받을 만하다. 미국은 과학연구, 정책 제정 시 국립교육 통계센터NCES가 제공하는 데이터를 근거로 하기 때문에 정책 법규가 객관적이고 공정할 뿐만 아니라 상당부분 연관성과 지속성을 띤다. 그리고 미국에서 이 데이터베이스를 구축하고 확대하는 주체는 민간단체여서 많은 이점이 있다. 관리에 있어서 정부 행동과 정부 관리자의 주관적 입김이 작용하지 않고 정부 차원의 통계 데이터와 서로 비교, 검증이 가능하다는 점이다. 중국 역시 교육 데이터베이스를 민간 데이터 회사가 구축하고 여러 지역 및 학교가 동참, 투자하도록 권장할 수 있다. 중국은 이미 통계 데이터가 있고 데이터베이스를 구축했다고 말하는 중국인들도 있다. 하지만 이런 데이터는 여러 인위적 요소들의 작용으로 인해 상당부분 사실성이 결여되어 있어 잘못된 결론을 도출할 수도 있다.

교육 데이터베이스 구축과 함께 교육 결책 자문 시스템도 구축해야 한다. 이는 상대적으로 독립된 만간경영 형식으로 교육 전문가들이 모인 두뇌위원회(싱크탱크, 브레인트러스트) 또는 자문회사의 일종이다. 현대사회가 복잡할수록 정책 결정에서 자문의 역할은 중요해진다. 과학자나 기술 전문가가 결책 연구에 동참하지 않는다면 아무리 지식, 지혜, 경험이 풍부해도 실수를 면하기는 어렵다. 교육 정책상의 실수는 당장 드러나지 않지만 그 결과는 어마어마하다. 실수로 인한 결과는 다시 되돌릴 수 없기 때문에 한 세대의 교육을 깡그리 망칠 수도 있다.

현대 지도자는 브레인트러스트의 도움을 받아 자신의 지혜와 지적 능력을 넓혀나간다. 전문가로 구성된 두뇌위원회는 과학적인 절차와 방법에 근거해 정책 결정자가 관련 상황을 예측하고 분석할 때 도움을 주고, 다양한 예비 방안을 제시함으로써 정책 결정의 실수를 최소화한다. 이는 과학적이고 민주적인 교육관리 시스템으로, 과거 경험이나 엘리트 중심이었던 것에서 과학적이고 민주적인 정책 결정 형태로 변모한 것이다. 또 중국교육 개혁이 앞날을 향해 큰 발걸음을 내딛었음을 말해주는 것이기도 하다.

해외의 각종 대학 총장과 중, 고등학교 교장, 그리고 교육 주관 부서는 새로운 교육교학 개혁방안을 추진하거나 새로운 정책법규를 내놓기 전에 반드시 전문 자문기관을 통해 논증 및 실험을 거친다. 게다가 중대한 정책을 연구할 때는 민관民官이 섞인 여러 전문기관이 합심해 예비 방안을 마련하고 실행가능성을 검증해 정책의 과학성과 정확성을 한층 더 높인다. 물론 중국의 교육관리 부서에도 유사한 의견수렴, 정책 논증 절차가 있다. 하지만 여러 가지 이유로 지도자의 의견이 관철되는 경우가 대부분이거나 민주적 관리라는 미명 하에 과학성, 완벽함과는 거리가 멀어 본연의 역할을 다 하지 못한다.

제대로 된 국가 교육 데이터베이스와 교육 결책 자문 시스템을 구축하려면 다음 몇 가지에 주력해야 한다.

첫째, 데이터베이스와 교육 결책 자문 시스템 구축을 위한 전체 계획과 관련 정책 법규를 마련한다.

둘째, 과학이론을 기초로, 하이테크 신기술을 버팀목으로, 과학적 방법을 수단으로 하는 데이터베이스와 자문 연구 업무를 지원하는 시스템을 구축한다. 정성 분석과 정량 분석을 상호 연계하고 전문가의 논증과 컴퓨터의 보조적 역할을 상호 연계해 데이터베이스의 과학성과 사실성, 결책 자문 시스템의 과학적 수준을 향상시킨다.

셋째, 데이터베이스와 결책 자문 시스템의 독립성을 확보한다. 데이터 회사와 자문 시스템이 독립성을 잃으면 본연의 역할을 다 할 수 없다. 각급 정부 지도자들은 자문 기관을 아이디어를 내고 논증을 실시하는 '싱크 뱅크'로 여겨야 한다. 데이터 회사나 자문 시스템을 무슨 비서 팀이나 행정부서로, 또는 정부 기관의 부속물쯤으로 취급해서는 절대 안 된다.

넷째, 비영리 자문과 영리 자문을 병행하고, 각각의 신용과 결과에 대해 평가를 진행한다. 이렇게 할 때 교육 정책을 분석, 연구, 제정하는 과정이 보다 과학적이고 민주적이며 합리적으로 발전할 수 있다.

(4) 교육특구 건설

중국 경제체제 개혁의 첫걸음은 바로 경제 특구 건설이다. 20여 년간의 비약적인 중국경제 발전 역시 경제 특구에서 시작되었다. 중국발전사에서 아주 특별한 의미를 갖는 경제 특구는 물질적인 부를 가져다 줬을 뿐만 아니라 우리에게 중요한 메시지도 전했다. 바로 상대적으로 낙후되고 폐쇄적인 자연 조건과 사회적 여건 속에 경제 특구를 건설한다고 했을 때, 일정한 특혜와 상대적으로 넓은 환경만 조성되면 우선 해당 지역의 경제발전 규모는 커지고, 이어 지역 경제가 비정상적으로 발전하면서 지역 주민들에게 물질적 부를 가져다준다. 좀 심하게 말하자면, 이렇게 덩치가 큰 중국이 경제 특구를 실시하지 않고 동서남북 상관없이 일률적인 경제발전 모델을 추구한다면 중국의 개혁개방은 실패할 수밖에 없다고 하겠다. 어떤 의미에서 본다면 개혁개방이란 차이점을 인정하고 새로운 시도를 하는 것이다. 차이점을 인정해야만 지역별 관리를 통한 경제발전이 가능하고, 새로운 시도를 추구해야만 과학적 발전 규율을 모색해 효과적인 경험을 쌓아갈 수 있다.

계획경제에서 시장경제로, 단일화 사회에서 다원화 사회로 넘어가는 경제 틀의 변화는 여러 분야에서, 다양한 측면에서 사람들에게 영향을 미친다. 경제발전이 다원화의 길을 걷고 있을 때 중국의 교육은 여전히 획일화된 단계에 머물러 있었다. 바로 교육발전이 경제발전에 크게 뒤처지는 이유다. 물론 교육발전 규율과 경제발전 규율이 완전히 일치하진 않는다. 하지만 일원화에서 다원화로, 획일성에서 경쟁의 자유를 인정하는 것은 교육발전과 경제발전의 공통된 흐름이다. 경제발전을 위해 먼저 특구를 건설한 바 있는데, 그렇다면 교육발전을 위해 특구를 건설해도 될까? 필자는 가능하다고 본다. 과거 교육발전 과정에서 저지른 가장 큰 실수는 바로 획일성이다. 9백 6십만 평방미터라는 넓디넓은 중국 땅에 학교운영 체제부터 학교 운영 모델까지, 커리큘럼 설치부터 시험방식까지, 심지어 교재, 교수법, 대입 시간까지 모든 것이 통일되어 있었다. 이런 환경 속에서 중국이 개성 강한 창조적 인재를 양성해 낼 거라고 누가 기대하겠는가? 중국이 진정한 교육자를 배출해 낼 거라고 누가 기대하겠는가? 중국이 민주과학 정신이 담긴, 그러면서 시대적 정취가 물씬 풍기는 교육 노하우와 교육 모델을 구축할 거라고 누가 기대하겠는가? 중국교육이 선진화된 세계 교육 수준을 따라잡을 거라고 누가 기대하겠는가?

중국 경제가 오늘날까지 발전해 온 모습을 보더라도, 중국교육이 오늘날까지 발전해 온 모습을 보더라도 교육 특구 건설은 거스를 수 없는 시대의 흐름이다. 현재 중국의 경제 발달 지역은 진학률이 90%에 달하는 반면, 낙후된 지역은 '9년제 의무교육普九'조차 시행되지 못하고 있다. 이런 상황에서 계속 일률적인 교육 모델을 고집한다면 중국의 전반적인 교육발전이 더디게 진행될 것이다.

‘교육 특구(교육 시험 지역)’를 건설한다는 것은 곧 교육 선구자들에게 ‘자유 경작지’, ‘시범 경작지’를 마련해 주는 셈이다. 그들은 자신의 교육 이념에 따라, 자신이 거주하는 지역의 경제 및 사회발전의 요구에 맞춰, 자신이 맡고 있는 학생들의 특징을 고려해 각기 다른 교육발전 규율을 모색할 수 있다. 경제 특구가 그랬던 것처럼 교육 특구에도 일정한 특별혜택 정책이 제공되어야 한다. 예를 들어, 교육 특구 내에서는 실험적인 교육사상, 실험적인 교재 사용, 실험적인 커리큘럼, 실험적인 학교운영 모델, 실험적인 학교 운영 체제, 실험적인 교육평가 시스템과 방식 등이 허용되고, 심지어 특구 지역 학생은 일률적으로 치르는 고입, 대입 시험에 참석하지 않아도 된다는 식의 특혜가 주어져야 한다.

이 외도 국가에서는 다른 유형의 다양한 교육 특구를 건설해야 한다. 예를 들어 ‘특별 학생을 위한 교육 특구’, ‘외동자녀를 위한 교육 특구’, ‘소수민족을 위한 교육 특구’, ‘평생교육을 위한 교육 특구’ 등이 있다. 이러한 특구는 크게는 하나의 지역이 될 수도 있고, 작게는 하나의 학교가 될 수도 있다.

교육 특구 건설은 국가의 교육 결책에 실질적인 근거를 제공해 보다 과학적이고 보다 현실에 부합하는 교육정책을 마련할 수 있다. 하지만 교육 특구의 진짜 의의는 생각 있는 교육자들이 두각을 드러낼 수 있고, 다른 지역의 모든 주민들이 더 나은 발전의 기회를 가질 수 있다는 데 있다.

7. 중국교육 100년의 회고와 전망

인류 문명이 발전하는 과정에서 보면 100년의 역사는 그저 한순간일 뿐이다. 마찬가지로 100년의 교육은 세계 문화라는 거대한 강의 한 줄기에 지나지 않는다. 그러나 20세기 중국교육의 100년이 영광의 100년, 찬란한 100년이었다는 것은 자랑스러워할 만하다.

21세기는 기회와 도전이 가득한 100년이 될 것이며, 21세기의 교육은 각국 경쟁력의 핵심이자 발전의 핵심 요소로 자리 잡을 것이다. 나는 앞으로 펼쳐질 중국교육의 100년이 더욱 활기차고 더 많은 성과를 거두어들이는 시간이 되리라 믿는다.

영광과 찬란함 : 20세기 중국교육 회고

(1) 중국교육에 근본적인 변화의 바람이 분 20세기. 노동자와 그의 자녀들이 교육의 권리를 쟁취한 100년

중국은 2,000여 년 동안 봉건 사회를 유지했다. 봉건 사회에서 교육은 봉건 지주 계급의 전유물이었기에 교육의 권리는 소수의 봉건 지주 계급만 누릴 수 있었고 그 외의 많은 백성은 교육 받을 권리를 박탈당했다.

20세기 초에 봉건 사회가 무너지면서 인텔리와 진보 인사들은 나라와 국민을 구할 길을 모색하기 시작했고, 그런 가운데 많은 사람이 봉건 교육을 개혁해 나라를 구해야 한다고 주장하며 양무운동洋務運動과 변법자강운동變法自彊運動을 일으켰다. 하지만 이들 교육 개혁은 교육의 내용과 형식 등을 일부 조정하는 데에 그쳤을 뿐, 많은 국민에게 교육의 기회가 돌아가지 않았다.

그 후 신해혁명辛亥革命의 성공은 2,000여 년에 걸친 봉건 전제 통치에 드디어 마침표를 찍었고, 이로써 자산 계급 위주의 혁명 정권이 들어섰다. 자산 계급 혁명 정권은 노동자의 교육 기회와 권리 확대를 객관적으로 주장했다. 그러나 당시의 학제는 일본과 독일의 영향을 받아 복선형 교육제도의 색채가 강했을 뿐더러 국민 경제 수준과도 걸맞지 않아 정치가와 교육가들이 제시한 의무교육은 그저 현실성 없는 빈말에 불과했다.

5·4운동은 신민주주의 교육의 서막을 열었다. 특히 중국공산당은 노동자 교육 사업을 중시해 창당 후 많은 노동자학교와 농민운동강습소를 마련해 많은 노동자에게 교육 기회를 제공하고 문화 교육의 보편화를 촉진했다. 하지만 세 차례의 내전과 항일전쟁으로 중국 대부분 지역이 국민당 관할 구역이 되면서 교육의 보편화와 교육 수준 향상 노력에 제동이 걸렸다.

1949년에 중화인민공화국이 수립되면서 새롭게 사회주의 제도가 탄생했다. 이때를 기점으로 인구 대부분을 차지하는 노동자와 그들의 자녀들도 교육의 권리를 얻게 되었다. 당과 정부의 강력한 추진으로 중국은 교육이라는 대업을 일구기 시작했고, 그 결과 세계 최대의 기초교육 시스템을 구축했다. 1949년 당시 중국의 문맹 인구는 전체 인구의 80%에 달했고, 그중에서도 소수민족의 문맹률은 95%에 육박했다. 노동자의 수준이 비교적 낮았던 것은 중국의 사회주의 건설에 영향을 주었다. 그래서 당시 마오쩌둥毛澤東 중국국가주석은 '문맹 퇴치'라는 슬로건을 내걸고 중국 전역에 걸쳐 식자 교육識字敎育을 실시했다. 그 결과 1949~1965년 사이 전국에서 1억 272만 3천 명, 연평균 604만 3천 명이 문맹에서 벗어났다. 이 밖에도 당과 정부는 각종 보습 교육과 통신 교육을 통해 교육 대상을 확대해나갔다. 1998년 9년 의무교육 보편화와 청장년 문맹 퇴치 기준을 통과한 현(시, 구)은 총 2,242곳으로, 인구의 73%였다. 전국 초등학교 취학 연령 아동의 입학률은 98.93%, 중학교 입학률은 87.3%로 같은 시기 다른 개발도상국의 평균 수준을 웃돌았다. 1998년에 일반 고등학교 재학생 수는 938만 명, 중등직업학교의 재학생 수도 1,000여 만 명에 달했다. 중국 청장년의 문맹률은 현재 5.5% 이하까지 떨어진 상태이다. 현재 중국은 빈곤 지역의 의무교육에 투자를 확대하고 있다. 국가 빈곤 지역 의무교육 프로세스(1995~2000)는 중앙 재정 특별비용에 지방정부 부대 자금까지 더해 100억 위안이 넘는 자금을 투입함으로써 건국 이래 최대 투자, 최대 규모의 의무교육 프로세스가 되었다. 이처럼 방대한 기초교육 시스템을 구축, 관리한다는 점에서 중국은 다른 나라가 지나오지 않은 중국만의 특색 있는 길을 걷고 있다고 할 수 있다.

(2) 과거제도가 폐지되고 인재 양성의 수적, 질적 발전을 이룬 100년, 20세기

1,300여 년의 역사가 있는 과거제도는 수隋나라 때부터 시작되었다. 수양제隋煬帝 대업大業 2년 606년에 도입된 진사과進士科가 중국 과거제도의 시초이

다. 과거제는 당唐, 송宋, 명明나라를 거쳐 청淸나라 말까지 행해졌다. 중국의 과거제도는 비교적 완벽한 인재 선발 시스템을 갖추고 있어 봉건 사회의 정치적 안정과 인재 양성, 교육 발전에 이바지했다. 그러나 날이 갈수록 과거제도의 폐단은 심해져갔다. 과거제도가 시행된 이후 학교가 과거제의 노예로 전락해간 것이다. 과거시험은 모집 인원이 제한적이었기에 수준 높은 인재를 대규모로 양성하는 데 어려움이 있었다. 이에 따라 기계적이고 허술하고 부패한 과거제도는 결국 많은 사람의 강력한 반대에 부딪혔다. 그 결과로 송, 원, 명나라 시대에 과거제도에 대한 지속적인 수정이 이루어지기는 했지만, 과거제도가 폐지된 것은 아니었다. 1905년 8월 청나라 정부가 '과거 중단, 학교 보급'이라는 명령을 내리면서 그동안 그저 공허한 슬로건에 지나지 않았던 과거제도 폐지가 19세기 말에 비로소 현실이 되었다. 또한 이는 20세기 교육에 일대 전환을 일으킨 중요한 계기가 되었다. 과거제도의 폐지는 중국 봉건 교육의 붕괴라고 할 수 있었다. 이로써 봉건 교육의 각종 체계가 여지없이 무너져 내렸고 신식 학교교육이 부흥했다. '배우고 남은 힘이 있으면 벼슬을 한다.學而優則仕'는 봉건적 사상은 사람들의 의식 속에서 점차 빛을 잃어갔고, 교육은 실용적 인재를 대규모로 양성하는 길로 접어들며 질적인 발전을 거듭했다.

중화인민공화국이 수립된 후 중국은 교육 받은 인재들을 산업 현장, 농업 분야, 간부층에 지속적으로 투입함으로써 노동자의 기술 수준과 문화적 소양을 높여나갔다. 신중국이 건설되고 1996년까지 중국 전 지역의 고등교육 기관에서는 1만 6천여 명의 대학원생과 155만여 명의 대학 졸업자가 배출되었다. 중등전문학교 역시 295만 명의 졸업생을, 통신 교육으로도 20만 명의 전문대학 졸업생과 200만 명 정도의 중등전문학교 졸업생을 배출했다. 농업, 직업 중고등학교와 일반 중고등학교도 2,000여 만 명의 노동 예비 인력을 양성해냈다. 이들 인재는 개혁개방 이후 여러 업종에 종사하며 국가 발전에 중추적인 역할을 톡톡히 해냈다. 개혁개방 20여 년 동안 중국교육은 규모적인 발전을 이루었을 뿐만 아니라 배출되는 인재들의 수준도 크게 향상되었다. 1998년 중국 전국의 대학교 재학생 수는 642만 명으로 그중에 대학원생이 18만 4,500명, 본과 대학생이 623만 6,200명이었다. 대학 입학 적령기 인구의 입학률은 1978년 1.4%에서 1998년 9.07%로 상승했고, 1999년에 대학교 신입생 모집 인원이 처음으로 153만 명을 돌파했다. 개혁개방 이후 중국은 총 1,801만 1,500명의 대학원생과 본과 대학 졸업생을 배출했다. 이 가운데 박사 과정 학생이 3만 6천 명, 석사 과정 학생이 39만 4,600명이었다. 중등직업교육학교 역시 약 2,770만 명의 인재를 양성했다. 중국의 대학교, 중고등학교, 초등학교는 1990년 이후부터 줄곧 적성 교육이라는 인재 양성의 새로운 모델을 제창하고 있다.

(3) 경험에서 과학으로 나아간 100년, 20세기

교육이 시작된 이후 사람들은 교육에 대해 끊임없이 연구와 탐구를 거듭해 왔다. 중국의 저명한 교육가 공자를 시작으로 수많은 교육 이론가와 교육가들이 교육에 대해 깊이 있는 연구를 진행했다. 그러나 20세기 이전, 특히 고대에는 교육 연구 대부분이 교육 현상에 대한 직접적인 관찰과 철학 사변, 개인적 경험에 집중해 과학적인 시스템이나 검증이 부족했다. 그러다가 19세기 말, 20세기 초에 서양 사회에서 실험 교육이라는 새로운 교육 사조가 탄생했다. 이 교육 사조의 특징은 실험을 통해 아이들을 연구하고 그 결과를 바탕으로 과학적 교육 방법을 확립해야 한다고 강조한 것이다. 많은 학자들이 생리학과 심리학 지식을 기반으로 교육에 대한 연구를 진행해야 한다고 주장하면서, 당시 실험심리학의 관찰, 실험, 통계 방법을 교육학 연구에 도입해 실험교육학을 만들어냈다. 이것이 바로 교육의 과학적 발전이 이루어진 시작이었다. 서양 교육과학의 발전은 당시 중국의 교육 연구에도 엄청난 영향을 미쳤다. 20세기 초부터 중국은 서양의 교육 이론과 연구 성과를 대대적으로 도입해 많은 서양 교육 이론 저서를 국내에 소개하며 중국교육의 과학적 발전에 힘썼다.

20세기 초, 중국은 교육 연구에 일부 학자의 검증된 연구 수단과 방법을 도입하기 시작했다. 예를 들어 중국의 저명한 현대교육가 천허친陳鶴琴은 1923년

난징구러우유치원南京鼓樓幼稚園을 설립한 후 '설계교육법'을 실시하며 아동 심리 연구에 주력했다. 그는 자신의 자녀를 연구 대상으로 삼아 3년 동안 관찰을 진행한 끝에 101가지 결론을 도출해냈고, 1925년에『아동심리兒童心理』,『가정교육家庭敎育』이라는 두 권의 책을 출판했다. 이는 중국교육이 실험 연구로 나아가기 시작했음을 보여주는 것이다. 또한 1920년대 초에 중국의 또 다른 저명한 교육가 옌양추晏陽初가 대규모의 서민 교육 실험을 시행했고, 이들 모두 중국교육 연구의 사유 방식과 실천에 중대한 영향을 미쳤다. 특히 5·4운동 이후 마르크스주의 교육 사상이 중국에 전파되면서 중국교육 연구와 실험의 과학화에 불이 붙었다.

중화인민공화국 수립 이후, 특히 11회 삼중전회(중국공산당 중앙위원회 전체회의中國共産黨 中央委員會 全體會議의 준말―역자) 이후부터 중국의 교육 과학 연구는 '백화제방, 백가쟁명百花齊放, 百家爭鳴(누구든 자기의 의견을 피력할 수 있다는 뜻―역주)'의 단계로 접어들었다. 이 시기 교육의 과학화는 네 가지 특징을 보인다.

첫째는 외국의 교육 서적을 번역하여 세계 각국의 선진 교육 연구 성과를 그대로 본받았다는 것이다. 소련의 수호믈린스키에서 구미의 부르너J. S. Bruner에 이르기까지 외국의 교육 이론 유파가 끊임없이 국내에 소개되고 도입되었다.

둘째는 중국이 교육 과학 분야의 교재와 저서를 직접 편찬하기 시작하면서 교육경제학, 교육기술학, 교육철학, 교육사회학 등 교육 과학의 새로운 분야를 파생시켰다는 점이다.

셋째는 교육 실험이 중시되면서 중국적 특색이 있는 교육과 교육 이론 유파가 출현해 국내외에 큰 영향을 미쳤다는 점이다.

넷째는 중국의 교육 연구 단체와 기관, 간행물이 늘어나고 완비되어갔다는 것이다.

중국은 현재 중앙, 성, 시(현縣), 향(진鎭)을 포함한 교육 연구 기관 시스템을 형성하고 있으며, 각 학교에 연구실을 마련한 상태이다. 중국의 교육은 이미 과학화의 길로 접어들었다고 할 수 있겠다.

(4) 폐쇄적 교육에서 개방적 교육으로 전환된 100년, 20세기

20세기 이전 중국의 교육은 폐쇄적인 특징이 있었다. 당나라와 명나라 시대에 다른 나라들과 문화 교육 교류를 하기는 했지만, 주로 수출 위주의 교류였고 규모도 그리 크지 않았다. 폐쇄적이었던 중국의 교육이 개방적으로 전환되기 시작한 것은 19세기 말부터였다.

중국 근대 교육의 개방은 먼저 양무파洋務派의 교육 개혁 운동에서 비롯되었다. 양무파는 국내에 외국어학교, 산업기술학교, 군사학교 등을 설립하여 학생이 서양의 상황을 숙지하고 서양 과학 기술을 배우도록 하는 한편 외국으로 유학생을 파견해 서양의 것을 배우도록 했다. 중국번曾國藩, 이홍장李鴻章 등은 동치同治(청대 목종의 연호)11년에 조정에 상소를 올려 '뜻이 원대하고, 성품이 소박하며, 발전을 두려워하지 않는' 총명한 인재들을 선발해 미국으로 유학 보낼 것을 청했다. 당시 해외로 유학을 보낸다는 것은 중국이 처음으로 시도한, 유래가 없는 일이었다. 양무운동의 유학 교육을 통해 중국은 과학 기술, 관리, 외교 분야의 인재를 대거 양성해냈다. 양무운동의 유학 교육은 중국 근대 교육이 폐쇄적인 성격에서 개방적으로 나아가는 중요한 계기가 되었으며 근대 중국에 국제 교육 교류의 효시가 되었다.

1901년 9월 17일 광서光緖 황제는 '유학생 파견 확대 명령'을 반포하고 유학을 마치고 귀국하는 자에게 진사進士, 거인舉人의 신분을 하사했다. 1903년 9월 청나라 정부는 또다시 '유학 졸업생 장려 장정'을 발표해 '일본에서 학교를 졸업한 중국 유학생들은 그 성적에 따라 표창한다.'고 규정했다. 이러한 장려 정책은 일본 유학 운동에 불을 붙이며 일본 유학 붐을 일으켰다. 1905~1906년까지 일본으로 유학을 떠난 학생 수는 8천여 명으로 급증했다. 이는 태평양 건너의 미국을 뒤흔들었고, 이로써 미국은 대대적으로 중국 유학생 유치에 나섰다. 1908년 미국 국회는 교육 사업과 관련한 의안을 통과시켰다. 이에 따라 중국과 미국은 미국이 배상금을 삭감해주는 대신 4년 동안 해마다 적어도 중국 학생 100명을 미국으로 유학 보내고, 5년째 되는 해부터는 해마다 적어도 50명의 학생을 유학 보내기로 협상했다. 1909년 7월 10일에는 베이징에서 미국 유학원이 문을 열었다. 그 후 1909~1911년까지 청나라 정부는 세 차례에 걸쳐 학생 180명을 선발해 미국으로 유학 보냈고, 여기에는 후스胡適, 주커전竺可楨 등이 포함되어 있었다. 20세기의 미국 유학 운동은 당시 중국 고등교육의 발전을 이끌고 발전된 서양의 인문과학, 자연과학을 중국에 유입하는 데 중요한 역할을 했다.

20세기 초 유학 교육 붐이 일어난 후부터 외국 유학생 파견은 계속되었다. 중화인민공화국이 수립된 이후, 특히 11차 삼중전회 이후 중국교육은 개방 수위를 더욱 높여 비단 유학뿐 아니라 국제 학술 교류, 학자 간 회동 등 국제 교육 분야의 교류에도 나서기 시작했다. 유학 교육 분야에서 중국은 상호왕래라는 원칙 아래 외국으로 중국 학생들을 유학 보내는 것은 물론 외국 유학생들을 적극 유치했다. 중국은 현재 154개국과 교육 교류 협력 관계를 맺었고, 103개국에 30만 명에 가까운 유학생을 보냈으며, 152개 국가에서 온 외국 유학생 25만 명을 수용하고 있다. 유학을 마치고 중국으로 귀국하는 학생만 해도 9만 명에 달한다. 중국공산당의 10차 4개년 계획 이후 귀국 유학생 수는 매년 13%의 속도로 증가하고 있다. 이 밖에 구체적인 교육 과정에서도 중국은 교육 내용, 수단, 방법 그리고 교육 관리 등의 글로벌화를 적극적으로 추진하며 개방적인 모습을 보이고 있다.

(5) 중국의 교육구조와 시스템이 완비되고 발전해나간 100년, 20세기

수천 년을 이어온 중국의 고대 교육은 교육 구조나 시스템에서 단일화가 두드러졌다. 관학官學, 사학私學할 것 없이 사서오경을 기본 교육 내용으로 삼았고, 각 학교를 체계적으로 연결하는 시스템이 미비했다. 비록 일찍이 당나라

때 전문학교와 특수학교가 출현하여 나름의 교육 구조를 갖추어나갔지만, 초보적인 단계에 머물렀을 뿐, 큰 발전을 이룩하지 못했다.

아편전쟁 이후 청나라 정부는 풍전등화와 같이 위태로운 봉건 통치를 유지해나가기 위해 1901년 새로운 정치를 실시하겠다고 선포했다. 그중에는 새로운 교육 제도를 건설한다는 것도 포함되었다. 양무운동과 변법자강운동이 추진되면서 중국의 교육 구조와 시스템은 일대 변동을 겪었고, 이로써 외국어학교, 군사학교, 기술학교, 초등학교, 중고등학교, 대학교, 사범대학교, 여자대학교, 유치원 등을 포함한 교육 기관 시스템이 구축되었다. 하지만 당시 교육 시스템은 여전히 각 교육 기관을 체계적으로 연결하지 못한다는 문제점이 있었다. 훗날 중국의 자산 계급 개량파와 자산 계급 유신파가 다시금 독일, 일본의 학교교육제도를 배워왔고, 1902년에 드디어 중국의 최초 학제 《흠정학당장정欽定學堂章程》을 제정했다. 그 후 1903년에 다시 《주정학당장정奏定學堂章程》을 제정하여 각 학교에 대한 세부 장정을 규정했다. 이들 장정을 기초로 중국은 근대 학교 기관 시스템의 뼈대를 잡아나갔다. 신해혁명으로 난징 임시정부가 수립된 후 1912년과 1913년에 다시 《임자학제壬子學制》와 《임자계추학제壬子癸醜學制》가 발표되면서 중국은 유치원에서 대학원에 이르는 초, 중, 고등 교육의 완벽한 시스템을 구축했다. 그중에 초등교육은 다시 초등소학교와 고등소학교로, 고등교육 본과, 전문과, 예과로 나누었다. 아울러 초등학교, 중고등학교, 대학교의 일반 교육 시스템 외에도 사범교육, 실업 교육 시스템이 마련되었다. 사범교육은 다시 사범대학교와 고등사범대학으로 나뉘었고 실업학교는 3년제로 갑, 을로 나뉘어 학생들에게 농업·공업·상업에 필요한 지식과 기술을 전수했다. 그 밖에도 보습과, 특별연수과, 초등학교 교사 강습소 등의 교육 기관이 있었다. 이뿐만 아니라 당시에는 각 학교를 연계하는 구조 시스템이 어느 정도 형성되어 고대의 교육 구조 시스템을 뛰어넘어 현대교육 구조와 시스템의 초석을 다졌다.

중화인민공화국이 수립되고 나서부터 중국은 교육 구조 시스템을 점차 완비해나가고 있다. 경제와 사회 발전의 수요에 따라 교육의 구성과 구조를 조정해 합리적인 시스템을 갖춰나가고 있으며, 유치원, 초등학교, 중학교, 고등학교, 그리고 대학교가 적합한 비율을 유지하여 교육 시스템과 구조가 효과적으로 운영·발전해나가고 있다.

(6) 교육의 역할에 대한 사람들의 인식이 심화된 100년, 20세기

교육은 인류가 탄생하면서부터 시작되었고, 교육의 시작과 함께 생겨난 교육에 대한 인식은 끊임없이 심화·발전하고 있다. 20세기 이전 봉건 사회 통치 계급은 교육을 그저 봉건 전제 통치의 질서를 유지하기 위한 수단으로만 인식했다. 그래서 교육은 정치의 노예나 다름없었고 교육의 본질과 기능이 제대로 발휘되지 못했다. 그러나 20세기의 문턱에 도달하면서 교육에 대한 사람들의 인식에 변화의 바람이 불기 시작했다. 그리고 아편전쟁을 계기로 사람들은 중국이 쇠하기 시작한 것이 국민 소양이 낮기 때문이라는 것을 인식하고, 이런 상황을 뒤바꿀 수 있는 것은 오로지 중국의 교육을 개선하는 길뿐임을 깨닫기 시작했다. 이로써 교육 진흥은 나라 살리기의 중요한 전략이 되었다. 교육에 대한 사람들의 인식이 이미 봉건 전제 교육 사상의 굴레에서 벗어나 국가와 민족 발전이라는 숭고한 경지에 이른 것이다. 5·4운동 이후 교육은 줄곧 민족의 독립과 해방에 중요한 한 축을 담당하며 혁명 사상을 널리 알리고, 국민의 자각을 일깨우고, 전반적인 소양을 제고하는 데 긍정적인 역할을 했다.

중화인민공화국이 수립된 이후 중국공산당과 국가는 사회주의 현대화 건설 과정에서 교육의 역할을 중시하며 이를 나라와 국민을 부강하게 하는 중요한 요소로 삼았고, 이로써 교육의 역할과 기능이 십분 발휘될 수 있게 되었다. 중국공산당의 1대 지도자인 마오쩌둥은 1950년 5월 1일 《인민교육》 잡지 창간호에서 다음과 같이 강조하며 생산성 회복과 사회 발전 촉진에 교육이 얼마나 중요한 의미가 있는지 보여주었다.

"인민의 교육 사업을 복원하고 이를 발전시키는 것이 현재 상황에서 가장 중요한 임무이다."

'문화혁명文化革命' 이후 중국은 해결해야 할 많은 과제를 안고 있었다. 새로 운 행정부를 출범시킨 덩샤오핑鄧小平 전 중국 국가 주석은 날카로운 안목으로 교육이 국가와 민족의 생존을 결정짓는 중대한 사항임을 파악했다. 그는 과학 기술과 교육 사업을 직접 진두지휘하며 혼란을 바로잡고 전면적으로 교육 질 서를 회복하기에 나섰다. 덩샤오핑은 교육은 민족의 가장 근본적인 사업이며, 국력을 증강하고 경제를 발전시키는 뒷심은 노동자의 자질에 따라, 그리고 인 텔리의 숫자와 수준에 따라 결정된다고 지적했다. 10억 인구 대국이 교육 사업 에 성공한다면 그 어떤 나라와도 비교할 수 없을 만큼 막대한 인력 자원 경쟁 력을 갖추게 될 것이다. 아울러 선진화된 사회주의 제도가 결합한다면 중국의 목표 달성도 그리 어려운 일만은 아니다. 덩샤오핑의 교육 우선 발전에 관한 전략적 사상은 개혁개방 시기에 교육의 부활과 발전을 이끌었다. 장쩌민 전 중 국 국가 주석 역시 교육 사업에 주목했다. 그는 1999년 6월 개최된 전국 제3차 교육업무회의에서 현재 세계의 종합 국력 경쟁은 경제력, 국방력, 민족 단결력 경쟁으로 대표되는데 어느 분야든지 교육을 근간으로 한다고 지적했다. 과학 교육을 통한 국가 발전이라는 전략적 사상을 실천에 옮기기 위해 중국은 1995 년 관련 지도 그룹을 만들고 주룽지朱鎔基 총리가 직접 팀장을 담당했다. 중화 인민공화국이 수립되고 50여 년 동안 중국의 교육 사업과 사회주의 현대화 건 설은 모두 괄목할 만한 성과를 거두었다. 이는 마오쩌둥과 덩샤오핑 전 중국 국가 주석을 필두로 한 중국공산당 3대 지도자가 교육에 대해 올바른 인식을 가지고 교육을 중시했기에 가능했다.

20세기에는 교육의 역할에 대한 사람들의 인식이 심화된 것 외에도 새로운 교육 사상과 이념들이 사회 발전과 교육 실천이라는 흐름을 타고 지속적으로 변화와 발전을 거듭했다. 예를 들면 적성 교육, 평생 교육 등이 바로 그것이다. 교육에 대한 정확한 인식은 중국의 교육 사업이 성과를 거두는 데 필요충분조 건이 되었으며, 중국교육이 빠른 발전을 거듭할 수 있었던 근본적인 원인이기도 했다.

20세기 100년의 시간 동안 중국은 앞서 언급한 성과 외에도 민족 교육, 여성 교육, 특수 교육 분야에서 큰 발전을 이루었다. 학교 경영 시스템, 교육 투자, 학생 모집 시스템, 교사의 자질과 지위, 대우 등도 점차 개혁되어 중국적 사회주의 교육의 생명력과 활기를 보여주었다.

물론 한 세기에 걸친 교육의 발전 과정에서 중국의 교육은 여러 가지 문제점을 드러내기도 했다. 확고한 교육 사상 부재, 교육 경비 부족, 낙후 지역의 교사 대우 문제, 교사의 전반적 자질 부족과 같은 문제이다. 비록 이 문제들이 중국교육 발전의 발목을 잡고 있지만, 20세기 동안 중국의 교육은 계속해서 발전해왔고 앞으로도 발전해나갈 것이다.

20세기 중국의 교육 발전 과정을 간단히 정리해보면 20세기는 중국교육이 반식민, 반봉건적 교육에서 신민주주의, 사회주의로 근본적인 전환을 맞이한 100년이자 또한 중국교육이 빠르게 몸집을 불린 100년이요, 중국교육 구조가 체계적이고 전면적으로 자리 잡아간 100년이고, 중국교육 수준과 교육 효율이 제고된 100년이자 교육에 대한 사람들의 인식이 심화되고 교육의 기능이 강화, 완비된 100년이며, 끊임없는 개혁과 탐구로 중국식 사회주의 이론을 확립해가고 중국교육이 과학화, 규범화, 민주화된 100년이요, 중국 국민의 교육 진흥으로 전 사회의 발전을 이끌고 나아가 중화민족의 부흥을 이끈 100년이었다. 중국의 굴곡진 지난 100년간의 교육 발전 과정은 영원한 역사가 되어 중국 국민이 교육 사업을 지속적으로 이어나가 21세기에도 다시 한 번 비상할 힘을 실어줄 것이다.

꿈과 동경 : 21세기 중국교육 전망

신세기를 알리는 종이 울렸다. 하이테크놀로지를 핵심으로 하는 지식 경제가 경제 발전을 주도하고, 그 어느 때보다도 인력 자원의 중요성이 강조될 것이다. 국가 종합 국력과 국가 경쟁력은 교육과 과학 기술의 발전 수준과 지식 혁신으로 판가름 날 것이다. 세계 각국이 교육 수준 향상을 21세기 국가 사회 발전의 기본 정책으로 삼는 가운데 중국의 교육 역시 새로운 모습으로 21세기 중화민족의 진보와 발전을 이끌 것이다.

(1) 교육의 기본 역할과 전략적 지위가 더욱 두드러질 21세기. 중국교육은 교육 수준 향상에 주력할 것이다

　20세기 세계 각국의 경제 사회 발전 경험, 특히 후발 국가의 발전 경험과 일본 등 국가가 전쟁 후 경제 분야에서 일궈낸 기적은 우리에게 많은 교훈을 주었다. 이러한 교훈을 통해 사람들은 과학 기술 진보와 온 국민의 자질 향상이 사회, 경제의 발전을 이끈다는 것을 분명히 깨달았다. 미국, 독일, 프랑스, 일본, 싱가포르는 새로운 세기를 맞이하며 어떻게 새로운 시대에 발맞추어 교육을 발전시켜 나갈지 적극적으로 대책을 마련했다. 이들 국가가 이처럼 적극적인 대책과 조치를 마련한 데는 21세기의 국제 경쟁에서는 교육을 발전시키는 자가 세계의 선두 자리에 오를 것이라는 기본적인 인식이 깔려 있다. 아직 개발도상국인 중국이 21세기에 세계 강국 대열에 합류하려면 무엇보다 교육 발전에 주력해야 한다.

　20세기에 중국 국민은 여러 조건적인 한계로 교육 받을 권리를 충분히 누리지 못했다. 하지만 21세기에는 전 사회의 노력으로 교육에 대한 투자가 확대되고 교육의 법제화가 완비되면서 더 많은 이들이 교육의 기회를 얻게 될 것이다. 21세기 중·후반기에 이르면 중국 사회는 모든 사람이 교육을 사랑하고 모든 사람이 교육의 혜택을 받는 문화적 분위기가 가득한 교육의 낙원이 될 것이다. 중국이 줄곧 꿈꿔왔던 고등교육의 대중화도 21세기에는 현실이 되고, 과학 교육을 통해 나라를 부흥시킨다는 전략도 진정으로 구현될 것이다. 이렇게 교육을 통해 중국의 모든 구성원이 새로운 면모로 세계인 앞에 서게 될 것이다. 우리가 그동안 줄곧 외치고 추구해온 적성 교육 모델이 21세기에는 더욱 심층적으로 발전해 21세기 교육 개혁과 발전의 중추가 될 것이며, 중국은 완벽한

적성 교육 시스템을 구축하고 교육 수준을 세계 일류로 끌어올릴 것이다. 학생은 시험이라는 올가미에서 벗어나 자신의 개성과 잠재력을 최대한 발휘하고, 몸과 마음을 조화롭게 발전시키는 교육 환경에서 새로운 세기의 새로운 교육을 몸소 느낄 수 있을 것이다. 또한 교육은 과거 산업 사회에서 중시했던 특정 직업 기술을 습득한 '원 포지션' 인재 양성에서 시대의 변화에 발 빠르게 적응하는 멀티플레이어형 인재 양성에 주력하게 될 것이다. 그리고 과학적인 교육 내용과 교육 방법으로 사람들의 혁신에 대한 열정과 혁신적 능력이 최대한 발휘될 것이다. 교육 수준의 제고는 중국 민족의 단결력을 한층 더 강화하며 중국 민족의 지혜와 재능을 만방에 자랑할 수 있게 될 것이다.

사회에서 교육을 매우 중시하고 교육의 지위가 날로 향상됨에 따라 교사의 사회 경제적 지위 역시 향상될 것이다. 대학 교수의 임금이 크게 늘어나고 사회적 지위도 높아질 것이며, 초, 중고등학교 교사 역시 날로 큰 존경을 받는 직업이 될 것이다. 아울러 교사 자격을 확대하여 교사 직업의 경쟁이 날로 치열해지고 교사 전원 임용제 역시 교사의 수준을 높이는 데 한몫하게 될 것이다.

(2) 정보화 사회로 진입하는 21세기. 새로운 교육 기술 혁명이 중국의 교육 모델을 바꿔놓을 것이다

정보화는 21세기 사회 발전의 기본 특징 중 하나이다. 저명한 미래학자 앨빈 토플러는 다음과 같이 밝힌 바 있다.

"다가오는 새로운 세기는 혼란스럽고 무질서해 보이지만 그 속에 지식의 팽창과 빠른 전파라는 뚜렷한 특징이 있다. 새로운 이론과 기술 지식이 매일 갱신되고, 어제까지만 해도 SF소설의 소재였던 것이 오늘에는 현실이 된다. 공업, 상업, 금융업이 시장 정보와 기술 정보에 기대어 발전하고, 기업 간 정보 전쟁이 날로 치열해질 것이다. 다시 말하면 정보가 곧 흥망의 키를 쥐고 있는 것이다. 국가 간 힘겨루기도 군사 분야에서 과학 기술 분야로 전환될 것이다. 결국 많은 지식을 갖춘 자가 21세기의 승리자가 될 것이다."

　　21세기의 정보화 사회는 새로운 교육 기술 혁명을 초래할 것이며 컴퓨터의 기능이 극대화될 것이다. 컴퓨터가 보급됨에 따라 학교교육에 컴퓨터가 활용되고 각 학과의 교육 소프트웨어 시스템도 광범위하게 개발, 이용될 것이다. 학교교육, 가정교육, 사회교육의 세 시스템이 컴퓨터를 통해 네트워크를 형성하고, 이에 걸맞게 각 학습 단계에서 정보 처리 교육이 더욱 강화될 것이며, 교사는 각종 정보 매스미디어 기기와 교재를 적극 활용하여 학생의 학습을 도울 것이다. 강의실 강의 위주의 교육 방식 역시 학생이 정보 수단을 이용해 주동적으로 지식을 습득하는 방식으로 전환될 것이다. 멀티미디어 컴퓨터의 보급은 독학의 매력을 배가하여 중국의 많은 지역에 인터넷 학교와 개방형 학교가 생겨날 것이다. 이러한 학교에서는 학습이 시간과 공간의 제한을 받지 않는다. 학생은 현대 통신 수단을 통해 교사에게 과제를 제출하고, 교사는 문제의 해답이나 시험지, 강의록, 과제 등을 학생에게 제시할 수 있다. 교사와 학생은 약속한 시간에 상담을 하거나 문제를 토론할 수도 있다. 인터넷 정보 자원을 공유하는 것은 교육의 새로운 풍경이 될 것이다. 21세기에는 각종 교육 사이트가 개설되고, 학교는 교육 사이트 개설을 통해 학교 이미지를 세움으로써 우수 학생 모집에 나설 것이다. 나아가 학교를 뛰어넘은 학습과 학교를 뛰어넘은 연합 졸업이 현실이 될 것이다.

　　그러나 이렇다고 해서 정보화 사회가 학교를 사라지게 하지는 않을 것이다. 컴퓨터가 아무리 뛰어나다 해도 살아 있는 교사를 대신할 수는 없으며, 게다가 컴퓨터의 보급으로 학생들이 컴퓨터 게임에 빠져 학업을 전폐하는 문제가 생길 수 있기 때문이다. 따라서 21세기의 중국교육은 정보화 사회의 부작용을 어떻게 예방할 것인가라는 새로운 문제에 직면하여 보다 효과적으로 정보 기술을 활용하는 새로운 형태의 교육 시스템을 구축하기 위해 노력할 것이다.

(3) WTO 가입으로 글로벌화의 순풍이 불 21세기. 교육 분야도 국제적인 색깔
   을 입게 될 것이다

　21세기에는 교통, 통신 기술이 고도로 발전하고, 경제, 과학 기술, 문화, 교육 교류가 확대되며 국가 간에 밀접한 관계가 형성될 것이다. 지구상의 모든 나라는 하나의 지구촌을 형성하여 빠르고 편리하게 연락을 주고받을 것이다. 국제 사회에서 고립되면 어떤 나라도 생존할 수 없을 것이며, 국제 사회로의 개방과 편입이 21세기의 중요한 특징으로 자리 잡을 것이다.

　전쟁과 평화, 지구 환경, 문화적 오해와 갈등의 문제는 21세기 국제화 사회에 이르러 이미 한 국가 혹은 몇몇 국가만의 힘으로는 해결할 수 없는, 각국의 노력이 필요한 문제가 되었다. 다시 말하면 전 인류적 시각에서 출발하여 인류의 평화와 발전을 위해, 그리고 지구상의 다양한 문제 해결을 위해 힘써야만 국제 사회가 건강하고 안정적으로 발전할 수 있다는 것이다.

　21세기의 국제화 사회는 중국의 교육에도 중요한 영향을 미칠 것이다. 새로운 국제 이해 교육의 진풍경이 펼쳐지고 경제 교류를 시작으로 문화 교육 교류도 활발히 이루어질 것이다. 앞으로 교육은 목표, 내용, 방법, 수단 등 여러 분야에서 국제화의 요구에 순응해나갈 것이다. 우선 외국어 교육이 크게 보편화될 것이다. 초등학교의 외국어 교육 실시를 시작으로 2개 국어 이상을 교육하는 외국어학교가 물밀 듯 밀려와 주요 교육 모델로 자리 잡을 것이다. 중고등학교에서는 외국어 과목의 비중이 확대되고, 대학에서는 외국어 교재를 사용하게 될 것이다. 다음으로는 교육 기관이 국제 사회로 개방될 것이다. 21세기에 중국은 더욱 많은 외국 학생이 중국의 언어와 문화를 배울 수 있도록 적극적으로 유학생 유치에 나설 것이다. 이와 함께 중국으로 과학 기술을 배우러 오는 유학생도 크게 늘어갈 것이다. 또한 중국은 더 많은 외국 학자를 교수로 임용하여 캠퍼스에 국제적 색채를 더할 것이며 국제 학교도 크게 늘어날 것이다. 마지막으로, 국제 이해 교육이 강화될 것이다. 글로벌화는 단순히 외국어를 이해하고 습득하는 것만이 아니라 전 인류의 이익이라는 세계적 관점에서

출발해 문제를 생각하고 국제 사회를 이해하며 타국의 문화에 관심을 기울이고 이를 포용하는 문화적 성품과 면모를 뜻한다. 따라서 학교는 국제 이해 교육을 한층 강화하고 국제 정신을 배양하는 데 집중할 것이다.

여기서 주목할 점은 21세기 초 중국교육에 '아령식' 학자가 대거 출현할 것이라는 사실이다. 그들은 중국과 외국을 오가며 외국의 학술 기구에서 교육과 과학 기술 연구에 종사하는 한편, 국내 과학 기술 산업 단지에서 창업하여 발전을 도모한다. 그들은 외국의 선진 과학 기술과 시장 정보, 관리 모델 등을 중국으로 들여와 국내에서 첨단 과학 기술 상품을 연구, 개발, 생산하여 다시 외국으로 역수출한다. 2020년 이후 중국에는 유학생의 귀국이 최고조에 달할 것이며, 공부를 마치고 돌아온 학생들은 21세기 중국의 경제 건설과 사회 발전에 활력을 불어넣을 것이다.

물론 글로벌화는 '서양화'되는 것도, 중국교육의 특색을 버리는 것도 아니다. 따라서 국제 이해 교육을 강화함과 동시에 중화민족의 전통에도 눈을 돌려 유수한 전통 문화를 발굴하는 데 힘쓸 것이다.

(4) 중국교육의 숨겨진 매력이 발산될 21세기. 정치·경제 발전을 이끄는 도구적 역할을 뛰어넘어 인간의 발전을 이끌고 인간의 정신생활을 풍요롭게 할 것이다

21세기의 중국은 '성숙한 사회'로 접어들 것이다. 성숙한 사회의 특징은 여가 시간의 증가와 정신생활에 대한 갈망으로 요약된다. 인간의 여가 시간을 다채롭게 하고 인간의 정신적 수요를 만족시키는 것은 바로 교육의 임무이다. 교육은 '나라 발전', '부의 창출'이라는 정치·경제적 기능만 담당하는 것이 아니라 인간의 본능적 기능에 충실하도록 하는 데 더욱 집중될 것이다. 평생 교육의 창시자 랑그랑Paul Lengrand은 일찍이 인간의 정신생활을 풍요롭게 하고 인간의 여가 시간을 만족시키는 데 교육이 어떠한 의미가 있는지 이야기한 바 있다.

"우리 시대에 결정적 역할을 하는 요소는 바로 여가 시간 증가이다. 줄곧 소

수의 특권으로만 여겨졌던 여가 시간은 이제 우리 모두의 것이 되었다. 이는 우리 생활에 새로운 세계를 열어줄 것이다.”

사람들은 머지않아 일보다 휴식과 여가 생활을 보내는 데 훨씬 많은 시간을 할애할 것이라는 데 동의했고, 이는 그 여가 시간을 어떻게 보낼 것인가라는 중요한 문제를 야기했다. 나는 이 문제에 대해 ‘교육에 일부 시간을 투자하라’라는 해답을 제시하고 싶다.

첫째로 여가 시간을 위한 교육을 실시해야 한다. 다시 말하면, 여가 시간을 가치 있게 사용하려면 철저한 준비와 훈련이 필요하다는 뜻이다.

둘째로 여가 시간에 다른 사람들에게 배움의 기회를 제공해야 한다. 말하자면, 사람들이 한가한 밤이나 주말, 또는 몇 주에서 몇 달에 이르는 휴가 시간을 대부분 학습이나 연구 등 지적 활동을 하는 데, 그리고 사람들의 욕구를 불러일으키는 각종 예술 활동을 하는 데 할애해야 한다는 것이다.

21세기의 성숙한 사회에서는 인간의 일생을 학교, 일, 퇴직으로 단순화하는 사상은 도태될 것이다. 학교는 더 이상 학생의 일생을 위해 모든 것을 준비해주는 장소가 아니다. 교육은 인간의 일생에 걸쳐 지속될 것이다. 다시 말해 21세기의 교육은 학습사회화와 사회학습화의 교육, 정규 교육과 비정규 교육이 상호 보완 작용을 하는 교육, 요람에서 무덤까지 이어지는 교육으로 탈바꿈 할 것이다.

이에 따라 21세기 중국의 사회 교육(지역 교육) 시설도 크게 발전할 것이다. 각 교육 기관은 공식적으로 사회 교육 협력 조직을 발족하고 도서관, 박물관, 과학기술관, 청소년 교육 시설, 여성 교육 시설, 체육 시설, 그리고 해외 주민 센터와 유사한 교육 시설이 평생 교육의 한 축을 담당할 것이다.

(5) 중국의 시장 경제 체제가 완비될 21세기. 교육에 대한 수요가 늘어나고 다원화되어 교육의 산업화가 가속화될 것이다

1990년대에 시장 경제가 발전함에 따라 중국의 교육은 폐쇄적인 계획 경제

모델에서 벗어나 시장을 향해 개방되고 있다. 국가가 모든 것을 총괄하던 교육 모델을 허물고 다원화된 교육 모델이 발전하고 있으며, 이 속에서 학교는 교육의 주체로서 시장 경제 사회에서의 주체적 지위를 인식하고 있다. 21세기에는 시장 경제가 한 단계 성숙되면서 교육의 산업화에 박차를 가하게 될 것이다. 21세기에는 높아진 물질생활 수준과 자신의 자녀가 성공하길 바라는 부모의 마음, 그리고 인구의 지속적인 증가로 교육 시장의 잠재력과 발전 가능성이 커질 것이다.

우선 21세기 초에 사립학교가 큰 폭으로 성장하고, 특히 비非의무교육 단계의 각종 비국유제학교가 우후죽순으로 생겨날 것이다. 이들은 선진화된 교육 시설과 유연한 운영 메커니즘, 높은 교사 임금·대우 등의 경쟁력을 무기로 많은 학생을 끌어 모을 것이다. 이는 정부의 교육 투자 부담을 덜어 더 많은 자금을 국립학교에 투자할 수 있도록 함으로써 중국 학교교육의 수준을 높일 것이다.

다음으로 학교 설비, 보습 학원, 교재·참고서, 학생 교복, 학생용품 등 교육 관련 사업이 치열한 경쟁 체제에 돌입하면서 교육 관련 기관들이 다양한 형식의 산업을 형성해 산업 구조에서 교육 관련 산업이 중요한 한 축을 담당하게 될 것이다.

마지막으로, 교육 기관이 사회 각 분야에 진출하여 경제 건설에서 종횡무진 활약할 것이다. 베이따팡정北大方正, 둥따아파이東大阿派, 칭화즈광淸華紫光 등 대학의 이름을 내건 기업 그룹과 대학 내 과학 기술 산업 단지가 출현하면서 명문 대학들이 학교와 지역의 문턱을 넘어설 것이다. 이로써 일부 대학의 산업 소득은 최초로 정부의 재정 지원금을 넘어서서 학교 경비를 충당하게 될 것이다. 초, 중고등학교 재단도 숨고르기에 들어가 와하하娃哈哈, 우중그룹吳中集團 등 기초교육산업의 작은 거인을 선보일 것이다. 이뿐만 아니라 대다수 학교가 학교와 기업의 분리에 나서서 교장이 학교 관리에만 전념할 수 있게 될 것이다.

(6) 첨단 하이테크놀로지가 발전하여 교육 분야에서의 과학 정신과 인문 정신의 조화, 민주화와 법제화의 통일을 추구할 21세기. 인간이 스스로를 통제하고 발전시켜나가는 데 교육이 좋은 무기가 될 것이다

21세기에는 자연과학과 기술 분야의 혁신으로 우리가 첨단 과학 기술의 혜택을 누림과 동시에 유래 없는 도전에 직면하게 될 것이다. 새로운 세기의 교육은 과학 정신과 인문 정신의 조화, 윤리도덕에 초점을 둘 것이다. 다시 말해, 학생이 인류와 사회에 관심을 기울이도록 가르치고 사람의 됨됨이를 배우도록 하는 것이 21세기 중국교육의 핵심이 될 것이라는 뜻이다. 환경, 자원, 인구 등 교육의 지속적인 발전을 가능하게 하는 내용이 교과목에 포함되고, 인류 문명의 유산과 전통 도덕의 정수들이 다시금 사람들의 주목을 받게 될 것이다.

사회민주화 발전이 심화되면서 민주적 의식과 환경이 날로 성숙하고, 교육의 민주화에 대한 관심도 나날이 높아질 것이다. 2030년 이후 중국 각 지역은 교육 기회의 평등이라는 문제에서 더 이상 교육받을 권리를 쟁취하는 것이 아닌 더 나은 교육을 쟁취하기 위해 노력하게 될 것이다. 따라서 정부는 우수한 학교 경영을 목표로 하여 삼류 학교의 수준 향상을 기초교육 개혁의 중점 사항으로 다루게 될 것이다. 학교 내부에서는 민주적 사제 관계가 형성되어 많은 교사가 민주적 사제 관계가 교육 활동에 생기를 불어넣고 학생의 창조 정신과 능력을 극대화한다는 사실을 깨닫게 될 것이다. 아울러 많은 교사와 학생이 직접 학교 관리에 참여하고 교사와 학생의 자치 조직이 더 큰 힘을 발휘하게 될 것이다.

민주화의 흐름에 발맞추어 개성화 교육도 21세기 중국교육의 주안점이 될 것이다. 더 많은 학교가 표준화되고 통일화된 기존의 방법을 버리고 자신만의 경영 특색과 교육 스타일을 만들어갈 것이다. 또한 더 많은 교사가 학생 한 명 한 명의 잠재력을 발굴하여 학생만의 독특한 개성을 키워주고, 교육의 참뜻은 학생의 창조력이 충분히 발휘되도록 이끌어주는 것이라는 사실을 깨닫게 될 것이다.

이뿐만 아니라 교육 사업의 건강한 발전을 위한 법제화도 추진될 것이다. 중국교육의 입법이 더 완벽하게 체계화, 시스템화 될 것이며, 법 집행에도 한층 엄격해질 것이다. 21세기 말쯤이면 중국교육의 법률 시스템이 거의 완비되어 중국교육 사업의 건강한 발전을 보장할 것이다.

중국의 교육은 100년이라는 찬란하고도 우여곡절이 많은 길을 걸어왔고, 앞으로도 반드시 성공 길을 걷게 될 것이라는 희망적인 메시지가 가득하다. 21세기라는 열차는 중화민족을 태우고 더욱 찬란한 미래를 향해 내달리기 시작했다. 희망으로 가득한 21세기, 덩샤오핑 전 중국 국가 주석의 '세 가지 방향'이라는 교육 이념과 교육을 통해 나라를 세운다는 국가 전략, 그리고 적성 교육이라는 기치 아래 생기 넘치는 중국식 사회주의 교육 사업이 21세기 중화민족의 발전 과정에 역사적 소임을 다할 것임을 나는 믿어 의심치 않는다.

02

중국교육
주제 연구

　이 장은 필자가 1990년대에 끝마친 중국교육에 관한 주제 연구 결과를 담았다. 필자는 주제 연구 하나하나에 개성이 넘치는 견해를 덧붙여 놓았다. 이 장을 통해 문제 제기-이론 구축-문제 해결로 이어지는 필자의 주제 연구 특징을 엿볼 수 있을 것이다.

1. 중국의 지속적인 교사 교육에 관한 몇 가지 정책과 건의

　평생 교육 사상과 품성교육, 혁신교육 등 교육개혁의 영향 하에 21세기 중국의 지속적인 교사 교육 사업은 전면적인 실시 단계에 진입했다. 실질적인 진행 단계에서 중국의 지속적인 교사 교육 사업은 많은 문제와 허점을 노출했다. 그 가운데 정책 발전상에 나타나는 오류와 허점은 큰 문제로 부각되어 중국의 지속적인 교사 교육 사업에 큰 영향을 미치고 있다. 따라서 중국의 지속적인 교사 교육의 순조로운 발전을 위해 정책 연구 분석에 박차를 가하고 거시 정책을 강화하는 것이 중요하다.

(1) 중국의 지속적인 교사 교육이 안고 있는 주요 문제점

　지속적인 교육은 교육 변화의 결과물이자 하나의 교육제도로서 중국 사회에 뿌리내렸다. 최근 몇 년간 중국의 지속적인 교사 교육은 큰 성과를 거두었다. 하지만 아직까지도 목표 이탈, 기관의 획일성, 교사자질 부족, 형식의 획일성, 내용의 진부함, 낙후된 교구, 불완전한 장려 메커니즘 등의 문제가 남아 있다.

이는 중국이 분명히 인식해야 할 현실이다.

① 목표의 이탈현상

지속적인 교사 교육의 목적은 연수 및 교육 프로그램을 통해 교사의 지식, 능력, 그리고 종합적인 자질을 한 단계 개선시키고, 교육교사 인재, 학과 리더, 교육 교학 전문가를 양성해 내는 것이다. 하지만 지속적인 교사 교육을 실천하는 과정에서 많은 학교들이 이 목표에서 벗어나 있거나 두 마리 토끼를 한 번에 잡으려다 실패하고 있다. 예를 들어 교사의 학력 향상에 신경쓰다보니 교사의 능력 함양에 소홀하게 되고, 교사의 지식 전수에 신경쓰다보니 교사의 사상 도덕 수준 향상에 소홀하게 되고, 학력 불합격 교사의 지속적인 교육에 신경쓰다보니 합력 합격 교사의 지속적인 교육에 소홀하게 되고, 도시 교사의 지속적인 교육에 신경쓰다보니 농촌지역 교사의 지속적인 교육에 소홀하게 된 것이다. 이런 문제점들은 중국의 지속적인 교사 교육의 질적 발전에 영향을 미쳤을 뿐만 아니라 지속적인 교사 교육의 기본 목표를 변질시켰다. 결국 수많은 학교의 지속적인 교사 교육이 실효성은 포기한 채 형식만 따르는 데 그쳤다.

② 기관 설치의 획일성

현재 중국의 지속적인 교사 교육 기관은 대부분 교육 학원이나 교사 연수학교 두 군데에 국한되어 있다. 지속적인 교사 교육이 방대하고 완벽한 교육 연수 네트워크에 기반을 두고 있는 다른 나라와 비교해 볼 때 뚜렷한 대비를 이룬다. 단적인 예로 일본의 경우 교사 연수 기관 체제에는 단기대학, 국가 교육 대학, 종합대학, 교사 연수학원, 교사 연수센터 등이 포함되어 있다. 사실 중국의 지속적인 교사 교육 기관이 획일적인 것은 이 분야의 여건이 미비해서가 아니라 제대로 활용하지 못하고 있기 때문이다.

③ 교사 선발의 관대함

국외 교사 연수 기관은 전임교사 선발에 특히 신중을 기하는데, 그들의 교사 선발기준이나 요구사항은 일반 학교보다 훨씬 엄격하다. 국외의 엄격한 기준과 달리 중국은 이 분야에서 많은 문제점을 드러내고 있다. 중국의 교사 연수 시스템을 보면 대부분의 교사들은 중등학교나 대학의 우수 교사로 선발된 인재들로, 이론적으로 깊은 조예가 있을 뿐만 아니라 풍부한 경험도 겸비하고 있다. 하지만 일부 교사들에게 지나치게 관대한 선발 기준이 적용된 경우도 있어 교사의 자질 문제가 도마 위에 올랐다.

④ 형식의 획일성

현재 중국의 지속적인 교사 교육 방식을 살펴보면 아직도 전통적인 교수법이나 주입식 교육법이 주를 이룬다. 실제 수업에서 교사의 교수법 기술이나 실제 관리능력을 향상시킬 수 있고 생동감 있는 교수법이나 실천성이 강한 교수법을 찾아보기란 쉽지 않다.

⑤ 내용의 진부함

현재 중국의 지속적인 교사 교육 수업은 대부분 사범대학 내의 교육학, 심리학, 학교 관리 등의 학과에 개설된다. 하지만 이처럼 덩치만 크고 실효성이 없는 수업 내용은 이미 교육 업무에 종사하고 있는 교사들이 구체적인 업무를 하는 데 별다른 도움이 되지 못한다. 반면에 교사들이 배우고 싶어 하는 컴퓨터 멀티미디어 응용 기술 같은 내용은 제대로 배울 기회가 없다.

⑥ 교구의 낙후성

컴퓨터 멀티미디어 수업, 텔레비전 방송수업, 녹음기, 슬라이드 등의 현대적인 수업 교구들이 점차 보편화되고 있는 요즘, 교사 연구기관의 수업은 여전히 교과서, 분필, 칠판 등의 전통적인 방법에 머물러 있다. 이처럼 낙후된 교구는 수업 효과를 크게 떨어뜨린다.

⑦ 장려 메커니즘의 불완전성

중국은 아직 지속적인 교사 교육을 지원할 만한 제대로 된 장려 메커니즘을 구축하지 못했다. 대부분의 학교들이 교사 업무 성적 심사, 직무 평가, 월급 인상, 그리고 각종 표창 심사에서 교사들이 지속적인 교사 교육 과정에서 취득한 성적이나 증서를 중요한 평가 자료로 활용하지 않고 있다. 그러다 보니 지속적인 교사 교육에 열의와 적극성을 보이는 교사는 찾아보기 힘들고, 어쩔 수 없이 마쳐야 하는 의무쯤으로 여기는 교사가 대다수다.

(2) 중국의 지속적인 교사교육에 관한 몇 가지 정책 및 건의사항

① 지속적인 교사교육을 위한 법제 체제 구비

1993년 발표된 《중화인민공화국 교사법中華人民共和國敎師法》과 1995년 발표된 《중화인민공화국 교육법中華人民共和國敎育法》은 중국의 지속적인 교사 교육을 위한 법률적 근거라 할 수 있다. 《교사법》에는 다음과 같이 명시되어 있다.

"교사는 연수나 다른 형식의 교육에 참가할 권리가 있고, 사상 정치적 의식과 교육 수업 업무 실력을 지속적으로 향상시켜야 할 의무가 있다."

이 외에 《교사법》 제4장에서는 교사 양성 및 교사 교육에 관한 문제를 별도로 언급, 이와 관련된 명확한 규정을 제시하고 있다. 《교육법》 제30조 규정에는 다음과 같이 명시되어 있다.

"국가는 교사자격, 직무, 임용 제도를 실시하고 심사, 표창, 양성, 교육 과정을 거쳐 교사의 자질을 향상시켜 우수한 교사 단체를 구축하는 일에 박차를 가한다."

하지만 두 가지 법률로는 여전히 부족하다. 이 법률들은 지속적인 교사 교육에 대해 막연하게 총괄적인 규정만 언급하고 있기 때문이다. 이 법률이 제정되면서 지속적인 교사교육을 위한 법적 근거가 마련되긴 했지만 이는 초보적인 단계에 지나지 않는다. 따라서 중국 정부는 실행가능성이 있는 교사 교육 법규를 제정하고, 지속적인 교사교육에 대한 재정적 지원, 교육기관 설립, 심사 방법, 교육 증서 인증, 교사별 교육 내용 등이 담긴 명확한 규정을 조속히 마련해야 한다. 지속적인 교사교육에 관한 법제 체제를 꾸준히 개선해나가야 중국의 지속적인 교사교육이 본격적인 발전 궤도에 오를 수 있다. 아울러 교사 교육이 강제성, 진정성, 안정성, 효율성을 두루 갖추게 된다.

② 지속적인 교사교육을 위한 교사자격 인증제도 마련

수준 높은 교사들이 있어야 지속적인 교사교육의 질적 향상을 꾀할 수 있다. 지속적인 교사교육이 우수한 성과를 거두려면 모체의 역할이 무엇보다 중요하다. 현재 중국의 지속적인 교사교육에 참여하는 교사들의 수준이 전반적으로 부족한 편인데, 이는 지속적인 교사교육을 위해 엄격하게 실시하는 교사자격 인증제도와 무관하지 않다. 독일에서 교사자격 교육기관의 전임교사가 되려면 10년 이상의 강의 경험은 물론 이론에 조예가 깊어야 하며 어느 정도 지명도도 있어야 한다. 이 모든 것이 갖추어져야만 전임교사로 임용될 자격이 주어진다. 이런 조건을 갖춘 교사들은 다시 국가와 지방 각 부서의 단계별 심사를 거친 후에 비로소 정식 담당교사로 근무할 수 있다. 하지만 업무를 제대로 해내지 못하면 언제든지 해고될 수 있다. 이처럼 엄격한 국외 교사 자격 인증제도와 달리, 중국은 이 부분에 많은 문제점을 안고 있는데, 특히 의지할 만한 법규, 따를 만한 규정이 없고 임의성이 지나치다는 허점이 두드러진다. 따라서 중국은 지속적인 교사교육을 위한 교사자격 인증제도를 마련하는 데 박차를 가해야 한다. 《교사법》에 언급된 교사 자격 및 임용제도에 관한 규정을 본보기로 삼고 해외 경험을 대폭 받아들여 3~5년 내에 비교적 완벽한 교사자격 인증 제도를 구축해야 한다. 이 제도에는 지속적인 교사교육에 참여할 교사의 수준이 어느 정도여야 하는지, 실제 수업 능력을 갖추고 있는지, 자격증의 시효성時效性 등에 대한 정확한 규정이 명시되어야 한다.

③ 지속적인 교사교육을 위한 기지 구축

교사들의 수와 규모가 점차 커지면서 각 지역의 교육학원과 교사 연수학교에서 지속적인 교사교육 업무를 담당하기엔 점점 힘에 부친다. 따라서 지속적인 교사교육을 위한 다원화 기지를 구축하는 것이 현실적으로 중요하다. 《중공중앙, 국무원의 교육개혁 전면추진을 위한 자질교육에 관한 결정中共中央, 國務院關於深化敎育改革全面推進素質敎育的決定》에서 다음과 같이 언급했다.

"종합대학교와 비 사범대가 교사양성 및 초등학교, 중등학교 교사 양성에 적극 참여하고, 종합 대학 내에서 사범 학원을 시범 운영할 수 있는 길을 모색한다."

이 구호에 발맞춰 베이징 대학, 화중커지華中科技 대학 등의 종합대학들이 앞 다퉈 교육학원을 설립했다. 이처럼 지속적인 교사교육을 위한 기지는 사범대학도 괜찮고 명문대학도 상관없다. 지식 종합화가 빠르게 진행되는 오늘날을 살아가는 교사는 전문지식에 깊은 조예가 있어야 함은 물론이고 이에 관한 폭넓은 관련지식도 필요하다. 분명한 것은 명문대나 종합대학이 이 분야에서 분명한 우위를 점하고 있다는 사실이다.

지속적인 교사교육을 위한 기지는 유명 초등학교나 중등학교에 오픈해도 괜찮다. 사실 이런 명문교는 현지의 문화교육 중심지인 경우가 대부분이고 풍부한 경험과 수준 있는 교수법을 자랑하는 유명교사들과 힘 있는 학과 기지도 갖추고 있다. 이런 초, 중등학교에서 교사들을 대상으로 지속적인 교사교육을 실시한다면 그 목적성이 뚜렷해 금세 실질적인 효과를 거둘 수 있다.

이 외에 여건만 허락한다면 별도의 교사 연수센터를 설립해도 좋다. 센터는 수업 중의 주제를 근거로 이 분야의 대가大家와 일반 교사를 초청해 그들의 대화를 들어본다. 대가와의 교류를 통해 이상을 추구하고자 하는 교사들의 의지를 깨우고 그들의 잠재력과 창의력을 자극할 수 있다. 최근 몇 해 동안 쑤저우 지역은 이 분야에 대한 새로운 시도를 감행했다. 이곳에서는 유명한 대가를 한 분 초청해 교사와 직접 대화의 장을 마련해 교사들의 시야를 넓혀 줌으로써 교사들의 환영을 받았다. 지속적인 교사교육을 위한 국립 기지를 제대로 구축해야 함은 물론이고 민간기지 구축에도 힘을 쏟아야 한다. 경쟁을 통해 지속적인 교사교육에 필요한 각종 기지를 마련함으로써 지속적인 교사교육의 질적 향상을 꾀할 수 있다.

④ 지속적인 교사교육을 위한 네트워크 구축, 네트워크 자원 이용, 많은 고객에게 지속적인 교사교육 자원 제공

인터넷 시대의 도래와 함께 평생교육에 대한 관심이 날로 높아지고 있는 요즘, 교사들은 대부분의 시간을 자기개발에 쓴다. 지식 업데이트가 날로 가속화되고 현대의 흐름 속에서 자신에 대한 충분한 투자가 이어져야만 시대의 요구에 적응할 수 있기 때문이다. 교육 행정 담당부서는 자신의 우위를 충분히 활용하고 자신이 맡은 바 책임을 다해야 한다. 전국 범위의 지속적인 교사교육 네트워크를 구축함으로써 전국에 분포된 우수 수업자원을 모아 최적화한다. 또 교사에게 지식을 공부하고 정보를 획득할 수 있는 넓은 공간을 제공하고 나아가 수업방식, 수업 교구, 수업 모델 등의 변화를 촉진한다. 이 외에 정부는 민간 네트워크 회사를 지속적인 교사교육의 네트워크 건설에 동참시켜 그들의 자원을 적극 활용하고 그들이 지닌 우수성을 이용해야 한다.

⑤ 지속적인 교사교육의 문고文庫, 교사들의 정신적 양식!

해외 유명 교재를 도입해야 한다. 현재 중국에서 사용되는 교재는 내용이 상당히 낙후되어 있다. 선진국과 비교해 볼 때 최소 10년은 뒤떨어져 있는 실정이라 교재 번역과 편집을 강화하고 교재 내용의 수준을 향상시키는 일은 더 이상 늦출 수 없는 시점에 와 있다. 교육부에서 추진한 《21세기를 향한 교재面向21世紀敎材》의 편집과 출판은 교재 개혁 분야에서 새로운 발걸음을 내딛었다고 평가받는데, 이런 작업은 앞으로도 꾸준히 발전시켜 나가야 한다.

인류 문명은 수천 년의 역사를 거쳐 오면서 위대한 교육 사상가와 거장을 배출해냈다. 그들과 대화하고 그들의 경지에 이르기 위해서는 그 시대 언어를 사용해서 그 시대의 선인들과 소통해야만 한다. 그들의 풍부한 생각을 담고 있는 서적은 지식의 보고寶庫요, 그 속에서 엄선한 국내외 교육 명서는 교사들에게

풍부한 지식과 다양한 읽을거리를 제공하는 교과서다. 또 교사들에게는 과거 거장들을 만날 수 있는 좋은 기회인 셈이다. 광위안光遠, 리정다오李政道 등 수많은 저명 학자가 강력 추천하고 필자가 총기획한 《21세기 교육 문고新世紀敎育文庫》를 보면 이 분야에 대한 깊이 있는 연구가 담겨 있다. 이 책은 고전성과 포괄성, 심각성과 가독성, 단계성과 총체성을 서로 통일시킨다는 원칙에 따라 꼼꼼하게 선택하고 편집한 덕분에 일류 수준에 도달했다. 시간의 시련을 이겨낸 유명 경전과 문화 정수품은 초, 중, 고, 대학생들과 교사들에게 정식적인 낙원을 선사할 것이다. 《21세기 교육 문고》는 교사들을 위한 도서 100선을 엄선해 그들에게 책을 통해 과거 거장과 만날 수 있는 기회를 마련했다. 엄선된 100선 도서를 통해 교사들은 창의적 정신과 실천능력을 갖추게 되고 이론적 교양과 지식수준의 향상, 그리고 정신적 승화를 맛보게 되어 고상한 정서와 인문적인 감성을 만끽하게 된다. 《21세기 교육 문고》는 400가지를 출판할 예정인데, 그중 100가지는 이미 시장에 선을 보여 많은 교사들에게 호평을 얻었다. 이 책은 앞으로 지속적인 교사교육을 위해 중요한 역할을 담당하게 될 것이다.

⑥ 교육가의 강연, 교실 실황 등의 완벽한 보존을 위해 중국 유명 교육가의 영상자료 센터를 구축

이 사업은 교육부가 나서서 진행하는 것이 바람직하다. 당대 교육가들의 뛰어난 강연과 수업 실황 등의 내용을 녹화해 전국 교육기관에 제공함으로써 '자원 공유'를 실현해야 한다. 이로써 우수 교육가들이 동분서주하며 여러 강연 활동을 쫓아다니는 번거로움을 없앨 수 있고, 외진 지역이나 학교 운영효율이 떨어지는 학교에 자료를 제공함으로써 그들에게 과거 거장과 대화할 수 있는 기회를 제공할 수 있다.

⑦ 지속적인 교사교육을 위해 지도감독 팀을 마련, 최고 전문가를 조직해 제1
차 교육대상자들을 대상으로 현장 교육 진단을 내리고 그들이 경험과 교훈
을 받아들일 수 있도록 돕는다

일선에서 근무하는 대부분의 교사들은 풍부한 교수 경험을 가지고 있다. 하지만 기본적인 교육이론 교양이 부족한 탓에 그들의 경험이 이론화된 지식으로, 구체적인 수업모델로 승화되지 못하고 있을 따름이다. 이때 필요한 것이 바로 전문가의 지도와 도움이다. 전문가는 교사들이 막 정상을 넘어섰을 때 느끼게 되는 '고원현상'을 극복하도록 돕고, 그들의 실무와 이론을 상호 연계해 전문가형型 교사나 연구형 교사로 성장할 수 있도록 조언한다. 과거 이런 업무는 일부 대학교수나 연구원들이 나서서 진행했지만 지금은 교육부가 앞장서서 우수 교사들을 집중적으로 교육하는 등 규모효과를 충분히 발휘하고 있다.

⑧ 지속적인 교사교육을 위한 시장 메커니즘 구축

교육 대상자의 수준이 다양하고 수요도 각기 다르기 때문에 지속적인 교사 교육 팀은 교사의 개인적 바람과 개인차를 존중해야 한다. 교육기관은 '메뉴판'은 제공할 수 있지만 그 선택은 교사의 몫이다. 현행 정책은 상급부서가 교육 장소와 교육 내용을 지정하고 있어 학교와 교사는 아무런 선택의 권리가 없다. 이는 독점행정이 초래한 저효율 업무 처리의 단적인 예다. 이런 강제적인 교육에 대해 많은 교사들이 불만을 품고 있다. 상부 지시에는 따라야겠기에 교육 장소에 가 신청만 한 뒤 그대로 가버리는 경우가 허다하다. 그러다보니 실제 교육에 참가한 인원수가 참석 정원 인원수의 절반에도 못 미치는 현상이 발생한다. 한 번 생각해 보라. 이런 교육이 어떤 결과를 초래하겠는가? 교육 기관과 교육 내용을 선택할 권리는 응당 학교와 교사에게 있다. 학교와 교사는 자신의 필요에 따라 자율적으로 선택하고, 교육 행정부는 관리 감독에만 신경을 쓰는 것이 바람직하다. 이런 조치를 취하면 모든 교육기관들이 학생들을 모집하기 위해 갖은 방법을 동원해 교육의 질적 향상을 꾀할 것이다. 시장을 겨냥해야만 스트레스가 생기고, 스트레스가 있어야 원동력이 생기기 마련이다.

이처럼 지속적인 교사교육을 위한 시장 메커니즘을 구축하는 것은 거스를 수 없는 추세다.

지속적인 교사교육은 중국에게 있어 생소한 분야라 처음 겪는 문제도 허다하다. 따라서 이 분야에 대한 연구와 탐구에 보다 심혈을 기울이고 정책적 지도와 관리감독을 강화해야 한다. 이와 함께 중국 실정에 근거해 선진국의 성공 사례를 열심히 배움으로써 중국 상황에 꼭 들어맞는, 중국 특색을 가진 지속적인 교사교육의 길을 모색해가야 한다.

2. 21세기 커리큘럼 개혁 방향

미래 사회의 정보화, 국제화의 새로운 도전에 맞서 세계 각국은 21세기 교육의 지위와 그 가치에 대해 새롭게 인식하기 시작했다. 그들은 자각적으로 21세기 교육개혁에 대한 전면적인 연구를 진행하고 있는데, 그 핵심 내용은 커리큘럼에 관한 개혁이다. 필자가 볼 때, 21세기 중국 커리큘럼 개혁은 '관심'을 주제로, '국제화'를 핵심내용으로, '현지화'를 특징으로, '다양화'를 방향으로 해 발전해 나갈 것이다.

(1) 중국의 커리큘럼 개혁은 관심을 위한 학습을 주제로 진행된다. 자기 밖에 모르는 편협한 생각에서 벗어나 나를 넘어서 사회에 관심을 가지는 젊은 이를 양성한다

세계 각국들의 커리큘럼 개혁 방향을 보면 현대화, 국제화, 현지화, 종합화, 활동화 등의 기본 특징이 보이는데, '관심을 위한 학습'이 커리큘럼 개혁의 내재된 주제인 경우가 대부분이다. 하지만 21세기에는 수면 위로 드러나면서 중국 커리큘럼 개혁의 중요 내용으로 부각될 것이다.

잘 알다시피 1972년 유네스코가 주최하고 에드가 포레Edgar Faure프랑스 전 대통령이 대표를 맡은 국제 교육 위원회에서 〈생존을 위한 학습Learning To Be〉라는 유명한 보고서를 발표한 바 있다. 보고서는 다음과 같이 언급했다.

"지금 교육은 이미 오랜 역사의 전통교육이 규정했던 한계선을 뛰어넘었다. 교육은 점차 시간과 공간적으로 진정한 의미 확장, 즉 '사람의 모든 분야'로 그 영역을 확장해 나가고 있다. 그리고 교육이 시간과 공간적으로 폭넓게 확장하기 위해서는 교육 시스템을 전면적으로 개혁하고 평생교육이라는 원칙 하에 각종 교육 단계와 형식을 결합, 연계시켜야 한다. 따라서 '평생 교육'이라는 목표 실현을 위해 모든 교육 시스템을 여기에 맞게 개혁하는 것이 가장 옳은 결정이다."

아울러 지식 도태화의 가속화와 과학기술의 급속한 성장이 이루어지고, 또 여기서 야기된 산업구조 변화, 노동시장 급변 등의 새로운 흐름에 적응하려면 과거 학교에서 배웠던 지식과 기술만으로는 부족하다고 꼬집었다. 이처럼 빠르게 발전하는 경제와 사회의 흐름에 발맞추려면 '생존을 위한 학습'이 필요하며, 평생교육이라는 이론에 맞춰 자신의 일생을 계획해야 한다고 지적했다.

21세기 과학기술은 더 높이, 더 새롭게, 더 예리하게, 더 정교하게 발전해나갈 것이다. 인류는 자연을 새롭게 인식하고 신에너지를 개척하며 암, 에이즈 같이 20세기에 인간을 괴롭혔던 질병을 극복해 낼 것이다. 과학기술의 발달은 인류에게 보다 나은 물질적 부를, 보다 편리한 생활을 제공해 줄 것이다. 사람들은 21세기 과학기술이 가져다준 혜택을 누리면서 유례없던 새로운 도전에도 직면하게 될 것이다. 1980년 말 유네스코가 주최한 '21세기를 향한 교육 토론회' 석상에서 유네스코 교육 담당자인 폴Poll은 새로운 견해를 발표했다. 평생교육 이론은 경제와 과학기술의 발달, 산업구조 조정, 노동시장 파동 등 새로운 도전에 맞서는 것으로, 현재 인류가 직면한 이런 도전들은 단순한 개인의 범위를 넘어섰다. 예를 들어, 대기변화, 오존층 파괴, 산성비, 핵발전소에서 파생되는 방사선 물질, 수질오염, 농경지 감소, 동식물 종의 멸종, 산림 파괴, 세계인구 급감 등이 있다. 이 모든 것은 인류의 생존을 심각하게 위협하고 있다. 이를 해결하기 위해선 '글로벌 협력 정신'이 필요하다. 그리고 자기밖에 모르는 젊은 세대에게 나 외의 다른 세상에도 관심을 가질 줄 아는 사고

방식을 갖도록 가르쳐야 한다. 이런 의미에서 출발해 '생존을 위한 학습'에서 '관심을 위한 학습'으로 교육 관념이 변화했다.

'관심을 위한 학습'의 주요 내용은 다음과 같다.

첫째, 나의 건강을 포함한 나의 모든 것에 관심을 갖자.

둘째, 나의 가정, 친구, 동료에게 관심을 갖자.

셋째, 타인에게 관심을 갖자.

넷째, 사회와 국가의 정치, 경제, 생태이익에 관심을 갖자.

다섯째, 인권에 관심을 갖자.

여섯째, 다른 종種에 대해서 관심을 갖자.

일곱째, 지구의 생활환경에 관심을 갖자.

여덟째, 진리, 지식, 학업에 관심을 갖자.

위의 내용을 자세히 보면 중국 전통 문화에서 말하는 '수신修身, 제가齊家, 치국治國, 평천하平天下'의 사회이념과 크게 다르지 않다는 것을 금방 발견할 수 있다.

유네스코와 중국 국가 교육발전 연구센터가 공동으로 개최한 '21세기 향한 교육 국제 토론회' 석상에서 통과된 〈관심을 위한 학습 : 21세기 교육〉 보고서를 보면 다음과 같이 언급되어 있다.

"우리는 보다 새롭고 보다 융합된 지식탐구 공식이 필요하다. 작은 지역부터 전 세계 모든 분야에 이르기까지 우리가 직면한 문제를 해결할 방법을 찾는 데 이 향학열을 집중해야 한다. 어쩌면 융합된 방식을 실시하는 것이 가장 좋은 방법일 것이다."

이는 미래의 교육내용과 커리큘럼의 전반적인 개혁과도 연관이 있다. 대부분의 국가는 학과중심의 커리큘럼과 내용을 타파하고 다양한 학과 융합, 기초지식과 능력의 융합, 지식의 양과 깊이의 결합을 중요하게 생각하고 있다. 그

중 대표적인 것이 미국의 《2061계획2061計劃》인데, 여기에는 21세기 중등, 초등 커리큘럼 개혁에 대한 새로운 틀이 제시되어 있다. 각종 커리큘럼 개혁 속에서 각 학과의 경계선은 이제 아무런 의미가 없다. 그 자리를 대신하는 것이 새롭게 융합된 커리큘럼으로, 과거 홀대받았던 체육교육, 미술교육, 도덕교육, 노동교육 등이 새로운 커리큘럼 시스템의 중요 부분이 되었다. 이는 '각광'받는 학과도 중시하고 '홀대'받던 학과도 함께 중시한다는 의미다. '각광'받는 학과는 주로 지식, 기술, 이해에 치중되어 있다면 '홀대'받는 학과는 관심, 동기, 태도 등에 치중되어 있다. 커리큘럼을 개혁하기 위해 취하는 조치는 나라마다 각기 다르지만 21세기 새로운 인류의 전반적인 자질에서 출발해 개혁을 준비한다는 점은 공통된 부분이다. 오늘날 커리큘럼 개혁은 '홀대'받던 수업이 갈수록 스포트라이트를 받는 방향으로 흘러가고 있다. 21세기 교육은 인류 생존과 발전 문제에 더 관심을 기울일 것이다. 아울러 도덕교육과 환경교육을 다루는 커리큘럼이 보편화되고 강화되면서 젊은이들의 인문정신, 도덕정신, 국제정신을 양성하는 데 중요한 역할을 할 것이다. 과학기술의 종합화와 융합화가 진행되면서 주변학과, 관련학과, 교차학과가 등장하고 학교 커리큘럼이 융합되는 흐름이 나타난다.

지금 중국은 현대화 건설에 안간힘을 쓰고 있다. 중국은 다른 나라가 산업화 과정을 거치면서 겪었던 전통가정 종식, 개인주의, 남에게 손해를 끼쳐 자신의 이익을 꾀하려는 사고, 사회봉사에 대해 점차 희박해지는 책임감 등의 문제를 어떻게 잘 피해갈 수 있을지 고민하고 있다. 이런 문제들은 21세기 교육개혁을 위해 가장 먼저 해결해야 할 문제로 커리큘럼 개혁 역시 이를 중심으로 추진되어야 한다.

(2) 중국의 커리큘럼 개혁은 국제화를 핵심으로 진행된다. 외국어와 국제이해
    교육을 강화하고 국제적 마인드, 국제적 시야, 다국적 문화 교류 능력이
    있는 인재를 양성한다

미래사회는 국제교류가 빈번한 사회다. 선진화된 교통, 통신기술이 고도로
발달하고 경제, 과학기술, 문화, 교육 등의 교류가 확대되면서 지구촌은 빠른
속도로 '축소'될 것이다. '지구촌'이란 개념에서도 알 수 있듯 미래사회는 곧
국제화 사회다.

국제화 사회 속에서는 어떤 나라도 오랜 기간 홀로 생존하고 발전해 나갈 수
없다. 경제 교류에서 국경이란 개념은 점차 사라지고 국제사회라는 개념이 부
각되고 있다. 이것이 세계적인 발전추세다. 많은 나라의 기업들이 더 이상 자
국만을 위한 생산이 아닌 세계를 향한, 세계를 상대로 생산 활동을 펼치고 있
다. 아울러 국경을 뛰어넘은 공동체가 날로 증가하고 지역경제 협력이 점차 강
화되면서 국제화 추세는 더욱 두드러진다.

이런 상황에서 국제화 사회 흐름에 발맞추는 것이 미래를 향한 교육과 커리
큘럼 개혁의 중요한 일부분이 되었다. 단적인 예로, 1990년 일본대학에는 국
제관계, 국제정치, 국제경제, 국제문화 등 '국제'라는 타이틀을 단 전공학과만
무려 48개가 설치되었는데, 이는 과거 10년 전보다 무려 4배나 증가한 수치다.

현대교육은 본래 국제 현상의 일종으로, 나라 간에 서로 교류하고 서로 배우
며 서로 장점을 받아들여 탄생한 것이다. 한 국가에서 발생한 교육사건이 순식
간에 전 세계로 퍼져나가는 것이 요즘 시대다. 국제교육 토론회 개최, 교육기
관 간의 친밀한 교류, 전문가와 학자들 간의 긴밀한 교류, 교육정보의 신속하
고 폭넓은 전파 등은 세계 국가 간의 교육문화 교류 촉진에 크게 기여했다.

이처럼 빈번하게 이뤄지는 국제 교류 흐름에 동참하기 위해 교육 커리큘럼
의 국제화를 추진해야 한다. 그래서 새로운 발전 흐름에 발맞춰 나갈 수 있는
국제적 시야를 갖춘, 국제흐름에 관심이 있고 잘 이해하는 국제적 인재를 양성
해야 한다. 중국교육의 '세 가지 방향(현대화를 향하고 세계를 향하고 미래를

향한다)’ 역시 이런 변화에 적응하자는 취지에서 나온 것이다.

21세기 중국의 개혁개방은 한 단계 심화되고 국제 교류 역시 한 단계 확대될 것이다. 이와 함께 문화교육 교류가 빈번해지면서 ‘국제화’가 교육내용(커리큘럼)의 중심이 될 것이다.

첫째, 외국어 수업 보급률이 대폭 증가한다. 사회 구성원이 국제교류 흐름에 잘 적응할 수 있도록 중등학교와 대학의 외국어 수업 비중을 큰 폭으로 늘리고, 초등학교에도 단계별로 보급할 예정이다.

둘째, 교육기관이 점차 국제사회로 개방된다. 21세기 중국은 더 많은 외국 유학생을 유치해 중국어와 중국문화를 전파하고, 더 많은 외국 학자를 초빙해 외국어와 외국 문화를 배울 것이다. 이처럼 21세기 캠퍼스에는 국제화 분위기가 물씬 풍길 것이고, 이런 특징을 고려해 커리큘럼을 구성해야 한다.

셋째, 국제화 흐름에 부합하는 커리큘럼을 구성한다. 커리큘럼은 국제정신을 배양한다는 측면을 고려해 구성해야 한다. 특히, 중문, 역사, 지리, 철학 등 인문학과 수업에서 국제화 내용을 더욱 강화해야 한다.

넷째, 커리큘럼 개혁은 점차 해외 관련 학과와 연계해 진행된다. 대학교, 고등학교, 중학교, 초등학교의 커리큘럼 내용에서 나타나는 변화를 보면 국제화 표준을 향하고 있다는 공통점이 있다. 특히 대학 커리큘럼의 국제경제, 국제법, 자연과학 등의 과목은 대부분 국제적으로 통용되는 원문교재를 사용할 가능성이 높다.

이 외에 21세기 중국교육 과학 발전의 특징 중 하나는 바로 커리큘럼 연구의 국제화다. 중국 근대 역사를 되돌아보면 중국의 교육 과학은 ‘서학동점西學東漸(서양의 문명이 동쪽으로 밀려온다)’에서 중국 현대교육학의 탄생과 발전에 이르기까지 수많은 역경과 고난을 이겨냈다. 역사가 말해주듯, 만약 제한적이고 폐쇄적인 조치를 취하고 세계 주변국과 소통하지 않았다면 중국의 교육과학은 진정으로 건강한 발전을 이루지 못했을 것이다. 이처럼 커리큘럼 연구는 국제규범에 근거해 커리큘럼의 설치, 설계, 실시, 평가 등 분야에 대해 비교연구를 진행해야 한다. 현재 집중적으로 진행 중인 해외 커리큘럼 발전 현황 연구를 토대로 앞으로는 세계 각국의 커리큘럼 개혁에 나타난 보편적 규칙을 탐구하는 데 치중해야 한다. 이는 향후 중국이 커리큘럼 개혁을 진행하는 데 참고사항이 될 것이다.

(3) 중국의 커리큘럼 개혁은 현지화를 특징으로 진행된다. 중화 민족 문화 특색을 강조하고 현지 교재 개발 및 연구에 주력한다

국제화가 곧 '서양화'는 아니다. 중국의 교육 특색과 개성을 버리라는 의미도 아니고, 중국교육 발전과 커리큘럼 개혁에서 서양 국가의 뒤꽁무니만 졸졸 쫓아다니라는 의미는 더더욱 아니다. '현지화'를 중시하는 국제화, 중국문화를 배경으로 하는 국제화, 중국 상황을 근거로 하는 국제화를 말하는 것이다.

한 나라의 커리큘럼 개혁은 민족문화 전통과 민족문화 전통이 갖고 있는 특색을 떠나서는 불가능하다. 왜냐하면 민족문화 의식 속에 녹아 있는 전통은 교육개혁에 지대한 영향을 주고, 또 전통은 과거, 현재, 미래와 끈끈하게 연결되어 있기 때문이다.

많은 국가들이 국제화 흐름에 대응하면서 한편으로는 자국의 전통문화 교육을 핵심전략으로 삼아 교육개혁의 현지화에 힘쓰고 있다. 스웨덴의 교육개혁 창시자인 후센Husen 교수는 이렇게 언급한 바 있다.

"자국의 문화전통을 가장 잘 담고 있는 문학, 역사 같은 기본 커리큘럼은 어떤 경우에도 줄여서는 안 되며 오히려 강화시켜 나가야 한다. 이를 토대로 최신 과학기술 성과를 받아들여 두 가지를 적절히 결합해야 한다."

일본은 학교에서 서양문화의 가치를 배우고 받아들여야 한다고 가르친다. 이와 함께 일본 현대인이 전통문화를 계승하고 발전시켜 나가도록 훈련하고 국가, 기업, 직장에 대한 충성도를 강조한 동방유교 이론도 함께 강조하고 있다. 이처럼 일본 문화교육은 계승할 것과 혁신할 것, 받아들일 것과 버릴 것의 관계가 적절히 조화를 이루고 있다. 커리큘럼 내용 구성에서도 일본은 현지화

내용을 더 중시하는 편이다. 역사 교과서만 보더라도 해외 역사 비중을 자국의 상황에 따라 과학적으로 배분한다.

21세기 사회는 과학기술이 고도로 발달한 국제화 사회다. 그렇기 때문에 전통문화를 강조한 교육, 민족의 우수한 문화를 계승한 교육이 더더욱 중요해지는 시대다. '뿌리'를 강조하는 현지화 교육 추세는 향후 중국 사회에서도 큰 주목을 받을 것이다. 중국은 유구한 문화를 가진 문명 고대국가로, 전통적인 민족문화가 오랜 시간 전해져 내려오면서 그 깊이를 더하고 있다. 그 속에 녹아 있는 우수한 사상들은 중국의 큰 자산이다. 개혁은 현재를 기준으로 하되 과거를 찬찬히 되돌아 봐야 하며 우수한 전통문화를 현대화에 적절히 활용해야 한다.

당대 양대 사조思潮로 손꼽히는 과학주의와 인문주의는 조화롭게 발전해가야 한다. 인문주의 사조는 중국 유가사상 문화체계 가운데 인문주의와 윤리본위를 기초로 한 전통 문화교육 사상으로, 앞으로 시대적 기능을 십분 발휘할 것이다. 서양 학자들이 중국 전통문화에 관심을 보이는 것도 대부분 이 분야의 내용이다.

중국인은 예부터 강한 자아의식과 '달은 고향의 달처럼 밝기만 하네月是故鄕明.'라는 말이 있을 정도로 고향을 그리는 마음이 강했다. 또 육유陸遊의 '저녁에 보니 太白이 빛을 거둬들이는데, 나라에 보답하여 죽으려 해도 전쟁터가 없네夜視太白收光芒, 報國欲死無戰爭.'란 시구부터 고염무가 남긴 '천하가 망하는데는 한낱 필부에게도 책임이 있다天下興亡, 匹夫有責.'라는 명언에 이르기까지 굴하지 않는 강인한 애국주의 정신을 말하고 있다.

또 중국은 수천 년의 유구한 역사와 찬란한 문화를 자랑하는 문명 고대국가로 풍부한 정신 유산을 쌓아왔다. 어떻게 민족문화를 계승하고 발전시켜 나가느냐가 21세기 중국교육 개혁이 풀어야 할 숙제다. 역사에서 수차례 증명되었듯이 가장 현지화된 것이 가장 국제적인 것이고, 가장 세계적인 의미를 가질 수 있다.

21세기 중국 커리큘럼 개혁의 현지화 흐름은 다음 몇 가지 분야에서 나타난다.

첫째, 현지화 상징이라고 할 수 있는 중국어 교육이 주목을 받는다. 1990년대부터 중국 본토와 동남아 일대를 중심으로 중국어 교육 수요가 계속해서 증가하고 있다. 이처럼 중국어를 배우겠다는 열기는 당분간 지속될 것으로 보이며 자국어와 중국어를 함께 사용하는 이중 언어 학교가 등장할 가능성도 있다.

둘째, 학교교육과 사회교육에서 중국문화나 중국특색을 주된 내용으로 하는 수업 비중이 늘어난다. 중국 정부는 1991년 3월 국가 교육위원회 지도자에게 다음과 같은 서신을 보냈다.

"5천 년 역사를 지닌 중국의 찬란한 문화유산을 알려야 한다."

이에 교육위원회는 공문을 보내 학생들에게 당부했다.

"중국이 문화예술, 과학기술, 철학사상, 윤리도덕, 교육, 군사, 대외교류 분야에서 어떤 성과를 거뒀고, 또 이 성과가 인류 역사에 어떤 영향을 미쳤는지를 익히고 중화민족으로서 자존심, 자신감, 자긍심을 가져야 한다."

여기서 알 수 있듯이 중국문화에 관한 수업은 학교교육에서 점차 많은 비중을 차지하고 있다.

사회교육에서는 사람들의 여가 시간이 늘어나면서 다양한 형식의 문화수업 단체가 생겨나고 있다. 중화기공, 중화무술, 중국서화, 중의학과 보양 등이 대표적 케이스인데, 이들 단체는 중국인을 매료시킬 뿐만 아니라 세계 각국에 강한 인상을 심어 줄 것이다.

셋째, 커리큘럼 형식과 내용이 보다 현지화 된다. 중국고대에 사용했던 교재는 선조들의 경험이 녹아 있는 우수한 것으로, 커리큘럼 개혁에서 계승하고 본보기로 삼아도 손색이 없다. 몽학蒙學교재《삼자경三字經》,《천자문千字文》,《급취편急就編》,《소아어小兒語》,《오언감五言鑒》등은 그 내용이 간단명료하고 술술 잘 읽혀 쉽게 외울 수 있는 교재들로 지금의 아동교재들은 흉내조차 낼 수 없다. 21세기 커리큘럼 개혁에서 옛 선조들의 성공 노하우를 본보기로 삼는다면 현지화 색채가 강한 교재를 만들 수 있다.

넷째, 커리큘럼 연구의 현지화가 강화된다. 중국계 미국인 심리학자 청쯔랑曾志朗은 중국 심리과학의 현지화를 논하는 자리에서 서양 심리학만으로 중국인의 심리를 연구한 결과는 무용지물에 불과하다며 다음과 같이 강조했다.

"전통적인 지적 능력테스트가 종족과 문화적 차이를 이유로 공격을 받고 있을 때도 우리의 초중등학교는 해당 테스트를 기준으로 학생들을 테스트 했고, 학계에서 환경과 문화를 고려하지 않은 이 같은 테스트 방식을 더 이상 학생들의 지적 능력을 테스트하는 데 남용하지 말라고 경고했을 때도 우리의 교육기관은 해당 테스트 방식을 분반分班 기준으로 이용했다. 교육 당국의 이 같은 행위는 인간뿐 아니라 나아가 사업과 국가를 오해하게 하는 '오인誤人, 오사誤事, 오국誤國'의 행위이다."

마찬가지로 교육연구의 국제화를 강조하면서 동시에 연구 방법의 현지화도 중시해야 한다. 커리큘럼 연구의 주제 및 방법 선정에 있어서 다른 나라의 장점을 충분히 받아들이면서 자신의 색깔은 잃어버리지 않아야 한다. 이렇게 단계적으로 중국 특색을 띤 커리큘럼 이론을 형성해 나가야 한다.

개혁개방을 실시한 후 중국은 끊임없이 커리큘럼 개혁을 추진해 나간 결과 많은 성과를 거뒀다. 하지만 전체적으로 봤을 때 계획체제의 한계와 영향으로 수업내용과 커리큘럼 시스템은 아직도 진부하고 낙후된 모습을 보이며 과학기술, 경제 및 사회가 발전한 현 시대에는 부합하지 못하고 있다. 21세기가 필요로 하는 인재는 높은 자질을 갖춘 혁신적인 인재이고, 중국은 시대적 요구에 대응해 커리큘럼 개혁에 박차를 가해야 한다.

(4) 중국의 커리큘럼 개혁은 다양화 방향으로 진행된다. 국가, 지방, 학교로 이어지는 3대 커리큘럼 관리 정책을 착실히 이행하고 교사는 과거 유일한 수업 집행자에서 수업 개발자로 역할이 변경된다

전쟁이 종식된 후 기초교육 커리큘럼 개혁을 가장 먼저 실시한 나라는 미국

으로 가장 많은 주목을 받았다. 당시 커리큘럼의 주요 이념은 국가토대를 통일하는 것으로 전국적으로 통일된 현대 커리큘럼 내용을 만들었다. 하지만 국가차원의 대규모 커리큘럼 개발이 기대에 못 미치는 결과를 냈을 때 비난을 피하긴 어렵다. 70년대 초 학자들은 다음과 같이 지적했다.

"5, 60년대 커리큘럼 개혁이 선택한 것은 어른이 결정하고 학생이 따르는 방식이었다."

당시 어른들은 아이들을 공부시켜야 한다는 생각만 있었을 뿐 정작 아이들이 무엇을 배우고 싶어 하는지는 물어보지 않았다. 게다가 개혁가 대부분이 학자라 공립학교나 교육학원과 긴밀하게 연관되어 있지 않았기 때문에 교실과 학교 내에서 벌어지는 실상을 간과하는 경향이 강했다.

커리큘럼 개발 실패를 반성하는 차원에서 1970년대부터 국가 커리큘럼 개발 가운데 학교 커리큘럼 개발을 보다 중시하기 시작했다. 1980년대 들어서면서 세계 여러 나라에서 '학교 커리큘럼 개발'이라는 구호 아래 교육 개혁을 실시하기 시작했다.

중국에서 커리큘럼 다양화 흐름에 일찍 관심을 보인 인물은 바로 천샤陳俠다. 그는 《과정론課程論》에서 다음과 같이 말했다.

"동일한 요구와 갭에 적응하는 것을 잘 해야 한다. 다양한 커리큘럼이 생기면 다양한 수요에 적응해야 한다."

1980년대는 이런 커리큘럼의 다양화에 대한 탐구가 통일 중앙집권체제 하에서 진행된 것이었다. 1990년대에 접어들어 중국학자들은 학교 커리큘럼의 다양화에 주목하기 시작했다. 1999년 6월 전국 교육 업무 회의에서 국가, 지방, 학교로 이어지는 3대 커리큘럼 관리 정책을 확정하고 커리큘럼 다양화 연구는 커리큘럼 개발 메커니즘에서 담당하게 되었다.

학교 커리큘럼 개발로 학교 교사들에게 새로운 도전이 제시되었다. 학교 교사들은 오랫동안 일률적인 교재에 맞춰 수업을 준비해왔다. 그들은 줄곧 방법은 중시해왔으나 커리큘럼에는 큰 비중을 두지 않았다. 학교 커리큘럼에 대한 문제제기는 교사들에게 수업 내용을 새롭게 변화하라는 요구이자 커리큘럼 개발에도 동참할 것을 요구하는 것이다. 교사들은 커리큘럼의 유일한 집행자에서 커리큘럼 개발자로 그 역할이 변모한 것이다.

3. 중국의 도덕교육이 직면한 문제와 전망

새로운 세기에 중국의 도덕교육은 어떠한 도전에 직면하고 또 어떠한 사명을 짊어지게 될까? 중국 도덕교육은 어떠한 발전 추이와 특징을 나타낼까? 중국 도덕교육 시스템은 어떻게 개혁하고 혁신해야 할까? 이는 역사적 책임감을 느끼는 중국의 교육자 모두가, 화하문명華夏文明이 키워낸 중국인 모두가, 그리고 동양 윤리 문화를 존중하는 세계의 동료 교육자 모두가 주목하는 문제이며, 또한 중국이 조속히 연구를 진행하여 해답을 제시해야 할 문제이기도 하다.

(1) 지식 경제 시대의 도래, 시장 경제 체제 구축, 글로벌화의 가속화, 지속 가능한 발전을 요구하는 목소리로 중국의 도덕교육은 유래 없는 도전에 부딪힐 것이다

오늘날 세계는 과학 기술이 비약적으로 발전하고 지식 경제 시대로 진입하면서 치열한 국력 경쟁이 벌어지고 있다. 중국의 경제 사회는 세계 각국이 그동안의 발전 과정에서 공통적으로 부딪혔던 보편적 문제와 신·구체제의 전환, 중국적 사회주의 건설이라는 중국의 특수한 상황과 마주하고 있다. 이러한 객관적인 상황은 21세기 중국 도덕교육이 더 복잡하고 심각한 도전에 직면하여 막대한 사명을 짊어지게 될 것임을 예고한다.

① 도덕교육은 과학 기술 혁명의 가속화, 지식 경제의 급부상, 중국의 현대화 건설에 따른 새로운 시대적 요구에 부딪힐 것이다

인류가 21세기에 들어섰을 때 지식의 생산, 분배, 사용을 기반으로 하는 새로운 경제 형태가 나타났다. 바로 지식 경제이다. 현재 지식 경제는 급부상하

고 있다. UN의 관련 전문가가 예측한 바에 따르면 향후 30년 혹은 이보다 더 짧은 시간 안에 전 세계가 지식 경제 사회로 진입하게 된다고 한다. 이 기간에 중국은 산업화를 마무리 지어야 하는 한편 기회를 잡아 지식 경제 시대를 맞이해야 한다. 이는 분명히 중국의 도덕교육에 새로운 도전이 될 것이다. 지식 경제의 '지식'은 과학 기술 지식뿐만 아니라 인문 지식, 인간의 사상 이념, 행동 방식, 가치관 등 정신 도덕 문화를 모두 포괄하는 광의적 지식을 말한다. 지식 경제에서 후자는 경제 발전에 직접적인 영향을 미치는 매우 중요한 요소이다. 지식 경제는 고도로 통합화, 네트워크화 된 경제로, 발전 과정에 반드시 과학 기술 도덕, 정보 도덕, 경제 윤리, 생태 윤리 등 새로운 형태의 도덕 건설과 도덕교육 강화를 수반하여 경제 사회의 규범적이고 질서 있는 운영, 인간의 건전하고 조화로운 발전을 보장하고 촉진한다.

지식 경제의 영혼이라고 할 수 있는 혁신은 지식 혁신을 할 수 있는 인재를 양성하는 것이 무엇보다 중요하다. 예성타오葉聖陶가 다음과 같이 단언했던 바와 같이 우리는 차세대 국민의 혁신 정신을 배양하고, 특히 도덕교육에 주력해야 한다.

"과학 기술을 연구하고 이용하는 것은 컴퓨터도, 로봇도 아닌 사람이다. 사람들은 과학 기술을 심도 있게 연구하여 올바르게 사용해야 하는데, 이를 위해서는 과학적인 지능뿐만 아니라 순수한 정신과 인품, 굳건한 의지가 필요하다."

중국의 도덕교육은 반드시 21세기 지식 경제와 중국 현대화가 요구하는 국민의 사상 도덕 소양과 중화민족의 정신문명에 적응해나가야 한다.

② 사회주의 시장 경제 체제 구축이 도덕교육에 미치는 긍정적인 효과와 부정적인 효과

세기의 문턱을 넘어섰을 때, 중국은 전통적인 계획 경제 체제에서 사회주의 시장 경제 체제로의 근본적인 전환을 이루고 있었다. 이 전환 과정에서 소유제 구조와 분배 방식의 조정, 시장 메커니즘의 활성화, 생산력 향상이 이루어지면

서 사회생활 전반에 영향을 미치며 전통적인 가치 시스템과 도덕규범에 큰 타격을 입혔다. 사회주의 시장 경제 체제의 건설은 마르크스·레닌주의, 마오쩌둥 사상, 덩샤오핑 이론을 정치적인 방향으로 도의와 이익, 개인과 집단, 공평성과 효율, 경쟁과 협력, 권리와 의무, 민주와 법제 등과 같은 일련의 기본 관계에 더욱 합리적인 가치관을 수립하도록 요구하며 시장 경제의 새로운 윤리규범과 주체적인 인격에 적응해야 한다고 호소했다. 이들은 중국의 도덕교육발전에 지금도, 그리고 앞으로도 긍정적인 촉진 작용을 할 것이다. 그러나 이와 함께 시장 경제 속 여러 경제 성분과 분배 방식의 병존, 물질적 이익 원칙의통용, 경쟁과 이익 추구의 심화, 그리고 새로운 체제 미비 등의 문제에 따라 도덕교육에 부정적인 영향도 미칠 것이다. 개인주의적인 가치관이 형성되어 물질만능주의, 극단적 이기주의, 사적 이익을 도모하는 권력 남용, 사기 등 각종부패 현상을 불러일으킬 수도 있다. 연이은 큰 경제 사건의 발생과 사이비 종교인 파룬궁法輪功의 일시적 창궐이 바로 그 예이다. 중국의 도덕교육은 시장경제 발전의 수요를 반영하여 시장 경제 체제에 부합하는 가치관과 도덕규범을 수립해야 하며, 시장 경제 고유의 한계를 뛰어넘는 고명한 도덕적 이상으로인재를 양성하여 시장 경제와 사회의 전면적인 발전을 올바른 방향으로 이끌어야 한다.

③ 글로벌화의 바람, 패권주의의 압력, 대외 개방과 WTO 가입은 도덕교육에
　　새로운 과제를 안길 것

　새로운 세기에 접어들어도 평화와 발전이 세계정세의 중점 사안일 것임은변함이 없다. 국가 간 경제, 과학 기술, 문화의 교류와 협력이 날로 빈번해지고국제 교류는 정보화, 네트워크화 될 것이다. 경제 글로벌화가 가속화됨에 따라중국은 WTO에 가입했고, 이와 함께 국력 경쟁이 가열되어 개발도상국과 선진국 간의 빈부 격차와 불평등 관계가 지속적으로 심화될 가능성이 있다. '인권'등의 문제를 핑계로 다른 나라의 내정을 간섭하고 자신의 사회 제도와 이데올로기를 강요하며 심지어 무력을 동원해 다른 나라를 침략하는 패권주의의 위

협이 여전히 도사리고 있다. 이러한 상황에서 중국은 대외 개방 정도를 높임으로써 각국의 상호 이해와 우호 협력 관계를 증진하여 국제 평화와 주변의 정세 안정을 도모하고, 세계 경제라는 큰 틀 안에서 자본주의 선진 국가를 비롯한 세계 각국의 선진 과학 기술과 관리 경험, 문명적 성과를 배우고 받아들이는 데 힘쓰는 한편 개방의 위험성에 대비하여 국가 독립과 민족의 존엄을 수호하고, 중국식 사회주의 건설을 견지하여 경제력과 국방력, 민족 단결력을 포함한 종합 국력을 강화해야 한다. 또한 패권주의에 반대하고 부패한 사상과 문화가 국민, 특히 청소년에게 해를 끼치지 않도록 막아야 한다. 이러한 조건하에 도덕교육은 중국의 실정에 맞고 또한 세계를 향한 교육이 되어야 한다. 아울러 교육자는 개방적이고 국제적인 시각으로 타국 국민, 문화, 전통을 이해하고 존중하여 국제 평화와 협력을 촉진하고, 세계 선진 도덕 문명의 성과를 배워야 한다. 또한 중화민족의 우수한 문화 전통과 혁명 전통을 계승하고 애국주의 정신을 고취하여 외래문화를 분별, 선택할 수 있는 능력을 키워야 한다.

④ 생태 보호와 지속 가능한 발전이 부여한 도덕교육의 역사적 책임

과학 기술과 산업화의 발전으로 인간의 자연 정복, 개조 능력이 크게 향상되었다는 것은 자명한 사실이다. 그러나 이러한 발전은 우리가 살아가는 지구 환경에 엄청난 파괴력을 행사하기도 했다. 생태 환경의 파괴로 초래된 문제들은 개인, 지역, 국가, 그리고 현 세대의 문제를 넘어서 다음 세대에까지 커다란 위협이 되고 있다. 중국을 비롯한 세계 각국은 각 나라 상황에 맞추어 경제 발전과 생태 보호를 동시에 고려한 지속 가능한 발전 전략을 시행하고 관련 국제 협력을 도모하고 있다. 이러한 상황에서 유네스코는 개인에 착안한 '학회생존'을 '학회관심'으로 발전시키고, 이를 21세기 교육의 슬로건으로 삼아 교육자가 자신의 테두리에서 벗어나 타인과 사회, 그리고 국가의 정치, 경제, 생태 이익에 관심을 기울이고 기타 생물과 지구 환경에 눈을 돌려야 한다고 강조했다. '천인합일天人合一'이라는 중국의 문화전통이 인정과 중시를 받게 된 것이다. 오늘날 사람들은 인간, 사회, 자연의 조화로운 공존과 지속 가능한 발전을 위해 생태

환경 보호를 중요시한다. 이는 인류 관계의 범위를 인간과 자연의 관계로 확대하며 윤리 도덕에 새로운 개념을 더했을 뿐만 아니라 실질적으로도 인간과 사회, 국가, 일부 집단과 인류 전체, 기성세대와 다음 세대 관계 문제의 정확한 처리에까지 영향을 미치며, 본질적으로 21세기의 윤리적 요구를 반영한다. 국가와 사회, 그리고 전 인류의 이익은 자신의 이익에서 비롯된다는 가치관을 수립하고 국민과 후손을 위해 부를 창출한다는 책임감을 느끼며 인간과 사회, 자연의 조화와 통일이라는 새로운 도덕규범을 스스로 인식하고 습관화하는 것, 이것이 바로 21세기 중국의 도덕교육이 반드시 짊어져야 할 책임이다.

⑤ 현대 사회 생활과 인간 개인의 생존과 발전이 도덕교육의 중심이 될 것이다

고도로 발전한 현대 물질문명은 앞으로 사람들의 사회생활과 개인의 생존, 발전 방식을 바꿔놓을 것이다. 넉넉한 물질생활이 반드시 알찬 정신문명을 만드는 것이 아니듯이 그와 반대로 물질 향유에 빠졌다고 해서 꼭 정신적인 뿌리를 잃고 이상과 노력을 버리며 탐욕과 미신을 좇는 것은 아니다. 현대 과학 기술은 인간과 기계가 대화를 나누고 문 밖을 나가지 않고도 세상이 어떻게 돌아가는지 알 수 있는 기적을 만들어냈지만 오히려 사람과 사람 사이의 직접적인 교류의 기회는 줄어들게 했다. 이는 인정이 메마르고 사람 사이가 소원해지며 비인도적이 되는 결과를 초래할 수 있다. 어디에나 경쟁과 위험이 도사리고 있는 환경과 업무, 학습, 생활 리듬의 빠른 변화는 사람들에게 심적인 스트레스를 안겨줄 것이다. 이로써 심리 소양과 사회 적응력이 우리의 성공 여부를 결정짓는 중요한 요소로 자리 잡을 것이다. 따라서 어떻게 현대 중국인의 정신적 뿌리를 세우고 인간의 고상한 이상과 정서, 노력, 자율적인 의지를 배양하느냐, 어떻게 인문 정신을 고취하고 인문적 가치를 높이느냐, 어떻게 사람들을 건전한 인격과 심리 소양을 갖춘 인재로 양성하느냐 하는 것은 새로운 세기 중국의 도덕교육이 반드시 주목해야 할, 그리고 향후 인간의 생존과 발전에까지 영향을 미칠 매우 중대한 사안이다.

⑥ 전면적인 적성 교육 실시와 도덕교육의 발전에 내재적인 개혁 수요가 발생
   할 것이다

　세기가 바뀔 무렵 중국은 사회주의 현대화 건설이라는 장대한 목표와 중화
민족의 부흥을 실현하기 위해 제3차 전국교육실무회의를 개최했다. 이를 통해
전 국민을 동원해 교육 개혁 심화, 적성 교육 전면적 추진, 과학교육을 통한 나
라 세우기라는 전략을 실시하기로 했다. 이는 앞으로 중국교육 사업의 일대 혁
명을 불러와 도덕교육의 발전과 혁신을 이끌게 될 것이다. 중국의 도덕교육은
아주 오랫동안 '입시 교육'의 영향으로 '도덕교육 최우선'이라는 공허한 외침
속에 왜곡되거나 간과되었다. '허풍덩어리'인 도덕교육 모델, '용두사미'인 도
덕교육 서열, '합리론'적 도덕교육 평가 방법으로 중국 도덕교육은 분명한 퇴
조를 보이고 있다. 전통적인 정치 경제 체제와 사회 구조를 기반으로 구축된
기존의 도덕교육 시스템으로는 더 이상 진정으로 사람의 마음을 움직일 수도,
실질적인 개혁을 할 수도 없게 되었다. 기존의 도덕교육 시스템은 현실을 벗어
나 주체를 소홀히 하고, 폐쇄적이고 단일한 형식주의의 폐단을 여실히 드러내
며, 도덕교육의 감화력과 실효성을 크게 저하시키고 있다. 시대가 발전함에 따
라 특히 적성 교육이 전면적으로 추진됨에 따라 중국 도덕교육은 개혁과 혁신
을 하지 않을 수 없는 상황에 이르렀다. 이는 21세기 중국 도덕교육 발전에 내
재적 수요이자 자체적인 도전이 될 것이다.

(2) 새로운 세기 중국의 도덕교육은 현실성과 초월성, 민족성과 세계성, 주체
   성과 규범성, 실천성과 과학성, 전반성과 개방성이 통일되는 발전 구도가
   형성될 것이다

　21세기의 각종 도전과 막중한 사명에 직면하여 중국의 도덕교육은 그동안
의 경제 발전 경험을 종합해보고 반드시 역사합리론과 변증법에 따라 현실에
입각한, 미래를 향한, 비판적이고 종합적인 혁신 발전의 길을 따라 중국적 사
회주의의 현대 도덕교육 시스템을 구축하고자 노력해야 한다. 이는 새로운 세

기 중국 도덕교육 발전의 대세이기도 하다.

① 현실성과 초월성의 통일

도덕교육의 기반과 기능을 살펴볼 때, 21세기 중국의 도덕교육은 기존의 경제 체제와 사회 구조를 기반으로 구축된 낡은 모델에서 완전히 벗어나 '전통으로 돌아가자' 혹은 '서양의 것을 옮겨오자'라는 사고방식을 버리고 중국의 현실에 맞는, 그리고 미래를 향한 교육이 될 것이다. 세계 속 중국의 현대화 건설 경험을 토대로 피교육자가 사회주의 시장 경제와 대외 개방에 걸맞은 올바른 가치관을 수립하도록 도움으로써 새로운 도덕규범과 주체적인 인격을 형성해 나갈 것이다. 또한 현실을 반영하고 이에 적응하는 과정에서 중국의 도덕교육은 현실의 한계를 뛰어넘어 미래 지향적인 교육으로 발전할 것이다. 현실에 뿌리내리되 현실을 초월한 도덕 이상으로 인재를 양성하고, 격려하고, 인재의 길라잡이가 되어 피교육자가 끊임없이 고상한 정신의 경지와 행동 방식을 추구하도록 함으로써 자아를 발전시키고, 삶을 개선하도록 하고, 인류 공동의 부와 문명적 미래 사회를 위해 분투함으로써 인간의 전면적인 발전에 대한, 그리고 중화민족의 정신문명과 현대화 건설에 대한 도덕교육의 촉진제 역할을 충분히 발휘하도록 하는 것이다.

② 민족성과 세계성의 통일

도덕교육의 원류와 특색을 살펴볼 때, 21세기 중국의 도덕교육은 마르크스주의를 지도적인 사상으로, 현대화 건설 경험을 근거로, '옛 것과 외국의 장점을 취해 중국에 이롭게 쓴다.'를 원칙으로 하여 중화민족 도덕교육의 우수한 전통을 계승하는 한편 세계 도덕교육의 성과를 본받아 발전과 혁신의 길을 개척하는 데 노력할 것이다. 또한 중국 도덕교육은 역사를 존중하여 중국 도덕교육의 유산을 정리하고 비판적으로 계승할 것이다. 소농 경제와 종법 전제 제도를 기반으로 하는 봉건적 껍데기는 버리고, 합리적인 민족정신과 민족 문화의 심리적 특징에 어울리는 민주적인 알맹이만 취할 것이다. 또한 '5·4운동' 이후 형성된 진보적 도덕 전통을 더욱 중시하는 한편, 현대 도덕 시스템에 편입되어 현대교육 시스템에 민족 문화를 뿌리내리며 중국적인 특색을 더할 것이다. 이와 함께 중국의 도덕교육은 각국과 도덕교육 교류와 협력을 강화하여 타락한 사상 문화의 침식을 막고, 국정에 걸맞은 도덕교육의 선진 이론과 교재, 경험을 받아들이고 이를 중국적 현대 도덕교육 시스템에 녹여내어 중국 도덕교육 시스템이 세계의 흐름에 발맞추어 시대정신을 갖추도록 할 것이다.

③ 주체성과 규범성의 통일

도덕교육의 본질과 목적을 살펴볼 때, 21세기 중국의 도덕교육은 더 이상 단순한 외부적 설교와 구속에 머무르지 않을 것이다. 인간을 근본으로, 도덕을 인간의 내재적 수요로 삼고 피교육자를 성장하는 사상 도덕 주체로 양성하여 주체의 덕성 발전과 도덕성을 갖춘 주체의 확립을 근본 목적으로 하게 될 것이다. 따라서 도덕교육은 앞으로 피교육자의 주체적 지위를 존중하여 도덕교육의 민주화를 실현하고, 피교육자의 도덕적 자각을 중시하여 그들의 시비·선악 분별 능력, 자아 교육 능력, 도덕 실천 능력을 향상시키는 데 주력할 것이다. 이와 함께 중국 도덕교육은 '규범 교육'을 중시하여 이를 경제 사회 발전의 객관적 요구이자 인류 도덕 문명과 집단 자율 정신의 구현으로 삼고, 사회주의 시장 경제 체제와 현대화 건설의 수요에 맞춘 새로운 도덕규범을 수립해 이를 바탕으로 한 인재 양성 교육에 주력할 것이다. 사회 공중도덕, 직업 도덕, 가정 윤리, 학생의 일상 행동 등을 포함하는 규범적인 인재 양성 교육으로 주체가 '자율성'을 바탕으로 한 양호한 문명적 습관, 인간관계, 도덕 풍조를 형성하여 더욱 합리적인 사회생활 질서와 생명의 질서를 구축할 수 있도록 하고, 주체의 덕성 발전에 유리한 환경을 마련하여 주체가 도덕의 필요성을 스스로 인식하고, 도덕적 자유를 확실히 파악할 수 있도록 할 것이다.

④ 실천성과 과학성의 통일

도덕교육의 중점과 방식을 살펴볼 때, 21세기 중국의 도덕교육은 이론 '주입' 위주의 형식적 교육 방식에서 벗어나 현대화 건설 경험에서 얻은 실제 사상 도덕 문제와 피교육자의 도덕 실천을 중점으로 삼을 것이다. 피교육자의 자각적인 도덕 실천을 이끌어내어 단체 사회생활이나 일상생활에서의 도덕 실천과 경험을 정신 수양의 일환으로 삼고, 반복적인 실천을 통해 습관이 되도록 할 것이다. 피교육자가 실천 과정에서 올바른 이론을 학습, 응용하고 이를 자신의 사상으로 인식하고 도덕 신념으로 전환할 수 있도록 실천을 토대로 한 도덕적 인지, 도덕적 정서, 도덕적 의지, 도덕적 행동을 조화롭게 발전시켜나갈 것이다. 또한 피교육자의 실천을 도덕교육의 효과를 검증, 평가하는 근본적인 기준으로 삼아 도덕교육의 실효성을 지속적으로 높여갈 것이다.

중국의 도덕교육은 실천성을 중시함과 동시에 과학성을 추구할 것이다. 도덕교육은 피교육자의 적극성뿐만 아니라 과학적인 이성으로 도덕적 실천과 비판을 해야 한다고 강조한다. 관찰, 조사, 실험, 개별 사례 분석 등 더욱 과학적인 방법과 선진화된 과학 기술을 응용하여 도덕 현상을 연구하고, 교육 대상을 이해하고, 도덕교육을 실시하고, 도덕교육의 경험을 종합하여 도덕교육의 규율을 밝혀야 한다는 것이다. 또한 마르크스주의를 지도적인 사상으로 하여 도덕교육의 새로운 실천과 새로운 발전을 향해 나아감으로써 도덕교육학과의 수준을 높여 중국 도덕교육의 과학화를 이뤄나갈 것이다.

⑤ 전반성과 개방성의 통일

도덕교육의 구조와 시스템을 살펴볼 때, 21세기 중국의 도덕교육은 단일하고 폐쇄적인 옛 틀을 깨고 전반적이고 개방적인 '대大 도덕교육 시스템'을 구축할 것이다. 인간 자질 발전의 전반성과 인간의 사상 도덕 자질 발전에 영향을 주는 요소의 다양성에 근거하여 중국 도덕교육은 피교육자가 사람 됨됨이를 배우고 '이상이 있고, 도덕적이고, 문화적이고, 기강이 있는' 국민이 될 수 있도록 국민 자질의 전면적인 향상과 전반적인 발전을 촉진할 것이다. 서로 다르지만 연관성이 있게 교육 단계별 구체적 교육 내용과 실시 방법을 마련하여 도덕교육의 과학적 서열과 전체 연결고리를 형성할 것이다. 또한 도덕교육을 지육智育, 체육, 정서 교육 등 기타 교육과 유기적으로 결합하여 학교의 각 학과에 포함시키고, 학교, 가정, 사회 각 분야와 조화를 강화하여 도덕교육의 사회 네트워크를 구축하게 될 것이다. 중국 도덕교육은 각종 사상 문화의 교류와 격동, 그리고 다원화, 다양화, 다변화하는 세계를 마주하며 전반적인 구조를 갖춰야 할 뿐만 아니라 개방적인 시스템이 되어야 한다. 개방된 사회에서 자습, 자강, 자율적 사상 도덕 주체를 양성하려면 피교육자에게 개방적인 교육 환경과 과정을 마련해주어야 한다. 그러면 피교육자는 열린 환경 속에서 외부와의 접촉을 통해 끊임없이 자신을 발전시키고 변화시키는 동시에 문화에 대한 선택, 인도, 창조 능력을 충분히 발휘하여 생기와 활력이 넘치는 현대교육 시스템을 만들어낼 것이다.

(3) 자체적인 개혁과 혁신, 특히 도덕교육의 목표, 내용, 방법, 체제의 혁신으로 중국 도덕교육이 발전할 것이다

① 목표의 혁신

21세기 중국 도덕교육 목표의 혁신은 '이상이 있고, 도덕적이고, 문화적이고, 기강이 있는' 인재 양성을 최종 목표로 삼아야 한다. 이를 위해서는 새로운 시대의 도전을 적극적으로 받아들여 '현대화를 향한, 세계를 향한, 미래를 향한' 인간과 사회, 자연의 조화로운 발전이라는 새로운 도덕 이념을 충분히 구현해내야 한다. 새로운 목표 시스템의 핵심은 새로운 주체적 인격을 배양하는 것이며, 그 기본 구조는 다음의 네 가지 정신으로 요약할 수 있다.

첫째는 애국정신이다. 중국의 도덕교육은 먼저 중화민족 구성원으로서의 주체 의식을 배양해 민족적 자존심과 자신감, 그리고 애국정신을 갖추도록 해야 한다. 즉 나라의 역사를 이해하고 국정에 밝으며 자각적으로 중화민족의 우수한 문화와 전통을 계승하는 인재, 조국을 사랑하고 개인의 삶의 이상과 민족의 이상을 연결해 생각하며 조국의 현대화 사업과 중화민족의 부흥을 위해 자신

의 가치를 유감없이 발휘하는 인재, 민주 정신을 드높이며 주인 의식을 갖추고 국민의 의무와 권리를 다하며, 적극적으로 국가 정치·사회 활동에 참여하고 민주, 법제 건설을 촉진하는 인재를 양성해야 한다.

둘째는 윤리 정신이다. 중국의 도덕교육은 피교육자가 인기일체人己一體(타인과 내가 하나가 된다는 뜻─역주), 의리결합義利結合, 천인합일天人合一의 윤리관과 가치관을 수립하도록 해야 한다. 다시 말하면 자각적으로 사회 공중도덕, 직업 도덕, 가정 도덕, 환경 도덕규범, 국제 규칙을 준수하는 인재, 자신과 타인, 집단, 국가 간의 이해관계를 올바르게 처리하고 집단주의와 봉사를 중시하여 정신적인 경지를 높이는 인재, 관심과 협력, 인간관계와 국제협력을 배운 인재, 자연을 사랑하고 생명을 소중히 여기며 인간, 사회, 자연의 조화 통일과 지속 가능한 발전을 위해 맡은 바 임무를 다하는 인재를 양성해야 한다.

셋째는 혁신 정신이다. '교육은 혁신 정신을 배양하는 힘과 혁신 정신을 억압하는 힘을 모두 갖추고 있다.' 중국의 도덕교육은 피교육자의 잠재력을 개발하고 개성을 살릴 수 있도록 쾌적한 환경을 조성함으로써 피교육자의 혁신 정신을 배양하는 데 힘써야 한다. 이로써 개방적인 시야를 갖추고 혁신적인 이념과 혁신을 추구하는 열정이 있는 인재, 기존의 지식과 전통 사상 도덕에 대해 독립적 사고와 이성적 비판을 할 줄 알며 낡은 규범을 과감히 타파하고 권위에 도전하여 진리를 탐구할 줄 아는 인재, 자신감과 명랑함, 진취성을 갖추고 어느 것에도 얽매이지 않으며 자유롭게 새로움을 추구하는 상상력과 창조력이 번뜩이는 인재, 변화에 잘 적응하고 실패를 딛고 일어설 줄 알며 포기할 줄 모르는 인재를 양성해야 한다.

넷째는 자율 정신이다. '가르침은 가르칠 필요가 없게 하기 위함'이다. 중국의 도덕교육은 피교육자의 내재적인 도덕적 수요를 유발하여 지칠 줄 모르는 불굴의 정신과 스스로 학습하고 발전하는 능력을 배양해야 한다. 여러 복잡한 사상 문화 속에서도 자주적인 판단과 선택으로 유익한 것만 골라 받아들이고, 나쁜 유혹을 뿌리칠 줄 아는 인재, 진보된 도덕 이상과 합리적인 행동 규범을 스스로 자신의 신념과 습관으로 삼고 자신의 생각, 기분, 행동을 반성, 제어, 수양하는 인재, 자신의 덕성과 인격을 완비한다는 바람을 착실하고 꾸준하게 실천으로 옮겨 끊임없이 개선되는 생활 속에서 자아를 실현하는 인재를 양성해야 한다.

② 내용의 혁신

21세기 중국 도덕교육의 내용 혁신은 중국 도덕교육의 새로운 목표와 피교육자가 사상 도덕 자질을 발전시키는 규율에 따라 중화민족의 우수한 도덕 전통과 세계 선진 문명의 성과를 결합하여 피교육자의 실생활에 다가가는 교육 혁신이 되어야 한다. 경제 사회 변화와 문화 혁신에 예민하게 반응하여 중화민족의 특색을 갖추고 시대정신을 생활화하며 혁신적인 도덕교육 시스템을 갖춰야 한다.

첫째, 중화민족의 도덕 전통을 비판적, 창조적으로 계승하는 한편 세계 선진 문명의 성과를 받아들여 이를 중국화해야 한다. 중국 고대의 윤리 도덕은 수천 년의 역사 속에서 풍부한 내용을 축적해왔다. 이는 완벽한 시스템을 형성하여 경서와 시문, 생활습관과 풍속, 그리고 인물을 통해 우리에게 전해온다. 그중에 많은 내용이 봉건 사회에서 비롯된 것이기는 하지만, 민족정신의 우수한 전통을 잘 보여준다. 하늘과 사람이 하나라는 '천인합일'과 사람을 근본으로 삼는다는 '이인위본以人爲本' 사상, 천하의 흥망은 모두 사람에게 책임이 있다는 '천하흥망, 필부유책天下興亡, 匹夫有責'의 애국적 포부, 세상은 만인의 것이라는 '천하위공天下爲公'과 남보다 먼저 근심하고 즐길 것은 남보다 나중에 즐긴다는 '선우후락先憂後樂'의 공동체 의식, 지칠 줄 모르고 끊임없이 노력한다는 '강건유위, 자강불식剛健有爲, 自強不息'의 진취 정신, 어진 마음으로 사랑하고 효우를 다한다는 '인애효제仁愛孝悌'와 겸허하고 온화하며 예절 바르다는 '겸화호례謙和好禮'의 인륜, 눈앞의 이익을 보면 의리를 먼저 생각한다는 '견리사의見利思義', 이익을 따지기 전에 먼저 의를 행한다는 '선의후리先義後利'의 가치관, 성실하고 신의를 지킨다는 '성실수신誠實守信'과 근검하고 청렴하다는

‘근검염정勤儉廉正’의 도덕적 인품 등이 바로 그 예이다. 세계와 중국의 발전이라는 관점에서 중국의 우수한 전통을 분석하여 이들을 농업 경제와 종법 제도의 전통적 도덕 시스템에서 분리하고 이들 속에 뒤엉켜 있는 봉건적 껍데기를 구별해낸 후 새로운 시대적 의미를 부여함으로써 현대화된 중국적 도덕교육 내용의 주요 원천으로 삼아야 한다.

중화민족의 우수한 도덕 전통을 널리 알리기 위해서는 중국 근대, 특히 ‘5·4 운동’ 이후 사회 변화와 발전 과정에서 생겨난 새로운 사상과 도덕을 계승하고 발전시켜야 한다. 예를 들어 중국 진흥, 침략 저항, 이상 수립, 공업과 농업의 결합, 대국민 봉사, 민족 해방, 사회주의 현대화를 위한 헌신, 국위 선양, 전제 반대, 자유 쟁취 등 사회적 책임을 다하고 독립적 인격을 존중하며, 개성의 해방과 발전을 추구한 점이라든지 과학 숭상, 미신 타파, 사상적 해방, 실사구시 등을 통해 끊임없이 진리와 개혁 혁신을 탐구한 점 등은 반드시 계승하고 발전시켜나가야 하는 것들이다. 중국 도덕교육의 내용 혁신은 바로 이러한 새로운 사상과 도덕을 문화의 원천으로 삼아야 한다. 이와 함께 선진국을 포함한 세계 각국의 선진 문명 성과를, 특히 시장 경제와 지식 사회에 보편적으로 적용되고 인류 공통의 문제를 해결하는 사상 관념과 윤리 규범을 받아들여 중국 국정에 맞게 수정하고 중화민족의 우수한 도덕 전통 속에 녹여냄으로써 새로운 세기 중국 도덕교육 내용의 일부분이 되도록 해야 한다.

둘째, 낡은 커리큘럼의 틀을 깨고 생활화된 도덕교육 내용을 구성해야 한다. 중국의 도덕교육은 피교육자의 개인 생명과 실생활에 주목하고 가까이 접근하여 사회가 요구하는 사상 관념과 도덕규범을 우리의 실생활과 밀접하게 연계함으로써 유형별, 단계별로 피교육자의 특징과 실제에 걸맞은 교육 내용 시리즈를 구성해야 한다. 학교의 도덕교육 커리큘럼은 낡은 ‘커리큘럼’의 틀과 ‘학과’의 모델을 깨고, 윤리 규범과 일정 학년의 생활 경험을 결합해 교재로 삼아야 한다. 드러나는 콘텐츠 외에도 교육 활동과 환경 속에 숨겨진 모든 콘텐츠를 개발하고 활용하는 데 주력해야 한다. 이를 위해서는 전면적으로 적성 교육을 실시하고 학교교육과 환경을 개선하여 학생의 사상과 인품에 대한 부정적 영향을 최소화해야 한다. 중국의 도덕교육 내용은 생활에 뿌리를 내리고 피교육자의 일상생활과 학습 생활, 사교 생활, 단체 생활, 직업 생활에 파고들어 삶에 대한 긍정과 조정, 개선 기능을 충분히 발휘해야 한다.

셋째, 중국 도덕교육 내용의 혁신을 강화해야 한다. 중국의 도덕교육 내용은 기초적이고 안정적인 시스템이 필요하다. 그러나 이보다 더 중요한 것은 시대와 생활을 향해 개방되어 경제 사회의 변화와 문화 혁신 속에서 끊임없이 신선한 사상 도덕의 양분을 흡수하고 생활 속에서 마주친 새로운 도전과 갈등, 문제, 이슈 등을 아우름으로써 교육자와 피교육자의 개성과 사상 도덕 비판 능력, 혁신 능력을 키워 끊임없는 도덕교육 내용의 혁신을 이루는 것이다.

③ 방법의 혁신

21세기 중국 도덕교육의 방법 혁신은 중국 도덕교육의 새로운 목표와 내용을 근거로 역사와 현실의 도덕교육 경험을 종합하여 주체성과 실천성이라는 기본 원칙을 관철하고 인문교육 방식과 현대 과학 기술 수단을 유기적으로 결합하여 중국 특색과 시대적 특징을 갖춘, 그리고 규율성에 부합하고 실효성 있는 도덕교육 방법 시스템을 마련하는 혁신이 되어야 한다.

첫째, 피교육자의 주체적 지위를 존중하여 도덕교육에서 피교육자가 주체적 역할을 할 수 있도록 함으로써 사상 도덕 주체의 자아 형성과 자아 발전을 촉진한다. 중국 도덕교육의 방법 혁신은 먼저 일방적인 주입식 모델을 버리는 것에서부터 시작되어야 한다. 도덕교육을 교육자와 피교육자의 상호 작용으로 이해하고, 피교육자의 자아 교육 실현을 통해 피교육자의 주체적 지위를 존중해야 한다. 교육자와 피교육자 간에 민주적이고 평등하고 친밀한 관계를 수립함으로써 피교육자의 주체적 인격 발전의 필요조건을 마련해야 한다. 피교육자의 실생활에서 출발하여 차근차근 잘 타일러 가르치고 인도하여 피교육자의 내재적 도덕 수요를 이끌어내고 사상적 자각을 불러일으킴으로써 피교육자가 교육 활동에 적극적으로 참여하도록 해야 한다. 교육 환경의 개선과 정서적 교류를 통해 피교육자를 감화하고 공감을 이끌어내는 과정에서 피교육자가 주동적으로 사상 도덕을 내면화할 수 있도록 해야 한다. 그로써 피교육자가 스스로 학습하는 법을 배워 개방적인 환경에서 시비와 선악을 분별하고 올바른 가치와 행동을 선택하는 능력을 갖추도록 해야 하며, 스스로 자신을 갈고 닦아 도덕교육의 새로운 객관적 요구에 적응하고, 자아를 격려, 통제, 개선하고 자신을 뛰어넘어 자아 혁신을 이루도록 해야 한다.

둘째, 지행합일知行合一을 강조해 피교육자의 자발적 도덕 실천을 이끌어내고 피교육자의 실천을 도덕교육의 효과를 검증, 평가하는 기준으로 삼는다. 중국 도덕교육의 방법 혁신은 반드시 설교 위주의 형식적 폐단을 극복하여 피교육자가 실천을 중시하도록 지도하는 데 중점을 두어야 한다. 피교육자의 자발적 실천을 도덕교육의 출발점이자 귀결점으로, 또 사상 도덕 주체를 양성하는 기본 방향으로 삼아야 한다. 피교육자의 실천을 이끌어냄으로써 필요한 이론 지식을 학습하도록 하며, 직접 실천을 통해 이론 지식을 체험하고 이해하도록 하여 도덕 이론과 지식을 진정으로 인식하고 자신의 신념으로 전환하도록 해야 한다. 피교육자가 공익 활동, 문화 건설, 사회 조사, 과학 기술 서비스, 군사 정치 훈련, 기념일 행사 등 각종 사회 실천 분야에 참여하도록 하는 것은 물론이고 일상생활에서 언제 어디서든 올바른 사상 도덕을 인식하고 행동하도록 지도해야 한다. 실질적인 수요에 따라 피교육자가 일정 기간에 어떠한 실천 활동을 하도록 조직하고, 그들이 사람다운 사람으로 거듭나기 위해 필요한 기본 사상 도덕과 문명적 행동을 지속적으로 반복, 실천하도록 인도하여 바른 습관을 기르도록 해야 한다. 아울러 도덕교육의 평가 방법을 혁신해야 한다. 피교육자의 도덕 실천을 평가하여 피교육자의 도덕적 개선과 도덕성 제고를 주체의 덕성 발전을 가늠하고 도덕교육 효과를 평가하는 기준으로 삼아야 한다.

셋째, 인문교육 방식과 현대 과학 기술 수단을 결합한다. 도덕교육은 사람이 기본으로, 사람이 사람을 가르쳐 사람의 됨됨이를 배우도록 하는 것이다. 또한 인간적 교류와 정서적 교감을 나누고 말과 행동으로 모범을 보이며, 경전을 통독하고, 경험을 통해 깨달으며, 몸과 마음을 갈고 닦는 인문적 특징이 있는 교육 방식으로, 그 무엇으로도 대신할 수 없는 가치와 경쟁력을 갖추었다. 이는 중국 도덕교육 방법의 우수한 전통이기도 하다. 21세기 중국의 도덕교육은 새로운 상황을 바탕으로 앞서 언급한 효과적인 교육 방식들을 계승, 발전해나감과 동시에 대중 매체와 멀티미디어 컴퓨터, 인터넷 등의 현대 정보 과학 기술, 그리고 심리테스트, 상담 등의 현대 심리 과학 기술이 도덕교육에 미치는 영향을 중시해야 한다. 이들 과학 기술 수단을 적극적으로 개발, 이용하여 현대적 의식과 주체적 인격을 배양하는 데 미치는 장점을 충분히 활용하는 한편, 인간의 건강한 발전을 저해할 수 있는 부작용들을 막아야 한다. 다시 말해, 인문교육 방식과의 유기적인 결합을 통해 교육 효과를 높이는 것을 중국 도덕교육 방법 혁신의 중점으로 삼아야 한다는 것이다.

④ 시스템의 혁신

21세기 중국 도덕교육의 시스템 혁신은 경제 사회의 변화와 전체 교육 시스템 개혁에 발맞추어 현대 도덕교육의 규율에 따라 중국의 도덕교육 발전에 필요한, 생기와 활력이 넘치는 과학화, 민주화, 사회화, 평생화의 도덕교육 시스템을 구축하는 혁신이 되어야 한다.

첫째, 과학 기술 연구 체제를 구축한다. 중국 도덕교육의 발전과 혁신은 반드시 과학의 힘을 빌려야 한다. 도덕교육의 과학적 연구를 도덕교육 기구의 주요 임무로 삼고, 과학 연구가 선도하는 도덕교육 운영 체제를 구축하여 대대적인 도덕교육 연구 조사를 진행함으로써 청소년이 사상 덕성을 발전시키는 동태와 규율을 실시간으로 파악해야 한다. 도덕 현상, 사례, 개별 안건의 수집·분석을 통해 도덕교육의 새로운 상황과 새로운 문제를 연구하고, 도덕교육 실험으로 도덕교육의 규율을 밝힘으로써 도덕교육의 올바른 정책과 실행 방안을 마련해 도덕교육의 실천을 지도하는 것이다. 도덕교육의 과학 건설을 강화하여 도덕교육이라는 과제를 국가와 지방의 철학 사회과학 계획과 교육과학 계획의 주요 내용에 포함시키고, 과학 이론 소양을 갖춘 도덕교육 전문가를 대거 양성해야 한다. 필요한 도덕교육 과학 연구 기관을 설립하고 수준 높은 도덕교육학과를 개설하며 전문가의 대우와 과학 연구 경비를 보장하여 중국 도덕교육시스템의 과학화를 실천해야 한다.

둘째, 민주 관리를 실시한다. 중국의 도덕교육은 관리 제도를 민주화할 필요성이 있다. 국가 통일이라는 도덕교육의 기본 목표와 기본 내용을 견지하면서 동시에 피교육자의 각기 다른 상황을 고려하여 더욱 다각적이고 다양한 도덕교육의 구체적 목표와 내용을 연구 개발해야 한다. 국가, 지방의 커리큘럼과 학교의 커리큘럼을 결합한 학교 도덕교육 커리큘럼을 개발하여 각 학교의 도덕교육에 적극성과 경쟁력, 특색 등을 더함으로써 피교육자의 개성을 살리고 인격을 발전시킨다는 수요를 더욱 만족시킬 수 있도록 하는 것이다. 당과 정부의 주도로 대중이 참여하는 도덕교육 관리제도를 실시하여 피교육자의 교육 참여와 교육자·피교육자의 관리 참여를 이끎으로써 그들의 자주 교육, 자주 관리의 권리를 확대해야 한다. 또한 도덕교육 전문가, 행정 지도자, 각 분야의 대표들로 구성된 도덕교육실무위원회, 도덕교육자문회를 발족하여 도덕교육 사업을 구체적으로 관리하고 당과 정부에 도덕교육에 관한 중요 정보를 제공하며 정책적 건의를 해야 한다. 또한 도덕교육 평가제도를 개혁하여 자아 평가와 대중 평가를 강화해야 한다.

셋째, 사회 네트워크를 구축한다. 중화민족의 사상 도덕 자질과 정신문명 수준을 높인다는 측면에서 청소년·아동 교육을 중심으로 모든 사회 구성원을 향한, 그리고 사회 전반에 걸친 도덕교육의 입체적 네트워크와 평생 교육 시스템을 구축하도록 노력해야 한다. 교육 부처는 물론 홍보, 문예, TV 방송, 신문 출판, 전자 정보, 더 나아가 공안, 공상 관리, 세관 등 각 부처도 도덕교육을 위해 함께 합심해야 한다. 학교가 훌륭한 인재 양성소가 되어야 함은 물론이고, 기업과 사회도 도덕교육의 기능을 다해야 한다. 이를 위해서는 정부의 총괄 아래 학교와 가정, 지역 사회가 긴밀히 협력해 사회의 도덕교육 네트워크를 구축해야 한다. 또한 청소년과 아동의 건강한 성장에 항상 관심을 기울이고, 노인을 포함한 성인의 체계적 도덕교육을 조직하여 평생 도덕교육 시스템을 마련함으로써 중국 도덕교육의 사회화, 평생화를 실현해야 한다.

⑤ 교사의 혁신

21세기 중국 도덕교육의 교사 혁신은 도덕 교사가 주동적으로 중국 도덕교육의 발전 흐름에 적응하고 또한 이를 촉진하도록 하는 혁신이 되어야 한다. 이를 위해서는 도덕교육의 혁신을 실천하는 과정에서 자신의 혁신을 위해 노력하고 인재 교육이라는 막중한 임무를 담당할 수 있으며 학생에게 본보기가 될 수 있는 새로운 세기의 중국 도덕 교사를 양성해야 한다.

과거 중국의 도덕교육 과정에서 배출된 도덕 교사는 다시 다음 세대를 양성해야 하므로 자신이 먼저 배우고 변화해야만 한다.

중국 도덕 교사의 혁신은 도덕교육의 사회화와 평생화에 발맞추어 이들과 적절히 결합하고 상호 보완하여 방대한 구조를 형성해야 한다. 그러나 이보다 더 중요한 것은 도덕 교사의 기능과 역할에 근본적인 전환이 필요하다는 사실이다. 도덕 교사의 기능을 '전도傳道', 즉 일방적으로 기존 사상 도덕의 결론을 주입하는 것에서 피교육자의 사상 도덕 자질과 자아 발전에 관심을 기울이며 이를 지도하고 도와주는 쪽으로 전환되어야 한다. 이 과정에서 교사 또한 가르침을 받고 발전하도록 노력해야 한다. 이로써 도덕 교사의 역할도 이에 걸맞게 피교육자 위에서 군림하던 '단속자', '주입자'에서 피교육자의 주체적 덕성 발전을 위하는 '좋은 스승이자 이로운 벗'으로, 또 '본보기'로 바뀌어야 한다.

이를 위해 중국의 도덕 교사는 자신의 자질 혁신과 제고를 위해 노력해야 하며 21세기의 세계와 중국 경제 사회 발전, 문화 변화에 대한 폭넓은 시야와 올바른 세계관, 방법론을 갖추어야 한다. 또한 자신의 사명을 분명하게 인식하고 중국적 사회주의의 현대 도덕교육 이상과 이념을 수립해야 하며, 개방적인 환경에서 끊임없이 자신의 사상 문화와 도덕 수양을 강화함으로써 피교육자의 마음을 움직이고 그들의 본보기가 되어야 한다. 또한 현대 도덕교육 지식과 기술을 체계적으로 파악하여 도덕교육의 혁신적 지혜와 실천 능력을 제고해야 한다.

중국 도덕교육의 발전과 혁신의 성공 여부는 중국 도덕 교사의 혁신에 달렸다.

4. 종합대학의 사범교육 참여에 대해

1684년 프랑스 교육회의기구가 개최한 '교사 강습소'와 1696년 독일의 프랑크Franck가 할레Halle대학에 사범학교를 오픈한 이래 사범교육은 300여 년의 역사를 자랑한다. 300여 년 동안 사범교육은 자격을 갖춘 교사를 양성하고 교육의 질을 향상시키는 데 크게 기여했을 뿐만 아니라 다양한 교육 유형과 모델을 만들어냈다. 필자는 쑤저우 대학의 사범교육 이론과 진행 상황을 근거로 사범교육 모델에 대해 기초적인 연구를 진행했다.

(1) 해외 사범교육의 주요 모델과 발전 방향

1975년 8월 유네스코는 '교사의 임무와 교육'이라는 주제로 제 35회 국제교육회의를 제네바에서 개최했다. 미국 교육학원 제임스 피터 원장은 사범대학은 크게 '정향定向사범교육', '비정향 사범교육', '3가지 유형으로 나눈다고 봤다.

'정향 사범교육'모델은 교사 양성을 핵심 목표로 하는 전통적인 사범 단과대학으로 정향(진로를 정한 학생, 특목고) 신입생 모집 방식, 전문적인 교육 방식으로 학교 교사를 양성한다. 대부분의 국가들이 교육 보급 초기에 채택하는 모델이다. 이 모델은 분명한 목적성, 확실한 계획성, 높은 효율성 등의 장점을 가지고 있다. 그 덕분에 학생들의 전공의식이 분명하고 학과 전공과 교육 전공이 적절히 조화를 이루기 때문에 오랜 세월 교사 양성에 기여해왔다. 하지만 이 모델은 다음 몇 가지의 문제점을 안고 있다.

첫째, 사범 단과대학의 학술 수준이 일반 종합대학에 뒤떨어진다. 교육하는 지식 범위가 좁고 커리큘럼이 진부하고 잡다하며 지나치게 이상적인 내용이 많다. 복잡한 실제 사회생활이 반영되지 못하고 선진적인 과학기술에 관한 지식도 결여되어 있기 때문에 학교교육과 학과 커리큘럼이 끊임없이 발전하는 사회를 따라가지 못하고 있는 실정이다.

둘째, 사범 단과대학의 신입생 선발 루트와 졸업생 진로가 지나치게 국한되어 있다. 진정으로 능력이 있고 교육업계에 종사할 가능성이 있는 인재를 선발하지 못해 합당한 교육을 받지 못하는 경우가 있다. 또 사범교육을 받았다 하더라도 교사로서 자질이 부족한 학생인 경우 교사의 길 외에는 다른 진로가 없는 것이 현실이다. 취업 시장이 하루가 다르게 변화하는 현실 속에서 전공을 바꾸기란 쉽지 않기 때문이다.

셋째, 사범 단과대학의 공급과 수요관계에 많은 제약이 따른다. 개발도상국은 인구 급증, 교육 보급, 교사가 될 수 있는 인재 부족 등의 문제에 직면해 있다. 경제적으로 힘든 나라가 단시간 내에 대대적으로 사범교육을 확대하고 소수 사범 단과대학만으로 대량의 교사를 양성해낸다는 것은 현실적으로 불가능하다. 반면, 선진국은 인구 증가율 감소, 심지어 마이너스 성장, 학생 수 감소, 교사 공급 과잉 등의 문제로 인해 많은 사범 대학들이 경영의 어려움을 호소하고 교사들은 실업의 위기에 처해 있다. 문을 닫거나 합병을 하거나 전업을 하는 사범 대학들이 속속 생겨날 것이다.

넷째, 사범 단과대학의 획일적인 교육 모델은 낮은 활용도, 낮은 효율성, 실失이 큰 투자, 낮은 성과 등의 문제를 야기한다.

'비정향 사범교육'은 일반 종합대학에서 교사를 양성하는 모델로, 전쟁이 종식된 후 영국, 미국, 일본 등 주요 선진국에서 차츰 보급되었다. 제임스 피터는 이 모델은 과거 전통적인 교육 모델이 갖지 못한 장점을 가졌다고 강조했다. 예를 들면 교육 목표가 다양화하고 커리큘럼 구성이 탄력적이며 교사 자격이나 관련 설비 등의 여건이 우수하다. 또 한 단계 높은 과학 연구나 선진화된 과학 기술 성과를 보다 쉽게 받아들일 수 있다. 이런 환경 속에서 학생은 폭넓은 지식을 습득하고 질 높은 학술성과를 거둘 수 있기 때문에 쉽게 취업에 성공할 수 있다. 아울러 이 모델은 학생에게 자아발견을 위한 많은 시간을 할애하기 때문에 '교사'라는 직업이 자신에게 적합한지, 진정으로 이 직업을 좋아하는지 등을 생각해 볼 수 있다. 제임스 피터는 이 모델의 문제점도 지적했다. 종합대학 내 사범교육은 그 목정성이 분명하지 않고 사범교육을 최우선으로 하지 않다보니 교육학과에 대한 연구나 학업이 뒷전으로 밀려난다는 것이다. 바꿔 말하면, 이 모델이 제대로 운영이 되지 않았을 땐 분명한 전공의식 확립, 학과전공과 교육전공 간의 유기적인 결합에 타격을 준다.

'직업 훈련 사범교육' 모델은 고등학교 졸업 후 바로 교육업에 종사하는 사람들을 위한 재직 또는 취업 전에 실시하는 사범교육이다. 개발도상국에서 자주 보이는 모델이다. 제임스 피터는 다음과 같이 지적했다.

"이 모델은 적은 투자, 빠른 효과, 강한 영향력 때문에 경제적인 효과가 가장 뛰어나다. 많은 개발도상국들은 풍부한 경험으로 많은 성과를 일궈냈다."

하지만 이 모델은 교사의 자질 부족, 능력 부족 등의 근본적인 문제를 안고 있기 때문에 교육 및 강의의 질에 직접적인 영향을 준다고 언급했다. 그렇기 때문에 단순히 이 모델만 이용해 교사를 양성하는 것은 아주 위험한 일이고 날로 발전해가는 사회와 어울리지 않는다고 말했다.

위에서 언급한 세 가지 모델은 각기 장단점을 갖고 있는데, 현재 전 세계적으로 진행 중인 사범교육 개혁에서 이 세 가지 모델의 장점만 취해 융합하려는 흐름이 감지되고 있다. 그 특징은 다음 몇 가지로 요약할 수 있다.

첫째, 사범대학의 학술성을 강화한다. 학업 연수를 연장하는 방법으로 사범대생의 학술 수준을 향상시킬 수 있다. 사범대생은 보통 4년이라는 학업기간 동안 1/3~1/4의 시간을 교육전공훈련에 할애해야 한다. 그래서 동등한 학술 수준에 이르기 위해 학업 기간을 5년까지로 1년 정도 늘리고 있다. 일본은 석사생을 훈련시키는 조에츠上越, 효고兵庫, 나루토鳴門 같은 교육 대학원을 잇달아 설립했다. 다른 대학의 교육학 연구과에서도 일반 교육교사의 자질 및 학력 수준을 제고한다는 취지의 대학원생 커리큘럼을 오픈했다. 이처럼 사범교육의 기준이 끊임없이 향상되고 있다.

둘째, 종합대학의 교사 양성 역할을 강화한다. 교사의 학술적 수준을 향상시키기 위해 각 나라의 사범교육은 폐쇄적이던 과거의 모습을 탈피, 개방의 길을 걷고 있다. 아울러 종합대학에서 운영하는 '비정향 개방식' 교사 양성 모델에 많은 관심을 기울이고 있다. 미국은 1930년 이후부터 새로운 사범대학을 짓지 않고 종합대학이나 문리文理대학이 그 자리를 대신했다. 1947년 일본은 미국을 벤치마킹해 기존의 사범대학을 없앴다. 1990년에 이르러 일본에는 무려 186개의 대학이 교사양성을 담당했는데, 대학교 408개, 단기대학 410개, 대학원 225개, 전문대 71개, 지정교사 양성기관 72개 등이 포함되어 있었다. 대부분의 종합대학이 사범교육을 운영했다고 볼 수 있다. 영국과 독일 역시 고등 사범대학들이 종합대학으로 편입, 합병되거나 다른 대학들과 연합해 운영하기도 했다. 프랑스와 호주는 종합대학과 고등 사범대학이 협력해 교사양성 프로그램을 진행했다. 학술적인 과목은 종합대학에서 담당하고 교육전공 훈련은 사범대학에서 담당하는 형식이었다. 이 방법으로 사범교육의 종합화와 종합대학의 사범교육 운영이라는 두 마리 토끼를 다 잡을 수 있었다.

이처럼 학술성과 사범교육 전문성, 정향성과 비정향성이 유기적으로 결합된 이 모델이 세계 사범교육개혁의 주류가 되었다.

(2) 쑤저우 대학의 사범교육

쑤저우 대학의 전신은 장쑤 사범대학이다. 1982년 성 정부의 허가로 중등 교육교사와 문과, 이과, 공과, 경제, 관리, 법학 등의 다양한 전문 인력을 양성하는 중점 종합대학으로 변신했다. 그 후 쑤저우 대학은 부지런히 중등교사 양성에 힘썼다. 아울러 경제 및 사회발전에 기여한다는 일념으로 학교 내실을 다지고 규모를 확장하면서 학교운영 효율을 높여나가는 등 적극적으로 개혁을 추진했다. 그 결과 쑤저우 대학은 상당한 규모, 막강한 기초, 전반적으로 높은 질적 수준, 학교 운영 효율 향상 등의 성장을 보이며 국내외적으로 지명도 높은 종합대학으로 자리 잡았다. 아울러 중국이 개혁개방을 실시한 이후 가장 먼저 사범교육을 운영한 종합대학으로 이름을 남겼다.

10여 년 동안 쑤저우 대학이 실시해 온 사범교육은 다음 몇 가지로 정리할 수 있다.

첫째, 다양한 학과를 가진 종합대학의 장점을 살려 우수한 예비 사범대생을 유치하고 사범교육을 위한 학술적, 인적, 물질적 지원을 아끼지 않았다. 쑤저우 대학은 기존의 중문, 정치, 역사, 수학, 물리, 화학, 체육 등 일부 교육전공을 토대로 기초학과를 보다 공고히 하고 전통학과를 업그레이드, 혁신하면서 응용학과를 대대적으로 발전시켜나갔다. 또 주변학과와 최첨단기술 학과를 적극적으로 연계해 국가인재 양성 및 과학계해 기지로서 15개 성급 중점 학과와 57개 본과 전공을 갖춘 대학으로 성장했다. 쑤저우 대학은 사회, 경제 발전 흐름에 발맞춰 화폐은행학, 국제경제학, 공상행정관리 등 사회가 필요로 하는 인기 학과를 재빨리 설립해 학교 매력을 끌어올림으로써 우수한 교사와 학생을 유치했다. 1994년 기준으로 볼 때 쑤저우 대학의 문과, 이과, 외국어 학과의 신입생 평균 점수는 합격선보다 각각 18, 20, 26점 더 높았다.

둘째, 두터운 과학연구 역량을 가진 종합대학의 장점을 살려 고등 사범교육의 질적 향상을 위해 학술적 지원을 제공한다. 쑤저우 대학은 체재 개편 후 줄곧 강의와 과학연구를 함께 중시했고, 그 결과 과학연구 성과와 1인당 연구비용이 전국 지방 종합대학 가운데 선두를 달렸다. 최근 쑤저우 대학은 정부주관의 과학연구 프로젝트 43개, 성 주관의 과학연구 프로젝트 225개, 국가첨단기술 연구 과제 5개 등을 따냈다. 1987년부터 1994년까지 인문과학 분야에서 출판한 전문 저서와 편저가 모두 886편, 발표한 논문이 3,673편에 달한다. 과학연구경비는 과학기술 능력의 중요한 지표가 되는데, 쑤저우 대학은 매년 증가하는 추세를 보이더니 1994년에는 1,000만 위안으로 교사 1인 비용이 1만 위안이다. 국가과학기술정보연구소가 발표한 자료에 따르면, 1993년 SCI에 수록

된 쑤저우 대학의 논문 수는 전국 대학 가운데 39위이고, EI에 수록된 논문은 전국 대학 가운데 40위를 차지했다. 이 수치는 장쑤성 내 대학 가운데 최고이고 전국 지방 종합 대학 가운데 두 번째로 높은 성적이다. 이 외에 쑤저우 대학은 '국가 자연 과학상', '국가 발명상', '국가 과학기술 발전상' 등을 수상하면서 막강한 과학연구 실력을 과시했다. 이로써 학교의 사범교육 수준을 끌어올리는 데 학술적 기여와 함께 강한 추진력을 제공했다.

셋째, 우수한 학교 운영 환경을 가진 종합대학의 장점을 살려 학교 학교운영 및 효율 향상을 위해 튼실한 기초를 다졌다. 재정적 어려움이 큰 현실에 대응해 기존에 있는 인원, 설비, 용지 등을 십분 활용, 그 장점을 살리는 것은 종합대학이 사범교육 운영에서 보여줄 수 있는 절대적인 장점이다. 쑤저우 대학은 현재 전임교사 및 과학연구 인원 786명을 보유하고 있는데, 그중 교수 93명, 부교수 245명이 있고 박사 및 석사 지도교사는 156명이다. 이렇듯 1,000 명이 안 되는 교사가 본과생 6,618명, 대학원생 279명, 유학생 351명, 성인교육 학생 5,063명 등 1만 명이 넘는 학생을 담당하고 있다.

1986년 이후 신입생 규모가 꾸준히 늘고 개설 수업이 증가하는 상황에서 교사 충원은 없었다. 최근 학과 개설, 과학연구 및 강의의 필요에 따라 학교는 테스트 센터, 컴퓨터 센터, 시청각 교육센터 등의 서비스 기구를 설립하고 사범대생의 실험 능력, 컴퓨터 조작능력, 외국어 실력을 향상시키고자 실험, 컴퓨터 사용, 외국어 듣기 시간을 확대했다. 종합대학의 장점을 충분히 이용했다 하겠다. 즉 학과의 다양성, 전공의 다양성, 관련 설비의 다양성 및 다기능화 등 같은 기능을 충분히 활용함으로써 학교운영 효율성을 높였고 학교도 함께 발전할 수 있었다.

넷째, 학술적 분위기가 강한 종합대학의 장점을 살려 학생들을 다양한 분야의 능력을 갖춘 복합적인 인재로 발굴한다.

현대사회가 하루가 다르게 변모, 발전하고 있는 요즘, 한 과목만을 강의하는 사범대생은 사회경제 구조의 변화와 중등 교육 구조의 다양화에 대응하기가 힘들다. 따라서 튼튼한 기초지식, 교육 전공 지식, 강한 응변능력, 한 가지 전공에 다양한 능력을 갖춘 복합적인 인재를 양성하는 것이 현대 사범교육이 짊어진 임무다.

이에 쑤저우 대학은 최근 사범전공 강의계획서를 여러 차례 조정했는데, '삼자일화三字一話'를 사범대 전공 필수 과목에 넣고 수업, 심사방법, 심사결과를 졸업 평가에 포함시켜 학위와 연계시키기로 결정했다. 고등 교육학, 영어, 컴퓨터 응용 등을 사범대생이 들어야 하는 기초과목으로 선정하고 모든 사범대생을 대상으로 전공을 불문하고 자연과학, 인문과학, 예술과학 등의 수업을 선택해 들도록 요구했다. 사범대생들은 부전공을 선택하고 필수과목과 선택과목單選課, 任選課을 고르는 데 대단한 열정을 보였다. 쑤저우 대학은 전공 성적이 우수한 학생에 한해 부전공을 택할 기회를 줬기 때문에 사범대생들의 전공 성적 향상에도 긍정적인 기여를 했다.

물론 쑤저우 대학의 사범교육 운영에도 일부 문제는 존재한다. 아직 종합대학의 장점을 충분히 살리지 못하고 있고 사범교육과 비 사범교육을 신입생 선발, 수업개설에서부터 연계하는 전반적인 안목이 부족하며 사범교육 체제가 실질적인 변화를 이루지 못하고 있다. 또 학술적인 면을 강조, 사범교육을 경시하고 학과 전공이 교육훈련에 치중하는 경향이 강하다 보니 사범대생들의 학구열이나 전공의식에도 영향을 미친다. 이 문제점들은 쑤저우 대학이 종합대학으로서 갖는 장점을 제약하고 있다. 하지만 위의 문제들이 야기된 직접적인 원인은 종합대학의 사범대학 운영상의 이유는 아니다. 오히려 종합대학이 갖고 있는 장점을 충분히 살린다면 이 문제점들은 쉽게 해결될 수 있다.

(3) 종합대학이 운영하는 새로운 사범교육 모델 구축

교사는 교육 현대화의 관건이다. 수준 높은 교사 없이는 수준 높은 교육도 없고, 교육의 현대화 실현은 더 요원해진다.

현재 장쑤성이 진행 중인 교사 층 구축은 다음 몇 가지 문제에 봉착했다.

첫째, 지나치게 낮은 교사 처우 문제가 아직 개선되지 않고 있으며 일부 지역에서는 교사 임금을 체불하는 경우도 있다. 따라서 《교사법》을 철저히 시행해 교사 생활 개선에 최선을 다하며 제때 제 금액이 지불될 수 있는 교사월급 보장 시스템을 구축해야 한다. 이를 바탕으로 교사 월급이 일반 공무원보다 높게 책정되도록 관련 법규를 제정해야 한다. 이렇게 할 때 교사들의 업무 적극성을 이끌어 내고 우수한 인재들을 교사로 양성할 수 있다.

둘째, 기존의 교사층은 효율성이 낮다. 현재 장쑤성 초, 중고등학교 교사 수는 부족한 것은 사실이다. 하지만 여기에는 행정 메커니즘의 문제가 있는데, 바로 학교 행정인원 수, 그리고 수업과는 무관한 또는 병행하고 있는 인원의 비중이 지나치게 높다는 점이다.

셋째, 교사의 수, 특히 고등학교 교사의 수량이 상당히 부족하다.

넷째, 현존하는 사범교육 내용이 낙후되어 있고 교육 전공훈련이 취약하기 때문이다.

이 네 가지 문제는 종합대학이 운영하는 새로운 사범교육 모델을 구축한다면 충분히 해결할 수 있는 부분들이다. 그중에서도 다음 두 가지 문제를 해결하는 것이 급선무다.

첫째, 정향식과 비정향식이 결합된 개방적 교사양성 시스템을 구축해야 한다. 장쑤성은 현재 쑤저우 대학, 난징南京 사범대학, 쉬저우徐州 사범대학, 양저우楊州 대학의 사범 단과대학이나 일부 사범 전문대학專師, 중등 사범학교中師에 의지해 교사를 양성하고 있다. 하지만 이 단과대학들은 대부분 사범교육 전공이 아니기 때문에 본과 이상의 높은 수준을 가진 인재들이 많지 않다. 따라서 난징대학, 둥난東南 대학 등 각 부처(위원회) 산하의 종합대학, 그리고 성 산하의 비 사범 전공 대학에 사범교육 부전공이나 교사 자격증 수업을 개설해야 한다. 아울러 이 수업을 모든 재학생과 졸업생에게 개방함으로써 수업을 이수한 사람은 누구나 교사 대열에 참여할 수 있는 문을 열어줘야 한다. 이로써 '학력 + 자격증'으로 교사를 임용하는 제도를 차츰 구축해 나가야 한다.

둘째, '3 + 1'의 사범교육 모델을 실시해야 한다. 종합대학에서 시행하는 '3 + 1' 모델은 선진국에서 통용되는 방법으로 최근에는 '4 + 1', '4 + 2' 등의 모델도 등장했다. 1960년대 미국 하버드 대학 총장은 '3 + 1' 모델의 세 가지 장점을 언급한 바 있다. 그는 이렇게 지적했다.

"'3 + 1' 모델은 우선 교육학과 분야의 학자, 다른 전공분야의 학자, 중등학교의 우수한 교사가 긴밀히 연계해 함께 교사를 양성해 낼 수 있다. 그리고 사범대생의 학술적 수준과 사범교육 능력을 함께 향상시킬 수 있다. 마지막으로 사범대생의 교육과학연구 능력을 키울 수 있는데, 이는 한 가지 사범교육으로는 얻을 수 없는 효과다."

여기서 말하는 '3 + 1' 교육이란 학생이 입학한 후 우선 3년간은 교양과목, 기초과목, 전공기초 과목, 적당량의 선택과목 등 학과전공 과목을 이수하고 그 다음 남은 1년 동안 교육 원리, 일반 심리학, 교육 심리학, 발전 심리학, 교육사, 교육 사회학, 도덕 윤리, 학과 교육학 등 교육 이론 수업을 이수하고 중등교육에 관한 기본 기술 및 기교 훈련을 마스터하는 것을 말한다.

지금까지 늘 해오던 교육학, 심리학, 교재 교수법의 3가지 과목이나 6주간의 교육실습에 비해 교육 수업이나 교육 실습이 훨씬 강화되었음은 두말할 나위도 없다.

필자가 주장하는 '3 + 1'은 외국 모델과는 다르다. 외국은 4학년이 되어서야 정향 육성을 시작하는 반면 중국이 실시하고자 하는 '3 + 1' 교육은 신입생을 선발하는 그 순간부터 정향 육성, 즉 진로를 결정한 후 인재 육성에 들어가는 것이다. 하지만 대학 3년 동안은 우선 비정향 교육, 즉 전공학과 교육에 집중해야 한다. 이 기간에는 전공 공부를 위한 시간 확보, 기초지식 확대, 관련 학과의 교양수업 참여 등을 통해 교육과 관련된 공부를 보다 강화할 수 있다. 이처럼 폭넓은 지식의 토대 위에 전문적인 사범교육을 실시한다면 학술적 지식과 교육적 자질을 갖춘 인재와 현대적 교육 현실에 적응할 수 있는 수준 높은 인재를 배양해 낼 수 있다.

발전 측면에서 볼 때 획일적인 사범 단과대학의 수가 감소하거나 아예 자취를 감추는 것은 시간문제일 뿐이다. 중국은 세계 교육발전의 큰 흐름에 따라 사범교육이 나가야 할 방향을 정확히 파악해 가장 경제적이고 가장 효율적인 길을 택해야만 사범교육이 진정으로 건강하게 발전해 나갈 수 있다. 필자는 이를 위한 최고의 선택이 바로 종합대학이 운영하는 새로운 사범교육 모델이라고 생각한다.

5. 학점제에 관해

《중국교육개혁과 발전 개요》를 보면 다음과 같이 언급되어 있다.
"사회주의 시장경제 체제를 구축하기 위해서는 교육개혁과 발전 과정에서 많은 새로운 과제를 풀어가야 한다."
최근 고등교육계는 경제체제 개혁에 적극적으로 대응하고자 교육개혁 분야에 많은 노력을 기울이고 있는데, 그중에서도 학점제 개혁이 단연 돋보인다.

(1) 학점제 수업관리의 본질

표면적으로 봤을 때 학점은 수업 교육량을 측정하는 단위이자 수업내용의 난이도 정도를 수치화 하는 수단으로 학생이 어느 한 과목 수업을 공부할 때 필요한 사회적 필요 노동시간이 반영되었다 할 수 있다. 학점제와 학년제는 시간적 공간적인 면에서 같은 맥락으로 볼 수 있는데 학년학점제가 바로 여기서 나온 모델이다.

하지만 본질적으로 봤을 때 학점제와 과거의 학년제 또는 학년학점제는 큰 차이점을 보인다. 특히 중국에서 전통적인 학년제는 계획경제와 긴밀히 연계되어 있다. 전통적인 학년제 시스템 속에서는 국가와 학교가 일률적으로 신입생 모집을 계획하고 해당 전공의 신입생 수까지 결정했다. 학교는 교육규율에 따라 일률적인 수업계획을 제정했고, 학생은 규정된 시간에 일률적인 시간표에 맞춰 수업을 들어야 하며 졸업 후에는 나라에서 일률적으로 일자리를 분배했다. 이처럼 일률적인 학업관리 시스템 하에선 교실 내의 생기와 활기, 그리고 학업에 대한 학생들의 적극성과 추진력이라곤 찾아 볼 수 없게 된다. 결국 졸업 후에도 사회 적응력과 경쟁력이 결여될 수밖에 없다.

학점제가 등장하면서 일률적인 학업관리 시스템이 점차 와해되고 있다. 학생들은 더 이상 수동적인 자세가 아닌 '무엇을, 어떻게 배울 것인지'를 스스로 결정하게 되었고, 그 결과 학업에 대한 적극성도 높아졌다. 이는 교사들의 수업에 대한 열의, 수업내용 업데이트, 수업 내용의 질적 향상 등을 이끌어내면서 학생들의 높은 호응을 얻어냈다. 아울러 과거의 획일적인 수업내용, 지나친 전공 세분화, 학생들의 편협한 지식 등은 현대사회가 요구하는 인재 조건과는 거리가 멀다. 학점제는 이런 문제를 효율적으로 해결해 학생들이 폭넓은 지식을 습득하고 합리적인 지적 능력知能구조를 형성해 사회주의 경제 체제가 필요로 하는 인재로 성장할 수 있는 기회를 제공하다.

종합적으로 볼 때 학점제는 학년제와 본질적으로 다르다. 학점제는 사회주의 하의 고등교육 양성이라는 교육 목표 하에 학생 개인의 지적 능력, 흥미, 특기를 충분히 살려 인재양성의 공통이상도 실현하고 개성도 함께 발전시킬 수 있다. 이런 학점제는 전통적인 학년제 학업관리 체제를 무너뜨리고 이 체제에 새로운 내용과 활력을 불어넣으면서 유연한 목표, 유연한 지적 능력구조, 유연한 과목선택, 유연한 학적관리, 유연한 졸업연도 등의 특징이 두드러졌다. 아울러 학점제는 학년제 학업관리보다 훨씬 복잡한 면이 많았다.

(2) 학점제 학업관리의 핵심내용

모든 사물의 발전이 그러하듯 학점제 학업관리 역시 그만의 규율이 있다. 유물변증법을 활용해 학업관리 상의 각종 관계를 적절히 처리하고 생기가 넘치되 혼란스럽지 않고 관리를 하되 융통성이 있도록 노력해 학점제 학업관리가 대학교의 새로운 학과 관리 체제로 편입되도록 힘써야 한다. 학점제 학업관리는 다음 몇 가지 내용을 포함한다.

① 교안 관리

교안敎案은 대학교가 전문 인재를 양성하고 교과 과정을 조직하는 데 주된 근거가 되는 것으로 인재 양성의 요람이자 모델이라고 할 수 있다. 따라서 교과계획은 학점제 체제 속에서 교과 내용을 관리하는 데 필요한 중요한 내용이다.

교안관리는 학점제와 학년제에서 근본적인 차별성을 보인다. 학년제의 교안관리는 인재양성의 계획성만을 강조하고 이를 이행하는 데 있어 유연성 범위가 상당히 작다. 또 문화 기초나 지적 능력 수준이 전혀 다른 학생들에게 동일한 잣대, 동일한 모델을 적용하고 있다. 이런 인재 양성 관리 방식은 대부분 '모형'을 찍어내듯 하기 때문에 피교육자의 지적 능력이 충분히 발휘되지 못한다. 반면, 학점제의 교안관리는 시장경제 수요에 따라 다양한 지적 능력구조의 인재를 양성할 수 있는 모델을 설정하고 있다. 게다가 학생에게 자신의 잠재력을 고려한 선택을 할 수 있는 여지를 주는 등 유연성의 폭이 상당히 크다.

1) 전공 확정의 유연성

학년제 교안 관리는 전공에 국한되어 설계된 인재양성 방안으로 전공이 지나치게 세분화되고 복잡하면 그 양성 목적이 너무 편협해진다. 결국 교안에 너무 많이, 지나치게 얽매이다 보니 학생들에게 돌아가는 것은 단순한 전문지식과 틀에 짜인 문제 해결방법뿐이다. 다시 말해 학생들은 '처방전'같은 지식기술만을 익힌 탓에 '기성旣成 전문가'밖에 되지 못한다. 이와 대조적으로 학점제는 학과, 학부에 따라 교안을 작성하기 때문에 기초지식을 확대, 강화할 수 있고 학과에 따라 전공을 발전시켜 나갈 수 있다. 이를 바탕으로 졸업 후 사회 적응력을 키울 수 있고 사회 변화로 전공을 약간 바꾸더라도 큰 문제도, 인재 낭비도 발생하지 않는다. 현재 일반 대학에서 진행 중인 학점제 교안 관리에는 크게 두 가지 유형이 있다.

첫 번째 유형은 단과대학이나 학부에서 신입생을 선발하고 입학 당시 전공을 나누지 않는다. 학교는 학부, 학과에 따라 동일한 기초지식, 기초이론, 기초 기술을 배정하고 이를 근거로 수업을 짠다.

두 번째 유형은 전공이나 전공 방향에 따라 신입생을 모집하는데, 학생은 입한 후에 분명하게 전공을 정하거나 전공 진로를 정해야 한다.

하지만 교안을 짤 때는 우선 학교 전체가 동일한 일반교육 커리큘럼(정치이론, 품행과 교양, 체육과 군사, 언어와 기술, 종합지식 수업 등)을 듣고 유사한 전공에 동일한 기초과목을 오픈한다. 그리고 2년 후에 전공 교과과정과 선택과목을 자유롭게 택해 들을 수 있다. 아울러 특기생의 경우 전공을 바꿔도 된다. 두 유형 중 후자는 요즘 신입생들의 실상에 맞춰 설계된 모델이다.

2) 커리큘럼 구성의 유연성

커리큘럼 구조란 다른 커리큘럼과의 유기적인 결합을 말하는 것으로, 이는 학생의 지적 능력구조와 인재 양성 모델을 결정짓는다. 합리적인 커리큘럼 구조를 마련하고 각 커리큘럼의 비율과 수요를 명확히 하는 것이 교안 작성의 핵심이다. 커리큘럼 구성 위원회를 조직하거나 관련 학과 전문가를 초빙해 각 학과와 전공 커리큘럼에 대해 토론을 거친 후 확정한다면 보다 과학적이고 합리적인 커리큘럼을 짤 수 있다.

현재 학점제 교안 작성에 따른 커리큘럼 구성은 보통 두 가지 구조를 띤다.

첫 번째는 모듈module 커리큘럼 구조다. 일반적으로 주체, 진로(정향), 보조세 가지 모듈로 구성되는 구조를 말한다. 그중 주체 모듈은 기초를 다지는 역할을 담당하는데, 일반 교육, 학과 기초과목, 실습환경 등의 필수커리큘럼으로 구성된다. 진로 모듈은 전공적인 부분을 담당하는데, 전공 필요에 따라 각기 다른 제한적인 과목으로 구성된다. 보조 모듈은 발전 기능을 담당하는데, 대량의 다양한 자유 선택과목으로 구성된다.

두 번째는 일반 커리큘럼 구조다. 이는 학생의 지적 능력 구조를 결정하는 필수 과목, 제한 과목, 자유 선택과목으로 구성되어 있다. 필수과목은 학생의 지적 능력을 결정짓는 핵심 커리큘럼이고 제한 과목은 각기 다른 인재의 목표 모델을 결정짓는 다양한 커리큘럼으로 구성되어 있으며 자유 선택과목은 학생의 장기를 발전시킬 수 있는 커리큘럼이다. 두 가지 커리큘럼 구조 가운데 필수과정의 학점이 총 학점의 70%, 선택과정의 학점이 30%를 차지한다.(그중 자유 선택과정의 학점은 10% 정도다)

여기서 알 수 있듯이, 학점제 교안에 근거해 커리큘럼을 구성하면 유연성의 폭이 상당한 크다. 학생들은 사회필요나 자신의 능력에 맞춰 학습내용이나 진도를 조절할 수 있는데, 이는 학생들에게 자아육성이나 발전을 위해 많은 시간을 할애하는 것이다. 물론 학점제를 실시하는 대학의 선택과목 비율이 보통 45%정도에 달하는 외국 대학에 비하면 중국의 선택과목 비율은 훨씬 낮다. 하지만 마오쩌둥이 공산당 12대 개회사에서 다음과 같이 언급한 바 있다.

"중국의 현대화 건설은 반드시 중국의 현실에서 출발해야 한다. 그것이 혁명이든 건설이든 외국의 경험을 배우고 본보기로 삼아야 함은 분명하지만 다른 나라의 경험이나 모델을 무조건 베낀다면 결코 성공할 수 없다."

마찬가지다. 어떤 교육제도를 실시하든지 중국 국정에 맞게, 중국 학생들의 특징을 고려해 실시하고 사실에 토대로 진실을 탐구해 실효성을 강조해야 한다. 중국은 사회주의 국가고 사회주의 현대화를 실현하고자 인재를 양성하고 학점제를 실시하려 한다는 것을 잊어서는 안 된다. 지금 중국이 마르크스 기초 이론 교육과 사상 품성교육을 핵심으로 삼아 지智, 덕德, 체體를 전면적으로 발전시키고 있고 신입생 모집 및 배치에 있어서 여전히 계획구조를 띠고 있다. 이것이 중국의 커리큘럼 구성을 결정하고 필수과목이 상대적으로 높은 비율을 차지하는 이유다. 그래서 일반 대학의 필수과목과 선택과목의 비율이 7 : 3으로 정해져 있는데, 이는 중국의 국정을 고려한 합리적인 결정이다. 단순히 교안 구성 가운데 필수과목의 비중의 높고 낮음만으로 학점제인가, 또는 100% 학점제인가를 결정할 수는 없다. 물론 중국의 시장경제가 발전하고 고등교육 개혁이 끊임없이 진행되면서 선택과목, 특히 자유 선택과목의 비율이 계속 상승하고 있다. 일부 학교에서는 선택과목을 필수 선택과목에 편입시켰는데 그중 수학, 물리, 컴퓨터 응용, 기계설계, 전기 공학 등 영향력이 큰 과목은 수준이 다른 레벨, 분야가 다른 유형, 특징이 다른 스타일로 과목을 개설하고 있다. 동일한 과목의 수업이라도 이론분석, 실험 응용, 기본 용어 등 각기 치중하는 부분이 다른 수업들이 개설되어 각자의 진로방향, 흥미, 특기를 고려해 선택할 수 있어 학생들에게 유익하게 작용하고 있다. 선택과목과 필수과목의 비율을 산정하는 것은 과학적인 문제다. 우리가 탐구하고 추구하고자 하는 것은 선택과목과 필수과목의 합리적인 비율이지 무조건적인 선택과목의 높은 비율이 아니다. 학점제를 실시하는 해외 대학의 경우 학생들이 맹목적으로 학점만을 중시하다보니 지적 능력이 완전히 상실되는 폐해도 나타나고 있다. 중국이 경계해야 할 부분이다. 그렇다면 양자의 최상의 비율은 얼마일까? 그 해답은 반드시 현실 속에서 찾아야 한다.

3) 계획 이행의 유연성(융통성)

교안을 작성하는 것은 학점제 교안 관리의 첫 걸음이고, 이보다 더 중요한 것은 교안을 착실히 이행하는 것이다. 학점제 교안 이행은 다음 두 가지 의미를 내포하고 있다.

첫째, 교육계획은 그에 걸맞은 수업계획을 작성하는 것이 첫걸음이다. 학점제 교육계획을 전공에 따라 작성하든 학과에 따라 작성하든 모두 지도 목적을 띤 교육 문건에 불과하다. 하지만 학생은 교육 계획서에 근거해 자신의 지적 능력, 흥미나 취미, 경제 상황 등을 종합적으로 고려한 후 1년간의 전체 학습계획과 진도 일정을 짜야 한다. 미리 과목을 선택해도 좋고 나중에 해도 무방하다. 또 조기 졸업을 하거나 대학원에 진학해도 되고 정해진 범위 내에서 학업 연수를 연장해도 된다. 이처럼 단순한 교육 계획서 한 부가 모든 학생들의 다양한 학습 계획서로 변모했는데, 이는 과거의 학년제 틀을 상당부분 깬 것이다. 학년제 틀 안에서 학생들은 학교가 정해주는 대로 배우는 획일적이고 피동적인 모습이었으나 지금의 학년제는 융통성이 있다.

둘째, 교육계획은 흔들림 없이 안정적으로 개혁과 결합해 진행해야 한다. 교육계획이 안정적이면 교육의 질적 향상과 경험 축척에 도움이 된다. 반면, 지나치게 변동이 심하면 교육 질서와 질적 향상을 저해할 뿐만 아니라 교육 경험을 축척하고 정리하는데도 영향을 미친다. 하지만 교육계획이 무결점에 완벽할 수는 없다. 특히 학점제 시스템 하의 교육계획은 더더욱 그렇다. 대부분 대학들에게 학점제는 새로운 대상이고 게다가 객관적인 상황의 발전과 변화까지 고려한다면 시행과정에서 어느 정도의 조정이나 일정 기간 시행 후 개선이나 수정은 불가피하다. 따라서 이에 합당한 제도를 제정해 체계적인 교육계획 관리가 이루어져야 한다. 예를 들어 학교, 학부에서 학년 및 학기 교육계획을 이행할 때는 모든 전공, 모든 학년의 커리큘럼 개설, 수업시간, 실험, 실습, 사회조사, 시험조사, 졸업논문, 생산노동, 군사훈련 등의 모든 교육 단계 스케줄이나 배정된 선생님 등 각종 상황을 구체적으로 조사해야 한다고 규정하는 것이다. 또 교육 계획을 이행하는 과정에서 기술적 조정이 필요한 경우에는 반드시 학교 교무처에 보고해 심사를 진행, 교육 또는 학술 위원회의 허가를 받은 후 변경이 가능하고, 교육 계획은 일정 기간의 정착기(한 회 학생이 입학해서 졸업할 때까지)를 지난 후에야 전면수정이 가능하다.

② 과목 선택(수강신청) 관리

수강신청은 학점제의 기본으로 학점제를 시행하는 가장 핵심이기도 하다. 수강신청은 수업 개설과 수업 선택 두 부분으로 이루어진 하나의 시스템이다. 수강신청 시스템의 과학적 관리는 이 시스템의 정상 운영은 물론이고 학점제 수업 관리의 가장 중요한 내용이기도 하다.

1) 수업 개설 관리

개설되는 수업의 수와 질은 학생들의 수강신청에 기본이 되는 요소이자 교육의 질을 결정짓는다. 따라서 수업 개설 관리는 곧 개설되는 수업에 대한 양적, 질적 관리를 의미한다. 하지만 보통 학점제 실시 초기에는 충분한 수량에 일정한 수준을 갖춘 수업을 개설하기란 쉽지 않다. 물론 이는 선택과목을 두고 하는 이야기다. 이에 대해서는 다음과 같은 조치를 취할 수 있다.

첫째, 수업의 수를 늘려야 한다. 학부, 직속 교육연구부는 교사의 특기에 따라 인원, 임무, 시간 등을 정하고 계획에 따라 선택과목을 개설한다. 특수정책 (항목별 지출)을 제정해 학부, 그리고 특기를 가진 선생님들이 다양한 과목을 개설하도록 장려하고, 시청각 교육을 강화해 우수한 수업은 촬영해 영상물로 남겨두며 시청각 자료를 이용한 수업을 구성한다. 일부 선택과목 수업을 선택적으로 개방해 학생들을 받아들인다. 교외 선택과목 분야를 개척해 학점제를 공유한다.

둘째, 수업의 수준을 향상시킨다. 수석교사가 기초과목을 수업하도록 한다. 수석교사는 최소 세 학기 중 한 학기에는 기초과목 강의를 맡아야 하고, 그에 상응하는 업무상의 특혜를 제공한다는 제도를 도입하고 선택과목 심사비준 절차를 마련한다. 개설되는 모든 선택과목에 대해 담당교사의 자격부터 수업 교안 개요나 교재까지 모두 심사비준 절차를 거친다. 교육연구실에서 수업개설을 신청하면 학부, 직속 교육연구부가 기초심사를 진행한 후 학교에 신청을 하고 학교교무처가 최종 심사를 거쳐 비준하는 과정을 거치면 수업의 질이 보장된다. 경험이 풍부하고 교육 수준이 높은 퇴직교사로 이루어진 교육 관리 감독 팀을 구성해 수업현장으로 가 학생들의 반응을 체크해 담당교사에게 즉시 피드백을 한다. 아울러 선택과목은 계획성, 목적성, 다양한 수업유형, 적당한 수준을 갖춘 수업을 개설해야 한다.

2) 수강신청 관리

학점제 수강신청은 업무량이 막대하고 연관 분야가 많은 업무다. 과목 선택은 양성목표, 학생의 지적능력 구조, 학생별 맞춤 교육 원칙 등에 영향을 미친다. 관리의 관건은 과목선택이 얼마나 과학적이고 체계적으로 이루어졌느냐다. 따라서 다음 네 가지 업무를 제대로 처리해야 한다.

첫째, 학생별 개인 학습계획서를 작성해야 한다. 먼저 학생은 지도교사의 조언을 토대로 교육계획서와 자신의 실제상황을 고려해 매년 또는 전 교과과정의 학습계획과 발전목표를 정하고 학기별 수강 과목과 학점을 합리적으로 배정한다. 이 과정은 학생의 수강신청이 과학적이고 체계적으로 이루어지는 한 단계라 할 수 있다.

둘째, 수강신청 관련 규정을 제정한다. 학생은 학기마다 교육계획서에서 규정한 학점을 근거로 수강신청을 한다. 하지만 학업에 여력이 있고 지난학기 평점이 좋은 학생의 경우 학년에 상관없이 4~9학점 정도 초과 수강하도록 하고, 학업에 어려움이 있거나 개인 사정이 있는 학생은 규정학점보다 적게 신청할 수 있도록 완화해준다. 이를 통해 학생은 조기 졸업을 하거나 졸업 기한을 연장하는 등 주체적으로 졸업 연도를 결정할 수 있게 되었다.

다음으로 학생들의 자습 활동을 장려해야 하는데, 예를 들어 일부 과목의 성적이 유난히 우수한 학생은 해당 과목의 수강을 면해주는 것이다. 1등 학업 우수상으로 장학금을 획득한 학생은 '수업면제 신청서'를 작성토록 해 다음 학기 선택과목 수강을 면제해주는데, 이는 학과장의 사인을 받은 후 교무처에 보고한다. 하지만 수업을 면제받은 학생이더라도 리포트나 실험, 학급 시험에는 동일하게 참여해야만 이 과목의 학점을 받을 수 있다. 또 누적 평균학점이 3.0이상인 학생이 이미 특정 과목을 마스터했다면 과목 담당교사의 추천을 받아 '수업 면제 신청서'를 작성하고 학과장의 사인을 받는다. 그리고 과에서 주최하는 수강면제 시험에 응시해 80점 이상 획득하면 수강을 면제하고 그에 상응하는 학점도 부여받을 수 있다. 하지만 모든 학생이 한 학기에 청강 면제 또는 수강 면제 과목이 2과목을 초과해서는 안 되고, 마르크스주의 이론 수업, 도덕교육 수업, 체육 수업, 중요 기초수업, 실험 수업, 다른 실습수업은 청강 면제나 수강 면제가 불가하다는 규정도 필요하다. 이 외에 수강 정정 및 취소, 재수강 등에 관한 규정도 제정해야 한다.

셋째, 《교육 매뉴얼敎育手冊》을 인쇄하고 학점제와 관련된 교육관리 규정제도, 지도차원의 교육계획서, 자유선택과목 목록과 부전공 과목 목록, 커리큘럼 소개 등의 자료를 취합해 학생들이 수강신청 시 참고하도록 제공한다.

넷째, 수강절차를 확정한다. 학점제는 보통 다음과 같은 절차를 거친다. 학기 8주차에 각 학부는 교육 계획서에 따라 다음 학기 개설예정인 수업, 학점, 담당교사, 수업시간 등을 교무처에 보고한다. 학기 12주째에 교무처는 각 학부의 수업개설 상황을 취합해 다음 학기 개설예정인 수업시간표를 인쇄해 학생들에게 배부한다. 학기 14주째에는 학생은 학습계획서를 근거로 담임선생님의 동의를 얻은 후 '수강 신청서'를 작성한다. 작성한 신청서는 학과장이나 지정인의 사인을 받은 후 본과 교무처에 제출해 수강신청 등록 절차를 밟는다. 학기 15주째에는 타과 수업을 신청한 학생은 본과 담당자의 동의를 거친 '수강 신청서'를 들고 해당과의 교무처로 가 수강신청 등록절차를 밟는다. 18주째에는 각 학부에서 학생이 소속된 과로 수강신청 결과를 통보한다. 18주가 지나면 교무처는 다음 학기의 정식 수업 시간표를 제작하고 개강 1~2주 전에는 일부 학생들의 수강정정 및 취소, 보강 신청, 재수강 등의 업무를 처리한다.

③ 지도교사 관리

지도교사 제도는 14세기에 처음 탄생했다. 영국의 옥스퍼드대, 케임브리지대가 가장 먼저 시행한 이 제도는 지금도 세계 각국 대학들이 시행하고 있다. 지도교사 제도의 가장 큰 특징은 교육과정에서 교사가 주도적인 역할을 담당한다는 데 있다. 교사들은 철저하게 학생별 맞춤 수업을 진행함으로써 교육의 기본 원칙을 착실히 수행한다. 그렇기 때문에 이 제도가 강한 생명력을 가지고 세계적으로 발전, 확대되어 나갈 수 있었다.

1) 지도교사의 직책 범위 명시

중국 대학교에는 전문 정치활동 간부 팀이 구성되어 있는 것을 감안하면 지도교사의 직책은 다음 몇 가지 분야에 집중되는 것이 바람직하다.

　첫째, 학생이 교육목표와 전공구성을 올바르게 이해하고 합리적이면서 실행 가능성이 있는 학습계획서와 발전목표를 정하도록 돕는다. 학점제 실시로 학생은 전공진로, 수업선택, 졸업연도 등에 있어서 자주권을 갖게 되었다. 하지만 학생들이 대학의 인재교육 모델이나 그 구조를 정확히 이해하지 못하다보니 학업에 불안감을 느끼고 학업을 게을리 하는 경우도 있다. 또 '지름길'로만 가려다보니 자신의 상황과 미래를 고려하지 않은 채 무턱대고 낯선 과목이나 인기학과를 선택하는 경향이 나타난다. 일부 학생은 '학점 맞추기'에 급급해 가벼운 내용의 과목, 학점받기 쉬운 과목만을 택하다보니 수업 내용이나 습득하는 지식이 뒤죽박죽이다. 지도교사는 모든 학생에게 학생별 맞춤형 교육을 실시한다는 생각으로 일반지도와 개인지도를 결합해 진행한다. 학생에게 필수과목과 선택과목의 성격과 그 차이점이 무엇이고, 선택과목 수업의 의미, 목적, 원칙을 설명해준다. 또 학생의 현재 상황과 학습 상태를 파악해 학생에게 부전공이나 대학원 수업을 미리 들어볼 것 등을 건의해주고 학생이 올바른 학습계획을 짜도록 조언해준다.

　둘째, 학생이 대학생활에 적응하고 올바른 학습법을 터득하도록 돕고 스스로의 학습 상황에 대해 객관적인 평가를 내릴 수 있도록 조언한다. 학점제 교육제도의 핵심은 '활기'다. 교육과정에서 학생이 지식을 습득하고 이를 발전시킬 수 있는 능력을 만들어 주는 것이 학점제의 핵심 임무다. 교육과정은 점차 '학습지도'적 성향이 강해지고 기존의 교사위주에서 학생위주로 변하면서 교육전반에서 학생이 진정한 주체로 부상하고 있다. 자습, 토론, 실습, 리포트, 도서자료나 컴퓨터 설비를 이용한 자료검색 등은 향후 교육과정의 주요 방법이 될 것이다. 이는 학생들의 능력을 시험하고 촉진시키는 새로운 도전이 될 것이다. 따라서 지도교사는 학생들이 학습시간을 제대로 활용하도록, 합리적으로 수강신청을 하도록 지도하고 학생과 학과에 대해 토론하면서 청강, 독학, 의문점 해결에 대한 사고방향 및 요지를 설명해준다. 아울러 학생의 학습현황 및 진도에 늘 관심을 기울여 학업상의 어려움이나 문제가 발생했을 때 즉시 도와줄 수 있도록 한다. 이를 위해 담당 교사와 자주 관련 상황에 대해 정보를 교류한다.

지도교사의 업무는 이 외에도 상당히 많다. 예를 들어 학생의 사상정치 지도, 생활관리 지도 등이 대표적이다. 하지만 학점제를 실시한지 얼마 되지 않은 상황에서 교사 상황이 여유롭지 않은 학교들은 우선 위에서 언급한 두 가지 업무를 지도교사의 직책으로 한정짓는 것이 좋다. 그러면 교사들은 자신의 교육업무를 완성한 후 기꺼이 지도교사 업무를 맡을 것이기 때문에 빠른 시일 내에 지도교사제도를 정착시킬 수 있다.

2) 지도교사 배정

지도교사는 학부를 단위로 학생 10~20명에 지도교사 1명을 배정한다. 개별교사 비율이 밀집된 학교는 학생 30명에 지도교사 1명을 배정해도 괜찮다. 지도교사는 교육 사업에 대한 적극성, 고상한 도덕과 품성, 풍부한 교육경험, 높은 학술 수준을 갖춘 강사 이상의 교사가 담당하고, 모든 학부 지도교사들은 지도교사 위원회를 구성해 활동한다.(외국의 학생 사무위원회와 유사한 성격이다)

지도교사 초빙 임기에 대해 여러 가지 견해와 방법이 있다. 일부 대학에서는 지도교사를 기초과목 수업(1, 2학년)과 전공과목 수업(3, 4학년) 두 부류로 나누고, 전자는 기초과목 담당교사가, 후자는 전공과목 담당교사가 맡고 있다. 또 일부 대학에서는 저학년부터 시작해 점차 깊이 있게 학생을 이해한 후 맞춤형 지도를 펼치고 있다. 학생의 학습 및 인재양성 전 과정을 파악하기 위해서는 지도교사 1명이 4년 내내 줄곧 한 학생을 담당하는 게 바람직하다. 또 일부 사람들은 수업을 하는 교사가 학생의 지도교사를 맡아 자주 교대해주는 방식이 이상적이라고 본다. 이 방법은 과목 선생님과 학생 간의 직접적인 연계를 강화하고 수업내용의 구체적인 지도가 가능하다는 장점이 있다. 지금까지 언급한 방법은 모두 장, 단점이 있기 때문에 테스트해보는 것도 좋다.

3) 지도교사와 정치 보조원의 관계

지도교사가 시행된 후 정치 보조원을 굳이 둘 필요가 있는가, 업무 지도와 사상정치 업무를 하나로 통합하는 것이 좋지 않으냐는 의견을 제시하는 사람들도 있다. 하지만 오늘날 대학의 현 실상에 비춰 볼 때 지도교사 제도와 정치 보조원 제도는 병행하는 것이 바람직하다. 지도교사 제도는 주로 학습지도와 학술 사상적 감화 등에 치중하면서 정치사상 업무도 병행한다.

④ 부전공 제도 관리

학생이 주主전공을 이수하면서 다른 전공을 동시에 이수하는 부전공 제도가 바로 국내외 학점제를 실시하는 대학에서 통용되는 형식이자 주된 내용이다. 이는 학생을 지식 범위가 넓고 적응력이 뛰어난 복합형 인재로 키울 수 있는 효과적인 조치다. 하지만 이를 효율적으로 운영하기 위해선 다음 몇 가지 부분의 관리를 보다 강화해야 한다.

1) 부전공의 총 학점 규정

부전공 수업은 주전공의 핵심 주업들로 총 학점이 25~30점 정도다.(8~10과목 정도) 부전공을 개설한 학부는 관련 전공에 대한 교육 계획서와 수업 교육 개요 등을 작성해야 하고 강의 능력이 뛰어난 교수를 배정해 교육의 질을 보장해야 한다.

2) 부전공 이수 조건 규정

부전공은 일반적으로 3학기 차에 신청할 수 있는데 학점 평점이 2.0이상이어야 신청가능하다. 부전공을 신청한 후 주전공에서 F학점이 있으면 부전공 자격이 즉시 취소된다.

3) 부전공 장려 정책

부전공을 신청한 학생은 규정에 따라 그에 상응하는 학비를 내는데, 이는 부전공을 개설한 학부에게 경제적 도움을 준다.

(3) 학점제 교육 관리 문제점

학점제를 통한 교육 관리는 하나의 시스템 공학으로, 시스템 내부에 얽힌 여러 시스템 간의 관계뿐만 아니라, 교육관리 시스템과 전체 교육관리 시스템, 교육관리 시스템과 전체 시스템 속의 주변 시스템 간의 관계 역시 적절히 처리해야 한다. 따라서 실제 시행과정에서는 일시적으로 해결하기 힘든 문제들이 나타나 교육 관리에 어려움을 겪기 십상이다.

① 교육 경비 배정 문제

현대 대부분의 교육 경비는 학생 수에 따라 분할해 각 학부나 과에 배정한다. 그러나 보니 외부 학부나 과에 개설된 수업이나 전교생을 대상으로 개설된 자유 선택과목에 대해 교육경비 분쟁이 자주 발생해 수업의 정상적인 운영에 영향을 준다. 교육 경비가 부족한 문제는 학점제 틀에선 더욱 두드러진다. 학점제가 실시되면서 실험설비, 교실, 도서 자료 등의 지원보장을 요구하는 목소리가 높아지고 있다. 하지만 대부분의 학교가 실험설비, 교실, 도서 자료 등이 부족한 실정이라 일부 수업이 개설되지 못하거나 정상적인 교육활동이 침해받고 있어 학생들의 조기 졸업에까지 영향을 주고 있다. 따라서 다양한 루트를 통해 교육경비를 확대하고 학생 수에 따라 교육 경비를 지원하는 방식을 개혁함으로써 학점제가 원만하게 실시되도록 지원하는 것이 급선무다.

② 교사 부족 문제

학교교육의 효율을 향상시키려면 교사와 학생의 비율을 높여야 한다. 학점제는 대량의 수업을 개설해야 함은 물론이고, 그에 상응하는 충분한 교사도 뒷받침 되어야 하는 문제가 있다. 현재 대학 대부분 학부의 교사 대 학생 비율은 1 : 10 이상인데, 사실 하나하나 따져보면 이 비율을 많이 웃돈다. 대다수의 교사가 이미 포화상태거나 과부하인 상황에서 선택과목을 개설하게 되면 분명

갈등이 생길 수밖에 없다. 따라서 학점제를 실시하려면 수준 높은 겸임교사 팀을 구축해 동일한 지역에서 교사 자원을 공유하고 상호 초빙할 수 있도록 하는 것이 무엇보다 중요하다.

③ 대학의 전반적인 개혁이 지연되는 문제점

한 학교가 교육개혁에 박차를 가하고 학점제를 실시하려면 거시적인 환경문제가 걸린다. 즉 전국 대학들이 진행하는 전체적인 개혁에 속도를 맞춰야 한다는 문제에 봉착하게 되는데, 이는 곧 정책적 지원과도 직결되는 문제다. 예를 들어 지금 시행되는 신입생 모집 및 배정 제도로는 학교 단독적으로 학부에 따라 신입생을 모집하고 조기 졸업을 결정짓기에는 어려움이 있다. 지금의 졸업증서나 학위수여 제도 하에서는 학점제의 핵심인 복수전공, 복수학위제도, 전과, 조기졸업, 그리고 부전공 전공과목 졸업증서 발부 등을 제도로 실시할 방법이 없다. 이는 대학 교육 개혁이 진행되면서 함께 해결되어야 할 문제점들이다.

④ 교육관리 수단의 문제점

학점제를 통한 교육 관리는 막대한 업무량과 체계성이 요구된다. 수강신청 시스템 관리나 학교 전체 시간표를 정하는 업무는 예전처럼 수공 작업으로는 불가능하다. 반드시 현대화된 관리 수단이 필요하다.

⑤ 관리 직원의 자질 문제

학점제를 실시하려면 대학에서 교육 관리를 담당하는 직원의 자질이 무엇보다 중요하다. 전공 지식을 갖추고 교육과정에 대한 실질적인 경험과 이해가 필요하며 현대화된 관리 지식도 파악하고 있어야 한다. 아울러 현대화된 관리 시스템의 정확한 사용법과 관리 노하우도 겸비해야 한다. 그러나 현존하는 교육 관리 직원의 인적구조나 자질이 이와 격차가 크다는 사실은 인정할 수밖에 없다. 따라서 교육, 합리적인 정책, 인사이동, 신규직원 배치 등의 다양한 방법으로 이 차이를 줄여야 한다.

이 외에 학생 관리에서는 학급 비중을 낮추고 기숙사 비중을 높여야 한다. 그래서 학급을 관리 단위로 삼았던 기존의 방식에서 벗어나 기숙사를 단위로 학생을 관리해야 한다. 또 학생들의 휴식시간이 달라 단체 활동에 나타나는 문제점, 수업교구의 현대화, 24시간 식당과 교실 개방 문제 등도 학점제 시행을 위해 해결해야 할 부분들이다.

6. 학부제 개혁 및 연구

학부제 개혁은 1990년대 교육관리 개혁의 중요한 내용 중 하나다. 학부제는 현대과학 기술의 종합화, 학교 규모 확대 등의 실질적인 수요에 따라 생겨난 결과물로, 대학교의 교육구성 시스템, 관리 체제의 합리화와 효율화에 크게 기여했다. 하지만 학부제 시행에 필요한 이론적 준비나 경험 부족 탓에 대부분의 대학은 안장 없이 말에 올라탄 격으로 대충대충 짜 맞춰 하루 밤새 학과가 학부로 둔갑시켰다. 그러다보니 학교 전반적인 기능이 저하되었을 뿐만 아니라 사람들의 웃음거리가 될 만한 문제점도 생겨났다.

(1) 학부제 개혁의 필요성

1990년대부터 중국에서 보급되기 시작한 학부제 개혁은 폭넓게, 그리고 아주 빠른 속도로 퍼져나갔는데, 이는 세계적으로도 유례없는 전파속도였다. 학부제 개혁은 절대 우연이 아니었다. 이는 사회경제와 과학기술이 빠르게 발전하고 학교가 발전해 나가기 위해 꼭 필요한 개혁이었다.

① 학교 규모 확대를 위한 단계적 관리

보통 학교 규모가 작고 조직기관이 간단할수록 집권적 관리체제를 시행하고, 학교 규모가 크고 조직기관이 복잡할수록 단계별 관리체제를 시행한다. 오랜 기간 중국에는 소규모 대학, 단과 대학이 대부분이었기 때문에 관리 권한이 학교 고위층에 한정되어 있을 수밖에 없었다. 고등교육이 발전하면서 단과대학이 종합대학으로 발전했고 학교 규모도 차츰 확대되었다.

학과 종류와 전공 분야가 지속적으로 증가함에 따라 대학에서 단계별 관리를 실시하는 것은 거스를 수 없는 흐름이 되었다. 이런 상황에서 많은 대학들이 연이어 학부를 설립하고 나섰다. 학부는 학교에 집중되어 있던 힘을 분산시켰을 뿐만 아니라, 학교의 상부 계층(교학부)과 하부 계층(학과, 교사) 간의 중요한 교량 역할을 담당했다.

표 2-1 중국 대학교의 학교규모 발전 상황

연도	학교총수	300명 이상	301~ 1,000명 이상	1,001~ 3,000명	3,001~ 1,000명	1,001~ 5,000명	5,000명 이상
1987년	1,063	77	337	189	59	31	67
1991년	1,080	31	169	571	118	67	118

② 학교 재정 압력 감소를 위한 단계적 관리

과거 계획 경제 체제 하에서 학교 관리와 교사 배정은 모두 국가의 몫이었다. 그래서 학교에 재정적 어려움이 생겼다 하더라도 교사들의 월급은 별 영향을 받지 않았고 학교도 직원 월급을 걱정할 필요가 없었다. 하지만 개혁개방이 실시되면서 계획 경제체제는 사회주의 시장경제 체제로 점차 전환되었고, 사람들의 물질적 수요와 정신적 수요도 빠른 속도로 발전해갔다. 또 시장경제 체제로 인해 대학 간에, 대학과 사회 기업 간에 새로운 불평등 문제가 등장했다. 이런 상황에서 학교가 교사의 월급 외 수입까지 떠안기에는 이미 역부족이었고 단일 학과가 고군분투하기엔 경쟁력이 너무 뒤떨어졌다. 이를 위해 학교와 학과를 이어주는 중간자적 역할을 할 기관이 절실했다. 이 기관은 교육, 과학 연구, 수입 창출 등 다양한 역할을 담당함으로써 학교가 안고 있는 경제적 어려움을 감소시킬 수 있었다.

③ 과학 기술 발전에 적응하기 위한 단계적 관리

현대 과학 기술의 신속한 발전으로 고도의 분업화와 통합화가 이루어지면서 학과 간의 상호 연계, 교류 등이 활발해졌다. 미전자학microelectronics(마이크로 일렉트로닉스)와 정보기술의 발전으로 새로운 구조재료와 기능재료, 그리고 응용, 생명과학과 생물의학 공학기술, 환경과학과 공학의 발전 등으로 과거 전통적인 과학의 한계를 무너뜨렸다. 또 대학교의 과학 및 전공도 날로 증가하면서 학과 간의 경계가 불분명한 학부 설립의 필요성이 대두되었다. 국외 대학 중에는 이미 학부라는 개념을 뛰어넘어, 학군學群(일본 쓰쿠바築波 대학), '학과와 연구 단위(프랑스 공립대학에 설립된 U. F. R)', '학역(독일의 Fachbereiche)' 등의 학과 통합형 단위가 등장했다. 중국의 학부제 개혁 역시 학과 간의 연계와 상호 교류를 강화한다는 목적 하에 학과 전공 구조 및 교육 조직 기구를 조정하는 것이다. 이는 분명 사회가 필요로 하는 복합형 인재를 양성하는 데 중요한 역할을 담당할 것이다.

④ 학교와 사회의 공동 학교 운동을 위한 새로운 교육과 과학 연구 조직

높은 수준의 인재에 대한 사회적 수요가 확대되면서 지방정부와 기업은 점차 고등교육에 주목하기 시작했다. 새로운 대학을 설립하기엔 역부족인 현 상황에서 정부와 기업은 대학교와 손을 잡고 연합 단과대학을 설립하고 있다. 이것이 바로 1990년대 중국 학부제 개혁의 중요한 특징이다. 장쑤 창장長江 전기그룹의 쉬광푸徐廣福 당서기는 이렇게 지적했다.

"시장 경제 경쟁이 날로 치열해지는 지금, 자신만의 고품질 제품이 없거나, 완벽한 관리 방법이 없거나, 업무를 정확히 파악하고 있는 관리 인력이 없는 기업은 언제 어디서든 도태될 수 있다."

이런 인식에서 출발해 창장 전기그룹은 1993년 장쑤 이공대와 조인해 전기공학 단과대학을 설립했다. 또 쑤저우 대학은 시산錫山시, 퉁저우通州시 인민정부와 손을 잡고 쑤저우대 시산 단과대학과 쑤저우대 퉁저우 단과대학을 설

립했다. 이런 연합 학교운영 체제는 대부분 이사회 최고 지도자 책임제로, 교육과 과학연구 분야에서 상호 협력하고 자원을 공유하며 함께 윈윈하는 전략이다.

⑤ 학교 관리 효율 향상을 위한 단계적 관리

수업 과목 종류와 학과 종류가 지속적으로 증가하고 있는 상황에서 과거의 양분법 관리를 그대로 유지한다면 인적, 물적, 재정적 낭비가 발생하는 것은 물론이고 효율도 크게 저하된다. 대학 총장은 수십 명의 학과장에게, 당 위원회 서기는 수십 명의 총지부위원회 서기에게 명령을 내리지만 제대로 전달되기에는 힘이 부족하다. 만약 한 과에 '일정양부一正兩副'제 형식으로 행정인원과 당무黨務인원을 둔다하더라도 최소 6~10명이다. 일반 중등규모의 30개 학과를 기준으로 계산해보면 행정 및 당무 직원은 최소 300명 정도가 배치되어야 한다. 하지만 학부제를 실시함으로써 과를 단순한 교육과 학술적 기구로 보고 3개 학과를 하나의 학부로 묶으면 배정해야 하는 행정 및 당무 직원이 50%정도 감소한다. 난징 농업대학의 경우, 학부제 실시 후 교육단위 배정 수가 20% 감소하면서 업무효율이 상승했다. 이처럼 학부 내 자원을 공유할 수 있기 때문에 기기 설비 및 도서 자료 이용률이 높아져 경비 절감 효과도 누릴 수 있다.

(2) 학부제 개혁의 기본 원칙

학부제가 정확한 방향으로 진행되려면 명확한 개혁 지도사상과 기본 원칙이 정해져야 한다. 필자가 볼 때 중국의 학부제 개혁은 현대 과학기술의 종합적 발전과 중국 시장경제의 실질적 수요를 향해 학교의 현행 운영 여건과 기반에 근거를 두고 장기적인 발전목표를 세워야 한다. 유사한 성격과 비슷한 방향성을 가진 학과나 전공은 새롭게 통합하고, 학과 전공 간의 상호 교류 및 업데이트에 보다 박차를 가해야 한다. 이로써 21세기에 대응할 만한 복합형 인재를 양성하고 학교의 교육, 과학연구, 관리 사업이 빠르게 발전할 것이며 학교 운영 및 효율이 대대적으로 향상될 것이다.

학부제 개혁은 반드시 다음 몇 가지 기본 원칙을 준수해야 한다.

학부제 개혁은 학교만의 독특한 운영 환경을 구축하고, 다재다능한 복합형 인재를 양성하는 데 도움이 된다. 따라서 각 대학은 학과 과목 종류가 다 구비되었다는 장점을 이용하고, 학부를 상대적으로 독립된 교육기관으로 인정해야 한다. 전공 분야를 확대하고 기초 지식 분야를 넓혀감으로써 다재다능한 복합형 인재를 양성할 수 있다.

학부제 개혁은 기초를 공고히 하고 응용성을 확대한다는 방침을 실천하고 학과 건설을 촉진하는 데 도움이 된다. 현행의 우수한 기초학과가 개혁과정에서 한 단계 더 발전하려면 학술 수준 및 그 명성도 한 단계 높아져야 한다. 이런 전제를 바탕으로 시장경제와 지방경제, 사회발전이 필요로 하는 실질적인 수요에 부응하고자 새로운 응용성 학과를 확대해야 한다. 아울러 여러 학과 간의 교류 및 통합을 가속화함으로써 기초학과를 개선하고 신생 학과의 탄생을 앞당겨야 한다. 특히 우위를 점할 수 있는 학과군群을 형성하도록 힘써야 한다.

학부제 개혁은 학교 운영효율과 관리 효율을 향상시키는 데 도움이 된다. 부서 소유제를 극복하고 여러 학과에 분산되어 있던 교사, 기기 설비, 도서 자료 등을 관련 부서로 모아 집중적으로 관리함으로써 학부, 학교, 사회에서 학교운영 자원을 얼마나 공유하는지, 얼마나 이용하는지가 결정된다. 행정주체는 반드시 학부 내에 두어야 하고 학부 소속의 과나 연구소는 독립된 성질의 교육 및 연구기관으로 운영되어야 한다. 그러면 관리 범위와 단계는 줄어들고 효율은 향상된다.

학부제 개혁은 공동으로 학교를 운영하고 다양한 루트를 통해 학교 운영 경비를 모으는 데 도움이 된다. 따라서 학부는 사회를 향해 좀 더 문을 열어야 한다. 그럼 학부는 국내외 많은 기업과 손을 잡고 공동으로 학교를 운영하고 다양한 형식의 이사장 조직을 설립할 수 있다. 이런 각종 루트를 활용해 자금을 운용함으로써 학교 운영 여건을 개선할 수 있다.

학부제 개혁은 전체적인 국면과 관련 조치를 동시에 고려해야 한다. 개혁 과정에서 학과와 전공의 최적화된 통합이 진행되는 것 외에 학부제의 특징에 근거해 기구 설치, 교사 구성, 간부 배정, 자원 배치 등 여러 분야의 조치를 총괄해야 한다. 아울러 신입생 모집, 교육관리, 인사관리 등 다양한 분야의 다양한 개혁이 총괄적으로 진행되어야 한다.

학부제 개혁은 반드시 적극적이면서 안정적으로 진행되어야 한다. 그러려면 당 위원회, 행정부의 개혁 지도력을 강화하고 수많은 교사들의 적극성을 이끌어내야 한다. 아울러 깊이 있는 조사, 유익한 정보 수렴, 반복적인 논증을 토대로 학부제 개혁의 큰 틀을 짜고, 이 틀을 기초로 단계적으로 개혁을 진행해야 한다.

학부제 개혁은 반드시 국제 사회와 연계해야 한다. 대학 내부에 학부를 설립하는 것은 어디까지나 학교에 결정권이 있고, 학부 명칭 역시 일률적일 필요는 없다. 다만 국제 학술계와 교류한다는 부분을 고려해 지나치게 학교 특색을 내세우는 것은 바람직하지 않다.

학부제 개혁은 반드시 대분류법大分類法을 정확히 파악하고 있어야 한다. 학부를 분류하는 데 있어 '어떤 분류법이 가장 좋은가.'는 중요치 않다. 중요한 것은 '어떤 분류법이 어떤 학교에 적합한가.', '어떤 분류법이 어떤 학교에 부적합한가.'이다.

이에 대해 타이완 학자는 다음 분류법을 연구, 제시했다.

이분법二分法 : 자연과학 학부, 인문과학 학부
삼분법三分法 : ① 자연과학 학부, 인문과학 학부, 사회과학 학부
             ② 응용과학 학부, 사회과학 학부, 설계 학부
             ③ 인문과학 학부, 자연과학 학부, 관리과학 학부
사분법四分法 : 물질과학 학부, 생명과학 학부, 사회과학 학부, 예술문학 학부

오분법五分法 : 이공공과 학부, 농촌의료 학부, 과학연구 학부, 예술문학 학
부, 사회과학 학부

일반적으로 학부를 구분할 때는 너무 자세한 것보다는 전체적인 분야를 기준으로 큰 틀에서 분류하는 것이 바람직하다. 학부 경계가 넓으면 개방적이어서 해당 학과를 쉽게 아우를 수 있지만 학부 경계가 너무 좁으면 폐쇄적 성향이 강해져 관련 학과를 쉽게 포용하지 못하는 상황이 발생한다. 이를 토대로 봤을 때 위에서 언급한 '오분법'이 적합하다고 할 수 있다. 물론 학교의 전통과 특색을 살리고 싶다면 새로운 학부 모델을 수립해도 좋다. 결코 동일성을 강조하는 것은 아니다.

(3) 학부제 개혁의 오류

위에서 언급된 지도사상과 기본 원칙을 토대로 진행된 중국의 학부제 개혁은 장족의 발전을 거두면서 대학이 수업내용을 구성하고 관리체제를 개혁해나가는 데 중요한 역할을 담당했다. 하지만 적잖은 문제점도 안고 있다. 지금 당장 이 문제점을 연구해 더 이상 시행착오를 겪지 않도록 해야 한다. 종합적으로 볼 때, 이런 문제점과 오류는 주로 다음 몇 가지에서 두드러진다.

① 실질적인 변화가 없는 표면적인 학부제

대학 학부 대부분은 기존의 학부에 그 뿌리를 두고 있고, 학부는 구조가 단일한 학과, 전공에서 발전한 것이다. 이런 학부는 개혁개방이 진행되는 과정에서 새로운 성장 시기를 맞기도 했지만 이해관계가 적용되면서 많은 학부들이 학술적 연관성은 고려하지 않은 채 인기만을 쫓아 전공을 신청하는 현상이 빚어졌다. 그러면서 학과와 전공 간에 내재적인 연계성이 사라졌다. 이를 토대로 설립된 학부는 직무상으론 아무런 변화가 없고 다만 간판만 바꿔 단 격이 되었다.

② 억지 연합으로 아무런 연관성이 없는 조직으로 전락한 '학부'

학부제 개혁에서 주장한 '학과 경계를 허문 통합'이라는 원칙은 관련 학과와 전공을 보다 종합적 분야로 결합시키는 것을 의미한다. 하지만 아무런 연관성도 없는 학과를 억지로 결합시킨다면 위에서 언급한 역할은 고사하고, 학과 간에 갈등과 문제를 야기할 수도 있다. 일부 대학에서 전기공학과와 건축공학과를 전기건축 공학학부로 합병을 시도한 적이 있었다. 당시 서로 이름을 앞에 올리겠다고 난리법석을 떨었고, 학부의 1인자가 되겠다며 여러 이벤트를 펼쳤다. 그러다 보니 정상적인 교육질서에 영향을 줬을 뿐만 아니라 학부 명성에도 큰 타격을 입혔다. 결국 사태를 해결하기 위해 학부 합병 제안을 철회하고 다시 두 개의 학과로 되돌아갔다. 학부제 개혁이 진행되는 동안 이처럼 합쳐졌다 다시 분리되는 씁쓸한 결말을 연출한 학과가 적지 않다.

③ 실세를 쥔 학과와 허세를 쥔 학부, 학과 업무를 지휘하고 조율할 역량이 사라진 '학부'

학부제 개혁 이후 많은 대학들이 학과를 실체로, 학부를 허체로 삼은 방침을 고수하고 있다. 학과는 교육, 과학연구, 수입 창출 조직을 소유할 권한이 있을 뿐만 아니라, 일정 수의 인력, 재정, 물질적 권리도 갖는다. 학부에 속한 학과가 모두 제각각이다 보니 학과 발전에 불균형 현상이 나타났다. 학부는 꼭 필요한 중간 계층 제어권이 없다보니 호소력을 잃게 되고 지휘하는 힘도 약했다. 이처럼 학부의 무능함이 날로 두드러졌다.

원래는 학부를 통해 관련 학과들을 조율하려 했던 계획은 수포로 돌아갔다. 또 학부를 기준으로 전공 기초교육과 상식교육을 진행하고, 학과를 기준으로 전공교육과 진로 양성 교육을 실시하려던 구상도 모두 공중누각이 되어 버렸다.

④ 명칭 불일치, 국내외 교육 및 과학연구 교류에 동참할 수 없게 된 '학부'

학부 명칭이 반드시 고정불변이어야 한다는 기준은 없지만 최고한 그 이름에는 걸맞아야 한다. 학과의 관련된 전공과목은 학부의 관련전공 분야 안에 포함된 것이어야 교외 교류에서 상호 연계가 가능하다. 하지만 현재 '명칭 불일치' 문제는 상당히 심각하다. 예를 들어보면, 컴퓨터 전공의 경우 어떤 학교는 공학학부, 어떤 학교는 수학학부, 어떤 학교는 이과학부에 개설해 두었고, 공상관리의 경우 어떤 학교는 재정경제 학부, 어떤 학교는 관리학부, 어떤 학교는 정치학부 내에 개설해 둔 상태다. 국외 한 대학의 재정 전공 학과에서 국내 경제관리 전공 분야와 교류를 하고자 국내 모 대학의 관리 학부를 찾았다. 하지만 이 관리 학부는 정치학, 행정 관리학을 주로 다루는 곳으로, 재정과는 아무런 관계가 없었던 터라 계획은 물거품이 되고 말았다.

(4) 학부제 개혁의 발전

학부제 개혁은 대학의 교육구성 및 내부 관리체제 개혁에 있어 중요한 역할을 담당한다. 이에 필자는 국가 교육위원회가 직접 나서서 대학 학부제 개혁에 대해 충분한 논증과 연구를 진행해 학부 설립 조건, 지도사상, 기본원칙 등을 명확히 할 필요가 있고 본다. 학부의 발전중점과 포함해야 할 주요 전공이 무엇인지 분명히 하고, 최대한 국내외 학부 간에 명칭을 일치시켜 성질은 유사하나 명칭이 다르고 명칭은 일치하나 학부의 성질이 다른 현상이 발생하지 않도록 힘써야 한다. 학부제 개혁이 지속적으로 건강한 발전을 이룬다면 이런 문제들은 충분히 극복해 낼 수 있다. 사실 중국 학부제 개혁이 겪고 있는 이런 문제들은 해외 대학들도 겪고 있다. 학부 명칭 문제만 해도 한때 해외에서 깊이 있게 다룬 토론 과제였다.

타이완의 리우씽한劉興漢은 1990년 691명의 대학교수와 행정직원, 그리고 26명의 학부 학장과 전문가를 방문해 학부 전공 분류문제에 대해 조사를 진행한 후 이에 대한 그의 견해를 제시한 바 있는데, 참고할 만한 가치가 있다.

① 법학부 : 법률학, 범죄학 등 법학이 주가 된다.

② 인문학부(또는 문학부) : 자국어문, 외국어문, 종교, 종족문화, 고전어문, 응용어문, 현대어문, 언어학, 음성학, 철학, 역사학, 문학, 미학 등이 주가 된다.

③ 사회과학부 : 정치, 경제, 재정, 전파, 공공행정, 사회복리 등이 주가 된다.

④ 상공 학부 : 무역, 통계, 은행, 회계 등이 주가 된다.

⑤ 관리학부 : 각종 관리학과가 주가 된다.

⑥ 공학부 : 토목, 전기, 화공, 기계, 광야, 항공, 물리공학, 자동제어, 구조건축, 정보공학, 정밀공학 등 각종 공학연구가 주가 된다.

⑦ 이공학부 : 기초과학(물리, 수학, 화학), 자연과학(생명, 생명과학), 지구과학(지리, 지질, 대기)등이 주가 된다.

⑧ 농학부 : 환경과학부나 자연자원학부로 변경하기 적합한 학부로, 농업, 임업, 어업, 방목업, 식품과학기술, 생물과학기술 등이 주가 된다.

⑨ 의학부 : 구미지역 대학은 점차 전문화 세분화되는 추세가 강하다. 부속 병원을 설립해 임상연구, 실습, 서비스 기능을 갖추고 아울러 의학부, 간호학부, 약학부, 보건학부, 치의학부 등을 설립했다.

⑩ 원자과학부 : 연구소 및 연구기관으로 설립된 것이면 가능하다. 교육적 성질이 있긴 하나 지나치게 전문화된 상태라면 공학부로 편입시키는 것이 바람직하다.

⑪ 기타 학부 : 현 대학에는 아직 설치되지 않는 학부지만 사회 및 학술 발전을 위해 필요한 경우 국외 대학의 유사한 학부를 참고해 설립하도록 한다.

필자는 과학적이고 이성적인 연구를 통한 학부제 개혁은 고등교육사업 발전을 촉진시키고 이미 불거진 일부 문제점들도 말끔히 해소할 수 있을 거라고 굳게 믿는다.

7. 전공교육과 교양교육에 관하여

차이위안페이蔡元培가 베이징 대학 총장을 맡던 1917년부터 지금까지 중국 현대 고등교육은 80여 년간의 시련을 지나왔다. 그 기간 동안 고등교육의 목표, 조직관리 형식, 교육 내용 등은 사회 정치 경제 발전과 함께 끊임없이 변해왔다. 개혁개방 이래 중국 고등교육은 질적, 양적인 부분에서 유사 이래 가장 빠른, 가장 이상적인 발전을 거듭했다. 이 발전과정에서 새로운 불평등이나 새로운 문제들이 수없이 등장했는데, 그중 대부분은 교육과 관련된 것이었다. 이런 문제들이 사회 및 역사적 이유에서 비롯된 것은 분명하지만 체계적인 이론 지도가 부족했던 것도 큰 이유 중 하나다. 이에 필자는 본문에서 체계적인 분석이론과 방법을 이용해 이 문제를 정리하고 연구해 볼 작정이다. 이를 통해 대학교의 교육사상 및 운영목표를 명확히 하고, 고등교육의 질적 향상을 위해 미력이나마 도움이 되고자 한다.

대학교육의 근본적인 목적은 사회가 필요로 하는 전방위적인 인재를 양성하는 것이다. 대학의 모든 교육활동이 이 목표에 다다르고자 하는 것은 물론이고 모든 수업도 예외는 아닐 것이다. 하지만 사회가 필요로 하는 인재와 인간의 전방위적 발전은 별개의 문제다. 사회 수요를 주된 방향으로 할 것인지, 아니면 인간의 보편적 발전을 주된 방향으로 할 것인지, 또 전문 인재를 양성할 것인지, 전방위적인 다재다능한 인재를 양성할 것인지, 전공교육을 중심으로 할 것인지, 인성교육을 중심으로 할 것인지는 오랜 기간 교육계를 괴롭혀 왔던 문제다.

미국 하버드대 레빈Arlhur Levine교수는 이렇게 언급했다.

"미국은 40년에 한 번씩 이 문제에 대해 대 토론회를 개최한다."

그에 따르면 이런 논쟁들은 단순한 이론 문제에 그치지 않고 현실감이 있는 실질적인 문제들을 논한다. 예를 들어 전공 설립, 교육계획서 작성, 교육내용 배정, 교육 수단과 방법 등 구체적인 교육활동에 대해 토론하는 것이다.

(1) 전공과 교양, 반드시 물과 기름의 관계는 아니다

전공은 분명한 교육 목표를 근거로 대학교에 설립된 기본 교육 단위이거나 기본 교육 조직이다. 대학 내에서 모든 전공은 그들만의 특정한 교육목표 규율, 커리큘럼 체계, 수업 기준 등이 있다.

전공은 사회 분업화에서 나온 것으로, 사회 분업화가 존재해야만 대학교의 전공 성격이 사라지지 않는다. 대학이 막 탄생했던 초창기에는 사회 생산력 수준과 과학기술 발전이 더디게 진행되었고 사회 분업화가 세밀하지 못했다. 그런 탓에 중세기 대학에 전공이라고 해봐야 신학, 법률, 의학, 문학 등 4대 전공이 고작이었고 대학에서는 '칠예七藝(승마, 수영, 궁술, 검술, 수경, 작시, 장기와 읽기, 쓰기, 셈하기, 무용, 음악 등)'에 능한 인재 양성에 주력했다. 당시 4개 전공이 있긴 했지만 중세기 신학은 누구도 넘볼 수 없는 절대적 지위를 갖고 있었기 때문에 나머지 전공은 신학을 위한 부속물에 불과했다.

하지만 사회 생산력과 과학 기술의 발전, 봉건사회 해체, 산업 혁명의 궐기 등이 일어나면서 사회 분업화가 보다 정교해졌고 학과 분류가 점차 소형화 되었다. 아울러 대학에서 양성하는 인재도 점차 전문화 되었고 전공도 점차 세분화 되었다. 농업사회가 산업사회로 넘어가는 과도기에 교육은 다재다능한 인재 양성에서 전문 인재 양성으로 목표를 수정했다.

전공교육의 내재적 의미와 종류는 역사 시기별로 각기 달랐다. 전공교육에는 줄곧 인성교육적인 내용이 포함되어 있었는데, 전공교육을 통해 양성하는 인재가 어떤 기본적인 교양을 갖춰야 하는지 그 기준과 내용이 명시되어 있었다. 예를 들어, 직업 도덕, 신체 교양, 심리 교양, 기초 이론, 전공 지식, 기능기교 등이 있다. 쑤저우대 외국어학부의 영어교육 전공과의 인재양성 목표는 '지智, 덕德, 체體를 균형적으로 발전시키고 영어 학습과 영어 교사 업무를 담당할 수 있도록 하자.'이다. 좀 더 구체적으로 살펴보면 덕德분야에서는 '마르크스레닌주의, 마오쩌둥의 기본이론을 이해하고 사회주의를 바탕으로 조국을 사랑하며 중국공산당 지도자를 수호해 네 가지 기본 원칙과 개혁개방을 고수

해야 한다. 또 법과 규율을 준수하고 노동을 사랑하며 공산주의 사상과 품성, 우수한 도덕성을 갖추고 있어야 한다. 뿐만 아니라 사회주의 4대화 건설에 기여하고 인민을 위해 봉사하며 강한 적극성과 책임감이 필요하다.'라고 했다. 지智분야에서는 '언어학의 기본 원리를 파악하고 영어의 어음, 어법, 어휘의 기본 지식과 듣기, 말하기, 읽기, 쓰기, 해석 등의 기본 능력을 갖추어야 정확, 유창, 적제적소의 영어를 구사한다. 또 우수한 어문 기초와 중국어 표현력을 갖추고 영어국가의 지리, 역사, 사회, 정치, 경제, 문화 등의 기본 지식도 습득해야 한다. 과학적인 교육이론과 학습방법을 파악하고 교사 기본 교양교육과 기본 능력 교육을 이수해야 하며 중등영어교사 업무와 담임교사 업무, 그리고 영어 과외 활동 업무를 담당한다. 기초적인 과학연구 능력을 갖추어야 하고 제2외국어도 구사할 수 있어야 한다.'고 했다. 마지막으로 체體분야에서는 '열심히 몸을 단련하고 몸과 마음이 모두 건강해야 한다. 향후 업무를 담당할 수 있도록 국가가 정한 체육 합격기준에 도달해야 한다.'고 했다. 이처럼 전공교육에서도 인성교육에 대해 어느 정도 규칙과 요구사항이 있었다는 것을 알 수 있다.

전공 커리큘럼에서 교육 목표가 구체적인 학습 내용과 단계에 녹아들기 위해서 전공교육과 인성교육 두 가지를 모두 실시하고 있다. 이런 의미에서 본다면 전공교육과 인성교육은 결코 모순되지 않으며 더더군다나 물과 기름 관계도 아니다. 게다가 인성교육을 얼마든지 전공교육의 중요한 일부분으로 존재할 수 있다. 흔히 말하는 전문 인재 교육이냐 '멀티플레이어형' 인재 교육이냐는 논쟁, 전공교육이냐 인성교육이냐는 논쟁은 사실 전공교육의 범위가 어디까지인가 하는 문제다. 바꿔 말하면 전공교육이 어느 정도까지 인성교육을 수용할 수 있느냐는 논쟁이다.

넓은 의미의 전공교육은 전공과 사회적인 직업을 직접적으로 대응시키지 않기 때문에 교육 목표가 넓고 졸업생의 적응력이 뛰어나기 때문에 유사한 성질의 다양한 직업에 종사할 수 있다. 이는 주로 구미 국가들이 사용하는 모델이다. 반면 좁은 의미의 전공교육은 전공과 사회적인 직업을 직접적으로 대응시키는 것이다. 교육 목표가 좁아지고 졸업생의 적응력이 떨어지다 보니 본인이 이수한 전공과 꼭 들어맞는 적업에만 종사할 수 있다. 쑤저우 대학 및 중국 여러 대학들이 전공교육 시 채택하는 모델이다. 두 가지 모델은 서로 다른 경제 발전, 사회 문화적 배경을 갖고 있다. 넓은 의미의 전공교육 모델은 구미국가의 정치 분야의 분권, 경제 분야의 시장 조정, 관념 분야의 개인 자유주의 발전 등에서 나온 것이다. 반면, 좁은 의미의 전공교육 모델은 계획 경제, 통일성 중시라는 특징과 딱 맞아 떨어진다. 후자의 경우 교양교육 내용이 적은 편이라 학생들의 사회 적응력이 떨어진다. 계획경제에서 시장경제로의 구조전환, 사회 생산력 향상, 직업 지식 업데이트 주기 가속화, 현대과학 기술의 종합화 등의 새로운 흐름 속에서 후자 모델로는 더더욱 적응하기 힘들어진다. 이런 상황 때문에 중국 국가 교육위원회는 기존에 800개였던 전공교육 과목을 500개로 줄였고, 1997년에는 250개까지 줄일 계획이다. 아울러 전공교육 속의 문화 교양 내용을 보다 강화해야 한다고 강조하면서 '기초가 튼튼하고 포용 범위가 넓은 교육을 펼쳐 적응력이 강한 멀티플레이어형 인재를 양성해야 한다.'는 교육 목표를 밝혔다.

(2) 전공교육의 오류 및 방향

전문 인재 양성 위주의 전공교육은 중국 사회주의 건설에 필요했던 전문 인재를 다량 양성해냈고, 당시 국민경제와 사회 발전에 필요했던 인재도 충당해냈다. 하지만 지나치게 '전공'의식을 강화하나 보니 새로운 문제점이 생겨났고, 이와 함께 교양교육의 필요성이 대두되기 시작했다. 중국의 전공교육이 범한 몇 가지 오류는 다음과 같다.

① 갈수록 세분화되는 전공, 갈수록 좁아지는 문

중국 대학교의 전공 구분은 지식분야와 사회 직업 종류에 따라 진행되는데,

보통 문과, 이과, 공과, 농업과, 임업과, 의학, 사범, 재정, 정치 법률, 관리, 스포츠, 예술, 군사 등으로 나눈다. 이렇게 큰 틀 속에서 다시 작은 과로 세분화한다. 그중 이과는 다시 물리, 생물, 화학, 수학 등으로 나뉘고, 문과는 문학, 역사, 철학, 신문 등으로 나뉘며, 공학과는 기계, 예금, 건축, 전자 등으로 나뉜다. 이렇게 작게 부류된 '소학과小學科'학과는 보통 '1급 학과'라고 불리는데, 이른 근거로 전공 명칭이 정해진다. 소학과는 다시 '2급 학과'와 '3급 학과'로 분류할 수 있다. 이과의 화학과가 1급 학과인데, 그 밑으로 동물학, 생물학, 미생물학과 등이 있고, 공학과의 기계과는 다시 기계 제조공예 및 설비, 화공기계, 중형기계 등으로 나눌 수 있다. 이런 2급 학과와 3급 학과 역시 전공이나 전공 분류 명칭으로 사용된다. 서양의 대학들은 소학과를 단위로 전공을 정하는 반면, 중국은 소학과의 부속 학과를 단위로 정하다보니 포용범위가 좁아질 수밖에 없다. 화학전공을 예로 들어보면, 모 대학 화학 전공에는 유기화학, 무기화학, 분석화학, 물리화학, 화학교육, 정밀화공 등 6개 분야가 있는데, 매년 70여 명의 신입생을 기준으로 보면 각 전공별로 15명밖에 없기 때문에 학교 운영효율이 떨어질 수밖에 없다. 전공의 포용력이 지나치게 좁으면 학생의 적응력도 저하되어 자신의 전공과 딱 맞아떨어져야만 취업이나 업무 담당이 가능한 상황이 벌어진다.

② 인기 전공 개설, 전공 특색 무실

전공 설립은 학과 설립과 긴밀하게 연계되어 있지만 전공 설립은 불활성 메커니즘 성격이 아주 강하다. 한 대학 내에 일단 전공이 설립되면 이 전공에 필요한 교사, 학생, 도서자료, 기기 설비를 갖춰야 하고 전공 기기는 계속해서 운영되어 나가야지 사회 수요가 변한다고 그 즉시 변할 수 있는 부분이 아니다. 이런 현상은 전공의 특색과 장점을 살리는 데 결코 나쁜 일이 아니다. 하지만 오래된 전공은 사회 적응력이 떨어지고, 새로운 전공은 강한 매력을 갖고 있다보니 많은 대학들이 앞 다투어 인기 전공을 개설하려는 현상이 나타난다. 이는 진부한 전공의 개선 및 교사, 기기 등 전공 '자산'의 새로운 활로를 찾아주고 더 많은 성장점과 기회를 얻었다. 하지만 결과적으로 학과의 장점과 특색은 잃어버린 채 임시방편적으로 반을 개설하고, 심지어 다른 대학의 학습계획을 그대로 모방해 새로운 전공을 설립하기에 이르렀다. 그러다 보니 인재 유형이 단조로워지고 전공 비율이 불균형을 이루는 문제점들이 생겨났다.

새로운 전공은 사회적으로 대우가 좋고 수입이 높으며 배정받기 쉬운 직업과 연관된 것이 대부분이다. 몇 년 전의 회계학, 화폐은행학, 국제 무역학 등이 대표적 예인데, 당시 거의 모든 대학들이 이 전공 설립을 신청한 바 있다. 전공 인재 양성은 상대적으로 낙후되어 있기 때문에 인기 전공의 학생이 졸업할 시기가 되면 인력 시장은 이미 포화상태가 되어 있다. 그러면 이제 막 개설한 전공들은 갖은 방법을 동원해 살길을 찾게 되고, 다시 전공을 '개조'하는 악순환이 이어진다. 이에 대해 중화 사범대 장카이위안章開沅 전 총장은 다음과 같이 뼈 있는 말을 남겼다.

"현재와 미래의 과학 기술 혁신이 하루가 다르게 변한다고 해서 새로운 학과가 우후죽순처럼 생겨나고 오래된 학과가 쪼개지고 개조된다면 전공 구조와 수업 개설에 큰 타격을 줄 것이다."

이처럼 끊임없이 이어지는 충격과 도전 속에 대학들은 융통성도 필요하지만 상대적인 안전성도 유지해야 한다. 이 안전성을 유지하기 위해서는 앞을 내다보는 대학들의 예견성도 필요하다. 과학 기술과 국민 경제 구조는 끊임없이 변하기 때문에 지금 공급 부족인 인기학과가 몇 년 후에는 비인기 학과로 전락할 수도 있다. 경험이 풍부한 총장이라면 아는 사실이다. 국가가 갑자기 필요로 하는 전문 인재가 아니라면, 전공을 설립할 때는 지나친 전문화, 지나친 세분화는 적합하지 않다. 장기적인 유지를 바탕으로 전공을 설립해야만 막 사회에 발을 내딛는 전문인재가 얼마 지나지 않아 도태되는 기이한 현상이 발생하지 않을 것이다. 전공은 교육의 생명과도 같다. 오래된 전공을 개조하든 새로운 전공을 설립하든, 아니면 전공 수준을 테스트하든 모든 분야에서 총장의 준비성과 예견성이 필요하다. 무조건 이익을 쫓고 단기적으로 효과를 보려

한다면 결국엔 아무런 성과도 거둘 수 없다는 걸 명심해야 한다.

③ 전공 수업 팽창, 교양 수업 위축

지나치게 전공과 그 특수성을 강조하다보니 많은 학과에서 무제한적으로 전공 수업의 교육시수와 비율을 늘였다. 이처럼 지나친 전공교육은 학생들의 지식 포용력을 협소하게 만들고 인문 교양에 대한 흥미도 잃게 만들었다. 베이징시는 이공학과 학생들을 대상으로 '사회학과 수업에 대해 어떤 견해를 가지고 있나요?'라는 설문을 조사한 결과, '흥미는 없지만 어쩔 수 없이 공부해야 한다'가 가장 많았고, '흥미는 있지만 시간을 투자하고 싶지 않다'는 대답이 그 뒤를 이었다. 이 설문에서 '흥미를 가지고 들어보고 싶다.'라고 답한 학생은 8.6%밖에 없었다. 이 결과는 분명 사회과학 수업의 질적 수준과 관련이 있을 것이다. 하지만 다른 측면에서 본다면 이공학과 학생들의 전공의식이 지나치게 강하고 교양교육 의식이 낮다는 반증이기도 하다.

전공수업과 교양수업은 전공교육과 교양교육의 관계라고도 볼 수 있다. 이 관계는 사회 생산력 수준과 과학 기술 및 사회 정치 제도 등 다양한 요소가 반영된 것으로, 거시적 교육 틀에서 혁명 모델과 학술 모델 사이에서 '시계추' 현상이 나타난다. 즉 사회가 전문 인재를 필요로 하고 경제체제에 계획성과 행정적 색채가 강하면 시계추는 전공교육 쪽으로 움직인다. 반면, 사회가 복합형 인재를 필요로 하고 경제체제에 시장성과 자유적 색채가 강하면 시계추는 다시 교양교육 쪽으로 움직인다.

20세기, 특히 최근 20년 동안 전 세계 대학들은 전공교육에서 전공교육과 인문교육을 결합한 교육을 중시해야 한다는 목소리를 내며 교양교육을 중시하자는 바람이 일었다. 1984년 미국 고등교육의 질적 향상을 전문적으로 연구하는 팀이 교육부와 국가 교육위원회에 〈자발적 학습－미국 고등교육의 잠재력을 키운다〉라는 보고서를 제출했다. 이 보고서에서는 다음과 같이 언급하고 있다.

"미래를 가장 잘 준비하는 방법은 어떤 직업을 겨냥한 교육이 아니라 학생에게 변화무상한 세상에 적응하는 방법을 가르치는 교육이다."

또 미국대학연합회는 대학학부에 가장 우수한 필수과목을 개설하기 위해 고려할 9가지 분야에 대한 의견을 내놓았다.

① 추상적인 논리사유 탐색을 위한 비판적 분석
② 쓰기, 읽기, 말하기, 듣기 등의 기본문화
③ 데이터 이해
④ 역사의식
⑤ 과학
⑥ 가치
⑦ 예술
⑧ 국제와 다원화 경험
⑨ 깊이 있는 학문 연구

수많은 교육 이론학자들 역시 편협한 전공교육에서 벗어나야 한다고 한목소리를 내고 있다. 카네기재단의 어니스트 보이어Ernest Boyer 회장은 자신의 저서『학교 : 미국 학부생 교육의 경험』에서 다음과 같이 말한다.

"우리의 최대 적은 '분열'이다. 지금 사회에는 문화 응집력과 보편성이 사라졌고, 대학에는 학과제, 심각한 직업주의, 지식 분할밖에 없다."

그는 체계적인 영어 수업을 통해 학생들의 읽고 쓰는 능력을 키워야 하고 전공과목 수업은 일반 교육 수업과 연계해야 하며 더 많은 시간을 일반교육 수업에 할애해야 한다고 했다. 하버드대 데릭 복Derek Bok 총장은 다음과 같이 강조했다.

"학부생은 전공과목을 통해 깊이 있는 지식을, 다양한 학과 수업을 통해 폭넓은 지식을 습득해야 한다. 또 정확하고 적합한 교류 능력과 기본적인 정량 능력을 갖추고 능숙한 외국어 실력 및 냉철한 사고력을 가져야 한다. 아울러 자연, 사회, 자아의 중요성을 이해하고 인식하는 사유방법을 터득하고 다른 문화, 다른 가치, 다른 전통, 다른 제도를 이해하는 법을 배워야 한다. 학부생들은 이런 탐색의 기회를 통해 지식과 문화에 흥미를 가지고 자신을 더 많이 이해함으로써 앞으로의 생활과 직업에 대해 올바른 선택을 할 수 있다. 다른 학생들과의 공동생활, 공동 작업은 학생들을 보다 성숙하게 만들고 개인차에 대한 포용력도 키울 수 있다.”

이런 관점에서 출발해 1980년대 후반부터 미국의 고등교육계는 일련의 개혁을 진행했다. 이 개혁은 교양 교육을 강화하고 문과와 이과의 교육내용을 강화하며 해당 수업을 확대한다는 기치 하에 진행되었다. 하버드 대학을 필두로 관련 핵심 수업이 부활하기 시작했고, 매사추세츠공과대학Massachusetts Institute of Technology은 인문학과 교수와 자연학과 교수가 공동 강의를 담당하는 등 학과 경계를 무너뜨린 수업을 개설했고, 바서대학교Vassar College는 예술과 정치 등 문과 전공 학생들을 위한 ‘과학 탐구 입문’수업을 개설하기도 했다.

신기술 혁명의 물결이 중국 고등고육을 위협하고 있는 지금, 계속해서 구소련 모델 위주의 고등교육 체제를 고집하는 것은 현 사회발전 흐름에 부합되지 않는다. 특히, 지나친 전공의 세분화, 학과 위주의 지식 습득은 학생의 사회 적응력에 영향을 줄 뿐만 아니라 취업 후의 다양한 기회에도 타격을 준다. 많은 교육 이론가들은 전공 수업 확대로 인한 폐단을 바로잡고 지나치게 이른 전공 결정과 지나치게 강한 전공 의식을 해결하기 위해서는 인문 교양교육을 강화하고 전공 비중을 낮추고 커리큘럼을 강화해야 한다는 의견을 내놓았다. 일부 학교들도 이 문제에 대해 적극적으로 연구했다. 하지만 앞으로 중국은 전공 구조 조정을 위해 많은 역경을 이겨내야 하고, 전공의 비중을 낮추고 교양교육을 강화하기 위해 많은 일을 해야 한다.

전공교육 개혁은 체계적인 사업으로, 이를 성공적으로 이뤄내기 위해서는 사회 전체가 함께 노력해야 하다.

첫째, 전공 설립에 대한 정부의 관리 방식을 바꿔야 한다. 지금은 학교가 신청하면 성 교육 위원회가 비준하고 국가 교육 위원회가 기록을 남긴다. 또, 정부나 관련 교육 부서에서 전공 명칭, 규모, 핵심수업을 결정하고 관련 심사권을 가지고 있기 때문에 학교는 늘 수동적인 역할만 해왔다. 비준을 얻기 위해 때로는 허위보고도 서슴지 않고, 실제로 전공 설립 허가가 떨어진 후에는 정상적인 평가가 이루어지지 않다 보니 상황이 엉망인 경우가 허다하다. 이런 '상명하달'식의 체제를 개혁해 전공 설립 권한을 학교에 넘겨주고 관련 국가기관은 그에 상응하는 기준을 제정해 검사 및 평가를 실시해야 한다. 그래야 기준에 미달인 전공을 제때 없애는 등 학교의 거시적 제어 능력을 향상시킬 수 있다.

둘째, 채용회사의 전공 개념도 변해야 한다. 지금의 채용회사, 특히 인사담당부서는 전공 명칭에 연연하거나 전공과 직업을 지나치게 일치시키려다보니 학생이 갖고 있는 소질을 간과하는 경우가 많다. 이런 부처 위원회 기관은 대부분 부처 위원회 산하 대학 출신 학생만 꼽고 다른 학교 출신의 우수한 학생들은 문전박대하는 경우가 허다하다. 이런 현상 때문에 사회, 수험생, 학부모들의 전공의식이 강해질 수밖에 없고, 대입에서 인기학과와 비인기학과로 극명하게 구분되는 현상이 나타난다. 이는 대학의 직업의식 강화로 이어져 대학들이 순식간에 인기학과를 개설해 재정확보에 나서게 만들었다.

이와 대조적으로 국외 채용 부서는 사람의 기본 교양을 중시하지 전공 배경이 어떤지에 대해서는 전혀 관심이 없다. 그들이 중시하는 것은 '어떤 수업을 이수했느냐'이지 '무슨 전공을 이수했느냐'가 아니다. 만약 중국의 채용부서들이 전공 관념이나 인재 관념에서 이런 변화를 보여준다면 중국 대학의 전공 개혁에 긍정적으로 기여할 것이다.

셋째, 전공교육의 훈련모델이 바뀌어야 한다. 전공교육은 학생이 대입 지원서를 작성하는 그 순간 시작되기 때문에 지원서를 작성하는 것도 수험생, 학부모, 나아가 교사들에게 큰 부담으로 작용하다. 그도 그럴 것이 전공 자체가 학생에게 워낙 중요하고 입학은 물론 이후 취업까지 결정짓기 때문이다. 또 일단 입학을 하면 전공을 바꾸기 쉽지 않아 다른 선택의 여지도 없다. 따라서 유연하고 탄력적인 전공교육 메커니즘을 마련해 학생이 입학 후 일정 기간 먼저 일반(교양)교육을 받은 후 선택과목을 통해 자신만의 지식구조를 구축한 후 자신의 전공 반향을 결정하도록 해야 한다. 현재 대학 대부분이 교사, 설비 등의 여건 부족으로 모든 학생들의 요구사항을 수렴할 수 없는 상황이기 때문에 우수 학생의 요구를 먼저 수렴하는 방식을 취해 학생들 간의 경쟁을 유도해야 한다. 이런 노력을 기울인다면 중국은 전공교육의 오류에서 완전히 벗어날 수 있다.

(3) 교양교육의 내용과 방법

교양교육은 본디 전공교육의 중요한 일부분인데 간혹 협의적인 전공교육 개념을 설명하면서 교양교육을 함께 논하기도 한다. 여기서 필자가 말하는 교양교육은 전공교육 양성목표 중의 일부분으로서의 교양교육이다. 하지만 구체적인 분석을 진행할 때는 협의적인 전공교육 개념과 대응시키는 방법도 배제하지 않을 것이다.

교양교육은 1980년대 후반 중국교육계에 자주 등장한 단어로 중국교육계에 큰 영향을 미친 교육사조이다. 1988년 2월 리우삔柳斌이 《인민교육人民教育》에 〈노동자의 교양을 향상시키는 것이 기초교육의 기본 임무다〉라는 글을 발표하면서 '교양교육'이라는 개념이 정식으로 등장했다. 국내외 경제 발전의 흐름을 관찰해보면 사실상 자원의 우수성으로 강성해진 나라는 얼마 안 되고 과학기술 발전, 경제 진흥, 사회발전 모두 사실상 노동자의 교양, 그리고 우수한 인재 양성에 의해 결정되었음을 발견할 수 있다. 그래서 그는 이에 걸맞은 교육개혁을 실시해야 하고 다음 세 가지 근본적인 변화가 필요하다고 촉구했다.

첫째, 단순히 일부 출중한 학생을 인재로 키우던 교육에서 벗어나 학생 전반의 교양을 향상시켜야 한다.

둘째, 단순히 지적 교육에만 치중하던 교육에서 벗어나 지덕체의 전반적인 발전을 중시해야 한다.

셋째, 단순히 진학을 위한 교육에서 벗어나 사회주의 건설에 기여할 수 있는 교육이어야 한다.

리우삔의 글은 중국 기초교육계에 큰 반향을 불러일으켰고, 교양교육은 초, 중등교육에서도 중요한 지도사상으로 자리 잡았다.

교양교육의 여파는 즉시 고등교육계에까지 영향을 주었고, 수많은 전문가들이 교양교육의 의미, 대학생들의 교양구조, 그리고 관련 교육 등에 대해 적극적으로 연구하기 시작했다. 이를 토대로 저우위안칭周元淸은 1994년 부처 위원회 산하 대학의 총장 및 서기 회의석상에서 교육사상 개혁은 반드시 교양교육을 중시해야 한다는 의견을 정식적으로 내놓았다. 그는 '전문 인재'냐 '멀티미디어 형 인재'냐는 중요하지 않다고 했다. 다만 교양 교육을 중시하고 능력육성과 개인 발전을 중시해야 하며 맞춤형 교육을 실시해야 한다고 강조했다. 교양은 크게 도덕교양, 문화교양, 업무교양, 신체 심리 교양 등 네 가지 분야로 나뉘고, 교양은 지식과 능력, 그리고 이 지식과 능력이 제대로 발휘될 수 있도록 하는 '됨됨이'에 의해 결정된다고 했다.

① 대학 교양교육의 의의

전국 고등교육 연구회 제3회 학술연구회에서 대학 교양교육에 대한 열띤 토론이 펼쳐졌다. 찬성자들은 대학은 교양교육, 나아가 한 단계 업그레이드 된 교양교육을 진행해야 한다는 의견이었다. 하지만 일부 사람들은 대학의 교양교육에 대해 신중한 태도를 취해야 한다고 강조했다. 대학에서 진행하는 교양교육의 의미가 너무 모호하고 과거의 보통교육이나 통식通識교육, 통재通才교육과 어떻게 다른지 그 경계선이 명확하지 않다는 의견이었다. 또 일부 사람들은 대학에서는 초, 중고등학교처럼 교양교육을 실시해서는 안 된다는 의견을 내놓았다. 그들은 기본적인 인간 도리와 문화수양은 초, 중등교육에서 해결해야 한다는 입장이었다. 만약 대학에서 교양교육을 실시한다면 교양교육은 전공교육과 관련된 학과의 봉사정신 교육과 고상한 직업도덕교육 임무도 담당해야 한다. 필자는 위에 언급된 두 가지가 모순되지 않기 때문에 통일할 수 있다고 생각한다.

우선 개념을 정리해보면, 보통교육은 모든 전공자들이 반드시 습득해야 하는 기초이론, 기초 기능 관련 수업으로, 정치이론 수업, 도덕과 교양 수업, 체육과 군사 수업, 언어와 기능 수업, 공공 기초 수업 등이 포함된다. 통식교육은 보통교육을 토대로 학과 간의 지식분야를 교육, 연구, 확대할 수 있는 선택과목 수업들이고, 통재교육은 전문 인재 교육에 대등되는 표현법이라 할 수 있다. 이 삼자는 모두 교양교육과 밀접한 관계가 있지만 이 세 가지 분야에 국한되어 있지는 않다. 대학 내 학과 기초교육 중심의 전공교육에는 이에 대응되는 교양교육도 함께 진행되고 있다.

둘째, 대학의 교양교육과 초, 중고등학교의 교양교육은 그 목표, 내용, 방법, 루트 등 다양한 분야에서 각자의 특징을 갖고 있기 때문에 더 이상 의문을 가질 필요가 없다. 좀 더 구체적으로 말하자면 대학 교양교육이 갖는 의미는 다음 몇 가지로 정리해 볼 수 있다.

1) 대학의 교양교육은 공산당의 교육 방침을 이행하고 지, 덕, 체를 모두 겸비한 사회주의 일꾼, 계승자를 양성하는 데 도움이 된다.

전반적인 발전을 위한 교육과 교양교육을 연계해야 비로소 진정한 의미의 전반적인 발전을 이루고 교육을 실현할 수 있다. 심리교양, 문화교양 등을 포함한 교양교육은 전반적인 발전을 위한 교육내용을 보다 풍부하게 만들고, 이로써 전반적인 발전을 이룰 교육을 실행할 가능성이 높아진다.

2) 대학의 교양교육은 현재의 과학 기술 발전 흐름에 부합된다.

지금은 미전자학과 전자컴퓨터 기술로 상징되는 신과학기술 혁명의 시대로 과학기술에도 큰 변화가 일고 있다.

첫째, 지식이 업데이트 되는 속도가 빨라졌다. 어떤 추정 수치에 따르면 1980년대까지 인류사회 지식의 90%는 제2차 세계대전 종식 후 30년 동안 습득한 것이고, 2000년이 되면 인류의 지식 총량이 배로 증가한다고 했다.

둘째, 과학기술은 고도의 세분화와 고도의 종합화가 도시에 나타나 고도의 종합화를 중심으로 통합되는 흐름이 등장했다. 예를 들어 현대화학은 고전 화학인 무기화학, 유기화학, 물리화학과 분석화학이 점차 통합되면서 학과의 경계선이 모호해졌다. 환경과학은 더더욱 그렇다. 이 분야는 인문사회과학, 지리과학, 대기과학, 화학 생물학 등 다양한 학과가 동시에 참여해야만 발전할 수 있기 때문이다.

셋째, 과학기술이 생산력으로 전환되는 속도가 점점 빨라졌다. 19세기에는 전동기를 발명해 활용하기까지 무려 65년, 전화도 56년이 걸렸다. 하지만 20세기에 접어들면서 집적회로를 탄생시키는 데 고작 2년밖에 안 걸렸고, 1973년 연구 제작에 성공한 첫 마이크로프로세서가 탄생한 후 1980년대 초에는 이미 네 차례 업데이트 되었다.

이런 사회적 변화는 단순한 전공교육이 아닌 교양교육을 핵심으로 하는 교육을 요구했다. 이를 통해 학생들이 기본지식과 기술능력을 습득하고, 나아가 이미 습득한 지식과 능력을 지속적으로 공부해 발전시켜 나간다는 정신을 가지게 되었다.

3) 대학의 교양교육은 세계 교육개혁의 흐름에 부합된다.

1950년대 시작된 세계교육 개혁은 수많은 유파에 각기 다른 관점을 주장하고 있었지만 교육을 발전과 연계해야 한다는 기본 견해에는 동감을 표했다. 그들은 개성을 존중하는 교육을 통해 학생의 교양을 발전, 향상시킴으로써 이 시대가 요구하는 인재를 육성해 내고자 했다. 유네스코가 1989년 중국에서 개최한 21세기 교육 국제 연구토론회에서 이 같은 공감대를 형성했는데 다음과 같이 언급한 바 있다.

"21세기 가장 성공한 노동자는 가장 전면적인 발전을 이룬 사람일 것이고, 새로운 사상과 새로운 기회에 가장 개방적인 사람일 것이다."

이런 사람은 세 가지 '자격증'을 갖게 되는데, 학술적인 것과 직업적인 것, 그리고 적극성과 개척능력을 갖춘 사람임을 증명해 줄 수 있는 자격증이다. 미국 고등교육 연구팀은 한 보고서에서 다음과 같이 지적한 바 있다.

"미국은 배우는 법을 아는 국민이 필요하다. 그들은 자신의 필요에 따라 학습자원을 판단하고 어떻게 사용해야 할지 알기 때문이다. 미국은 창의적이고 정보를 종합하고 다시 구성할 줄 아는 국민이 필요하다. 그들은 각기 다른 관점에서 문제를 분석할 줄 알기 때문이다. 미국은 가정, 사회, 국가 생활에서 다른 사람과 지식과 학술을 공유할 줄 아는 국민이 필요하다."

이처럼 지금 세계 고등교육계는 자발적으로 수준 높은 교양을 갖춘 인재를 양성하기 위해 안간힘을 쓰고 있다.

4) 대학의 교양교육은 현 사회 및 학교의 폐해를 해결할 수 있다.

현대 사회발전과 번영 뒤에는 많은 문제점과 위기들이 은폐되어 있는데, 사람들의 전반적인 교양이 사회발전을 결정짓는 중요 요소로 작용하게 되었다. 예를 들어, 미신이나 도박을 맹신하는 사람, 사상이나 정신도덕이 결여된 젊은이들, 마약이나 매춘 등의 추악한 행위를 하는 사람, 부패한 생활, 사리사욕에 눈이 멀고 직권남용을 하는 간부 등이 대표적 예다. 대학 내에서는 시험 커닝, 절도, 구타 행위 등도 끊이질 않는다. 중국의 문화교양 현주소는 더더욱 걱정스럽다. 한 중점대학의 학생 89%가 악보를 볼 줄 모르고 90%가 중국 4대 도서를 아직 읽어보지 않았으며 석사, 박사생들은 중국어 능력 평가에서 평균 미달로 불합격되는 불명예를 안았다. 초, 중고등학교에서 입시교육에서 교양교육으로 전환을 선언함과 동시에 대학 역시 소양교육에 관한 관련 계획을 발표해야 한다. 오늘날 대학의 소양교육은 단순히 특정 기술을 가진 전문 인력을 양성하는 것이 아니라 모든 분야에서 조화로운 발전을 이뤄낸 인재를 양성하는 것을 목표로 한다. 고등교육계의 실무팀과 관리팀은 우수한 교양을 겸비한 인재를 양성해야 한다는 데 뜻을 모으고 있다.

② 대학 교양교육의 내용과 그 루트

　대학의 소양교육은 풍부한 내용을 담고 있는데, 다음 몇 가지로 정리된다.

　첫째, 건강교양 교육이다. 이는 교양교육의 전제조건이자 기본이다. 학생이 체계적인 건강지식, 병리 및 약물 지식을 습득함으로써 올바른 생활방식, 위생습관, 그리고 운동에 대한 올바른 인식과 습관을 형성해 건강을 유지하도록 돕는다. 아울러 스포츠 종목에 대한 흥미를 유발시켜 학생이 사회주의 현대화 건설에 기여할 수 있는 건강한 체력을 갖게 한다.

　대학의 건강교양 교육은 규칙적인 체육수업이나 체육 활동 등을 통해 이루어지는데, 이 외에 학교에서 제공되는 규칙적인 일과표, 아름다운 캠퍼스, 올바른 생활 태도 등은 보이지 않는 수업과도 같다. 그 외 체육 선택과목이나 스포츠 서클 모임 등도 건강교양을 쌓을 수 있는 중요한 루트라 할 수 있다.

　둘째, 심리교양 교육이다. 대학에서 심리교양 교육을 실시하는 목적은 개인의 심리구조를 건강하게 발전시키는 데 있다. 심리교양 교육으로 학생들은 이상을 품고 생활에 자신감과 희망을 가지게 되며 새로운 도전에 맞서 자기와의 싸움에서 이길 수 있다. 또 스스로에 대해 오만하거나 비관적인 태도가 아닌 겸손하면서도 자신감 가득한 모습을 보인다. 타인에 대해서도 냉정, 의심, 폭력적인 태도가 아닌 열정, 정직, 정중한 태도로 예의를 갖춰 대한다. 일을 처리할 때도 성실하고 책임감 있는 모습으로 최선을 다하며 창의적인 태도를 보인다. 결코 나태하거나 무책임한 태도로 일관한다거나 낡은 관습을 고수하지 않는다.

　중국 대학생들의 현주소를 볼 때, 우선 생활 속의 각종 유혹을 이겨내는 법과 공부와 생활에서 부딪히는 각종 어려움과 좌절을 극복해내고자 하는 의지를 기르도록 도와야 한다. 또 올바른 인간관계를 맺는 데 필요한 지식과 기술을 배울 수 있는 기회를 제공하는 것이 시급하다.

　대학생을 대상으로 한 심리교양 교육은 반드시 전공교육과 병행해야 한다. 각 학과에서는 학생들에게 과학계의 거장, 지도자, 기업 유명인사, 문화 명인들이 걸어온 발자취를 소개하고 그들의 심리 성장과정과 인재가 되기까지의 비밀을 해부함으로써 심리교육을 진행한다.

필자는 두 대학에서 '대학생과 현대생활'이라는 선택과목을 개설한 바 있다. 이 수업에서는 심리학 지식을 이용해 학생들과 이상과 자아실현, 인간관계와 사회 적응, 감성, 학습 전략, 시간 활용 등에 대해 토론을 진행했는데, 학생들의 호응이 대단했다. 한 학생은 이렇게 말하기도 했다.

"이 수업을 듣기 전에는 괴로움, 막연함, 알 수 없는 감정들로 멍하니 하늘만 쳐다보곤 했는데, 지금은 어떻게 생활해 나가야 할지 정확한 방향을 찾았다."

필자는 이 수업을 진행하는 동안 학생들의 생각과 수도 없이 부딪치면서 그들의 바람을 깊이 깨달을 수 있었다. 그 외에 여건이 되는 학교는 심리 상담 센터 등의 학생 지도기구를 설립해 학생들이 건강한 심리상태를 유지할 수 있도록 도와야 한다.

셋째, 도덕교양 교육이다. 대학생 교양교육 가운데 특히 중요한 위치를 점하고 있는 도덕교양 교육은 모든 교양교육의 영혼이자 핵심이다. 광의적인 의미에서 본 도덕교양에는 정치 교양교육, 사상 교양교육, 도덕 교양교육, 법률과 규율 교양교육이 포함된다. 정치 교양교육은 민족, 계급, 국가, 정권, 사회제도, 국가 관계 등에 대한 견해, 감정, 태도 등을 교육한다. 이를 통해 대학생들은 늘 국가 앞날과 운명에 대해 관심을 가지게 되고 민족 자긍심과 자존감을 형성하게 된다. 이것이 바로 대학생에게 정치 교양교육을 실시하는 주된 목표다.

사상 교양교육은 과학적인 세계관 교육과 명확한 인생관 교육을 실시함으로써 학생들이 변증 유물주의와 역사 유물주의 관점을 습득하고 문제를 발견, 분석, 해결하는 능력을 갖게 되며 인생의 의미와 가치를 깨닫게 된다. 이것이 바로 대학생에게 사상 교양교육을 실시하는 주된 목표다.

법률 및 규율 교양교육에는 민주 및 법률제도 교육, 그리고 규율 교육이 포함된다. 이를 통해 대학생이 민주와 법률제도의 탄생을 이해하고 받아들이며 자각적으로 규율을 준수하는 습관을 형성하도록 돕는다. 이것이 바로 대학생에게 법률 및 규율 교양교육을 실시하는 주된 목표다.

오늘날 대학생 도덕 소양 교육은 지나치게 높은 목표, 불분명한 대상, 단조로운 형식, 과도한 강제성 등의 문제점이 대두되고 있다. 아울러 인력 투자와 정력 소비가 많은 반면 효과는 미비하다는 문제점도 지적되었다. 따라서 대학 내 도덕 교양 교육을 전면적으로 실시할 때는 현 대학생들의 특징을 겨냥해 목적 교육을 진행하고 다양한 틀과 여러 단계로 구성된 입체교육이 진행되어야 한다. 입체교육이라 함은 도덕 교양 교육을 세 단계로 나눠 진행하는 것을 말한다.

첫째, 추구하는 단계다. 이는 과학적인 세계관과 인생관을 토대로 공산주의 이상을 목표로 하는 도덕교육 시스템으로 도덕 교양 교육의 고차원적 단계이자 목표다.

둘째, 발전하는 단계다. 이는 단체주의, 애국주의, 인도주의, 정의감, 노약자 존중 사상 등을 기본 내용으로 하는 도덕 교양 교육이다.

셋째, 장려하는 단계다. 이는 학생들이 사회의 기본 공중도덕과 규율 및 법규를 준수할 것을 요구한다. 자신의 직업 기술 및 능력, 직업 도덕관을 바탕으로 사회를 위해 봉사하고 타인을 위해 봉사하면서 자신의 물질적 이익과 사회적 지위가 향상된다.

이 세 단계는 점층적 관계다. 따라서 가장 기본인 시작단계부터 제대로 실천해야 대학생의 도덕 교양 교육이 제자리를 잡아갈 수 있다. 아울러 적절한 기회를 잡아 발전 흐름에 맞춰 교육을 진행해야 대학생, 특히 우수 대학생들이 추구, 발전 단계까지 지속적으로 올라가 세기를 뛰어넘는 우수한 인재가 될 수 있다.

'대학생의 도덕 교양 교육은 어떤 루트와 어떤 방법을 통해 진행해야 할까?' 이 문제는 아주 오랜 기간 해결되지 않은 숙제로 남아 있다. 가장 주된 방법으로 정치이론 수업과 사상, 품성과 인품 수양 수업을 꼽는다. 하지만 이 수업들은 실효성이 크게 떨어질 뿐만 아니라 학생들이 가장 싫어하는 수업으로 손꼽힌다. 이 과목들은 국가 교육 관리부가 지정한 필수 이수 과목인 교육 개혁의 '금단 지역'이라 대대적으로 개혁하기가 힘든 실정이다. 사실 학생들에게 억지로 수업을 듣게 하는 것보다 차라리 커리큘럼 개혁이나 제한적 선택과목을 개설함으로써 변화를 꾀하는 편이 낫다. 이를 통해 장려 체제를 도입하고 도덕 교육 내용이 풍부한 수업을 개설하도록 교사들을 장려한다. 이렇듯 정치이론 교육을 인문화하고 정치이론 수업의 이미지를 새롭게 쌓아 대학 내 도덕 교양 교육에서 정치이론 교육이 맡은 바 역할을 다할 수 있도록 해야 한다.

지도교사제는 대학의 도덕 교양 교육을 실천하는 중요한 형식 중 하나다. 현재 많은 대학들이 도덕교육의 임무와 전공교육을 분리함으로써 거대한 정치 업무 팀을 마련했다. 그들은 대부분 개척정신이 강하고 패기가 넘치며 사고력과 풍부한 경험을 갖고 있는 교사들이다. 하지만 부임한 지 얼마 안 되는 젊은 교사들이라 대부분 '역할' 의식이 투철하고 인생경험이 부족하며 이론 토대가 약하다보니 학생들의 신망을 얻기가 쉽지 않다. 지도교사제는 위에 언급된 결점들을 말끔히 매워줄 수 있다. 뛰어난 업무 능력, 높은 신망, 명확한 이론 설명 능력을 갖춘 지도교사들은 교실에서는 강의를 담당하는 교육자, 교실 밖에서는 다양한 방법으로 학생을 돕는 조력자 역할을 담당할 수 있다.

우수한 캠퍼스 환경, 학구적인 캠퍼스 분위기, 캠퍼스의 문화적 색채 역시 대학 도덕 교양 교육에서 놓쳐서는 안 될 중요한 요소다. 만약 대학 캠퍼스가 푸른 잔디, 맑은 공기, 청결한 강의실, 조용한 분위기, 질서 정연한 모습을 유지하고 있다면 설령 학생이 아무데다 휴지를 버리고 침을 뱉고 고성방가를 하고 싶더라도 차마 행동에 옮기지 못하고 자신의 행동을 통제하게 될 것이다. 만약 학교 캠퍼스가 학구적인 분위기와 문화적 색채가 가득하다면 학생은 더 많은 시간을 건강하고 유익한 활동에 할애할 것이고, 이런 활동을 통해 정서를 함양하고 인격을 수양해 나갈 것이다. 따라서 학구적인 분위기의 캠퍼스 만들기에 주력하고 학생들이 선호하는 강좌와 문화 활동을 마련해 대학생을 위한 도덕 교양 교육 루트를 확보해야 한다.

결론적으로 말해 새로운 사회 변화에 대응할 수 있는 대학의 도덕 교양 교육 루트를 찾아야 한다. 즉 과거의 불분명한 목표, 학생들이 꺼리는 수업, 수준이 낮은 교사, 이행되지 않는 제도, 효과가 미비한 조치, 기준이 모호한 평가에서 벗어나 새로운 루트를 찾아 도덕 교양 교육을 한 단계 발전시켜야 한다.

넷째, 문화 교양 교육이다. 문화 교양은 인간의 정신적인 수양과 관련된 심신 특성, 심신 경향, 그리고 잠재능력을 가리킨다. 대학의 문화 교양 교육은 주로 전공교육을 제외한 인문 과학교육(문화, 역사, 철학 지식)과 예술 교육을 말한다. 근대 대학 정신의 초석인 문화 교양 교육은 사회가 발전하면서 기술 교육과 충돌하게 되었다. 전공교육이 지나치게 팽창되고 일반 교육의 정치적 색채가 짙다보니 중국의 인문교육은 큰 타격을 입었다. 아울러 대학생들의 문화 의식, 인문 정신, 그리고 사회 및 인류에 대한 관심이 점차 옅어져가고 있다. 이런 문제점들을 해결하는 데 문화 교양 교육이 큰 기여를 할 거라고 필자는 확신한다.

문화 교양 교육은 대학생 개인의 발전에는 물론이고 사회 발전에도 중요한 역할을 담당한다. 케임브리지 부총장을 지낸 바 있는 고등교육 전문가 애슈비 Ashbee 교수는 이에 대해 다음과 같은 견해를 펼쳤다.

"도시 부패, 종족 원한, 지역 간 빈부격차, 국제 문제와 핵전쟁으로 야기된 공포심 등은 과학과 기술이 발달할수록 더욱 가중된다."

교육이 이런 문제를 이해하고 해결하는 데 도움을 주려면 어떻게 해야 할까? 바로 과학교육 분야에 인문과학을 증설하는 것이 유일한 방법이다. 그는 이공대학 커리큘럼에 만약 인문과학과 사회과학 수업이 없다면 결코 사회 수요를 충족시킬 수 없다고 지적했다. 중국학자 구밍위안顧明遠은 고등교육의 기능에 대해 설명하면서 다음과 같이 언급했다.

"고등교육의 목적은 전문 인재를 양성하는 데 그치지 않고 대량의 지식 단체를 양성해내는 데 있다. 이들은 사회의 중견 역량으로 사회문화, 나아가 전반적인 사회 발전에 영향을 주는 지식 역량이 될 것이다. 인문 정신을 갖춘 전문 인재라야 인도 원칙에 따라 자연과 사회를 바라보고, 고도의 역사 사명감과 사회 책임감으로 문제를 해결해 나간다. 고등 교육을 받은 사람은 그의 전공이 무엇이든 간에 철학, 언어, 문학, 예술, 역사 분야의 풍부한 지식과 분명한 세계관과 인생관, 그리고 숭고한 사상정신과 사회 책임감을 갖고 있다. 이것이 바로 문화 인문교육의 임무이자 역할이다."

대학 내 문화 교양 교육을 진행하는 루트는 여러 가지다.

첫째, 인문과학, 사회과학, 예술 분야의 필수과정을 개설해 문과, 이과, 공과 학생들이 인문, 예술 수업을 최저 시수 또는 최저 학점 이상 들도록 규정하는 것이다. 수업 구성상 문화 교양 교육 내용이 포함되어 있기 때문에 대학생들의 문화 교양 수준 향상에 분명 도움이 된다.

둘째, 필독서 제도를 실시한다. 도서관은 대학에서 가장 중요한 시설이고, 좋은 책은 대학생에게 가장 좋은 스승이다. 학교의 유명 교사는 한계가 있지만 풍부한 도서는 학생들에게 무수히 많은 '스승'을 제공한다. 한 편의 문화 걸작은 문화적 감흥을 느낄 수 있을 뿐만 아니라, 문화 교양 수업에 뒤지지 않는 많은 의미를 가져다준다. 요즘 대학생, 특히 저학년들은 중, 고등학교 때의 학습 방법을 벗어나지 못하고 있고 게다가 자각적으로 책을 읽어야 한다는 의식이나 습관이 없다. 그래서 필독서를 추천해주고 각종 독서 강좌를 개설해줌으로써 그들을 책의 세계로 인도할 필요가 있다. 베이징대, 쑤저우대 등은 이미 이에 상응하는 필독서 제도를 내놓았고, 그중 쑤저우 대학은 구체적인 지도 및 심사 방법을 활용해 좋은 성과를 거두었다.

셋째, 문화 교양 교육에 관한 전문 테마 강좌를 개설한다. 전문 테마 강좌는 주제가 분명하고 전문성이 강하며 개설이 쉽고 청강 지원자가 많다는 특징이 있다. 수준 높은 인문 예술 분야의 강좌는 학술적 기능과 교육적 기능이 하나로 집약되어 있어 학생을 감화시키고 사회 이슈를 인식할 수 있도록 옆에서 도울 수 있다. 아울러 학생이 안고 있는 어려움을 해소해 주기 때문에 교실에서는 배울 수 없는 많은 내용을 깨닫게 된다. 주기적으로 전문 테마 강좌를 열면 캠퍼스 내 학구적인 분위기 조성에도 도움이 될 것이다. 설령 수업시간과 겹쳐 강좌를 못 듣더라도 강좌 광고가 실린 포스터를 보고 자각적으로 많은 문제를 사고할 수도 있기 때문에 간접적인 문화 감화 효과를 기대할 수 있다.

넷째, 다채로운 문화 활동을 펼친다. 캠퍼스 내 문화 활동은 문화 교양 교육을 촉진하는 역할을 담당한다. 학생들은 직접 참여하거나 활동 중의 귀동냥을 통해 자신의 인문 지식을 쌓고 안목을 넓혀나감으로써 문화 수양과 정서를 함양해 나간다. 예를 들어 백과 지식 시합, 변론 시합, 서예 시합, 문명 교실 시합, 문명 기숙사 대회, 암기 대회, 문예 합동 공연 등이 있다. 쑤저우 대학의 천시청陳熙曾은 우시의 최고 인재에 이름을 올린 바 있는데, 특히 그의 뛰어난 문화 역사 지식과 표현력은 심사위원단의 호평을 받았다. 그는 변론을 통해 것이 수업에서 얻은 지식보다 훨씬 많다고 했다.

문화 교양 교육은 고등교육의 영원한 테마이다. 중국 고대 문인의 시詩, 서書, 금琴, 화畵가 가지고 있는 품격과 문예부흥기의 백과사전 같은 계몽 사상가들의 감성은 현대 고등교육계에 많은 메시지를 전해준다. 우리는 백과사전 같은 인물을 양성해 낼 수는 없지만 인류와 사회에 관심을 가지고 해박한 지식과 고상한 정신세계를 가진 학생을 양성해 내야 한다. 이것은 중국 고등교육계가 풀어야 할 세기를 뛰어넘은 주제다.

다섯째, 전공 교양 교육이다. 전공 교양 교육의 기본 목표는 해당 전공에 관한 전문지식과 기술을 익히고 신지식을 탐구하는 심리 메커니즘을 형성하는 데 있다. 전공 교양 교육은 대학교육의 심장으로, 대학 공부 대부분을 전공교육에 쏟아 붓는다. 구미 지역 대학생들은 자신의 시간 중 3분의 1을 전공 공부에 할애하고, 중국 대학생들은 3분의 2를 할애한다. 이처럼 전공과목은 이미 학생들의 시간 및 공간 대부분을 차지해 버렸다.

전공 교양 교육의 최대 오류는 바로 체계적인 지식 전수에 지나치게 치중한다는 것이다. 대학교육 개혁의 최대 난적은 교육내용과 수업 체계를 개혁하는 것이고, 대학 교육처의 최대 어려움은 교육 계획서를 작성하는 것이다. 수업시수는 조정할수록 늘어나고 교재는 개정할수록 두꺼워져 간다. 모든 전공과 전공 연구실은 전공 교양 교육의 가장 근본 목표는 잊어버린 채 각자의 수업을 위해 많은 공간을 차지하기 위해 싸움을 벌이고 있다.

필자는 전공 교양 교육의 가장 근본적인 두 가지는 바로 전공 지식을 탐구하고자 하는 흥미와 전공 지식을 탐구하는 방법이라고 생각한다. '흥미는 최고의 스승이다.'라는 말이 있다. 미국 과학자 조지 가모브George Gamow는 자신의 저서『물리 열차를 타다Mr. Tompkins in paperback』에서 이런 말로 글을 맺었다.

"호기심이 한 명의 과학자를 탄생시킨다."

심리학자인 브루너Bruner의 연구 역시 흥미를 가지고 공부하면 학교 학생도 학업으로 인한 부담감 없이 즐거운 마음으로 공부할 수 있고, 학교 밖에서도 지속적으로 새로운 지식을 배우고 새로운 기술을 연구하는 열정을 유지할 수 있다고 말하고 있다. 현재 대학 교양 교육이 실패하는 가장 큰 요인은 바로 학생들이 전공에 대한 흥미를 잃었기 때문이다. 얼마 전 소규모 조사를 실시한 결과, 응답 학생의 67%가 전공에 대한 흥미를 잃었다고 답했다. 이 결과는 전공교육의 방대한 커리큘럼과 지식 전수에만 치중하는 교수법과 상당 부분 관련이 있다. 학과의 배경자료, 학과의 발전역사, 학과 창시자나 핵심 인물의 일대기, 학과 응용 분야 등에 관한 소개는 전무하고, 학습량은 어마어마하다보니 학생들은 점차 소극적인 태도를 취하게 되고 결국엔 흥미를 잃게 된다.

전공 소양 교육에 있어 또 하나 중요한 것은 바로 방법의 문제다. 고등교육 전문가인 주지우스朱九思는 이렇게 지적했다.

"대학에서는 학생에게 '왜 그렇지?'와 '어떻게 하지?'를 가르쳐야지, '이거야.'와 '이렇게 해'를 가르쳐선 안 된다."

'왜'와 '어떻게'는 곧 방법의 문제다. 어떤 이는 방법교육은 대학 교양 교육이 보충해야 할 부분이라고 강조하기도 했다. 방법을 고려하지 않은 지식은 죽은 지식이고, 소극적으로 지식을 습득한 학생은 단순히 지식의 내용을 이야기 하는 마이크에 지나지 않는다. 학과의 기본 방법을 파악하고 자발적으로 자신 만의 지식 체계를 구축해야만 살아 있는 지식을 배우고 활용할 수 있고 끊임없 이 새로운 지식을 탐구해 나갈 수 있다. 노벨 수상자인 양전닝楊振寧 박사는 학 문을 연구하던 당시를 회상하면 시난西南 연합대학 시절과 시카고Chicago 대 학 시절은 사뭇 다르다고 평한다. 이 두 대학은 사실상 서로 다른 방법, 서로 다른 스타일로 이 젊은 물리학자를 키워냈다. 시난 연합대학의 교수법은 연역 법演繹法이다. 즉 큰 원칙에서 출발하는 방법으로, 이미 알고 있고 가장 추상적 이고 가장 심오한 원칙에서 출발해 한 단계 한 단계 추론하는 방법이다. 반면, 시카고 대학의 교수법은 귀납법歸納法이다. 즉 학생들의 시선을 끄는 새로운 현상에서 출발했다. 그들은 우선 이런 현상에 주목한 후 이 현상에 담긴 의미 를 뽑아내 과거의 가장 심오한 원칙을 이용해 검증하는 방법이다.

전공교육에서 가장 중요한 것은 학생에게 지식을 습득하는 방법을 전수하는 것이다. 아울러 학생이 교정을 나설 때 좋은 학점 외에 새로운 지식을 탐구하 는 호기심과 방법도 함께 가지고 떠날 수 있어야 한다. 이것이 바로 전공 교양 교육이 해내야 할 임무다.

03

지역교육
발전 연구

본 장에서는 필자가 쑤저우시 인민정부분관교육人民政府分管教育 부시장을 지내던 시절 지역 교육을 시찰하며 얻은 성과들과 낙후 지역이 교육 분야에서 거두어들인 성과를 평론하고 또 그와 반대로 발달한 지역이 안고 있는 교육 문제를 분석하는 등 지역별 교육 발전 루트를 탐구했다.

1. 지역교육의 균형 발전에 관한 고찰과 사고

중국은 영토가 매우 광활한 나라로, 지역별로 사회·경제·문화의 발전 정도가 크게 다르다. 사람들은 보통 지역 교육 사업에도 이러한 해당 지역의 사회·문화·경제 발전 수준에 따른 제약이 있을 수밖에 없다고 생각한다. 그러나 자세히 살펴보면 그보다 더 구체적인 현상을 발견하게 될 것이다. 이는 우리가 반드시 한 번 고심해볼 만한 문제이다. 사회·경제의 전반적 발전 수준은 분명히 교육 사업의 발전에 독이 되기도 하고 약이 되기도 한다. 그러나 사실은 경제와 사회가 발전한 지역이든 상대적으로 낙후된 지역이든 간에 모두 나름의 교육 문제를 안고 있다. 아울러 각자 특색 있는 교육적 성과를 거두어들이고 있기도 하다. 여기서 우리가 주목할 점은 일부 조건이 안 좋은 지역에서도 얼마든지 생기 넘치는 교육 사업을 진행할 수 있다는 것이다. 여러 지역의 교육 상황을 설명한 본문을 통해 더 많은 사람이 지역별 현상에 주목하고 고민해보길 바란다.

(1) 딩볜定邊 교육 여행

2002년 7월 31일, 나는 쑤저우시 정부의 부탁으로 장쑤江蘇와 산시陝西의 쌍방 교류 협력 계획을 실행하기 위해 산시성 위린시楡林市 딩볜현으로 향했다. 쑤저우시가 지원하는 의료 빌딩 준공식에 참가하기 위해서였다. 오전 6시 30분 출발이라 나는 평소처럼 새벽 5시에 일어나 인터넷을 훑어보았다. 방명록을 열어보니 LIYM이라는 이름의 네티즌이 남긴 글이 있었다.

"주朱 선생님, 내일, 아니 오늘이면 저희 현을 방문하시겠군요. 어쩌면 만나 뵐 기회가 있을지도 모르겠습니다."

딩볜현에서 근무하는 일면식도 없는 한 교사가 31일 새벽 1시쯤에 남긴 글이었다. 인터넷이 전 세계를 하나로 연결시킨다는 생각에 나는 조금은 놀라고 또 감격했다. 하지만 나는 여전히 딩볜에 대해 아무것도 모르고 있었다.

딩볜현은 산시성 서북쪽, 산시와 간쑤, 닝샤寧夏, 네이멍구內蒙古가 교차하는 곳에 있다. 황토 고원에서 네이멍구의 오르도스Ordos 사막과 초원으로 넘어가는 지대이다. 현 전체에 11개의 진鎭, 19개의 향鄕, 334개의 행정촌行政村, 7개의 주민위원회가 있다. 전체 인구가 30만 6천 명으로, 그중에 26만 8천 명이 농업 인구이다. 전체 면적은 6,920평방킬로미터이다. 창청長城을 경계로 황사 모래톱 지역인 북부는 현 전체 면적의 39%, 황토 구릉 계곡 지역인 남부는 현 전체 면적의 61%를 차지한다. 해발은 1,303~1,907미터 사이이다.

딩볜현은 유구한 역사와 문화를 자랑한다. 서위西魏가 군郡을 일으킨 것을 시작으로 군, 주州, 영營, 현縣으로서 1,400여 년의 역사를 이어왔다. 북송北宋 원부元符2년(1099년), '변경을 평정하다'라는 의미를 따 범중엄範仲淹이 '딩볜'이라고 이름 지었다. 이 지역에는 한漢나라의 무덤과 수隋, 명明나라의 창청 등 수많은 문화재와 고적이 살아 숨 쉬고 있다. 출토된 문물이나 풍토, 인정 등을 살펴보면 이 지역은 황토 고원의 문화와 초원의 유목 문화가 공존한다. 딩볜은 명나라 말기 농민 봉기의 수장이었던 장헌충張獻忠의 고향이기도 하다. 딩볜은 1936년 해방된 혁명 지역으로, 1986년에 빈곤 지역으로 지정되었다.

1996년에 딩볜현은 6년 의무교육 사업을 완성했고, 1998년에는 문맹 퇴치 운동의 일환으로 현 전체에 533개의 학교를 세웠다. 초, 중고등학교의 재학생은 사립학교의 2,414명을 포함하여 총 7만 7,941명이다. 초등학교 입학 적령기 아동의 입학률은 99%에 달하며 중학교 입학률은 94%에 이른다. 현 전체에 4,079명의 교직원이 일하고 있으며 그중에 1,511명이 대리 수업 교사이다. 공립학교 교사 가운데 고급직함을 가진 교사가 61명, 중급직함을 가진 교사가 528명, 초급직함을 가진 교사가 1,607명이다.(중국의 교사는 학교나 국가의 심사 결과에 따라 고급, 중급, 초급으로 나뉜다. 초급으로 판정된 교사는 4년 후 중급 교사 심사 신청을 할 수 있으며, 중급으로 판정된 교사는 5년 후 고급 교사 심사 신청을 할 수 있다. ─역주)

딩볜현의 상황을 살펴보면 각급 지도자가 교육을 매우 중요시한다는 사실을 알 수 있다. '제9차 5개년 계획' 이후 딩볜현은 심각한 재정난 속에서도 인프라 건설 투자 가운데 교육 우선 투자라는 원칙을 지키며 교육 분야에 대한 투자를 늘려 교육 환경을 크게 개선했다. 또한 '제9차 5개년 계획' 기간에 '6년 의무교육 보편화'와 '제1기 국가 빈곤 지역 의무교육 프로그램'을 함께 실시하며 총 3,579만 7천 위안의 자금을 교육 분야에 투입했다. 이로써 중고등학교 13곳과 중심 초등학교 19곳에 14채의 새 학교 건물을 지었다. 학교 신축 면적은 7만 1,889평방미터에 달했다. 또한 500만 위안 상당의 교육 설비를 보충해 학교의 교육환경을 크게 개선했다. 2001년에 다시 부실 학교 개조 사업에 나선 딩볜현은 840만 위안의 자금을 투입해 63곳의 D급 붕괴 위험 학교를 개조했다. 그 면적만 해도 1만 7,821평방미터에 달했다.

이번 조사 결과로 미루어보면 빈곤 지역은 9년 의무교육을 보편화하기에는 여전히 부담이 큰 것으로 나타났다. 첫째로, 경비 문제가 있다. 딩볜현은 성과 시의 요구에 따라 2002년을 시작으로 9년 의무교육의 보편화를 추진하고 있다. 통계 추산에 따르면 '9년 의무교육 보편화'라는 가장 기본적인 요구를 만족시키려면 교실을 증축하기 위한 부지 4만 9,059평방미터와 2,919만 위안의 자금이 필요하다. 또한 도서관이나 실험실 신축에도 2만 6,449평방미터의 부지와 1,590만 위안, 교무실 신축에는 1만 4,890평방미터의 부지와 898만 위안이 필요하다. 게다가 도서관과 실험실 설비비까지 합하면 총 8천만 위안 정도의 자금이 필요하다. 딩볜현은 이러한 추산 결과에 따라 계획을 세우고 9년 의무교육 보편화에 전력을 다하고 있다. 그러나 현의 재정을 모두 짜내도 1억 2,200만 위안의 3분의 1밖에 조달하지 못해 여전히 4천만 위안이 부족한 실정이다. 자금 문제로 많은 인프라 건설 프로젝트가 계획대로 진행되거나 완성되지 못하는 것이다.

나는 특별히 딩볜 진鎭 난위안즈南園子 쑤저우 신해방구의 희망초등학교를 방문했다. 이 학교는 쑤저우 신해방구관리위원회가 기부한 60만 위안과 딩볜 진의 정부 투자금 28만 위안, 그리고 난위안촌이 모은 15만 위안으로 1998년 8월에 설립되었다. 그리고 2001년에는 현, 진, 촌이 30만 위안을 모아 캠퍼스 녹화 작업을 실시하고 설비를 보완했다. 현재 이 학교는 딩볜현을 통틀어 가장 좋은 학교로 꼽힌다. 학교 면적은 9,338.8평방미터, 건물 면적은 1,363평방미터에 달하며 콘크리트로 지어진 3층짜리 학교 건물에는 12개의 교실이 마련되어 있다. 이곳에서 486명의 학생이 공부한다. 1학년에서 6학년까지 8개 반이 있고 취학 전 아동반 1개가 부설되어 있다. 현재 교사 14명이 이 아이들을 가르치고 있으며, 교장 1명, 교감 1명, 학생주임 1명을 두고 있다. 그러나 현 전체에서 최고로 좋다는 이 학교조차 비치된 도서가 겨우 30여 권이어서 아이들은 교과서 외의 책은 거의 읽어본 적이 없을 정도다. 학교가 책을 구입할만한 돈이 없기 때문이다. 그나마 있는 텔레비전도 쑤저우 신해방구에서 증정한 것이다. 이번 기회에 우리가 희망초등학교에 노트북 한 대와 스캐너를 증정했는데 아마도 현 전체 학교에서 가장 현대적인 설비가 아닐까 싶다.

둘째는 바로 교사 문제이다. 딩볜현은 최근 몇 년간 교사의 임금 지급을 보장하기 위해 최선을 다하고 있다. 교사의 복리후생을 개선하기 위해 힘껏 노력한 끝에 매달 국가가 규정하는 교사 수당과 보조금, 정상 임금을 체불하지 않고 지급할 수 있게 되었다. 교사의 임금이 제때 지급될 수 있도록 그들은 교사 임금 전용 계좌를 만들고 임금 카드 발급 제도를 실시했다. 현재 현 전체의 공립학교 교사는 2,568명으로, 교사 임금으로 지급되는 재정이 약 340만 위안(평균을 계산해보면 교사의 임금은 겨우 1,320위안 정도)이다. 딩볜현의 현재 재정 상황에 따르면, 후속 재원이 부족한 데다 현의 전반적인 재정 상황도 좋지 않은 탓에 비록 교사들이 기본적인 임금을 보장받고는 있으나 이를 위해 종종 다른 인프라 건설 프로젝트가 영향을 받기 일쑤인데다 자금 회전이 안 되어 재정 곤란이 이만저만이 아니다.

특히 짚고 넘어가야 할 것은 딩볜현의 대리 수업 교사가 1,151명에 육박한다는 점이다. 쑤저우 신해방구 희망초등학교를 예로 들면 교사 14명 중에 7명이 대리 수업 교사이다. 이들 교사의 월수입은 고작 140위안이다. 이런 상황이 된 주요 원인은 현의 재정으로는 그들을 공립 교사로 전환할 능력이 없다는 데 있다. 공립 교사에게는 각종 수당과 보조금, 의료비 등을 지급해야 하므로 교육 지출이 크게 늘어나기 때문이다.

셋째는 중등교육과 초등교육의 차이가 크다는 점이다. 일반적으로 빈곤 지역은 중고등학교의 조건이 초등학교보다 월등하다. 중고등학교 교사(특히 중점 중고등학교의 교사)에 대한 대우도 초등학교 교사보다 몇 배는 좋으며, 중고등학교의 건물과 설비는 그야말로 초등학교와 비교할 바가 아니다. 딩볜현에는 1939년에 처음 중고등학교가 세워졌다. 본래 산시·간쑤·닝샤 변경 지역 제3사범학교였던 이 학교는 1994년 중앙민족학교과 합병하여 '삼변공학三邊公學'으로 이름을 바꾸었다. 그리고 1948년 봄에 다시 '삼변간부학교三邊幹部學校'로, 1949년에는 '딩볜현 초급 중학'으로 개명했고, 1958년에 진정한 중고등학교로 거듭나 1963년에 현 중점 학교로, 1978년에 산시성 교육청이 선정한 산시성 114개 중점 학교 가운데 하나가 되었다.

이 학교는 전체 면적이 5만 4천 평방미터, 건물 면적은 2만 3,400평방미터이다. 141명의(고급 교사 18명, 중급 교사 46명, 전국 우수 교사 1명, 국가 핵심 교사 1명, 성급 핵심 교사 2명, 그리고 교육의 명수 7명) 교직원이 재직하고 있으며, 37개 반에서 2,662명의 학생들이 공부하고 있다.

학교 도서관에 소장된 도서는 5만 권에 달하며, 190여 종의 신문과 잡지를 정기구독하고 있다. 자료실에는 음향, 컴퓨터 교육 소프트웨어 120여 종을 갖추고 있다. 곧 준공될 실험관에는 교사와 학생의 열람실을 비롯해 자연과학, 화학, 생물학 실험실 10개와 기구실, 준비실, 표본실 등의 부대시설이 마련될 것이다. 이뿐만 아니라 멀티미디어 컴퓨터 교실 2개, 어학실 2개, 다기능 학술 브리핑 룸, 음악실, 미술실, 양호실, 방송실, 동아리방, 천문대, 체조실, 학교 역사실 등이 마련될 것이다. 교사와 사회가 함께 자금을 출자해 1,500여 명을 수용할 수 있도록 지은 학생 기숙사도 곧 사용하게 될 것이다. 앞서 소개한 LIYN이라는 네티즌은 바로 딩벤중고등학교의 교감 리옌밍李彥明 선생님이었다.

딩벤현의 현 위원회 서기가 말했다.

"더 가난해져도 아이들을 가난하게 할 수는 없고, 더 힘들어도 교육을 힘들게 할 수는 없죠. 딩벤은 이를 악물고 교육에 최선을 다하고 있습니다."

특히 중고등학교는 각 현이 앞 다투어 투자를 아끼지 않는 최고의 중점 사안이다. 첫째는 아이들이 고등교육을 받을 수 있느냐에 중고등학교가 직접적인 영향을 미치기 때문이고, 둘째는 중고등학교의 자체적인 교육 활성화 능력이 상대적으로 좋기 때문이며, 셋째는 재정이 제한적이라 요긴한 곳에 쓸 수밖에 없기 때문이다. 일리 있는 말이기는 하지만, 초등학교나 유치원의 소양이 전면적으로 제고되지 않는다면 어떻게 전 국민의 소양이 높아질 수 있을까? 따라서 더 많은 사람이, 그리고 농촌의 미래에 중요한 활력소가 될 아이들이 지금보다는 더 나은 기초교육을 받아야 한다.

이번 딩벤 여행으로 나는 기쁨과 혼란을 동시에 느꼈다. 그리고 쑤저우의 모든 아이들이 위린의 아이들에게 책 한 권씩 기증한다면, 또 쑤저우의 우수 교사와 '교육 전선'의 우수 전문가가 서부 의무교육 실행에 지원군이 된다면 어떨까 하고 생각했다. 물론 이 모든 것들은 계란으로 바위치기일지도 모른다.

현재로서는 경제 발전 지역과 빈곤 지역의 연계를 지원하고 적당히 수혈하는 것만이 근본적인 문제 해결 방법이 될 수 있다. 이를 위해서는 상대적 빈곤 지역을 지원하는 데 중앙 재정을 더 많이 책정하고 각급 정부의 주요 책임자에 대한 감독을 강화해야 한다. 다시 한 번 다음과 같이 호소하는 바이다.

"농촌의 의무교육과 교육의 균형적인 발전에 주목하라!"

(2) 창난蒼南 교육 여행

원저우溫州는 하나의 수수께끼다.

쑤난蘇南 모델과 원저우 모델에 대해 열띤 토론을 벌일 당시, 나는 직접 결과를 보러 가고 싶었다.

원저우가 열심히 신용의 도시라는 이미지를 만들어갈 때, '메이드 인 원저우'의 브랜드 명성이 높아져갈 때, 원저우의 CEO들이 도시 건설과 사회사업에 참여했을 때, 원저우의 대학가 건설이 첫 삽을 떴을 때, 나의 궁금증은 더욱 커져갔다.

그리고 오늘 드디어 원저우에 왔다. 먼저 도착한 곳은 원저우의 중심이 아니라 차로 2시간 정도 떨어진 창난현이다. 전국적으로 농민 도시로 유명한 룽강진龍港鎭이 있는 곳이다.

내 생각대로라면 원저우는 아주 부유한 곳이고, 원저우 사람들은 반드시 돈을 잔뜩 가지고 다녀야 했으며, 원저우의 교육은 자금이 풍족하고 현대화되어 있어야 했다. 하지만 나의 이러한 생각은 완전히 빗나갔다. 창난현이 가난한 현인 줄 누가 알았겠는가! 원저우에도 가난한 곳이 있다니! 교육의 균형적 발전에 큰 관심이 있었던 나는 대체 어떻게 된 일인지 꼭 알고 싶었다.

창난현은 36개의 향, 진과 1,051개 행정촌을 관할한다. 2001년 현 전체 인구는 122만 3천 명이었고 그중에 농업 인구가 무려 100만 2천 명이었다. 2001년에 현의 GDP는 88억 3,200만 위안이었으며 재정 수입은 5억 9천만 위안이었다. 창난현에 있는 유치원은 383개이고 원생은 3만 5,541명으로 입학률이

74.3%에 달한다. 초등학교는 70개가 있고 6~11세의 학령 아동 12만 6,578명 가운데 재학생이 12만 6,421명으로 입학률 99.88%를 자랑한다. 중학교는 55개로 12~14세의 아동 6만 4,094명 중에 재학생이 5만 8,884명으로 입학률은 98.57%에 이른다. 2001년에 중학교를 그만둔 학생 수는 706명으로, 중학교 학업 중단 비율은 1.24%였다. 18개의 일반 고등학교에는 1만 7,041명의 학생들이 재학 중이고, 학교 평균 947명이 있는 셈이다. 고등학교의 학생 모집 인원수는 1만 1,132명으로 그중에 일반 고등학교와 중등 직업 고등학교가 각각 5,827명과 9,305명을 모집해 모집생수의 비율은 5.2 : 4.8이다. 중학교 졸업생이 고등학교에 진학하는 비율은 63%이다. 2001년 현 전체의 교육 경비로 총 4억 315만 7천 위안이 지출되었고, 그중에 농촌 교육 추가 징수 금액은 4,611만 3천 위안으로, 지난해 농민 일인당평균소득의 1.24%를 차지했다. 도시 교육 추가 징수 금액은 305만 위안이었다. 최근 들어 창난현 위원회와 창난현 정부는 '9년 의무교육 보편화'와 '문맹 퇴치'를 기초교육 사업의 중점으로 삼고 '9년 의무교육 보편화' 목표책임제를 대대적으로 실시함으로써 청장년의 문맹을 퇴치하고 재정 예산을 확보하기 위해 노력을 다하고 있다. 또한 교육 투자를 늘리고 붕괴 위험 학교를 개조하는 데 적극적으로 나서는 한편 교사의 자질을 높이고 인사 제도의 개혁에 박차를 가해 교육 감독을 강화함으로써 교육 사업을 발전시키고 있다.

창난현 여행에서 가장 인상 깊었던 것은 바로 창난현의 교육을 진두지휘하는 천즈차오陣誌超 국장이었다. 그 자그마한 창난에서 여름방학을 이용해 연속 5년 동안 교장과 교사 전원을 연수시켰다고 한다! 게다가 형식적인 연수가 아니라 실질적으로 여러 학자를 모셔와 교사 연수를 진행했다고 한다. 올해에도 중앙교육과학소의 위궈량兪國良 교수와 화둥사범대학華東師範大學의 예란葉瀾 교수, 상하이사범대학上海師範大學의 옌궈차이燕國材 교수, 그리고 화둥대학의 박사 과정 학생을 대거 초청했다. 현 전체의 학교 지도자, 학과 핵심 교사, 우수 담임 등 2,800명이 연수에 참가했다. 경비가 빠듯한 창난현이 이처럼 연수에 아낌없이 투자했다는 점은 실로 감탄할 만한 일이다.

천즈차오 국장은 사립교육에 대해서도 충분히 이해하고 있다. 그는 이렇게 보았다.

"가난한 나라에서 교육이라는 대업을 일구는 처지라 정부가 충분히 경비를 지원해줄 수 없는 것이 사실이다. 이런 상황에서 적극적으로 사립학교를 지원하는 것은 단순한 보완의 문제가 아니라 기본 정책의 문제라고 할 수 있다. 특히 정부는 상대적으로 빈곤한 지역에 더욱 열린 환경을 마련함으로써 사립학교 발전을 정책적으로 지원하고 적극적으로 우수한 교사를 선발·파견하여 사립학교의 근심을 덜어주어야 한다."

하지만 창난현의 교육도 나름의 어려움이 있다. 초등학교와 중학교의 부채가 심각하다는 것이다. 2002년 4월까지 현의 36개 향진 가운데 이산宜山 등 4개 향진의 초·중학교만이 부채가 없을 뿐 나머지 32개 향진은 규모는 각기 달라도 모두 부채를 안고 있었다. 그중에 의무교육 단계 학교의 부채가 1억 2,500만 위안, 비의무교육 단계의 학교 부채가 6,816억 위안이다. 부채 문제는 학교의 심각한 골칫거리로, 일부 학교는 도산과 폐교의 위험에 항시 노출되어 교육 사업의 건강한 발전에 영향을 주고 있다.

창난현의 교육 부채 상황을 분석하면 다음과 같은 원인을 찾아볼 수 있다.

첫째는 은행 대출이다. 전체 부채에서 2,246억 위안은 1997년과 1998년 '9년 의무교육의 보편화'를 위해 학교 건물을 짓느라 발생한 것이다. 당시는 입학 절정기로 학령인구가 급증한 때였다. 학교 건설은 본래 정부가 부담해야 하지만 그럴 만한 능력이 없었다. 그래서 결국 학교 교장이 '9년 의무교육 보편화'를 위해 정부가 져야 할 채무를 대신 지고 은행에서 대출을 받아 학교 건물을 세웠다.

둘째는 민간 대출이다. 성省의 금융 부처에서는 은행은 원칙적으로 의무교육 단계의 학교에 대출을 해주지 않는다고 규정하고 있다. 이로써 일부 학교는 운영을 위해 민간 대출을 받을 수밖에 없었고, 결국 이자가 크게 불어나 부채가 증가한 것이다. 통계에 따르면 초·중학교가 받은 민간 대출 금액은 6,932만 500위안(고등학교의 3,776만 위안 제외)으로 전체 채무의 55.38%를 차지했다. 매달 내야 하는 이자만 해도 102만 3,200위안(고등학교의 44만 2,400위안 제외)에 달한다. 첸구일중錢庫一中과 이중二中은 부채가 700만 위안 이상이다. 학교의 일 년 전체 소득을 통틀어도 이자를 낼 수가 없어 교장이 빚쟁이를 피해 다니는 일은 이미 흔한 일이 되었다. 이는 의무교육 단계의 학교 부담이 매우 심각하다는 것을 보여준다.

셋째는 재정 부족이다. 창난현의 각종 사업은 재정 지원이 필요한 프로젝트가 많아 재정 수요와 가능한 재정 지원금 사이에 심각한 모순이 나타나고 있다. 예를 들어 2000년 창난현은 공교육 경비로 3억 2천만 위안의 자금을 투입했지만 실제 재정 투자는 1억 1천만 위안으로 교사의 기본급만 보장했을 뿐 학교의 정상적인 운영 경비는 보장하지 못했다. 이는 학교의 심각한 경영 자금난을 초래해서 각 학교는 어쩔 수 없이 대출을 받아야 했다. 학생에 대한 공공 경비도 감소 추세를 보이고 있다. 2001년 초등학생과 중학생에 대한 예산 내 공공 경비는 일인당 6.29위안과 5.09위안이었다. 많은 학교에서 수입이 지출을 당해내지 못하는 상황이다. 일부 학교는 학교의 정상적인 운영을 위해 어쩔 수 없이 대출로 생활하고 있다.

넷째는 향, 진 정부 관리의 횡령이다. 창난현은 농촌 교육에 대한 추가 비용을 징수하기 시작해 2001년까지 향, 진에서 농촌 교육 추가 비용을 징수, 관리, 사용하도록 했다. 하지만 감시와 통제가 허술한데다 몇 년간 향, 진이 재정 적자에 시달리자 일부 향, 정부는 농촌 교육 추가 비용을 남용하기 시작했다. 1999년에만도 총 42개 향, 진 가운데 37개 향, 진이 관련 비용을 임의로 사용하고 교육비를 체불했으며, 그 금액은 1,200만 위안에 달했다. 향, 진의 교육비 횡령은 그렇지 않아도 경비 부족으로 허덕이는 학교에 어려움을 더하고 있다.

다섯째는 낙후된 의식이다. 일부 학교 지도자와 향, 진 간부의 책임 의식이 부족한 것이다. 학교 경영에 혁신의 길을 걷지 않고 오로지 정부의 구제만 바라는 낙후된 의식을 가지고 있다. 심지어는 시도 때도 없이 사리사욕을 채우려는 부패 의식을 가진 사람도 있다. 이렇게 낙후된 의식은 학교의 적자를 더 크게 부풀려서, 결국 학교를 막다른 골목으로 몰아넣고 있다.

여섯째는 정책 조정이다. 안정적이고 믿을 만한 교육 경비 출처가 없어 기초 교육이 확대될수록 학교는 점점 수렁에 빠지고 있다. 일부 학교는 지난해 수준을 유지하기 위해 장학금을 많이 유치하는 적극성을 보이고 있다.

내가 조사한 바에 따르면 원저우 같이 비교적 발달한 지역에도 창난현의 초·중학교처럼 부채를 안고 있는 곳이 적지 않았다. 어떤 학교는 이미 수도와 전기 공급이 끊겼고, 또 어떤 학교는 기본적인 사무용품을 살 형편도 되지 않았다. 광시성廣西省 베이하이허푸현北海合浦縣의 궁관진公館鎮은 47개 학교 가운데 44개가 채무를 지고 있는 상태로 그 금액이 무려 4,600만 위안에 달한다. 그런 반면에 이 진의 가용 재정은 고작 1,060만 위안에 불과하다. 교사에게 임금을 지급하는 데만 860만 위안이 필요하니 빚을 갚을 여력이 없는 것이다.

원저우 시 지도자는 이렇게 말했다.

"저장 성은 성, 관, 현의 시스템이라 현의 세수입이 모두 성으로 들어가니 성급에서 재정 이전 지출을 시행해야 한다."

하지만 한창 경제가 빠르게 발전하고 있는 저장 성이 어떻게 이 문제를 해결할 수 있을까?

교육의 불균형 발전 현상은 비단 남·북부나 동·서부 사이에만 존재하는 것이 아니라 같은 지역 내에서도 존재한다. 산시성山西省 창즈시長治市가 교사의 임금 문제와 초등학교 건물 문제를 해결한 것처럼 지역 내 교육 불균형 문제를 해결하고, 초, 중학교가 '제9차 5개년 계획' 기간 안에 빌린 빚을 하루 빨리 갚을 수 있도록 도와 학교와 교장, 교사 모두가 홀가분한 마음으로 안심하고 교육할 날이 오기를 기대한다.

각 급 지도자가 교육 발전 과정에서 생겨난 새로운 문제와 갈등을 신속하게 잡아내 해당 지역의 건강한 교육 발전과 교육의 공평성, 사회의 공평성을 보장함으로써 중국교육의 발전과 중화민족의 부흥을 위해 시대와 후손에게 부끄럽지 않은 선택을 하길 바란다.

(3) 창즈長治 교육 여행

산시성 창즈시 교육국 친씽秦興 국장의 초대로 나에게는 아직 수수께끼만 같은 이 도시에 왔다. 7월 13일은 아마도 창즈시 역사상 가장 더웠던 날이 아닐까 싶다. 나는 에어컨도 선풍기도 없는 강당에서 1,600여 명의 교사를 위해 장장 4시간에 걸쳐 강연했다. 교사들은 땀을 비 오듯 흘리면서도 누구 하나 자리를 뜨지 않았다. 회의장은 고요하기만 했다. 그들의 관심과 열정은 감동적이었고, 그들이 던지는 문제는 내가 생각한 것보다 훨씬 수준 높고 의식 있었다. 창즈시의 교육 이념과 교사들의 교육 태도는 나에게 기쁨을 안겨주었다. 그리하여 나는 창즈라는 수수께끼를 풀어보리라 결심했다. 나는 관할 교육 부처즈 친라이잉秦來英 부시장과 친秦 국장과 긴 대화를 나누며 창즈의 교육에 대한 기초적 정보를 얻었다.

창즈는 산시성 남동부에 있는 크지도 작지도 않은 도시다. 타이항太行 꼭대기라 하늘과 맞닿아 있다고 하여 '상탕上堂'이라고도 불렸다. 창즈는 그다지 부유한 도시는 아니다. 2001년 GDP가 187억 위안에 불과했고, 재정 수입도 17억 9,100만 위안, 농민의 일인당평균소득은 2,427위안이었다. 창즈 관할 13개 현, 시, 구 가운데 국가에서 빈곤 현으로 지정된 곳만 5개이다. 하지만 2001년 창즈 사람들은 이 빈곤 지역에서 놀라운 일을 두 가지 해냈다. 바로 교사 임금 체불 시대를 끝내고 초, 중학교의 부실건물을 없앤 것이다.

전국적으로 오랫동안 해결하지 못했던 고질병을 어떻게 빈곤 지역인 창즈에서 말끔히 뿌리 뽑을 수 있었을까? 창즈는 나에게 모든 일은 사람 하기에 달렸다는 중요한 가르침을 주었다. 핵심을 잡고 이를 실천에 옮기기만 하면 농촌 교육 문제도 짧은 기간 안에 해결될 수 있다는 것이다. 일부 지방의 교사 임금

장기 체불 문제에 대해 창즈는 어느 지방의 교사 임금이 체불되면 곧 해당 지방 지도자의 임금 지급을 중단했다. 그래서 간부들은 자신의 차나 휴대폰을 팔아서라도 교사들의 임금을 제때 정확한 금액으로 지급하고자 노력했다. 아울러 시 위원회와 시 정부는 감독을 강화해 이를 실천하지 않는 사례나 사람들을 밝혀냈다. 이런 노력으로 시 전체적으로 체불되었던 380만 위안 상당의 임금이 단 몇 개월 만에 모두 지급되는 기염을 토했고, 교사의 임금 지급을 모두 현이 관리하면서 가장 먼저 교사 임금 체불 시대의 막을 내릴 수 있었다. 시 전체적으로 13만 7천 평방미터에 달하는 초·중학교 부실 건물에 대해서는 창즈시 위원회와 시 정부가 깊이 있는 연구를 진행해 이를 바탕으로 해결 방침을 세우고 다방면에서 자금을 조달해 부실 건물 개조 공사를 시작했다. 정말 추천할 만한 방침이다. 자세한 내용을 살펴보자.

첫째, 시와 현의 부조 제도를 마련했다. 시의 당정 기관, 사회단체, 사업부의 실적이 좋은 기업이 부실 학교와 손을 잡고 서로 도와 재정적으로나 물질적으로나 지원을 아끼지 않도록 한 것이다. 시의 114개 부처는 시 위원회와 시 정부의 호소에 적극적으로 호응하며 학교 현장 지도에 나섰고, 함께 개조 계획을 상의하여 320만 위안(물자 포함 환산)에 달하는 자금을 모았다.

둘째, 시 전체 간부를 대상으로 기부 운동을 펼쳐 그 기부금으로 부실 학교 건물 개조 공사를 지원했다. 창즈는 자발성을 원칙으로 하여 많은 간부의 참여를 이끌어냈다. 돈 있는 사람은 돈을, 물자가 있는 사람은 물자를, 힘 있는 사람은 힘을 보태어 전심전력으로 부실 학교 건물 개조 공사를 지원했다. 이 공사를 진행하면서 수많은 훌륭한 인물과 감동신화가 탄생했다. 시 위원회 서기 뤼르저우呂日周를 비롯한 지도자들이 부실 학교 건물 개조 공사 최전선에 뛰어들어 솔선수범으로 기부하고 직접 노동에 참여하기도 했다. 많은 기업의 CEO들도 자발적으로 돈주머니를 풀어 보탬을 주었고, 샹위안현襄垣縣, 후관현壺關縣, 창즈현長子縣, 친현沁縣 등의 현 간부는 한 달 월급을 선뜻 내놓기도 했다. 전국인민대회 대표이자 루바오潞寶 그룹 회장인 한창안韓長安은 루潞의 5개 부

실한 학교건물을 개조하는 데 130만 위안을 기부했으며, 전국인민대회 대표이
자 전국모범노동자인 션지란申紀蘭은 주머니 사정이 여의치 않음에도 집에 저
장해두었던 옥수수를 팔아 1,000위안 모두 현지 학교에 전달했다. 이뿐만이
아니라 타지에서 일하는 후관현의 한 촌민은 고향의 학교를 개조하는 데 보탬
이 되고자 돈벌이도 마다하고 촌으로 돌아와 힘을 보탰다고 한다.

셋째, 향과 진의 통폐합으로 빈 사무실을 우선적으로 학교에 내주거나 혹은
팔아서 자금을 조달했다. 루의 웨이즈현微子縣은 오랫동안 비어 있던 농업기계
공장 터를 팔아 10만 위안의 자금을 마련하고 현지 학교 개조 공사비로 사용했
다. 친위안현沁源縣, 툰리우현屯留縣 등은 일부 부실 학교 건물과 토지를 할인
경매해 학교를 새로 짓는 데 그 수익금을 사용했다.

넷째, 학교 물자 조달·관리 작업의 사회화를 추진해 사회 자금을 끌어 모았
다. 툰리우현, 창즈현, 샹위안현은 《학교 물자 조달·관리 작업의 사회화에 관
한 의견》을 제정하고 사회 자금을 이용해 학교의 조건을 개선했다. 총 1,200만
위안의 자금을 융통해 부실한 학교 건물을 없애고 사립학교를 세우는 등 톡톡
히 효과를 보았다.

다섯째, 예년에 받지 못했던 도시·농촌 교육 추가 비용을 모두 징수해 부실
학교 건물을 개조하는 데 사용했다. 공사를 진행하면서 각 현, 시, 구는 교육
추가 비용을 모두 징수함과 동시에 예년에 횡령, 남용되었던 경비를 추납하여
초·중학교 개조 공사에 사용했다.

창즈시는 짧은 기간 안에 농촌 의무교육의 최대 난제를 해결했다. 그러나 창
즈시도 나름의 고민과 어려움이 여전히 남아 있다. 교사 임금 체불 문제와 부
실 학교 개조 문제를 해결하는 과정에서 수천만 위안의 빚을 진 것이다. 그들
은 교사 임금 체불 문제와 부실 학교 개조 문제를 해결했으니 앞으로 일체의
정부 보조를 기대하기 어려워졌다며 "닫는 소에 채찍질을 한다."고 이것이 행
여 창즈시의 교육 발전에 영향을 미쳐 농촌의 모든 아이들에게 충분한 읽을거
리를 제공하고 학교마다 인터넷을 연결하겠다는 의욕이 꺾이는 것은 아닌지

걱정했다. 그래서 나는 정부에 다음과 같이 건의했다.

"국가의 관련 메커니즘이 개혁을 할 수 없겠느냐? 음으로 양으로 조사한 결과를 바탕으로 단기간에 농촌 의무교육의 두 가지 난제를 해결한 빈곤 지역에 대해 장려금을 지급할 수 없겠느냐?"

우리는 각 급 정부 모두가 창즈처럼 하나로 합심하여 결단을 내리고, 온 힘을 다해 교사 임금 체불과 초·중학교 부실 건물이라는 시급한 문제를 하루빨리 해결하길 진심으로 바라는 바이다. 또한 중국의 농촌 의무교육이 분명히 잘 실현될 것이라 믿는다.

(4) 첸위안 장前元莊 교육 여행

5·1 노동절 연휴에도 '사스SARS(중증 급성 호흡기 증후군)' 때문에 멀리 나갈 수 없어 나는 어쩔 수 없이 집에서 그동안 해둔 독서 필기와 신문스크랩을 정리했다. 그러던 중에 '산시성 리우린현柳林縣 첸위안 장의 교육 개혁'이라는 제목을 단 아주 가치 있는 기사를 발견했다. 나는 얼른 자리에서 일어나 인터넷 검색으로 자료를 찾아보며 마음의 여행을 떠났다.

첸위안 장은 산시성 뤼량구呂梁區 황토 고원 깊숙이 자리하고 산맥으로 둘러싸인 작은 마을로 전체 195가구의 700여 명이 살고 있다. 1980년대 이전만 해도 이곳은 가난하고 낙후되고 분쟁이 끊이지 않던 두메산골이었다. 그러나 지금의 첸위안 장은 소문난 문화 마을, 문명 마을, 부유한 마을로 탈바꿈했다.

이 마을은 3~60세의 촌민들이 모두 입학해 15~45세의 청장년들은 중학교 정도의 문화 수준을 갖추고 있고, 몇 가지씩 실용 기술도 익히고 있다. 마을에는 재배, 양식, 운송의 3대 산업이 형성되어 있는데 이들 산업을 통해 예전에는 200위안 정도였던 연간 일인당평균소득을 3천 위안까지 끌어올렸다. 십여 년간 싸움이나 도박, 강도, 미신, 사교邪敎에 의한 사건이 한 차례도 발생하지 않아 13차례나 문명 마을, 모범 마을이라는 평가를 받았다.

나는 이러한 변화를 '첸위안 현상'이라고 부른다. 중국의 농촌 의무교육은 어쩌면 여기에서 배움을 얻을 수 있을지도 모르겠다.

첫째, 첸위안은 일종의 신형 교육 체제이다. 이곳에서는 '촌교일체村校一體, 삼교일체三敎一體, 교과노일체敎科勞一體'라는 교육 체제를 가동한다. 또 마을 위원회 주임과 교장을 각각 주임, 부주임으로 삼는 교육위원회가 있어서 학교의 발전 계획과 커리큘럼 설정을 책임진다. 그리고 학교는 교사와 학생이 참가하는 '브레인트러스트brain trust'를 두어 언제든 마을에 대한 의견을 내놓게 하고 있다. 학교의 도서와 기구는 모든 촌민이 자유롭게 이용할 수 있으며, 반대로 촌민의 과수원과 토지는 학생들의 실습 장소로 이용된다. 마을 간부는 경제뿐만 아니라 교육을 꽉 잡고 있으며, 교사는 학생과 촌민을 모두 가르친다. '촌교일체', 말 그대로 마을과 학교가 하나 되어 시스템 상 학교와 사회, 교육, 경제의 유기적 결합을 보장하는 것이다. 기초교육, 성인교육, 직업교육을 실시하는 '삼교일체'의 교육 체제도 가동되고 있다. 학교에는 입학 전 교육부와 초등학교 교육부, 중학교 교육부, 그리고 성인 교육부가 마련되어 3~60세의 촌민이 모두 학교에서 공부한다.

둘째, 첸위안은 일종의 새로운 형태의 커리큘럼 시스템이다. 이곳 학교는 이론 과목과 실험 과목을 따로 개설해 이들이 유기적으로 결합되도록 하는 커리큘럼을 마련했다. 중학교의 커리큘럼을 예로 들면 국어, 수학, 체육, 음악 등과 함께 노동 기술이라는 과목이 마련되어 있다. 학생의 발전 정도와 지적 수준에 따라 농작물 재배─채소 재배─과수 재배 순으로 학습하게 된다. 이 밖에도 전기 기술, 촬영, 디자인, 고효율 증산 미량원소 화학비료 사용, 고효율 농작물 재배 기술 과목이 개설되어 있다. 수요에 따라 양식, 자동차 오토바이 정비 수업을 개설하기도 했다. 학교는 닭장, 양돈장, 농장, 포도밭, 텃밭, 묘포 등 시범 실습지도 만들었다. 또한 농한기와 농번기를 적절히 이용해 촌민에게 농업 기술을 전수하고 마을 내에 100묘에 달하는 과수원의 환경 개선을 도왔다. 사과 품종의 개량을 통해 생산량을 약 1만 8,000kg에서 12만 4kg으로 크게 늘리면서 현지 농촌 경제와 생산 기술의 발전을 이끌기도 했다. 학교는 월요일에서 금요일까지 저녁에도 마을의 성인들을 위해 문화, 과수, 야채, 재봉, 신발·모자 가공 등의 수업을 진행한다.

셋째, 첸위안은 일종의 신형 평가 시스템이다. 첸위안의 학교는 학생을 전면적으로 평가하며, '점수제일'을 외치지 않는다. 실천 학교가 공식적으로 설립된 첫해에 학교는 포도나무 묘목 200그루를 구입하고 기술자를 초빙했다. 기술자가 수업을 마치자 초등학교 3학년 이상 학생들에게 각각 묘목 한 그루씩 나누어주고 포도나무의 재배 상황을 국어, 수학처럼 성적에 반영할 것이니 불합격이면 졸업을 할 수 없다고 분명하게 말했다. 방과 후 아이들은 어린 묘목을 들고 집으로 돌아가 마당에 포도나무를 심었다. 매일 학교가 파하고 집으로 돌아오면 나무에 물을 주고, 행여 물주기를 하루라도 거르게 되면 바로 포도나무의 상태를 살폈다. 결국 그들은 직관적으로 식물의 뿌리, 줄기, 잎사귀, 열매의 관계와 식물의 생장 과정을 이해하게 되었을 뿐만 아니라 일부 아이들은 가지치기, 접붙이기까지 할 수 있게 되었다.

넷째, 첸위안은 일종의 신형 학제이다. 이곳 학교는 5, 4제를 실시한다. 초등학교 과정 5년을 마치면 중학교 4년 동안 국가가 반포한 커리큘럼과 교육 요강에 따라 수업하는 것 외에 농업·직업 기술 과목을 가르쳐 학생이 졸업할 때쯤이면 초급 농업 기술 학교 졸업생 정도 수준을 갖출 수 있게 했다. 이렇게 첸위안의 학생은 고등학교 또는 중등 전문학교에 진학할 수도, 또는 마을로 돌아와 창업하거나 취업할 수도 있다. 10여 년 동안 대학이나 중등 전문학교에 진학하지 않고 마을로 돌아와 취업한 238명의 학생들은 모두 3~5가지 실용 기술에 숙달했고, 그중에 120여 명은 이미 현지에서 유명 기술자가 되어 있었다. 첸위안은 전통적인 농업과는 완전히 고별하고 과학 기술을 중심으로 재배, 양식, 운송이라는 3대 산업을 일궈냈다.

다섯째, 첸위안은 일종의 신형 교사 집단이다. 이곳 학교에서 교사의 무대는 비단 교실만이 아니다. 학교 교장을 예로 들면 대개 촌 지부村支部 혹은 촌 위원회의 직무를 겸하고 있다. 교사 31명은 한 사람당 여섯 가정과 고정적으로 연계를 맺는다. 구체적으로 말하자면 촌민의 집에 가정방문도 하고 평소 생산 활동과 일상생활 속에서 그들이 부딪히는 실질적 문제의 해결을 돕는다. 신화사新華社의 한 기자는 이렇게 말했다.

"선생님들이 꼭 '브레인트러스트' 같아요. 학교 발전을 위해 계속해서 좋은 환경을 만들어내고, 마을 발전을 위한 계획도 세우고요."

촌민 캉초우샤오康醜小는 왜 국가에서 계획 출산 정책을 실시하는지 이해할 수 없었다. 그런데 캉치밍康啓明 교사가 가정방문을 올 때마다 그들에게 경제적 이유와 과학적인 도리를 설명해주어 캉 씨 부부는 결국 선선히 둘째를 낳겠다는 생각을 버렸다.

비록 직접 첸위안의 실정을 살펴보러 갈 기회는 없었지만 나는 그들의 끊임없는 탐구와 노력이 의미 있는 일이라고 믿는다. 중국의 드넓은 농촌 지역은 현재 심각한 의무교육 경비 부족에 시달리고 있으며, 농민들은 자녀를 학교에 보낼 여력이 없는 상황이다. 또한 농촌의 학교교육이 농촌 생활과 지나치게 동떨어져 있다는 문제도 있는데, 이처럼 농촌 실생활과 괴리된 교육은 모든 학생을 입시 교육이라는 외나무 길로 몰아넣어 결국 대부분 학생을 소수 학생의 들러리로 전락시킬 뿐이며, 또한 자녀 교육에 대한 농민들의 의욕을 빼앗고 있다.

그래서 나는 첸위안의 사례가 바로 중국 농촌 의무교육이 나아가야 할 방향일지도 모르겠다고 생각했다. 농촌 교육은 농촌 발전과 농민의 부 창출과 밀접하게 결합되어야만 농민들의 환영을 받으며 지지와 참여를 이끌어낼 수 있다. 농촌의 의무교육은 일부 학생의 이름을 대학 합격자 명단에 올리는 것과 함께 대부분 학생에게 길을 열어주어야 한다. 또한 일선의 교육은 중국 국정에 가장 적합한 길을 선택해야 한다. 그래야 비로소 모두가 발전해나갈 앞날이 열리게 된다.

우리의 교육 정책이 여러 연구 조사를 거쳐 제정된다면, 그래서 이론적으로나 실질적으로 우리의 생활에 더 적합한 정책이 마련된다면 대중에게 더 많은

환영을 받으며 더 빛나는 성과를 거둘 수 있지 않을까 싶다. 사실 첸위안의 성
과는 머리를 짜내어 나온 결과가 아니다. 이는 당시 뤼량呂梁 지역의 지역 위원
을 담당한 문교부 리우후이한劉輝漢 부부장의 꼼꼼함 덕분이었다. 리우후이한
부부장이 농촌 교육에 관한 타오싱즈의 장편 논술을 열심히 공부한 것을 바탕
으로 변경 지역 교육의 전통을 조사하고 학교교육과 노동 생산을 잘 조합하여
이러한 개혁 방안이 탄생한 것이다. 따라서 교육행정 관리 부처는 지방과 학교
에 대한 적극적인 탐구를 장려하고, 여러 의견과 제안에 귀 기울이며, 교육 정
책 청문회를 자주 개최하여 우리가 더 나은 교육 사업을 진행할 수 있도록 해
야 한다.

2. 명문교 바오잉寶應의 메커니즘 전환에 관하여

양질의 교육자원이 제때 공급되지 못하고 정부 재정지원이 부족한 현실에서
강쑤江蘇 바오잉은 큰 결단을 내렸다.

2001년 초, 현에 인접해 있던 후아이안淮安 외국어교가 바오잉의 공립 명문
교 3개를 합병해 샹위翔宇 교육그룹을 탄생시킨 것이다.

국립 명문교의 민영화는 양질의 교육자원이 유실됨을 의미하는 것인가? 시
민들의 이익이 침해당하는 것은 아닐까? 빈곤지역에서 나타나는 '덩치 키우
기' 전략이 확대할 만한 가치가 있는가? 있다면 어떤 분야에서 확대해야 할까?
수많은 질문이 쏟아졌다.

'샹위'에 대해 언급하는 것은 위험한 행동일 수도 있다. 하지만 샹위나 샹위
모델에서 불거져 나온 보도, 토론, 논쟁은 당대 교육자들이 직면해야 할 문제
이다. 나아가 지금 중국의 교육발전과도 밀접한 관련이 있다.

(1) 개혁 동기

바오잉은 장쑤 중북부 지역에 위치해 있다. 최근 이곳의 총 재정 수입은 2.2

억 위안으로, 그 가운데 이용 가능한 재정은 1.4억 위안 가량이다. 세수 개혁이 있기 전 바오잉 현이 농촌교육에 투자한 총액은 1.09억 위안으로, 여기에는 교육 부가비와 교육 기부금은 6,500위안이 포함되어 있다. 또 일부 학비와 잡비가 포함한 금액으로 농민이 부담해야 하는 의무교육 비용은 71%에 달한다. 세수개혁을 단행한 후에는 바오잉 현의 재정 가운데 농촌 의무교육에 투자한 금액은 3,100만 위안 정도로, 약 7,000만 위안 정도가 부족했다. 그리고 상급재정을 가져온다 해도 2,890만 위안인데, 이를 전부 교육에 쏟아 붓는다하더라도 농민이 부담해야 하는 의무교육 비용의 절반에도 못 미친다.

바오잉 현은 2001년 학교분포 구조조정을 실시해야 했고, 여기에는 모두 3,910만 위안의 경비가 필요했다. 하지만 성 교육청이 지급할 수 있는 금액은 388만 위안이 고작이어서 3,000만 위안이 구멍이 났다. 게다가 위험 건축물 보수 공사에 필요한 77만 8천 위안도 구할 방도가 없었다. 90년대 중반에 접어들면서 교사들의 월급이 계속 올랐고 교사 월급을 지급하는 데 1.1억 위안이라는 재정이 필요했다. 이는 바오잉 현 재정의 50%를 웃도는 규모였다.

교육재정 경비가 부족해지면서 양질의 교육을 원하는 시민들의 수요와 정부가 제공할 수 있는 공급 사이의 갭이 점차 커지기 시작했다. 특히, 도시 지역학교의 운영규모, 운영여건 등이 여러 가지 제약 때문에 확대되거나 개선되지 못하는 문제점이 두드러졌다. 도시화가 빠르게 진행되고 취학인구가 증가하면서 도시지역의 '입학난'으로 인한 갈등은 점차 악화되었다. 특히 일부 중점학교는 기존의 역할을 다 해내지 못했다. 예를 들어, 성省 중점학교인 바오잉 현 중학교는 학교 면적이 60여 묘畝에 지나지 않았고 24반이 있었다. 학교는 낡은데다 규모도 아주 작았다. 게다가 학교가 옛 시중심지에 위치해 있어서 증축이나 개건하기가 어려웠고 다른 지역으로 이전하려면 1억여 위안이라는 막대한 자금이 필요했다. 정부재정에만 의지해서는 해결할 수 없는 상황이었다.

스옌驗초등학교는 사회적으로 신망이 높은 성급省級학교였다. 옛 시중심지의 작은 골목에 위치한 이 학교는 점유면적이 40여 묘로 주변에는 거주지가 밀집해 있어 확장할 공간이 없었다. 또 학교 내에는 '대성전大成殿' 같은 문화재 건축물이 있어 도시계획과 상충되다보니 타협점을 찾기가 힘든 상황이었다. 타 지역에 새로 건물을 올리는 것이 최선책이었지만 자금사정상 이도 여의치가 않았다. 정부예산이나 학교 자력에만 의존해서는 10년 후에도 꿈을 이루기 힘들어 보였다. 교육국局에서는 백여 년의 역사를 가진 이 오래된 학교를 '지원'하기 위해 매년 '교육시행구역' 범위를 매년 줄여나갔다. 그래서 체재를 전환하기 전까지 교육시행지역 학생 수는 매년 20여 명에 불과했다.

스옌實驗중학교는 2000년 바오잉교 신축 자금을 조달하고자 교육부에서 설립한 '가짜 민간 학교'다. 본교는 독립된 학교 건물이 없어 현이 운영하는 교사 연수학교 캠퍼스를 빌려 사용하고 있다. 학교 설립 초기 300명의 신입생을 모집한 이 학교는 당시 우수한 교사를 많이 초빙해 사회적으로 많은 호평을 받았다. 이 학교는 3년제 중학교로 등록금이 1.68만 위안이었다. 하지만 학생 모집 당시 1년 후에 새 학교로 이전하겠다고 학부모에게 공언한 상황이어서 이 학교 역시 재정적으로 어려웠다.

바오잉교가 국가급 시범 고등학교를 건설하려면 스옌 중학교의 독립된 학교 건물을 지어야 하고 스옌 초등학교는 개조를 해야 하는데, 이에 드는 비용이 총 1.6억 위안에 달했다. 정부에게 투자를 요청하자니 정부의 재정 능력이 이에 못 미치고, 은행에서 대출을 받자니 매달 1,000만 위안의 이자를 내야 했다.

바오잉 현 정부가 이 문제로 골머리를 앓고 있을 무렵인 2000년 12월 4일, 후아이안에서 외국어교를 성공적으로 운영한 왕위펀王玉芬 이사장과 루즈원盧志文 교장이 바오잉을 찾으면서 '민간 자본'과 '공립학교'의 협력이 시작되었다. 양측은 단시간 내에 협정을 체결했다. 협정서 내용은 다음과 같다. 바오잉 현 정부는 3곳의 명문교를 샹위 교육 그룹에 위탁해 민간 메커니즘으로 관리하는 데 동의하고, 샹위 교육 그룹은 1.6억 위안을 투자해 각기 다른 세 곳에 3개의 캠퍼스를 짓기로 한다. 캠퍼스가 완공되기 전까지 옛 학교 건물은 임대만 해주고 판매는 하지 않는다. 캠퍼스가 완공된 후에는 현 정부에 반환해 다른 학교를 운영하도록 한다. 세 학교에 지원되던 행정 사업비와 '1인당 지원금' 등 행정 지원을 중단하되, 그 금액은 지속적으로 교육에 투자해 열악한 학교 시설을 개조하고 다른 학교 운영자금으로 지원해준다. 세 학교 재학생의 교육비는 졸업할 때까지 상위 교육 그룹에서 부담한다. 더 이상 학부모에게 교육비를 수령하지 않는다.

(2) '상위' 건설

2001년 2월 18일 정식 협정을 체결한 후 양측은 협의 사항을 실행에 옮기기 시작했다. 상위 교육 그룹은 '선전深圳' 때보다 더 빠른 속도와 열정으로 기적을 하나하나 만들어내며 현지 주민들을 놀라게 했다. 단 160일 만에 잡초가 무성했던 땅 위에 5.4만 평방미터에 달하는 현대식 학교 건물을 지어 올렸다. 그리고 2001년 9월 1일 바오잉 중등학교는 예정대로 개학을 했다. 스옌 초등학교 예정공사는 예정보다 앞당겨 2002월 1일 하순에 시작했는데 3만 평방미터에 달하는 기숙사 건물은 단 6개월 만에 완공되었다. 그리고 2002년 9월 1일 개학했는데, 이는 협정서 규정보다 2년이나 빠른 속도였다. 상위 그룹은 투자 유치를 위한 행사에 3천만 위안을 투자했고, 바오잉 현 학교 내에 고급 체육관을 한 달 앞당겨 완공해 현 정부와 공동으로 사용했다. 조경녹화 사업도 진행한 상위 그룹은 바오잉 경제 개발구의 주역으로 떠올랐다.

이 뿐만 아니라 상위 그룹은 '장기적인 발전과 사회 효과를 중시한다.'는 투자 이념과 '선진화된 학교 하드웨어, 시범학교의 학교 운영 수준, 시민이 받아들일 수 있는 비용.'이라는 건축 원칙을 토대로 캠퍼스 건설함과 동시에 완전히 새로운 민간 학교의 이미지를 만들어 나갔다.

첫째, 메커니즘 전환 이후 학교는 생존과 발전을 위해 개방적으로 변했고 학부모와 사회에 봉사한다는 정신이 더욱 강해졌다. 상위 그룹이 말했던 '품질은 생명처럼, 학부모는 왕처럼, 학생은 자식처럼', '학부모로부터 촌지나 선물을 받지 않고 개인사에 학부모의 도움을 받지 않는다.' 같은 약속을 하나하나 실제 행동으로 옮겨졌다.

둘째, 상위 그룹은 전혀 새로운 학교운영 체제와 관리 방식을 채택해 학교에 활기를 불어넣었다. 메커니즘이 전환되면서 높은 운영 효율, 높은 수준의 강의 내용, 빠른 운영 속도 등 같은 변화가 찾아왔다. 2002년 상위 교육 그룹 학교들은 고입과 대입에서 시 상위원에 랭크되면서 새로운 기록을 세웠고, 이 소식을 접한 현지 주민들은 흥분을 감추지 못했다.

셋째, 상위 그룹의 튼튼한 복지 시스템, 편안한 인문 환경, 완벽한 보장제도, 안정적인 신입생 모집 등은 수많은 우수 교사들을 매료시켰다. 인접한 도시, 심지어 쑤난 명문고에서 근무하던 교사들도 바오잉을 택했다. 게다가 상위 그룹은 지금껏 단 한 번도 없었던 영어 원어민 교사를 초빙하기도 했다. 아주 재미있는 것은 2년 전만해도 바오잉을 벗어나 '쑤난' 지역으로 떠났던 교사들이 상위 그룹이 학교 운영을 담당하자 다시 하나 둘씩 귀향하는 현상이 벌어진 것이다.

넷째, 명문교의 그룹화 운영으로 교육의 흐름이 보다 원활해졌다. 상위 그룹은 동일한 운영이념을 모든 학교에 동일하게 적용함으로써 학교 간에 학군을 나누며 서로 견제하는 현상을 미연에 방지했고, 교육의 연속성을 보장해 학생들이 발전할 수 있는 공간을 제공했다. 또 학교 경영권과 소유권을 분리해 운영에 자율성을 부여하고 교육 규율은 최대한 지켜나갔다. 그룹 내 학교들은 교육 자원을 공유하면서 상부상조했다.

(3) 진정한 승자는 누구인가?

상위 교육 그룹의 왕위펀 이사장과 루즈원 총장, 그리고 바오잉을 방문해 상위를 취재했던 언론의 분석에 따르면, 이번 바오잉 개혁은 정부, 교사, 시민, 투자자 모두가 승자가 되었다고 했다. 각자 얻은 바가 있기 때문이다.

정부는 무엇을 얻었을까? 우선 단 한 푼도 들이지 않고 현대화된 학교 세 곳을 얻었다. 그리고 매년 이 세 곳에 지원되던 600여 만 위안은 지속적으로 교육에 쓸 수 있었고, 옛 학교 건물에서 창출되는 임대료 200만 위안은 새로운 수입원이 되었다. 기초교육 구조를 빠르게 변화시켰고 우수한 교육 자원을 확대했으며 학교 운영 수준을 대폭 향상시켜 시민들의 호응을 얻었다. 정부는 지역 교육 구조를 대대적으로 혁신해 공립학교 운영에 새로운 활력을 불어넣었다. 많은 학교들의 운영여건이 개선되었는데, 그중에서 스옌 초등학교는 새로운 건물로 이전했고, 원 건물은 '화촨畵川'초등학교에게, 원래 화촨 초등학교 건물은 지역 내 다른 초등학교에 제공되었다. 이처럼 세 학교 모두 운영여건이 개선되면서 의무교육의 요구사항은 물론, 자녀 교육에 대한 학부모들의 다양한 요구사항도 만족시킬 수 있었다.

교사는 무엇을 얻었을까? 기본 월급 인상, 자녀 무료 입학, 세 끼 식사 무료 제공, 대대적인 보조금 인상 등의 혜택을 누렸고 교사 채용 역시 인맥이 아닌 공개로 채용했다. 이렇다 보니 샹위 그룹이 운영을 맡은 이후 교사 유출이 단 한 차례도 없었다.

시민은 무엇을 얻었을까? 학부모들은 우수한 교육 자원이 확대되면서 학교를 선택할 수 있는 기회가 확대되었다. 샹위 그룹이 했던 '품질은 생명처럼, 학부모는 왕처럼, 학생은 자식처럼', '학부모로부터 촌지나 선물을 받지 않고 개인사에 학부모의 도움을 받지 않는다'는 약속은 기존의 학부모 관념, 교사 관념, 품질 관념을 완전히 바꿔놓았다. 아울러 학교의 서비스 정신이 강해졌고 품질 의식 역시 향상되었으며 교육에 드는 비용도 줄어들었다. 주목할 만 점은 샹위 그룹의 2001년 수업료는 《협정서》규정의 상한선을 크게 밑돌았고, 예전 수업료보다도 낮다는 사실이다. 스옌 초등학교는 원래 입학 시 한 번에 1.2만 위안을 내고 학기마다 800위안의 비용을 더 냈는데, 지금은 9,800위안으로 조정되면서 2,200위안의 비용이 절감되어 시민들의 부담을 덜어주었다.

투자자는 무엇을 얻었을까? 현대화된 학교를 건설하려면 자금 투자가 반드시 필요하다. 하지만 명문학교를 건설하는 것은 자금만으로 되는 일은 아니다.

이런 방법을 통해 명문 공립학교를 변화시킨다면 투자자는 위험부담을 줄일 수 있을 뿐만 아니라 교육의 공익성도 실현할 수 있게 된다.

(4) 샹위 이념

나는 2002년 6월 23일 결코 낯설다고 할 수 없는 이 학교를 찾아 왕위펀 이사장, 루즈원 총장, 위안웨이싱袁衛星 보조원과 함께 현장 시찰을 진행했다. 이번 방문에서 나는 감동적인 이야기를 많이 들을 수 있었다.

이야기 하나 : 아무데다 침을 뱉지 않는 샹위인翔宇人

"아무데다 침을 뱉는 행위, 침을 뱉는 행위는 교양의 문제고, 수양의 문제며, 문명의 문제다."

샹위는 다음과 같이 자신 있게 말했다.

"모든 샹위인은 어떤 장소에서도 아무데다 침을 뱉지 않습니다!"

루즈원 총장이 이 목표에 대해 이렇게 설명했다.

"다들 아주 작고 쉬운 일들이라고 말해요. 그럼 이렇게 작은 일을 왜 바보같이 못해내는 걸까요? 계속해서 강조하고 호소하고, 다양하게 홍보하고 교육하다보면 언젠가는 결실을 볼 겁니다. 이 목표는 결코 사소한 것이 아닙니다. 우리가 해볼 만한 큰 목표입니다."

만약 아무데다 침을 뱉는 사람이 있으면 누군가가 정중하게 이름을 물어보며 주의를 주고, 그리고 티슈 한 장과 루즈원 총장의 '우리의 교육이념: 샹위인은 아무데다 침을 뱉지 않는다.'는 글귀를 건낸다. 학교 역사 전시실에는 《아무데다 침을 뱉은 샹위인 경고록》 기념책자가 있었고, 진열장 벽에는 '아무데다 침을 뱉은 샹위인 공고란'이 있었다. 경각심을 높이고자 위반자 이름은 이곳에 영원히 기록된다.

루총장은 '샹위인은 아무데다 침을 뱉지 않는다.'를 교훈으로 정해 글로 남기고, 각종 신문에 광고를 실어 대대적으로 홍보함으로써 모든 사람들이 샹위인의 특성을 알고 함께 감시할 수 있게 할 계획이라고 했다.

　　이야기 둘 : 사랑이 가득한 샹위

　　2002년 2월 12일, 음력 정월 초하루 샹위 교육 그룹 중간 이상급 간부들은 루총장과 함께 막 수술을 끝내고 상하이에서 돌아온 우용홍吳永宏 교사를 찾아 갔다. 우용홍는 바오잉 현 학교에서 물리를 담당하고 있는 평범한 교사다. 학 기가 끝나갈 무렵 갑자기 위에 통증을 느껴 병원을 찾았는데 즉시 수술을 받아 야 하다고 했다. 왕위펀 이사장과 루즈원 총장은 이 소식을 접한 후 즉시 회의 를 소집했다. 회의에서 우교사가 상하이로 가서 치료받고 가장 우수한 전문의 에게 수술을 받을 수 있도록 모든 방법을 동원하라고 지시했다. 게다가 물리팀 의 딩장화丁長華 교사에게 우 교사 옆을 지키면서 식구들을 도우라고 당부했 다. 이런 세심한 배려 덕분에 우 교사는 성공적으로 수술을 받았고 차츰 건강 을 회복하게 되었다. 수술이 끝난 후에도 이사장과 총장은 여러 차례 전화로 안부를 물으며 편안하게 요양하면서 하루 빨리 건강해지길 기원했다. 섣달 28 일 이사장은 직접 병문안을 가 연말을 집에서 보낼 수 있도록 집까지 바래다주 었다.

　　우 교사의 수술 소식이 전해지자 의료비 처리 문제에 대한 각가지 추측이 나 돌았다. 하지만 이사회의 결정이 나자마자 모든 추측과 걱정이 한 순간에 사라 졌다. 학기 종강 회의 상에서 루 총장은 이사장을 대변해 전 교직원에게 우 교 사는 그룹의 평생직원이기 때문에 모든 뒤처리는 그룹이 책임질 것이라고 공 언했다.

　　이야기 셋 : 단돈 3위안 때문에 직원을 해고한 샹위

　　사랑은 사랑이고, 직원들에 대한 요구사항이나 관리가 나태해서는 안 된다. 샹위가 채용한 한 전기공은 어느 날 전구 10개를 구매했다. 이 전구는 도매가 가 개당 1.2위안, 소매가가 0.6위안이었는데, 이 전기공은 영수증을 개당 0.9

위안으로 끊어달라고 상점에 부탁했다. 샹위 내부 관리조례를 보면 다음과 같이 규정되어 있다.

"학교는 모든 영수증의 출처를 조사하고 시장가격을 조사할 권리가 있다. 만약 동일한 품질의 더 저렴한 상품이 있을 경우 구매인의 적극성과 책임감 부족을 추궁할 수 있다. 또 영수증이 허위임이 발각되었을 경우 엄중한 처벌을 받는다."

결국 이 직원은 단돈 3위안 때문에 해임되고 말았다. 이 일이 알려지자 유감을 표하는 이도 있었고, 하찮은 일로 요란을 떤다며 학교 측을 비난하는 이도 있었으며, 인간미가 없다며 교장을 나무라는 이도 있었다. 또 어떤 이는 다음과 같이 반문하기도 했다.

"샹위는 사람을 중시하고 배려한다고 하지 않았나요?"

이에 대해 루 교장은 초연하게 답했다.

"비록 단돈 3위안이지만 샹위에서는 아무리 작은 허점도 용납하지 않습니다."

샹위는 학교의 명예를 지키기 위해, 신용을 지키기 위해 냉정하게 직원을 해임할 수밖에 없었다.

사실 샹위는 일반 직원뿐만 아니라 교사에게도 마찬가지로 엄격하다. 교사는 학부모의 어떤 초대에도 응해서는 안 되고, 어떤 선물도 받아서는 안 되며 어떤 개인사에도 학부모의 도움을 받아서는 안 된다는 규정이 있다. 이 '삼불三不'은 샹위인이라면 누구나 지켜야 하는 규정이자 샹위인의 '생명선'이기도 하다. 샹위 소속 교사는 절대 과외를 해서도 안 된다. 이런 조치들은 일반 공립학교에서는 상상조차 할 수 없는 일들이다.

(5) 샹위가 전하는 메시지

'샹위 현상'도 좋고 '바오잉 모델'이라 불러도 좋다. 이미 많은 사람들이 이를 받아들이고 이해하며 심지어 칭찬해 마지않는다. 여기서 필자는 '샹위'는 특정 공간 배경 속에서 등장한 현상이라는 사실을 말해주고 싶다. 우리는 샹위가 결코 평탄치 못한 길을 걸어왔음을 잘 안다. 우리는 샹위 현상을 통해 더 많은 부분을 사고하고 탐색할 수 있을 것이다. 또 이를 토대로 더 많은 기대와 의견을 기대해 본다.

첫째, 샹위는 쉽게 '복제'할 수 있는 모델이 아니다. 정부는 의무교육을 담당하는 우수 교육자원(명문 공립학교)의 메커니즘 전환을 경솔하게 시도해서는 안 된다. 이는 공공교육을 책임지고 있는 정부가 지켜야 할 기본원칙이다. '샹위 모델'의 영향으로 명문 공립학교의 메커니즘 전환이 여기저기서 터질 조짐이다. 위험이 도사리고 있다 해도 거부할 수 없는 유혹에 많은 지역 정부들은 '제2의 바오잉'을 꿈꾸고 있다.

각급 재정부가 교육에 대한 재정 투자와 이전 지출을 확대해야 의무교육, 특히 농촌 의무교육의 기본 여건이 조성된다. 재정 부담이 크고 상급 재정부의 지원이 어려운 지역에 대해 적정선에서 다원화 의무교육을 장려하고 발전시키는 방안을 검토해 볼 필요가 있다. 결론적으로 말해 환경이 열악한 학교부터 우선적으로 메커니즘 전환을 시도하는 것이 바람직하다. 명문 공립교의 메커니즘 전환에는 한 가지 전제조건이 있다. 이미 입학한 학생과 이후 입학할 학생의 경제적 부담이 가중되어서는 안 되며 바오잉의 원래 학교 건물처럼 교육을 할 공간이 많지 않는 경우여야 한다. 또 모든 투자자들이 왕위펀 이사장처럼 사회에 많은 관심을 갖고 있지 않다는 점도 기억해야 한다.

이에 대해 샹위 그룹도 자신의 견해를 밝혔다. 루 교장은 다음과 같이 지적했다.

"현재 중국 기초교육의 핵심은 균형적인 발전이다. 원래 교육계 내부에는 '마태효과'가 아주 두드러지는데, 거기에 행정 직원의 수준까지 더해지면 학교 간에는 하늘과 땅 정도의 격차가 생기게 된다."

명문학교는 이미 시장에서 독립할 수 있는 강인한 생명력을 갖추고 있다. 하지만 이런 자원으로 시장에서 경쟁하는 것이 아니라 지원금과 특수 정책을 두고 열악한 여건의 학교들과 경쟁하려 든다는 게 문제다. 그러다 보니 여건이 열악한 학교는 상황이 더 악화될 수밖에 없다. 명문 학교들은 '국유 기업'과 같아서 정책이나 자금 지원을 해 줄수록 시장으로 나가려 하지 않는다. 그리고 행정적 간섭이 심하다, 학교에 생기가 없다는 등 원망을 쏟아낸다.

명문 학교를 시장에 개방하고, 여기서 절약되는 지원금이나 사업비를 환경이 열악한 명문학교 개조에 사용함으로써 학교 전반적인 구조를 개설해야 한다. 그럼 우수 명문학교는 활력을 되찾아 한 단계 더 발전해 나갈 수 있고, 열악한 학교를 개조함으로써 의무교육 수준을 향상시킬 수 있다. 돈이 없는 국민들의 자녀교육 문제도 좀 더 쉽게 해결할 수 있다. 부유한 사람들이 더 우수한 교육을 누리는 대신 조금 더 많은 교육비를 지불하면 된다. 이 돈은 다시 교육에 투자되고, 결국엔 돈이 없는 가난한 국민을 위해 사용되는 것이다. 부유한 사람의 돈으로 가난한 사람을 도와 조화로운 발전을 이룬다는 데 그 의미가 있다. 또 루 교장은 '국유자산이 유실된다.'라는 견해는 개혁을 막으려는 핑계에 불과하다고 했다. 기업이 호황을 누릴 때 어떤 이가 2,000만 위안을 제시하며 구매하겠다고 하자, '국유 자산이 유출되잖아.'라고 거절했는데, 1년 뒤 경영 상황이 악화되자 회사를 그냥 넘기려 해도 아무도 인수하려 하지 않았다. 이처럼 국유자산이 패배를 맞보는 것은 국유자산의 유출이 아니란 말인가? 이에 루 교장은 다음과 같이 말했다.

"경제가 낙후된 지역에서 '덩치 키우기' 전략을 쓰는 것은 아주 바람직한 발전 전략이다."

각급 정부가 이런 이유를 들며 '보따리'나 '큰 덩치'에만 신경을 쓰고 시설이 열악한 학교를 그대로 내버려 두지 않을까 걱정하기도 한다. 그럼 국민들만 고생하는 것 아니겠는가? 따라서 명문 공립학교의 메커니즘 전환은 신중에 또 신중을 기해야 한다. 특히, 의무교육을 담당하는 학교는 더 그렇다.

둘째, 명문 공립학교가 메커니즘을 전환한 이후에도 정부는 지속적으로 교육 투자를 확대해 민간 교육에 대응할 수 있는 경쟁력을 갖춘 학교로 발전시켜야 한다. 경쟁력만이 발전을 가져다준다. 상위의 세 학교는 현재 바오잉에서 독보적인 위치에 올라 있다. 우수한 교육자원을 어떻게 꽃 피우게 할 것인지는 바오잉 현 위원회와 현 정부가 풀어야 할 숙제다. 따라서 여유 자산과 임대료 등을 지역 내 다른 학교에 지원해주고, 우수한 공립학교를 통해 교육시장을 움직여 균형을 맞춰나가야 한다. 적당한 외부 압력은 학교가 건강하게 발전해 나가는 데 없어서는 안 될 요소다. 이 두 가지 요소 사이에는 적절한 힘 조절이 필요하다.

셋째, 민간 운영 학교의 선진적인 관리 이념을 도입하고 공립학교의 캠퍼스 문화구축에 신경 써야 한다. 상위 그룹이 학교 운영 과정에서 보여준 관리이념, 조치는 바오잉 지역 교육에 있어 중요한 자산이다. 현지 교육 행정 부서들은 상위가 보여준 관리이념과 관리모델을 열심히 배워 확대해 나가야 할 것이다. 사실 기업도 성숙한 현대적 기업제도가 있기 마련인데, 학교라고 학교 수준을 향상시켜줄 현대적인 관리제도가 왜 필요 없겠는가? 많은 사람들은 상위의 현대적인 캠퍼스만을 보고 독특한 캠퍼스 문화, 효율적인 관리 메커니즘은 간과한다. 사실 이 속에 상위의 진정한 가치, 그들만의 경쟁력이 들어 있는데도 말이다. 공립학교 대부분이 안고 있는 낮은 관리 효율, 심각한 낭비 현상은 우리가 주목해야 할 부분이다.

넷째, '상위 모델'은 비 의무교육 단계, 특히 낙후지역의 비 의무교육 단계에서 실시하기에 적합하다. 아울러 고등교육으로 확대해 볼 만한 가치가 있다. 현재 중국의 고등교육은 다원화된 운영 메커니즘을 도입해 민간 대학과 공립대학의 민간 2급 단과대학 등이 빠르게 발전하고 있지만 여전히 정부가 대부분의 대학을 관리하고 있다. 장쑤성만 보더라도 국가 부처 위원회와 성에 소속된 대학만 무려 60여 개에 달하고, 매년 고등교육에 드는 투자비용만 10억 위안에 이른다. 만약 이 대학들 중 50%만 메커니즘 전환이나 주주제로 전환한다고 생각해보자. 이렇게 절약된 엄청난 비용은 성 전체의 초등, 중등 교육에 투자할 수 있다. 특히 쑤베이蘇北지역에 투자가 절실하다. 현재 각급 재정부의 자금 사정이 어려운 상황에서 대학을 주주제로 전환하거나 2급 단과대학의 메커니즘 전환을 시도한다면 정부의 교육경비가 크게 절감될 것은 분명한 사실이다. 아울러 준비된 민간 자본에게 교육에 진출할 수 있는 기회를 주는 것이 아무것도 없는 맨땅에서 시작하는 것보다는 시간이나 노력을 크게 절약할 수 있다. 세계 다른 나라, 특히 선진국을 보면 민간 대학 비율은 공립 대학보다 훨씬 높게 나타나는데, 90%가 넘는 나라도 있다. 이처럼 샹위가 바오잉에서 찾아낸 길은 우리에게 많은 것을 생각하게 한다.

다섯째, 교사 이동에 대한 규범을 강화해야 한다. 민간 학교의 메커니즘, 교사 대우 등은 교사들을 자극해 교사 이동을 조장하는 역할을 했는데, 이는 환경이 열악한 학교, 특히 농촌지역에 큰 타격을 입혔다. 이 현상은 아주 중요한 이론적 문제를 야기했다. 바로 '교사 자원은 교사 개인이 컨트롤 하는 것인가, 아니면 각급 정부에서 결정하는 것인가?' 하는 문제다. 대부분의 국가와 지역은 교사 월급이나 보조금 같은 복지를 정부에서 일률적으로 규정하고 있기 때문에 교사 유동의 주요 원인이 대우 때문은 아니다. 따라서 교사 유동에 대해 어떤 룰을 정할 것인지, 지역적으로 동일한 교사 월급 제도와 유동교사의 빈자리를 매울 인재를 양성하는 제도 등을 어떻게 마련 할 것인지는 중국이 앞으로 직면할 문제들이다.

여섯째, 기초교육을 담당하는 민간학교의 운영방침을 규범화해 제대로 된 《민간학교 촉진법》을 정착시켜야 한다. 기초교육 단계의 민간학교는 구성이 뒤죽박죽에 규범화가 진행되지 않은 학교들이 적잖다. 특정 계층을 위한 귀족학교도 있고, 공립학교에서 겉모습만 바꿔 교육비를 챙기는 '가짜' 민간 학교도 있고, 수준 미달의 교사들 채용한 '기준 미달' 민간 학교도 있다. 왕위펀 이사장과 루즈원 교장을 포함한 민간학교 운영자들 대부분이 다음과 같이 한목소리를 냈다.

"겉모습만 바꿔 교육비를 챙기는 '가짜' 민간학교로 인해 민간학교의 발전이 저해되고 있다."

이처럼 학교라는 미명하에 사리사욕을 채우는 가짜 민간 학교들은 재정적 지원 증가는 있을지 모르지만 교육사업의 장기적인 발전 측면에서 본다면 그 폐해가 훨씬 크다는 것이 그들의 의견이다.

첫째, 재산권 관계가 불분명하기 때문에 갈등의 여지가 있다.

둘째, 공사 구분이 불분명해 관리에 허점이 많다.

셋째, 운영체제가 엉망이라 부패 현상이 발생한다.

이러한 무질서한 경쟁, 불평등 경쟁은 진정한 민간학교의 설자리까지 위협하고 투자자의 적극성을 꺾을 수도 있다. 따라서 '가짜'민간 학교들이 하루 빨리 진정한 민간 학교로 거듭나야 할 것이다. 《사회역량의 학교운영 조례社會力量辦學條例》를 보면 '영리를 목적으로 하지 않는다.'는 규정이 있긴 하지만 투자자들이 실제로 학교를 운영하면서 이를 지키기란 쉽지 않다. 한편으로는 중국 민간학교를 발전시키고자 하는 투자자들의 열의를 꺾을 수도 있고, 또 다른 한편으로는 일부 폭리를 취하려는 투기꾼들에게 미끼가 될 수도 있다. 이런 사람들은 폭리를 취함은 물론 당당하게 탈세를 저지를 수도 있다. 따라서 조속히 《민간학교 촉진법》을 정착시키는 것이 급선무다.

이런 까닭에 샹위는 나에게 더 많은 생각을 하게 만든다. 샹위가 우리에게 가져다 준 것은 무엇일까? 많은 논란을 불러일으킨 샹위이지만 많은 의미도 던져주었기에 필자는 그들에게 축복을 보낸다.

샹위의 건승을 기원하며!

3. 쑤저우蘇州의 교육 현대화에 관하여

교육의 현대화는 단계적이고 심층적이며 풍부한 내용을 담고 있는 일종의 역사 과정이다. 역사적 시각에서 바라보았을 때 교육의 현대화는 곧 교육이 국제화되며 변화·발전해온 과정이자 교육의 전반적인 전환이다. 국제적으로 교육의 현대화는 두 단계의 발전 과정을 거쳤다. 농업 사회에서 산업 사회로 전환하는 가운데 이루어진 교육의 현대화가 그 하나이고, 다른 하나는 산업 사회에서 정보 사회로 변화하면서 진행된 현대화이다. 교육이 변혁을 거쳐 산업 사회의 기본적인 특징, 즉 실용성과 과학성, 민주성, 개방성을 갖추게 되었을 때 교육은 현대화를 이루었다. 마찬가지로 오늘날 교육이 지능화, 보편화, 평생화, 개성화, 국제화와 같은 정보 사회의 특징을 나타내는 것은 교육이 현대화되고 있음을 보여주는 것이다. 현재 쑤저우의 교육 발전 상황이 이러한 점을 잘 설명해준다.

1994년 쑤저우시는 '쑤저우의 현대화 도시 건설'이라는 목표를 제시했다. 이로써 쑤저우에서 현대화 도시 건설의 일환으로 교육의 현대화가 공식적으로 그 서막을 열었다. 성省급 교육 현대화 프로젝트가 시범적으로 실시되면서 쑤저우의 교육은 현대화의 첫 발을 내디뎠다. 교육의 현대화는 발 빠르게 전개되었고, 쑤저우의 경제·사회 현대화에도 한몫했다. 즉 사회의 전면적인 발전과 사회주의 정신문명 건설에 초석을 다지면서 교육의 자체적인 개혁과 발전이라는 객관적 요구를 창출해낸 것이다.

(1) 쑤저우시 교육 현대화의 기본 사상

1994년 쑤저우시는 쑤저우의 실질적인 상황을 반영하여 90년대 말까지 쑤저우를 현대화 도시로 만들겠다는 목표를 내놓았다. 다시 말해서 쑤저우시를 현대화된 국제적 도시로 만들겠다는 것이었다. 특히 과학 기술과 교육의 현대화를 이루고 인간과 사회 문명의 현대화를 실현하겠다는 것을 중점 목표로 내세웠다. 현대화를 가늠하는 지표는 바로 사회의 진보 수준과 사람들의 소양, 그리고 사회 문명의 수준이다. 특히 교육 수준은 그중에서도 중요한 지표라고 할 수 있다. 따라서 쑤저우는 '과학교육을 통한 도시 발전', '지속 가능한 발전', '경제 글로벌화'라는 3대 전략을 세우고 그중에 '과학교육을 통한 도시 발전'을 우선순위에 두었다. 개인적으로 쑤저우의 발전 전략은 시대를 앞선 올바른 결정이었다고 생각한다. 알다시피 경제와 사회가 현대화되고 있는 오늘날, 교육의 현대화는 경제·사회의 현대화에 중요한 한 축을 담당하고 있기 때문이

다. 즉 교육의 현대화는 경제·사회의 현대화를 지탱하는 힘이자 사회의 전면
적인 발전과 사회주의 정신문명 건설을 이끄는 발판이요, 교육의 자체적인 개
혁과 발전을 위한 중요한 과제이다.

쑤저우는 '현대화를 향한, 세계를 향한, 미래를 향한 교육'이라는 덩샤오핑
전 중국 국가 주석의 지시와 《중국교육 개혁과 발전 요강中國敎育改革和發展綱
要》에 따라 쑤저우의 경제·사회 발전과 교육 현황을 분석하는 한편, 세계 선진
국의 교육 수준을 참고하여 중국적인 사회주의 현대화 교육 시스템을 건설하
는 것을 쑤저우 교육 현대화의 발전 목표로 삼아야 한다는 의견을 제시했다.
이에 따라 교육의 현대화를 실시할 여섯 가지 분야를 확정했는데 그 구체적인
내용은 다음과 같다.

① 교육 사상의 현대화 : 이는 교육 현대화의 기반이다.
② 교육 발전 수준의 현대화 : 이는 교육이 경제와 사회 발전에 발맞춰 나아
　 갈 수 있는가를 가늠하는 중요한 지표이다.
③ 교육 시스템의 현대화 : 이는 교육 현대화의 핵심이다.
④ 학교 설립 및 경영 조건의 현대화 : 이는 교육 현대화의 물질적인 기반이
　 다.
⑤ 교사의 현대화 : 이는 교육 현대화의 근본이다.
⑥ 교육 관리의 현대화 : 이는 교육의 현대화를 보장한다.

(2) 쑤저우 교육 현대화의 역사와 현실

쑤저우는 2,500여 년의 역사를 자랑하는 문화 도시이다. 예로부터 쑤저우는
경제와 문화가 발달한 곳으로, 교사를 존중하고 교육을 중시했다. 개혁 개방
이후 쑤저우는 경제 건설과 사회 발전이 급물살을 타면서 국내총생산GDP 성
장률이 20%를 넘어섰다. 1999년에는 시市 전체의 GDP 총액이 1,358억 위안
으로 일인당 평균 3천 달러에 육박하며 전국 대도시 가운데 7위를 차지했다.

이렇게 쑤저우는 기본적으로 현대화된 경제 수준에 도달했다. 시 전체의 재정 수익은 109억 위안이었으며, 시민 생활수준도 날로 향상되어 도시 주민 1인당 가처분소득이 8,406위안, 농민 소득이 5,200위안이었다. 쑤저우는 수출형 경제를 지향하며 외자를 이용해 발전 추세를 이어나가고 있는데 외자 유치 누계가 300억 달러이고 실제이용외자가 120억 달러에 이른다. 또한 세계 500대 다국적 기업 중 총 72개 회사가 쑤저우에 투자해 쑤저우공업단지蘇州工業園區, 쑤저우신구蘇州新區 등 국가적 개발 지역의 하이테크 산업이 양호한 발전 추세를 유지하고 있다. 이와 함께 쑤저우는 더 이상 의식주 문제를 걱정하지 않는 샤오캉 수준小康(중산층 수준－역주)에 한 발짝 다가가 현대화 건설이라는 목표에 매진하고 있다. 최근 쑤저우시는 국가 환경보호모범도시, 국가보건도시, 중국우수관광도시, 전국문화모범도시, 국가문명도시건설사업선진도시 등으로 선정되는 영예를 안았으며, 이는 쑤저우의 교육 현대화 발전에 좋은 기반을 마련해주고 있다.

앞서 언급한 조건들을 기반으로 쑤저우는 《쑤저우시 교육 현대화 실시 요강蘇州市敎育現代化實施綱要》을 완성했다. 이에 따라 전면적으로 교육의 현대화를 추진한 결과, 시 전체 각 학교의 설립 및 경영 조건이 확연하게 개선되었다. 시 전체에 200여 개의 현대화 시범학교와 유치원, 교육 실험 지역을 건설했고, 시 전체에서 이미 136개의 향진(전체의 86%)이 성시成市의 교육 현대화 평가 검수를 통과했다. 현재 각 지역에서는 성급 교육 현대화 선진 현(또는 시)이라는 타이틀을 얻기 위해 각축전을 벌이고 있다.

쑤저우는 찬란한 교육 역사가 빛난다. 특히 개혁 개방 이후 경제 건설 바람을 타고 빠르고 양호한 발전을 이룩하면서 거의 10년에 한 번 꼴로 높이 도약했다. 1980년대에 초, 초등학교 교육을 보편화했고, 90년대 초에는 전국의 중등 규모 도시 가운데 가장 먼저 9년 의무교육을 보급했으며, 90년대 말에는 고등학교 교육의 보급에 앞장섰다. 법에 따라 나라를 다스린다는 방침을 기본 바탕으로 쑤저우시는 법에 따라 시를 다스리고 교육과 학교를 관리하여 9년 의무교육의 성과를 높였다. 1999년에 쑤저우시 전체 초등학교, 중학교의 입학률과 졸업률은 각각 100%, 99.80%와 99.97%, 98.53%에 달했다. 아울러 기초교육은 입학 전 교육과 고등학교 교육으로 확대되어 입학 전 교육의 보급률이 96.88%, 고등학교 입학률이 93.84%까지 확대되었다. 그리고 직업 교육은 새로운 추세와 기회와 마주하여 새로운 분야를 개척하며 활력을 불어넣었다. 직업학교의 졸업생은 거의 전원이 취업했다. 쑤저우는 경제와 사회 발전에 따라 증가한 인재 수요를 맞추기 위해 일반 교육과 직업 교육의 비율을 균형적으로 유지하고 있다. 대학과 직업학교가 산학연産學研(기업, 학교, 연구기관ー역주)의 협력으로 실시한 시범 개혁은 교육과 경제의 관계를 한층 더 밀접하게 하고 교육 발전에 생기를 불어넣었다. 성인 교육 또한 지속적으로 발전을 거듭하여 평생 교육 단계로 접어들고 있다. 고등교육의 발전도 빠르게 이루어지고 있는데, 일례를 들자면 1999년 쑤저우의 고등교육 기관 입학률은 25%를 넘어섰다. 덕분에 쑤저우는 국가도시교육종합개혁시범도시, 농촌교육종합개혁연계도시, 농업과학교육시범지역, 전국 외국어 중등학교 입학시험개혁시범지역, 장쑤성江蘇省 적성교육 시범지역, 장쑤성 평생 교육시범지역이 되었다.

(3) 향진鄕鎭의 교육 현대화를 위한 쑤저우의 실천

쑤저우가 교육 현대화를 위해 지나온 과정을 돌이켜보면, 향진 교육의 현대화가 바로 종합적이고 복잡한 이 프로젝트의 핵심이자 난제라는 사실을 알 수 있다. 교육 이념이나 기본 교육 시설이 도시보다 낙후된 향진은 교육 현대화를 실현하는 과정에서 더 많은 어려움을 겪을 수밖에 없기 때문이다. 그러므로 지금 중국은 쑤저우 향진의 교육 현대화에 주목해야 한다.

첫째, 정부의 역할을 강화하여 목표책임제를 마련하고 향진 단위로 지역의 전반적인 발전을 추진함으로써 농촌 교육의 기본적인 현대화를 이룩해야 한다. 그리고 쑤저우시는 2000년까지 기본적인 현대화라는 목표를 실현해야 한다. 그중에서도 교육의 기본적인 현대화를 이룩하는 것이 무엇보다 중요하다.

만약 교육 현대화에 지장이 생긴다면 쑤저우의 기본적인 현대화 실현이라는 목표를 달성하는 것도 어려워질 것이기 때문이다. 비록 향진과 농촌에서 교육 현대화를 실현하는 것이 매우 복잡하고도 어려운 일이긴 하나, 농촌 인구가 쑤저우시 전체 인구의 74%를 차지하므로 시 전체의 목표를 달성하려면 하루 빨리 농촌 교육의 현대화를 이룩해야 한다. 이에 대해 나는 쑤저우가 9년 의무교육 보편화의 경험을 거울삼아 정부의 역할을 강화하고 교육 현대화 사업 목표 책임 시스템과 제도를 마련하여 농촌의 교육 개혁과 발전을 이끌어야 한다고 주장했다. 그래서 쑤저우는 일찍이 장쑤성에 교육 발전 목표 책임제를 도입했다. 해마다 연초에는 시 정부의 주요 간부와 각 시(현), 구의 주요 간부가 목표 책임서目標責任書를 체결하고, 연말이 되면 전국인민대표대회와 시 정부, 정치 협상회의, 그리고 관련 부처가 힘을 모아 각 시(현), 구에 대해 심사를 한다. 이 와 함께 시 교육 행정 부처와 각 시(현) 교육 행정 부처, 각 시(현) 정부와 각 향 진 정부도 각각 목표 책임서를 체결하여 비교적 완벽한 책임 시스템을 가동하 고 있다. 이 제도의 확립은 지역 교육의 현대화를 이끄는 촉진제가 되었다. 쑤 저우시의 기본적인 교육 현대화 실현 계획을 실시한 결과 1990년대 말에 시 전 체 162개의 향진 가운데 85% 이상이 장쑤성의 기본적인 현대화 기준에 도달했 다. 1990년대 중반 쑤저우는 먼저 장자강張家港시 청항乘航 진을 비롯한 14개 향진을 시 교육 현대화의 시범 지역으로 선정했고, 1995년에는 이를 58개 향진 으로 확대했다. 1996년부터는 계획과 절차에 따라 평가 심사를 진행했다. 오 늘날 시 전체에서 36개의 향진이 쑤저우시의 평가 심사를 거쳤으며, 그중에 2 개 향진은 '교육 현대화 프로젝트 실시 향진'이라는 타이틀을 얻었고 13개 향 진은 '장쑤성 교육 현대화 선진 향진'으로 선정되는 영예를 안았다.

향진 교육 현대화 시범 지역과 선진 향진의 선정은 9년 의무교육 실현과 청 장년 문맹 퇴치라는 목표를 달성한 후 처음으로 쑤저우 농촌의 자발적인 참여 를 이끌어냈다. 이로써 해당 지역 정부가 적극적으로 교육 규모를 늘리고 교육 발전을 도모하도록 했다. 또한 향진 정부를 주축으로 여러 경로를 통해 경비

조달에 나섬으로써 현지 교육의 균형적인 발전을 이끌었다. 1988년에서 1992 년까지 9년 의무교육과 청장년 문맹 퇴치를 위해 사용된 경비는 8억 위안에 달했으며, 1990년대 말 교육의 기본적인 현대화를 위해 사용된 경비는 60억 위안이 넘었다. 교육 자원의 증가는 교육의 큰 발전으로 이어졌다. 현재 향진에 평균적으로 투입되는 자금은 2,000~2,500만 위안 선이다. 이러한 상황에서 많은 향진이 회사를 세우는 것보다 학교 건설을 우선적으로 선택하고 있다. 현재 향진이 도시보다 실질적으로 더 좋은 학교 설립 및 경영 조건을 갖춰가고 있는 실정이다. 쑤저우에서 교육의 현대화는 달성해야 할 목표에 머물러 있는 것이 아니라 구체적으로 실시되고 있는 사업이자 교육 발전의 메커니즘이 되고 있다. 쑤저우의 어느 지역에서든 교육이 현대화되어가는 분위기를 느낄 수 있으며, 향진 교육이 기본적으로 현대화를 이뤄나가는 모습을 발견할 수 있다. 이뿐만 아니라 교육 현대화 실시의 효과적인 메커니즘이 일류 교육을 향한 향진 鄕·鎭급 당 정부 지도자의 적극성을 이끌어내고 있음을 알 수 있다.

둘째, 올바른 향진 교육 현대화 실시 전략을 선택해야 한다. 유아 교육, 의무 교육, 직업 교육, 성인 교육이 서로 보조를 맞춰가며 발전하도록 함으로써 향진 교육의 전반적인 수준을 제고해야 한다. 쑤저우 향진의 교육 현대화 프로젝트는 획일적인 교육 모델을 마련하기 위함이 아니다. 교육 중심의 현대화 건설이라는 입장을 견지하여 향진 현지의 경제 구조와 산업적 특성, 자원 보유 현황에 따라 교육과 경제, 과학 기술의 결합을 계획하고 추진함으로써 그 지방의 분명한 특색을 갖춘 수준 높은 향진 교육 모델을 구축하기 위함이다. 이를 위해 쑤저우는 다각적으로 교육 현대화 정책을 추진했다.

우선 구조 조정을 실시했다. 구조 조정은 쑤저우의 농촌 교육을 현대화하는데 매우 중요한 기초 공사였다. 분산되고 효율성이 낮고 규모가 작은 농촌 학교는 교육 현대화를 방해하는 요소이기 때문이다. 쑤저우는 규모가 작고 효율성이 낮은 초등학교를 통폐합하는 등 향진 초등학교의 구조 조정을 실시하여 도시와 농촌의 현대화 건설이 조화롭게 이루어지도록 했다. 1994년에 쑤저우시에는 총 2,200개의 농촌 초등학교가 있었다. 그러던 것이 통폐합 과정을 거치면서 연 평균 200개 정도의 학교가 줄어들었고 그 결과 1997년에는 1,600개, 1990년대 말에는 약 1,000개로 조정되었다.

다음으로는 향진을 심사 단위로 하여 고등학교 교육의 발전을 도모했다. 무조건 각 향진에 고등학교를 설립한 것이 아니라 중학교 졸업생의 진학률 상승을 고등학교 교육 보편화의 중점으로 삼고 모든 향진에 고등학교 진학률을 85% 이상 끌어올릴 것을 요구했다.

마지막으로, 향진의 각 단계별 교육이 조화롭게 발전할 수 있도록 했다. 향진에 중점 유치원, 초등학교, 중·고등학교, 성인 교육 학교를 설립하여 모든 학교가 기본적인 현대화 수준에 이르도록 했다. 그리고 예정대로 목표를 달성하고 관련 사업을 마무리 짓기 위해 쑤저우는 학교 설립 및 경영 조건 개선을 돌파구로 삼고 교사 개혁과 학교 구조조정을 중점 전략으로 삼았다. 기뻐할 만한 사실은 쑤저우 농촌 지역의 학교 설립 및 경영 조건이 날로 개선되면서 이제는 교육 설비 개선에 눈을 돌리고 있다는 점이다. 이미 목표를 달성한 향진의 학교들은 현대화된 교육 설비와 선진화된 컴퓨터 교실, 어학실까지 갖추고 있다.

쑤저우의 농촌 교육 현대화는 하나의 전면적인 프로젝트이다. 현재 각 향진은 물질적인 외부 환경 위주의 개혁을 교사 등 내부 환경 위주의 개혁으로 전환하여 이에 총력을 기울이고 있다. 1990년대 말, 시 전체의 초등학교, 중학교, 고등학교 전임 교사 중 직분에 적합한 학력을 갖춘 교사의 비율은 각각 98%, 90%, 5%였는데, 그중에서도 전문대학을 졸업한 초등학교 교사와 본과를 졸업한 중·고등학교 교사의 비율이 각각 40%와 30%였다. 쑤저우가 이렇게 기뻐할 만한 성과를 거둬들일 수 있었던 것은 향진의 교사 개혁이 제 몫을 톡톡히 한 덕분이다.

셋째, 의무교육을 최우선으로 하되 직업 기술 교육 위주의 고등학교 교육을 적극적으로 보급해야 한다. 시, 현, 향진의 업무를 명확히 하고 이를 조화롭게 진행함으로써 교육 자원의 배치를 최적화하고 내실 있는 발전을 이끌어야 한다. 쑤저우는 교육 현대화 프로젝트를 실시한 이후 일관적인 사고방식을 유지하고 있다. 바로 경제 건설에 따른 인재와 노동자의 수요 증가를 따라가기 위해 의무교육을 최우선으로 하되 고등학교 교육의 보급에 박차를 가해 이를 쑤저우 교육 현대화의 중요한 지표로 삼겠다는 것이다. 현재 시 전체 초등학교의 입학률과 졸업률은 각각 100%와 99.9%, 중학교 입학률과 졸업률은 99%와 98%에 달한다. 장애 아동과 청소년의 입학률도 95%에 이르며, 15세 인구 중에 초등 교육을 마친 비율은 100%, 17세 인구 중에 중학교 교육을 마친 비율은 97.3%에 달한다. 이러한 상황을 기반으로 쑤저우 정부는 고등학교 교육의 보급이라는 시의 적절한 의견을 제시한 것이다. 1992년 이전에 쑤저우의 고등학교 진학률은 50%대를 맴돌았다. 그러나 1992년의 48%를 기점으로 해마다 5% 포인트가 넘게 성장하면서 1997년에는 마침내 83.4%에 달했고 그중에 장자강시와 타이창시太倉市는 90%를 넘어섰다.

쑤저우는 향진을 심사 단위로 하여 고등학교 교육을 발전시켰다. 향진 고등학교 교육 보급 사업의 중점은 중학교 졸업생의 고등학교 진학률을 높이는 것이었다. 그 결과 성, 시의 평가 심사를 통과한 36개 향진의 고등학교 진학률은 85%를 넘어섰으며, 일부 향진은 90%를 넘었다. 쑤저우의 각 시는 고등학교 교육 발전에 박차를 가하는 한편, 시(현)의 총괄로 시와 향의 업무를 명확히 하고 있다. 예를 들어 장자강시는 고등학교의 구조 조정을 거의 마쳐 량평중학교梁豊中學를 비롯한 9개 고등학교와(전체 고등학교 수의 85%), 시 직업 중학교를 필두로 한 9개 직업 중학교(전체 직업 중학교 수의 75%)로 통폐합했다. 쑤저우는 고등학교 교육의 발전을 도모하는 과정에서 경제·사회 발전의 수요에 따라 일반 고등학교와 직업학교의 학생 모집 비율을 파악하고 이를 4 : 6 정도로 유지했다. 이렇게 해서 기술자에 대한 고용 회사 측의 수요를 만족시키는 한편, 더욱 나은 교육을 받고자 하는 국민의 요구도 만족시켰다. 교육 현대화는 교육의 자체적인 발전에만 얽매인다고 이루어지는 것이 아니다. 이 점을 파악한 쑤저우시는 교육과 경제, 그리고 일반 교육, 직업 교육, 성인 교육을 조화롭게 발전시키고자 노력했다. 쑤저우의 여러 향진은 직업 교육과 성인 교육 분야의 소통과 연계를 중요시하여 교육 지구 또는 대학로를 건설함으로써 교육 자원을 업그레이드하고, 학교 운영 효율을 높여 교육의 내실을 다졌다.

교육의 현대화는 교육이 도달하게 될 하나의 현상이자 이상적인 목표요, 미래의 발전 추세이다. 또한 이상적인 목표를 달성하기 위한 이성적이고 자각적인 노력 과정이자 교육의 빠른 발전을 이끄는 능동적인 역사이기도 하다. 쑤저우는 농촌 교육 현대화 프로젝트의 기정 목표에 따라 혼신의 힘을 다해 더욱 나은 내일을 맞이하게 될 것이다. 이는 쑤저우의 바람이자 쑤저우시민 모두의 바람이다.

(4) 도시 교육 현대화를 위한 쑤저우의 실천

쑤저우시의 전체 향진이 모두 성, 시의 기본적인 현대화 시범(선진) 기준에 도달하자 쑤저우는 교육 현대화 프로젝트를 도시 지역으로 확대하여 눈에 띄는 성과를 거두었다. 현재 쑤저우 관할의 5개 시(현)가 '성급 교육 현대화 선진(현) 시' 타이틀을 놓고 경쟁을 벌이고 있으며 이미 성 교육청의 평가 심사를 거쳤거나 혹은 평가 심사를 앞두고 있다. 우중구吳中區와 샹청구相城區는 시 정부에 정식으로 신청서를 제출했고, 현재 성 교육청의 공식 심사·평가를 받기 위한 준비 작업이 한창이다. 쑤저우는 교육 현대화에 만족할 만한 성과를 거두어들이고 있는데, 이러한 성과들은 도시 교육의 현대화가 필요한 객관적이고 절실한 이유를 충분히 보여준다. 이에 따라 쑤저우는 도시 지역의 현대화 과정에서 다음과 같은 정책을 펼쳤다.

첫째, 도시 지역의 전면적인 교육 현대화 실현을 위해 전력투구했다. 도시 지역의 교육 현대화 추진은 쑤저우의 교육 개혁과 발전을 위한 객관적인 요구일 뿐만 아니라 쑤저우의 경제·사회 발전을 위해 시급한 과제이기도 하다.

쑤저우는 도시 교육 현대화에 힘을 쏟아 향진 교육 현대화 프로젝트 때와 마찬가지로 정부의 역할 강화에 중점을 두었다. 이에 따라 쑤저우시는 국가와 상급 교육 행정 부처의 관련 법규를 근거로 하여 세부 평가 규칙을 마련하고 이를 각 지역에 하달했다. 정부의 임무를 명확히 하고 도시 지역에서 교육 현대화를 전면적으로 추진하기 위함이었다. 쑤저우시 정부의 목표는 2, 3년 안에 모든 도시 지역의 현대화 수준을 성급으로 끌어올리고, 2005년을 전후로 하여 쑤저우의 대도시에 기본적인 교육 현대화를 실현해 쑤저우의 교육 수준을 세계 중진국의 21세기 초 수준으로 높이는 것이다.

도심은 도시 발전의 주체로서 도시의 발전 수준을 대표하고 도시의 종합 경쟁력을 보여주는 곳이다. 도시 교육의 현대화는 도시의 교육 수준을 높여 교육이 경제와 문명사회에 더욱 많은 역할을 담당하도록 함으로써 쑤저우시의 종합적인 교육 개혁 수준을 끌어올리고, 쑤저우의 완전한 교육 현대화를 실현하는 지름길이다. 각 지역 정부는 도시 교육 현대화 프로젝트를 실시하는 실무자인 동시에 도시 교육 현대화의 평가 대상이다. 따라서 각 지역 정부는 도시 교육 현대화라는 막중한 임무를 띠고 실무 팀을 조직하는 등 관련 사업에 힘을 실어주어야 한다.

둘째, 전면적인 개혁과 발전, 안정적인 수준 향상을 도모하고, '발전은 불변의 진리'라는 기본 입장을 바탕으로 교육의 현대화를 새로운 원동력으로 삼아 각 지역 교육 현황에 따른 지역 교육 시스템과 교육 구조 조정을 실시했다. 이는 쑤저우시가 21세기 초에 제시한 도시 교육 현대화의 기본 원칙이기도 하다. 쑤저우시 정부는 학교 구조 조정을 통해 교육 자원 배치를 최적화하고, 학교 규모를 확대하고, 학교의 수준을 높이고, 현대 사회에 걸맞은 인재를 양성하고, 현대화된 지역 교육 시스템을 구축하여 사회 경제 발전에 발맞춰 나가고자 한 것이다.

셋째, 교육에 대한 투자를 확대하여 교육 현대화에 박차를 가했다. 쑤저우시는 국가의 거시 정책 아래 정부 투자가 중심이 되고 사회 각계가 참여하는 다원화된 교육 투자 메커니즘을 구축하여 공립학교와 사립학교의 공동 발전이라는 발전 구도를 형성했다. 교육의 대한 투자를 늘려 학교의 기반을 공고히 다지고, 학교 설립 및 경영 구조를 개선하고, 현대화된 시설을 도입하여 현대화 교육을 진행하는 데 무리가 없는 학습 환경을 조성했다. 그중에서도 교육의 정보화에 힘을 쏟아 쑤저우의 모든 초, 중고등학교와 시범 유치원이 학교 홈페이지를 개설하도록 했다. 쑤저우시와 농촌의 중심 초등학교 이상 학교들은 인터넷 사용이 가능해지면서 학교 간에 네트워크를 형성했고, 이로써 쑤저우시에는 전면적인 교육 네트워크 시스템이 마련되었다. 또한 현대 정보 기술이 교육에 널리 응용되면서 교사의 전통적인 교육 이념이나 교육 방법, 교육 수단, 교육 형식에도 일대 혁명이라고 할 만한 변화의 바람을 불러 일으켰다.

넷째, 교육 개혁에 박차를 가했다. 2002년 현재까지 쑤저우는 신 구新區 등에 10제곱킬로미터 규모의 국제 교육 단지를 조성했는데, 이는 쑤저우시의 교육에 새로운 개혁을 추진하는 데 더없이 좋은 기회가 되고 있다. 각 지역은 기회를 선점하여 빠른 발전을 도모하며 수준 높은 학교를 설립해 서로 소통하고 공조하는 발전 구도를 형성해나가고 있다. 또한 현대화 교육에 걸맞은 현대교육 제도를 확립하고자 노력하고 시장 경제 체제와 경제 사회 운영 모델에 부합하는 교육 시스템과 운영 메커니즘의 구축을 모색하고 있다.

다섯째, 시범학교 설립에 착수해 학교의 현대화 수준을 높였다. 학교는 교육 현대화의 기반이자 직접적인 대상이다. 즉 교육의 현대화 수준은 학교의 현대화를 통해 구현된다. 쑤저우는 시범학교의 설립이 전반적인 계획과 그의 실천, 실사구시와 효율성, 중점 발전과 균형 발전, 전반적인 수준 향상과 특색 있는 교육이라는 톱니바퀴가 서로 잘 맞물려 굴러가도록 만들 것이라고 믿고 학교의 수준을 높이기 위해 학교의 구조를 조정하고 학교 경영 시스템을 개혁하는 등의 노력을 기울이고 있다.

여섯째, 소양을 갖춘 현대화된 교사를 양성했다. 교육 현대화를 추진하는 과정에서 쑤저우시는 각 지방 정부에 교사의 올바른 인생관, 가치관, 인재관 수립을 최우선 과제로 삼고 교사의 학력과 능력 향상을 중점적으로 다루어야 한다고 주문했다. '유능한 교사와 학교장 양성 계획'을 통해 교사를 대상으로 도덕교육을 강화하고 교사의 교육 과학 연구와 독학을 독려하는 등 교육 현대화에 걸맞은 교사 양성에 주력했다.

일곱째, 유동 인구 가운데 아동과 청소년의 교육 문제에 주목했다. 도시화가 빠르게 진행됨에 따라 쑤저우에 유입되는 유동 인구는 날로 증가하고 있다. 이에 따른 유동 아동과 청소년의 교육 문제는 쑤저우의 미래에 직접적인 영향을 미치고 있다. 2003년 2월, 쑤저우는 '적극적인 수용, 대대적인 지원, 관리 강화, 점진적인 규범화'를 원칙으로 하는《쑤저우시 유동 아동 및 청소년의 취학 관리 방법蘇州市流動兒童少年就學管理辦法》을 통과시켰다. 공립학교에 유동 아동과 청소년을 수용하는 것을 중심으로 사회적으로 힘을 모아 규범화된 유동 아동 및 청소년 학교 설립을 지원했으며, 관리를 강화하여 학교 설립 및 경영 조건을 개선하고 교육 수준을 높였다. 특히 공립학교의 유동 학생 수용을 확대하여 쑤저우 소재의 유동 아동과 청소년이 다른 학생들과 똑같이 기초교육을 받을 수 있도록 했다. 이 사업은 교육의 현대화에 매우 중요한 부분이라고 할 수 있다.

여덟째, 교육 현대화를 더욱 심층적으로 추진했다. 교육 현대화의 중심을 물질적인 부분에서 제도적인 측면으로 전환하여 도시 교육 현대화의 전반적인 수준을 향상시켰다. 쑤저우시는 제도적인 교육의 현대화를 통해 사회주의 시장 경제 체제에 걸맞은 교육 시스템을 마련하고 학교 발전을 촉진할 수 있는 활력 넘치는 현대 학교 관리 제도를 확립함으로써 교육 현대화를 지속적으로 추진하는 데 힘을 보태야 한다고 주장했다. 이를 통해 교육과 과학 기술, 경제와 사회 발전이 밀접하게 결합하도록 이끌고 경제·사회의 현대화에 교육이 더욱 큰 역할을 담당하게 해야 한다는 것이다.

(5) 쑤저우의 교육 현대화에 관한 전망과 사고

쑤저우의 교육 현대화는 하나의 역사 발전 과정이다. 지난 세월 쑤저우의 교육 현대화가 고무적인 성과를 얻었다는 것은 부정할 수 없는 사실이다. 하지만 쑤저우는 이에 안주하지 않고 더욱 큰 발전 목표를 바라보며 나아가야 한다. 쑤저우는 앞으로의 교육 개혁과 발전의 전반적인 목표를 다음과 같이 설정했다. 2005년까지 중진국 수준으로 교육 수준을 끌어올리고, 2010년까지 교육 관련 주요 지표가 21세기 초 선진국의 교육 수준에 도달하도록 하는 것이다. 이 목표는 아래와 같은 구체적인 내용을 포함한다.

첫째, 2005년까지 6~15세의 아동과 청소년이 의무교육을 받도록 하고 장애 아동과 청소년의 입학률을 97%로, 3세 이상 모든 아동의 입학 전 교육률을 98%로 끌어올린다. 또한 고등학교 교육의 보급을 확대하여 고등학교 진학률을 95% 이상, 대학교 입학률을 45% 이상으로 끌어올린다. 즉 인구 10만 명 중에 고등교육을 받은 사람이 8천 명에 이르도록 하여 고등교육의 보편화를 추진하는 것이다. 또한 청소년의 정규 교육 연한을 14년 혹은 그 이상으로 하고, 농촌 노동자의 일인당 교육 연한을 10년 이상으로 하여 도시와 농촌의 노동자가 일인당 평균 12.5년의 교육을 받게 함으로써 성인의 식자識字율을 96% 이상으로 높인다. 농촌 교육의 현대화에 힘을 실어 6개 현縣급 시와 구, 그리고 전체 향진이 기본적인 교육 현대화를 이루도록 한다.

둘째, 평생 교육을 추진하여 평생 교육 시스템을 구축하고, 교육 현대화의 새로운 발전을 이끈다. 평생 교육은 세계적인 추세로, 사회가 어느 정도 발전했을 때 나타나는 사회의 객관적인 요구이자 교육 현대화의 실현에 매우 중요한 부분이기도 하다. 쑤저우는 현재 평생 교육에 관한 연구와 평생 교육 시스템 구축을 위한 실험을 진행 중이다. 쑤저우는 중국 정부와 각계각층이 관련 사업에 대한 공감대를 형성하길 희망한다. 다시 말하면, 평생 교육에 대한 연구를 계기로 전면적이고 다각적인 평생 교육 시스템을 구축하는 데 힘써 가까운 미래에 연령대별 사회 구성원의 수요를 만족시켰으면 하는 바람이다. 이를 위해 쑤저우 시는 《쑤저우시 평생 교육 실험 사업 방안蘇州市終身敎育實驗工作方案》을 특별 제정했다. 이 방안은 학력 교육 위주의 업무 교육 시스템 완비, 시민의 지식 · 생활수준 향상을 중심으로 한 사회 교육 발전, 교육 시스템 간의 연계와 상호 소통, 융합을 목표로 제시한다. 최종적으로는 연령별, 직업별, 수요별로 시민에게 개방적인 사회 교육 시스템을 제공함으로써 쑤저우를 학습 기회가 넘치는 학습형 도시로 만들어 진정한 교육의 현대화를 실현하는 것이다.

4. '과교흥시科敎興市' 전략과 쑤저우의 지속 가능한 발전

지금 세계는 나라 간, 지역 간에 치열한 경쟁을 벌이고 있다. 경제력 경쟁, 종합 국력 경쟁, 이 모든 것이 사실은 과학 기술력의 경쟁이고, 이 경쟁은 민족 소양에 의해 승자가 갈린다. 공산당 중앙위원회와 국무원은 연이어 제3차 전국 교육 업무 회의와 정국 기술 혁신 대회를 개최했다. 이 자리에서 다음과 같이 언급했다.

"교육은 민족 부흥과 발전의 근간으로, 민족 소양과 창의력을 향상시킬 수 있는 기본 루트다. 따라서 과학 기술 발전에 박차를 가하고 과학 기술 혁신을 강화하며 과학 기술과 경제, 사회 발전을 긴밀하게 연계해야 한다."

'과교흥시科敎興市(과학 기술과 교육을 통해 도시 발전을 도모한다.—역자)' 전략을 실시하는 가장 중요한 이유는 바로 과학 기술과 교육을 효과적으로 경제 속에 녹아들게 하고, 과학 기술 발전과 노동자의 교양 향상을 통해 쑤저우시의 경제 사회 발전을 촉진하고자 함이다. '과교흥시' 전략을 실시함으로써 기술 혁신에 박차를 가하고 과학 기술 성과를 실제 생산력으로 전환시키며 혁신 정신과 창조력이 뛰어난 우수 인재를 양성해야 한다. 이것이 바로 쑤저우시의 지속 가능한 발전을 가능하게 할 밑거름이고, 쑤저우시의 현대화 건설을 이룰 원동력이자 힘이다.

(1) 쑤저우시가 '과교흥시' 전략으로 일군 성과

공산당 11차 삼중전회 이후, 특히 1989년 쑤저우시가 '과교흥시' 전략을 실시한 다음부터 과학교육 수준이 눈에 띄게 향상되어 경제 건설에 한몫을 담당하고 있고, 국민들의 교육 수준 역시 몰라보게 좋아져 경제 발전과 사회 부흥에 큰 기여를 하고 있다.

① 한층 강화된 과학 기술 교육의 토대

현재 쑤저우시에는 일반 대학 7곳, 성인 대학 5곳이 있다. 그리고 박사 학위를 취득한 사람이 연구 활동을 진행할 수 있는 연구기관이 3개, 박사를 전공할 수 있는 기관이 30개, 석사는 100여 개가 있다. 쑤저우에는 성급 중점 직업학교가 15곳, 그 가운데 국가 급 중점 직업학교는 6곳이고, 성급 중점 일반 고등학고는 28곳, 그 가운데 국가 급 시범 고등학교 수준을 갖춘 학교는 6곳이며 성급 중점 성인 교육 센터가 있는 학교는 6곳이다. 1992년 쑤저우시는 전국의 중등 규모 도시 가운데 가장 먼저 의무교육을 보급하고 청장년층의 문맹퇴치 운동을 벌였다. 1997년 쑤저우시는 교육 선진도시로 선정되었고, 이어 1998년에는 성에서 최초로 교양교육 시범지역과 평생교육 시범지역으로 선정되었다. 다년간의 성장을 거쳐 현재 쑤저우시에는 국가 급 개발 지역 5곳, 성급 개발 지역 10곳, 국가 급 공학 기술 센터 1곳, 성省 인증 기업 기술 센터 22개, 성 과학 기술 개발 센터 시험기지 1곳, 부처 및 성급 중점 실험실 5곳, 부처 및 성 산하 연구소 8곳, 시 산하 연구소 33곳, 최첨단 기술 기업 231개, 국가, 성, 시 3급 농업 과학 기술 시범 지역 17곳, 과학 기술형 농업 시범 기업 7개, 그리고 6개 현급 도시는 국가 과학 위원회로부터 전국 과학 기술 업무 선진도시로 지정되었다.

② 대폭 향상된 과학 기술 교육의 수준

1989년 이후, 쑤저우시는 횃불계획火炬計劃(중국이 1988년부터 실시한 고급 신기술 산업개발계획－역자), 성화계획星火計劃(과학 기술에 의지하여 농촌 경제를 일으키고 농민들을 부유하게 만들자는 계획－역자)을 세우고 해외 지식인, 과학 기술 연구, 기술 개발 등 2,200여 개 과학 기술 프로젝트를 유치했고, 높은 수준의 과학 기술, 우수한 경제 및 사회 효과를 갖춘 1,200여 개의 과학

기술 성과를 거뒀다. 그 가운데 쑤저우시 과학 기술 발전상을 획득한 프로젝트는 1,155개, 성 과학 기술 발전상을 획득한 프로젝트는 400여 개, 국가 과학 기술 장려상을 획득한 프로젝트는 25개에 달했다. 과학 기술 발전이 공업과 농업 경제 발전에 기여한 공헌도는 1989년 각각 32%와 37%였던 것이 1998년에는 45%와 59%로 증가하여 성 전체에서 1위를 차지했다. 1992년 쑤저우시가 교육 현대화 사업 추진을 선언한 후 전 지역을 대상으로 교양 교육을 실시하고 고등학교 교육을 보급했다. 그 결과 고등학교 진학률이 49.7%에서 1999년에는 92%까지 증가했고, 시 중심지는 96.6%에 육박했다. 또, 만 15세 인구의 초등 교육 완성률은 100%, 만 17세 인구의 초급 중등교육 완성률은 99%, 만 18~21세 인구 중 고등교육을 받은 사람은 25%, 청소년 중 정규 교육을 받는 나이는 19세까지로 나타났다.

성 또는 시급 교육 현대화 사업 시범 지역이 있는 향진은 모두 95곳으로, 이는 쑤저우시 전체 향진의 60%에 달하는 수준이다. 고급, 중급, 초급 기술 근로자의 비율은 1989년 각각 2 : 33 : 65였던 것이 지금은 7 : 53 : 40으로 향상되었다. 고등학교, 직업고등학교 교사의 학력 기준 도달 비율은 1989년 각각 28.2%와 57.2%에서 1998년 72%와 83.2%로 증가했다. 1989년 이후 신축된 초, 중등교육 학교는 312,96평방미터로, 현 학교 총 면적의 43.8%에 해당한다. 쑤저우 향진 중심 초등학교 대부분이 컴퓨터실, 어학실 등을 갖추면서 교육실습 환경이 한층 개선되었다.

③ 한층 강해진 과학 기술 교육의 경제 기여도

쑤저우시는 최첨단 기술 및 관련 산업의 발전에 박차를 가하고 있다. 전자정보를 중심으로 한 최첨단 기술 산업이 빠르게 발전하면서 작년에만 25% 성장세를 보였고, 최첨단 기술 산업 제품 1,270개, 생산액 348억 위안을 기록해 공업 총산산액의 18%를 차지했다. 또 최첨단 기술 산업 발전을 위한 중점 지역 및 핵심 기업이 구성되었고, 쑤저우 공업단지, 쑤저우 신구, 쿤산昆山 경제 기술 개발구에서 창출된 총생산액이 무려 143.1억 위안으로 시 총량의 41%를 차지했다. 이 세 지역에 자리 잡은 최첨단 기술 기업은 122곳으로, 절반 이상이 이 세 지역에 모여 있는 셈이다. 과학 기술을 통한 농업 경제 발전의 발걸음도 빨라지면서 괄목할만한 성과를 일궈냈다. 1996년부터 1998년 사이에 성급, 시급 농업 과학 기술성과상을 각각 20개와 64개를 획득했다. 농작물 신품종 8개, 동물 인공번식 및 배양 품종 6개를 개발해 농업 부산물의 정밀가공과 종합 이용에 관한 기술이 대거 완성되었다. 지식재산권 보호에 대한 관심이 날로 높아지면서 작년까지 특허권 신청 수가 1,364, 그중 특허권을 획득한 경우는 677건에 달해 전국적으로 발전 정도가 비슷한 도시들 가운데 가장 높게 나타났다.

경제발전을 위해 교육이 적극적으로 나서야 한다는 관념이 확립되면서 경제발전 수요에 맞춰 교육 구조, 전공 구조가 변모하기 시작했다. 개혁개방 초기 향진 기업들이 급부상하면서 쑤저우시는 직업 기술 교육에 주력하기 시작했다. 그러면서 중등 직업 기술학교에서 33만 명의 중등 기술력 및 기술자를 배출해냈는데, 이는 전체 직장인의 60%에 달하는 수치다. 전 도시를 아우르는 직업 기술 교육 네트워크를 구축해 업무훈련과 지속교육을 중심으로 하는 성인교육을 진행했는데, 매년 105만 명에 달하는 인재를 교육했다.

1994년 쑤저우시는 해당 성에서는 처음으로 시민 외국어 능력 시험과 컴퓨터 응용 능력 시험제도를 실시했는데, 24만 명의 간부, 직장인들이 응시해 70%의 합격률을 보였다. 대외개방과 개혁개방이 확대됨에 따라 쑤저우시는 인력자원 개발과 고급 인재양성을 우수 투자대상, 경제발전의 역량으로 삼았다. 그리고 베이징대, 칭화淸華대, 상하이 교대, 푸단復旦대, 퉁지同濟대, 난징대, 둥난대 등 국내 유명 대학들과 손을 잡고 고급 인재양성 및 공동 학교 운영 등의 업무를 진행했다. 쑤저우시 고등교육은 안정적인 발전 흐름을 보이면서 모두 60여 개 전공에 매년 평균 2,000여 명의 신입생을 모집했는데, 올해는 2,600명을 넘어섰다. 1989년 이후 본과 졸업생 총수는 13만 9,200명이다. 64만 4천여 명이 프로그램 학습이나 통신교육에 참가했고, 2만 명의 졸업생을 배출했다.

(2) 쑤저우 '과교흥시' 전략 시행상의 문제점과 어려움

① 과학기술 종합관리 업무능력 부족, 교육 관리 메커니즘 정비 시급

첫째, 효과적이고 거시적인 통제수단이 부족하다.

둘째, 과학기술 교육자원을 총괄하는 능력이 부족하다. 업종 경계를 허문 연구 활동 구성, 과학기술 연구 성과 전환, 교육자원의 최적화 등에서 의지는 강하나 실제 능력이 이를 따르지 못하는 형세다.

셋째, 관리체제를 개선해야 한다. 현재 다중 관리와 폐쇄적 관리가 공존하다 보니 과학기술 교육이 경제 발전 및 변화에 적응하지 못하고 있다.

② 기술혁신 능력 향상 및 인재양성 관념 전환 시급

일부 기업들은 기술혁신에 대한 내수가 부족하고 자체 연구개발 능력, 핵심 기술 연구능력이 약하다보니 기술혁신이 눈에 띄게 뒤처져 있다. 최첨단 기술 산업이 공업 생산액에서 차지하는 비중은 날로 커져가는 반면, 이에 동참하는 국유기업의 비율과 시장 잠재력이 높은 자체 지식재산권 제품의 비율은 저조하다.

교육적으로 볼 때, 현행 교육관념, 교육 내용, 교육 방법은 '세 가지를 향해'가 요구하는 방향과는 거리가 멀다. 교육 모델을 근본적으로 개선하고 열악한 환경의 학교를 변화시키고 학교 운영 수준을 끌어올려야만 진정한 혁신 교육의 메커니즘이 형성될 수 있다.

③ 아직 세계 수준에 못 미치는 인재 양성 및 노동자 소양

쑤저우시에는 과학기술 분야에 종사하는 전문 인력은 상당수 있으나 1차, 2차 산업 종사자 비율은 저조한 편이다. 현재 쑤저우시가 시급하게 해결해야 할 부분은 절대적으로 부족한 중, 고급 과학 기술 인재와 많은 문제점을 안고 있는 인재 구조이다. 구체적인 상황은 다음 몇 가지로 정리할 수 있다.

첫째, 학과나 기술 발전을 이끌 지도자가 부족한 실정이다. 현재 쑤저우시에

는 기술원 고급 연구원이 단 두 명에 불과하고, 대부분 분야에는 공인된 기술 지도자를 찾기가 어렵다.

둘째, 전자정보, 생물의료, 정밀화공, 전자기계 통합, 신소재 등 주력산업에서 연구 개발을 진행할 고급 인재가 부족하다.

셋째, 기존 전문기술 인력이 노령화되어 있어 지식구조의 외향성이나 복합성이 낮은 편이라 전공 지식에 대한 교육 및 현대화 과학 기술에 대한 지식 업데이트가 시급하다. 그 외 쑤저우시 농촌 노동자들의 문화 수준을 향상시키고 모든 사람이 대학 이상의 문화 수준을 갖출 수 있도록 노력해야 한다.

④ 과학기술 교육 분야의 재정 부족

최근 사회 전반적으로 과학기술에 대한 투자가 증가하고는 있지만 여전히 GDP의 2.28% 수준에 불과하다. 이는 성 전체적으로 봤을 때 중간 수준에 해당되는데, 쑤저우시의 경제적 지위와 발전 흐름에는 크게 못 미친다. 특히, 과학 기술 활동 중 R&D(연구 개발) 분야의 지출이 GDP의 0.49%로 성 전체에서 가장 낮은 수준을 기록했다. 이는 교육 투자 및 교육 현대화를 부르짖는 현실과는 상당한 수준 차이를 보이는 것이다. 쑤저우시의 162개 향진은 성에서 정한 기준에 부합하려면 앞으로 수십 억 위안을 더 투자해야 한다. 하지만 현행 재정 루트로는 턱없이 부족한 실정이다. 이는 교육 기초의 현대화 및 '과교흥시' 전략 실현에 큰 걸림돌이 되고 있다.

5. 홍콩과 대만의 교육 관리 모델 분석

중국의 고등교육은 유구한 역사를 자랑한다. 중국 고등교육의 시초라고 할 수 있는 춘추 시대 제齊나라의 직하학궁稷下學宮은 물론, 그 후 당나라와 송나라에서 성행했던 서원書院도 고등교육의 특색을 보였다. 1898년에 창설된 경사대학당京師大學堂(1912년 베이징대학으로 이름을 바꿈)은 중국 근대 최초의 신식 종합대학이다. 1917년 차이위안페이蔡元培가 학장으로 취임한 후 베이징

대학은 봉건 교육의 그림자에서 벗어나 진정한 현대교육의 장이 되었다.

현재 중국의 고등교육은 역사적인 배경으로 홍콩, 대만, 중국 내륙의 세 가지 시스템으로 구분된다(마카오에는 대학이 단 하나뿐으로 완벽한 고등교육 시스템을 갖추지 못한 상태다). 이들 시스템은 각각 외국의 영향을 받아 나름의 특색을 갖추었지만, 모두 중국 영토의 일부로 중국 문화에 그 뿌리를 두고 있는 만큼 고등교육 관리 분야에서도 많은 공통점을 보인다. 다음으로 홍콩과 대만의 교육 관리 모델에 대해 간략하게 소개하고 분석해보도록 하겠다.

(1) 홍콩 모델

1911년 홍콩대학香港大學이 설립되고 나서 홍콩은 기본적으로 비교적 완벽한 고등교육 시스템을 형성했다. 홍콩대학, 홍콩중문대학香港中文大學, 홍콩이공대학香港理工大學, 홍콩성시이공단과대학香港城市理工學院, 홍콩과학기술대학香港科技大學 등 국내외적으로 영향력 있는 학교들은 고등교육 관리 분야에서 각자의 특색과 스타일을 고수하고 있다.

① 기본 특징

홍콩 고등교육 관리의 기본적인 특징으로는 다양화와 자주성을 꼽을 수 있다. 홍콩대학은 다단계적이고 다양한 구조적 특징을 나타낸다. 예를 들어 홍콩대학과 홍콩중문대학은 고위층 인재 양성이라는 임무를 담당하고 과학과 문화 발전에 선구적 역할을 하며, 홍콩이공대학과 홍콩성시이공단과대학은 상공업계에 필요한 고급 인재 양성에 주력하며 고등 직업 기술 교육 분야를 이끈다. 한편 침례단과대학浸會學院, 영남단과대학嶺南學院, 수인단과대학樹仁學院 등 전문단과대학은 어떤 분야에서도 통용되는 멀티형 인재 양성을, 그랜담Grantham College of Education, 노스코트교육대학Northcote College of Education은 초, 중고등학교와 직업 중고등학교의 교사 양성을 목표로 한다. 모리슨공업단과대학Morrison Institute of Technology, 채용공업단과대학蔡湧工業學

院 등은 기술 인재와 고급 기계공 양성에 주력하며 상공업계를 대상으로 각종 직업 훈련을 실시한다. 이렇게 각 학교는 비교적 정확한 위치를 선정하고, 그에 따른 분명한 교육 목표를 설정하고 있다.

고등교육의 형식에서도 다양화된 모습을 보인다. 전일제의 본과 전문 교육 외에도 주간 부분 시간제, 주·야간 교대제, 야간제, 통신제, 복수전공제, 원거리 교육제 등을 채택하고 있다.

홍콩 고등교육 관리의 또 다른 특징은 바로 자주성이다.

첫째, 교사 등 교직원의 임용, 승진, 임명 등을 모두 학교에서 자주적으로 결정한다. 다시 말해, 고용인 수에서 보수에 이르기까지 학교가 스스로 결정할 수 있다.

둘째, 대학은 학생 선발에 자주권이 있다. 홍콩 정부가 원칙적으로 학생 모집 정원을 규정하기는 하지만 학생을 얼마나 모집할지, 어떤 학생을 선발할지는 모두 학교의 결정에 달렸다.

셋째, 커리큘럼 설정과 교과 내용을 선택하는 데 많은 자주권이 있다. 필요하고 그 수업을 진행하는 데 교사나 경비에 문제가 없다면 새로운 학위 커리큘럼이나 전공을 개설할 수 있다.

홍콩의 고등교육계는 교육 관리의 자주권을 매우 중요하게 생각한다. 자주권이야말로 학교가 사회에 대한 책임을 다하고 사회 자원을 효과적으로 활용하는 데 꼭 필요한 조건이자 대학이 존재하는 기본적인 가치라고 여기는 것이다. 황리송黃麗松은 1984년 홍콩대학 학위 수여식에서 다음과 같이 지적했다.

"대학이 지속적으로 수준 높은 미래 사회의 대들보를 양성해나가려면 두 가지 조건을 갖추어야 한다. 첫째는 자주 독립성으로, 이는 가장 기본적인 요소이다. 대학은 그동안 쭉 그래왔던 것처럼 앞으로도 계속해서 자유롭게 학생을 선발하고, 교사를 임용하고, 커리큘럼과 교수법을 결정해야 한다. 이러한 자유는 대학에 매우 귀중하다. …… 이러한 자유가 없다면 대학은 결국 '졸업증서를 찍어내는 공장'으로 전락할 것이다."

② 교육 목표

앞서 언급한 바와 같이 홍콩의 각 대학은 저마다 다른 교육 목표를 설정하고 있다. 일반 대학은 자연스레 사회 경제 발전의 흐름에 적응해나가는 것을 목표로 삼으며, 종합대학은 사회 경제 발전의 흐름에 적응하는 동시에 대학의 이상을 중시해 사회를 위해 더 나은 내일을 만들어야 한다고 강조한다. 또한 사회에 대한 대학의 봉사는 단순한 1 : 1 서비스가 아니라 대학의 숭고한 이상을 구현해내야 한다. 홍콩중문대학의 전前 학장 마린馬臨 박사는 다음과 같이 지적했다.

"대학의 기능은 공장이나 은행 또는 정부 부처의 기능과 다르다. 대학은 옷, 자동차, 카메라가 아닌 이념과 지식, 학설을 생산해낸다. 마찬가지로 대학의 업무는 오랜 시간이 지나서야 꽃을 피우고 결실을 맺는 학술 연구와 인재 양성이지, 길을 내고, 집을 짓고, 치안을 유지하는 것이 아니다. 따라서 대학의 성과는 해마다 분기별 '최저 수익'처럼 간단한 수치로 측정할 수 없다. 장기적이고 전반적인 학술성과 교육성과를 가늠해야 한다. 자립적이고 자기 통제 기능이 있는 사회에서 대학은 곧 그 사회의 앞날을 만들어나가는 실험실이자 공장이다. 즉 오늘날 우리 사회의 모습을 통해 우리는 과거 대학이 어떠한 노력을 해왔는지 알 수 있다. 또한 반대로 오늘날 대학의 모습을 통해 미래 사회를 추측할 수도 있다."

홍콩의 고등교육계는 고등교육이 적당히 현실을 뛰어넘을 필요가 있다고 보고 있다. 다시 말하면, 눈앞의 이익을 만족시키는 데 급급해 전공이나 커리큘럼의 규율성을 무시할 것이 아니라 냉정하게 사회적 현실과 일정한 거리를 두는 것이 필요하다는 입장이다. 즉 고등교육 기관은 정부처럼 일련의 사회 문제를 신속하게 처리해야 할 필요나 소방대원이나 구급차처럼 응급 구조를 해야 할 필요가 없지만, 분명하고 객관적인 시각으로 현실 사회와 미래 사회의 발전이 고등교육 기관에 요구하는 바를 파악해야 한다. 그래야만 비로소 고등교육 기관의 교육이 미래지향적이 되고 더 나은 내일을 만드는 교육이 될 수 있다는 것이다. 그뿐만 아니라 이러한 사상과 이념을 바탕으로 교사의 교육 활동도 그저 지식을 전수하는 데 머물 것이 아니라 학생이 진리를 탐구하고, 스스럼없이 자신의 견해를 이야기할 수 있도록 격려해야 한다고 본다.

③ 교육 기구

홍콩 고등교육 기관의 교육 관리 업무는 일반적으로 교무위원회敎務委員會가 담당한다. 교무위원회의 위원장과 총장이 각각 학장과 교무처장을 담당하는 것이 보통이며, 그 아래로 교무와 기획, 교육 발전, 교외 연수 과정 등과 관련된 세부 위원회가 구성된다. 교육에 관한 중대 사안은 반드시 교무위원회의 협의를 거쳐야 한다. 교무처장(혹은 교무주임)은 교무위원회에서 결정된 사안을 집행하고 위원회의 일반 업무 처리를 담당한다. 교무처는 바로 교무처장이 행정 업무를 처리하는 업무부이다.

홍콩 고등교육 기관의 교무처는 일반적으로 업무에 종사하는 직원이 100명 이상으로, 규모가 큰 편이다. 홍콩이공대학 교무처는 입학 및 학생기록부 담당 팀, 야간 학교 관리 담당 팀, 교무 종합 관리 팀, 시험 관리 팀 등이 구성되어 있으며 직원 수가 112명에 달한다. 그중에 입학 및 학생기록부 담당 팀은 신입생 모집과 학생과 관련한 모든 업무를, 야간 학교 관리 담당 팀은 강의실 배정, 수업 시간표 편성, 학생 분반 등의 업무를 담당한다. 교무 종합 관리 팀은 교육위원회와 교무기획위원회의 일반 업무 처리를 돕고 또한 커리큘럼 심사, 교육 자료 편집 등의 업무를 총관하며, 시험 관리 팀은 전일제 커리큘럼을 담당하여 시험 출제, 시험지 인쇄, 성적 관리에서 시험 규정에 이르기까지 시험과 관련된 모든 업무를 처리한다.

홍콩의 고등교육 기관은 보편적으로 학점제를 채택하고 있다. 예를 들어 홍콩중문대학은 학생이 반드시 120학점을 이수해야 하며, 그중에 일반 상식 교육 12학점, 대학 국문 6학점, 대학 영문 6학점, 전공과목 60~96학점(최소 8과목의 핵심 교과목 포함)을 이수해야만 졸업이 가능하다고 규정한다. 홍콩의 고등교육 기관은 학생의 학습 수준을 가늠하기 위해 학점 누적제를 이용한다. 학생의 성적과 누적 학점에 따라 갑, 을1급, 을2급, 병의 영예 학사 학위와 일반 학사 학위를 수여하는 것이다. 각 급 학위는 학생의 취업과 보수에 매우 중요한 영향을 미쳐 학생의 학구열을 높이는 데 한몫을 한다.

④ 교육 내용

홍콩 고등교육 기관은 일반 상식 교육을 중요시하는 편이다. 그래서 대부분의 대학이 일반 상식 교육위원회를 설립하여 관련 교육에 관한 학교의 커리큘럼을 연구하고 심사하도록 한다. 일반 상식 교육으로는 사상 방법 논리, 중국 문화 요지, 서양 문화 개론, 사회 윤리학, 현대 사회 문제, 과학 기술과 인문적 가치관, 비교 문화, 건강과 의학, 문예 감상 등의 과목이 포함된다. 홍콩중문대학은 학생 수첩에 일반 지식 교육의 의미를 다음과 같이 서술하고 있다.

"일반 상식 교육은 교육의 균형을 맞추는 데 목적이 있다. 즉 학생의 시야를 넓히고 추상적이고 종합적인 사고 능력을 배양하여 빠르게 변화하는 현대 사회에서 학생이 자기 자신과 사회를 두루 살피며 더 멀리 앞을 내다볼 수 있도록 하는 것이다."

이 대학의 일반 지식 교육 주임인 허시우황何秀煌 교수 역시 다음과 같이 주장했다.

"우리는 지금 이 시대에, 지금 이 세계에 '세계 문화'가 형성되고 있다는 것을 이해해야 한다. 물론 이 세계 문화가 개별적인 문화를 완전히 대체할 수는 없겠지만, 오늘날의 중국인이 비단 중국인일 뿐만 아니라 세계인이라는 것은 자명한 사실이다. 이러한 상황에서 일반 상식 교육은 세계적인 안목과 다른 문화를 아우르는 포용력을 길러준다."

중국과 서양의 것이 절충되고 국제성과 민족성이 결합된 교육 내용은 홍콩 고등교육 기관의 대표적인 특징이다. 홍콩의 대다수 대학이 중국어와 영어로 강의를 진행하며, 커리큘럼의 설정에도 서양 문화에 관한 부분과 중국 문화에 관한 부분이 절충되어 있다. 설령 영국의 전통적 색채가 강한 홍콩대학교라도 중국 문학, 중국 역사 등 중국어로 강의를 진행하는 교과목이 개설되어 있다.

'중국인을 위한 학교'와 '세계정신'을 대학 창설 취지로 삼는 홍콩중문대학은 국제성과 민족성의 결합을 연구하는 과정에 크게 기여했다.

응용과 실천 중시는 홍콩 고등교육 기관의 실용 전공교육 내용의 주요 특징이다. 예를 들어 이공단과대학의 전공과목은 크게 전공 기초 과목, 기술 기초 과목, 실천 과목으로 나뉜다. 전공 기초 과목은 응용과 현상 기술에 편중된 반면에 기술 기초 과목은 응용성을 더 강조해 일부 과목은 직접 비디오나 영화 자료를 이용해서 수업을 진행하기도 한다. 실천 과목은 생산 현장과 기술 분야의 직접 체험에 편중되어 있다.

홍콩 고등교육 기관은 전문적으로 교재를 관리하는 기관이 없어서 따로 교재 심의 제도를 거치지 않고 교사가 교재를 선택하고 지정한다.

(2) 대만 모델

대만은 오래 전부터 중국의 영토였다. 대만과 중국 내륙은 중화 문화권에 속하며 문화적 뿌리가 같다. 비록 1928년에 창설된 타이베이제국대학台北帝國大學이 강한 식민지 색채를 띠고 있다고는 하지만, 결과적으로는 근대적인 대학이자 타이완대학臺灣大學의 전신으로서 대만의 고등교육 시스템 건설에 기반이 되었다. 그리고 대만의 사회 경제가 발전함에 따라 각종 전문 인재에 대한 수요가 지속적으로 증가하면서 고등교육의 규모도 확대되었다. 1990년에 접어들어서는 이미 일반 대학 21개, 단과대학 25개, 전문대학 75개로 전문학교의 수가 총 121개에 이르렀고, 학생 수도 57만 6,623명이나 되었다. 대만의 고등교육 기관은 교육 관리 분야에서 자신만의 개성을 갖추었다. 아래에서 구체적으로 살펴보자.

① 기본 특징

대만 고등교육 관리의 기본 특징 중 하나는 바로 법제화다. 대만은 1970년대부터 고등교육의 입법에 힘써 《대학법大學法》, 《대학규정大學規程》, 《전문학교주專科學校注》,《전문학교규정專科學校規程》등을 실시하고 수정함으로써 대학의 취지, 종류, 학과 설정, 교사의 등급, 교무 회의 조직, 학년 학점제 형식, 우수 학생의 기준, 부전공 등에 대해 자세한 규정을 두었다. 예를 들면 대학은 학술 연구와 전문 인재 양성을 목표로 한다, 대학은 문과, 이과, 법학과, 의과, 농업과, 공업과, 상업과, 그 밖의 학과로 나뉜다. 세 가지 이상의 학과가 개설된 학교를 대학이라고 칭하며, 이에 해당하지 않는 학교는 독립단과대학이라고 한다, 대학은 교무처장, 각 학과의 학과장, 각 연구소의 연구소장, 각 학과 주임으로 교무 회의를 조직하고, 교무처장을 의장으로 하여 교무와 관련한 중요 사안을 논의한다 등의 규정이 있다. 이처럼 대만은 고등교육에 대한 관리를 규범화하여 교육 질서의 안정을 도모하고 교육 수준을 높이는 데 많은 노력을 기울이고 있다.

대만 고등교육 관리의 두 번째 특징은 교육과 연구, 연구 성과의 일반화, 사회봉사의 통합을 강조하고 고등교육의 사회적 기능을 중시한다는 것이다. 1987년에 대만은 《대학교육발전 기본방침大學敎育發展基本方針》을 제정했는데 그 내용을 소개하자면 이렇다.

(1) 대학 교육은 인문, 사회, 자연학과를 동등하게 중시한다.
(2) 대학 교육은 교육, 연구, 연구 성과의 보급, 사회봉사를 주요 임무로 삼아야 한다.
(3) 국립대학과 사립대학은 서로 협력한다.
(4) 대학은 자신만의 특색과 학풍을 갖춰야 하며, 이를 대학 발전의 중점 사안으로 삼아야 한다.
(5) 대학의 각 학부 교육은 기본 학과의 발전을 중심으로 이루어져야 한다.
(6) 대학 교육은 연구소의 발전에 주력해야 한다.
(7) 교사와 학생 비율은 1 : 10을 원칙으로 한다.
(8) 대학 교육은 질적 발전을 추구해야 한다.

(9) 대학 교직원은 교사와 함께 학생 지도에 책임이 있다.

(10) 대학은 과학적이고 실용적인 교육 계획을 추진해야 한다.

(11) 대학은 일반 상식 교육을 실시해야 한다.

(12) 대학은 국제 학술 교류와 협력을 강화해야 한다.

(13) 대학은 연구 분위기를 조성하고 학술 연구 수준을 높여야 한다.

대만의 대학들은 고등교육과 과학 연구, 기술 보급, 사회봉사 간의 연계를 강화하기 위해 대학 교육의 일반화를 매우 중요시한다. 《대학법》 역시 '교육의 보급'에 관한 구체적인 규정을 담고 있는데, 그 내용을 살펴보면 대학은 새로운 관념이나 새로운 지식, 새로운 기술, 새로운 제품을 전수하고 소개하고 보급하는 데 힘써 공업, 농업, 기업 관리, 국제 무역, 의료와 간호, 공공위생, 예술, 언어, 도덕교육 등 각 분야에서 대학의 경쟁력을 보여줘야 한다.

대만 고등교육 관리의 세 번째 특징은 교육 평가 업무를 중시한다는 것이다. 대만은 1975년부터 대학과 전문대학에 대해 교사, 행정, 설비, 커리큘럼, 경비, 그리고 지난 십년 동안의 졸업생 취업 현황을 심사·평가하는 제도를 실시했다. 그중에 교사에 대한 심사·평가는 교사의 학력과 겸임 경력, 학술 저서 등에, 그리고 커리큘럼에 대한 심사·평가는 개설된 필수 과목과 선택 과목, 교육 내용의 선진성 등에 중점을 둔다. 이 밖에도 대학과 전문대학에 대한 심사·평가는 교육 자재, 도서 자료 등이나 학교와 학부, 학과의 교무 회의 상황 등 모두 교육과 관련된 사항을 다룬다. 그러므로 본질적으로는 교육과 교육 관리에 대한 평가라고 할 수 있다.

② 교육 내용

대만의 고등교육 기관은 교육 내용을 매우 중요시한다. 1970년대만 보더라도 대만은 두 차례에 걸쳐 대학 커리큘럼에 대한 대수술을 단행했다. 1975년에 대만은 커리큘럼 수정에 대해 다음 네 가지의 기본 원칙을 제시했다.

(1) 일반 상식 교육과 전문 지식 교육을 모두 고려하여 균형적인 교육을 실시해야 한다.

(2) 사회의 수요를 만족시켜야 한다.

(3) 필수 과목을 줄이고 선택 과목을 늘려 학과 간에 반드시 이수해야 하는 최소 학점의 차이를 좁혀야 한다.

(4) 학교에 적절한 자주권을 부여해야 한다.

이러한 기본 원칙을 바탕으로 대만의 대학은 교육 내용을 개혁하는 데 집중했고, 그 결과 커리큘럼 설정에 대한 다음과 같은 중점사항을 만들어냈다.

1) 일반 상식 교육 중시, 학생의 소양 제고

대만 '교육부'는 1977년 6월에 대학의 필수과목표必須科目表를 수정했다. 그 중에 각 학과별로 공통 필수 과목을 규정하여 학생들이 쑨원孫文 사상과 국문, 영문, 중국 통사中國通史, 중국 현대사 등 다섯 과목을 수강하고 국제 관계, 논리학, 인문과학 개론 또는 윤리학(철학 개론 또는 인생철학), 헌법, 사회과학 개론, 자연과학 개론 등 여섯 과목 중 한 과목을 선택하여 수강하도록 했다. 이들 교과목의 학습을 통해 학생들이 인문과학과 자연과학, 사회과학에 대한 기초 지식을 쌓아 지식의 이해 범주를 넓히고 문화적 소양을 제고할 수 있도록 한 것이다.

2) 문화·역사 교육 중시, 전통 문화 계승

대만의 고등교육 기관이 문화와 역사 교육을 중시한다는 것은 비단 일반 상식 교육에서 뿐만 아니라 전공교육을 통해서도 알 수 있다. 예를 들어 대학 문학과의 필수 과목 중 국문학 기초와 문학 개론(1학년), 역대 문학과 습작, 중국 문학사, 문자학, 전문 저서 선택 독서, 시와 습작(2학년), 역대 문학과 습작, 문자학, 전문 저서 선택 독서, 소설 선택 독서와 습작(3학년), 훈고학, 전문 저서 선택 독서, 곡曲과 습작, 중국 사상학(4학년) 등이 있다. 이 중에 전문 저서로는 『논어論語』, 『맹자孟子』, 『대학大學』, 『중용中庸』, 『주역周易』, 『상서尙書』, 『시경詩經』, 『예기禮記』, 『좌전左傳』, 『순자荀子』, 『노자老子』, 『장자莊子』, 『한비자韓非子』, 『여씨춘추呂氏春秋』, 『회남자淮南子』, 『사기史記』, 『한서漢書』, 『후한서後漢書』, 『삼국지三國志』, 『두시杜詩』, 『한문漢文』, 『사통史通』 등이 포함된다. 이들 교과목은 문학과 역사에 대한 기초 다지기를 중시하는데, 중국 내륙에 있는 대학들의 문과 기초반과 비교해 교육 내용이 더욱 알찬 편이며, 전통 문화를 계승하는 데도 매우 중요한 의미가 있다.

3) 체육 과목 중시, 군사 훈련 강화

체육 과목과 군사 훈련은 학생의 체력 단련과 기율 강화를 위해, 또 유사(전쟁) 시 필요한 운동 신경과 대처 능력을 키우기 위해 필요한 대만 고등교육의 중점이라고 할 수 있다. 1977년 6월 대만에 있는 대학들의 각 학과는 체육 과목을 1~4학년 학생의 필수 과목으로, 군사 훈련을 1~2학년 학생의 필수 과목으로 규정하고 매주 2시간씩 수업을 진행했다. 한 학기 동안 관련 수업을 들으면 1학점을 얻고, 이를 이수하지 않으면 졸업할 수 없도록 했다. 개정되기 전의 《대학법》에서는 대학은 군사 훈련 총 교관, 주임 교관, 교관, 간호 교사를 두어 군사 훈련과 교련 과목, 학생 훈도薰陶를 담당해야 하며, 군사 총교관은 학교의 교무校務 회의와 행정 회의, 교무敎務 회의 등에 참여할 수 있다고 규정했다. 그러나 1994년 1월 타이완대학은 교무校務 회의에서 의안을 통과시켜 군사 훈련과 교련 과목을 필수 과목에서 선택 과목으로 전환하기로 결정했다. 이는 역사적 의미가 있는 결단이었지만 체육 과목과 군사 훈련 강화라는 대만 고등교육 기관의 특징을 근본적으로 바꿔놓지는 못했다.

4) 사범교육 중시, 교육 실습 강화

대만의 고등교육 기관은 상대적으로 독립된 사범교육 시스템을 채택하고 있다. 국립대학 교육학부와 교육학과 외에도 사범대학과 사범전문대학에서 교사를 양성한다. 교육 내용 면에서는 교육 과학을 중시한다. 예를 들어 사범학교는 일반 상식 교육의 공통 필수 과목 외에도 교육 개론, 교육심리학, 교육과 직업 교육, 교육 원리, 교재교수법, 교육 실습, 중등교육 등 일곱 과목의 교육 필수 과목을 수강하도록 규정하고 있다. 이 밖에도 교육 철학, 교육 사회학, 시청각 교육, 심리와 교육 실험, 도덕교육 원리, 과학교육 등 여섯 과목 중 두 과목을 선택해야 하며, 『사서四書』와 국어(普通話, 보통화. 중국에서, 주로 베이징에서 사용하며 흔히 중국의 표준어를 이른다—역주) 수업을 수강하여 약 54~55학점을 이수해야 한다. 필요한 학점을 이수하면 반드시 1년간 교생 실습을 해야 한다. 비록 교생 실습이 학점에 포함되지는 않지만, 실습 성적이 미달이면 졸업을 할 수 없다.

③ 교육 개혁

교육 개혁 문제에 주목한 대만의 고등교육 기관은 총 네 차례에 걸쳐 교육 내용과 커리큘럼을 대대적으로 개혁했다. 1980년대 말부터 개혁의 강도를 조금씩 높여나갔고, 1994년에 행정원行政院은 교육심의위원회를 발족했다. 1987년에 발표된 '교육 이상教育理想'이라는 제목의 교육 개혁 보고서는 교육 개혁을 하나의 연속 과정으로 보고 과학기술력, 정보전파력과 '사회 모두 변화·발전하는 21세기로 나아가는 과정에서 교육은 이러한 새로운 도전에 어떻게 대응할 것인가'를 개혁의 중점으로 삼아야 한다는 내용을 담았다. 보고서에 제시된 구체적인 의견을 살펴보면 다음과 같다.

첫째, 교육의 '우수화'를 추진해야 한다. 우수성 추구를 현대화 사회의 주요 지표로 보되, 반드시 수준 높은 교육이 바탕이 되어야 한다. 그러므로 국민에게 교육 기회를 더욱 많이 제공하는 것 외에도 계획적으로 교육 투자를 진행해 효율성을 높이고 이익을 극대화할 필요가 있다. 특히 대학 교수의 수준, 커리큘럼과 교재, 교육 방법 등 교육 수준을 개선하는 데 힘써야 한다.

둘째, 교육의 '글로벌화'를 추진해야 한다. 오늘날 인류는 '국제 사회International Community'에서 살고 있다. 많은 분야에서 나날이 커뮤니케이션이 빈번해지고 있으므로 기꺼이 타인의 장점을 배우고 문화와 교육 분야의 교류를 강화해야 한다.

셋째, 교육의 '균등화'를 추진해야 한다. 균등한 교육 기회는 사회의 공평성과 경제적 부를 창출하는 길이자 사람의 재능을 충분히 발휘하게 하고, 차별 없는 교육이라는 사회적 이상을 달성하는 기반이기도 하다. 그러므로 교육 기회를 더욱 공평하게 제공하여 교육 균등화라는 이상을 실현해야 한다.

넷째, 교육의 '미래화'를 추진해야 한다. '내일을 위한 교육Learning for Tomorrow'은 이미 교육의 발전 추세로 자리 잡았다. 어떻게 피교육자가 사회 변화의 의미와 성질을 파악하고 변화에 대처하는 임기응변 능력을 키울 수 있는가, 어떻게 상상력과 창조력을 발휘하여 미래를 열어갈 것인가, 어떻게 인문적 이념을 배양할 것인가 등은 모두 교육의 '미래화'를 위한 중요한 과제들이다.

이러한 교육 개혁의 이념을 바탕으로 대만의 고등교육 기관은 일련의 교육 개혁을 단행했다. 그중에 최대 규모의 개혁은 단연 대학 입학시험에 관한 개혁이었다. 오랫동안 심층 연구와 반복적인 변론을 진행하며 고심한 끝에 타이완대학시험센터는 '다양한 대학 입학 방안'을 제시했다. 타이완대학시험센터는 대학 입학 제도가 반드시 다음과 같은 조건을 갖춰야 한다고 보았다.

(1) 각 대학은 입학 방식에 대한 자주권을 가져야 한다.
(2) 입학 방식은 쉽게 이해할 수 있어야 한다.
(3) 고등학교 교육을 올바른 방향으로 이끌어야 한다.
(4) 성별, 출신, 문화적 배경에 따른 차별을 배제해야 한다.
(5) 고등학교 교사의 충분한 참여를 이끌어내야 한다.
(6) 시간과 노력, 비용을 절감해야 한다.
(7) 공평하고, 공정하고, 공개적이어야 한다.

(8) 학교를 떠나 지낸 시간이 얼마나 되었든지 간에 모든 이에게 균등한 입
학 기회를 주어야 한다.

(9) 학생에게 다양한 입학 경로를 마련해주어야 한다(추천제나 연합고사를
병행).

(10) 학생의 학습 성취도를 정확하게 반영해야 한다.

(11) 학생의 특별한 재능이나 성향을 고려해야 한다.

(12) 학생에게 진학 동기를 부여해야 한다.

(13) 현실적으로 실행할 수 있는 방안이어야 한다.

이를 바탕으로 타이완대학시험센터는 '추천 심사', '보완된 연합고사', '수시
입학' 등 세 가지 방안을 제시했다.

하편
외국교육 평론

하편에서는 1980년대 말부터 지금까지 필자가 거둔 비교교육 연구 성과를 총망라했다. 크게 '비교교육 연구, 일본교육 연구, 교육사상 연구'의 세 가지 주제를 담고 있는 본 편은 필자의 업무 변화에 따른 연구 관심사와 연구 중점의 변화가 잘 반영되어 있다.

04

비교교육
연구

본 장은 비교교육 분야에서 필자가 거두어들인 연구 성과가 담겨 있다. 대부분 1990년대 쓴 글로, 그 가운데 《외국의 기초교육 개혁 추세》가 '기초교육'이라는 필자의 일관된 관심사를 잘 반영한 글이라고 한다면 그 밖의 여러 논문은 필자의 지난 업무 경력과 연구 성과를 반영한다고 하겠다. 90년대 초에 쑤저우 대학 교무처장을 지낼 당시 필자는 외국의 선진 경험을 바탕으로 중국만의 대학 교육 관리 모델을 만들기 위해 연구에 주력했다. 그래서 필자에게 본 장에 수록된 글은 비단 필자 개인의 연구 성과일 뿐만 아니라 1990년대 중국 대학교육 개혁의 움직임을 포착한 것이기도 하다.

1. 외국의 기초교육 개혁 추세

20세기에 접어들어 기초교육은 세 차례 개혁을 거쳤다. 첫 번째 개혁은 듀이 John Dewey의 실용주의 교육 철학을 지표로 1900년대 초부터 1930년대에 걸쳐 진행되었다. 실용주의 교육 철학은 '학교는 곧 사회, 교육은 곧 생활이다.'라는 주요 교육 사상을 바탕으로 어린이 중심의 교육을 주장했다. 이러한 실용주의적 교육 철학은 사회생활이나 사회 실천과는 동떨어졌던 20세기 이전의 교육을 단번에 바꿔놓으며 미국의 교육 제도와 교육 내용, 교육 형식, 교육 방법 전반에 근본적인 영향을 미쳤다.

그러나 듀이의 교육 사상은 1950년대 말에 새로운 도전에 직면했다. 어린이 중심 교육을 강조하며 교과 과정에 연연하기보다는 아이들이 하고 싶어 하는

것을 하게 함으로써 놀면서 배우도록 하라는 듀이의 실용주의 철학은 교육의
혁명성에 치중해 교육 자체의 과학성이나 체계성을 간과했던 것이다. 1958년
에 소련이 인공위성을 쏘아 올리자 미국의 여야는 자신들의 교육·과학 분야에
서의 선두 자리가 흔들리고 있음에 큰 충격을 받았다. 그리고 미국 과학계와
대중은 미국 교육이 지식 체계나 과학성을 무시하더니 결국 국가의 과학 기술
수준마저 추락시켰다며 비난했다. 이로써 부르너가 제시한 지식 구조를 중심
으로 하는 교과정론을 지표로 하여 두 번째 개혁이 시작되었다. 이 개혁에서는
지식 체계의 구조와 논리성이 강조되고 교과 과정의 과학화가 중시되었다.

1980년대 말에 교육은 세 번째 개혁을 맞이했다. 이 개혁은 두 가지 중요한
배경을 바탕으로 진행되었다. 하나는 부르너로 대표되는 구조주의, 인지주의
가 교과 과정의 구조화와 교육의 과학화를 강조한 한편으로 교육 자체의 인문
적 요소와 사회 전반에 대한 문제에는 소홀했다는 점이 드러난 것이다. 서양
사회에서 환경, 자원, 인구 등의 문제가 속출하자 사람들은 인문 정신에 관심
을 보이며 교육에서 그 원인을 찾기 시작했다. 그리고 이 과정에서 아이들에게
과학적 지식을 가르치는 것도 물론 중요하지만 먼저 사람의 됨됨이를 가르치
고 인류와 사회의 발전에 관심을 기울이도록 하는 것이 무엇보다 중요하다는
사실을 깨달았다. 또 다른 배경은 바로 21세기의 도래였다. 인류가 다시 한 번
한 세기를 뛰어넘게 되면서 사람들은 어떤 모습으로 21세기를 맞이할지를 고
심했고, 이는 세 번째 교육 개혁의 출발점이자 중심이 되었다.

이러한 배경 하에 기초교육 개혁은 다음과 같은 추세를 보이고 있다.

(1) 과학화

과학화는 교육 개혁에 대한 과학적인 접근과 교육 과학 연구의 지위·역할
강화를 요구하며 수준 높고 효율적인 과학을 지향하도록 한다.

과학화는 2차 교육 개혁 이후로 지속되고 있는 추세로, 다음과 같은 세 가지
특징이 있다.

첫째, 교육 내용의 과학적 구성과 안배를 중시한다. 1980년대 미국은 교육 수준 향상을 위해 우수 과학자와 초, 중등학교의 교장, 교사를 동원해 초, 중등학교 교재 연구를 시작했다. 1985년 미국과학진흥회AAAS는 '프로젝트 2061'을 발표하고 이어서 과학계와 기술계를 주축으로 1985~1989년의 5년에 걸쳐 초, 중등 교과 내용 개선 문제를 연구했다. '프로젝트 2061'은 핼리혜성과 지구가 다시 가까워지는 시간을 계산하여 이름 붙인 것으로, 아이들에게 가장 합리적인 방법으로 가장 중요한 지식을 가르침으로써 21세기 미국 국민 교육의 기반을 다지는 데 목표를 두고 있다. 미국 외에도 일본, 독일, 중국 역시 교육 내용의 과학적 안배를 중시한다.

둘째, 교육 과학 연구에 주력하며 교육 개혁에 대해 더욱 과학적인 접근을 시도한다. 그 어느 때보다도 교육 과학 연구가 중점적으로 다뤄지면서 교육 이론가들도 앞 다투어 책 속에서 벗어나 이론과 실천의 교집합을 찾으며 과학적 정신과 태도를 바탕으로 한 교육 개혁을 중시하고 있다.

셋째, 과학적인 방법을 통한 교육 활동에 총력을 기울여 최적화된 방법으로 학생에게 최상의 콘텐츠를 가르친다. 사람들은 과학이 수준 높고 효율적인 방향으로 발전해야 한다고 인식하기 시작했다. 미국의 '프로젝트 2061'은 과학, 수학, 기술 관련 지식을 어떻게 가르쳐야 하는가에 대해 많은 내용을 담고 있다. 예를 들면 교육은 학생이 흥미를 느끼거나 학생들에게 익숙한 문제 또는 현상에서 시작해야 하며, 학생이 이해하지 못할 때는 문제를 제기하고 토론을 벌여 답을 도출해보도록 해야 하고, 학생이 수집, 선별, 분류, 관찰, 도표 그리기, 필기하기는 물론 방문, 조사 등의 활동에도 적극 참여하도록 유도해야 한다고 명시하고 있다. 이뿐만 아니라 자료 수집과 데이터 사용에 주의를 기울여 아이들 스스로 문제와 관련 있는 데이터를 선별하고 내용을 해석할 수 있도록 해야 하고, 또한 과학은 단순 지식의 집결체가 아니라 인류의 가치관을 융합한 사회 활동이므로 과학교육에는 반드시 과학적 가치관이 반영되어야 한다고 주장하기도 한다. 따라서 교사는 반드시 아이들의 호기심과 창조성을 존중하고 교조주의를 피해야 한다.

(2) 인문화

인문화는 교육을 통해 인류와 사회, 미래에 대한 학생의 관심을 이끌어냄으로써 학생의 인문 정신을 배양하도록 한다.

과학 발전은 마치 동전의 양면과 같아서 한편으로는 우리가 생활수준을 향상시키고 생활 방식을 개선하는 데 편리한 조건을 마련해주지만, 다른 한편으로는 환경오염과 삼림 훼손, 자원 소모 등의 심각한 부작용을 유발하기도 한다. 그래서 3차 교육 개혁은 '지속 가능한 발전'이라는 기치를 내걸었다. 이른바 '지속 가능한 발전'이란 다음의 세 가지 뜻을 내포하고 있다.

첫째, 일부 사람의 발전을 위해 다른 사람들의 발전과 이익을 희생시킬 수 없다.

둘째, 기성세대의 발전을 위해 다음 세대의 발전과 이익을 희생시킬 수 없다.

셋째, 인간의 발전을 위해 다른 생물의 발전과 이익을 희생시킬 수 없다.

1980년대 말에서 1990년대 초의 교육 개혁은 인간의 생사 문제를 두고 교육이 어떻게 사회 발전에 이바지할 것인지를 명확히 한 데서 비롯했다. 이러한 배경 하에 유네스코는 1980년대 초 '학습법 배우기'에 이어 '관심 기울이는 법 배우기'를 강조하며 교육은 반드시 사람들이 자신의 건강을 비롯해 자기 자신에게 관심을 기울이도록, 그리고 자신의 가정, 친구, 동료, 타인에게 관심을 기울이도록, 또 사회와 국가 정치·경제·생태 이익에 관심을 기울이도록, 아울러 인권과 기타 생물, 지구 생활환경, 진리와 지식, 학습에 관심을 기울이도록 해야 한다고 주문했다. 〈교육—그 속에 부가 있다〉는 '국제21세기위원회'가 유네스코에 제출한 보고서이다. 이 보고서는 '교육의 네 가지 중심', 즉 인지하고, 일하고, 더불어 생활하고, 생존하는 법을 배워야 한다는 주장을 소개한다. 이 네 가지는 21세기가 교육에 바라는 새로운 목표이자 모든 사람이 일생을 살아가는 데 꼭 필요한 버팀목이라는 것이다. 이러한 논조는 인문화의 추세를 보여주는 좋은 예라고 할 수 있다. 중국이 초·중등학교에 적성 교육을 추진하고, 대학생의 문화 소양 교육을 중시하는 것도 모두 인문화라는 세계적 추세와 밀접한 관계가 있다. 한마디로, 학생들에게 인간 자신과 사회에 관심을 기울이도록 가르치고 또한 사람 됨됨이를 가르치는 것이야말로 현 교육이 마땅히 책임져야 할 임무라는 점을 명확하게 인식해나가고 있는 것이다.

(3) 통합화

통합화는 학교 체제, 교육 내용, 교육 방법의 통합을 통해 교육의 최적화를 도모하도록 한다.

통합화는 3차 교육 개혁에서 두드러지게 나타난 특징의 하나로 다음과 같은 양상을 보인다.

첫째, 체제의 통합이다. 갈수록 많은 학교가 일반 문화 지식 교육, 학술적 진학 준비 교육, 직업 기술 교육이라는 세 가지 기능을 겸비해나가며 체제 통합을 도모하고 있다. 미국을 예로 들면 85%의 학교가 앞서 말한 세 기능을 모두 겸비하고 있고, 90%의 학생이 이러한 종합 교육 학교에서 공부한다. 전미 중등학교장 협회는 통합 교육이야말로 모든 사람에게 유익한 교육을 할 수 있는 최적의 구조라고 보고 있다.

둘째, 내용의 통합이다. 여기에는 두 가지 특징이 있는데, 첫 번째는 과학 지식 분야를 새롭게 세분했다는 것이다. 일례로, 미국이 편성한 교과 과정 개혁 방안은 학습 효율과 실제 응용의 극대화라는 점에 착안해 기존 과학 지식을 심리·문학을 포함하는 공감성 분야, 음악·문예를 포함하는 심미성 분야, 언어와 수학을 포함하는 부호성 분야, 자연과학과 사회과학을 포함하는 경험성 분야, 도덕·윤리를 포함하는 윤리성 분야, 역사·철학·종교를 포함하는 개관성 분야로 분류했다. 두 번째 특징은 통합 과목을 개설했다는 것이다. 일본에서는 초등학교의 '사회社會'와 '이과理科'를 '생활과生活科'로 통합하고, 고등학교에 공통수학, 컴퓨터수학, 공통물리, 공통화학, 공통생물, 공통지학 등을 포함한 '수리數理' 과목을 개설했다.

셋째, 교육 방법의 통합이다. 각종 교육법을 효과적으로 배합, 조합, 융합하여 교육 효과를 극대화하고 있다.

넷째, 학교와 사회의 통합이다. 기초교육 개혁은 날이 갈수록 교육과 사회의 결합을 중시하고 있다. 따라서 학교와 사회는 상호 작용이 가능한 메커니즘을 마련함으로써 '학교가 중심이 되고, 사회가 협조하고, 정부가 총괄하는' 전 방위적 교육 구조를 형성하여 '학생과 사회가 서로 관심을 기울이는 열린 학교, 열린사회 인프라'를 구축해야 한다.

(4) 심리화

심리화는 건전한 인격 형성을 핵심으로 하는 인성 교육을 통해 학생의 마음에 다가가는 교육을 하도록 한다.

날이 갈수록 많은 사람이 교육의 근본적인 문제란 바로 사람 문제라는 것을 인식하기 시작했다. 사실 학생의 문제는 근본적으로 말하면 심리적인 문제라고 할 수 있다. 연구자들은 우수한 학생은 IQ가 높다기보다는 EQ가 높다고 보고 있다. 그동안의 교육 경험 역시 자신감과 올바른 학습 습관이 학습 수준에 큰 영향을 미치는 중요한 요소임을 보여주고 있다. 그래서 EQ를 중시하는 교육의 심리화가 점차 기초교육 개혁의 주요 특징으로 자리 잡게 되었다. 심리화는 주로 다음의 세 가지 부분에서 나타난다.

첫째, 인재 양성 목표이다. 교육 과정에서 건전한 인격을 핵심으로 하는 심리 소양 기르기가 두드러진다. 미국은 1988년 9월에 발표한 〈미국의 잠재력〉이라는 보고서에서 다음과 같이 지적했다.

"21세기를 맞이하며 인간의 재능을 개발한다는 것은 분명한 삶의 목표와 사회적 책임감이 있는, 변화하는 환경 속에서 자신이 배운 지식과 재주를 십분 활용하는 적응력을 갖춘, 창조적 의식으로 끊임없이 새로운 지식을 쌓으며 자신의 한계를 극복해나가는 인재를 양성한다는 의미가 있다.”

둘째, 교육 이론 연구 중점의 심리화이다. 교육 이론은 지식과 지능, 비非지능적 요소, 자질 교육 등을 연구 주제로 삼기 시작했다.

셋째, 교육 실험의 심리화이다. 중국 꾸링위안顧冷沅 팀의 수학 교육 관련 실험을 비롯해 일부 유명 교육 실험은 모두 중요한 심리학 원리를 내포하고 있다.

(5) 정보화

정보화는 학생의 정보 의식과 정보 처리 능력을 강화하여 인터넷 교육 자원을 더욱 효과적으로 이용하도록 한다.

정보화는 미래 사회의 기본 특징이다. 현재 전 세계의 인터넷 사용자 수는 3억 명을 넘어섰다. 1994년에 300만 명이었던 것과 비교하면 무려 100배가 늘어난 셈이다. 인터넷 사이트도 30억 개에 달하며, 매일 300만 개씩 늘어나고 있다. 정보 기술과 정보 산업의 발전이라는 정보화의 흐름 속에서 교육에도 새로운 변화의 바람이 불었다.

컴퓨터를 이용한 교육의 현대화가 강화된 것이다. 컴퓨터가 가정과 학교에 보급됨에 따라 학교교육은 컴퓨터를 적극 활용하게 되었고 각종 교과목의 교육 소프트웨어도 광범위하게 개발·응용되었다. 앞으로는 컴퓨터로 학교교육, 가정교육, 사회교육 간의 연계도 가능해질 것이다. 또한 개방적인 교육이 출현하여 학생이 학교에 가지 않고도 집에서 수업 받을 수 있게 될 것이다. 미국 샌프란시스코에 있는 ‘원격 학습 시스템’ 회사는 시간에 제약받지 않고 공부할 수 있는 세계 최초의 ‘통신 대학’을 설립했다. 학생은 인터넷을 통해 교사에게 과제를 제출하고, 교사 역시 인터넷을 통해 문제의 해답이나 시험지, 강의록, 새로운 과제 등을 학생에게 보낸다. 교사와 학생은 약속한 시간에 인터넷에 접속해 직접적으로 문제를 토론하기도 한다.

이러한 정보화의 흐름에 발맞추어 각 학습 단계에서 정보 처리 교육이 강화되고 있으며, 교사는 적극적이고 융통성 있게 각종 정보 매체와 교재를 응용하고 있다. 아울러 컴퓨터 사용에 적합한 전자 서적, 전자 도서관, 교육 소프트웨어 등도 끊임없이 개발·응용되고 있다. 그리고 교사의 역할에도 변화가 나타났다. 교사의 주요 임무가 교실에서 지식을 주입하는 것에서 자문 서비스를 제공하는 것으로 변화한 것이다. 이에 따라 교실 수업 위주의 교육 방식도 학생이 교사의 도움을 받아 스스로 정보 수단을 이용해 주동적으로 지식을 얻는 방식으로 바뀌었다. 정보 네트워크를 응용하여 전통 관념 속의 교실, 학교, 나아가 국경이라는 굴레에서 벗어나 서로 정보를 교환하고 소프트웨어를 공유하고 문서를 발송할 수 있게 된 것이다. 인터넷 정보 자원의 공유는 이미 교육의 신풍경이 되고 있다.

(6) 국제화

국제화는 외국어 교육과 국제 이해 교육을 강화하여 교육이 국제 경제, 문화 교류 측면에서 역할을 다하도록 한다.

정보화를 이룬 사회는 필연적으로 국제화 사회로 접어든다. 현대의 빠른 교통, 통신 기술 발전과 경제, 과학 기술, 문화, 교육의 빈번한 교류는 각국의 거리를 좁히며 서로 간의 연계를 더욱 밀접하게 하고 있다. 그러나 한편으로는 협력과 우호 관계가 지속적으로 발전함과 동시에 충돌과 마찰도 심화되어 전쟁과 평화 문제, 지구 환경 문제, 문화적 오해와 갈등들이 속출하기 시작했고, 이러한 문제들은 교육 분야에도 새로운 도전이 되고 있다. 교육은 시대적 요구에 부합하기 위해 목표, 내용, 방법, 수단 등에서 대대적으로 개혁을 진행하고 있다.

교육의 글로벌화는 다음의 세 분야에서 주로 나타난다.

첫째, 외국어 교육이 전반적으로 강화되고 있다.

둘째, 교육 기관이 국제 사회로 개방되고 있다.

셋째, 국제 사회를 이해하고 타국의 문화에 관심을 기울이며 포용하는 국제 이해 교육이 중시되고 있다.

물론 글로벌화의 물결 속에서 어떻게 중화민족의 우수한 문화와 교육 전통을 계승, 발전시켜나갈 것이냐는 문제 역시 중시되어야 할 과제이다.

(7) 개성화

개성화는 특색 있는 학교, 특기 있는 학생, 품격 있는 교사가 되라고 요구하며 학생의 특별함을 발견하고 학생의 독창성을 존중하도록 한다.

개성은 교육의 영혼이다. 교육의 참뜻은 바로 학생 한 명 한 명의 잠재력을 발굴하고 그들만의 독특한 개성을 찾아주는 것이다. 개성 있는 교육이 최고의 교육이다. 미국의 〈뉴스위크〉가 세계 10대 초·중등학교에 대해 연구한 바 있는데, 그 결과 이른바 '최고'인 학교는 가장 개성 있는 학교로 드러났다.

개성화는 다음과 같은 두 가지 특징이 있다.

첫째, 지역과 학교가 표준화되고 획일화된 관점과 방법은 버리고 자신들만의 학교 운영 특색과 교육 스타일을 추구하기 시작했다. 특히 취약 학교는 개성화 교육을 개혁의 기회로 삼고 있다.

둘째, 교육 과정에서 학생의 개성을 중시한다. 많은 교사가 학생의 특별함을 발견하고 학생의 독창성을 존중하는 것이야말로 교육이 성공하는 비결임을 깨닫고 있는 것이다.

최근 들어 중국의 중고등학교는 특색 교육에서 초보적 성과를 보이고 있다. 일례로, 상하이 젠핑중등학교의 '선택' 교육을 들 수 있다. 이 학교는 '선택적 분위기를 만들어 선택 기회를 제공하고, 선택 범위를 확대해 선택 능력을 키운다.'를 모토로 삼아 전 교과 과정을 지식 필수 과목, 선택 과목, 휴식 과목으로 나누어 교과목의 균형을 맞추고 있다. 선택 과목으로 이미 100여 종이 개설되어 있다. 학생은 모든 교과 과정의 교사와 진도를 직접 선택할 수 있다.

(8) 민주화

　민주화는 교육이 공평성과 효율성의 관계를 잘 처리하여 교사와 학생의 민주 의식과 민주 정신을 배양함으로써 국민과 교사가 직접 교육 방책을 결정하고 학교 관리에 참여하도록 한다.

　교육의 민주화는 기초교육 개혁 과정에 불고 있는 세계적 추세의 하나이기도 하다. 사회 민주화가 진행됨에 따라 국민의 민주 의식과 민주 정신이 성숙, 발전하면서 교육의 민주화도 날로 중요시되고 있다.

　교육의 민주화는 주로 다음과 같이 나타난다.

　첫째, 교육 기회의 평등이다. 교육 기회의 평등은 평등 교육의 기반이다. 〈학회생존〉은 다음과 같이 지적한 바 있다.

　"평등한 교육 기회는 공평성을 위한 필요조건일 뿐 충분조건은 아니다. …… 평등한 기회는 반드시 똑같이 성공할 수 있는 기회를 포함해야 한다."

　각국에 의무교육 제도가 실시됨에 따라 이제는 대다수 국가에서 교육 받을 권리가 아닌 더 나은 교육을 받을 수 있느냐 하는 문제로 갈등을 빚고 있다. 일부 국가에서는 '학교 선택 붐'이 사회 이슈로 떠올랐고, 각종 조치를 통해 학교, 특히 취약 학교의 수준을 끌어올리는 것은 이미 각국 기초교육 개혁의 주 내용이 되었다.

　둘째, 민주적 사제 관계이다. 각국은 기초교육 개혁에서 민주적 사제 관계가 교육 과정에 활기를 불어넣고, 학생의 창조 정신과 창조력을 발휘하게 만든다는 사실을 깨달았다. 민주적인 분위기 속에서야 민주 정신을 갖춘 인재를 양성할 수 있다는 점을 알게 된 것이다.

　셋째, 교사와 학생의 학교 관리 참여이다. 학교 관리는 더 이상 교장이나 일부 사람에게만 부여되는 특권이 아니다. 교사와 학생이 학교 발전 과정이나 운영상의 결정에 대해 발언권을 가지게 된 것이다.

(9) 법제화

법제화는 교육법을 통해 효과적으로 전 국가 교육 사업의 발전을 이끎으로써 교육 행위를 규범화하고 완비해나가도록 한다.

기초교육 개혁 과정에서 세계 각국은 모두 법제 건설에 주력하여 관련 교육법에 따라 교육 행위와 교육 행정 관리를 엄격하게 진행하도록 하고 있으며, 교육법을 통해 효과적으로 전 국가 교육 사업의 발전을 도모하고 있다.

교육의 법제화는 두 가지 특징이 있다.

첫째, 교육의 입법이 날로 체계화되고 있다. 미국은 직업 기술 교육 분야만 해도 《지역 발전법地區發展法》, 《인력 개발과 인재 양성법人力開發與培訓法》, 《직업 교육법職業教育法》, 《취업 기회법就業機會法》, 《직업 기술학교 학생 대출보험법職業技術學校學生貸款保險法》, 《직업 교육법 수정안職業教育法修正案》, 《직업 훈련 협력법職業培訓合作法》 등이 제정되었다. 일본 산세이도三省堂가 출판한 《교육 육법 해설解說教育六法》은 11가지 분야의 교육법 문건 187건을 포함하며, 그중에 학교교육 관련 내용이 41건, 학교 보건 관련 내용이 12건이다.

둘째, 교과 과정 표준의 법률화를 중시한다. 일본의 《초등학교학습지도요강小學學習指導要綱》, 《중학교학습지도요강初中學習指導要綱》, 《고등학교학습지도요강高中學習指導要綱》은 교육법 문건에는 속하지 않지만 준 법률에 해당하는 효력을 발휘한다.

(10) 평생화

평생화는 요람에서 무덤까지 인간의 전 삶을 아우르는 교육을 요구하며 교육의 유연성과 개방성을 더욱 강화하도록 한다.

랑그랑이 평생 교육이라는 개념을 제시한 후로 하루가 멀다 하고 새로운 지식들이 쏟아지고, 인간의 여가 시간이 빠르게 늘면서 평생 교육의 빠른 발전에 힘을 실었다. 1970년대 초 유네스코는 〈학회생존〉이라는 보고서에서 다음과 같이 명시했다.

"평생 교육을 선진국과 개발도상국 교육 발전 방침의 주요 사상으로 한다."

이에 따라 미국을 시작으로 많은 선진국들이 '평생교육법'을 제정했다.

평생 교육이 실시되면서 그동안 인간의 삶을 학업, 일, 퇴직으로 구분하던 기존의 개념이 무너졌다. 학교는 이제 학생의 일생을 위해 모든 것을 준비하는 장소가 아니며, 교육은 요람에서 무덤까지 우리의 삶 전 과정에 걸쳐 진행될 것이다.

기초교육 분야에서 교육의 평생화는 다음과 같은 특징을 나타낸다.

첫째, 학교교육의 유연성이 커졌다. 일본은 1988년부터 학점제 고등학교를 설립해 각기 학력이 어떻든 간에 모두 자신의 수요에 따라 고등학교 교육을 받을 수 있도록 했다. 학교는 다양한 과목을 개설하고, 수업 시간을 자유롭게 운영했다. 그리고 학점 누적 제도를 실시해 고등학교와 전문학교가 서로 학점을 인정하도록 했다. 일부 국가에서는 심지어 학생의 재택 교육을 인정하기도 했다.

둘째, 학교가 사회에 개방되어 평생 교육의 장이 되었다. 일례로, 학교는 지역 사회에 운동장, 체육관, 도서관, 교실을 개방하고 시민을 위한 각종 공개강좌를 개설하는 등 지역 사회의 평생 교육을 위해 서비스하고 있다. 이처럼 학교는 청소년들이 공부하는 장소일 뿐만 아니라 사회 구성원 모두가 평생 이용할 수 있는 배움의 장이 되어야 한다.

셋째, 교사에 대한 평생 교육이 전에 없이 중시되고 있다. 새내기 교사의 연수제도나 현직 교사의 정기 연수제도는 이미 각국 교사법敎師法에 추가되었다.

2. 중·미 고등교육 학교 운영의 효율 비교

(1) 문제제기

최근 들어 중국의 사회경제가 눈부신 발전을 이룩하면서 전 세계인의 이목이 집중되고 있다. 사회 경제가 발전함에 따라 중국은 새로운 전문 인력에 대한 질적, 양적 수요가 증가하고 있는데, 인재, 특히 고급 인력이 부족해 경제성장에 큰 걸림돌로 작용하고 있다. 현재 중국은 계획경제에서 시장경제로 넘어가는 전환기에 있기 때문에 시장경제 시스템에 적응할 수 있는 인재는 더 부족한 실정이다. 단적인 예로 중국 인민人民은행 은행장을 역임하고 있는 인재들 가운데, 시市급 이상 은행장 중에서 본과 졸업장을 가진 사람은 11%, 중학교 이하는 18%이다. 현縣급 지점 은행장 가운데 본과 졸업장을 가진 사람은 3%에 지나지 않았고 중학교 이하는 무려 23%에 달했다. 또, 상해대외무역上海對外貿易대학교 전문 인력 가운데 한 가지 외국어를 구사할 수 있는 사람은 26%였다.

고급 전문 인력을 양성하는 임무는 고등교육 기관의 몫이다. 사회가 필요로 하는 고급 전문 인력을 어떻게 만족시켜 줄 것인가 하는 문제는 중국 고등교육 기관이 풀어야 할 당면과제다. 최근 들어, 중국 고등교육 기관은 대학과 전문대학 신설, 학생 충원, 전문학과 개설 등의 노력을 통해 사회경제 발전의 흐름에 부응하고 있다. 1981년부터 1995년 사이 고등교육기관 수는 700여개에서 1,000여개로 증가했고, 재학생 수도 128만 명에서 260만 명으로, 고등 교사 역시 25만 명에서 40만 명으로 늘어났다. 그럼에도 불구하고 여전히 사회경제 발전에 따른 인재를 제때 양성해내지 못하고 있을 뿐만 아니라 다른 나라에 비에 턱없이 부족한 실정이다. 실제로 중국은 인구 1만 명 당 대학생 비율이 60명으로, 인구 1만 명 당 대학생 비율이 1,000여 명인 선진국에 크게 뒤떨어져 있다. 심지어 일부 개발도상국 수준에도 못 미치는 실정이다.

현재 중국은 새로운 대학 신설에 투자해 인재 부족 문제를 해결하고자 한다. 이는 물론 문제를 해결할 수 있는 루트 중 하나이다. 하지만 현 단계에서 성급하게 새로운 대학을 신설하다보면 경제적인 부담은 물론이고 학교의 질적 수준도 보장할 수 없다. 이렇게 볼 때, 사회에서 고등교육 기관을 설립하고, 현존하는 고등교육기관이 제 역할을 발휘하도록 독려하는 것이 중국 고등교육을 발전시킬 수 있는 실행가능한 방법일 것이다. 본문에서는 중미 고등교육 과정의 효율을 분석 비교함으로서 중국 고등교육의 발전을 이루기 위한 구상을 제시하고자 한다.

(2) 학교설립 체제와 설립 효율

중국의 고등교육은 중앙과 지방에서 관리한다. 중앙 1급 고등교육 관리기관은 국가 교육위원회와 중앙정부 국무원 산하 각 부위部委(국무원 각 부와 각 위원회)가 있고, 지방 고등교육 관리기관에는 성(시) 정부 기관 가운데 교육기관이나 교육과 관련된 청廳 또는 국局 등이 있다. 현존하는 1,000여 개 고등교육 학교 중에서 명문대 36곳은 국가교육위원회에서 직접 관리하고, 289곳의 고등교육 학교는 중앙 각 부위部委에서 관리하며 나머지는 지방 고등교육 관리기관에서 담당한다.

근래 설립한 몇몇 곳의 사립대학을 제외하고 위에 언급된 1,000여 개의 학교는 모두 정부에서 설립한 것이다. 이처럼 정부가 고등교육을 단독으로 처리하는 국가는 전 세계적으로 중국이 유일하다. 단독적인 학교설립 체제는 효율적인 고등교육 기관 설립을 저해하는 걸림돌이 되고 있다. 이렇듯 정부가 고등교육을 도맡아 관리하다보니 재정 출처가 한 곳이라 재정부족으로 생사의 갈림길에 선 학교들이 적잖다. 특히, 최근 경제체재 개혁이 진행되면서 경제계획 및 발전이 중앙에서 지방으로 차츰 이전되고 있어 고등교육 기관의 재정문제는 더욱 악화되고 있다.

부속 고등교육 기관의 경우를 보면 잘 알 수 있다. '정기분리政企分離' 정책으로 중앙 부위의 관리기능에 변화가 일면서 일부 중앙 부위에서 수많은 독립된 채산 단체나 기업 등이 분리되어 나오고 있다. 국가 역시 각 부와 위원회에 지출금 형식이 아닌 대출금 형식으로 자금을 주고 있다. 이처럼 각 부와 위원회가 움직일 수 있는 교육경비를 포함한 비非경영투자경비가 대폭 감소했다. 국가교육센터가 34개 부위部委에 소속된 218개 학교를 대상으로 조사한 결과, 1990년에 중앙 각 부와 위원회가 관리학교에 투자한 총액은 1985년 대비 26.5% 감소했고, 1/3에 달하는 부와 위원회가 교육에 대한 투자를 50% 이상 감축한 것으로 나타났다. 게다가 1991년부터 1992년에 중앙 각 부와 위원회가 계획하고 있는 교육투자 금액은 1986년부터 1990년에 이뤄졌던 교육투자 총액의 76%에 해당하는 것으로 조사되었다. 거기에 물가 상승요인이 작용해 최근 많은 부속학교들이 적자 운영에 들어섰다. 심지어 일부 학교에서는 교직원 월급을 해결하지 못해 골머리를 앓고 있다고 한다. 학교의 생사가 불분명한 이 시점에서 무슨 발전을 논할 수 있겠는가.

교육경비 부족을 해결하는 데는 크게 두 가지 루트가 있다.

첫째는 교육경비가 정부에게서만 나오는 출처 단일화를 타파하는 것이다. 이 부분은 최근 10년 동안 이뤄진 교육개혁과정에서 많이 개선되었다. 고등교육 기관에서 운영하는 기업이 생겨나고 자비생 제도를 도입, 확대해나가면서 경비출처는 단일화에서 다원화로 바뀌고 있다.

통계에 따르면, 현재 고등교육 기관 경비예산 가운데 50% 정도는 정부, 30%는 자비 등록금, 20%는 학교 운영 기업의 이윤으로 충당하고 있다. 미국대학의 교육경비 충당 비율과 비교해 봐도 거의 흡사한 수준이다. 미국교육통계센터NCES의 최근 통계에서도 알 수 있듯이, 1991년부터 1992년까지 미국 대학의 교육경비는 크게 정부(연방정부, 주정부, 지방정부), 학비, 학교 운영 수입(학교가 자문이나 기술을 제공해 창출한 수입을 말함) 등 세 곳에서 지원된다. 공립대학의 경우 그 비율이 각각 52.9%(연방정부 10.6%, 38.3%, 3.7%), 17.1%, 23.2%를 차지하고, 사립대학은 18.5%(연방정부 15.3%, 주정부 2.5%, 지방정부 0.7%), 40.7%, 23.3%인 것으로 나타났다. 중국은 교육경비 다원화를 위한 개혁의 발걸음을 성공적으로 내딛었다.

교육경비 부족을 해결하는 두 번째 방법은 학교 설립을 정부가 단독으로 담당하고 있는 현 시스템을 타파하는 것이다. 1993년 상하이에 국가 교육위원회가 비준한 사립전문대학이 처음 문을 연 이후로 사립대학은 학교 운영에 어려움을 겪으면서 더딘 발전을 보이고 있다. 중국 정부는 오랫동안 모든 학교 설립 권한을 손에 틀어쥐고 있으면서 각종 정부 정책 및 법령(외자 독립 학교 설립 불허, 영리 학교 설립 불허 등)으로 개인, 기업, 사회단체가 학교를 설립하고자 하는 열정을 막고 있다.

위에서 언급한 것처럼 현재 정부가 교육을, 특히 고등교육을 단독 관리하는 경우는 극히 드물다. 선진국을 보면 사립대학은 국가 고등교육에서 중요한 역할을 담당하고 있음을 알 수 있다. NCES의 1991년 통계자료에 따르면, 미국의 3,500개 대학 가운데 공립대학은 1,600여 개, 사립대학(영리성, 비 영리성, 종교단체 부속대학 포함)은 1,900여 개로 사립대학이 55%를 차지하며 강세를 나타냈다. 학생 수는 1991년 추계 학기를 기준으로, 공립대학의 신입생 수는 1,130만 명, 사립대학은 304만 9천 명으로 전체에서 사립대 학생 수가 21%를 차지했다. 미국대학에서 근무하는 82만 6천 명 교사 중에서 58만 명은 공립대학에서, 24만 5천 명(약 31%)은 사립대학에서 교편을 잡고 있는 것으로 나타났다.

역사적으로 볼 때, 미국의 고등교육은 1970~1980년대에 큰 성장을 이룩했다. 1972년 921만 명이던 대학생 수가 1982년 1,242만 명으로 급증하면서 10년 사이 35% 증가했다. 그 후 80~90년대에는 비교적 완만한 성장세를 보였다. 1992년 재학생 수는 1449만 명으로 1982년보다 17% 증가했다. 두 번의 성장기 동안 미국의 교육발전을 이끈 일등공신은 공립대학이지만 사립대학의 역할도 간과할 수는 없다. 1972년, 1982년, 그리고 1992년 세 기간 동안 공립대학의 재학생 수는 707만 명에서 969만 명으로, 다시 1,138만 명으로 늘어났으며, 그 성장률은 각각 27%(1972~1982), 11%(1982~1992)이다. 비록 사립대학의 성장률이 공립대학 수준에는 미치지 못하지만 이 기간 동안 사립대학 역시 많은 학생을 유치했다.

중국은 미국의 사례에서 답을 얻을 수 있다. 현재 중국은 공립 고등교육 학교 수가 57% 증가하고 재학생 수 역시 98% 증가한 반면, 사립 고등교육 학교는 제로 성장률을 보이고 있다. 단적으로 말해 사립대학이 고등교육 발전을 위해 담당할 부분이 무궁무진하다는 뜻이다.

이상의 비교를 통해 알 수 있듯이 사회의 대학 설립 참여라는 분야에 있어서 중국이 지닌 잠재력은 매우 크다. 따라서 중국정부는 혼자 끌어안고 있던 '짐'을 내려놓고, 현 대학들을 적절히 분류해 관리해야 한다. 수준 높은 명문대학은 정부에서 관리하고 나머지 대학은 하급 정부기관에 일임하며 공립대학을 사립대학으로 전환하는 것도 고려해 볼 만하다. 각 성시, 부서, 위원회도 소수 고등교육 학교 운영에 주력하고, 나머지 운영권은 여러 루트를 통해 분산해야 한다. 아울러, 교육법령을 제정해 사립 고등교육 학교를 신설하도록 장려해야 한다. 또 기업이나 법인을 유치하고 외국인이나 해외 사회단체, 그리고 국내 개인이나 사회단체가 학교를 설립할 수 있도록 각종 정책을 제정해야 한다. 이를 통해 고등교육 운영에 민간 참여를 확대할 수 있도록 힘써야 한다.

(3) 교사 업무량 및 학교 설립 효율

앞서 언급된 학교 설립 체제가 중국 고등교육의 발전을 저해하는 거시적이고 외부적인 요소라면 교사들의 업무량은 미시적이고 내부적인 요소라 할 수 있다. 다른 나라 기준으로 볼 때, 중국의 고등교육 교사의 업무량은 많은 잠재력을 안고 있다.

중미 양국의 교사 업무량이 다르다는 것은 우선 학생과 교직원 비율에서 잘 나타난다. 공립대학을 기준으로 1992년 미국 공립 고등교육 학교의 재학생 수는 1,238만 명, 교직원수(행정직원, 교사)는 178만 명으로 교직원과 학생의 비율이 1 : 16.4이다. 중국은 미국보다 훨씬 낮다. 전국적인 통계 수치는 없지만 일부 학교의 상황만 보더라도 짐작할 수 있다. 예를 들어, 화둥化東사범대학의 경우, 재학생 수 11,000명에 교직원 수가 3,900명으로 교직원수와 학생의 비율이 1 : 3.58이고, 산시陝西사범대학은 재학생 11,000명에 교직원 수가 3,300명으로 그 비율이 1 : 3.29에 지나지 않는다. 상하이上海지역은 더 낮다. 50여 개 고등교육 학교에 재학 중인 학생 총수는 11만 6천 명이고 교직원 총수는 6만 9천 명으로 교직원 대 학생 비율이 1 : 1.68이다. 이처럼 중국의 고등교육 기관의 교직원과 학생 비율은 미국에 비해 크게 낮다.

둘째, 교사들의 업무 내용에서 잘 나타난다. 미국 대학의 교수들은 보통 수업, 과학연구, 서비스 업무 등에 집중되어 있다. 즉 강의 외에도 실험, 논문발표, 학생지도, 행정업무 참여, 사회 및 전문단체에 서비스 제공 등의 업무를 담당하고 있다. 반면, 중국은 강의와 과학연구를 담당하는 교수들이 따로 나뉘어 있다. 국가 교육위원회 소속 학교, 중앙 각 부서 및 위원회 소속 학교, 성시省市 중점 학교 등에는 대부분 전문적인 과학연구팀을 편성해두고 있다. 이처럼 고등교육 기관의 연구원들은 강의를 맡지 않거나, 맡더라도 아주 적으며, 연구 업무에 대한 엄격한 양적, 질적 기준도 없다. 하지만 강의를 담당하는 교수들은 과학연구 업무에 전혀 참여하지 않는다. 또 그들 강의를 평가하는 객관적이고, 효율적인 방법이 아직 형성되지 않았다. 최근 들어, 승진이나 직무평가 시 과학연구 성과를 중시하다 보니, 고등교육 기관의 교사들이 강의를 등한시하고 과학연구에 치중하는 경향이 나타나고 있다. 상황이 이렇다 보니 많은 교사들이 부교수나 교수가 되고 나면 교편을 놓고 더 이상은 가르치지 않는 교수, 강의를 하지 않는 강사가 된다. 이처럼 강의와 과학연구 업무를 분리하는 것은 인적자원의 낭비를 초래한다. 뿐만 아니라 교사들이 제때 새로운 지식을 업데이트하고 학생들에게 좀 더 앞선 전공지식을 전달하기도 힘들다.

셋째, 고등교육 학교의 학생관리 업무에서 잘 나타난다. 중국의 고등교육 학교에서는 아직 지도 교사제를 실시하지 않고 있어 교사는 학생관리 업무에 참여하지 않고 있다. 때문에 중국 대학에는 학생을 관리하는 별도의 직원이 있다. 대학의 1급 행정시스템을 보면, 학생처, 학생 업무부, 공산주의 청년단 위원회, 도덕교육 연구실, 심리 상담지도 센터 등의 기관들을 두고 있다. 또 단과대학이나 과의 1급 행정기관에는 학생업무를 주관하는 행정 간부 외에 1~2명으로 구성된 청년단분단靑年團分團 위원회 서기와 부서기 등을 두고 있고, 선도지도원과 담임교사도 두고 있다. 이처럼 학생을 관리하는 간부 수는 교사 전체 중 4분의 1을 차지하고 있어 대학교에서 강의, 연구, 관리를 담당하는 교직원과 더불어 중요 인력으로 손꼽힌다.

미국의 고등교육 기관에서 이루어지는 학생 관리는 학교업무의 중요한 일부분으로 학생들에게 각종 서비스를 제공하는 것이다. 하지만 미국 대학교에서 학생관리 업무를 담당하는 기구는 상대적으로 간단한 편이다. 예를 들어 미국 대학교의 1급 행정기관에는 독립된 학생사무처, 그리고 그 산하에 있는 각 사무실(숙식 관리, 법률고문, 심리상담 및 취업, 학습지도 등)이 있고, 단과대학이나 과에서는 별도로 학생관리 전담 인력을 두지 않고 있다. 장학금 및 장려금 지급, 학생 불만사항 처리, 우수학생 추천 및 선발 등의 학생관리 업무 대부분은 각 단과대학에서 3~5명의 교수로 구성된 학생 사무위원회를 구성, 이곳에서 처리한다. 교수들이 본 위원회에 참여, 업무를 담당한다고 해서 강의나 과학연구 분야의 업무를 줄여주지는 않는다. 이는 교수들이 해야 하는 일종의 서비스라고 여기기 때문이다. 미국대학에서는 모든 교수들이 정해진 학생의 학업을 지도하도록 하는 지도 교사제를 실시해 하고 있다. 이 시스템은 앞으로 수강신청제와 학점제가 추진되고 나면 중국대학에서도 본받을 만하다.

이처럼 중국과 미국 대학 교사들의 업무량 비교에서도 알 수 있듯이, 새로운 대학을 설립하는 것만이 수가 아니다. 교사들의 업무량만 제고하더라도 기존 학교들의 운영효율을 끌어올릴 수 있고, 나아가 고등 교육 발전에도 무한한 기대를 걸어볼 만하다.

미국대학의 교사 업무량 조사 결과를 보면, 일반대학의 경우 일주일 평균 근무시간은 53시간이다. 그 가운데 30시간은 강의, 8시간은 연구, 7시간은 행정업무, 나머지 8시간은 업무수준 향상, 학생클럽 활동지도, 교외 상담 서비스 등

업무와 관련된 다양한 활동에 할애하고 있었다. 공립 연구대학의 교수들은 매주 평균 57시간을 근무했다. 그 가운데 강의에는 25시간, 연구 16시간, 행정사무 8시간, 나머지 업무와 관련된 활동에 8시간을 할애하고 있었다. 사실 중국은 이와 관련된 보도 자료가 아직 갖춰져 있지 않다. 하지만 필자가 중국 고등교육 기관에 몸담으면서 관찰한 바, 중국의 고등교육 기관 교사들은 미국의 교사들처럼 시간을 할애하고 있지 않다.

만약 교사들의 업무량을 증가시키려면 그들의 대우문제도 함께 고려되어야 한다. 사실 중국의 교사들은 오랫동안 낮은 대우를 받아왔다. 그런 탓에 대학의 많은 교사들이 생계를 위해 또 다른 길을 모색한다. 본업 외에 '제2의 직업(부업)'을 갖는다거나 다른 수업을 하거나 겸직을 함으로써 부족한 수입원을 매우는 것이다.

어쩌면 '중국대학 교사들의 업무량이 적다.'라는 표면적 현상이 실제로는 '업무 과부하'에 시달리고 있는 대부분의 대학교수들의 모습을 가리고 있는지도 모른다. 교사들의 이런 상황을 고려하지 않고 무조건 업무량을 늘려야 한다고 주장한다면, 교사들에게 실리를 버리라고 희생을 강요하는 것이나 다름없다. 이를 해결할 수 있는 이상적인 방법은 교사들의 교외 수업활동을 대학교육 시스템 틀 안으로 끌어들이는 것이다. 예를 들어, 대학 내에 '성인 교육부'나 '평생 교육부'를 설립해 사회가 필요로 하는 서비스를 제공하고, 여기서 창출된 수입은 다시 교사들의 대우 향상에 사용하는 것이다. 이렇게 하면 교사의 개인 이익도 만족시키고 고등교육의 발전도 촉진할 수 있어 서로 상충되지 않을 뿐만 아니라 오히려 상부상조할 수 있다.

필자는 중국이 미국 같은 선진국의 노하우를 받아들여야 한다고 생각한다. 수업, 연구, 관리 등 3대 인력을 적절히 융합해 운영하고, 현재 중국대학 내의 연구 직책과 연구 편성제도를 폐지함으로써 연구교사가 다시 교편을 잡도록 해야 한다. 또 기존의 학생관리 기구와 시스템을 간소화하고 더 많은 교사들이 학생관리 업무에 참여할 수 있도록 해야 한다. 이처럼 교사의 이익이 침해받지 않는 범위 내에서 그들의 업무량을 향상시킨다면 중국대학의 학교 운영효율은 크게 개선될 것이다.

(4) 교사평가 및 학교운영 효율

효율은 평가와 떼려야 뗄 수 없는 관계다. 학교를 효율적으로 운영하려면 교사의 업무실적을 객관적이고 정확하게 평가할 방법을 모색하는 일이 우선이다. 이 문제에 대해서는 중미 양국 모두 아직 정확한 답을 찾지 못하고 있다.

현재 중국 대학에는 교사의 업무실적을 평가할 만한 효율적인 시스템이 갖춰져 있지 않기 때문에 대학 교사들의 강의, 연구, 서비스에 대한 전면적인 평가가 이루어지지 않고 있다. 일부 대학에서는 설문지를 이용해 교사에 대한 학생들의 평가를 실시하고 있긴 하지만 설문지 구상, 피드백 정보 수집 및 분석 등은 아직 표준화되지 못했다. 또, 연구 성과는 질적 평가 기준(논문을 발표한 저널의 수준)이 없어 양적 평가에 편중되고 있는 실정이다. 학생관리 업무 참여도나 사회봉사 참여도는 평가내용에 포함되어 있지도 않다. 평가방법이 주관적이고 임의적이다 보니, 실적 올리기에 급급해 시장성은 있지만 학술적 가치가 떨어지는 논문이나 서적을 출판하는 데 열을 올리는 교사들도 있다. 또 강의에는 신경을 쓰지 않고 어떻게든 강의 시수를 줄이려고 안간힘을 쓰는 교사도 있고, 학생 관리나 사회봉사에는 전혀 참여하지 않는 교사도 있다. 이처럼 교사에 대한 허술한 평가는 효율적인 학교운영을 저해한다.

미국이 고등교육 기관의 교사 근무 시스템에 대해 평가를 실시한 것은 1916년으로 거슬러 올라간다. 당시 연구원들에게 '대학교수는 일주일에 몇 시간 근무하는 것이 이상적인가요?'라는 설문조사를 진행했다. 1958년 연방정부는 예산관리국OMB을 통해 공립대학의 직원들에게 그들이 업무에 소비하는 시간과 노력에 대해 보고하도록 지시했다. 이는 유권자들에게 현 연방정부가 고등교육에 투자하는 것이 그만큼 가치 있는 일이라는 것을 설명하기 위함이었다. 1982년 연방정부는 같은 이유로 공립대학에 직원과 그들의 업무 관련활동을 보고하도록 지시했다. 당시 미국대학의 행정직원과 교수들은 정부의 이런 지시에 불만을 품었다. 이는 평가 자체를 반대해서가 아니라 정부의 평가 방법이 대학 특유의 학술 업무 특징을 제대로 반영하지 못할 뿐만 아니라 질적 평가는 간과한 채 양적 평가에만 치중했다고 여겼기 때문이다. 최근 들어 많은 학자들이 좀 더 정확하고 효과적인 방법, 질적인 면과 양적인 면을 동시에 만족시킬 수 있는 교사 평가 방법을 제정하고자 힘쓰고 있다.

미국이 실시하고 있는 교사업무 평가방법이 아직은 완벽하지 못하고, 아직은 실험단계에 있지만, 또 그 결과가 정확하다 단정할 수는 없지만 그래도 수십 년 동안 평가를 진행해 오면서 미국 대학들은 많은 노하우를 쌓았다. 설문을 진행하고 수치를 수집, 처리해 그 결과를 평가하고 해석한 후 이를 응용하는 과정은 긴밀히 이어져 하나의 시스템을 이루고 있다.

이 분야에서 중미 양국의 교육 연구학자들은 협력을 통해 각자의 국가 상황에 부합하는 평가방법을 제정해 낼 수 있다. 이런 평가과정은 분명 효율적인 학교 운영을 위한 든든한 버팀목이 될 것이다.

(5) 맺음말

중국 경제가 빠르게 발전하면서 고등교육을 발전시켜야 한다는 목소리가 높아지고 있다. 하지만 낡은 방법으로는 이를 실현할 수 없다. 중국의 교육 종사자들이 앞장서 진부한 체제의 틀을 타파하고 사회전체가 참여하도록 이끌어야만 한다. 아울러 학교 내의 낡은 체재를 개혁하고 기존 대학들이 갖고 있는 잠재력을 십분 살려야 한다. 그래야만 중국의 고등교육 발전을 막고 있던 장애물을 제거하고 앞으로 나아갈 수 있다.

3. 외국 고등교육 기관의 교육 관리 모델에 관하여

서기 425년에 외국에서 고등교육이 시작되었다고는 하나, 진정한 의미의 대학은 중세에 기원을 둔다. 상공업이 발전하고 도시가 부흥함에 따라 문화 교육의 필요성이 커졌고, 이러한 시대적 요구에 부응하여 학문을 심도 있게 연구하는 기관이 우후죽순으로 생겨났다. 최초의 중세 대학으로는 12세기 이탈리아에 세워진 살레르노대학University of Salerno과 볼로냐대학University of Bologna이 대표적이다. 그 후 프랑스의 파리대학University de Paris과 영국의 옥스퍼드대학Oxford University이 설립되었다. 르네상스 시기에는 유럽에 세워진 대학이 80개에 달했으며, 수백 년의 시간을 지나오면서 세계 각국은 비교적 완전한 고등교육 시스템을 완비했으며, 각기 다른 고등교육 관리 모델을 구축했다. 이러한 각기 다른 고등교육 관리 모델을 연구, 분석하는 것은 중국이 앞으로 더욱 발전된 고등교육 관리 시스템을 마련하는 데 긍정적인 의미가 있다.

(1) 미국의 교육 관리 모델

미국의 고등교육은 비교적 역사가 짧은 편이다. 1636년 하버드대학Harvard University의 설립을 시작으로 캠퍼스 설립(1636~1776), 실험과 다양화(1776~1865), 대학의 부흥(1865~1918), 확충(1918~오늘날까지)이라는 네 단계의 발전 과정을 거쳤다. 300년에 걸친 노력으로 현재 미국은 세계 최대의 고등교육 시스템을 구축했고 하버드, MIT, 스탠퍼드, 프린스턴, 예일 등과 같은 세계 최고의 대학을 키워냈다. 또한 미국은 교육 관리 분야에서도 세계 고등교육에 큰 기여를 하고 있다.

① 기본 특징

미국의 고등교육 관리는 여러 가지 특징이 있는데, 그중에서도 가장 중요한 특징을 꼽자면 단연 개방성, 경쟁성, 유연성을 들 수 있다. 미국 카네기 교육진흥재단의 보이어Ernest Boyer 회장이 미국 고등교육의 특징을 이야기하면서 다음과 같이 밝힌 바 있다.

"우리는 이미 세계 최초로 고등교육 시스템을 보편화했다. 공부하고 싶어 하는 모든 이에게 교육의 문을 열고 학과 선택의 기회도 제공한다. 현 고등교육 시스템은 개방성과 다양성, 그리고 그동안에 얻은 성과로 전 세계에 정평이 나 있다.”

개방성은 미국의 교육 관리에서 가장 두드러지는 특징이다. 우선 제도의 개방성을 들 수 있다. 미국의 고등교육 관리 제도는 각국의 장점을 전부 받아들여 이를 기반으로 형성되고 발전했다. 초기에는 잉글랜드대학의 교육 관리 제도를 배웠고, 그 후에는 프랑스와 독일대학의 교육 관리 방법을 배웠다. 이러한 ‘가져오기 주의’로 미국은 해외 고등교육 관리의 다양한 장점을 받아들여 마침내 수준 높은 관리 모델을 구축했다. 다음으로 학생 모집의 개방성을 들 수 있다. 미국 대학은 모든 학생에게 문이 열려 있다. 학생이 중등 교육 과정을 마치기만 하면 입학시험을 치르지 않고 사회 단과대학에 들어갈 수 있고, 사회 단과대학 학생은 졸업 후 다시 일반 대학이나 독립된 문리文理 단과대학 3학년으로 편입할 수 있다. 한편, 미국 고등교육의 개방성은 수많은 외국 유학생을 끌어 모으고 있다. 1988~1989년에만 유학생 수가 36만 1,200명에 달해 미국 전체 대학생의 2.8%를 차지했다. 그 다음으로는 교사의 개방성을 들 수 있다. 미국 대학의 문은 전 세계 전문 인력에게도 개방되어 있어서 수백만 명에 이르는 해외 전문 인력들이 미국 대학에서 교편을 잡고 있다. 대표적 인물로는 저명한 과학자 아인슈타인, 양전닝, 리정다오 등이 있다. 마지막은 학과의 개방성이다. 학생은 대학에 입학하고 나서 전공과 선택 과목을 자유롭게 선택, 변경할 수 있다.

미국 고등교육 관리의 두 번째 특징은 경쟁성이다. 미국 하버드대학 문리학과 전 학장은 경쟁성이야말로 미국 고등교육의 가장 남다른 특징이라고 말했다. 미국에는 수천 개에 달하는 대학이 있고, 서로 치열한 경쟁을 하고 있다. 이러한 대학 간 경쟁이 미국의 고등교육 발전을 촉진하는 중요한 촉매제가 된 것이다. 고등교육 관리 경쟁은 먼저 우수한 학생과 교사 ‘쟁탈전’으로 나타난다. 미국 최고의 대학 평가 지표 시스템에서 네 가지 항목의 지표는 학생 수준과 관계가 있다. 첫째는 신입생의 SAT/ACTScholastic Aptitude Test/American College Testing 평균 점수, 둘째는 25%와 75%대 신입생의 SAT/ACT 성적, 셋째는 고등학교 성적이 반에서 상위 10%였던 신입생의 비율(지역 대학이나 단과대학은 상위 25%), 넷째는 입학 신청서를 받은 비율이다. 그래서 미국의 각 대학, 특히 유명 대학들은 우수한 학생을 모집하기 위해 전력투구한다. 이와 함께 각 대학은 유능한 젊은 교사와 교육 행정 인재를 초빙하는 데도 경쟁을 벌이며 서로 우수한 교사를 모셔오기 위해 총력을 기울인다. MIT공대가 최고 대학 평가에서 상위권에 들 수 있었던 것은 박사 학위를 획득한 교사가 1992년 90%에서 1993년 100%로 상승(하버드, 프린스턴, 스탠포드와 함께)한 것이 크게 작용했기 때문이다.

미국 고등교육 관리의 경쟁성은 비단 대학 사이에서뿐만 아니라 대학 내에서도 나타난다. 학생은 석차를 위해, 교사는 재임용과 승진, 평생고용을 위해 서로 경쟁한다. 미국 대학에서 평생 교직을 유지하는 것은 매우 어려운 일이다. 일반적으로 8년 정도의 시용 기간을 거쳐야 할뿐더러 대내외 경쟁자들의 도전을 이겨내야 한다. 이는 경쟁성이 매우 강한 선택 과정이라고 하겠다.

물론 이러한 교육 관리 경쟁이 대학 간 협력을 배제한 채 이루어지는 것은 아니다. 예를 들어 스탠퍼드대학과 캘리포니아대학 버클리캠퍼스는 치열한 경쟁 상대이자 우호적인 협력 파트너이기도 하다. 두 학교 사이에 매일 같이 통근 버스가 오고 가며 학생들은 상대 학교의 수업을 선택해 수강해도 본교의 학점으로 인정받을 수 있고 교사도 두 학교의 수업을 겸임할 수 있다.

미국 고등교육 관리의 세 번째 특징은 유연성이다. 비록 미국의 대부분 대학이 '입학은 쉽게, 졸업은 어렵게'라는 전략을 펼치며 졸업 앞에서 약 20% 이상의 학생을 좌절시키고 있지만, 교육 관리 면에서는 상당한 유연성을 보인다. 특히 전교생의 40% 정도를 차지하는 사회 단과대학 학생은 졸업 후 바로 취업하거나 혹은 4년제 대학에서 공부를 계속할 수도 있다. 또한 낮에는 물론 저녁에도 수업을 들을 수 있다.(유타의 한 대학은 수업 시간이 오전 8시 30분부터 밤 10시까지다.) 미국 대학의 전공, 모집 대상, 커리큘럼, 학제 연한, 교육 내용, 수업 시간 등은 항상 시장의 수요와 학생의 요구에 따라 결정된다. 즉 유연성이 매우 크다고 할 수 있다.

② 교육 목표

미국의 고등교육 관리는 교육 목표의 설정과 실행을 매우 중요하게 여긴다. 1986년 하버드대학 총장 복Derek Bok은 미국 대학이 보편적으로 인정하는 공동 교육 목표를 제시하고 이를 미국 본과 대학생 교육의 기본 주지主旨로 삼았다. 이 교육 목표는 다음과 같다. '한 전문 분야에 능통하되 다른 여러 분야의 지식을 이해하여 올바른 교류 능력과 노하우를 쌓고, 적어도 외국어 한 가지쯤은 능통하게 구사할 줄 알며, 분명한 사고와 논리적 비판 능력을 갖추도록 한다. 주요 조사 방식과 사고방식을 익히고 이를 활용해 지식을 습득하는 능력을 기르고, 대자연과 사회, 본인을 이해하는 능력을 갖추도록 한다. 자신과 다른 가치관, 다른 전통, 다른 제도의 다른 문화를 이해하는 능력을 키우고, 여러 차례 연구를 통해 지적 관심과 문화적 관심의 방향을 명확히 함으로써 자신을 정확히 알고 궁극적으로는 자신의 미래나 직업을 올바르게 선택하는 능력을 갖추도록 한다. 여러 학우와 함께 공부하고 생활하면서 많은 사회 경험을 쌓고 어떤 사람과도 어울릴 수 있는 친화력을 갖추도록 한다.'

각 대학은 이러한 공동의 목표 아래 학교의 인재 양성 규칙을 정하고 교육 활동의 기본 방침으로 삼았다. 미국 위스콘신대학 스티븐스포인트캠퍼스 UWSP는 대학생의 양호한 상태를 'Wellness'라는 말로 요약했는데 이는 사회적 발전, 체력 발전, 지력 발전, 직업적 발전, 정서적 발전, 정신적 발전을 포함한다.

사회적 발전 분야에서는 학생이 사회적 책임감을 갖추도록 요구하며, 여기에는 다음 두 가지 내용이 포함된다.

첫째는 자신의 사회적 역할을 인식하고, 자신의 행동으로 사회에 영향을 주고 세계를 바꿀 수 있어야 한다.

둘째는 자신과 타인, 사회의 의존 관계를 인식하고 인간관계를 조정할 줄 알며 우의를 소중히 여겨 모두의 이익을 위해 공헌해야 한다.

체력 발전 분야에서는 학생이 건강한 심신을 갖추도록 요구한다. 다양한 스포츠 활동을 하며 적극적으로 몸을 단련하고 식습관과 영양에 주의하며, 자잘한 질병을 예방하는 데 힘쓰고 과음, 흡연, 마약을 하지 않으며 에이즈를 예방한다.

지력 발전 분야에서는 학생이 학구열과 지적 호기심으로 꾸준히 지식의 폭을 넓히고 창조력을 발전시켜 연구에 도전하고 어려움을 극복해내며 학업 성취도를 높이도록 요구한다.

직업적 발전 분야에서는 학생이 앞으로 직업 선택을 위한 준비를 철저히 하도록 요구하며, 여기에는 다음 세 가지 내용이 포함된다.

첫째는 직업에 대한 탐구로 각종 직업의 성질을 이해한다.

둘째는 자신에 대한 탐구로 자신의 가치와 흥미, 신앙, 재능을 정확히 평가한다.

셋째는 학생이 재학 기간에 인턴 활동에 참여하거나 사회 활동 및 다양한 단체 활동에 참여하도록 하여 직업 선택에 필요한 수완과 능력을 키우도록 한다.

정서적 발전 분야에서는 학생이 심리적 감당 능력을 키우도록 요구하며, 여기에는 다음 두 가지 내용이 포함된다.

첫째는 자신의 감정을 자유롭게 전달하고 적절히 통제할 줄 알아야 하며 낙관적이고 미래지향적인 생활 태도를 갖춰야 한다.

둘째는 타인의 감정을 이해하고 받아들일 줄 알아야 하며 서로 신뢰하고 존중하며 타인과 조화로운 관계를 유지해야 한다.

정신적 발전 분야에서는 학생이 인생의 의미와 목적을 고민하며 자신만의 세계관, 가치관, 인생관을 형성하고 자신의 행동을 통제할 줄 알도록 요구한다.

이 여섯 가지 분야는 서로 연관 관계를 맺으며 상호 보완 작용을 해서 어느 한 측면에 강점이 있다면 그것이 다른 면에도 긍정적인 영향을 미쳐 함께 발전하는 효과가 있다. 미국의 대다수 대학은 이미 관련 교육 과정에 Wellness를 도입하여 강의실, 기숙사, 나아가 학생 생활의 각 방면에까지 이를 확대해나가고 있다. 이와 함께 Wellness 평가 시스템도 구축했다.

③ 교육 내용

미국 대학은 교육 내용, 특히 일반 교육의 공공 과목 시스템을 매우 중시한다. 1903년부터 1933년까지 하버드 대학 총장을 역임했던 로웰A. Lansence Lowell이 새로운 본과 과목 시스템을 마련했는데, 이는 그때부터 미국 대학 교육 모델의 하나가 되었다. 이 시스템의 기본 이념은 모든 대학생이 '모든 일에 대해 어느 정도 알게 하고, 일부 일에 대해서는 더욱 잘 알게 하는 것'이었다. 더 나아가 1979년 하버드대학은 일반 교육의 지위와 역할을 강화하기 위해 '핵심 교과목'을 만들었다.

하버드대학은 일반 교육은 손바닥과 같고 다섯 개 손가락은 여러 학과, 즉 수학·과학, 문학·언어, 사회·사회연구, 예술 직업 교육에 대한 흥미와 같아서 이들 손가락은 모두 같은 뿌리에서 밖으로 뻗어나가는 것으로 보았다.

"모든 사람은 그들의 계획이 어떻든지 간에 국민으로서의 권리와 의무를 받아들여야 한다."

핵심 교과목의 목표는 학생이 계속해서 새로운 지식에 접근하도록 이끄는 것이다. 여기서 지식이란 과학, 역사, 문학, 예술, 외국 문화, 사회 분석, 도덕 추리 등을 포함한다. 모든 본과생은 이 가운데 반드시 여덟 과목을 선택하되 한 분야에서 적어도 한 과목씩은 선택해야 한다. 하버드대학은 해마다 200여 과목을 개설해 학생들이 선택하도록 하며, 여러 유명 교수가 핵심 교과목의 강의를 담당하도록 한다.

앞서 언급한 여섯 가지 분야의 핵심 교과목은 저마다 세부 목표가 있다. 예를 들어 '과학'의 목표는 자연 현상을 탐구하여 관찰, 이해하고 자연 이론을 결합하고 자연의 방법론을 지지하는 것이며, '역사'는 역사에 대한 학생의 이해력 높이기, '문학과 예술'은 예술에 대한 학생의 평론적 이해도 높이기, '외국

문화'는 학생의 문화적 시야를 넓혀 자신의 문화 전통과 가설을 기반으로 새로운 의견을 제시하는 것이다. '도덕 추리'는 의미 있거나 일상생활에서 자주 발생하는 문제에 대해 토론하는 것을 목표로 하며 '사회 분석'은 학생들에게 사회과학의 주요 원리와 방법을 알도록 하고 이들 연구가 어떻게 현대인 간의 행위를 증가시키는지 이해하도록 하는 것이 목표이다.

미국 대학은 일반 교육의 교육 내용을 설정할 때 교과목의 전반적인 효과, 즉 교과목의 근본 목적을 중시한다. 예를 들어 카네기교육추진재단은 보고서를 통해 다음과 같이 지적한 바 있다.

"일반 교육은 일부 교과 과정의 간단한 조합이 아니라 명확한 목표가 있고 여러 방법을 통해 다다를 수 있는 수업 계획이다. 과정에는 큰 유연성이 있을 수 있지만 반드시 명확한 목표가 있어야 한다는 점은 바뀔 수 없다."

이러한 명확한 목표는 바로 모든 이가 보편적 경험을 공유하고 함께 활동하게 하는 것이다. 이러한 경험과 활동이 없다면 인간관계는 크게 줄어들 것이고 생활수준도 떨어질 것이다.

합리적으로 교육 내용 시스템을 구축하고 교육의 질을 높이기 위해 미국 대학은 1980년대부터 본과생의 교육 문제에 주목하기 시작했다. 하버드대학은 500만 달러의 자금을 투입해 대학 교육 센터를 강화했다. 해당 센터가 물리학과의 전 교육 활동을 녹화하고 분석·평가해 교사와 서로 피드백을 주고받도록 한 것이다. 또한 100명이 참가하는 '하버드 평가 연구 토론 팀'을 조직하고 매달 한 번씩 회의를 개최해 교육 수준을 제고할 방법을 연구한다.

(2) 독일의 교육 관리 모델

독일은 유럽에서 비교적 늦게 고등교육을 시작한 나라이지만 또한 발전이 빠른 나라이기도 하다. 1348년 도이치 제국은 현 체코 영토에 현대적 의미의 대학인 프라하대학University of Prague을 설립했고, 1386년에는 다시 현 연방 독일 경내에 하이델베르크대학University of Heidelberg을 세웠다. 이들 대학은 기본적으로 이탈리아, 프랑스 등의 우수 대학을 본떠 설립한 것이었다. 하지만 16세기에 들어서자 독일이 42개 대학을 보유하면서 유럽에서 가장 많은 대학이 있는 나라가 되었다. 19세기 초 홈볼트Humboldt가 베를린대학을 설립한 후 독일 고등교육은 전성기를 맞이하며 세계적으로 현대 대학의 본보기가 되었다. 또한 독일의 대학은 세계 과학자들의 성지가 되었고 독일 대학의 교육 관리 모델 역시 각국 대학에서 모방하려는 대상으로 떠오르며 세계 각지의 대학에 널리 보급되었다.

① 기본 특징

독일 고등교육 관리의 가장 두드러지는 특징은 이른바 '홈볼트 전통'이다. 다시 말해 교육과 과학 기술 연구의 자유와 통합을 들 수 있다. 연방 독일 바이에른Bayern 주의 전 문화교육부국장 카를Karl은 베이징대학에서 강연했을 때 교육과 과학 기술 연구를 독일 대학의 '두 개의 기둥 위에 세워진 아치 문'에 비유했다. 그 두 기둥이 모두 튼실해야만 아치문을 튼튼히 떠받칠 수 있으며, 그렇지 않으면 바로 무너져 내릴 것이라고 했다. 교육과 과학 기술 연구는 '홈볼트 전통'의 두 기둥이다. 홈볼트는 대학 안에서의 가르침과 배움은 교사와 학생 자신의 독립적인 정신 활동을 통해서만 이루어질 수 있다고 보았다. 말하자면, 교사에게 가르침의 자유가 없으면 교사의 독창적인 정신도 있을 수 없다. 그렇게 되면 교사는 그저 교재에 쓰인 대로만, 남들이 하는 대로만 할 뿐 뛰어난 가르침이 있을 수 없다. 또 반대로 학생에게 배움의 자유가 없으면 학생의 독창적인 정신도 기대할 수 없고, 그렇게 되면 그저 암기하고 소극적인 태도로 일관할 뿐 뛰어난 학생이 나올 수 없다는 주장이었다. 그래서 독일 대학들은 교사와 학생에게 많은 자유를 부여한다. 교사의 교수법은 완전히 자유다. 자유롭게 교과목을 개설하고 강의하고 싶은 모든 학술 사상과 학과 지식을 자유롭게 이야기할 수 있으며, 과학 연구 과제와 과정도 자유롭게 정할 수 있다. 학생의 학습도 100% 자유롭다. 학생은 자신이 무엇을 배울지, 얼마나 배울지 자유롭게 결정할 수 있으며 마음에 드는 커리큘럼을 선택해 선택 과목과 필

수 과목 모두 자유롭게 들을 수 있다. 이뿐만 아니라 다른 학교로 편입하는 것
도 자유롭다. 그래서 독일 대학에서는 넓은 강의실에 5~6명의 학생이 앉아서
차를 마시거나 간식을 먹고 있고 교수는 교단에서 신나게 강의를 하며 조금도
난처해하지 않는 풍경을 자주 볼 수 있다. 물론 그렇다고 자유가 방임을 뜻하
는 것은 아니다. 사실, 이러한 자유의 바탕에는 엄격한 시험이 있다. 독일 대학
의 시험은 엄격하기로 유명하다. 부정행위가 발각되면 무조건 유급 처리되고,
교수와 조교의 채점 과정도 빈틈이 없다. 덕분에 항상 30~40%의 학생이 유급
을 당해서 비교적 재학 기간이 긴 편이다.

교육과 과학 기술 연구의 통합은 '훔볼트 전통'의 또 다른 특징이다. 훔볼트
는 대학 교육을 전통적 의미의 교육이 아닌 과학 기술 연구와 밀접하게 연관되
는 교육이라고 보았다. 교사의 가르침은 학생이 연구에 몰입하도록 이끄는 것
이어야 하며, 학생의 배움은 일종의 독립된 연구이자 탐구여야 한다. 이러한
사상을 바탕으로 독일 대학은 기정 사실 혹은 눈으로 보이는 교재로 곧이곧대
로 강의하는 것을 반대하고 교사의 연구를 통해, 즉 독창적인 사상이나 연구
방법, 자료 등을 이론화, 체계화하여 학생에게 가르치는 강의를 해야 한다고
주장했다. 그러면 학생이 최신 과학 지식과 연구 상황을 이해하고 아울러 그들
의 학구열과 탐구심을 불러일으킬 수 있다는 것이다.

바로 이러한 사상을 기초로 하여 독일 대학은 모든 학생이 반드시 실험실이
나 연구소에서 과학 연구 활동에 참여해야 한다고 규정하고, 이를 기반으로 작
성된 졸업 논문을 우수 졸업생 평가의 주요 기준으로 삼는다. 다시 말해, 학생
은 졸업 논문 작성 기간에 연구실(실험실)의 각종 학술 활동에 참여할 의무가
있다. 또 교사는 사소한 것도 소홀히 하지 않고 엄격히 지도하며, 학생 역시 태
만하거나 대충대충 하는 법이 없다. 많은 학생이 이 단계를 통해 과학 기술 연
구 능력과 과학 기술 연구에 흥미를 느낀다.

독일 대학은 이런 훔볼트 사상을 토대로 '세미나'라는 교육 형식을 채용하고
있다. 세미나Semina는 'Seminarium'이라는 라틴어에서 기원한 것으로, 본래

는 '묘포苗圃', '발상지'라는 뜻이었으나 훗날 학교에서 학생들이 교사의 지도 아래 함께 학술을 연구·토론한다는 뜻으로 바뀌었다. 이러한 형식의 교육은 학생이 주인 의식을 갖고 적극적으로 참여하도록 요구한다. 말하자면, 많은 문헌을 읽고 데이터를 수집하는 등 준비 작업을 하고 토론과 변론, 교사의 평가를 거쳐 어떤 학술 문제에 대한 인식과 이해를 심화하도록 한다. 독일 대학의 세미나는 '초, 중, 고'의 3단계로 나뉜다. 초급 세미나는 기초 과목 단계의 교육 활동에 속하며, 중급 세미나는 주요 과목 단계의 교육 활동, 고급 세미나는 박사 과정 학생과 교수 임용 자격을 획득하지 못한 박사, 학술 조교를 위해 개설된 것으로 학술 교류의 성격을 지닌다. 고급 세미나는 고학년 학생의 자유로운 참가를 허락한다.

② **교육 목표**

1976년 연방 독일 정부는 《고등학교총강법》을 반포하여 다음과 같이 대학의 근본 임무에 관한 법률적 범주를 확정했다.

"고등교육 기관은 그 임무에 근거하여 과학 기술 연구와 교육을 통해 각종 과학·예술 서비스를 유지, 발전시켜야 한다. 또한 고등교육 기관은 학생이 과학 지식과 방법의 응용 또는 예술 창조 능력이 필요한 직업에 종사하는 것에 대비하도록 해야 한다."

그리고 이러한 근본 임무를 토대로 대학의 교육 목표를 명확하게 제시했다. 고등교육 기관의 교육은 학생이 앞으로 어떤 직업에 종사할 것인가에 대한 기반을 마련해주고, 학생이 갖춰야 하는 전문 지식과 능력, 방법을 전수하여 그들이 과학 또는 예술 분야의 업무를 담당할 수 있게 하며, 자신의 행동에 책임지는 책임감을 갖추도록 해야 한다는 것이다. 여기에서 우리는 '직업을 위한 준비'가 바로 독일 고등교육이 지향하는 최종 목표임을 알 수 있다.

앞서 언급한 목표를 실현하기 위해 독일 대학은 학생의 사회 실천 경험을 매우 중시한다. 일례로, 많은 대학이 신입생을 모집할 때 학생의 입학 전 사회 경험 증명서를 요구한다. 의학 전공이면 입학 전 3개월간의 실습 증명서, 전자공학 전공은 6개월간의 실습 증명서가 필요하다. 대부분 공과대학은 입학 전과 재학 기간 안에 총 24주의 실습 활동을 해야 한다고 요구하며, 심지어 약학대는 총 2년에 달하는 실습 시간을 충족시키길 요구한다.

독일의 고등교육 기관인 고등전문대학은 4분의 1에 달하는 시간을 실습에 할애하는데 5학기와 8학기에 각각 실습 시간이 안배된다. 5학기 실습은 학생이 스스로 적당한 실습 장소를 찾아야 한다. 전기 기술 전공을 예로 들면, 학교는 ① 기업의 전기 기술 부문, ② 엔지니어 사무소, ③ 전력 공급소나 발전소, ④ 공업 기업, ⑤ 전기 설비 제조 공장, ⑥ 실습에 적합한 연구 개발 부문에서 실습할 것을 권장한다. 실습을 통해 학생이 응용형 엔지니어의 직책을 이해하고 학교에서 배운 지식과 능력, 기술을 실제 상황에 응용할 수 있도록 하는 것이다. 8학기 실습은 졸업 설계 준비와 함께 진행된다. 일반적으로 학생이 기업에 가서 신청하는 과제를 졸업 설계 제목으로 삼는다. 뜻을 정하고 나서 학교시험 위원회에 보내 심사 받고, 심사에 통과하면 기업과 정식으로 담당 계약을 체결한다. 졸업 설계는 설계도뿐만 아니라 샘플 기계도 제출해야 하며 설치, 가공, 성능 테스트에도 참여해야 한다. 졸업 설계의 발표 심사는 기업과 학교측이 함께 진행하고, 심사에 통과하면 특허 엔지니어 학위Diplomingenieur-FH를 취득할 수 있다.

앞서 언급한 교육 목표 아래 독일 고등교육의 직업화 경향은 날로 뚜렷해지고 있다. 그중에서도 직업화 경향을 가장 잘 보여주는 것은 바로 고등교육에 '이중 훈련제' 모델을 도입했다는 점이다. 이러한 모델을 통해 학생들은 더 이상 대학생과 견습생으로 양분되지 않고 '대학견습생'으로 통일되었다. '대학견습생'은 대학에서 필요한 전문 지식과 이론 지식을 배우는 동시에 '견습생'의 신분으로 기업과 훈련 계약을 체결해 견습생으로서 실습을 하고 기술 훈련을 받는다. 이러한 학습은 상대성이 있을 뿐만 아니라 취업도 어느 정도 보장해 학생과 기업 양측의 환영을 받고 있다. 독일경제연합회는 이를 효과적인 '제3의 길'이라고 칭하며, 어떤 이들은 심지어 고등교육 발전의 미래 모델이라고 말하기도 한다.

(3) 일본의 교육 관리 모델

1877년 도쿄쇼헤이학교東京昌平學校와 도쿄가이세이학교東京開成學校, 도쿄의학학교가 합병되어 도쿄대학이 설립되었다. 도쿄대학은 아시아에서 가장 영향력 있는 현대적인 대학이기도 하다. 일본 고등교육은 오늘날까지 120여 년의 세월을 지나오며 세 번의 중요한 발전을 거듭했다. 고등교육의 탄생, 제2차 세계대전 시기의 좌절, 전쟁 후의 개혁과 발전이다. 일본의 고등교육은 세계 고등교육의 선진 경험을 끊임없이 흡수하여 대학과 사회 경제 발전의 관계를 조정함으로써 수적으로나 질적으로나 큰 발전을 이루며 세계 선진 대열에 합류했다.

① 기본 특징

일본 고등교육 관리의 기본 특징 중 하나는 바로 법제화이다. 법에 의거하여 학교를 관리하고, 법률을 이용해 교육 행위를 규범화한다. 일본의 고등교육 관련 법규는 《학교교육법學校敎育法》, 《대학설립기준大學設置基準》, 《고등전문대학설립기준高等專科學校設置基準》, 《대학원설립기준研究生院設置基準》, 《단기대학설립기준短期大學設置基準》, 《학위규칙學位規則》, 《학위수여기관조직운영규칙學位授予機構組織運營規則》 등 80여 종에 달한다. 이들 법규에는 일본 정부의 고등교육 정책이 구체적으로 반영되어 일본의 고등교육 사업 발전을 보장하는데, 그중에 교육 관리에 관한 여러 사항에 대해서도 구체적으로 규정하고 있다.

총 13장 49조로 구성된 일본의 《대학설립기준》을 예로 들면 대학의 조직 형태, 학과 또는 학과 이외의 최소 기본 조직, 학과 과목, 강의제도, 교사 자격, 학생 수, 수업 과목, 학점, 커리큘럼, 졸업 조건, 학위, 학교 위치, 학교 건물, 학교 설비, 부속 시설 등에 대한 구체적 규정을 담고 있다. 그중에 제6장에는 대학은 반드시 '기초교육 과목', '외국어교육 과목', '보건체육 과목', '전공교육 과목'의 4대 과목을 개설해야 한다고 규정되어 있다. 기초교육 과목은 인문, 사회, 자연의 세 분야를 포함해야 하며, 외국어 교육 과목은 반드시 두 가지 이상의 외국어 수업을 개설해야 하고, 전공교육 과목은 각 학부, 학과, 교과 과정의 필요에 따라 개설한다는 것이 구체적 내용이다. 제7장은 학점과 관련된 규정으로, 구체적인 내용은 다음과 같다. 일본 대학은 모두 학점제를 채택하며, 각 강의 과목의 학점은 45시간당 1학점으로 인정한다. 학점 계산 기준은 다음과 같다.

첫째, 15시간의 교실 강의는 1학점으로 인정한다. 강의 1시간당 2시간의 수업 외 예습 복습을 해야 한다. 만약 기타 원인이나 교과 과정의 특성상 강의와 수업 외 예습 복습 시간이 1 : 2 비율로는 교육의 질을 보장할 수 없을 경우 1 : 1 혹은 1 : 0.5로 분배할 수도 있다.

둘째, 세미나(토론 수업)는 10시간을 1학점으로 인정한다. 1시간의 토론 수업마다 2시간의 수업 외 예습 복습이 필요하다. 토론 수업의 총 학습 시간이 30시간이면 1학점을 획득할 수 있다.

셋째, 화학 실험, 기계 실험, 교육 실습, 농장 실습, 수공 실습, 기계 설비, 체육 등 실험실이나 실습 현장에서 진행되는 각종 교과목은 45시간을 1학점으로 인정한다. 제8장은 대학의 1년 강의 시간을 원칙상 35주로 하고, 10주 혹은 15주를 한 학기로, 한 학년은 2학기 또는 3학기로 나눈다고 규정한다. 일반적으로 한 강의를 듣는 최대 인원은 50명으로 제한하며, 인문·사회과학 분야의 공통 과목은 최대 20명을 넘을 수 없다. 수업 방법은 강의실 수업, 토론 수업, 실험, 실습 혹은 실제 훈련으로 나뉜다. 학생이 한 과목을 선택하여 이수한 후 시험을 보고 합격하면 해당 이수 과목의 학점을 취득하게 된다. 또한 학생은 다른 대학에 가서 자신이 좋아하는 교과목을 선택할 수 있으며 취득한 학점은 학적을 둔 학교에서도 인정된다. 그러나 이러한 방법으로 획득한 학점은 30학점을 초과해서는 안 된다. 학생이 학교에서 4년을 공부하여 124학점(기초 과목

의 인문, 사회, 자연 세 부분에서 총 36학점, 외국어 8학점, 보건체육 4학점, 전
공과목 76학점)을 취득하면 학사 학위를 받을 수 있다. 기타 고등교육 기관에
도 이와 비슷한 기준이 있다. 이러한 규정들은 조금 번거롭기는 해도 대학의
교육 관리를 규범화하는 데는 매우 의미 있는 일이다.

일본 고등교육 관리의 두 번째 특징은 목적성으로, 일본의 고등교육은 목적
성이 강하다. 《교육기본법》에는 다음과 같이 규정되어 있다.

"교육은 반드시 인격 수양을 목표로 하여 국가·사회의 '평화 건설자'를 양
성하고, 진리와 정의를 수호하고 개인의 가치를 존중하며 책임감 있고 자주 정
신이 투철한 심신이 건강한 국민을 양성해야 한다."

일본의 각 대학은 이러한 교육의 궁극적인 목적을 토대로 교육 목적과 목표
를 규정했다. 예를 들어 대학원은 '학술 이론과 그 응용 방법을 배우고 연구하
여 심오한 뜻을 밝혀내며 문화 발전을 촉진시키는 것을 목적으로 한다.' 그리
고 일반 대학의 교육 목표는 '지식을 전수하는 동시에 전문적 학예를 가르치고
연구하여 도덕성과 응용 능력을 배양한다.'이다. 단기 대학은 '전문 과학과 예
술을 가르치고 연구하여 직업이나 실제 생활에 필요한 능력을 키우는 것을 주
요 목표로 한다.' 고등전문대학은 '전문 학예를 가르쳐 직업에 필요한 능력을
키우는 것을 목표로 한다.' 이처럼 거시적인 국가 교육 목적에서 각 대학의 교
육 목표에 이르기까지 모두 명확하고 구체적인 규정을 설정함으로써 교육 관
리에 분명한 방향성을 제시한다.

② 교육 내용

일본 대학의 교육 내용은 일반적으로 기초교육 과목, 외국어교육 과목, 보건
체육 과목, 전공교육 과목의 네 가지로 분류된다. 기초교육 과목은 다시 인문
과학, 사회과학, 자연과학의 세 계열로 나뉘며, 각 계열이 12학점으로 총 36학
점이다. 아오야마가쿠인대학靑山學院大學의 1991년 기초교육 과목을 예로 들
면 인문과학 분야의 교과목에는 철학, 윤리학, 논리학, 국어, 문학, 음악, 미술,
문화인류학, 비교문학, 과학사상사, 중문 등이 포함되었으며, 사회과학 분야의

교과목에는 역사, 법학, 정치학, 국제관계개론, 사회학, 지리학, 통계학, 경영학, 정보 사회학, 사회복지, 사회인류학, 대중매체론, 경제학, 심리학, 교육학이 있고, 자연과학 분야에는 수학, 자연과학개론, 물리학, 화학, 천문학, 생리학, 생물학, 생명과학, 정보과학, 실습 등의 교과목이 포함되었다.

외국어 교육 과목은 일반적으로 대부분 대학이 영어를 제1외국어로 삼고 프랑스어, 독어, 러시아어, 중국어 등을 제2외국어로 했다. 일부 대학은 한국어, 스페인어, 포르투갈어, 라틴어, 그리스어, 아랍어 등의 교과목을 개설하기도 했다. 외국 유학생은 일본어를 제1외국어, 영어를 제2외국어로 하며, 모국어는 외국어로 취급하지 않아 학점에 포함시키지 않았다.

보건체육 과목은 주로 1, 2학년 수업으로 개설되는데 보건 강의, 체육 강의, 체육 기능의 세 과목으로 구성된다. 각 대학의 강의 중점은 서로 다르다. 일부 대학은 육상경기에, 또 어떤 대학은 야구나 유도 등에 편중되었다. 보건체육 과목은 대부분 체육관에서 수업을 진행하고 실외 운동장은 학생들의 평소 활동 장소로 제공된다.

전공교육 과목은 전공에 따라 다르지만 반드시 76학점을 이수해야 한다. 문부성文部省은 각 대학과 학과가 반드시 개설해야 하는 전문 교육에 대해서도 구체적인 규정을 하고 있는데 이는 중국의 전공 핵심 교과 과정과 유사하다.

일본 대학의 교과 과정은 주로 《대학설립기준》에 의거하여 설정된다. 그런 탓에 조금은 오래되고 자질구레한 기준들이 일본 대학의 교과 과정 설정 갱신, 발전을 제약하고 교육 내용의 혁신과 특색에 영향을 미치기도 했다. 하지만 일본은 이미 90년대 교육 개혁 과정에서 대학의 기초교육 과목과 전공교육 과목 구성에 착수하며 이제 대학은 이전의 틀을 벗어나 '개성'의 옷을 입고 《대학설립기준》을 재평가해야 한다고 주장했다. 《대학설립기준》의 재평가를 통해 이를 요강화, 간략화하고 교과 과정 설정의 민주 모델을 완비함으로써 탐구 정신과 사고력, 상상력을 갖춘 인재를 양성해야 한다는 것이다. 일본 임시교육심의회는 과거의 편협한 전문 의식과 학과 사이의 장벽을 부수고 학술 진보와 사회 변화의 요구에 순응하여 전공교육의 교과목을 다양하게 만들어야 한다고 주장하기도 했다.

③ 실내 교육과 실외 활동

학점제를 실시하고 있는 일본 대학은 실내 교육으로는 학과과목제學科科目制와 강좌제講座制를 결합한 방식을 채택했다. 과외 활동으로는 학생의 동아리 활동을 장려하고 근로·장학 프로그램 참여와 수학여행을 지원한다.

강좌제와 학과과목제는 일본 대학의 주요한 교육 형식이다. 일반적으로 전자는 전공 학과 교육에, 후자는 기초 지식 교육에 사용되지만 이들을 엄격하게 구분 짓지는 않는다.

학과과목제에서 지식 전수의 주체는 교사이다. 교육 목표의 설정에서 교육 내용 선택, 교육의 안배, 교육 과정 계획에 이르기까지 지식 전수의 모든 과정을 교사가 도맡아서 진행한다. 그러나 강좌제의 주체는 학생이다. 학생은 반드시 미리 수업 준비를 해 와서 수업 시간에 토론이 진행되면 적극적으로 발언해야 한다.

일본 대학의 강좌제는 고정된 교과서를 고집하기보다는 학생에게 참고문헌을 여러 권 소개하거나 혹은 지정해주는 것이 보통이다. 교사가 설명할 때에도 체계적인 지식을 이야기하기보다는 새로운 지식이나 동향을 소개하는 데 중점을 둔다. 많은 교사들이 자신의 연구 성과나 연구 구상을 학생들에게 소개하기도 한다. 또 일부 교사는 연구 과제의 핵심과 어려운 점을 학생에게 알려주고 도전적인 문제를 제기해 학생들이 각기 다른 시각에서 문제를 생각하고 연구하도록 한다. 아울러 학생의 답안은 교사의 시야를 넓혀주고 교사의 연구를 풍성하게 한다. 실제로, 일부 교사는 몇 년의 강좌를 통해 자신의 연구 성과를 도출해내기도 한다.

강좌제는 일반적으로 시험을 보지 않는다. 기존의 지식을 대량으로 암기하게 해 짧은 문답식으로 암기 능력을 평가하지 않고 학생이 강좌의 중점 내용에 대해 소논문 형식으로 자신의 견해와 관점을 3,000~5,000자 내외로 서술하도록 한다. 논문은 반드시 논점, 논거, 논증 과정이 있어야 한다. 학생은 반드시 많은 참고문헌을 읽되, 이를 표절하거나 무성의하게 대답해서는 안 된다. 교사는 평점을 매길 때 주로 글에 참신한 견해가 담겨 있는지, 학생이 해박한 지식을 갖추었는지를 살피고 더불어 평소 수업 출석률이나 학습 태도 등을 고려하여 총점을 낸다. 소논문 시험은 비록 주관적 색채가 강하나 학생의 문제 발견 능력, 분석 능력, 해결 능력을 가늠하는 데는 매우 효과적인 방법이라고 할 수 있다.

일본 대학생의 과외 활동은 참으로 다양하다. 통계에 따르면 대학생들이 각종 활동을 하며 보내는 시간이 매주 평균 8.3시간으로, 그중에 남학생이 약 9시간, 여학생이 약 7.7시간이라고 한다. 주로 스포츠(야구, 유도, 펜싱, 씨름, 바둑, 수영, 테니스, 탁구, 럭비, 체조, 스키 등), 문예(성악, 기악, 예능, 무용, 미술, 서예, 다도, 꽃꽂이, 연극, 촬영, 영화감상 등), 학술(정치학, 경제학, 심리학 등), 사회 활동(난민 구호, 정치 집회, 봉사활동 등) 등을 하는 것으로 나타났는데 이러한 활동은 대부분 학생 동아리에서 조직적으로 진행된다.

일본 대학의 학생 동아리는 대다수가 학과 단위로 구성되며, 각 학과 동아리가 연합하여 전교적인 조직을 만들기도 한다. 예컨대 전교적 학생 조직으로는 일본학생자치연합회가 있다. 학생 동아리는 대부분 클럽이나 친목회 형식으로 이루어지며, 동아리 활동도 연설회, 전시회, 음악회, 경기, 단체 여행 등으로 다양하다. 일본 대학에는 동아리가 아주 많다. 한 학교당 평균 80개 정도의 동아리가 있고 거의 모든 학생이 동아리 활동을 한다. 즉 동아리는 학생들이 공부 외에 다양한 활동을 전개해나가도록 하는 조직이자 학생의 능력을 담금질하는 중요한 장소이기도 하다. 어떤 의미에서 보면 일본 대학생들은 동아리 속에서 성장한다고 해도 과언이 아니다.

도쿄 시내에 있는 메이지대학明治大學을 예로 들어보자. 메이지대학은 전형적인 중간 규모의 학교이다. 이 대학의 학생 동아리는 문화부연합회에서 이과부연합회, 연구부연합회, 체육부연합회, 응원단까지 총 200여 개에 이르는 비교적 완비된 조직 체계를 갖추고 있다. 그중에 문화부연합회는 아시아연구회, 아프리카연구회, 미주연구회, 일본사연구회, 중국연구회, 철도연구회 등 100여 개의 부속 모임이 있으며, 이과부연구회 부속으로는 응용미생물연구부, 화학연구부, 천문연구부, 자동차기술연구부, 전기기계연구부, 화훼원예연구부 등 이理, 공工, 농農, 의과醫科연구부 20여 개가 존재한다. 또 연구부연합회도 영어연구부, 경영연구부, 법률연구부 등 문文, 이, 공, 농, 의과의 30여 개 단체를 두고 있으며 그 가운데 대다수가 야간 대학과 사이버대학, 통신대학 학생들로 구성된다. 체육부연합회는 유도, 펜싱, 수영, 승마, 등산, 스키, 각종 구기 종목, 육상 종목의 40여 개 모임을 포함하는데, 참가 인원이 가장 많고 규모가 가장 큰 연합회이기도 하다. 또 응원단은 조직부와 관악대, 지휘부로 구성된다.

일본 대학의 동아리는 몇 가지 특징이 있다.

첫째, 비교적 건전한 모임이다. 학생 동아리는 모두 비교적 건전한 조직 체계를 형성하고 있다. 앞서 언급한 메이지대학의 각종 연구회와 연구부를 예로 들면 각 모임은 회장, 조직부장, 행동부장 등을 두고 있고 모든 부에는 교수나 부교수가 고문으로 초빙되어 있으며 각각 정기적 혹은 비정기적으로 각종 신문이나 간행물을 출판한다. 학생 동아리는 자치 원칙에 근거하여 동아리 회원이 직접 민주적으로 '장'을 선출한다.

둘째, 동아리 활동이 정상적으로 이루어진다. 학생 동아리는 보통 정기적으로 훈련이나 회의를 진행하고, 비정기적인 활동도 한다. 일반적으로 매년 신입생 입학식과 학교 축제는 동아리 활동의 절정이라고 할 수 있다. 필자는 일본을 방문하는 동안 특별히 도쿄대학과 조치대학上智大學의 입학식과 학교 축제를 시찰한 바 있다. 신입생들이 입학하면 각 동아리는 모두 홍보 플래카드를 내걸고 공연 또는 전시를 진행하거나 홍보 전단지를 나누어주며 많은 신입생을 자신의 동아리에 가입시키려고 열을 올린다. 학교 축제 때는 동아리가 더 분주해진다. 자리를 잡고 직접 작품을 판매하거나 먹을거리를 팔기도 하고, 안

내와 같은 현장 서비스에 나서기도 한다. 이 모든 활동은 학생들이 직접 기획, 조직하고 관리하는데 그야말로 일사천리로 활기 넘치는 축제를 만들어간다.

셋째, 동아리의 통제가 적당히 이루어지고 있다. 동아리 활동은 자치, 자주의 원칙에 의거하여 학생이 직접 꾸려나가게 되어 있다. 하지만 그렇다고 교사와 학교가 동아리 활동에 대해 나 몰라라 하는 것은 아니다. 우선 새로운 동아리를 만들려면 학교의 심사를 거치고 허가를 받아야 한다. 예를 들어 기존의 동아리와 똑같거나 성격이 비슷한 모임은 기존의 동아리에 통합하는 것이 원칙이다. 비슷한 동아리가 없으면 동아리 조직 신청서를 제출할 수 있고 허가를 거쳐 학생 동아리가 생겨난다. 다음으로 학생 동아리의 활동은 원칙적으로 정오나 오후, 휴일 등의 과외 시간, 즉 수업에 영향을 주지 않는 범위에서 이루어진다.

마지막으로, 동아리 경비는 주로 학생들이 자체적으로 조달하지만 상황에 따라서는 학교에서 일정 한도의 금액을 지원한다. 일부 학교는 특별히 학생 클럽을 부설하여 동아리에 장소를 제공하기도 한다.

일본의 대학은 담임 교수와 보조 교수가 없다. 심리 상담이나 취업 지도 기관 외에 학생을 관리하는 일은 주로 학생 스스로 책임지는데, 이때 동아리가 큰 역할을 한다. 학생들은 동아리에서 자신을 통제하는 법을 배우고 단체 생활에 적응해간다. 그뿐만 아니라 동아리 활동을 통해 사람 사귀는 법과 우정을 쌓는 법, 다른 사람을 존중하는 법 등을 배우고, 특기를 배워 삶의 낙을 찾거나 또는 관리법을 배워 조직의 지도자로서 능력을 키우기도 한다. 쿠스Koos가 과외 활동의 가치를 분석하고 지적했듯이 동아리는 학생에게 필요한 것들, 즉 인정, 오락, 심신 건강, 흥미 유발, 자아실현, 학식, 기능 개발, 인격 수양, 그리고 학교·사회와의 관계 개선에 모두 긍정적인 역할을 수행한다.

물론 일본 사회의 학력주의와 편차치 진학 교육의 그림자로, 또 일본 고등교육 관리의 형식화와 '입학은 어렵게, 졸업은 쉽게'라는 메커니즘으로 말미암아 오늘날 일본 대학생 중에는 젊음을 마음껏 즐기는 데 세월을 낭비하는 사람도 적지 않은 것이 사실이다.

4. 중·미 사범교육의 커리큘럼 비교

교사 양성은 교육 발전의 관건이라 할 수 있다. 21세기의 새로운 흐름에 발맞추어 나가려면 중국은 우수 교사를 많이 양성해야 한다. 교사는 전문지식뿐만 아니라 가르치는 법을 알아야 하며, 튼실한 교육 이론이 밑받침되어야 한다. 교사의 자질이 중국의 미래 교육 수준을 결정하기 때문이다. 현재 중국의 교사 양성은 주로 사범대학에서 이루어지며, 최근 들어 중국의 사범교육은 장족의 발전을 이루었다. 고등사범대학만 이미 257개로 늘어났고, 재학생도 47만 186명에 달하며, 해마다 16만 7,713명의 졸업생을 배출하고 있다.

사범교육이 규모 면에서 빠르게 발전하고 있지만 교육 자체적으로는 시급히 해결해야 할 문제들이 산적해 있다. 그중에서도 커리큘럼 설정이 관건이다. 커리큘럼 설정은 사범대학에서 배출되는 교사의 자질에 영향을 미칠 뿐만 아니라 더 나아가 그 교사가 하는 수업의 질과도 밀접한 관계가 있기 때문이다. 본문에서는 중국 사범대학이 보편적으로 채택하고 있는 커리큘럼과 미국 텍사스 주의 한 교육대학이 채택하고 있는 커리큘럼을 비교, 분석하고 문제 해결을 위한 몇 가지 의견을 덧붙이고자 한다.

(1) 중국 고등사범대학의 커리큘럼

원칙적으로 말하자면 중국 고등사범대학의 커리큘럼은 학생의 지·덕·체를 고루 발전시킨다는 교육 방침을 바탕으로 설정되어야 한다. 1981년 4월에 발표된 《고등사범대학 4년제 본과·문과 전공교육 계획 수정에 관한 설명》에 명시된 양성 목표는 지·덕·체에 대해 두루뭉술하게 언급했을 뿐 사범교육의 직업적 특성이나 학생의 직업적 도덕성, 직업적 능력에 대해서는 구체적인 요구사항을 제시하지 않았다. 이는 사범대학의 커리큘럼이 사실상 어떠한 규정도 없는 상황에서 설정되었으며 이로써 사범교육의 특성을 살린 교육도 기대하기 어렵다는 것을 뜻한다.

지도 방침의 불명확성은 커리큘럼 설정에 직접적인 영향을 미쳤다. 오랫동안 중국 사범대학은 커리큘럼 설정에서 학과 전공 이론 지식은 중시했지만 교육 이론이나 교사 기능 훈련에는 소홀했다. 교육 분야의 교과목은 그저 교육학, 심리학, 교재 교수법의 세 과목뿐이었다. 관련 통계에 따르면 교육 관련 과목이 사범대학에서 차지하는 비중은 평균적으로 전 교과목의 5~7%에 불과하다고 한다. 이뿐만이 아니라 교육 관련 과목은 마땅히 받아야 할 대우도 받지 못하고 있는 실정이다. 많은 학생이 교육 관련 과목을 그저 공통 과목으로만 인식하고 학과 전공과목보다 중요하지 않다고 여기며 등한시할 뿐만 아니라 심지어는 시험에 통과하기만 하면 그만이라고 생각했다. 사범대학의 지도층 역시 이에 소홀하기는 마찬가지다. 교사들이 교육 관련 과목의 시간을 늘려 달라고 계속해서 호소하고 있지만 여전히 간과되고 있다.

사범대학이 학과 전공과목을 중시하고 교육 기초 과목을 소홀히 여기는 데는 역사적인 원인이 있다. 일찍이 1960년대에 사범교육에서 교사의 자격을 중시하는 사범성을 위주로 할 것인가, 아니면 학술성을 위주로 할 것인가를 두고 논쟁이 벌어졌다. 사범성 위주의 사범교육 옹호론자는 우수한 교사라면 반드시 튼실한 교육적 이론 기초와 숙련된 교육 능력을 갖춰야 하며, 교육법을 모른다면 전문 지식을 아무리 많이 배워도 자격 있는 교사가 될 수 없다고 주장했다. 한편 전문성 위주의 사범교육 옹호론자는 우수한 교사가 되는 첫째 조건이 바로 전공 지식이므로 학술성을 최우선 순위에 두어야 한다고 주장했다. 교육하는 법을 모르는 교사를 자격 없는 교사라고 말한다면 전공 지식이 없는 교사는 교사도 아니라는 것이 그들의 주장이었다. 이러한 논쟁은 오늘날까지도 계속되고 있지만 아직까지는 대체적으로 학술성이 우선시되고 있다. 커리큘럼 설정 외에 교사 평가 심사에서도 교육 능력은 부차적인 고려 대상이 되고 있다. 다시 말하면 얼마나 많은 논문을 발표했느냐, 얼마나 많은 전문 서적을 출판했느냐, 과학 기술 연구 프로젝트는 얼마나 주관하고 참여했느냐 등 주로 전문성을 기준으로 삼는 것이다. 졸업생 배정 문제에서도 전공 지식이 우선시되고 있다. 전공 성적 우수 학생은 흔히 대학원에 진학하거나 학교에 남고, 성적이 보통인 학생은 대부분 중고등학교로 발령되며, 성적이 양호한 학생은 학교에 남거나 좋은 학교로 발령된다. 반면에 학생들은 교사가 될 능력이 있느냐 없느냐, 교육 과목 성적이 좋냐 나쁘냐 하는 문제는 조금도 중요하게 생각하지 않는다. 이러한 현상은 학생의 학습에 영향을 미치는 것은 물론 사범대학의 커리큘럼 설정에 악영향을 준다.

사범대학에 교육 관련 과목이 너무 적으면 사범교육의 사범적 특징이 퇴색된다. 표 4-1은 두 사범대학과 두 종합대학 중문학과의 전공 커리큘럼을 비교한 것이다. 이를 통해 교육학, 심리학, 교재교수법의 몇 과목을 제외하고는 거의 일치한다는 것을 알 수 있다. 사범대학의 인재 양성 목표가 종합대학과는 다르다고 하지만, 전공 관련 수업 비율이 너무 낮아서 커리큘럼에서는 그다지 차이가 나지 않는다.

표 4-1 고등사범대학과 종합대학 중문학과의 커리큘럼 비교

수업 시간교과목＼학교	쓰촨四川 사범대학	랴오닝遼寧 사범대학	지린吉林 대학	랴오닝대학
중국 혁명사	85	85	50	80
마르크스주의 원리	85	102	117	148
중국사회주의 건설	85	85	66	88
세계 정치 경제와 국제 관계	46	64	48	70
법학(개론)	68		34	30
도덕교육(사상 인품 수양)	68	102		60
심리학	51	51		

수업 시간 \ 학교 교과목	쓰촨四川 사범대학	랴오닝遼寧 사범대학	지린吉林 대학	랴오닝대학
교육학	48	51		
외국어	340	272	393	328
체육	136	136	128	
군사 이론				60
문헌 이론	51			
국어교육학(교재교수법)	64	68		
문학 개론(문예 이론)	102	102	62.5	111
중국 고대 문학(사)	340	323		60
중국 현대 문학(사)	136	119		104
중국 당대 문학(사)	132	70	188	92
외국 문학(사)	124	150	126.5	108
작문	102	136	221.5	
언어학 개론	34	48	34	
현대 중국어	170	128	101	104
고대 중국어	136	153	150	111
논리학	48	42		
미학 개론	50	48	34	
고대 문학 작품선				236
신문 인터뷰와 작문			58.5	
신문 사업 개론			34	
신문 이론			68	
중국 문학사			284	

수업 시간교과목 \ 학교	쓰촨四川 사범대학	랴오닝遼寧 사범대학	지린吉林 대학	랴오닝대학
사회언어학			66	
마르크스·레닌 문집			54	
중국 문학비평사			48	
서양 문학 이론			51	
중국 전통 문화			51	
영상 예술			36	
동양 문학			36	
비서정보학				56
신문 작문				48
기본 기능 훈련	68	(180)		
총 수업 시간	3,221	2,775	3,009	2,628
필수 과목 수업 시간	2,569	2,413	2,540	2,028
공통 필수 과목 수업 시간	1,063	966	836	998
전공 필수 과목 수업 시간	1,056	1,417	1,704	1,030
선택 과목 수업 시간	852	362	469	600

　　사범대학의 교육 관련 과목 수업 시간은 학과 전공과목의 수업 시간에 훨씬 못 미친다. 즉 다른 주요 공통 과목과 비교해 비중이 적다는 것이다. 표 4-2는 둥베이東北에 있는 고등사범대학 네 곳의 중문과·수학과 교육 계획 중 교육 관련 공통 과목이 차지하는 비율은 정치, 외국어, 체육 분야의 공통 과목보다 낮으며 일부는 현격한 차이를 보여준다. 그러나 교육 전공과목보다 기타 전공 과목을 비중 있게 다루는 것은 사범대학의 교사 양성 목표 실현에 불리하게 작용하며 사범대학 자체의 발전에도 불리하다.

표 4-2 둥베이 고등사범대학 4곳의 본과 교육 계획 중 공통 과목이 차지하는 비율

전공	중문					수학				
교과목 분류	정치	교육	외국어	체육	기타	정치	교육	외국어	체육	기타
수업 시간	437.1	102.7	290	136.5	12.7	349.5	99.7	102.7	135.5	35
비중	44.3%	10.5%	29.4%	14%	1.3%	38.4%	10.9%	11.3%	14.9%	3.8%

교생 실습은 교육 관련 과정의 중요한 일부분이다. 실습은 학생에게 중등 교육을 이해할 수 있는 기회를 제공하며 학생이 교육 과정에서 지식과 노하우를 얼마나 잘 쌓았는지 시험할 수 있는 시간이 되기도 한다. 중국 사범대학은 보통 실습을 마지막 한두 학기에 배정하는데, 이 시기의 실습은 학생에게 큰 도움이 된다. 하지만 여기서 짚고 넘어가야 할 점이 있다. 바로 교생 실습 시간이 부족하다는 점이다. 일반적으로 실습 기간은 4~6주이지만 학생이 실습을 나가서 실질적으로 수업하는 시간은 더 짧다. 그래서 교생 실습은 실습을 나간다는 형식에만 머무를 뿐 진정한 실습의 목적을 달성하지 못하고 있다.

(2) 미국 교육학과의 커리큘럼

다른 나라의 경험을 타산지석으로 삼는다면 많은 도움을 얻을 수 있다. 본문에서는 미국 텍사스 주 이공대학 교육대학 중등교사 자격 과정의 커리큘럼을 분석하고, 이것이 중국 사범대학에게 주는 시사점에 대해 이야기하고자 한다. 텍사스 주 교육 주관 부처는 해당 지역의 교사 자격증 발급에 대해 자격증을 받고자 하는 모든 이는 반드시 다음 교과목을 이수해야 한다고 명확히 규정하고 있다.

① 일반 교육 과목(60학점 이상)

일반 교육 과목의 교육 목적은 학생이 자연과학, 사회과학, 인문과학, 미술, 언어 등 이른바 대학 교육 기초 지식을 쌓도록 하는 데 있다. 이들 교과목은 교사 자격증을 준비하는 교육학과 학생들을 위해서만 개설된 것이 아니라 대학에서 공부하는 모든 학생이 반드시 이수해야 하는 과정으로, 중국 단과대학(전문대학)의 공통 과목과 유사하다.

② 학과 전공과목(36~48학점)

학과 전공과목은 학생이 앞으로 종사하게 될 교육 분야와 관계가 있다. 예를 들어 화학 교사가 되고자 한다면 관련 전공과목 36~48학점을 이수해야 한다. 전공에 따라 학과 전공과목이 달라지며, 교사 자격증에 따른 교과목도 달라진다. 이 교과목은 중국 단과대학의 전공과목에 해당한다.

③ 교육 관련 전공과목(18학점)

A. 핵심 교과목 : 교사 자격증을 취득하기 위해 공부하는 모든 학생을 위해 개설된 과목이다. 교육 과정, 인간의 성장과 발전, 특수 유형 학생의 특징, 직업 도덕과 법률, 그리고 미국, 특히 텍사스 주 학교의 시스템과 관리, 컴퓨터, 방송 매체와 기타 기술을 포함한다.

B. 교육법 : 이 과목은 학년에 따라 달라지며 교육 방법과 전략, 교과목 설정, 계획과 평가, 수업 관리 등을 포함한다.

C. 교생 실습 : 견습과 실습을 포함하며, 시간에 대해 별도의 규정이 있다. 텍사스 주 교육 주관 부처가 규정하는 일련의 규정은 해당 지역의 각 대학 교사 자격증 커리큘럼 설정에 기반을 마련하고 있다. 다음으로는 텍사스 주 이공대학 교육대학의 구체적인 방법을 소개하도록 하겠다.

텍사스 주 이공대학은 비교적 규모가 큰 주립 종합대학으로, 그 부속인 교육대학은 교사 자격증 발급 자격을 갖춘 교사 및 학교 관리 인재 전문 양성소이다. 이 대학 학생들은 주로 텍사스 주 출신으로, 대학에서 일정 기간 자격 조건을 이수하면 유아, 초등, 중등교사 자격증을 획득할 수 있다. 본문에서는 중국 고등사범대학과 좀 더 쉽게 비교하고자 텍사스 주 이공대학 교육대학의 중등교사 자격증 발급에 관한 관련 규정만 소개했다.

주州 교육 주관 부처의 요구에 따라 이 대학은 중등교사 자격증 획득을 원하는 학생이라면 모두 다음의 조건을 만족시켜야 한다고 규정한다.

1) 일반 교육 과목 60학점을 이수하라. 일반 교육 과목은 다른 학과나 대학의 교과목과 같다. 하지만 영어 과목 12학점과 컴퓨터 과목 36학점, 그리고 학교와 사회의 다양성을 이해하도록 하는 교과목을 반드시 이수해야 한다.

2) 전공교육 과목 24학점을 이수하라. 총 5과목의 전공교육 과목에는 중고등학교 교생 실습이 포함된다. 5과목은 '다양성과 교실 학습 환경', '학습, 인지와 교과목 설정', '중등교육 연구(선택)', '교과목 설정, 편찬과 평가', '교육 방법 또는 어법, 작문, 듣기 교육 중 한 과목', '중고등학교의 사회학과 교육', '과학 과목의 교수법'이다. 전공교육 과정은 보통 1년에서 1년 반 동안(3학기) 진행된다. 그중에 앞서 언급한 다섯 과목을 두 학기에 걸쳐 공부하게 되며, 교생 실습은 마지막 학기에 나간다. 전공교육 과정은 본래 18학점이지만 교육대학은 교생 실습 강화를 위해 실습 학점을 6학점에서 12학점으로 높였다. 그래서 전공교육 과목은 총 24학점까지 늘어났다. 전공교육 과목의 비중이 다소 커졌지만 교사들은 여전히 관련 과목이 부족하다고 느끼며 과목과 수업 시간을 늘릴 것을 요청하고 있다.

3) 관련 학과 전공과목을 이수하라. 학생은 미래의 교육 방향에 따라 전공과목에 대한 선택을 할 수 있다. (표 4-3 참조)

표 4-3 텍사스 주 이공대학 교육대학의 중등교사 자격증 과정 전공 선택 유형

	선택1. 6~12학년은 최소 21학점의 고학년 교과목을 이수하고 반드시 한 가지 방향만 선택한다.	선택2. 6~12학년은 최소 21학점의 고학년 교과목을 이수하고 반드시 두 가지 방향을 선택한다.	선택3. 6~12학년은 최소 24학점의 고학년 교과목을 이수한다.	선택4. 6~12학년은 최소 21학점의 고학년 전공 교과목을 이수한다.
화학	36 ~ 39	24 ~ 35		
컴퓨터 · 정보서비스		25		
무용		25		
지구과학	42	38		
경제학	36	24		
영어	36	30		
영어, 언어예술				48
체육		40 ~ 42		
프랑스어	36	24		
지리	37	25		
독일어	36	24		
정부 관리	36	24		
건강	36	24		
역사	36	30		
신문학		27		
라틴어	36	24		
생명, 지구과학	46			

	선택1. 6~12학년은 최소 21학점의 고학년 교과목을 이수하고 반드시 한 가지 방향만 선택한다.	선택2. 6~12학년은 최소 21학점의 고학년 교과목을 이수하고 반드시 두 가지 방향을 선택한다.	선택3. 6~12학년은 최소 24학점의 고학년 교과목을 이수한다.	선택4. 6~12학년은 최소 21학점의 고학년 전공 교과목을 이수한다.
수학	36	24		
음악				
자연과학	36	28		
물리	36	24		
심리학		24		
과학				52 ~ 55
사회 상식				63 ~ 65
사회학		24		
스페인어	36	24		
특수 교육		18		
화술		30		
연극 예술		30		

4) ExCET 시험에 합격하라. 시험은 해마다 치러지며, 합격하면 자격증을 취득할 수 있다. 만약 학생이 스페인어 교사 자격증을 취득하길 원한다면 텍사스 주의 회화테스트TOPT를 통과해야 한다.

(3) 중·미 교사 교육 과정 설정 비교

텍사스 주 이공대학 교육대학의 커리큘럼은 설정이나 안배에서 중국 사범대학과 뚜렷한 차이를 보인다. 그중에서도 특히 두드러지는 점은 바로 중국 사범대학보다 교육 관련 교과목이 훨씬 다양하고 전체 커리큘럼에서 차지하는 비중도 17~19%로 월등히 높다는 것이다. 이에 따라 학생들이 교육 분야의 지식과 노하우를 배울 기회나 시간이 더 많고, 학생들도 교육 관련 과목을 더욱 중요시한다. 또한 선택 과목 설정도 중요하게 여겨 교육과 밀접한 관련이 있고 실질적 가치와 의미가 있는 선택 과목을 추가 개설했다. 반면에 중국 사범대학은 교육 관련 선택 과목이 적어 2, 3과목의 필수 과목을 통해서만 교육 이론 지식을 공부할 수 있다. 그래서 학생의 흥미나 적극성을 유발하기가 어려운 것이 사실이다.

주목할 점은 텍사스 주 이공대학 교육대학이 커리큘럼을 설정할 때 학생의 실제 교육 능력 배양을 중시하여 교생 실습을 한 학기 동안 진행한다는 것이다. 이는 중국 사범대학의 실습 기간인 4~6주를 크게 웃도는 수치이다. 한 학기 동안의 실습 과정은 학생이 수업을 통해 배운 지식을 잘 소화하고 수업이나 책에서 배울 수 없는 실질적인 경험을 쌓게 해준다. 이러한 점을 볼 때, 중국 사범대학의 커리큘럼은 텍사스 주 이공대학 교육대학과 비교해 교사의 자질을 키우는 데 불리할 뿐만 아니라 중등교육의 현실과 괴리를 일으키기도 한다. 학과 전공 이론, 지식 전수, 필수 과목, 이론을 중시하고 교육 이론과 훈련, 능력 배양, 선택 과목, 실천을 경시하는 경향을 그대로 반영하고 있다. 이러한 커리큘럼이 계속되기에 결국 지식이 얕고, 특기와 직업 능력이 부족하며, 실천 능력과 관리 능력이 떨어지고, 교육 과학 연구에 능하지 못하며, 교육 이념이 확고하지 못한 교사를 양산하는 것이다.

자격을 갖춘 교사를 양성하려면 학과 지식을 가르치는 것만으로는 부족하다. 인지 심리, 동기 심리, 발전 심리, 교육 기술, 교육 수단 등의 지식과 노하우를 반드시 갖추도록 해야 한다. 중국 사범대학은 교육 관련 과정을 강화하고 비중을 늘려야 한다. 단순한 이론과 지식의 전수에서 벗어나 중등교육의 현실에 맞추어 학생의 능력을 배양하는 데 주력해야 한다. 이러한 점에서 텍사스 주 이공대학 교육대학의 방법은 본받을 만하다고 하겠다.

5. 영·미 사범교육의 특징 및 시사점

교생실습이란 사범대생이 사범교육의 목적, 임무, 요구에 맞춰 교사의 지도 하에서 직접 교육, 수업, 관리업무에 참여하는 것을 말한다. 이를 통해 자신이 학습한 지식을 검증하고, 자신의 교육, 수업 관리 분야의 업무 능력을 향상시 킨다. 또 학교에 대한 이해도를 높이고 학생들과 가까워지며 전공사상을 공고 히 하는 계기가 되기도 한다. 아울러 실제 업무능력을 배양하고 과학적인 교수 법을 익히는 중요한 루트다. 교생실습은 사범대생이 강단에 서기 전 반드시 거 쳐야 하는 중요한 단계로 세계 모든 나라의 사범교육부가 중시하는 부분이기 도 하다. 필자는 본문에서는 영국과 미국의 사범교육 교생실습을 예로 들어 그 특징을 분석하고자 한다. 아울러 이 분석이 중국의 사범교육 교생실습에 좋은 본보기가 되길 바란다.

첫째, 영미 양국의 사범교육계는 교생실습은 특히 중시한다. 그런 까닭에 사 범대생을 심사하는 중요한 분야로 여긴다.

미국 플로리다 주는 일찍이 1981년에 미래교사의 능력함양을 위한 세 가지 분야를 언급한 법률을 통과시켰다. 그중 하나가 사범대생은 반드시 주 교육청 에서 실시하는 1년간의 실습기간을 이수해야 한다는 것이다. 실습기간을 무사 히 마쳐야 정식 자격증을 취득할 수 있도록 했을 뿐만 아니라 교생실습 기간의 성과를 후에 취업심사와 연계시켰다.

그 후 1970년대 오하이오Ohio주의 가한나 제퍼슨Gahanna-Jefferson학군과 교사훈련기관인 캐피털 유니버스티Capital University와 오토베인 칼리지Otter-bein college가 손을 잡고 교육연수를 받는 사범대생을 위한 상세한 교생실습 교육계획을 제정했다. 여기에는 교육실습 시간, 내용, 관리 등 다양한 분야의 내용이 포함되어 있다. 당시 영미 양국은 교사의 소양과 능력이 교육의 질을 결정짓는다고 생각했기 때문에 사범대생을 양성함에 있어 교육실습 부분을 무 엇보다 중시했다. 또, 각종 법률, 법규, 정책을 제정, 실시함으로써 교육실습이 더 많은 성과를 거두도록 힘썼다.

둘째, 영미 사범대학에서는 교육실습의 초기준비 작업을 무엇보다 중시했다.

교육실습의 초기준비 단계라 함은 기본 교육이론과 기본 교육기능 두 가지를 일컫는다. 영국은 1981년 9월 처음으로 교사 사전 교육과정이라는 새로운 표준을 실시했다. 이 표준에는 크게 세 가지 요소가 포함된다. 우선 교사에 합격한 자는 최소 2년 동안 전공과정에 대한 고등교육이나 사전교육을 이수해야 한다. 그중 중, 고등교사는 앞으로 강의하게 될 전공과목을 최소 1~2과목 정도 이수해야 하며, 초등학교 교사는 초등교과와 연관된 과정을 폭넓게 이수해야 한다. 다음으로, 사전교육에서는 교수법을 배울 수 있는 과정이 중시되어야 한다. 사범대생들에게 서로 다른 연령대의 학생, 서로 다른 수요를 가진 학생, 서로 다른 능력을 가진 학생들은 어떻게 가르치고 이해시킬 것인가를 터득하게 하는 것이다. 이 과정은 사전훈련에서 가장 중요한 부분이다. 마지막으로, 사범대생의 학업은 초, 중고등학교의 실제 경험과 밀접하게 연계되어야 하기 때문에 현직 교사들이 사범대생 양성과정에 직접 참여해야 한다는 것이다. 현재 영국과 미국의 사범교육 기본이론과정에는 일반교육과정, 학과전공과정, 교육전공과정이 포함되어 있다. 이 세 과정은 전체 사범교육과정에서 상당한 부분을 차지하고 있을 뿐만 아니라 그 기준도 엄격하다. 좀 더 구체적으로 설명해 보자. 교육이론과정은 필수와 선택으로 나뉘고, 필수과목에는 심리학, 사회학, 교육철학, 아동발전, 교육사 등이 포함되어 있다. 필수과목 다음인 선택과목은 비교교육, 특수교육, 사회교육, 다문화교육, 교육행정 등의 커리큘럼으로 구성되어 있다. 각 과목의 교수법에는 일반적으로 교재자료 준비, 교과서 사용, 교안 작성, 교수평가 방법 등이 담겨 있다. 교수 기술과목에는 주로 학교와 교실에서의 인간관계, 학생들의 개인차 형성 이유, 맞춤형 교육, 언어교류 문제, 학습 환경, 반별 숙제, 조별 숙제, 개별 숙제, 수업준비 등의 내용이 있다. 영국과 미국의 사범대학들은 이런 학습과정을 통해 사범대생들의 지식수준과 기술을 향상시키고 나아가 실제 훈련을 실시함으로써 교육실습 전에 교육 교수법 능력을 함양할 수 있도록 한다. 실제로 미국의 사범대학에서는 미니스쿨을 운영하고 있다. 이곳에서는 실습을 앞두고 있는 사범대생의 교수법 능력을 이끌어내기 위해 학생들 앞에서 몇 분간의 모의 강의를 진행한다. 그럼 해당학생의 지도교수나 동급생들이 그 강의를 녹화해 분석한 후 총괄적인 평가를 내린다. 이는 보통 교육방법학 과정과 함께 진행한다.

셋째, 교육실습 방식의 다원화를 추구한다.

영미 양국이 진행하는 교육실습을 보면 그 방식이 단 한 가지로 정해져 있지 않음을 알 수 있다. 그중에서 미국에서 널리 사용되는 방법 중 하나가 바로 현장실습이다. 이는 실습생이 완전히 학교에 투입되는 것으로, 신입교사의 절반 수준의 월급을 받는다. 현장실습으로 채우지 못한 수업시수 때문에 졸업이 6개월에서 1년 정도 늦어진다. 실습생들은 보통 방학 전에 실습할 학교로 가 수업 준비를 하는 편이다. 실습생은 보통 매주 2회 수업을 하는데, 사범대학의 실습생 지도교사는 매월 최소 2회 이상 해당학교를 방문해야 한다.

이에 반해 영국은 2인 1조로 팀을 이뤄 한 학급에 투입된다. 실습생들은 학교의 모든 활동에 참여하지만 월급이 나오지는 않는다. 또 사범대학교의 지도교사들은 매주 반나절 동안 실습학교를 방문해 실습생들을 지도한다. 이런 현장실습은 사범대생들에게 현장 감각을 익히고 책임감을 고취시킬 수 있는 기회를 제공해준다. 아울러 실제 상황에 부딪치면서 교수방법을 함양해야 한다는 강한 동기를 느끼게 해준다. 이런 교육시스템은 과거 교육실습이 일부 도시 소재의 명문학교에 집중되던 관례를 벗어나 실습생들을 농촌으로 분산시킬 수 있기 때문에 실습생에게 보다 다양한 교육 기회를 제공할 수 있다.

이 외에도 미국은 '실습교사 센터'라는 기관을 설립해 사범대생의 실습교육을 한층 강화했다. 미국의 대다수 사범교육기관들은 신중하게 하나의 학군을 선정하거나 거리가 가까운 학군을 택해 실습생들을 파견한다. 실습생들이 한 곳에 집중되어 있으면 학생들 간의 교류가 쉬울 뿐만 아니라 지도교사 역시 효율적으로 실습생들을 지도할 수 있기 때문이다. 나아가 새로운 교수법을 연구할 수 있는 환경도 제공할 수 있다.

이 외에 교육실습에 대한 개혁을 진행하는 과정에서 '한계 실습'이라는 새로운 방법도 등장했다. 즉 초등학교 실습생은 유치원에서 단기 인턴십을 하고, 중학교 실습생은 초등학교에 가서 단기 인턴십을 하며, 고등학교 실습생은 중학교를 찾아 인턴십을 하는 것이다. 이 교육실습 방법은 실습생이 학생의 심신 변화에서 나타나는 특징을 근거로 교수법을 터득한다는 데 착안한 것이다. 이 외에도 영국과 미국의 교생실습 방법에는 사범대생이 학교에 가서 참관하거나 개인조사를 진행하는 등 다양한 루트를 열어놓고 있다.

넷째, 교육실습 내용이 풍부하다.

영국과 미국의 교육실습 과정을 보면 단순한 강의실습에 그치지 않고 다양한 내용을 두루 포함하고 있다. 초, 중고등학교에서는 실습교사에게 현직교사와 동등한 요구를 하기 때문에 실습교사(교생)는 수업을 포함한 모든 학교 행사에 참여해야 한다. 학교 참관일에는 교실배치를 돕거나, 교직원 회의나 재직자 교육 프로그램, 학부형과 교사 간의 회의에도 참석해야 하고 교과과정 위원회의 지시에 따라 업무도 처리해야 한다. 실습교사는 1년 중 최소 2주 정도는 자신이 맡고 있는 학급 수업을 혼자서 기획, 진행, 평가해야 한다. 실습학교에서는 실습생에게 다양한 학년의 수업을 할 수 있는 기회를 제공하고 있다. 또, 음악, 예술, 체육, 특수교육 등의 분야에 특기가 있거나 흥미가 있는 실습교사는 비전공 과목을 강의할 수 있는 기회도 얻을 수 있다. 이는 실습교사에게 수업에게 맞닥뜨릴 수 있는 다양한 문제를 미리 접하게 해주고, 그 속에서 자신만의 수업 스타일을 만들 기회를 준다. 사범대 학생들에게 다양한 수업기회를 제공해 몸소 체험해 보도록 해야 현장 감각을 익히고, 또 그 속에서 자신을 제어할 수 있는 법을 배우게 된다. 그래야만 수업계획 작성, 지식 전달, 교실 관리 등에서 제대로 된 능력을 함양할 수 있다.

다섯째, 교육실습 시수에서는 충분한 총 시수를 배정하고, 방식에서는 분산과 집중을 연계해 융통성을 발휘한다. 영미 사범대학의 학생은 보통 15주간 실습학교에서 연구수업과 시범강의 등 다양한 활동을 펼친다. 실습교사들은 실습기간 동안 정식 교사와 마찬가지로 매주 5일 근무에 매일 8시간씩 일을 하면서 학교의 모든 행사에 참석해야 한다. 이처럼 충분한 실습 시수가 있어 영미 사범대생들은 베테랑 교사의 강의를 참관할 기회가 많아지고, 자신의 교수법을 현장에서 펼쳐 보일 수도 있다.

이와 함께 영미 사범계는 실습시수를 배정함에 있어 '분산'과 '집중'을 연계하는 특징을 보인다. 영국의 일부 사범대는 1~2학년 때 매주 반나절 정도 초, 중고등학교에 가서 실습을 하고 학교활동에 참여하도록 하고, 3~4학년이 되면 한 차례 집중적인 현장실습을 진행한다. 이 방법은 학생들이 교육이론 수업에서 부족했던 감성적 경험을 채워줄 수 있을 뿐만 아니라 실습기간 동안 학교에서 느끼는 낯설음도 해결할 수 있다.

여섯째, 교육실습 관리의 종합화를 실현했다. 교육실습 관리의 종합화란 관리자 구성에서의 종합화를 말하는 것이자, 관리 내용의 종합화를 의미한다. 영미의 사범교육실습은 보통 지방 교육행정부 간부로 구성된 교육실습 업무 지도자 팀이 책임지고 실습업무를 총괄한다. 이 지도자 팀은 교육행정부의 지도원, 사범대학에서 파견한 현직 실습 지도교사, 실습학교의 대표로 구성되어 있다. 주로 교육실습 구상, 실습생 배정, 교육실습 조직, 실습내용 평가 등의 업무를 담당한다. 학기마다 각 사범대학은 지방 교육행정부에 실습에 참여할 학생명단을 제출하고, 이 명단을 근거로 지방 교육행정부가 이끄는 실습 업무팀은 실습계획을 제정한다. 이런 관리 방법은 지방 교육행정부, 사범대학, 해당 실습학교가 공동으로 교육실습 관리에 참여하도록 유도함으로써 교육실습의 관리 수준이 향상됨은 물론이고 실습효과의 질적 향상도 기대할 수 있다.

일곱째, 사범대와 초, 중고등학교가 밀접한 협력관계를 유지하고 있다.

미국의 수많은 교육계 인사들이 초, 중고등학교와 대학이 밀접한 협력관계를 맺는 것이 교육실습을 개혁하는 최선의 전략이라고 입을 모은다. 그 대표적인 케이스가 메사추세츠의 레슬리 칼리지lesley college다. 4년제 사립대이자 여자 사범대학교인 레슬리 칼리지는 보스턴 소재의 132개 학교, 56개 사회기관과 협력관계를 구축해 사범대생들이 교육실습을 할 수 있는 장을 제공했다.

미국에서는 1911년 처음으로 대학이 초, 중고등학교와 손을 잡고 교사를 양성하는 연합체가 등장했다. 즉 사범대학의 교사와 초, 중고등학교 교사가 협력해 교육실습 계획을 제정하고 실시한 것이다. 이처럼 사범대학교와 초, 중고등학교의 긴밀한 협력구도는 교육실습의 질적 향상에 큰 도움을 준다.

영국과 미국 양국의 사범교육 현황을 비교해보았다. 현재 중국은 사범교육을 실시함에 있어 사범대학과 해당 실습학교가 앞장서 실습교육을 계속해서 개선해나가고 있다. 하지만 중국의 사범교육 현실을 들여다보면 여전히 많은 문제점들이 내재되어 있음을 발견할 수 있다. 문제점은 다음 몇 가지로 정리할 수 있다.

① 교육실습의 중요성에 대한 인식이 부족하다. 중국의 많은 사범대학들은 학생들의 학술적인 면만을 강조하고 사범교육의 교육적인 면을 간과하고 있다. 교육실습을 통한 수업참여가 학생들의 기본능력은 물론 전반적인 소양까지 향상시켜 준다는 사실을 인식하지 못하고 있다.

② 교육실습 전의 사전 준비 작업이 부족하다. 중국의 사범교육과정을 살펴보면 교육이론이나 교사기술 과정이 지나치게 적다. 보통 160시수로 전체 커리큘럼의 5%에 지나지 않는다. 커리큘럼의 대부분은 늘 교육학, 심리학, 교재 교수법 3가지에 국한되어 있다. 교육기술적인 면은 기회는 더 적다. 그러다 보니 많은 사범대생들이 '삼자일화三字一話(펜글씨, 붓글씨, 분필 글씨 세 가지와 표준말을 나타냄)'라 불리는 기본적인 능력조차 갖추지 못하고 있다. 필요한 이론기초나 기본적인 스킬을 익히지 못한 탓에 실제로 실습현장에 투입되어도 제몫을 해내지 못하는 경우가 허다하다.

③ 교육실습 관리업무가 획일화되어 있다. 현재 중국의 사범대학에서 실시하는 교육실습 현황을 보면 실습생 관리는 대부분 사범대학에서 전담하고 있다. 지방 교육행정부가 개입하는 경우는 극히 드물다. 이런 관리 시스템은

사범대학과 초, 중고등학교 간의 거리감을 조성해 관계를 소원하게 만든다. 그럼 교육실습을 진행할 수 있는 안정적인 장이 부족해져 결국엔 교육실습 자체에 영향을 주게 된다.

④ 중국은 교육실습 시간을 배정함에 있어 불합리하다. 현재 중국 사범대학의 실습시간은 보통 4~6주 가량인데, 15주인 영국이나 미국과 비교해 볼 때 큰 차이가 난다. 아울러 실습시간을 배정하는데도 문제가 있다. 중국 사범대학은 보통 마지막 학기에 집중적으로 교육실습을 배정하다 보니 이성적인 지식과 감성적인 경험이 서로 융합되지 못하는 문제점이 발생한다. 이처럼 본래 교육실습에서 얻고자 하는 소기의 목적을 이루지 못하는 경우가 허다하다.

⑤ 중국 사범대학의 교육실습은 그 내용이 편협하고 방식이 획일화되어 있다. 현재 중국 사범대학이 실시하는 교육실습은 대부분 전공과목 수업이나 담임교사를 보조하는 역할 정도가 고작이다. 때문에 실습생들은 학교의 일반적인 관리업무나 다른 행사에 참여할 기회가 거의 없다. 교육실습 방법 역시 초, 중고등학교에서 수업을 하는 것이 고작일 뿐 새로운 방법을 모색하려 들지 않는다.

영미 사범교육의 특징과 노하우를 바탕으로 중국은 사범교육이 안고 있는 문제점에 대해 개선과 조정을 단행해야 한다. 우선, 교생실습이 사범교육에서 얼마나 중요한 위치를 점하고 있는지를 분명히 인식하고 사범대생의 수준과 능력을 향상시킬 수 있는 다각적인 노력을 기울여야 한다. 이와 함께 교생실습 관리 시스템을 민주적이고 종합적인 방향으로 전환해야 한다. 실습시간은 소기의 목적을 달성할 수 있도록 적절히 배정하고 총 시수와 배정 방법에도 개선이 필요하다. 또 다양한 교생실습 모델을 채택해 실습내용을 다채롭게 구성해야 한다. 사범대의 교생실습에 대한 개혁을 통해 사범대생이 완전한 교사로 탈바꿈하는 과정에서 교생실습이 제 역할을 다하도록 해야 한다.

05

일본교육 연구

1990년대 초, 일본 교육은 필자에게 최대의 연구 관심사였다. 1990~1991년, 일본 조치대학上智大學에서 연구원으로 있는 동안 필자는 교육 이론과 교육 실천 전반에 걸쳐 한창 진행되고 있던 일본의 교육 개혁에 주목했다. 귀국한 뒤에는 대형 일본교육 총서《당대일본교육연구當代日本敎育硏究》를 수십 권 편찬해내며 교육계에 큰 영향을 미쳤다. 본 장에는 그중의 일부를 수록했다. 본 장을 통해 독자들은 일본교육의 전반적인 테두리와 일본교육에 대한 구체적인 정보를 얻을 수 있을 것이다.

1. 일본 교육전문가가 바라보는 중국교육

중국은 향후 교육모델을 구축해 나가는 과정에서 일본의 노하우와 교훈을 어떻게 받아들여야 할 것인가? 일본 교육자들은 중국교육문제를 어떤 시각에서 보고 있는가? 이에 필자는 중국교육에 관심을 갖고 연구 중인 학자들을 만나 의견을 들어보았다. 일본의 여러 교육학자들이 이 질문에 답을 해주었는데, 다들 중국의 교육역사와 현황에 대해 서적이나 자료를 발표한 인물들이다. 이 중에는 지금도 중국의 교육학자들과 연구를 진행 중인 학자들도 있다. 또 일본 교육학회 회장인 오타 다카시大田堯 교수를 대표로 올해 3월 4일에 발족된 '일중 교육 연구 교류회의'의 구성원이기도 하다.

'타산지석他山之石이면 옥을 갈 수 있다.'라고 했다. 즉 타인의 충고나 도움으로 우리의 잘못을 바로 잡을 수 있다는 것이다. 이처럼 일본 저명 교육학자들의 의견은 앞으로 중국교육 사업이 발전에 나가는 데 큰 도움이 될 것이다.

(1) 중국 전통교육의 전통성 계승 및 발전

전통과 개혁은 교육의 개혁과 발전이라는 문제를 풀어나가는 데 있어 반드시 정확하게 규명되어야 할 부분이다. 교육의 전통을 간과하거나 포기한다면 민족 허무주의라는 수렁에 빠지게 되고, 전통에만 집착해 변혁을 꾀하지 않으면 교육은 언제나 제자리걸음일 것이다. 때문에 교육의 전통성을 명확하게 분석하여 알맹이는 남기고 쓸모없는 찌꺼기는 과감히 버려야 한다.

이에 대해 일본 교육학자들은 어떤 견해를 가지고 있을까?

이자키伊崎 씨는 중국의 고대 교육사상은 우수한 전통으로, 그중 공자의 교육사상은 현대교육에서 본받을 만한 것이 상당부분 있다고 지적했다. 공자의 '호학好學'정신, 평민교육사상, 일반적인 '육예六藝'를 전문적인 '사과四科'와 결합, '인재시교因材施敎'원칙, 개성과 능력을 중시, '학이불사즉망, 사이불학즉태學而不思卽罔, 思而不學卽殆'의 경험과 사상 등은 모두 마땅히 계승해야 하며, 신해혁명辛亥革命시기 차이위안페이蔡元培의 민주주의 교육사상, 그리고 민족해방 부르짖었던 타오싱즈陶行知의 우수한 교육사상 역시 앞으로 계승, 발전시켜 나가야 한다고 언급했다.

호리오堀尾와 쇼세이칸은 중국의 전통교육 가운데 특히 '인人'을 중시하는 점에 주목했다. 호리오는 중국인은 일본인과 달리 관용적이고 후덕한 면모를 갖추고 있어 매력적이라고 평했다. 중국인의 이런 성향은 분명 광활한 대지와 유교 전통사상과 관련이 있겠지만 교육의 역할도 무시할 수는 없다.

에비하라海老原는 중국 전통교육에서 배금주의를 배척했던 점은 되새겨 볼 만하며 중국공산당이 이끌었던 팔로군八路軍의 숭고한 도덕정신과 윤리도덕은 앞으로도 계승해나가야 한다고 지적했다.

일본 교육학자들은 중국교육계가 전통과 현실을 적절히 융합해 민족 색채를 잃지 않는 방향으로 나아가길 기대했다. 또 우마코시馬越徹는 고대부터 이어져

온 인문숭상 전통과 사회주의 교육이념을 조화롭게 발전시켜 나가야 한다고 지적했다. 니시무라西村는 민간, 민중의 사상과 예술을 중시해야 한다고 했고, 나카노中野는 지역 특색을 띤 전통교육문화를 중시해야 한다고 강조했다.

사이토우齋藤는 교육의 목표나 내용 등 교육원리를 논할 때는 민족의 전통성을 중시해야 한다고 했다. 아울러 교육의 전면적인 발전과 함께 능력에 따른 교육의 필요성을 강조했다. 니지마新島 선생도 이와 유사한 견해를 밝혔다. 그는 정부가 학교를 설립 운영하는 것도 필요하지만 이와 함께 민간이 참여한 사립학교의 설립도 중요하다는 지적했다. 학교 운영에 있어서는 우수한 전통인 공자의 학원學院이나 근세의 서원書院을 모델로 삼을 만하다고 했다.

이 외에도 일본 교육학자들은 루쉰魯迅의 교육사상과 실천(오가와小川 선생), 해방 후 사회주의교육의 생산노동과 교육의 결합(나카노 선생), 그리고 중국 교사들의 꾸준한 가르침과 교육 사업에 최선을 다하는 정신(요코스카橫須賀 선생)은 좋은 본보기로 삼을 만하다고 언급했다.

(2) 현 중국교육의 문제점

일본 교육학자들은 중국교육계가 안고 있는 문제점에 대해 다음 몇 가지를 지적했다.

첫째, 교사가 문제다. 오가와, 야마토우山任는 교사의 사회적, 경제적 지위를 향상시켜야 한다고 지적했다. 그들은 정치가에게 교육 사업의 진정한 의미를 깨닫게 하기 위해서는 좋은 교사가 더 많이 배출되어야 하는데, 교사에 대한 대우가 엉망이라 교사의 꿈을 꾸는 사람이 점점 줄고 있다는 것이 가장 큰 문제점이라고 지적했다. 나카노히카리中野光는 포괄적인 교사교육이 부족한 것이 큰 문제며, 만약 교사가 확실한 직업의식이 없다면 문제는 더욱 심각하다고 했다. 아울러 교사에 대한 대우 향상과 함께 교사도 자발적으로 문제를 인식하고 연구하는 등의 '교육'활동이 필요하다.

이처럼 일본 교육학자들은 교사의 대우문제가 교사의 소양과 관련이 있음을 지적했다.

둘째, 기초교육이 문제다. 에비하라海老原, 요코야마橫山, 요코스카, 니지마 등은 의무교육을 보급하는 것이 가장 급선무이고, 문맹퇴치 교육, 초등初等교육을 농촌이나 낙후지역까지 전면적으로 확대 실시하는 일을 더 이상 미뤄서는 안 된다고 지적했다. 이에 대해 요코스카 선생은 중국은 고차원적인 교육과 일반교육의 격차가 지나치게 나는 것이 가장 큰 문제라고 지적했다. 세계적으로도 높은 수준이라고 인정받는 교육과 연구가 이루어지는 반면, 또 다른 한편으로 보면 문맹인구가 2억 명에 달하고 있다고 점을 근거로 들었다. 일부 학자들은 고등교육과 초등교육에 대한 투자비율을 조정해야 한다는 의견도 제시했다.

셋째, 교육경비가 문제다. 스즈키鈴木, 요코야마 등의 학자들은 교육재정 규모를 확대하고 교육경비를 확충하는 것이 급선무라고 주장했다. 화교출신인 쇼세이칸鍾淸漢은 현재 중국 중앙정부와 지방정부는 교육에 큰 비중을 두고 있지 않을뿐더러 교육에 배정되는 재정비율도 적어 교육자들의 연구, 교육성과, 교사들의 열정에 직접적으로 영향을 준다고 지적했다. 중국이 진정한 '4대 현대화'를 실현하려면 인재 육성과 지적인재를 중시해야 한다고 강조했다.

넷째, 교육의 상대적 독립성이 문제다. 니시무라, 우마코시, 이자키 등은 교육의 상대적 독립성을 주장했다. 이자키는 교육을 통해 정치 주역, 생산과 경제 주체가 배출되고, 교육사업의 지위를 향상시키고 비중을 높이려면 국민들의 의식적인 참여가 선행되어야 한다고 강조했다.

이에 대해 호리오는 중점학교에 대해 문제를 제기했다. '중점학교'의 존재는 불평등한 경쟁을 조장해 공부를 잘하는 학생은 많은 이익을 누리고 평범한 학생은 기회와 자신감을 잃게 만든다고 했다. 스즈키는 중앙집권적인 교육행정제도가 교육 발전을 저해하고 있다고 지적했고, 호리오는 학교가 규율을 지나치게 강조하다보니 학생들의 개성을 억압한다며, 어느 정도의 규율은 필요하지만 도가 지나치면 오히려 역효과가 날 수도 있음을 강조했다. 또 집단주의(단체생활)의 목적은 어디까지나 개성을 보다 잘 표현하는 데 있다고 주장했다.

(3) 중국의 교육개혁 문제

① 중국의 교육개혁에서 가장 중요한 문제는 무엇인가?

이 문제에 대해 일본 교육학자들은 각기 다른 견해를 보였다. 그 가운데 주요 관점은 다음과 같다.

나카노는 일본의 경험에서도 알 수 있듯이 전란 후 일본이 일어서는 데 일교조日教組(일본교사조직)의 교육연구운동이 큰 역할을 담당했다면서, 중국 역시 교사들이 자발적으로 교육개혁의 비전과 방침을 확정하는 것이 중요하다고 지적했다. 이처럼 그는 교육개혁의 주체는 바로 교사여야 한다고 강조했다.

쇼세이칸은 교육개혁은 위로부터 아래로 진행되는 것이 아니기 때문에, 모든 업계를 아우르고, 초등학교, 중학교, 고등학교, 대학교의 교육행정인력과 지적인재들이 참여하는 개혁자문위원회를 구축해야 하며, 교육행정부 인력은 모든 분야의 전문가여야 한다고 지적했다. 또 그는 대만 경제가 그랬듯이 해외 유학파나 외국에 체류한 경험이 있는 중국학자의 견해를 수렴해야 한다고 덧붙였다. 교육개혁을 실현하기 위해서는 발언의 장을 열어두어야 한다고 강조했다.

시라이 마코토白井慎는 중국교육개혁이 안고 있는 3가지 문제점을 지적했다. 우선 기초교육이 전국적으로 균형적인 발전을 이루어야 하고, 다음으로 교사의 지위와 자질을 향상시켜야 하며, 마지막으로 교육행정의 민주화를 실현해야 한다고 했다.

요코스카는 초등교육의 질을 향상시키려면 초등학교 교사들의 대우를 개선하고 대학 수준에 버금가는 초등교사 양성 시스템을 구축해야 한다고 지적했다.

이자키는 먼저 교육 법률제도, 교육 재정제도를 정비하고 그 후, 교사의 경제, 사회, 문화적 지위를 제고시키고 마지막으로 교육현실을 근거로 한 과학연구가 진행되어야 한다고 주장했다.

이 외에도 에비하라, 우마코시, 요코야마, 호리오 등은 교육시스템의 일관성을 강조하며, 교육 5개년 계획을 제정해 피교육자의 권리를 확립하고 사회주의 민주를 구축해야 한다고 강조했다.

② 중국교육개혁에 대한 건의

일본 교육학자들은 중국의 교육개혁에 대해 다음과 같은 건설적인 의견을 내놓았다.

첫째, 교육 통계와 교육 정보 업무를 중시해야 한다. 요코스카와 나카노는 이렇게 말했다.

"교육개혁이 이루어지려면 무수히 많은 교육관련 통계자료가 끊임없이 제공되어야 합니다. 정확한 수치정보를 바탕으로 과학적 연구가 진행되어야만 교육개혁이 앞으로 나아갈 수 있습니다."

둘째, 교육개혁에서 교사들이 주도적 역할을 담당해야 한다. 이에 대해 이자키는 다음과 같이 언급했다.

"교육에 대한 교사들의 열정을 이끌어내야만 교육개혁이 순조롭게 진행될 것입니다. 그러기 위해서는 우선 그에 상응하는 교사의 사회적 지위와 지도력을 확립해줘야 합니다."

셋째, 기초교육을 중시해야 한다. 이에 대해 요코야마는 높은 이상만 추구하지 말고 튼튼한 기초를 다지는 데 최선을 다해야 한다고 지적했고, 에비하라는 초등교육과 중등교육에 대한 전반적인 개혁을 기대하며, 군비를 축소해 생긴 비용을 의무교육에 투자하는 것이 바람직하다고 언급했다. 기초교육의 재원財源을 증가시키는 방법에 대해 우마코시는 고등교육을 받는 자(학생 및 학부모)가 자체적으로 학비를 부담해 도시와 농촌, 초등교육과 고등교육의 갭을 줄여나가야 한다고 강조했다.

넷째, 교육개혁에 대한 사회적 여론을 도모해야 한다. 스즈키, 니시무라 등은 교육개혁이 성공하기 위해서는 폭넓은 사회적 지지를 받아야 하며, 이를 위해서는 교육개혁에 관한 다양한 의견을 자유롭게 발표할 수 있는 환경을 만들고 지역 특색이 있는 교육개혁 방안을 수용해야 한다고 지적했다.

이 외에 다음과 같이 지적한 학자도 있었다.

"교육개혁으로 불거진 갈등을 잘 해결하고 현실에 근거를 둔, 이론과 실제 상황을 연계한 원칙을 관철시켜야 한다."

③ 중국의 교육개혁, 일본교육에서 그 경험과 노하우를 배운다

이 분야에서 일본 교육학자들이 제시하는 견해를 중국은 찬찬히 되새겨 볼 만하다. 중국 특색의 사회주의 교육체재를 구축할 때 선진국의 노하우를 적절히 이용한다면 적은 노력으로도 큰 결실을 얻을 수 있다.

요코스카는 이렇게 말했다.

"지나친 시험경쟁은 청소년에게 엄청난 스트레스와 잘못된 행동을 야기하고, 지나친 지식경쟁은 사회발전에 악영향을 초래합니다. 중국교육계가 그 전철을 밟지 않길 바랍니다."

니카노는 이렇게 지적했다.

"중국은 일본이 경제발전을 이룩하면서 겪은 갈등을 직시하고 절대 경제발전을 지나치게 미화해서는 안 됩니다. 경제를 위해 교육을 개혁한다는 생각은 옳지 않습니다. 따라서 정부 간의 교육문화 교류에 머무르지 말고 민간 대 민간의 연구와 교류를 진행해야 합니다."

한 학자는 다음과 같이 말했다.

"진정한 이론과 실제의 연계를 이루려다보면 중국의 교육 과학연구자는 초, 중등 교육의 실천자들과 분리되는 현상이 나타나는데, 이 문제에 대해서는 일본의 민간교육운동이 연구자와 실천자의 협력을 중시했던 점을 참고하면 좋을 것이다."

이자키는 이렇게 말했다.

"사실 일본 교육계는 여러 가지 폐단을 안고 있습니다. 시험전쟁, 주입식 교육, 관리주의 교육, 관료체제, 높은 수업료 등이 대표적인 예입니다. 이 문제점들에 대해 깊은 있는 연구를 해 중국은 교육개혁 과정에서 이를 슬기롭게 극복

하길 바랍니다.”

쇼세이칸은 다음과 같이 강조했다.

“대학은 취업을 위한 전문교육만을 중시해서는 안 됩니다. 기초교육을 간과한다면 학생들은 졸업 후 빠르게 변화하는 산업사회에 적응하지 못합니다. 일본만 보더라도 그렇습니다. 업무분담이 세분화되면서 공장 또는 회사의 새로운 첨단기술이나 설비에 필요한 기술, 전문지식은 사내교육으로 이루어지고 있는 실정입니다. 이는 교육 낭비도 막을 수 있고 교육의 실효성도 높일 수 있기 때문입니다.”

우마코시는 다음과 같이 지적했다.

“의무교육의 범위, 특히 농촌으로 확대해 나가야 하고, 고등교육에서는 국가교육위원회의 주도 하에 각 부처(위원회)관할 하에 있는 학교, 대학들은 지역 간 선의의 경쟁을 펼쳐야 합니다.”

호리오는 다음과 같이 언급했다.

“일본교육은 크게 두 가지 폐단이 있습니다. 과도한 관리와 정부의 지나친 간섭이 그 첫 번째고 경쟁주의만 살아있고 협력과 우정은 사라졌다는 것이 그 두 번째입니다. 중국은 일본교육의 장점을 주시함과 동시에 단점도 눈여겨봐야 합니다.”

스즈키는 이렇게 말했다.

“일본은 문화 본질에 대한 성찰에 나태했고 아동과 청소년의 목소리에 귀를 기울이지 않았습니다. 또 진정한 평화철학을 기초로 한 교육을 아직 실현하지 못했습니다. 저는 중국이 일본의 이 같은 전철을 밟지 않길 바랍니다.”

(4) 중일 간의 교육 연구 및 교류의 문제점

현재 중국과 일본 양국의 교육자들은 소통을 강화하고 연구 협력을 강화하고 있다. 이에 이미 조직, 인원, 비용, 나아가 심리적인 부분까지 어느 정도 준비를 마친 상태로 연구와 교류에 필요한 초석을 다진 상태다. 향후 진행될 연구와 교류가 보다 집중적이고 깊이 있으며 더 큰 효과를 거둘 수 있도록 몇 가지 조사를 진행했다.

① 일본 교육자들이 가장 파악하고 연구하고 싶은 중국교육의 문제점

이 문제에 대해 각기 다른 견해를 내놓았는데, 일정부분 개인의 연구 성향이 반영된 결과다.

우마코시는 다음과 같이 말했다.

"중국 국가 교육위원회 관할 하에 있는 대학을 하나의 '기관'으로 보고 그들의 운영상황을 알고 싶고, 이들 기관 공동체의 현황 및 향후 개혁방향도 궁금하다."

오가와는 다음과 같이 말했다.

"중등교육과 성인교육의 현 상황을 파악하고 싶다."

나카노는 다음과 같이 답했다.

"두 번의 세계대전이 발발했던 그 시기 중국의 교육사상과 그 실천 상황에 대해 알고 싶다. 아울러 이 시기 중국과 일본의 교육교류 역사와 중국의 교육보급을 저해했던 걸림돌이 무엇이었고, 이를 극복하기 위해 어떤 노력을 했는지 궁금하다."

요코야마는 다음과 같이 말했다.

"성인교육(사회교육 범주 내의 식자교육)시설 이용 현황, 그리고 해방군이 혁명전쟁 당시 활용했던 다양한 교수법에 대해서도 알고 싶다."

에비하라는 다음과 같이 밝혔다.

"위만주국僞滿洲國 교육에 대한 전면적인 분석, 아시아 태평양권의 형성 및 중국교육의 역할에 대해 연구하고 싶다."

쇼세이칸은 다음과 같이 언급했다.

"교육사회학 연구방법을 도입했는지 등 어떤 연구방법을 채택했는지 궁금하다. 아울러 중국이 교육 통계자료를 보충하고 많은 사람들이 편하게 열람할 수 있도록 정보기관(일본의 광보실廣報室)을 설치하길 바란다. 이는 연구자들

에게는 아주 중요하다."

야마토우는 다음과 같이 밝혔다.

"중국의 교육 연구자와 교육 실무자들이 전통에 대해 어떤 견해를 가지고 있는지 알고 싶다."

이자키는 다음과 같이 답했다.

"예부터 일본의 교육은 중국교육(사상, 제도, 내용)에 많은 영향을 받아 온바, 고대부터 현대까지의 중국과 일본의 교육을 비교 연구함으로써 양국교육의 공통 관심사를 발견할 수 있을 것이다."

시라이白井는 다음과 같이 말했다.

"사범교육의 개혁(해방 후의 개혁, 그리고 그 후의 역사발전, 현 과제), 노동과 교육의 연계현황, 인격형성에 있어서의 학교와 학급의 역할(집단형성의 이론 및 그 실천), 그리고 가정과 지역의 역할이 궁금하다."

니시무라는 다음과 같이 밝혔다.

"농촌, 농민교육의 현황 및 그 전망에 대해 연구하고 싶다."

② 중일 교육의 연구와 교류, 어디에서 출발해야 하는가?

이 질문에 대해 일본 교육자들은 다들 개인의 가치관을 피력하긴 했지만 협력 연구 방법을 모색하는 데 있어 참고할 만하다.

호리오는 다음과 같이 주장했다.

"중일 양국은 아주 특별한 관계다. 일본은 대중국 침략전쟁으로 중국국민에게 재난을 겪게 한 역사를 절대 잊어서는 안 될 것이다. 양국은 교육 연구와 교류를 진행함에 있어 정부 차원에만 그치는 것이 아니라 민간차원의 교류도 강화해 실제 상황에 대해 정확히 인식해야 한다. 그래야만 교육 연구와 교류가 심도 있게 진행될 수 있다."

스즈키는 다음과 같이 말했다.

"양친교육에 관한 견해 및 행동원칙 연구, 교육연구 방법에 관한 비료 연구를 진행에 소기의 성과를 거두길 바란다."

니시무라는 다음과 같이 언급했다.

"실력을 갖춘 젊은 연구자를 육성할 수 있는 환경을 마련해 연로한 학자들과의 교류를 줄여나가야 한다."

니지마는 다음과 같이 밝혔다.

"일본과 중국의 사립학교에 대한 비교 연구를 진행해야 한다."

오가와는 다음과 같이 말했다.

"전문학교, 사회교육 분야에 대한 연구와 교류를 진행하길 바란다."

나카노는 다음과 같이 말했다.

"양국의 교육개혁 역사와 경험에 관한 교류, 도덕교육에 대한 공동연구 및 조사를 실시해야 현실적인 의미를 갖는다."

우마코시는 이렇게 전했다.

"초등, 중등교육 단계의 교사 단기교류제도를 구축해야 한다. 이미 고등교육의 공동연구(베이징 대학의 고등교육 연구소와 나고야名古屋대학의 교육학과)를 실시하고 있는데, 이 분야의 연구가 한 단계 업그레이드되길 바란다."

에비하라는 다음과 같이 언급했다.

"일본의 교육교류사에 관한 공동연구를 실시하고, 아울러 아시아 환태평양권의 형성 및 교육개혁 문제에 대해서도 협력하길 바란다."

요코야마코우横山宏는 다음과 같이 말했다.

"중일 양국의 근대사에서 교육이 담당했던 역할(단점과 장점)에 공동연구를 진행하는 것도 바람직하다."

요코스카는 다음과 같이 지적했다.

"젊은 연구자, 교사 간의 교류를 강화하길 바란다. 현재 양국의 교육교류는 명함만 주고받는 형식적인 교류단계에 머물고 있어 안타깝다."

사이토우는 다음과 같이 밝혔다.

"아마도 나의 관심분야라 그렇겠지만 생활교육사상과 운동에 관한 비교연구를 진행하길 바란다."

다양한 의견을 종합해 볼 때, 중국과 일본의 교육교류는 아직 걸음마 단계라 앞으로 할 일이 많이 산적해 있다. 일본 측은 이미 '중일 교육연구 교류회의'를 발족해 중국의 학자들을 초청, 관련 연구 활동을 진행 중에 있다. 필자는 중국 국내에도 이에 상응하는 기관이나 조직이 탄생하길 바란다. 또 향후 중국과 일본의 교육연구 및 교류가 한 단계 개선될 수 있도록 함께 노력해 나가야 할 것이다.

2. 일본의 교육 발전과 현대화

영국의 사학자 웰스H. G. Wells는 다음과 같이 말한 바 있다.

"고대 일본의 은둔 문화는 인류 운명에 큰 영향을 미치지 못했다. 인류 사회에서 많은 것을 가져갔지만 주는 것은 적었다. 그러나 근대의 일본은 놀라운 섬세함과 지혜로 자신들의 문화와 조직 구조를 유럽 열강 수준으로 끌어올렸다. 인류의 발전 역사를 살펴보아도 지금의 일본처럼 비약적인 발전을 이룬 민족은 없었다. 일본은 '아시아는 가망성이 없다. 영원히 유럽의 뒤꽁무니만 바라봐야 한다.'는 생각을 버렸고, 그 결과 유럽이 제자리걸음을 하는 동안 큰 발전을 이룩했다."

현대 사회에 접어들어 일본은 성장의 가속 페달을 밟으며 날로 새로운 면모를 선보였고, 서양 국가들은 이런 일본을 두고 '아시아의 봉황'이라고 칭송했다.

이와 더불어 세계 각국에서 '일본 연구 붐'이 일어 일본이라는 수수께끼 풀이에 나섰다.

이 과정에서 수수께끼의 답 중 하나로 꼽힌 일본의 교육은 당연히 각국 연구원의 주목을 받았다. 이는 우리가 일본의 교육 문제를 심도 있게 연구하게 된 동기이기도 하다.

(1) 일본교육의 발전 과정

서기 3세기 이전만 해도 일본은 아직 원시 사회에 머물러 있었다. 야요이 시대彌生時代에 농경 기술이 발달하기는 했지만 조직적인 교육이 이루어지지 않아 사람들은 직접 생산 활동을 통해 경험과 기술을 쌓고 생활 지식과 종교 지식을 배웠다.

서기 5세기쯤에 중국의 유학이 일본에 전해지면서 한漢학자 왕인王仁이 초청에 응해 일본으로 건너갔다. 그는 일본 궁정에 학문소學問所를 열었고, 이곳에서 황태자를 비롯한 많은 황족과 귀족 자제들이 공부했다. 이렇게 해서 궁중 교육이라는 일본교육의 새로운 장이 열렸다.

서기 6세기 중엽을 전후하여 야마토 조정大和朝庭에는 불교의 수용을 둘러싸고 소가 씨蘇我氏와 모노베 씨物部氏가 첨예하게 대립했고, 결국 숭불崇佛을 주장한 소가 씨가 승리했다. 서기 592년, 최초의 여성 천황인 스이코推古 천황이 즉위하여 쇼토쿠聖德 태자가 수렴 청정했다. 쇼토쿠 태자는 섭정 기간에 수隋나라에 유학생을 파견하여 중국의 선진 문화와 제도를 배우는 한편 글방 건설과 사학 발전에 주력하여 일본의 문화 교육 사업을 개척하는 데 중요한 역할을 했다.

일본의 학교교육제도는 나라 시대奈良時代에 이르러 공식적으로 확립되었다. 다이카개신大化革新(645~673) 이후 당唐나라의 교육 제도를 표방하여 귀족 학교 제도를 수립한 것이다. 서기701년에 반포된 《대보율령大寶律令》은 수도에는 다이가쿠료大學寮를, 지방에는 고쿠가쿠國學를 설립한다고 명확하게 규정했다. 다이가쿠료에는 대학두大學頭(오늘날의 교장에 해당함), 대학조大學助, 대형大兄, 소형少兄, 대속大屬, 소속小屬을 각각 한 명씩 두어 학교를 관리하게 했으며, 박사 1명, 조교 2명, 음박사音博士 2명, 서박사書博士 2명, 산박사算博士 2명을 배치해 유가 경전 위주로 학습하게 했다. 고쿠가쿠는 지방 장관의 자제를 위한 교육 기관으로 정원이 차지 않았을 경우에 한해 서민 자제 가운데 뛰어난 인재의 입학을 허락했다. 고쿠가쿠의 교육 내용과 관리 형식은 다이가

쿠료와 거의 비슷했다. 이 밖에도 《대보율령》은 덴야쿠료典藥寮(의학·약학 전문학교에 해당), 온요료陰陽寮(천문·역법·수학 전문학교에 해당), 우타료雅典寮(음악 전문학교에 해당) 등의 설립을 규정했고, 이는 일본교육 법제화의 발단이 되었다.

서기 794년, 일본이 안쿄安京(지금의 교토)로 수도를 옮기면서 400년에 걸친 헤이안 시대平安時代가 시작되었다. 헤이안 시대의 문화 교육은 두 가지 특징을 보인다. 첫째는 당나라식 문화에서 국풍 문화로 전환하면서 문화의 모방에서 창조로 나아갔다는 점이다. 둘째는 귀족 교육에서 서민 교육으로 발전했다는 것이다. 홍법대사 구카이空海가 일본 최초의 사립학교 슈게이슈치인綜藝種智院을 설립한 것을 계기로 일본교육은 조금씩 문호를 개방하기 시작했다.

12세기 말에 미나모토 요리모토源賴朝가 헤이 씨平氏를 격파하고 가마쿠라鎌倉에 막부幕府를 설치한 후 천황에게서 정이대장군征夷大將軍이라는 칭호를 하사받으면서 봉건 무사들이 정권을 장악한 막부시대가 개막되었다. 막부 시대는 가마쿠라(1192~1333), 무로마치室町(1336~1573), 에도江戶(1603~1867)를 거치며 700년 가까이 지속되었다. 막부 시대의 교육 또한 새로운 특징이 있었는데, 첫째로는 무사 교육이 크게 발전했다는 점을 들 수 있다. 무가武家 통치 시대는 무사에게 주군에 대한 충정과 부모에 대한 효심, 불교에 대한 신앙심, 용맹함, 의리 등을 요구했다. 주군과 가족을 위해서라면 기꺼이 목숨을 내놓는 이른바 '사무라이 정신'을 중시한 것이다. 무사 교육은 이러한 사무라이 정신을 주입하는 것 외에도 무예와 궁마를 중시하여 무사의 기량을 높이는데 힘썼다. 일본 역사상 무가 통치가 꽤 오래 지속되면서 무사 교육은 일본교육 발전에 큰 영향을 미쳤다. 오늘날까지도 '두 명의 주인을 섬길 수 없다'는 사주불이事主不二 정신은 일본식 충정을 보여주며 일본 문화에서 중요한 지위를 차지하고 있다.

둘째로는 사원 교육이 부흥했다는 점을 꼽을 수 있다. 가마쿠라 시대에 나라가 세운 다이가쿠료와 고쿠가쿠는 사실상 힘을 잃은 상태였고, 이로써 가정과 사원이 무사 교육의 주요 무대가 되었다. 무가의 자제들은 보통 사원에서 장차 승려가 될 아이들과 함께 스님을 스승님으로 모시고 계몽 교육을 받았다. 사원 교육은 일본교육 역사에서 중요한 위치를 차지한다. 교육 일반화의 물꼬를 틀었기 때문이다. 일례로 에도 시대에 서민 자제를 위해 개설된 초등교육기관 데라코야寺子屋는 사원 교육에서 발전한 것이다. 사원이 증설되고 사원 교육이 나날이 발전하면서 일부 작은 사원은 일반인 교육을 전문적으로 담당하기 시작했고, 이로써 사원 이외의 유사 교육 기관이 생겨났다. 데라코야는 서민 생활을 바탕으로 읽기, 쓰기, 셈하기(주산과 필산)의 실용 교육을 실시해 근대 학교의 시초가 되었다. 메이지유신明治維新 후 일본은 소학교를 보급하기 시작했는데 이는 막부말기 데라코야의 번창과 밀접한 관계가 있다. 데라코야는 일본의 중세 교육 역사에 귀중한 교육 유산을 남겼다.

메이지유신(1868~1889)은 일본의 역사이자 일본교육의 이정표이기도 하다. 메이지 정부가 들어선 후 천황은 곧 다섯 가지 새로운 정책을 내놓았다.

① 회의를 활성화하여 공론에 따라 모든 일을 결정한다. ② 모두가 함께 경론經論을 전파한다. ③ 고관과 무가는 서민들이 각자 자신의 꿈을 좇을 수 있도록 합심한다. ④ 낡은 관습을 타파하고 정의의 편에 선다. ⑤ 세계를 배워 황실의 기반을 세운다. 메이지 정부는 이렇게 교육을 포함한 전면적인 개혁을 실시하고자 했다.

메이지 정부는 번藩을 폐지하고 현縣을 세우는 작업과 다이묘들의 영지·영민 환수 작업을 마친 후 곧바로 교육 개혁을 구체적으로 계획하고 추진할 교육 행정 기관 문부성文部省을 설립했다. 1871년 12월, 문부성은 서양 학자를 주축으로 한 학제조사연구위원회를 조직해 기초 학제 방안을 모색했다. 그리고 이듬해 8월에는 학군, 학교, 교사, 학생, 시험, 학비 등 다섯 가지 내용을 포함하는 《학제령學制令》을 반포하고, 《학제령》 실시를 위한 구체적 진행 단계를 제시했다.

첫째, 소학교 발전에 힘쓴다.

둘째, 사범대학을 설립한다.

셋째, 여성과 남성이 평등한 교육을 받도록 한다.

넷째, 대학마다 부속 중고등학교를 설립한다.

다섯째, 학생의 진학 문제는 엄격하게 다룬다.

여섯째, 학생과 학업에 대한 규정을 철저히 지킨다.

일곱째, 상업 법률 학교를 한두 개 설립한다.

여덟째, 새로 학교를 설립한다면 반드시 완벽함을 추구해야 한다.

아홉째, 번역 사업을 적극적으로 추진하여 새로운 교과서를 편찬한다.

이 가운데 일본 정부의 중점 사항은 바로 초등학교 보급이었다.

《학제령》을 반포한 후로 초등학교 수가 1873년 1만 2,558개에서 1897년 2만 8,025개로, 교사 수는 2만 5,531명에서 7만 1,046명으로, 또 학생 수는 114만 5,820명에서 231만 5,070명으로 늘어나며 초등 교육 사업의 발전에 긍정적인 역할을 했다. 하지만 일본의 국가 상황에 대한 고려와 재정 부족으로 결국 1879년에 폐지되었다.

같은 해에 문부차관이 제정한 《교육령教育令》이 《학제령》을 대신했다. 《교육령》은 미국식 자유주의를 기조로 학정제學正制 폐지와 유연한 입학제, 교육 내용의 간소화 등을 주장했다. 그러나 《교육령》으로는 교육 문제를 해결하지 못했을 뿐더러 초등학교 취학률 하락이라는 결과를 낳았다. 그래서 결국 2년도 채 지나지 않아 다시 《개정교육령改正教育令》이 제시되었다. 《개정교육령》은 국가가 교육 사업에 직접 개입해야 한다고 주장하며 학령기 아동이 입학할 수 없을 경우에는 반드시 군장이나 구장의 허가를 받아야 한다는 등 강경한 입장을 취했다. 이는 당시 교육의 자유 민권 사조를 억압하며 일본에 국가주의 교육 시스템을 구축하는 데 기반이 되었다.

1885년에 자유주의자에서 국가주의자로 변신한 모리 아리노리森有禮가 문부대신이 되었다. 그는 즉각 칙령의 형식으로 《제국대학령帝國大學令》, 《사범학교령師範學校令》, 《중학령中學令》, 《소학령小學令》 등을 포함한 《학교령學校令》을 반포하여 기초적인 국민 교육 제도를 마련했다.

1890년 10월 30일에 천황이 서명한 《교육칙어教育勅語》가 공식적으로 반포되었다. 이는 '존왕애국尊王愛國'을 주장하며 천황을 도덕의 화신으로 삼고 교육을 '천운'으로 생각했다.

메이지 후기(1895~1912)에는 국가주의 교육이 확충·강화됨에 따라 학교 시스템이 일부 조정되었다. 우선 1900년 초등학교의 학비 제도를 폐지하여 무상으로 초등 의무교육을 실시했다. 1907년에는 의무교육의 기한을 6년으로 연장했다. 그 다음으로는 중등 교육 기관을 개혁하여 일반 교육과 직업 교육을 병행했다. 마지막으로, 사범교육 시스템을 확충했다. 사범대학과 고등사범대학, 여자고등사범대학 제도를 제정하고 국고 보조 제도를 통해 초등학교 교사에 대한 대우를 상향 조정했다.

1912년 7월에 메이지천황이 서거하고 황태자 요시히토嘉仁가 그 자리를 물려받았다. 그의 연호는 다이쇼大正였다. 다이쇼 시대는 비록 15년이라는 짧은 역사에 그쳤지만, 그 사이에 세계와 일본에는 엄청난 변혁이 일어났다. 1차 세계대전 발발, 소련의 볼셰비키Bolsheviki 혁명 성공, 일본 간토關東 대지진이 바로 그것이다. 1917년에 일본교육 분야에서는 교육 개혁 자문 기관인 임시교육회의臨時教育會議가 설립되었다. 일본 정부는 경제 발전이라는 국가적 수요와 대외 침략 확장 정책에 발맞춰 중등 직업 교육과 실업 교육을 발전시키고, 고등 개혁을 개혁하고, 이공계 교육을 강화함으로써 군수 사업에 필요한 숙련공과 과학 기술 인재를 양성하고자 했다.

1962년 12월 일본은 쇼와시대昭和時代의 문을 열었다. 쇼와시대는 일본의 교육을 군국주의화, 파시즘화한 시대이기도 하다. 일본의 군국주의는 중국 둥베이東北 지역 침략을 시작으로 중국 침략 전쟁을 확대해갔다. 이어서 독일, 이탈리아 파시즘 연맹에 가담해 미국의 진주만을 습격하며 전쟁을 격화시켰다. 교육 분야에서도 군국주의 교육 시스템을 구축하여 교육을 침략 전쟁의 도구로 전락시켰다. 일반 학교에 현역 군관을 배치해 학생에게 군사 훈련을 실시하고 학교를 준準병영으로 만든 것이다. 일본은 학생 운동과 교사 운동을 진압하고 학생의 사회과학 연구를 금했다. 또한 사무라이 정신을 강요하며 학생에게 《교육칙어》를 외우게 하기도 했다. 이뿐만 아니라 학생의 수업 연한을 줄이고 학생에게 방위, 생산, 운수 등의 임무를 맡겼다. 이로써 학교교육은 사실상 그 허울만 남았을 뿐 군국주의 교육으로 완전히 대치된 셈이었다.

1945년 8월에 일본은 아무 조건도 달지 않고 투항했다. 이때 일본교육은 그 기능과 물질적 기반이 완전히 붕괴된 상태였다. 미국 점령군은 정치·경제 개혁에 착수함과 동시에 전시 교육 시스템 청산에 나섰다. 관련 지령을 발표하고 미국교육사절단의 도움으로 구체적인 개혁 방안인 〈미국교육사절단보고서美國敎育史節團報告書〉를 제시했다. 이 보고서를 기본 방침으로 일본교육 개혁의 서막이 열렸다.

첫째, 미국교육사절단은 일본교육위원회를 도와 교육쇄신위원회를 설립했다. 이 위원회는 35건의 제안을 내놓으며 전쟁 후 일본교육 개혁에 브레인트러스트가 되었다.

둘째, 《일본국헌법日本國憲法》, 《교육기본법敎育基本法》, 《학교교육법學校敎育法》, 《교육위원회법敎育委員會法》, 《사회교육법社會敎育法》, 《문부성설치법文部省設置法》 등 일련의 법령을 반포하여 일본교육의 법제화를 시작했다.

셋째, 중학교 교육의 보편화와 단일 체제單軌制를 실현하여 의무교육을 6년에서 9년으로 연장했다.

넷째, 대학 설립 기준과 대학원 설립 기준을 제정하고, 고등교육 기관을 개편하여 새로운 대학을 설립했다.

다섯째, 교사 양성과 임용에 개방적인 제도를 실시하여 일반 종합대학에서도 교사를 양성할 수 있도록 하고 교사 자격증을 도입했으며 교사의 재직 중 연수를 제창했다.

여섯째, 사회 교육 제도와 시스템, 설비를 완비하고 도서관과 박물관, 청년 활동센터, 아동문화과학센터 등 많은 사회 교육 시설을 설립했다.

7~8년에 걸친 경제 회복과 교육 구조 개편을 통해 일본은 날로 성숙해지며 현대화를 중심으로 경제 고도 발전기에 접어들었다. 이러한 경제 발전은 교육에 새로운 도전이 되었다. 1956년 이후 일본 재계는 주동적으로 정부에 '새로운 시대에 적응하는 기술 교육에 관한 의견', '과학 기술 교육 진흥에 관한 의견' 등 일련의 의견을 제시했다. 이케다池田 내각이 제정한 《국민소득증대계획(1961~1970)》도 국민의 소양과 능력 향상, 과학 기술 진흥, 교육 및 직업 훈련 제도 확립을 국민 소득을 증대시키는 주요 사항으로 삼았다. 이에 따라 교육계와 재계는 경제 발전에 발맞추어 긴밀히 공조하며 지속적으로 교육 구조를 개선했고, 이를 통해 탄탄히 다져진 일본의 교육 기반은 전쟁 후 일본 경제가 비약적으로 성장하는 데 큰 공헌을 했다.

70년대 이후 신기술 혁명이 진행되고 일본 사회에 글로벌화, 정보화, 평생교육화 바람이 불면서 다시금 교육 문제들이 쏟아졌다. 1971년 6월 중앙교육심의회가 발표한 《향후 학교교육의 종합·확충, 조정에 관한 기본 대책》을 기반으로 일본은 역사상 세 번째 교육 개혁을 시작했다. 이 개혁은 오늘날까지도 지속·심화되고 있으며, 이번 개혁은 일본교육에 또 다른 역사의 장을 써내려 갈 것이다.

(2) 교육과 일본의 현대화

1630년대에서 19세기 중엽까지 일본은 쇄국 정치를 시행했다. 1853년에 미국의 페리 함대가 접근해 일본에 항구 개방을 강요하기 전까지 일본인은 증기선을 본 적조차 없었다. 그러나 메이지유신을 거친 후에는 채 50년도 지나지 않아 서양의 자본주의 국가들이 200여 년의 시간을 들여 완성한 근대화를 실현해내는 기염을 토했다.

1945년 8월 15일, 일본은 투항을 선언했다. 2차 세계대전 시기에 폭격을 받아 국토가 폐허가 되었고, 일본인들은 기근과 인플레이션, 거액의 전쟁 배상금에 시달렸다. 그야말로 파국으로 치닫고 빈털터리가 된 것이다. 하지만 일본은 폐허였던 나라를 20년 만에 일으켜 세워 영국, 프랑스, 독일 등 이름난 자본주의 국가들을 앞지르며 세계 선두 그룹에 이름을 올렸다.

지금도 일본은 경이로운 경제 '기록'을 경신하고 있다. 일본은 국민 소득 1만 달러의 시대를 지나 이제 국민 소득 2만 달러의 시대를 열며 세계 최대의 부호가 되었다.

일본의 현대화가 이러한 성과를 거두게 된 데는 많은 이유가 있지만, 앞서 언급한 바와 같이 모든 사람이 인정하는 해답은 바로 수준 높은 국가 교육이 일본 경제 발전의 초고속 발전을 이끄는 데 큰 힘을 보탰다는 것이다.

표 5-1은 일본의 경제 발전과 교육 발전의 전반적인 추세가 일치하며, 재학생 수와 산업 생산 지수가 어깨를 나란히 한다는 것을 보여준다. 특히 일본의 현대화 과정에서 나타난 두 차례 경기 급부상은 교육을 촉진하는 촉진제 역할을 했다.

유네스코 교육연구소 주임을 역임한 고바야시 데츠야小林哲也 교수는 다음과 같이 지적했다.

"메이지 정부 출범을 시작으로 교육 발전 정책과 산업 발전 정책 사이에 긴밀한 관계가 성립되었다. 이러한 관계는 교육의 빠른 발전뿐만 아니라 일본의 산업화에 큰 힘이 되었다. 일본은 어떤 계획에 따라 발전한 사회는 아니지만 국민 생활의 여러 분야, 특히 학교와 산업 부분에서는 매우 계획성이 있었다."

일본은 시작부터 서양과 다른 경제 발전 모델과 교육 발전 모델을 채택했다. 서양의 이름난 자본주의 국가들은 산업 혁명을 지나 근대 교육을 실시했지만 일본은 이와 정반대로 근대 교육(물론 서양에서 도입한)을 먼저 실시하고 나중에 현대화 산업을 일으켰다. 만약 교육과 경제의 관계를 닭과 달걀에 비유한다면 교육을 일본 경제 발전의 원동력으로 삼은 일본은 달걀에서 닭을 부화시킨 셈이라고 할 수 있겠다.

표 5-1 일본 각 학교의 입학생 수와 산업 생산 지수의 발전 추이

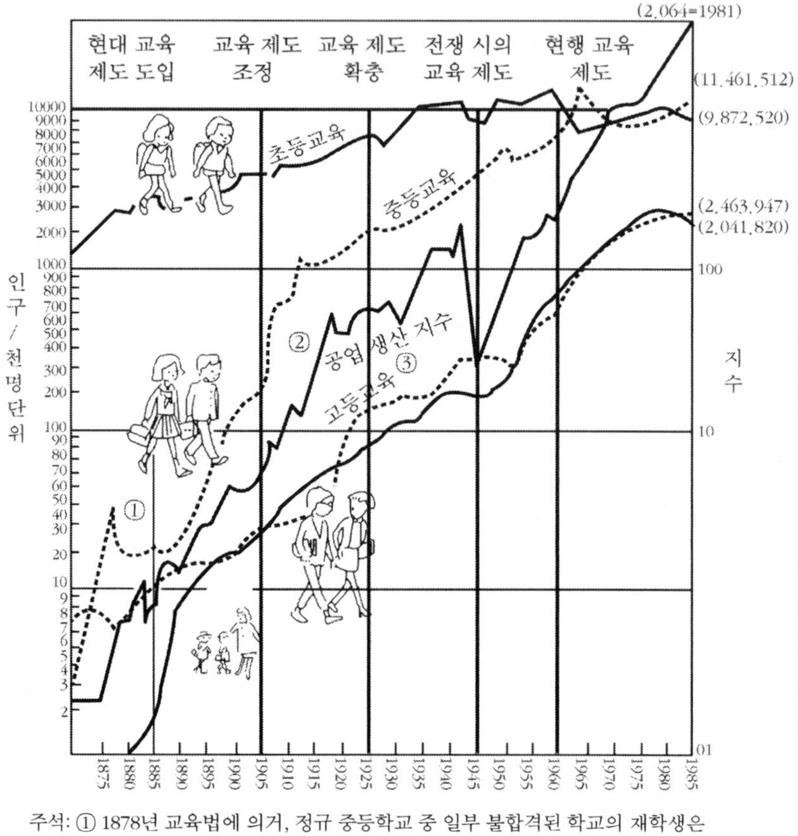

주석: ① 1878년 교육법에 의거, 정규 중등학교 중 일부 불합격된 학교의 재학생은
　　　 계산에서 제외함.
　　② 고급초등학교의 재학생은 중등학교의 재학생으로 간주하여 계산함.
　　③ 1935년=100

　1868년 메이지 정부가 출범하고 얼마 지나지 않아 일본 정부는 '세계를 배워
야 한다.'며 모든 사람에게 배움의 기회가 돌아가야 한다고 주장했다. 당시 주
요 지도자였던 기도 다카요시木戸孝允는 튼실한 나라의 기반을 세우는 것은 사

람에게 달렸으며, 오직 교육만이 무궁무진한 인재를 배출할 수 있다는 사실을 깨닫고 있었고, 메이지 정부 초기에 약한 국력, 재정 곤란이라는 상황에서도 교육에 대한 투자를 아끼지 않았다. 일례로 문부성 경비는 각 정부 부처 중에서도 가장 높게 책정되었는데, 1873년에는 그 금액이 143만 엔에 달했다.

경제 발전에 필요한 인재 부족 문제를 해결하기 위해 일본 정부는 거금을 들여 외국 전문가와 기술자를 고문으로 초빙하는 것도 마다하지 않았다. 더불어 유학생을 파견하는 데도 적극적이었다. 당시 일본 정부가 외국 전문가의 임금 지급과 유학생 경비 지원에 투자한 비용은 전체 교육 예산의 32%에 달했다. 1880년부터 유학생이 속속 귀국하기 시작하자 일본은 해마다 외국 전문가를 해임하며 일본 전문 인재의 '국유화'를 실시했다.

메이지 정부는 국민 교육, 특히 초등학교 교육 보급에 전력을 쏟았다. 한 예로, 초등학교 교과서 본문에 이렇게 충고했다.

"공부하지 않으면 어떤 기술도 배울 수 없다. 따라서 일본 국민은 누구나 6세가 되면 모두 초등학교에 입학해 일반적인 학문을 공부해야 한다. 초등학교는 사농공상士農工商을 학습하고 기술을 전수받는 곳이 되어야 한다."

그뿐만 아니라 장학사 제도를 실시하고, 일부 지방에는 심지어 규정을 제정해서 학령기 아동의 취학을 강요했다. 초등교육 보급은 재정 등의 문제로 좌절을 겪기도 했지만 톡톡히 효과를 냈다. 일례로 1873년 28.13%였던 학령기 아동의 취학률은 1874년 32.30%, 1879년 35.43%, 1876년 38.32%, 1877년 39.86%, 1884년 52.92%로 꾸준히 상승했다. 1912년에 들어서는 학령기 아동의 취학률이 이미 98.2%에 달했다. 이를 바탕으로 한 국민 소양의 향상은 일본 경제가 급부상하는 데 든든한 기반이 되었다.

문부성이 초등학교 교육을 보급하고 초등학교 사범교육 시스템을 건설하는 데 주력했기에 경제 발전과 직접적 연관이 있는 실업 교육(직업 기술 교육)은 공부성工部省에서 실시했다. 1871년 8월에 공부성은 먼저 일본의 최초 공업학교 '고가쿠료工學寮'를 개설하고 뒤이어 농업학교, 상업학교 등을 설립했다.

1886년 도쿄직공학교(지금의 도쿄공업대)의 교장은 '실업 교육 진흥'이라는 논문을 발표하여 산업 혁명 이후 새로운 교육이 필요함을 보여주었다. 이로써 이노우에 코와시井上毅의 문부대신 취임을 전후로 일본은 《실업교육국고보조법實業敎育國庫補助法》, 《실업보습학교규정實業補習學校規程》, 《도제학교규정徒弟學校規程》, 《간이학교규정簡易學校規程》 등 법령을 제정·반포했고, 직업 교육이 순조롭게 발전할 수 있도록 제도적, 자금적, 조직적으로 지원했다. 메이지 30~40년대(1900년 전후) 일본의 직업 교육은 규모 있게 발전하여 기업에 숙련된 기술자와 노동자를 대량 수혈하며 경제 발전에 중요한 역할을 했다.

전쟁 후 일본 경제의 비상은 교육 분야에도 선봉적인 역할을 했다. 1947년 3월, 문부성은 교육쇄신위원회가 내놓은 요강을 초안으로 《교육기본법》, 《학교교육법》을 제정하여 공식 발표·실시했다. 이는 교육이 민주·문명국가 건설과 세계 평화, 인류 복지 사업에 미치는 공헌도를 법적인 형식으로 인정한 것이다. 또한 재정, 기숙사, 교사 자원 등의 어려움이 많은 상황에서도 의무교육 기한을 전쟁 전의 6년에서 9년으로 연장함으로써 중학교 졸업생이 1955년 이전 사회의 주요 노동력이 될 수 있도록 했다.

문부성 전문학무국學務局 국장을 역임한 하마오 신濱尾新은 다음과 같이 언급한 바 있다.

"일본은 산업이나 공장이 나오고 공업학교가 생긴 것이 아니라 공업학교를 먼저 세워 졸업생을 배출한 뒤에 공장을 세웠다."

이는 경제보다 한 발 앞선 일본교육의 특징을 잘 보여주는 대목이기도 하다. 1950년에 일본 경제가 회복될 기미를 보이자 정부는 교육 투자 비중을 조금씩 늘려나갔다. 1950년 교육에 투자된 총 경비는 1,739억 엔으로 국민 소득의 5.1%를 차지했다. 1995년 이후 경제가 발전기에 접어들면서 교육 투자 비중은 더욱 커졌고, 1965년에 이르러서는 이미 국민 소득의 6.7%에 달했다. 교육 투자의 증가폭은 같은 시기 GDP 증가폭을 넘어섰다. 즉 1960~1970년 사이 GDP는 3.5배, 국민 소득은 3.4배, 그리고 교육 투자 총액은 3.7배가 증가했다.

교육에 대한 투자는 분명한 경제적 실리로 이어졌다. 1962년 일본 문부성은 미국 경제학자 슐츠Schultz의 인력 자본 이론에 근거하여 일본의 1905년에서 1960년 사이의 교육 투자 효과를 계산했다. 이를 통해 그들은 1955년 노동 인력이 1.7배, 물질 자본이 7배 증가한 반면에 국민 소득은 10배나 증가했다는 결론을 얻었다. 국민 소득이 노동 인력과 물질 자본의 증가폭을 훨씬 앞지른 것은 교육 자본의 증가 덕분이다. 다시 1955년을 예로 들어보면, 이 해의 총 국민 소득은 7만 2,985억 엔으로 그 가운데 교육 투자의 증가로 늘어난 국민 소득이 약 1만 8,246억 엔이었다. 또한 국가와 지방의 총 교육비는 약 3,720억 엔으로, 교육 투자의 경제적 이익은 1 : 4.9였다.

경제가 고속 성장기에 접어든 후, 교육계는 산업계의 수요를 만족시키기 위해 자체적인 구조조정을 거듭했다. 먼저 일반 고등학교는 넘쳐나는 반면 직업 고등학교가 상대적으로 부족해 고등학교 졸업생이 기업의 수요를 만족시키지 못하는 문제가 발생하자 문부성은 일반 고등학교와 직업 고등학교, 종합고등학교의 비율을 조정하고, 일반 고등학교에 직업 과목을 개설하는 방법을 통해 직업 교육을 강화해 기업에 문화적 소양이 높은 숙련된 노동자를 수혈하고자 했다.

다음으로 과학 기술 인재 양성에 박차를 가하고자 문법을 중시하면서 이공, 자연과학, 공정 기술 교육에 소홀했던 과거의 교육을 개혁하고 이공계 모집 정원을 늘렸으며(1957년 16%에서 전체 대학생 수의 30.5%로), 공과 고등전문학교를 설립했다.

또한 산업 구조, 취업 구조의 변화에 맞추어 직업 교육의 내부 구조를 지속적으로 조정했다. 1950년 일반 고등학교와 농업 고등학교, 공업 고등학교, 상업 고등학교의 학생 수 비율은 65.2 : 9.4 : 9.3 : 9.5였다. 그러나 1960년에는 58.3 : 6.7 : 10 : 15.5로, 1970년에는 58.5 : 5.3 : 13.4 : 16.4로 다시 조정하여 경제 발전에 따른 인재 수요 증가 추이를 따라가도록 했다.

마지막으로, 산학 협력 교육 시스템을 구축했다. 1956년 11월 9일에 일본 경영자단체연맹은 '새로운 시대가 요구하는 기술 교육에 관한 의견'을 밝히며 산학 협력 강화 의향을 피력했다.

"이공 대학과 산업계를 긴밀히 연계해야 한다. 대학은 산업계의 요구를 확실하게 파악하고 이를 만족시키도록 노력해야 하며, 산업계는 강사를 파견하거나 교수가 현장에서 참관 실습을 하도록 하는 등 공업 교육과 그 연구에 적극 협조해야 한다."

그 후 일본생산력본부와 일본경제동우회는 각각 산학협력위원회와 산학협력센터를 설립했다. 문부성도 일련의 조치를 취해 산학 협력에 힘을 실어주었다. 대학만 보더라도, 대학은 산업계에서 재정 지원을 받았다(1961년 일본 히타치日立제작소는 설립 자금으로 도요東洋대학 공학부에 3억 엔을 지원함). 이 밖에도 대학은 기업이나 기타 단체의 연구 위탁을 받았고 인력 파견과 교류를 했으며(기업은 연구 개발 고문이나 강사로 대학 교수를 초빙하고, 대학은 산업계 전문가를 강단에 세우거나 직장인을 학생으로 모집함), 대학에서 공개강좌를 열거나 학생의 산업 현장 실습 훈련을 진행하는 등 다각적으로 협력했다.

60년대와 80년대에 일본의 두 문부대신은 일본의 현대화에서 교육의 역할에 관해 정곡을 찌르는 발언을 했다.

문부대신 아라키 마스오荒木萬壽夫는 1962년 발표한 《일본의 성장과 교육》의 서문에서 이렇게 말했다.

"메이지 시대에서 오늘날까지 일본 사회와 경제는 빠르게 발전했다. 특히 전쟁 후 놀라운 경제 발전을 이룩하여 세계의 주목을 받았다. 일본이 이러한 성과를 얻게 된 중요한 원인은 교육의 보급과 발전 덕분이라고 할 수 있다."

80년대 초 문부대신을 지냈던 모리 요시로森喜朗는 한 강연에서 다음과 같이 지적했다.

"나라를 불문하고 교육은 그 나라 국정의 근본이 된다. 이는 반발의 여지가 없는 사실이며 일본 역시 마찬가지다. 교육계 인사와 전 국민의 오랜 노력 끝에 교육이 보급되어 국민 사이에 깊이 뿌리를 내렸다. 특히 일본은 자원이 부족한 나라이므로 교육을 통해 인간의 사고력과 지혜라는 자원, 그리고 문화 자원을 개발했고, 이는 오늘날 일본 경제, 사회, 문화 발전의 원동력이 되었다."

(3) 일본교육 현황

앞서 언급한 바와 같이 1947년에 반포된《교육기본법》과《학교교육법》은 일본교육의 출발점이었다. 이를 기반으로 일본은 교육 법령을 확립하여 교육 사업의 기준으로 삼았다.

일본의 교육 행정 기관은 국가(문부성)와 지방(현시교육위원회)으로 구성된다. 문부성은 내각과 국회의 관할로 교육 경비 예산, 교육 법률 초안 등을 제의하며 지방교육위원회의 업무를 감독한다.

표 5-2 일본 학제도

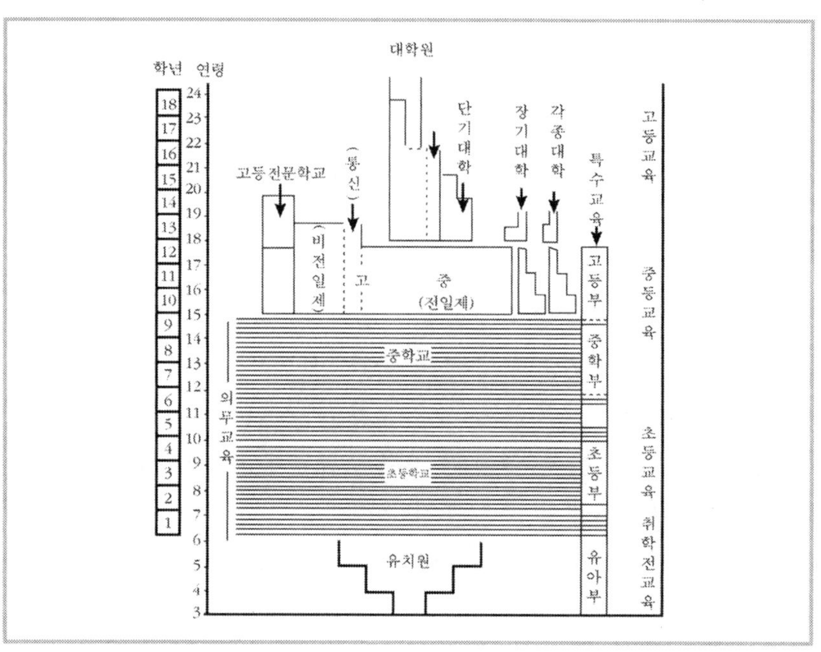

일본의 학교 제도는 취학 전 교육, 초등교육, 중등교육, 그리고 고등교육으로 이루어진다. 현행 학제와 입학, 그리고 각 학년별 진학 정상 연령 등은 도표 5-2와 같다.

1990년 5월까지 일본 각종 학교의 수와, 학생 수, 교사 수는 다음과 같다.

표 5-3 일본의 학교 수와 학생 수, 교사 수

구분	학교 수	학생 수	교사 수	직원 수
유치원	15,076	2,008,069	100,935	21,077
초등학교	24,827	9,373,195	444,203	105,972
중학교	11,275	5,369,157	286,061	41,390
고등학교	5,504	5,623,135	285,915	65,009
맹아학교	70	5,599	3,381	2,020
농아학교	108	8,169	4,605	2,280
양호학교	769	79,729	36,811	11,049
고등 전문학교	62	52,930	4,003	3,382
단기 대학	593	479,390	20,489	12,620
대학	507	2,133,277	123,838	160,496
전문대학	3,301	791,462	31,724	14,946
기타 학교	3,438	425,625	19,310	8,612

유치원은 3~5세의 아동을 대상으로 1~3년의 커리큘럼을 개설한다. 초등학교에서 중학교까지는 무상 의무교육을 시행하며, 입학을 장려하기 위해 정부가 《일상생활보호법》이 규정하는 교육 보조금과 교과서를 무상으로 지급한다. 가정형편이 어려운 학생들에게는 특수 보조금과 고등학교 교과서, 문구, 식사, 교통, 견학, 기숙비용의 50%를 지원한다.

이 밖에도 보육원에 있는 유아 수는 약 157만 명(그중에 3~5세 아동이 128만 명, 3세 미만의 유아가 29만 명)에 이르며, 교육위원회, 시민센터, 체육 시설 등의 각종 훈련 프로그램과 강좌에 참가하는 사람은 2,823만 명에 달한다. 대학의 공개강좌 참가인 수와 각종 직업 훈련 시설에서 공부하는 사람도 각각 36만 명, 41만 명이며, 그 밖에 136만 명의 사람들이 민간문화센터 등에서 교육받고 있다.

교육의 질을 높이기 위해 일본 정부는 각 학교에 대한 기준을 규정했다. 이들 기준은 '설립 기준'이라고 불리며 법적 효력을 발휘한다. 예를 들어 유치원에서 한 반의 정원은 반드시 40명 이하여야 하며(최근에는 35명 이하를 추진하고 있다), 초등학교와 중학교 역시 한 반의 정원이 40명을 초과할 수 없도록 규정했다. 공립학교의 면적도 18개 반을 갖춘 학교를 기준으로 할 때 초등학교는 4,111평방미터, 중학교는 5,207평방미터, 고등학교는 5,751평방미터로 전체 면적을 제한하는 규정이 있다. 그중에 체육관의 표준 면적은 초등학교가 725평방미터, 중학교가 780평방미터, 고등학교가 1,080평방미터이다.

대부분 학교는 학생의 건강을 위해 보건 의료 서비스 기관을 갖추고 학교 주치의, 치과 의사, 약사, 간호사(간호 교사)를 배치한다. 문부성은 《교육오찬법 敎育午餐法》을 제정하여 학교 급식 시설의 최저 기준과 칼로리, 식품 품종 기준 등을 규정하고 급식과 설비비용을 일부 지원한다. 나머지 일부는 학부모가 부담한다.

일본의 초, 중고등학교 교과서는 모두 문부대신의 승인을 받은 후에야 사용할 수 있다. 그리고 특수학교에서 사용하는 모든 교과서와 일부 고등학교의 직업반 교과서는 문부성에서 편찬한다. 교과서의 출판과 사용 절차는 다음과 같다. 먼저 저자나 출판사가 문부대신에게 심사 신청을 하면 문부대신은 교과서 심의회와 함께 의논한다. 심의회의 겸임 검열원과 문부성 전문 검열원이 교과서에 대한 심사를 진행하여 적합한 교과서를 추천하면 문부대신의 승인을 거쳐 사용할 수 있게 된다. 다음으로 사용이 승인된 교과서 목록은 현縣교육위원회에 의해 각 학교로 보내진다. 각 학교는 교과서 전시회를 열어 교사들이 교과서를 선택하는 데 편의를 제공한다. 교과서를 선정한 후 현교육위원회가 문부성에 필요한 교과서 권수를 보고하면, 출판사에서는 문부성이 승인한 권수와 정가를 기준으로 교과서를 인쇄한다. 초등학생과 중학생에게는 교과서가 무상으로 제공되며, 고등학생은 지정된 서점에 가서 구입해야 한다. 1990년 문부성이 의무교육 단계의 교과서 무상 제공을 위해 부담한 비용은 396억 엔으로 약 1,479만 명의 초등학생과 중학생이 무상으로 교과서를 제공 받았다. 일본 문부성은 현재의 교과서 제도를 더욱 완비하기 위해 교과서의 다양화, 개성화, 교과서 검열 절차 간소화 등에 관한 새로운 방안을 제정했다.

현재 문부성은 다음 분야를 중점적으로 개혁함으로써 일본교육 사업의 도약을 준비했다.

첫째, 교육 내용과 방법을 개선한다. 1989년 3월 문부성은 《유치원교육요령》과 《초, 중고등학교학습지도요령》을 수정했다. 새로운 학습 요강에서 문부성은 학생의 개성을 강조하며 지식 전달에 치중했던 과거 교육을 바꾸고자 했다. 사회 과목과 이과 내용을 줄이고 생활과의 내용을 보강했으며, 중학생의 선택 과목을 대대적으로 늘리고, 시범적으로 유치원 17곳, 초등학교 19곳, 중학교 17곳, 고등학교 9곳에 교사 5일 근무제와 수업 5일제를 실시했다. 《유치원교육요령》은 1990년에 이미 실시되었고, 초등학교는 1992년부터, 중학교는 1993년부터, 고등학교는 1994년부터 전면적으로 학습 지도 요령이 실시되었다.

둘째, 도덕교육을 개선하고 이에 충실하게 실행한다. 새로운 학습 지도 요령은 도덕교육을 특히 중시한다. 도덕교육의 내용 면에서 학생의 도덕적 수준을 고려해야 한다고 요구하며, 초등학교 저학년 학생은 기본 생활 습관을 위주로, 중급생은 일상생활 속 사회 규범 준수를 위주로, 고학년 학생은 공공사업에 주력하는 것을 위주로, 중학생은 인생관을 위주로 교육해야 한다고 보고 있다. 도덕교육의 방법 면에서는 각 교과목을 통한 자연스러운 도덕교육을 주장하며 가정과 사회가 연계하여 향토 교재 등을 연구 개발함으로써 도덕교육의 형식에 다양성을 더하고 활기를 불어넣어야 한다고 보고 있다.

셋째, 학생 지도와 진학 지도를 강화한다. 최근 들어 일본은 초, 중고등학생의 무단 결석률과 퇴학률이 날로 증가하고 있다. 1989년에 무단결석한 초등학생은 7,178명, 중학생은 4만 80명에 달했고, 1989년에는 11만 6천 명의 고등학생이 중도 퇴학했다. 문부성은 이러한 상황에 대해 과학 연구를 진행하며 효과적인 대책 마련에 나서는 한편, 학생 지도와 교육 상담 강좌 개설에 힘썼다. 일례로 1988년 도부 현道府縣이 개설한 교육 상담 기관 또는 상담 창구가 160개, 전문 교육 컨설턴트가 1,076명에 달했으며, 상담 건수는 8만 3,544건에 달했다.

넷째, 고등학교 교육이 더욱 다양하고 유연하게 발전하도록 한다. 1990년부터 이시카와石川, 이와테岩手, 미야기宮城, 사이타마埼玉, 나가노長野, 아이치愛和, 돗토리鳥取, 미야자키宮琦, 오키나와沖繩 등 9개 현의 고등학교 13곳에서 학점제를 시범 실시했으며 정시제와 통신제를 도입하여 고등학교 재학 기간을 3~4년 이상으로 유연하게 조정할 수 있도록 했다. 이뿐만 아니라 1988년부터 고등학생의 유학을 시작해 이미 3,297명의 고등학생을 유학 보냈다. 직업고등학교의 개혁 면에서는 전자기기, 농업 경제, 생물 공학, 국제 경제 등 학과를 신설하고, 사이타마 현 입월곡立越穀종합기술고등학교, 홋카이도北海道 노별蘆別종합기술고등학교 등 새로운 형태의 직업고등학교를 설립하여 학과를 뛰어넘은 교육을 실시한다.

다섯째, 특수교육을 진흥한다. 일본의 특수 교육 사업은 비교적 일찍 발전한 편이다. 1990년 5월의 통계에 따르면 특수 교육을 받는 학생이 17만 643명에 달했으며, 그중에 의무교육 단계의 학생이 13만 1,830명으로 같은 연령의 약 1%를 차지했다. 요즘은 아이의 각종 장애에 대한 조기 개선과 극복, 그리고 지체 장애 아동의 자립을 위한 직업 교육을 비교적 중시하고 있다. 일본 사회는 취학 지도 강화, 특수 교육 교사의 수준 향상, 취학 장려, 설비 증설 등 지체 장애 아동에 대한 이해와 배려를 아끼지 않는다.

여섯째, 학교의 수업 여건을 개선한다. 한 반에 45명이던 초, 중고등학교의 반 정원을 1990년부터 40명으로 줄였다. 현재 교사와 학생의 비율이 초등학교가 1 : 22.7, 중학교가 1 : 20.3, 고등학교가 1 : 18.7로 미국, 영국, 프랑스, 독일보다 높은 상황이다. 일본은 사제의 비율을 지금보다 더 낮출 계획으로 중고등학교에 양호 교사와 사무원, 영양사를 배치하고 교장과 음악, 미술, 체육 교사의 전임제를 실시하고 있다. 그뿐만 아니라 학교 건물, 체육관, 기숙사 면적을 확대한다는 계획을 실행에 옮기기 시작했다. 1990년 초등학생의 일인당 평균 점유 면적은 8.6제곱미터, 중학생의 일인당 점유 면적은 8.7제곱미터이다. 현재 대부분 학교가 컴퓨터 교실 마련을 계획하고 있다.

일곱째, 교사의 자질 높이기에 주력한다. 일본은 1988년과 1989년 두 차례에 걸쳐 교사 허가법을 수정해 교사 임용 방법에서 개혁을 실시했다. 현재 일본 교사는 반드시 교사 자격증을 갖춰야 할 뿐만 아니라 면접이나 능력 테스트를 받기도 한다. 1990년에 1차 면접을 실시한 현시縣市는 36곳이었고, 2차 면접을 실시한 현시는 32곳, 개성 테스트를 실시한 현시는 49곳, 작문 또는 소논문을 평가한 현시는 54곳이었다. 중고등학교 교사에게 추가로 영어 테스트를 요구한 현시는 46곳에 달했다. 이 밖에도 초등학교의 수영, 음악, 체육, 미술 교사는 실기 능력 테스트를 받아야 한다. 1990년 시험에 응시한 교사는 15만 2,097명에 달했으며 그 가운데 약 5분의 1인 3만 3,615명의 교사가 임용되었다. 새내기 교사를 대상으로 첫해에 적어도 일주일에 두 번의 교내 연수와 한 번의 교외 연수를 받도록 하는 등 교사에 대한 연수 강화도 점차 제도화되고 있다.

그 밖에 고등교육, 사회 교육 분야에 대해서도 개혁을 실시하고 있지만 지면 관계상 여기서는 자세히 언급하지 않겠다.

3. 일본 문화의 사회학, 심리학에 관한 고찰

(1) 서문

문화에 대한 오해는 여러 가지 이유에서 기인한 것이고, 그 이유가 여러 가지로 다양한 것은 서로 다른 환경 속에서 생활하고 있기 때문이라는 결론이 나온다. 즉 서로 다른 세계에 사는 사람들은 자신의 생활패턴에 근거해 상대방에 대해 추측하고, 자신의 가치관으로 상대방의 행동을 판단하기 마련이다.

중국인은 일본인을 쉽게 오해하는 편이고, 또 사실상 많은 오해들이 존재하고 있다. 하지만 일본인의 생활습관 등에 대해서 중국인들은 오히려 관용적이고 포용적인 모습을 보일 때가 많다. 이는 중국과 일본 양국의 문화적 친근성 때문일 것이다. 반면, 일본인의 사회의식이나 행동에 대해서는 이해하지 못하거나 부정적인 평가를 보인다.

이렇듯 '가깝고도 먼 사이'인 중국과 일본의 관계는 중일 비교 문화학文化學에서 연구해 볼 만한 과제다. 중국과 일본의 발전사를 돌아보면, 그것이 어느 시점이던 간에 오늘날 전혀 다르다고 생각되는 중국과 일본 국민들 간, 그리고 역사 발전과정에서 전혀 다른 시간과 공간상에서 중국과 일본 양국은 공감되는 부분을 찾아낼 수 있다. 양국은 과거 서로 다른 역사 시기에 시공을 초월한 유사성을 보였다. 예를 들어, 중국의 역사발전 과정을 보면 일부 사회 생존방식이나 생활양식은 여러 가지 이유로 사람들에게 거부당하면서 그 종적을 감췄다. 만약 오늘날 일본인에게서 유사한 모습이 보인다면, 이는 중국인의 잠재적 가치관이 일본인에게서 표출된 것이다. 따라서 이런 이해과정에서 상당 부분 오해가 발생하기 마련이다.

우리가 총괄적이고 거시적으로 이 문제를 바라본다면 우리에게 시사하는 바가 적잖다. 최근 일부 학자들은 이미 이 분야의 연구에 착수해 일정부분 성과를 거뒀다. 예를 들어, 중국과 일본 양국은 과거 역사에서 모두 중앙집권 방식의 봉건국가를 세운 바 있다. 하지만 중국은 진나라 건국 때부터 청나라 붕괴

때까지 이어졌고, 그 후로도 약 2,000년 가까이 지속되었다. 반면, 일본은 다이카개신大化革新을 전후해 건립된 천황제 국가부터 막부幕府정권이 탄생하고 무사계급이 역사 무대에 등장한 이후 일군만민一君萬民의 전제체제에 큰 변화가 생겼다. 메이지유신明治維新 이전 일본사회의 상층구조는 중국사회와 전혀 다른 모습이었다. 또 에도江戶시대 일본 유학자의 사명과 직책 역시 중국 유학자의 그것과는 사뭇 달랐다. 오늘날 중일 양국이 전면적인 교류를 펼치는 과정에서 생긴 '오해'는 역사 속에서 그 해결의 실마리를 찾을 수 있을 듯하다.

(2) 다이카개신大化革新

다이카개신(645~673)이 있었던 645년부터 673년까지는 역사적으로 볼 때 일본이라는 나라와 그 문화를 형성하는 데 중요한 이정표를 남겼다. 일본은 다이카개신을 계기로 천황제 율령국가로서의 면모와 문화를 갖추기 시작했다. 게다가 일본이 한 지역이 아닌 한 국가로 변모한 전환점이자, 일본의 주체성을 확립한 중요한 시기라는 평가를 받고 있다.

일반적으로 학계에서는 다이카개신 시기 쇼토쿠태자聖德太子라는 일본 정치가가 대량의 '견당사遣唐使(당나라 사절단)'를 대륙에 파견해 대륙의 법령제도와 문화를 모방했고, 이를 기초로 일본 최초의 율령국가를 건설했다고 본다. 이 점에서 본다면 중국과 일본문화의 유사상은 창시자와 모방자의 관계로 규정할 수 있다. 그러나 이런 표면적인 유사성이 문제의 또 다른 면을 놓치게 만드는 경우가 많다. 당시 창시자인 중국과 모방자인 일본은 처한 환경이 달랐다. 중국 수당隨唐시기의 법령 및 문화제도는 진한秦漢시대부터 발전하기 시작한 것으로 봉건문화의 결정체로 평가받는다. 하지만 이 중화문화는 일본에는 맞지 않았다. 소가蘇我씨와 부물部物씨가 '불교숭상'이냐, '불교말살'이냐를 놓고 전쟁을 벌였던 역사가 이를 반증해준다. 당시 일본은 천황제 중앙집권국가로 중화문화를 차용한 것이라고 이해해야 중일 문화 간에 존재하는 차이점에 대한 수수께끼가 풀린다. 중국과 일본 문화에 내재된 본질 자체가 다르고,

당시 이미 사회문화의 깊은 부분까지 내재된 상태였다. 이런 차이점은 역사가 흐르면서 계속해서 드러났고 점차 뚜렷해졌다.

다이카개신은 일본정치 역사상 줄곧 이상을 완벽한 현실로 바꾼 모범사례로 남아 있다. 이 시기에는 쇼토쿠태자라는 걸출한 정치가가 탄생했는데, 그는 '성인聖人'이라는 칭송을 받을 정도였다. 사실 일본은 정치 역사의 황금기라 불리는 다이카개신 시대에 일본사회가 가장 기본적인 공동체 의식에 있어서 중국과 전혀 다르다는 것을 보여줬다. 이는 일본문화가 특정한 상황에서, 특정한 시기에서, 또는 특정한 분야에서만 중국 문화와 유사하다는 것을 의미하고 또 다른 측면에서는 완전히 상반되는 모습을 보이기 때문에 함께 논하는 것조차 불가능하다.

다이카개신 전만 해도 일본사회는 아주 낙후되어 있었다. 6세기 무렵, 중국대륙은 이미 왕권교체와 흥망성쇠를 그린 역사극을 방영하고 있었던 반면 일본은 전국을 통일한 정권도 등장하지 않은 때였다. 일본도日本島 중서부에 자리 잡고 있던 야마토大和조정은 부락 연합왕국으로, 실질적인 정권 파워는 한계가 있었다. 천황씨天皇氏를 중심으로 야마토 지역의 실세 호족들과 연합, 연합정권을 세워 다른 소부락들을 정복, 편입시켰다. 그 후 현지호족들이 실권을 장악하고 특정 정치적 지위와 직위의 세습을 주관했다. 일본의 이 같은 씨족제도는 중국대륙 은주殷周시대의 국가체재를 보는 듯하다. 비록 은주시대에는 '천하공주天下共主'를 받들긴 했지만 각 소부락들과 씨족들은 독립적 성격을 띠고 있었다.

야마토 조정은 일본 일부지역에서 동부 쪽으로 그 정권을 확장해 나가 결국에는 일본도 내의 유일한 실세로 자리 잡았다. 하지만 이 과정에서 야마토 조정 내의 군사력만 증강된 것이 아니라 외세의 압력도 거세졌다. 6세기 전후 중국대륙은 오랫동안 이어져 오던 분열과 전란에 종지부를 찍고 수당隨唐이 두 차례 전국통일 정권을 세웠다. 조선반도朝鮮半島와 일본도 야마토조정의 세력으로는 당시 대륙 군사력을 당해내기에는 역부족이어서 퇴각할 수밖에 없었다. 다이카 개신이 바로 이 시기에 시작되었는데, 대륙으로부터 받은 '굴욕'이 직접적인 이유임을 알 수 있는 대목이다.

일본도에 외세의 위협과 압력이 심했던 당시, 별다른 저항 없이 아주 놀라운 속도로 정권 통일을 이룩할 수 있었던 것은 일본도 내의 소부락(소국)들이 조정과 뜻을 같이 했기 때문이다. 야마토 정권이 강해질수록 대륙의 견제도 강해졌다. 당시 일본도에도 통일 공동체가 존재하긴 했지만 그들의 군사력은 대륙의 중앙집권적 군사력과는 비교가 되지 않았고, 대륙에 맞서기에도 역부족이었다. 일본이 통일을 이룬 것은 일본도의 지리적 환경 요인이 크게 작용했다. 일본인은 대륙의 위협이 거세질수록 더 강한 응집력을 발휘했다. (일본 민족의 특징을 다룬 서적에는 篠田雄次郎의『도국의 일본인島國的日本人』, 시바 료타로司馬遼太郎의『일본인과 일본문화日本人和日本文化』등이 있다)

중국의 중앙집권정권은 강성한 군사력이 있었기에 가능했다. 중국 옛말에 '패왕지도覇王之道' 역시 여기서 나온 말이다. 먼저 무력으로 정복해 통일을 실현한 후 차츰 왕도를 펼침을 의미한다. 예를 들어 진 왕조는 진사秦師(진나라 군사)의 강성함으로 육국六國을 멸하고 천하를 통일했고, 한고조漢高祖 유방은 평생을 전쟁에 바쳤다. 하지만 나라를 세운 인물에 전공戰功자나 군대통솔자는 없다. 사실 '천하天下'는 정권, 좀 더 구체적으로 말하자면 군사력을 든든한 배경으로 형성된 공동체에 의해 좌지우지 되었다.

유가사상은 결국 군사력을 기초로 형성된 '천하' 공동체 속에서 만들어진 공동체 의식이다. 중국 역사를 보면, 진나라는 전형적인 군사 국가였고, 한나라는 한고조부터 한무제漢武帝에 이르기까지 진나라를 그대로 계승해 진나라와 크게 다르지 않았다. 유가사상은 사실 통일제국이 탄생한 100년 후, 공동체 의식이 형성된 후에 생겨난 것이다.

일본은 중국과 상황이 달랐다. 다이카개신 시기 형성된 일본도 내의 통일 공동체는 외세의 위협 속에서 세워진 것이었다. 그런 까닭에 당시 천황제의 신성성에 의문을 품는 자가 없었다. 중국의 옛말을 빌리자면 패도보다는 왕도라고

하는 것이 맞을 것이다. 일본의 천황제 조정이 강조했던 '제정일치祭政一致'에서 일본 특유의 공동체 특징을 볼 수 있다. 이는 제사와 정치를 긴밀히 결합한 것으로 당시 '정치政治'가 바로 '제사祭事'로 여겨졌다. 일본의 공동체는 곧 외세의 위협 속에 만들어진 응집력을 의미한다. 이 사실만 파악한다면 일본인에게 있어 제사가 왜 이렇게 중요한 역할을 담당하는지 이해할 수 있다.

일본문화는 이처럼 외압 속에서 형성된 자연공동체 성격을 띠고 있다는 점에서 중국 대륙의 것과 다르다. 중국 대륙의 '공동체'는 '천리天理', 인정, 윤리를 바탕으로 만들어진 것으로, 군신君臣, 부자父子, 부부夫婦 삼강三綱과 인의예지신仁義禮智信 오상五常의 틀 위에서 형성되었다. 또 외압 속에서 탄생한 일본의 공동체는 '천리'에 의지한 것이 아니라 구성원 간의 협력 하에, 아주 미묘한 감정의 조화로 만들어졌다. 이처럼 외압으로 형성된 일본 스타일의 집단성은 일본문화가 형성되던 당시 중요한 초석이 되었고, 오늘날 일본의 기업집단으로까지 이어지고 있다.

만약 중국 스타일의 집단조직이나 사회구조를 일차적인 것이라 한다면, 일본 스타일의 집단조직은 이차적인 것이라 할 수 있다. 전자는 윤리본위 사상에서 형성된 것이고, 후자는 외부적인 압력으로 형성된 것이다. 즉 후자는 윤리를 뛰어넘은 비非이성적인 집단적 성질을 띤다. 외부에서 압력을 가하지 않았더라면 일본 스타일의 집단 특징 역시 나타나지 않았을 것이다.

『수서·동이전·왜국隨書·東夷傳·倭國』은 일본 사신이 수양제隨煬帝에게 건넨 국서에 다음과 같은 글이 담겨 있었다고 적고 있다.

"해 뜨는 나라의 천자가 해 지는 나라의 천자에게 편지를 보낸다. 편안한가. 日出處天子, 致書日沒天子, 無恙雲雲."

일본 조정은 중국을 '천자'라 칭했다. 하지만 일본에서 말하는 천자는 곧 '하늘'을 의미하는 것은 아니었다. '해가 지는 나라의 천자'라고 중국황제의 존재를 설명함으로써 자신의 위치를 명확히 드러내고자 했다. 이것이 바로 위에서 언급한 이차적 집단의 특징이다.

다이카개신 시기부터 형성되기 시작한 일본인의 집단성은 중국인, 특히 현대의 중국인이 전혀 경험해보지 못한 부분이다. 사회 각 집단은 스스로 작은 사회를 이루고 있지만 대부분 사회원칙 원리에서 벗어나지 않으며 통일된 이데올로기를 갖고 있다. 그래서 외압으로 형성된 탈 이데올로기적인 집단을 중국인이 이해하기는 어렵다. 이는 심지어 많은 오해를 불러일으키기도 한다.

(3) 무사武士와 무가武家정치

일본은 중국대륙의 수와 당나라를 모방해 일본 천황제 국가를 건설했다. 내부적인 원리, 제도는 중국의 그것과 다르지만 천자, 천황이 관료계층을 통해 토지와 백성을 지배한다는 표면적인 부분은 아주 흡사하다. 중국과 일본의 고대 사회정치 형태를 동방전제집권주의東方專制集權主義라고 칭하는 역사적 근거가 여기에 있을 것이다.

하지만 집단과 사회를 형성하는 내재적인 메커니즘이 달랐기 때문에 역사의 흐름과 함께 그 차이점이 수면위로 드러났고, 일본은 중국대륙과 전혀 다른 사회정치 구조를 형성했다. 이런 차이점을 분석해보면 같은 듯 전혀 다른 양국의 이질성에 대한 이해와 인식을 이끌어낼 수 있다. 반면, 같은 점이나 유사성을 지나치게 강조하고 공통점만을 강조한다보면 상대방에 대한 정확한 인식과 이해의 부족으로 오해가 생길 수도 있다.

10세기 전후, 일본에는 군인을 직업으로 하는 무사계급이 흥성하기 시작했다. 초기의 무사계급은 귀족계급의 노예로 영주의 주택이나 영지의 이익을 지켜주는 사설군인에 불과했다. 그러나 귀족세력의 몰락과 무사계급의 부상, 그리고 몇 번의 전란을 겪으면서 가마쿠라鎌倉 막부가 탄생했다. 이로써 군직에 있는 자들이 군대와 정치권력을 손에 넣게 되었다.

이때부터 일본사회는 이원적 구조를 띠기 시작했다. 전통적인 천황제를 받들어 귀족이 정권을 장악한 공가公家(구게) 조정과 직업 군인무사가 무력으로 세운 정치기구가 그것이다. 권위와 권력이 이분화된 것이다. 이런 이분화가 등장한 것은 여러 가지 이유가 있다. 그 가운데 군사력이 중요한 요소임에도 불구하고 전통적인 권위가 군사력을 배경으로 구축된 것이 아니라는 점이 가장 기본적인 이유이다. 즉 권위와 군사력의 분리가 이원적 구조를 만든 가장 주요한 이유다.

일본무사가 정치 주역으로 등장한 일본 역사는 일본문화, 나아가 일본인의 국민성에도 큰 영향을 주었다. 과거 무사계급의 정신은 현재 일본 국민성에 그대로 녹아들어 오늘을 사는 일본인의 생활 곳곳에서 확인할 수 있다.

무사계급 가마쿠라 막부는 역사적으로 아주 오랫동안 일본의 절대적인 정치 세력으로 군림했다. 중국은 봉건사회의 뒤를 이어 사대부 문관 등의 관료계층이 주된 세력으로 등장했다. 이는 무사계급이 정치주역으로 등장한 일본과 극명한 대비를 이룬다. 중국 역사에서 군인이 정권을 장악했던 시기는 사회가 어지럽거나 전란이 발생했을 때가 전부였다. 전란이 끝나고 사회가 안정되면 전쟁을 멈추고 교육과 문화에 힘쓰자는 목소리가 커졌고, 그러면 사대부 계층이 다시 권력을 손에 넣었다.

일본 무사계급의 존재는 일본인의 국민성과 사고 등 다양한 부분에 영향을 미쳤다. 하지만 일본은 중국과 전혀 다른 집단원칙을 형성했다는 점에 주목할 만하다. 일본 무사계급에도 주종主從관계가 존재했다. 아랫사람은 윗사람에게 충성을 맹세하고 윗사람은 자신의 세력으로 아랫사람의 경제적, 정치적 이익을 보장해주었던 무사의 동량棟梁과 오이에禦家사이만 보더라도 그렇다. 하지만 무사계급집단도 결국에는 이익으로 맺어진 집단이다. 구성원 개개인은 자유로운 주체적 인격체이므로 이익을 존중받을 수 있었다. 당시 무사가 전쟁을 하는 목적은 오로지 이익을 위해서였다. 당시 모든 무사집단은 더 많은 토지와 이윤을 손에 넣고자 칼을 들었지 결코 '천리'같은 추상적인 사회적 이상을 따르고자 칼을 든 것이 아니었다. 이런 이유에서 알 수 있듯이 주종관계는 개인 대 개인의 '주종계약'관계였다.

중국인에게 일본 스타일의 주종계약관계는 아주 난해한 과제다. 인간관계로 맺어져 만들어진 이익집단은 역사 속에서도 많이 접했기에 결코 낯선 광경이 아니다. 하지만 일시적이고, 순간적이며, 과도기적인 모습을 띤 일본 스타일의 이익집단은 아주 낯설다. 한고조 유방은 풍패豊沛子弟 사람들을 이끌고 처음 군대를 일으켰고, 항우項羽는 강동江東 사람들의 힘으로 집안을 일으켜 세웠다. 이들 관계를 유지시켜주는 연결고리는 다름 아닌 '의협심'이었다. 유방의 개국공신은 모두 풍豊, 패沛지역의 지기知己로, 한나라 초기 집단은 일본의 무사계급이 보인 특징과 흡사했다. 하지만 이런 모습은 한나라가 집권했던 200년 동안 아주 잠깐 나타났던 것에 불과했다. 한나라 무제시기에 이르자 의협심을 강조한 인간미는 '천리'를 실천하고 추구하자고 하는 목소리에 밀려 그 자리를 내놓았다. 이처럼 유가사상의 천존지비天尊地卑, 군존신비君尊臣卑, 군양신음君陽臣陰 등이 인간관계를 결정짓는 핵심이 되면서 계약적 이익이나 이익관계에 의한 인간관계는 사라지게 되었다. 모든 사회, 모든 집단이 당위성을 띤 천리를 추구하면서 개개인의 정치적 주체성은 말살되었고, 개인은 '천리'를 실현하기 위한 사회 구조의 부속품으로 전락, 자주성을 잃게 되었다. 관념적인 관점에서 볼 때, 일본의 무사계급 같은 전형적인 이익주도적인 주종계약관계는 부정적인 대상으로 여겨졌다.

일본 무사계급의 이런 관념은 일본 사회 각 방면으로 흡수되었고, 일본인이 오해를 받거나 그 가치를 비판받는 원인이 되었다. 예를 들어, 일본인 가운데 '이익 유일주의'자는 1990년대 실시한 조사 결과 큰 비중을 차지했다. 집단주의와 개인주의를 중국인의 사고와 행동규율의 잣대로 본다면 일본인은 집단의 원리를 지나치게 강조하고 있다. 유가사상이 모든 사회구성원을 절대화, 개인 존재를 추상화, 허구화시킨다고 언급했던 것에서 잘 알 수 있듯이 개인 존재의 철저히 무시하고 있는 것이다. 또 다른 측면으로 본다면 개인의 욕구를 지나치게 강조한다. 일본인은 천리와 개인의 욕구를 하나로 보고, '양지良知(생각하지 않고도 아는 경지)'라는 명목 하에 개인의 이익과 욕구를 강조하고 있는 것이다.

유동적으로 변하는 일원주의적 관점에서 일본인을 본다면 당연히 전자 쪽의 손을 들어주게 된다. 전자의 입장에서 보면 집단주의만을 지나치게 미화하고 개인의 이익추구를 비판하고 있다. 유가의 '하필왈리何必曰利(하필 이익이 되는 것만을 말하는가)', '정기의부모기리正其義不謨其利(그 의만 다루고 그 이익은 꾀하지 않는다)'라는 사상이 아직 남아 있는 중국인이 볼 때 일본인의 집단주의와 개인주의의 교집합을 이해하기 어려울 수밖에 없다. 아니, 이해 못하는 것이 당연하다.

(4) 천황과 천황제

일본과 중국의 사회형태 가운데 가장 큰 차이점을 들라면 단연 중국의 황제제皇帝制와 일본의 천황天皇을 들 수 있다. 전혀 다른 두 체제 속에 양국 국민들이 풀지 못한 문제의 답이 들어 있다. 최근 황제와 천황의 다른 점과 같은 점에 관한 역사 연구 및 비교 연구가 큰 주목을 받았다.

일본의 천황이라는 존재는 수많은 역사 속에서 중요한 사회적 역할을 담당했다. 이는 일본인이라면 누구나 아는 상식이지만, 중국인에게는 이해하기 힘든 부분이다.

중국인은 흔히 일본 천황은 중국의 황제와 비슷한 존재라 여기기 쉽다. 최고 권위자이자 최고의 권력자라고 생각하는 것이다. 이 점이 바로 일본인들의 생각, 그리고 현 일본사회의 실제상황과 큰 차이를 보이는 부분이다. 일본의 쇼와昭和 황제의 2차 세계대전에 대한 책임 문제가 그 대표적 예다. 이 문제는 일본에서 상당히 민감한 부분인데, 결국 당시 최고 권위자였던 천황이 어느 정도의 권력을 갖고 있었느냐 하는 문제로 귀결된다.

결론적으로 말하자면, 일본 천황은 초기에는 중국 황제와 유사한 성질을 띠고 있었지만 역사가 흐르면서 원래 절대적 존재였던 천황의 역할이 차음 상징적 존재로 변해갔다. 중국인이 이해하지 못하는 부분이 바로 이 부분이다.

일본 초기 천황은 씨족부락을 이루고 있던 '오키미大王'였다. 서기 6세기 무럽, 일본은 중국문화와 정치에 많은 영향을 받았고, 다이카 개신을 전후에 일군만민제의 천황제 율령국가를 건설했다. 당시 천황의 권력과 율령은 절대적 권위를 상징했고, 천황을 선봉으로 고대 봉건국가를 세운 것이다. 이는 흡사 황제가 만백성을 통치하던 중국의 봉건 집권제를 본 떠 만든 모사본 같았다.

서기 8~9세기, 천황의 절대적 권위가 흔들리기 시작했다. 당시 천황은 전통적인 권위는 유지하고는 있었지만 정치권력에서는 상당부분 양보할 수밖에 없는 처지에 몰리게 되었고, 결국에는 정치 실권을 귀족에게 뺏기고 말았다. 중국 역시 황제 권력이 약화되었던 역사를 쉽게 찾아볼 수 있다. 가장 전형적인 케이스가 어린 천자의 즉위다. 이를 틈타 왕후 외척, 힘 있는 조정 대신, 심지어 환관宦官이 대권을 장악하는 경우도 있었다. 한 무제가 죽은 후 확광霍光이 천명을 받는 것이 대표적 예다. 하지만 이렇게 장악한 권력은 일시적인 것으로 천자의 세력이 강성해지면 대권은 금세 되찾아 올 수 있었다. 하지만 일본은 이런 과도기적 수단이 제도화 되면서 천황의 권력은 점차 힘을 잃어갔고 전통적인 천황제도는 분열될 수밖에 없었다.

9세기는 귀족이 집권했던 시기다. 후지와라노藤原 가문은 독재정치를 펼치며 셋쇼攝政(섭정)과 간파구關白(관백)을 두고 천황을 보좌한다는 미명하에 천황의 절대 권력을 휘둘렀다. 후지와라노 모토츠네藤原基經(836~891)섭정이란 그가 어린 천황을 보필하다 천황이 성인이 되자 관백을 담당한 것을 말한다. 역사적으로 볼 때 이 사건이 권위와 권력이 분리된 시초다.

이처럼 제도적으로 권위와 권력이 완전히 분리된 것은 가마쿠라 막부시대 때다. 어쩌면 가마쿠라 막부는 일본인이 만든 최고의 정치 문화적 걸작품이다.

그 후 귀족정치가 점차 부패해 몰락의 길을 걷자, 천황은 권위와 권력을 일원화 하려는 움직임을 보였다. 이에 탄생한 것이 인노죠院廳(원청) 정권이다. 만약 이때 천황이 권력을 되찾아 왔더라면, 게다가 그 권력을 자손만년 계속 누렸더라면 중국 천황제와 완전히 같은 양상을 지녔을지도 모를 일이다.

가마쿠라 막부가 탄생한 후 몇 번의 변화가 있긴 했지만 일본사회는 꾸준히 이원화 구조를 유지했다. 전통적 천황제를 따르는 공가조정과 군사력을 배경으로 하는 무가정권이 그것이다. 무사계급의 최종목적은 정치권력을 손에 넣는 것이었지만 강성한 군사력만을 믿고 섣불리 천황의 자리를 넘보지는 않았다.

그 후, 명성이 높았던 도쿠가와 이에야스德川家康가 도쿠가와德川 막부를 세웠다. 당시 모든 행사의례는 물론이고 용 문양이 들어간 황제의 의복까지도 중국을 그대로 모방했다. 하지만 최고 권력을 누렸던 도쿠가와 이에야스 역시 천황 자리를 넘보지는 않았다.

막부시대 말기 천황의 경제력은 오만 석 정도를 하사받는 소다이묘小大名 수준이었다. 하지만 전통을 상징하는 의미로 일본국민들의 대사제大司祭는 계속 이어져왔다. 이것이 이후 일본 메이지유신의 계기가 되었고 민족의 힘을 하나로 응집시켜준 사건이었다.

일본 천황의 역할이 변모해가는 과정에서 엿볼 수 있듯이 일본문화는 개방적이고 전향적으로 발전해 나갔다. 초기 천황제도는 종합적인 체제였으나 훗날 내부의 각종 기능이 분리되어 나갔다. 초기 천황제도는 제도의 형식적인 면은 물론이고 실질적인 운영에 있어서도 중국의 천자황제와 상당 부분 흡사했다. 정치, 경제, 군사를 통치하는 대권이 모두 한곳에 집중되어 있었던 것이다. 중국문화와 일본문화의 유사점, 초기 천황제도와 중국 황제제도의 유사점에서 볼 때 당시 양국 간 이해의 장벽이 그리 높지 않았음을 짐작할 수 있다.

하지만 이런 '종합적인 체제'는 역사의 흐름과 함께 일본인의 손에 의해 분해 되었다. 좀 더 구체적으로 말하자면, 무사계급이 부흥하면서 천황의 정치권력을 빼앗아갔고, 가마쿠라 막부 후 신불교가 흥성하면서 종교 권위 역시 점차 민간으로 넘어갔다. 천황제도는 말 그대로 형체만 남게 되었다.

이런 역사과정에서도 알 수 있듯이, 일본문화는 '개방'적 문화다. 기존의 틀에 여러 가지 새로운 사회관계를 형성해 공존해 나간다. 또 새롭게 나타난 사회요소와 기존의 전통적인 권위가 균형을 잃지 않도록 형식화했다.

이와 비교해볼 때, 중국은 오랜 봉건사회 속에서 '폐쇄'적 성향이 두드러진다. 왕권의 흥망성쇠와 교체는 중국역사에 자주 등장한다. 진나라와 한나라 이후 일군만민의 중앙집권제 체제는 이미 안정적으로 자리를 잡았다. 남북南北, 수隨, 당唐, 오대五代, 송료宋遼, 금金, 원元, 명明, 청淸로 이어지는 역사 속에서 끊임없는 왕권 교체가 이루어졌고 또 새 왕권이 들어섰다. 점차 이런 구조가 형성되면서 사회 정점인 '종합적 존재', 즉 다양한 사회관계가 '황제천하' 한 곳으로 집중되는 것이다. 하지만 또 다른 각도에서 본다면 이 같은 사회 존재 방식은 사회 구성원이 '종합적 이미지'를 갖고 있다는 반증이기도 하다. 이처럼 일원화된 사회는 곧 일원화된 심리가 만들어 낸 산물이라고 해도 과언이 아니다.

　일본 천황의 사회적 역할이 변화하고 분해되는 역사에서 우리는 일본문화의 특징을 상상해 볼 수 있다. 즉 일본사회가 발전해 가는 과정에서 일본 문화 속에 현대화된 공업사회의 다양한 요소가 녹아들었다. 그중에서 가장 눈여겨 볼 점은 다원화된 일본인의 사고방식이다. 중국문화에서 사회와 정치는 거의 동일시되기 때문에 사회의 최고 책임자가 곧 최고의 정치권력을 누리게 된다. 천자와 황제를 하나로 보고 동일시한다. 그런 까닭에 중국은 정치활동이나 사회질서에 문제가 생기면 사회전체가 붕괴된다고 생각한다. 또 사회 동란이 발생하면 '천명'과 서열을 새롭게 세우면 된다고 여겼다. 반면, 일본사회는 오히려 기존의 전통 권위 틀 위에서 새로운 기관을 만들어 직무의 일부분을 담당하게 한다. 귀족사회 때의 '섭정', '백관'부터 '정부', '막부'에 이르기까지 모두 단순한 정치직무기구로서 분리되어 나온 것이다. 전통 권위가 완벽하게 형식화된 결과, 하나의 사회 종합적 상징으로서 천황제도가 계속해서 이어져 올 수 있었고 세계적으로 가장 오랜 역사를 지닌 왕가로 남게 되었다. 또, 정치권력에 아무리 큰 변화가 생겨도 변함없이 사회정신을 한곳으로 응집시켜주는 역할은 담당하고 있다. 그래서 일본사회는 상대적으로 평화롭고 안정적으로 발전해왔다. 일본은 역사적으로 수많은 충돌과 전쟁을 겪었지만 중국의 농민궐기처럼 전대 왕조의 유물을 깡그리 불태워 없애버리고 전대왕조의 문화를 철저히 파괴해 자신의 권력을 세울 필요가 없었다. 다만 일본의 무사계급은 자신의 실력으로 형식상 권위를 가진 천황에게서 '대장군大將軍'이라는 봉호封號만 하사받으면 실질적인 정치 권위를 얻을 수 있었다. 이처럼 일본 고대문물이 거의 파손되지 않고 전해져오는 것도 정치문화 형식과 직접적인 관련이 있다.

(5) '집단주의'와 개인

일본인의 집단성은 중국인에게는 풀기 어려운 수수께끼 같다. 당신이 일본인에 대해 어떤 견해를 보이던 일본인의 집단성이 갖는 특징에 감복하지 않을 수 없을 것이다. 중국 옛말에 '중국인이 한 무리의 닭이라면 일본인은 떼 지어 가는 오리다.'라고 했다. 장자莊子가 한 비유다. 벌판에서 유유자적하며 거닐던 닭 무리가 외부에서 자극을 받으면 사방으로 흩어져 버린다. 반면, 오리는 물속에서 줄맞춰 떼 지어 함께 움직인다. 비유가 옳은지를 논하자는 것도 아니고, 닭이 나은지 오리가 나은지를 이야기 하자는 것도 아니다. 다만 행동방식이 서로 다르다는 것을 지적한 것이다.

일본인의 집단성은 대부분 외부적인 행동으로 나타난다. 단체 구성원들은 그 단체 고유의 행동양식에 따라 움직이는데, 이 같은 구성원의 일치된 행동방식이 있었기에 오늘날 일본이 선진국으로 도약할 수 있었다.

그렇다면 일본인의 집단성은 어디에서 오는 것일까? 집단주의 사상을 교육하고 홍보한 덕분일까? 만약 그렇다면 집단주의 사상이 내포하고 있는 의미는 무엇일까? 다른 나라도 받아들일 수 있을까?

일본인의 집단성은 사상적인 결과물이 아니라 일본 국민성 속에 원래 존재했던 것이다. 다시 말해, '집단주의'가 아니라 자연적으로 형성된 행동성향이다. 일본민족의 역사를 보면, 초기 씨족 연합체인 다이와大和조정 때의 각 집단은 씨족을 기본단위로 하고 있었다. 천황제 국가라는 이름 하에 '천하공민天下公民'을 이룬 적도 있지만 그 밑바탕은 여전히 공동체 생활이었다. 무사계급이 부흥하면서 무사들 역시 '일족낭당一族郎黨'의 단체행동을 했다. 각 단체들은 명목상으로는 천황의 신하이고 백성이었지만 사실상 개개인 모두는 이익단체에 속한 구성원에 불과했다. 구성원들은 단체 내부에서 의식 있는 완전한 인격체가 아니었기 때문에 집단의 이익에 절대적으로 복종해야 했다.

구성원 개개인의 단체 내 지위를 보면 중국의 고대사회 때와 유사해 보이지만 사실상 완전히 다르다. 중국 고대사회의 하부조직인 향촌鄕村 공동체 구성원은 혈연으로 맺어진 사이로, 같은 혈연관계를 가진 자는 하나의 공동체를 이뤘고 '천자'를 중심으로 하는 사회체제에 예속되었다. 또 단체 내에서 구성원이란 존재는 혈연의식으로 맺어진 인격체이고, '혈연' 자체가 구성원에게 부여된 책임이자 의무를 의미한다. 이는 태어날 때부터 갖게 되는 하나의 권리라 할 수 있다.

여기서 개인주의적 성향과 단체주의를 하나로 융합한다면 아마 정확히 가려내기 힘들 것이다. 하나의 단체는 구성원 개개인의 공감대 위에서 형성되는 것이다. 즉 그 단체의 규범은 구성원들의 사상적 인식을 바탕으로 제정되어야 한다.

단체가 외압을 받았을 때, 그 단체의 정신적인 단결력이 증가할 수도 있고, 구성원들이 단체를 등질 수도 있다. 혈연이라는 종족집단은 도덕성으로 그 집단성이 유지되는 특징이 있는데, 여기에는 개인 중심적이라는 한계가 있다. 그래서 단체 규범을 가장 중시하고 강조했던 중국 역사 속에 '오합지중'이 수차례 등장하는 것이다.

일본의 공동체는 단체 속에 같은 혈연을 가진 구성원이 있기도 하지만 혈연관계로 형성된 공동체를 이끄는 것은 혈연의식이 아니다. 그들은 어디까지나 이익 공동체로 상호 관계를 통해 생존을 도모한다. 그들은 같은 이익을 추구하는 과정에서 일치된 행동을 보이는 것이고, 이런 과정에서 일본인 고유의 집단성 행동이 형성되었다.

일본 기업들이 큰 성공을 거둘 수 있었던 이유 중 하나가 바로 일본 국민성 속에 녹아 있는 집단 내의 협동심이다. 누구나 알다시피 선진화된 공업 생산

시스템은 구성원들이 그 생산과정과 규범을 엄격히 준수해야만 효율적으로 운영될 수 있다. 일본인들이 일찍부터 집단규범을 엄격히 준수하는 습관을 길렀고, 이렇게 미리 갖추고 있었던 '천부'적인 현대화 소질이 큰 장점이 되었다. 간혹 공업사회에 적응하지 못하는 이유를 농업사회의 전통 때문이라고 하는 이도 있다. 하지만 일본의 경험에서 알 수 있듯이 전통이라고 해서 무조건 현대화와 상충되는 것은 아니다.

일본의 집단성에서 최고의 경지는 '화和'를 이루는 것이다. 일본민족이 처음 중국문화를 접했을 때 '대화大和'를 국명으로 삼았던 것도 이 때문이 아닐까 싶다. 하지만 일본인의 집단성은 우리가 흔히 말하는 집단주의와는 차별화된다. 집단주의는 집단중심적인 사고방식으로, 홍보나 설득을 통해 단체 구성원의 생각을 통일시켜 집단행동을 하게 하는 것이다. 그렇기 때문에 집단주의는 구성원의 개인 이익을 희생하는 대가로 전체의 이익을 꾀한다. 일본인에게 있어 '집단'의 의미는 개인의 이익을 실현하는 무대이지, 개인의 이익을 희생하는 장소가 아니다.

일본인에게 집단성과 개인의 자유는 결코 상충되는 개념이 아니다. 얼핏 보면 일본인은 함께 골프를 즐긴다거나, 함께 술을 마신다거나, 함께 여행을 한다거나 하는 집단성 단체 활동을 즐기는 듯 보인다. 그러나 실상은 그렇지 않다. 일본인의 내재적 세계는 아주 다양하다. 일본인은 단체 구성원끼리 서로 '이해'하려고 애쓰지 않고, 공통된 생활규칙에 따라 생활해 나갈 필요도 없다. 그래서 생각이 오히려 더 자유롭다.

다시 말해, 일본인의 집단성은 아주 좋은 장점이다. 오랜 역사를 되돌아봐도 일본은 뚜렷한 공동체 사상이 형성된 적이 없었다.(메이지, 다이쇼大正연간 제외) 일본인이 공동체 의식을 형성하지 못한 데는 섬나라라는 지리적 한계가 작용했다. 하지만 덩치가 작았던 일본은 외부로부터 억압을 받자 심리적으로 뭉쳤다. 때문에 윤리를 내세워 공동의식을 부르짖을 필요가 없었다. 이런 점에서 중국이 유교를 기초로 세운 사회집단에서 보이는 공동체 의식과는 다를 수밖에 없다.

4. 일본교육의 문제점과 전망

20세기 후반 일본교육은 경제 발전의 기반 역할을 톡톡히 해내며 예상 밖의 기적을 일구어냈다. 일본을 도와 현대교육 시스템 건설에 나섰던 미국인조차 일본을 다시 보게 되었다. 최근 중국교육계는 일본교육의 문제점에 대해 깊이 있는 연구를 진행하여 독창적인 견해를 담은 여러 논저를 출판했다. 일본의 교육은 분명 여러 분야에서 성공을 거두었고, 이러한 성공 경험은 중국에 소중한 귀감이 된다. 특히 현대화로 나아가는 개발도상국으로서 중국이 일본의 교육을 거울로 삼는 것은 매우 현실적인 의미가 있다. 그러나 일본의 경험을 그대로 가져와도 좋다는 뜻은 아니다. 좋은 것이라도 선별적으로 받아들여야 한다. 다시 말해, 특히 일본교육에 존재하는 문제점을 버리고 이를 경계하며 일본의 교육 발전 추이를 주의 깊게 살펴야 한다는 뜻이다. 지금부터 일본교육의 문제점과 전망에 대해 이야기하고자 한다.

(1) 일본교육에 존재하는 문제와 폐단

어느 나라든 교육 발전이 완벽하게 이루어질 수는 없다. 일본 역시 예외가 아니다. 일본 학자 이사키 교세이伊崎曉生는 필자에게 다음과 같이 말한 적이 있다.

"일본의 교육은 '입시 전쟁, 주입식 교육, 관리주의 교육, 관료 시스템, 비싼 학비' 등의 폐단을 안고 있다. 이들 문제에 대해 중국 교육자들이 심도 있는 연구를 진행해 중국은 교육 개혁에서 이들 문제를 잘 극복하기 바란다."

도쿄대학의 호리오 데루히사堀尾輝久 교수도 다음과 같이 지적했다.

"일본교육은 두 가지 큰 문제점을 안고 있다. 하나는 국가의 간섭이 심하고 관리가 지나치게 엄격하다는 것이며, 다른 하나는 경쟁이 너무 치열해 협력과 우의를 찾아볼 수 없다는 것이다. 중국은 일본교육의 장점을 취하는 동시에 단점에 주의해야 한다."

와세다대학早稲田大學의 스즈키 신이치鈴木愼一 교수도 필자와의 인터뷰에서 다음과 같이 밝혔다.

"중국교육은 일본교육의 폐단, 예를 들면 ① 문화의 본질을 성찰하는 데 태만한 점 ② 아동과 청소년의 목소리를 소홀히 하는 점 ③ 진정한 평화 철학을 바탕으로 한 교육이 형성되지 않은 점 등을 피해가야 한다."

따라서 중국은 일본교육에 존재하는 문제와 그 원인을 잘 연구해야 한다.

① 군국주의 교육의 그림자

2차 세계대전 중 일본은 아시아와 세계 국민에게 용서 받지 못할 큰 죄를 저질렀다. 그런 탓에 전쟁 후 일본의 교육 개혁은 전쟁 전 군국주의 교육을 비판하고 이를 반성하는 것에서부터 시작했다. 일본은 1947년 3월 31일 반포된『교육기본법』을 통해 다음과 같이 명시했다.

"우리는 인간의 존엄성을 존중하고 진리를 추구하며 평화를 사랑하는 인재를 양성하고, 보편성과 개성을 갖춘 문화 교육을 발전시켜야 한다."

이를 기반으로 교육 제도와 내용을 개혁하고 효과적으로 전 국민의 문화 수준과 과학 기술 수준을 향상시킴으로써 일본은 경제의 고속 성장과 정치 민주화의 기반을 다졌다. 하지만 전쟁 후 일본교육에는 여전히 군국주의의 망령이 남아 있었다. 이러한 군국주의의 잔재가 평화와 민주교육을 위협했음은 부정할 수 없는 사실이다.

1952년 가을, 당시 일본 총리였던 요시다 시게루吉田茂는 전쟁의 상처가 채 아물기도 전에 다음과 같이 언급했다.

"물심양면으로 군비 확장 기반을 다져야 한다. 교육을 통해 만국의 승리자인 일본의 역사와 아름다운 국토지리, 그리고 군비 확장의 정신적 기반인 애국정신을 주입시켜야 한다."

그리고 1954년에 일본 정부는 평화 교육을 '적색 교육'이라고 칭하며 '평화 민주교육 보루'로 불리던 교토 아사히가오카旭丘 중학교의 교사 50명을 진압했다. 또 1963년에 이에나가家永 교수가 집필한 《신일본사新日本史》는 '전쟁의 비극이 재연되어서는 안 된다.'는 내용이 담겨 있다는 이유로 문부성 심사에서 교과서 부적격 처리를 받았다. 그리고 1966년에는 중앙교육심의회가 〈미래 중등교육의 확충과 정비 문제에 관하여〉라는 보고서를 발표하며 "동양과 서양 사이의 강국 일본"이라는 패권주의를 주장했다. 1982년에는 일본 문부성이 저자와 출판사에게 중학교 교과서에 나오는 '침략'을 '진입'으로 고쳐 쓰라고 강요했다. 이뿐만 아니라 일본 군사력을 제한하는 일부 정책, 예컨대 '비핵 3원칙非核三原則', '무기 수출 3원칙', '군비 제한(GNP의 1% 이하)'도 잇달아 어겼다. 걸프 전쟁 시 일본의 소해정掃海艇은 전쟁 후 처음으로 자국 해역을 벗어났다. 교육면에서도 1986년을 시작으로 다시 국기 계양과 국가 제창을 요구했다. 이 모든 행동은 당연히 다른 나라들의 경각심을 불러일으켰다.

그래도 기뻐할 만한 것은 군국주의의 그림자가 아직까지도 드리워져 있긴 해도, 일본 국민이 군국주의를 반대하고 평화적 교육을 견지해야 한다고 한목소리를 낸다는 사실이다. 1950년대 일본교육 노조는 '더 이상 학생을 전쟁터로 보낼 수 없다'고 외쳤고, 일본에 군국주의가 고개를 들 때마다 (일례로 최근의 해외 파병) 수천 명의 국민이 반대 서명 운동과 시위를 벌였다. 오키나와 현은 7%의 학교를 제외하고 대부분 초등학교와 중학교에서 국기 계양과 국가 제창을 실행하지 않는다. 또한 일본교육학회도 '평화 교육' 전문연구회를 설립했다. 현재 일본 국민은 세계 각국의 국민과 함께 따스하고 평안한 지구를 만들기 위해 분투하고 있다.

② 건전한 교육 발전을 저해하는 학력주의

일본은 학력주의를 신봉하는 학력 사회다. 이른바 학력 사회란 학력이 한 사람의 사회적 지위를 결정짓는 사회를 말한다. 학력 사회는 봉건적 등급 신분제를 부정하는 것이므로 진보적이고 합리적인 면이 있다. 일본은 가정과 재산,

성별의 족쇄를 벗어던지고 지식과 학력을 존중하는 사회적인 분위기를 조성해 교육 사업의 발전을 촉진시켰다.

전쟁 후 고등학교의 보급은 일본 고등교육의 발전에 새로운 기회가 되었다. 70년대 고등학교 입학률이 90%를 넘어섰고 대학 입학률은 최고 39.2%에 달하며 고등교육의 '대중화'가 일본을 고학력 사회로 이끌었다. 이로써 학력에 대한 기업의 관심이 본질적으로 변화하며 '종적인 학력 사회'에서 '횡적인 학력 사회'가 되었다. 즉 저학력과 고학력을 구분 짓다가 고학력 중에서도 명문 대학과 일반 대학을 구분하기 시작한 것이다. 이로써 사회적으로 명문 대학 진학을 위한 경쟁이 시작되었다. 일본교육이 안고 있는 일련의 문제점들은 바로 이를 시작으로 생겨났다.

구체적으로 이야기하자면, 학력주의가 교육의 '엘리트주의'를 유발한 것이다. 대학 입시 합격자 명단 공개를 분수령으로 우열이 나뉘게 되었다. 70년대에 UN이 일본교육 사찰 보고서에서 '18세의 어느 날에 받은 성적이 일생을 결정한다.'고 말할 만한 이유가 있었던 것이다. 학력주의는 학교의 교육 기능을 약화시키기도 했다. 다시 말해 사람들은 지식 축적, 진리 추구, 능력 배양을 위해 상급 학교에 진학하는 것이 아니라 학력과 지위를 상징하는 '증명서'를 얻기 위해 진학했다.

학력주의는 중고등학교와 대학교 교육에 부정적인 영향을 미쳤고, 학력과 실력의 괴리라는 결과를 초래했다. 중고등학교에서는 교육 내용이 지식 전달에 편중되어 암기 능력과 시험에 대처하는 기술만 배양할 수 있었다. 일본교육가 마모리麻森生誠의 말을 빌면 '왜소한 인재', '시험 영재'만 양성하고 있는 것이다. 학생에게 대학은 '놀이동산'이 아니면 '강제 수용소'다. 대학이 '놀이동산'인 대학생은 일본인의 일생에서 가장 자유롭고 즐거운 이 시간을 만끽하며 한숨 돌린다. 반대로 대학이 '강제 수용소'인 대학생, 즉 주로 학부모나 사회의 압력으로 대학에 진학한 '비非의지입학자'는 본인이 정말로 원해서 진학한 것이 아니기 때문에 일단 합격하고 나면 공부해야 한다는 부담감과 동기를 모두 잃어버린다.

③ 편차치 진학 지도와 입시 지옥

　학교에서 학력주의의 영향을 가장 많이 받는 곳은 바로 시험 센터이다. 학교는 진학률을 높이기 위해 빈번히 학생을 시험한다. 학생의 성적을 정확하게 파악하여 진학을 지도하기 위해 일본의 고등학교는 60년대부터 대학 입시 전 성적을 편차치로 계산하기 시작했다. 편차치는 통계학적으로 학생의 시험 성적을 계산한 수치이다. 편차치를 이용하는 것은 점수나 등수보다 합리적이고 정확도가 높기 때문이다. 예를 들어 한 학생이 85점을 받았다고 치자. 이 점수만으로는 반에서 어느 정도의 수준인지 알 방법이 없다. 한 학생이 반에서 5등을 했다고 해도 앞 뒤 등수의 학생들과 성적 차이가 얼마나 나는지 알 수 없다. 그러나 편차치를 이용한 점수를 보면 학생의 성적이 전체에서 어느 정도 수준인지를 알 수 있다. 본래 편차치는 고등학교에서 진학 지도의 방향을 잡는 데 사용되었지만, 오늘날에는 전국의 중학교, 심지어 초등학교 입학에까지 확대 사용되고 있다.

　높은 점수를 받기 위해 학부모는 아이들을 각종 보습 학원에 보내기에 여념이 없다. 형편이 좋은 가정은 가정교사까지 두고 아이들에게 과외를 시킨다. 1987년의 조사 결과에 따르면 일본 초등학생 중 16.5%가, 중학생 중 44.5%가 학원에 다니며 과외를 받는 것으로 나타났다.

　편차치 진학 지도는 학부모와 학생을 '고득점－일류 고등학교－일류 대학－일류 기업'이라는 험난한 길로 안내했다. 편차치는 주요 과목의 점수만 집중 계산한다. 그래서 학생들은 중점 공략에 바빠 다른 과목들을 소홀히 하기 일쑤이고, 이런 상황은 결국 학생의 전면적인 발전에 영향을 준다. 또한 편차치는 교육 방법에서도 암기 위주의 지식 습득을 중요시해 학생들은 창조력과 독립적 사고 능력, 판단 능력을 잃게 된다. 이렇게 해서 학교교육은 점차 많은 학생에게 매력을 잃어갔고, 그 결과 학생들의 퇴학, 무단결석, 학교 기피 현상이 날로 심화되고 있다.

④ 학생들의 불량 행동

일본의 편차치 진학 지도와 입시 지옥은 많은 비극을 초래했다. 학생들의 불량 행동이 크게 늘어난 것이 바로 일본교육이 초래한 비극 중 하나이다. 주로 명문 고등학교와 명문 대학 경쟁에서 고배를 마신 학생들이 불량 학생의 중심 세력을 이루었고, 일부 대학 진학률이 낮은 학교는 불량 학생의 온상지가 되었다. 학생들이 일삼는 불량 행동은 다음과 같다.

첫째, 청소년 범죄를 저지른다. 일본의 청소년 범죄는 저령화, 집단화, 폭력화되고 있으며 여성 범죄와 교내 범죄가 증가하는 뚜렷한 특징을 보이고 있다.

둘째, 성적 문란이 심각하다. 특히 여학생의 매춘은 사회에 악영향을 미쳤다.

셋째, 이지메(따돌림)가 심각하다. 특히 초등학생과 중학생들 사이에서 흔히 일어난다.

넷째, 학원 폭력과 가정 폭력이 빈번히 발생한다.

이 밖에도 일본교육이 안고 있는 문제점과 폐단에는 단체성과 통일성을 지나치게 강조하는 반면에 개성을 개발하는 데는 소홀하다는 점, 국가의 간섭이 심해 지방의 자주성이 부족하다는 점, 대학의 수적인 발전에 집중해 질적인 발전을 간과한 점, 고급 인력(박사 과정 학생 등)의 취업난 등이 있다.

(2) 일본교육 전망

일본 사회는 현재 성숙화, 정보화, 글로벌화의 발전 단계에 접어들었다. 일본 정부는 성숙화, 정보화, 글로벌화로 수반되는 사회 발전 기회와 문제점을 명확하게 파악하고 이를 교육 발전에 이용하고자 1970년대 초부터 3차 교육 개혁을 실시했다. 1987년 임시교육심의회는 '교육 개혁에 관한 4차 자문 보고(최종 보고)'를 완성했고, 내각 회의에서도 《현 교육 개혁에 관한 구체적 방침—교육 개혁 추진 요강》을 결정했다. 일본의 3차 교육 개혁은 현재 광범위하게 실시·발전해나가고 있다.

오늘날 일본의 교육 개혁은 임시교육심의회의 기정 방안에 따라 실시되고 있지만 일본과 세계정세의 여러 불확실성으로 말미암아 일본이 과연 기정 방안을 얼마만큼 실행하고 어떠한 목표를 달성할 수 있을지에 대해 구체적으로 예측하기가 어려운 상황이다. 따라서 발전 추이에 대해 대략적으로 전망할 수밖에 없다.

① 평생 교육 시스템의 완비

평생 교육은 '요람에서 무덤까지'에 이르는 종합 교육 시스템이다. 종적인 면에서 평생 교육은 유아 교육, 청소년 교육, 성인 교육, 노인 교육 그리고 가정교육, 학교교육, 사회교육을 유기적으로 종합한 교육이다. 또 횡적인 면에서는 직업 교육 또는 전문 교육을 포함하며 지적 능력, 정서, 미적 감각, 체질, 개성의 전면적인 발전을 중시하는 교육이다. 따라서 평생 교육은 다양한 교육 수단과 방법, 형식을 채택하여 사회 구성원 모두에게 전반적이고 다각적인 열린 교육을 제공하는 교육 시스템이라고 할 수 있다.

21세기는 평생 교육의 시대가 될 것이다. 1979년 로마클럽The Club of Rome은 이미 〈학무지경學無止境〉이라는 보고서를 통해 이론적으로 평생 교육 추세에 관한 전망을 내놓았다. 일본 사회교육심의회도 1981년에 평생 교육을 제창하며 일본의 사회 구조 변화에 따라 평생 교육이 필요하다고 주장해 평생 교육 실시의 가능성을 열었다.

앞으로의 발전 과정에서 일본 사회는 다음 두 가지 분야에서 큰 변화의 바람이 불 것이다.

첫째는 인구 구조와 생활 주기의 변화이다. 출생률 하락과 평균 수명 연장으로 일본은 이미 고령화 사회로 접어들었다. 일본 후생성厚生省의 통계에 따르면 21세기 전반기 비非노동인구는 1985년의 47%에서 70%로 늘어나고, 남성의 평생 노동 시간은 1980년의 11만 4천 시간에서 9만 2천 시간으로 줄어들 것이며, 여가 시간은 16만 2천 시간에서 18만 8천 시간으로 늘어날 것이다. 따라서 어떻게 교육을 통해서 사람들이 여가 시간을 더욱 알차게 보내도록 하느냐, 어떻게 생활을 더욱 풍요롭게 하느냐가 미래의 일본 평생 교육이 해결해야 할 과제가 될 것이다.

둘째는 산업과 직업 구조의 변화이다. 서비스화, 디지털화, 정보화가 발전함에 따라 일본 사회의 산업 구조와 직업 구조에 일대 변화가 발생할 것이다. 실제로 과거 20여 년 동안 정보 기술자, 전기, 건설, 토목 공사 기술자, 의사 등 직업 인구가 크게 늘어났다. 일본 경제기획청의 예측에 따르면 2000년 일본은 400만 명 이상의 전문 기술 인력 수요가 생길 것이며, 학교교육을 통해서는 그중에 283만 명만 충당할 수 있다. 이뿐만 아니라 새로운 산업과 직업이 대거 출현할 것이다. 따라서 성인을 대상으로 회귀 교육Recurrent Education을 실시하고 사회 구성원 모두에게 교육의 문을 열어야 한다.

일본 정부는 이미 평생 교육을 미래 교육 사업의 기본 방침이자 현재 교육 개혁의 중점으로 삼고 이에 열정을 쏟아 붓고 있다. 우선 일본 국회는 평생 교육의 진흥 발전에 관한 법률을 통과시키고, 1990년 7월 1일부터 이를 시행했다. 그리고 문부성은 평생학습국終身學習局과 평생학습심의회終身學習審議會를 설립했다. 그 다음으로는 평생 교육을 위한 새로운 학교를 설립했다. 일례로 1983년 4월에 설립된 방송통신대학에는 현재 3만 명이 공부하고 있다. 또 학점제 고등학교, 전문학교, 야간대학, 통신 교육 등이 대규모로 발전했다. 마지막으로 대학의 교육 개방 센터 설립을 통해 시민 센터와 박물관, 도서관, 정부 기관 부속 공공 직업 훈련 센터, 민간 기업 내 교육, 신문사, 은행, 백화점 문화 센터 등을 완비, 개방했다. 일본 정부는 가정, 학교, 사회 간의 연계를 강화하여 여러 교육 기관을 보완함으로써 '요람에서 무덤까지' 이어지는 교육의 통합을 위해 노력할 것이다. 그동안 사회 교육이 상대적으로 발달했기에 앞으로 일정 기간은 가정교육 기능을 강화하는 데 중점을 두고 학교교육의 문호를 개방하는 데 주력할 것이다.

② 교육의 글로벌화와 가속화

나카소네中曾根 총리의 브레인트러스트는 일찍이 《21세기를 향한 교육 개혁 5원칙》에서 교육의 글로벌화를 개혁의 첫 번째 원칙으로 삼았다. 임시교육심의회의 4차 최종 보고서도 다음과 같이 명확하게 지적하고 있다.

"일본교육은 반드시 국제 사회에서 살아남을 수 있는 뛰어난 일본 국민, 뛰어난 인재 양성을 목표로 삼아야 한다. 지속적으로 경험을 쌓고, 글로벌화에 걸맞은 교육 모델을 반복적으로 탐구해야 한다."

일본에 교육의 글로벌화가 제기된 것은 일본 사회에 새로운 발전 구도가 나타나면서부터였다. 일본이 경제 대국이라는 것은 기정사실이다. 일본의 GNP는 세계 2위이며, 일인당 GNP는 세계 1위이다. 또한 세계 최고의 경제 대국이자 자본 대국이다. 세계 12개 첨단 기술 분야 가운데 일본은 5개 분야에서 미국을 뛰어넘었다. 일본의 전반적인 기술 수준도 유럽을 앞지른다. 1989년 일본의 대외 투자는 1,910억 달러에 달했다. 미국 경상수지 적자의 3분의 1 이상이 일본의 자금으로 보충되고 있으며, 엔화는 UN 예산의 11%를 담당한다. 현재 일본은 정치 대국을 꿈꾸고 있다. 1990년 5월 일본 외무성 사무차관 구리야마 다카카즈栗山尚一는 〈감동의 90년대와 일본 외교의 새로운 진전〉이라는 장편의 논문을 발표하여 대국 외교를 주장했다. 일본의 정치계와 여론 역시 일본은 반드시 '더 큰 국제적 책임을 짊어져야 한다.', '세계에 영광스러운 자리를 확립해야 한다.', '일본에 의한 세계 평화, 팍스 자포니카Pax Japonica를 이룩해야 한다.', '일본의 세기를 만들어야 한다.'고 거듭 강조했다. 일본교육의 글로벌화는 이 모든 방침을 위한 것이기도 하다.

최근 일본은 교육의 글로벌화를 위한 발걸음을 성큼 내디뎠다. 대학의 커리큘럼과 전공 분야에 국제 관계, 국제 정치, 국제 경제, 국제 문화 등 '국제'라는 이름을 단 학과가 지속적으로 늘어나 48개에 달하며, 1990년에는 지난 10년 전과 비교해 4배 증가했다. 중고등학교의 외국어 교육 분야에서는 외국어 회화 능력 배양을 국제 이해의 기초로 삼아 매주 1시간이던 수업 시간을 4시간으로 늘리고, 2,145명(1990년)의 원어민 교사를 채용했다. 국제 교류 분야에서는 교사와 연구원의 교류뿐만 아니라 총무청總務廳의 '세계 청년의 배', 국제 협력 사업단의 '21세기 우의 프로젝트' 등 청소년의 국제 교류와 문화 예술, 체육 분야의 국제 교류도 활발히 진행하고 있다. 유학생 교류에도 더 적극적인 방향으로 정책을 조정했다. 1991년 봄에만 중국에서 온 유학생과 중국인 입학생 수가 4만 9명에 달했다. 그리고 1989년 '유학, 연수, 기술 학습'을 목적으로 출국한 일본인은 11만 3천 명 정도로 1988년보다 34%나 증가했다. 그 밖에 일본어 교육 강화나 외국인 자녀·귀국 자녀 교육에도 많은 노력을 기울였다. 일본 경제, 정치, 사회의 글로벌화가 심화됨에 따라 교육의 글로벌화 역시 가속화될 것임을 예상할 수 있다.

③ 정보화 사회에 적합한 교육 개혁 추진

임시교육심의회의 '교육 개혁에 관한 4차 자문 보고'를 보면 교육이 반드시 정보화 사회의 요구에 부응해야 한다는 언급이 나온다.

"우리는 지금 21세기를 향해 나아가고 있다. 우리는 새로운 시대·정보화 시대를 맞이할 것이다. 교육 개혁은 반드시 일본이 앞으로 정보화 사회의 발전에 유연하게 대처하여 물질생활과 정신생활이 모두 풍요로운 사회를 만들어야 한다."

현재 일본의 과학 기술은 전자, 정보 처리, 재료, 기획, 가공 기술의 신속한 발전을 배경으로 정밀화, 고성능화되고 있다. 또한 하드웨어 중심이던 기존의 과학 기술이 정보화, 지능화, 종합화되면서 점차 소프트웨어 비중을 높이는 방향으로 전환되고 있다. 정보 사회에 필요한 것은 이른바 표준 규격형 인재, 편차치형 인재가 아니라 지식 생산 능력이 뛰어나고 풍부한 감성과 창조 정신을 갖춘 인재이다.

정보화 사회에 적응하기 위해 일본은 교육 분야에 관련 조치를 취하고 있다. 일례로 1985년부터 '교육 방법 개발 특별 설비비용 보조'를 실시하여 초, 중고등학교에 컴퓨터 등 정보 교육 관련 설비 마련을 지원하고 있다. 1989년의 통계에 따르면 일본 초등학교 중 컴퓨터를 설치한 학교가 12%였으며, 학교 평균 컴퓨터 3대를 보유했다. 중학교는 44.8%의 학교에서 평균 4.3대를, 고등학교는 96.3%의 학교에서 평균 25.5대의 컴퓨터를 보유한 것으로 나타났다. 그 외에도 TV, 라디오 등 정보 수단을 이용하는 학습 시스템을 구축했다. 시마네현島根縣과 오이타현大分縣에는 정보과학고등학교를, 시가현滋賀縣에는 국제정보고등학교를 설립했다. 대학의 정보 관련학과는 1975년 61개에서 1989년 236개로 늘어났으며, 관련 강의를 수강하는 학생 수도 3,159명에서 1만 9,896명으로 증가했다. 전문학교에서 정보를 전공하는 학생은 4만 5,841명에 달했다. 2000년까지의 연구 결과에 따르면 일본은 정보 기술 분야에 종사할 인재가 약 230~300만 명 필요하며, 그중에 학교교육기관에서 배출된 인재가 150~225만 명이 필요했다. 그래서 1992년 이후 모집 정원은 해마다 큰 폭으로 늘어났다.

이와 함께 일본은 정보 사회가 교육에 미치는 일부 부정적인 영향을 사전에 방지하고자 애쓰고 있다. 예를 들어 개인 미디어의 발전은 사람들을 쉽게 기계 만능이라는 착각에 빠트린다. 점점 자신의 두 손으로 어떤 일을 직접 하려고 하지 않게 되고, 그저 간접적인 경험에 기대 자연과 사람, 그리고 사회와 접촉하는 것을 피하게 되는 것이다. 그래서 일본은 정보 수단을 응용하면서도 학생들의 읽기, 쓰기, 셈하기 등의 기초 지식과 기본 능력 배양을 중시한다.

정보화 사회가 발전함에 따라 일본 사회에는 컴퓨터 대중화 바람이 불고 있다. 이와 더불어 점점 정보 산업과 정보 관련 업무가 앞 다투어 출현하고, 정보화 교육도 한 단계 도약하게 될 것이다.

④ 개성과 교육의 다원화 중시

일본임시교육심의회는 교육 개혁 1차 보고서에서 다음과 같이 선포했다.

"3차 교육 개혁의 핵심은 바로 획일성, 폐쇄성, 비非국제성이라는 기존 교육의 폐단을 뿌리 뽑고, 개인의 존엄성과 개성, 자유와 자율성을 바로 세우는 것이다. 즉 개성의 원칙을 중시해야 한다."

일본이 교육 개혁을 실시하게 된 데는 두 가지 동기가 있다. 하나는 사회의 변화에 적응하기 위해서고, 또 다른 하나는 교육 분야에 존재하는 문제점들을 바로잡기 위해서다. 일본의 교육을 종합해 보면 현존하는 많은 문제와 폐단이 하나같이 획일성 강조, 유연성 부족, 학생들의 개성 억압에서 비롯되었다.

지금 일본에서는 교육의 개성화와 다원화를 요구하는 목소리가 높아지고 있다. 특히 전쟁 후의 6-3-3-4학제(초등학교 6년, 중고등학교 각각 3년, 대학교 4년) 아래 학생들은 학력주의, 입시 지옥, 그리고 편차치 교육으로 반드시 중학교 입학시험, 고등학교 입학시험, 대학교 입학시험의 세 차례 입학시험을 치러야만 했다. 이는 창조적인 인재를 양성하는 데 불리하게 작용했다. 그래서 일본 사회는 1980년대 초부터 6-3-3-4 단일 학제의 개혁을 요구하고 있다. 유명 기업가 마쓰시타 고노스케松下幸之助가 좌장을 맡은 '세계를 고려하는 교토좌 회京都座會'는 1983년에 '현행 학제 재再연구'라는 제안을 제출하여 다음과 같이 지적했다.

"현행 6-3-3-4학제는 구분법에 나름의 의미가 있어 이를 완전히 부정할 수는 없다. 하지만 사회에는 유일하고 절대적인 학제 하나만 있는 것이 아니라 6-4제나 6-6제 혹은 5-4제 등 다양한 학제가 있으므로 설립자가 자유롭게 선택하도록 해야 한다."

그래서 일본은 학생의 개성을 억압하는 획일적 중등교육의 문제점을 시정하기 위해 6년제 중학교와 학점제 고등학교를 신설해 시험 운영에 들어갔다. 도쿄에서는 6년제 중학교를 전기 3년, 후기 3년으로 나누어 전기 3년은 원칙적으로 국어, 일본 문화, 역사, 자연과학, 체육, 정서, 외국어 등 중학교와 고등학교 저학년에 해당하는 교육을 하고, 후기 3년은 학생의 학습 능력, 적응력, 진로, 관심사에 따라 특정 분야의 교육을 실시해 학생의 개성과 재능을 계발하는 교육의 마련을 준비하고 있다. 학점제 고등학교는 문호 개방 정책을 실시해 입학 시험을 치르지 않는 대신 누적 학점이 반드시 일정 기준에 도달해야만 졸업할 수 있도록 하고, 가정주부는 물론 중도 퇴학을 했던 학생도 다시 공부할 수 있게 했다.

고등교육 분야에도 개성화와 다양화를 꾀하려고 시도하고 있다. 예를 들어 대학 설립 기준과 허가 조건의 수정을 통해 학교 경영 모델의 획일화를 막는다든지, 입학시험의 다양화(학력 검사, 면접, 소논문, 실제 기술, 능력·개성 테스트 등)를 통해 대학의 개성과 특색을 살린다든지, 국가 기관과 기업의 인재 채용 기준을 수정하여 학력 중시와 명문 대학 편중 현상을 바로잡고 있다.

심지어 어떤 이들은 공개적으로 '교육의 자유화'를 외치며 학부모와 학생에게 학교, 교육 계획, 교사를 선택할 자유를 주어야 한다고 주장하기도 한다. 이밖에 공부방과 사회에서 설립한 보습학교를 정식 학교로 인정해야 한다거나 도쿄대학을 시작으로 국립·공립학교를 사립으로 전환해야 한다, 문부성을 없애거나 개편해야 한다는 등의 주장도 나오고 있다. 이들 주장은 교육 분야에 '경쟁의 원칙'을 도입하여 국가가 더 적은 돈을 들이면서 다양한 창조적 인재를 양성하도록 하는 데 목적이 있다. 물론 국가주의 전통이 뿌리 깊은 일본에서 이 같은 제안이 현실화될 가능성은 희박하지만, 개성화와 다원화는 세계적 흐름이므로 일본 역시 교육의 개성화와 다원화를 더욱 발전시키기 위해 노력할 것임은 틀림없다. 이것이 바로 막을 수 없는 역사의 흐름인 것이다.

5. 일본의 사립학교 관리법 분석

(1) 일본 사립학교의 관리제도

일본의 사립학교는 학교 법인에 의해 설립, 운영된다. 원칙적으로는 학교 법인이 아닌 단체의 학교 설립을 허가하지 않지만, 맹아학교나 농아학교, 양호학교, 유치원은 비非학교 법인에서 설립할 수 있다.

① 학교 법인

학교 법인은 학교 설립을 목적으로 《사립학교법私立學校法》 규정에 근거하여 조직된 기구이다. 《사립학교법》 규정에 따르면, 학교 법인은 조직될 때 기부금을 받을 수 있지만 반드시 문부성의 규정에 따라 학교 법인의 조직 목적과 명칭, 학교명, 사립학교의 커리큘럼, 학과, 법인사무소 소재지, 구성원, 자산, 재무 회계 규정 등을 문부성이나 주관 부처에 신고해야 한다.

만약 학교 법인이 법규를 위반하거나 주관 부처의 법적 처분에 불복할 때나 주관 부처가 달리 방법이 없다고 여길 때 주관 부처는 해당 학교 법인의 해산을 명령할 수 있다. 단, 주관 부처는 해산 명령을 내리기 전에 학교 법인 이사에게 충분한 해명 기회를 주어야 하며, 이와 함께 사립학교 심의회 또는 대학 설립 및 학교 법인 심의회를 열어 학교 측 이사 또는 대표의 설명을 들어야 한다. 또 학교 법인이 합병이나 파산하는 경우를 제외하면 해산된 후 남은 자산은 관련 기부법 규정에 따라 법정 지정자에게 반환해야 한다. 자산 처리가 불가능할 때는 국고로 환수되고, 이는 사립학교에 대한 지원금으로 사용되거나 다른 학교 법인에 무상으로 양도된다. 학교 법인의 합병이 필요할 때도 마찬가지로 주관 부처의 인가를 받아야 한다. 학교 법인은 《학교교육법》이 규정한 사립학교를 설립하는 것 외에도 전문학교를 비롯한 각종 학교를 설립할 수 있다. 물론 학교 설립자는 전문학교나 각종 학교 설립을 목적으로 하는 전문학교 법인을 조직할 수 있다. 사립학교 법인에 관한 여러 규정은 전문학교나 각종 학교 설립을 목적으로 하는 학교 법인에도 똑같이 적용된다. 학교 법인 외에는 그 어떤 조직도 학교 법인을 사칭할 수 없다.

② 사립학교의 주관 부처와 그 권한

사립학교를 설립하는 학교 법인에 따라 사립학교를 주관하는 부처도 달라진다. 사립대학, 사립고등학교, 사립대학과 사립고등학교가 함께 설립되어 있는 기타 사립학교, 사립전문학교, 그리고 사립학교를 설립하는 모든 학교 법인은 문부장관이 관할한다. 그러나 고등학교 이하의 사립학교, 예컨대 사립초등학교, 사립중학교, 그리고 이들 학교를 설립한 학교 법인은 도도부현都道府縣의 지사知事 관할이다.

《사립학교법》에 규정된 주관 부처의 권한은 다음과 같다.

1. 사립학교의 설립과 폐교 또는 경영자 교체, 신입생 모집 인원, 정원 편제 변화, 고등학교 통신 교육 과목 안배, 학교 규정의 수정 및 변경의 권한이 있다. 여기에서 사립학교의 설립과 폐교는 고등학교의 학과와 전일제·야간 학교·통신 교육의 커리큘럼, 대학의 학과, 전공, 대학원·단기 대학·고등전문학교의 전공, 맹아학교, 농아학교, 양호학교의 초등부, 중등부, 고등부, 유아부의 개설·폐지 및 통신 교육의 개설과 폐강 등을 포함한다.

2. 사립학교의 폐교를 명령할 수 있다. 사립학교가 법률을 위반했거나 주관 부처의 법적 명령을 이행하지 않았을 경우, 또는 6개월 연속 휴강했을 경우 주관 부처는 해당 사립학교의 폐교를 명령할 권한이 있다. 이 밖에 주관 부처는 사립학교에 교육에 관한 리서치나 통계, 기타 보고서 제출을 일임할 수 있다.

3. 학교 법인에 대한 권한은 주로 학교 법인의 기부 활동과 학교 법인의 해산을 인가하고, 학교 법인의 합병을 심사·승인하고, 학교 법인의 영리 활동에 대해 중지 명령을 내리는 데 있다. 단, 학교 법인의 영리 활동에 대한 중지 명령은 학교 법인의 활동 범위가 기부법의 규정 범위를 넘어섰거나 법인 활동으로 얻은 이득이 사립학교의 발전이 아닌 다른 목적으로 사용되었을 경우, 또는 이러한 활동이 계속되어 사립학교의 교육에 영향을 미칠 경우에만 내릴 수 있다. 만약 학교 법인이 법률이나 주관 부처의 법적 규정을 위반했거나 주관 부처가 다른 방법이 없다고 판단했을 경우에는 학교 법인의 해산을 명령할 수 있다.

4. 사립학교의 주관 부처인 도도부현 지사는 권한을 행사할 때 반드시 다음과 같은 절차를 밟아야 한다.

첫째, 사립학교 심의회의 의견을 수렴한다. 도도부현 지사는 학교 법인에 대한 해산 명령을 내리거나 앞서 언급한 권한을 행사하기 전에 반드시 사립학교 심의회의 의견을 수렴해야 한다. 사립학교 심의회는 도도부현 지사의 자문 기구이다. 주관 부처는 권한을 행사할 시 사립학교의 자주성을 침해하지 않는 선에서 정확하고 공정한 판단을 내려야 한다. 《사립학교법》에 따르면, 각 도도부현은 모두 사립학교 심의회를 조직하고 사립대학이나 사립고등전문학교를 제외한 각종 사립학교의 중대 사안에 대해 심의하여 도도부현 지사에게 의견을 제시해야 한다. 심의회는 10~20명의 위원 또는 도도부현 지사가 결정한 인원수로 결성된다. 사립학교 심의위원회 위원 중에 적어도 4분의 3은 사립학교나 사립전문학교의 위원으로 구성되어야 한다. 사립학교 심의위원회 위원은 학식이 풍부한 사람이어야 하며, 도도부현 지사의 임명을 받아야 한다. 위원 임기는 4년으로 연임이 가능하다.

사립대학과 시립고등전문대학교를 주관하는 문부장관도 관리자로서 위와 같은 권한을 행사할 때는 사립대학 심의회의 의견을 수렴하는 것이 원칙이다.

둘째, 사립학교 법인에 해명 기회를 준다. 도도부현 지사는 학교 법인의 영리 활동 중지 명령이나 법인 해산 명령을 내릴 경우, 또는 앞서 언급한 권한을 행사할 경우 사전에 해당 학교 법인 이사에게 해명 기회를 주고 사립학교 심의회가 회의를 열어 학교 측의 설명을 듣도록 해야 한다. 학교 법인의 이사나 대리인은 도도부현 지사에게 직접 해명하거나 또는 사립학교 심의회에 참석해 상황을 설명할 수 있다.

셋째, 문부장관과 사전 협의한다. 문부장관 관할의 학교 법인이 여러 가지 이유로 도도부현 지사 관할로 전환되었을 경우 도도부현 지사는 공식적으로 인가하기 전에 문부장관과 협의를 마쳐야 한다.

이 밖에 도도부현 지사는 해당 지역의 사립대학교와 사립고등학교가 문부장관에게 제출하는 신청서를 접수하는 등의 각종 신청·접수 업무를 수행하며, 학교 법인 명부를 편집하기도 한다.

③ 사립학교 진흥

국가와 지방 정부는 교육의 진흥이 필요하다고 판단될 때에는 학교 법인에 대해 사립학교와 관련하여 지원할 수 있다. 일본은 효과적인 사립학교 지원을 위해 1975년 7월 《사립학교진흥지원법私立學校振興援助法》을 제정했다. 국가와 지방 정부가 사립학교를 지원하는 목적은 사립학교의 설립 조건을 개선하

고, 사립학교 재학생의 경제적 부담을 덜고, 국·공립학교와 사립학교 간의 차
이를 없애고, 사립학교의 재정 기반을 탄탄히 하여 사립학교의 건전한 발전을
이끄는 데 있다.

국가는 사립대학과 사립고등전문학교를 설립하는 학교 법인에 대한 지원을
담당하고, 그 밖에 학교 법인이 설립한 사립초등학교, 중학교, 고등학교, 맹아
학교, 농아학교, 유치원 등은 도도부현의 지원을 받는다(학교 법인 외에 개인
이 설립한 유치원 역시 지원 대상에 속함). 국가는 도도부현이 지출한 지원 경
비에 대해 다시 경비를 보조해준다. 구체적으로 사립학교가 교육 연구에 필요
한 경비를 지원하는데, 주로 교직원 인건비나 교육 연구에 필요한 설비, 기자
재 비용 등을 지원한다. 사립대학과 사립고등전문학교의 경비 지원율은 50%
정도이며, 《사립학교진흥법》 실시 조례는 학교 경비의 사용 범위나 계산 방
법, 경비 지원 등에 대해 구체적으로 규정하고 있다. 지원금은 일본사립학교진
흥재단을 통해 지급된다. 참고로, 일본사립학교진흥재단은 《일본사립학교진
흥재단법日本私立學校振興財團法》에 따라 설립되어 사립학교 지원과 대출 업무
를 전담하는 특수 법인 단체이다. 이 밖에 국가와 지방 정부는 학자금 대출 업
무를 지원하고 세금 면제 등 우대 조치를 시행하고 있다.

사립대학의 경상 지출에 대한 지원은 일반 보조와 특별 보조로 나뉜다. 일반
보조는 교직원을 공수工數로, 학생 수를 기수基數로 하여 보조 단위수를 곱해
얻은 차등 분배수에 따른 지원을 말하며, 학생 수 초과나 미달, 교직원 일인당
학생 수, 학비 등이 학교 연구 분야에 어느 정도 사용되었는지가 반영된다. 구
체적인 계산 방법은 다음과 같다. ① 학생 모집이 초과되지도 미달되지도 않은
정상적인 상황을 A점, ② 전임 교사가 일인당 담당하는 평균 학생 수가 비교적
적으면 B점, ③ 학생이 납부하는 학비 중 교육 과학 연구에 대한 지출(학생의
교육이나 교사의 과학 연구에 사용된 경비) 비율이 비교적 높으면 C점으로 하
고, 다시 이들 세 단계의 점수에 따라 학교 환경과 경영 상황을 파악하여 보조
금의 액수를 정한다. 이른바 차등 분배 지원이란 조건이 좋은 사립학교에는 보

조금을 적게 지급하거나 혹은 지급하지 않고, 대신 조건이 열악한 사립학교에 보조금 지원을 늘리며, 더 나아가 그해의 경제 상황에 따라 같은 학교에 대해서도 보조금 지원을 달리하는 것을 말한다. 특별 보조는 각 학교의 상황에 따라 일반 보조에 추가 보조금을 지원하는 것이다. 다시 말해, 어떤 분야에서 두각을 나타내는 사립학교를 대상으로 특별 보조금을 지원하는 것이다. 예를 들어 연구원 교육이나 유학생 교육, 국제 교류 분야에 특출한 사립학교는 해당 학교의 특성과 경제적 수요에 따라 일반 보조 외에 중점 지원을 받는다. 그리고 일본은 1992년부터 또 다른 특별 보조를 시작했다. 교육과 연구 분야에서 뛰어난 성과를 거둔 대학원에 대해 고액의 경비를 지원하고, 대학원생을 위한 조교를 배치한 것이다.

아울러 일본 정부는 사립학교에 대한 지원금을 확보하기 위해 온 힘을 다하고 있다. 그 결과 사립학교에 대한 지원 금액이 해마다 늘고 있다. 1992년에는 1991년보다 42억 엔이 늘어난 3,424억 5천만 엔이었고, 1993년에는 3,530억 엔에 달했다.

또한 사립대학의 학술 연구와 정보 처리 교육을 활성화하여 고등교육 수준을 제고하기 위해 일본은 1983년부터 사립대학과 대학원, 사립단기대학과 고등전문학교, 사립전문학교가 각각 대형 교육 연구 설비를 비치하는 데 필요한 4천만 엔, 3천만 엔, 2천만 엔 이상의 경비를 지원했다.

이뿐만 아니라 사립대학의 학술 연구 발전을 이끌기 위해 특별히 사립대학 연구 설비 보조 기금을 조성하고 기초적인 연구에 필요한 기계와 설비 (500~4,000만 엔 사이의)와 1,000~4,000만 엔 사이의 정보 처리 설비를 사들이는 데 2분의 1(연구 설비)~3분의 1(정보 처리 설비)에 달하는 보조금을 받을 수 있도록 했다. 1992년에 이와 관련하여 지급된 보조 금액은 23억 5,336만 엔이었다.

사립 고등학교, 중학교, 초등학교, 유치원에 대한 지원은 도도부현이 담당한다. 지방 정부의 지원금은 지방 교부세에서 일부를, 그리고 국가 지원금에서 일부를 충당한다. 1992년에 국고 보조금은 인구가 적은 변경 지역 사립 고등학교에 대한 특별 보조금을 포함하여 총 828억 엔이었으며, 지방 교부세에서 얻은 수익은 3,756억 엔이었다. 사립학교가 더욱 개성 있고 특색 있는 교육을 진행할 수 있도록 하기 위해 도도부현 또한 사립학교를 지원하는 데 각 학교의 기존 설비와 조건에 따른 차등 정책을 채택했다. 이 밖에도 도도부현은 사립고등학교, 중학교, 초등학교의 정보 교육 설비비용과 교사 연수비용을 지원했다. 1992년에 도도부현이 이들 학교의 교실을 일반 교실에서 컴퓨터 교육용 교실로 개조하고 교육용 컴퓨터를 구입하는 데 부담한 정보 설비 지원금은 4억 3,300만 엔이었으며, 주로 중학교와 초등학교 신입 교사 연수를 진행하는 데 지원된 교사 연수 지원금은 9,051만 엔이었다.

일본사립학교진흥재단은 사립학교의 건물 보수와 증축, 토지 매입, 교육 연구 설비 구입에 대해 저금리 장기 대출을 제공했다. 구체적인 사항을 알아보면 연 5.5%의 고정 이자에 대출금 상환 기한은 50년이다. 재단의 기본 자금은 주로 국가가 지급하거나 금융·재정 투자로 마련된다. 최근 몇 년 동안에는 사립학교에 비교적 많은 자금이 필요해 1992년 대출 금액은 1991년보다 50억 엔 늘어난 670억 엔이었다.

국가와 지방 정부의 지원을 받는 학교 법인에 대해 주관 부처는 다음과 같은 권한이 있다.

1. 학교 법인에 업무와 재무 상황에 관한 보고서 제출을 요구할 수 있으며, 학교 법인의 장부 등을 검사할 권한이 있다.
2. 규정을 위반하고 학생을 초과 모집한 학교나 유치원에 대해 규정 준수와 시정을 요구할 수 있다.
3. 학교 법인의 예산 편성이 지원 목적에 부합하지 않으면 예산 편성 수정을 권고할 수 있다.
4. 학교 법인의 간부가 주관 부처의 법적 명령을 이행하지 않으면 해당 간부

의 직무 해제를 요구할 수 있다.

　사립학교 보조금 또는 지원금을 받는 학교 법인은 문부장관이 제정한 기준에 따라 회계 업무를 처리하고, 재산표, 수지계산표 및 그 밖의 재무표를 작성해 정해진 날짜에 주관 부처에 제출해야 한다. 경영 관리가 불량하여 지원 목적에 도달할 수 없다고 판단되는 사립학교에 대해서는 주관 부처가 제재 조치를 내리거나 보조를 중단할 수 있다. 보조금 중단 기한은 5년을 원칙으로 하며, 경영 관리 상황이 호전되면 다시 보조금을 지급한다. 지금까지 5개 사립학교가 관련 제재를 받았다. 주관 부처는 앞서 언급한 권한을 행사할 때 우선 사립학교 심의회의 의견을 수렴하고 해당 사립학교 법인에 해명 기회를 주어야 한다.

　사립학교교직원공제회도 사립학교의 건전한 발전이란 측면에서 간과할 수 없는 조직이다. 이 단체는 《사립학교교직원공제회법私立學校教職員工公濟會法》에 따라 발족된 조직으로, 사립학교 교직원들의 상호 협력을 촉진하고 교직원을 위한 복지 사업을 진행한다. 공제회는 공제회 회원과 회원의 가족이 병에 걸리거나 상해 또는 장애를 입었을 경우, 사망, 출산, 퇴직했을 경우, 재해를 입거나 병가를 냈을 경우 보조금을 지원하여 사립학교 교직원의 복지를 증진한다.

　공제회에서 사용되는 자금의 절반은 회원이 매월 납부하는 회비로 충당하고, 나머지 절반은 학교 법인이 부담한다. 국가 역시 일정한 보조금을 지원하며, 도도부현이 공제회의 일상 운영에 필요한 일반 경비를 책임진다.

　사립학교가 실시하는 학교교육 공공화를 감안하여 일본 정부는 사립학교에 대해 일련의 우대 정책을 시행하고 있다. 예컨대 학교 법인과 사립학교의 토지, 건물, 체육관 등 교육 분야의 고정자산(부동산)에 대해 면세 정책을 펴고 있다. 무역, 제조, 판매 등의 수익 활동을 제외하고 학교 법인의 법인세와 사업세를 면제해주며, 학교 법인이 진행하는 수익 활동에 대해 다른 법인보다 낮은 세율을 부과한다. 또한 학교 법인에 기부한 개인이나 법인이 면세 또는 소득세 감면 혜택을 누릴 수 있도록 한다. 1991년에 일본 사립학교에 기부된 금액은 1,737억 엔이었다. 이는 그 이전 해보다 1.3배 늘어난 것으로 그해 사립학교 수입 총액의 3.1%를 차지했다.

(2) 일본 사립학교의 당면 과제와 대책

현재 일본의 사립학교는 매우 심각한 문제에 맞닥뜨렸다. 일단 사립대학이 지나치게 많아서 학풍이 무너지고 있다. 학습 분위기가 제대로 조성되지 않아 캠퍼스가 마치 놀이공원처럼 변해가고 있는 것이다. 학교 건물과 설비의 노화도 문제다. 그리고 교직원들이 업무 과중으로 수업에 소홀해져 학생을 더욱 세심하게 교육할 수 없다는 문제가 있다. 일부 일류 사립대학마저 '일류 학생, 이류 설비, 삼류 교수'라고 풍자될 정도이다. 70년대 일본 사립대학의 교수 일인당 학생 수는 평균 30명 정도였다. 90년대에 들어와 상황이 조금 나아지기는 했지만 사립대학은 여전히 교수 한 명이 평균 24명의 학생을 담당하는 수준이며, 사립고등전문학교는 18명, 사립단기대학은 25.5명이다. 이는 다른 비非사립학교보다 훨씬 높은 수치이다. 예를 들어 국립대학은 교수 일인당 학생 수가 9.6명이며, 공립대학도 9.7명밖에 되지 않는다. 사립중학교도 마찬가지의 문제를 안고 있다. 사립중학교의 교사 일인당 학생 수는 공립중학교의 20명을 웃도는 24명이다. 이뿐만 아니라 학생이 일인당 사용하는 학교 건물 면적도 국·공립대학은 평균 30제곱미터인 반면에 사립대학은 10.8제곱미터에 불과하다. 이처럼 사립대학은 상대적으로 학습 여건이 열악하다.

그런데 사립대학은 학비도 비싸서 사립대학 재학생들은 매년 국립대학 학비의 두 배에 가까운 약 105만 엔을 학교에 납부해야 한다. 게다가 최근에는 학비가 빠르게 인상되는 추세인데, 어떤 학교는 1년에 12.5%를 인상하기도 했다.

아울러 경기 침체와 일부 학교 법인의 내부 갈등이 더해져 비리 추문까지 터져 나오는 상황이어서 사립학교에 대한 사회적 지원에 부정적인 영향을 미치고 있다. 실제로 지난 몇 년 동안 사립학교 지원금 총액은 조금도 늘어나지 않았다. 현재 일본은 학생이 납부한 학비를 교육이나 연구에 충분히 활용하지 않는 사립학교, 또는 경영 상태가 불량한 사립학교에 대해 보조금을 지급해야 하는가의 문제로 의견이 분분한 상황이다. 즉 일본은 어떻게 하면 공정하게 지원금을 분배하고 이를 효과적으로 사용하여 사립학교 교육 연구의 발전을 이끌 수 있는가라는 사립학교 재정 문제를 안고 있다.

기초교육이 완전히 보급되었고 고등교육이 날로 대중화되어가는 일본에서 어떻게 대학의 우수성을 알리고 특색 있는 사립학교를 만들 것인가 하는 것은 사립학교의 존폐와 결부된 중요한 문제이다. 특히 출생률 감소와 고령화 사회로의 진입은 사립학교에 더욱 커다란 위협이 되고 있다. 교육 연구 수준을 높이고 특색 있는 사립학교를 만들어나가려면 일단 학생이 확보되어야 하기 때문이다.

이러한 과제들에 맞닥뜨려 사립학교는 자체적으로 여러 개혁을 단행하고 있다. 예를 들면 교직원 편제를 늘리고 학교 설비 개선을 위해 적극적으로 새로운 설비를 도입하며 새롭게 단장하고 있다. 또한 해외 학교와 교류를 강화하여 국제적인 학술 연구와 교육 교류를 펼치고, 사립대학과 사립단기대학, 사립고등전문학교 모두 단과 등록제와 학과 등록제를 실행하고 있다. 직장인에게도 배움의 기회를 제공하고 여러 가지 방법을 통해 학습 효과를 평가하는 한편, 자체 평가와 자체 검사 등을 통해 학교 현황을 정확하게 파악하는 등의 노력을 기울이고 있다.

6. 일본 가정교육의 현황 및 문제점

예부터 일본은 전통적으로 가정교육을 중시했다. 일본 속담에 '세살 혼魂이 백 살까지 간다.'라는 말처럼 특히 가정의 조기교육을 강조했다. 전쟁 부권제父權制였던 일본은 집안에서 아버지가 '충효, 성실' 등에 관한 내용을 자식에게 교육했다. 전쟁이 발발한 후 일본의 가정교육은 새로운 시기를 맞이했다. 1945년 11월 6일, 전쟁 중에 해체된 문부성 사회국文部省社會局이 서서히 부활하기 시작했고, 각 지역정부에 '가정은 교육의 장이다. 부모의 자발적인 교육은 국민의 도의를 확립하는 원천이 된다.'라는 내용이 담긴 문서를 하달했다. 1968년 3월 27일 가정교육 심의회審議會는 수상 보고회 석상에서 인재양성을 위해서 가정이 제 역할을 발휘해야 하고 부모가 책임지고 교육을 담당해야 한다고 발언했다. 아울러 가정교육은 부모의 주된 의무라고 지적했다.

최근 사회가 급변화면서 일본의 가정교육은 풀어야 할 새로운 과제가 늘었다. 이에 일본정부는 가정교육의 기능을 강화하기 위해 일련의 조치를 취했다. 또 가정, 학교, 사회를 하나로 이어주는 '올인 원' 시스템에 많은 노력을 기울여 일본의 가정교육 사업을 한 단계 업그레이드 시켰다.

(1) 가정교육 현황

1990년 6월 일본의 가정교육 현황에 관해 일본 총리부 정보실總理府情報室에서 전국적으로 대규모 조사를 실시했다. 이 조사결과는 가정교육에 대한 일본 국민들의 인식 및 가정교육의 현 주소를 잘 말해준다. 필자는 본문에서 일본 간행물의 관련 자료를 다시 한 번 종합하고 일본 가정교육의 현황을 간단하게 소개하고자 한다.

① 가정교육의 방식

가정교육 방식은 일상 생활신조에 잘 반영되어 있다. 조사한 바에 따르면 일본인들의 신조는 '나의 상황을 고려해 하루하루 알차게 보내자.' (46%), '아득히 먼 미래의 일을 마음에 담아두지 말고 하루하루를 즐겁게 보내자.' (28.1%) 등으로 나타났다. 하지만 '타인은 신경 쓰지 말고 내 상황에 맞게 정정당당하게 생활하자.'(6%), '사회와 공공사업을 위해 최선을 다하자.'(5.9%) 라는 신조를 갖고 있는 사람도 있었다.

부모와 자녀간의 상호 신뢰도 역시 가정교육 방식을 결정짓는 중요한 요인으로 작용한다. '최근 부모와 자녀간의 상호 신뢰도가 떨어졌나요?' 라는 질문에 대해 36%는 '확실히 그렇다.', 57.5%는 '결코 그렇지 않다.'라고 답했다.

'가정교육에는 주로 어떤 내용이 담겨야 하나요?', '자녀에게 어떤 내용을 교육해야 하나요?' 이 문제에 대해 부모가 어떤 견해를 가지고 있는가에 따라 가정교육의 건강성과 전면성이 결정된다. 이 문제에 대해 72.9%의 부모가 유아기(3~6세) 자녀에게는 자기 물건 정리정돈, 돈과 사물의 소중함, 용모단정, 예의범절, 윗사람 공경, 감사의 마음 등의 기본 생활습관을 가르쳐야 한다고 답했다. 또 초등학생 자녀에게는 약속이나 자신의 언행에 대한 책임감, 규칙을 준수하는 정신, 옳은 일을 용감하게 해 내는 정의감과 시민의식, 그리고 자기 물건 정리정돈, 돈과 사물의 소중함, 용모단정, 예의범절, 윗사람 공경, 감사의 마음 등의 기본 생활습관, 포기하지 않고 끝까지 해내는 끈기, 스스로 짠 계획을 실천하는 자주성 등을 길러줘야 한다고 했다. 그리고 중등학생이나 나이가 있는 자녀에게는 타인의 인격 및 권리 존중, 자주적인 일처리, 경제개념 확립, 자신만의 개념 확립, 상대방을 배려하는 마음, 자신과 다른 의견 존중하는 법, 타인을 돕는 관용, 협력 정신 등을 가르쳐야 한다고 지적했다. 여기서 알 수 있듯이, 일본사회는 각기 다른 연령대 자녀에게 어떤 내용을 가정에서 교육해야 하는지 정확히 이해하고 있다.

'앞으로 사회에서 가정교육이 담당해야 할 책임이 확대될 거라고 생각하나요?'라는 질문에 긍정적인 반응을 보인 사람은 88.9%이고, 부정적인 반응을 보인 사람은 4.7%에 불과했다. 긍정적인 반응을 보인 사람 중 대부분의 부모들은 '가정은 아이의 인격 형성에 큰 영향을 준다.'는 의견을 보였다. 그 외에 일부는 '아이 교육은 비단 학교의 몫이 아니다.', '정보화가 빠르게 발전하는 사회 속에서는 가정의 독립성, 주체 메커니즘이 사라질 우려가 있다.'고 주장하기도 했다.

② 가정교육 현황

　일본인은 자신의 가정교육에 대해 높은 점수를 주는 것으로 조사되었다. 기혼자 가운데 자녀 가정교육을 잘하고 있다고 답한 사람은 무려 90.1%에 달했고, 그렇지 않다고 답한 사람은 5.9%에 불과했다.

　아이에게 가사노동을 분담하는 문제에 대해서는 매일 집안일을 돕게 한다가 30.9%, 매주 2~3일 정도 24.2%, 매주 하루 12%, 매월 1~2회 가량 5.4%로 나타났다. 72.5%의 가정에서 정도의 차이는 있지만 집안일을 하게 한다고 답했다. 아이들이 하게 되는 집안일은 대부분 요리 또는 식사 전후 일손 돕기, 자기 방이나 주변 물건 정리 정돈, 물건 구매하기 등인 것으로 나타났다.

　부모와 자녀가 함께 하는 시간에 대한 질문에서는 자주 아이들과 스포츠 활동이나 여가활동을 즐긴다고 답한 사람이 17.3%, 시간이 생기면 함께 시간을 보낸다고 답한 사람이 49.8%였고, 아이들과 함께 시간을 보낸 적이 거의 없다고 답한 사람이 31.9%였다.

　아이들과 함께 하는 활동으로는 여행, 야영이 제일 많았고, 야구, 배구, 테니스 등이 그 뒤를 이었다. 이 외에 게임, 사냥, 수영, 스키, 스케이트 등도 있었고, 도보여행, 지도와 나침반을 들고 떠나는 횡단여행, 자전거 여행, 함께 노래 부르기, 악기 연주 등이 있었다.

　부부가 가정교육을 부담하는 문제에 대해서 아이의 양육과 교육을 담당하는 쪽이 어머니라고 답한 경우는 8.2%, 아버지라고 답한 경우는 6.3%로 가정교육은 주로 어머니가 담당하고 있는 것을 알 수 있다. 하지만 아이의 장래나 응시할 대학을 결정할 때는 41.6%가 아버지, 23%가 어머니와 이야기해 결정한다고 했다.

　아이가 말썽을 일으켰을 때 누가 문제 해결을 담당하는가에 대한 질문에서는 아버지 46.1%, 어머니 25.8%로 아버지의 비중이 높게 나타났다. 위의 조사 결과에서도 알 수 있듯이, 가정교육에서 어머니와 아버지는 각각 일상적인 부분과 그렇지 않은 부분을 담당하고 있는 것으로 나타났다.

③ 가정교육 비용

교육비란 아이가 유치원, 초등학교, 중학교, 고등학교, 대학교에 다니는 동안 드는 비용을 말한다. 일본은 가정교육 비용지출이 큰 편인데, 보통 한 가정에서 아이가 태어나 대학을 졸업할 때까지 드는 교육비가 모두 2,400만 엔 정도다. 이 수치는 AIU보험사가 통계자료를 바탕으로 추산한 값으로, 지출부분을 기본 부양비와 교육비로 나눠 계산했다. 기본 부양비에는 출생비, 유아 부양비, 22년간의 식비와 의료비, 그리고 개인재산 등 6개 항목이 포함되어 있다. AIU의 추산에 따르면, 아이 1명당 드는 기본 부양비는 약 1억 1,783만 엔인데, 그중 식비가 658만 엔 정도로 가장 많은 비중을 차지한다. 그 다음은 용돈 393만 엔, 개인자산 구매비용 227만 엔 순으로 나타났다.

교육비에는 초등학교부터 고등학교까지의 응시료와 입학금이 포함된다. 보통 사립학교는 공립보다 교육비가 두 배 정도 높은 것으로 조사되었다. 예를 들어, 사립 유치원은 77만 엔, 공립 유치원은 31만 엔이고, 사립 초등학교는 389만 엔, 공립은 111만 엔 정도이다. 대학의 경우는 더하다. 응시료와 입학금 외에 대학을 다니는 동안 학비, 시설비, 학습보조비, 실습비 등을 내야 한다. 이런 비용이 그나마 적게 들려면 초등학교부터 대학까지 줄곧 공립을 다녀야 하는데 그때 드는 비용이 2,404만 엔 정도다. 만약 일반 유치원은 사립, 초등학교, 중학교, 고등학교는 공립, 대학은 사립을 다니게 되면 그 비용은 2,583만 엔으로 뛴다. 만약 줄곧 사립학교를 다닌 이과생이라면 교육비는 무려 3,129만 엔이다. 교육비가 가장 많이 드는 케이스는 사립대학의 의대생으로 자그마치 6,097만 엔의 비용이 든다.

보통 40~50대 일반 직장인의 연봉이 700~800만 엔이고, 그중 세금을 제하면 실 수령액은 600~700만 엔 정도가 된다. 자녀를 의대에 보내려면 가장의 10년치 연봉을 모아야 한다는 계산이 나온다. 일본의 보통 가정에서 자녀교육에 어느 정도 투자하고 있는지 조금이나마 짐작할 수 있는 대목이다.

④ 가정교육 학습

　일본인은 가정교육을 중시하기 때문에 아이가 성장과정에서 보이는 일련의 문제에 대해 민감하게 반응하는 편이다. 54.6%의 학부모가 아이 양육, 아이의 인간관계(친구, 형제, 자매 등), 성격, 장래 진로 등의 문제로 고민을 했거나 걱정을 한 적이 있다고 말했다. 그래서 일본의 학부모들은 가정교육에 대해 배우려는 열의가 강하다. 가정교육에 대한 연설, 강연, 서적, TV프로그램 등을 통해 공부하는 학부모가 56.2%로 나타났고, 그중 여성이 66.9%를 차지했다.

　가정교육에 대해 학습하는 내용에는 아이의 심리, 성격형성, 양육방법 등이 가장 많았고, 그 다음으로는 아이를 대하는 태도나 책임감, 아이의 건강 및 신체발육, 가정교육의 기능과 가정 내 인간관계 등인 것으로 조사되었다.

　그리고 '아이 양육을 위해 필요한 교육을 받아야 한다면 당신은 누구에게 배울 계획인가요?'라는 질문에 대부분 부모님, 연장자, 친구 등 경험이 있는 사람에게 배우겠다고 대답했고, 그 다음으로는 가정교육 학습반, 강연, 연설 등의 루트, 그리고 학교 선생님, TV나 라디오를 통해 배우겠다고 답했다.

　아울러 가정교육에 관한 지식과 노하우를 좀 더 많이 배울 수 있도록 시민회관이나 도서관 등의 시설이 제공되길 바란다고 언급했다. 아울러 '친구들과 한자리에 모여 가정교육에 관한 정보를 교류할 수 있는 장소가 제공되길 바란다.', '가정교육에 관한 확실한 토론 연구체제가 정비되길 바란다.', 'TV 같은 대중매체를 충분히 활용해 가정교육에 관한 정보를 제공해주길 바란다.'고 의견을 제시했다. 정부는 이미 학부모의 의견을 수렴해 단계적으로 실천하고 있다.

(2) 사회변화와 가정교육

　200년 전, 일본에서 '가정家庭'이란 중국과 마찬가지로 여러 세대가 함께 모여 사는 장소이자 자녀를 생산하는 단위였다. 가장을 중심으로 가정의 구성원들은 각자 맡은 바 책임을 다하고 교육 역시 가정 내에서 이루어졌다. 가정은 각 구성원이 필요로 하는 모든 것을 제공하기도 했지만 또 그들을 구속하기도 했다.

시대가 변하면서 사회에도 큰 변화가 일었고 그와 함께 가정의 역할도 달라졌다. 소규모의 가정생산기관이 현대적인 기업화된 대생산으로 변모했고 가족 구성원은 집을 벗어나 가정 외의 다른 분야에서 활동하는 경우가 증가했다. 전쟁이 끝나고 40년이 흘렀을 무렵 일본 가정에는 커다란 변화가 일었다. 과거의 대가족에서 부모님과 미혼 자녀로만 구성된 핵가족으로 바뀌었다. 또 외동자녀가 증가함에 따라 가정규모 축소, 이혼율 상승, 가정폭력 등 다양한 문제가 발생했고 이는 일본의 가정교육계에 새로운 과제이자 도전을 가져다주었다.

① 핵가족 증가와 외동자녀 비율 상승

핵가족 증가와 가정규모 축소는 일본 가정에 나타난 주요 변화로 꼽힌다. 인구통계학 자료에 따르면 1955년에서 1980년까지 25년 동안 일본 가정의 평균 구성원 수는 4.97명에서 3.25명으로 감소했고 출생률 역시 1955년 19.4%에서 1979년 14.2%로 감소했다. 게다가 절반이상의 가정이 부모와 외동자녀로만 이루어져 있다.

보사드J. Bossard의 '가정 구성원간의 상호 작용법칙'에서는 가정 구성원 수가 감소한다는 것은 가정 내에서 인간관계를 익힐 수 있는 루트가 감소한다는 것을 의미한다고 한다. 예를 들어 가족이 5명에서 3명으로 감소하면 그 루트는 10개에서 3개로 감소한다고 한다.

일본 정부는 핵가족 증가와 가족규모 축소로 야기된 일련의 문제에 대해 예의주시하고 있다. 최근 일본은 가정교육 내용 중 한 가지를 특히 강조했는데, 바로 사람 사이에 형성되는 가장 기본적인 신뢰관계가 가정에서 만들어진다는 것이다. 일본의 한 가정 전문가에 따르면 사람과 사람간의 신뢰는 인류 사회가 생존하고 발전해 나가는 데 필요한 전제조건이라고 했다. 이런 기본적인 신뢰관계가 바로 가정에서 먼저 형성되는 것으로, 유년기 시절에 그 기초가 다져진다. 그렇기 때문에 가정교육에서 가장 중요한 것은 아이에게 충분한 사랑을 베풀고 아이가 따뜻한 가정환경 속에서 자신이 사랑 받고 있다는 것을 충분히 느끼게 하는 것이다. 그래야 주변사람을 신뢰하는 마음을 갖게 된다. 이를 위해 어머니는 가정에서 자녀육아에 최선을 다해야 하고 아버지도 적극적으로 도와야 한다. 일본 정부는 이를 지원하기 위해 육아 휴가제와 여성 재고용제도를 확대할 방침이다.

② '그림자 아버지'와 직장인 어머니 증가

도시화가 촉진되면서 '샐러리맨' 아버지가 늘어났고 아이들은 아버지가 근무하는 모습을 볼 기회가 드물어졌다. 대부분의 아버지들은 아침 일찍 집을 나서 밤늦은 시간이 되어야 귀가를 하다 보니 가정을 돌볼 겨를조차 없다. 그래서 아버지란 존재는 아이들에게 아예 없거나, 그림자만 있는 존재가 되었다. 일본의 교육 심리학자가 실시한 조사 결과에 따르면, 아이들에게 "너희 어머니는 무슨 일을 하시니?"라고 물으면, "우리 엄마는 밥하고 빨래하고 장보는 일을 하세요."라고 대답한 반면 "너희 아버지는 무슨 일을 하시니?"라고 물으면 대부분의 아이들이 대답을 못했다고 한다. 초등학생에게 '나의 어머니'란 주제로 작문을 시키면 개성 있고 활기 넘치는 어머니의 모습을 그려 내용이 흥미로운 반면 '나의 아버지'란 주제의 작문은 지루하기 짝이 없다. 아이들 눈에 비친 아버지는 딱딱하고 아무런 개성이 없는 모습뿐이다. 아이들에게 아버지는 낯선 존재라는 것을 알 수 있다. 때로는 아버지를 일꾼이나 하숙생으로 묘사하기도 한다. 아이들 마음속에 아버지의 자리가 점점 더 좁아지고 있는 것이다.

이 외에 '남자는 밖에서 일하고 여자는 가정을 지킨다.'라던 일본사회의 오랜 전통이 깨지면서 일하는 여성이 점차 늘고 있다. 1983년만 해도 전업주부 비율이 취업주부 비율보다 높았으나 1984년부터 역전되었다. 1987년 조사결과를 보면 취업여성은 615만 명인데, 그중 가정주부가 79만 명에 달한다.

'그림자 아버지'의 존재와 직장인 어머니의 증가하면서 육아 휴가제, 탄력적인 근무제도, 2인 협력제도, 재택근무 등이 확대되었고 앞으로도 꾸준히 증가할 추세다. 이처럼 자녀육아와 가정교육은 중요문제로 대두되었다. 3세 미만의 영아를 돌봐줄 보육시설이 미비하다 보니 맞벌이 가정은 하는 수 없이 아이를 다른 시설에 일정 기간 위탁해야 하는 상황이다. 무사시노武藏野시가 실시한 조사에 따르면, 절반이상의 아이들이 정식 보육시설에 들어가기 전 이미 미허가 보육단체 같은 곳에서 지낸 경험이 있었다. 일부 어린이는 꽤 여러 해 보모 곁에서 지낸 경우도 있었다.

이런 '탁아소'는 영리를 목적으로 하는 단체기 때문에 '즉시, 편한 대로, 마음대로'라는 모토로 서비스를 제공한다. 하지만 법적인 구속력이 없기 때문에 위생, 안전, 복리 등에 많은 문제점을 안고 있다. 일본 민정부民政部는 이런 탁아소의 환경을 개선하고자 일련의 조치를 취하고 있다.

'그림자 아버지'와 직장인 어머니를 둔 가정의 문제점을 해결하고자 일본내각 총리대신을 장관으로 하는 '여성문제 계획 추진 본부'를 발족했다. 1988년 《2000년을 향한 행동계획》을 제정해 21세기에는 여성은 사회활동에 적극 참여하고 남성은 지역 및 가정활동에 적극 참여하는 쌍방향형, 남녀공동 참여형 사회를 이룩할 것이라고 명시했다. 자녀교육이나 가사일 분담은 반드시 아버지와 어머니가 함께 풀어나가야 하고 그래야 화목한 가정을 꾸릴 수 있다.

③ 이혼, 그리고 모자母子가정, 부자父子가정의 증가

일본 사회가 변화면서 이혼율도 함께 상승하고 있다. 1970년에는 9.6만 쌍, 1975년에는 11.9만 쌍, 1980년에는 14.2만 쌍으로 증가해 1985년에는 16.7만 쌍에 이르렀다. 그러다 1987년에는 15.8만 쌍으로 감소하기도 했다. 하지만 일부에서는 아이가 받을 충격을 고려해 별거라는 '내부 이혼'을 선택했기 때문인 것으로 보고 있다. 일본의 이혼율은 유럽이나 미주보다는 낮지만 그 증가속도는 상당히 빠른 편이다.

이혼하는 부부 가운데 70% 정도가 미성년 자녀를 두고 있는 것으로 밝혀졌다. 이는 대부분 모자가정과 부자가정으로 이어진다. 일본에는 부자가정이 약 12만 세대, 모자가정이 16만 세대가 넘어선 것으로 조사되었다. 부자가정 가운데 60% 이상이 아이를 세심하게 돌봐주지 못하는 것이 가장 큰 고민거리라고 했다. 반면 모자가정 가운데 60% 이상은 경제적인 어려움이라고 답했다.

이혼은 유년기 자녀에게 막대한 정신적 상처를 주고 이혼 전 부모님의 잦은 싸움은 아이 성장에 악영향을 초래한다. 그리고 이혼 후 형성된 모자가정이나 부자가정은 정상적인 가정교육이 힘들다보니 아이들이 탈선을 하거나 신경질적인 모습을 보이는 경우가 허다하다. 그래서 관련기관에서 그 대책을 연구 중이다. 젊은이들에게 신중하게 결혼을 결정할 것을 권하고 신혼부부를 위한 각종 강연도 준비하고 있으며 모자가정이나 부자가정을 위한 경제 지원책도 마련하고 있다.

④ 지나친 모자母子 일체감과 과도한 보호교육

유럽과 미주 가정은 부부 중심이고 일본은 친자, 특히 모자 중심의 가정 형태를 띤다. 유럽과 미주에서는 늘 부부가 함께 움직이지만 일본 부부들은 아이들을 두고 둘만의 여행을 떠나는 경우가 극히 드물다. 일본의 어머니는 보통 '자식의 기쁨이 곧 나의 기쁨이고, 자식의 슬픔이 곧 나의 슬픔이다.' 또는 '자식은 내가 사는 의미이고 내 목숨의 뿌리다.'라고 말할 정도로 자식과 강한 일체감을 형성하고 있다. 일본교육 심리학자 요다 아키라依田明 교수는 이런 어머니의 경우 만약 아이가 밖에서 놀다 다른 아이한테 맞고 온몸이 진흙투성이에 울면서 들어오면 꼭 자신이 맞은 것처럼 상대방을 나무라거나 그 아이 부모에게 전화를 걸어 항의를 한다고 지적했다. 또 초등학생이 선생님이 틀렸다고 고쳐준 숙제를 집에 들고 오가나 시험 점수가 낮으면 크게 화를 내며 아이를 나무라는데 이는 꼭 자신이 낮은 점수를 받은 것 같아 그 분노를 표출하는 것이라 했다. 아이가 입시생이면 늘 그림자처럼 따라다니고 시험 당일에는 교문 앞에서 기다리기도 한다고 지적했다. 이처럼 지나친 모자 일체감은 아이의 정신적인 독립을 저해해 완전한 성인으로 성장하지 못하게 한다. 어느 회사의 신입직원 면접에서 한 후보자가 면접관과 이야기를 나누다 다음과 같이 답했다고 한다.

"집에 가서 어머니께 물어보고 어머니가 동의하면 다시 오겠습니다."

지나친 모자 일체감은 지나친 보호교육을 낳는다. 총리부는 1985년 '자녀에게 어느 정도 교육을 받게 할 것인가?'라는 주제의 조사를 실시한 바 있다. 이에 16.2%의 아버지, 33.9%의 어머니가 고등학교까지라고 답했고, 54%의 아버지, 36.1%의 어머니가 전문대, 본과, 대학원까지라고 답했으며, 27%의 부모는 자녀의 희망에 따라 결정하겠다고 답했다. 대다수의 부모는 아이가 학업에 최선을 다해 우수한 성적으로 유명대학이나 기업에 들어갈 수 있길 바랐다.

그래서 초등학교 6학년 학생의 29.6%, 중학생의 7.3%가 방과 후 별도로 학원을 다니고 있다. 학생들의 방과 후 학습 상황은 놀랍기 그지없다. 초등학교 5학년 학생의 73.9%, 6학년 학생의 65.7%가 여러 형태의 보충 학습을 받고 있었다. NHK의 조사결과에 따르면 57%의 중, 고등학생들이 가장 갖고 싶은 것으로 '시간(여유)'을, 가장 골칫거리로는 '학업'과 '성적'을 꼽았다.

이처럼 지나친 교육은 때로는 자녀의 건강을 저하시키거나 교우 관계를 소원하게 하는 등 좋지 못한 결과를 초래하기도 한다. 또 어떤 아이들은 학업성적이 나빠 등교 거부, 자책, 자살 등으로 이어지기도 하고 교내 폭력이나 가정폭력을 초래하기도 한다. 총리부가 1989년 실시한 〈청소년 범죄문제 여론조사〉 보고서를 보면, 가정교육에 문제가 있었다고 응답한 자가 47.1%였다.

이에 일본정부는 부모의 소양을 향상시키고 가정교육 활동을 재개하며 올바른 기본생활습관 배양을 가정교육의 핵심내용으로 삼는다고 선언했다. 이런 일련의 조치는 위에서 언급한 문제점을 바로 잡는 데 긍정적인 역할을 담당하게 될 것이다.

(3) 가정교육 강화

1988년 일본 총리부에서 가정과 사회지역 교육이 가지는 기능에 대해 조사했다. 그 결과, 일본 국민의 63.3%가 '가정교육의 기능이 약화되었다.'고 답했다. 응답자 대부분은 가정교육의 기능이 약화되면 일본교육 전체가 영향을 받는다고 지적했다. 이에 미취학 아동에 대한 가정교육을 강화하고 그들이 겪게 되는 정신적인 고통을 극복할 수 있도록 각종 조치를 취할 것을 정부에 요구했다. 그래서 1980년대 말부터 문부성은 가정을 사회교육의 중점 산업으로 선정하고 연말 예산에서 가정과 사회지역의 교육재정을 7억 4,008만 엔 편성했다. 아울러 다음 일련의 조치를 통해 가정교육을 보다 강화해나갔다.

① 학부모를 위한 가정교육 강좌 개설

가정교육의 기능이 약화되었다는 사회 여론에 대해 임시 교육 심의회는 다음과 같이 지적했다.

"가정에서 먼저 본연의 역할과 책임이 무엇인지 자각하는 것이 중요하고, 가정, 학교, 지역사회는 가정교육이 제 역할을 다 할 수 있도록 힘을 모아야 한다."

최근 일본은 시市, 정町, PTA, 여성단체 등의 단체들이 가정교육 학교를 개설해 교육의 장을 마련하고 있다. 한 통계에 따르면 1988년에만 무려 26,777개의 각종 가정교육 학교가 개설되었고, 교육에 참여한 사람도 무려 183만 명에 달했다. 문부성은 가정교육 학교를 개설한 1,717개 시, 정, 촌에 재정지원을 제공했다.

문부성이 처음 가정교육 강좌에 재정적 지원을 한 것은 1964년의 일이다. 그후 1965년에는 '영유아기 교육 강좌', 1981년에는 신혼부부나 가임기의 젊은 부부를 대상으로 하는 '미래 부모를 위한 강좌', 1986년에는 맞벌이 부부를 대상으로 한 '맞벌이 가정을 위한 교육 강좌', 1989년에는 사춘기 자녀를 둔 학부모를 위한 '사춘기 토론회'를 집중적으로 지원했다. 1988년 국가재정 보조를 받은 교육 강좌를 분석해보면, '가정교육 학교'의 평균학습 시간은 260시간이다. 그중 '영유아기 교육 강좌'는 27.2시간, '미래 부모를 위한 강좌'는 24.9시간, '맞벌이 가정을 위한 교육 강좌'는 22.6시간이었다. 주요 내용에는 가정환경(가정교육의 기능, 가정 내의 인간관계, 부모님의 태도와 그 역할 등), 아동의 심신 발육(아동의 정신적 신체적 성장, 기본생활 습관 형성 등), 사회 환경

(학교교육과의 조화, 지역 및 대중매체 등) 등이 포함되어 있다. 이런 내용들은 각기 다른 강좌에서 각기 다른 비중으로 다뤄졌다. 예를 들어 '가정환경'이란 내용은 '가정교육 학교'에서는 24.1%, '미래 부모를 위한 강좌'에서는 52.7%, '영유아기 교육 강좌'에서는 14.6%, '맞벌이 가정을 위한 교육 강좌'에서는 34.8%의 비중을 차지했다. 또 '아동의 심신 발육'이란 내용은 '가정교육 학교'에서는 34.8%, '미래 부모를 위한 강좌'에서는 27.9%, '영유아기 교육 강좌'에서는 51.5%, '맞벌이 가정을 위한 교육 강좌'에서는 31.9%를 차지했다.

② 관련 정보 제공 및 상담 사업 실시

일본정부는 학부모에게 가정교육에 관한 정보를 제공하는 것이 무엇보다 중요하다고 생각했다. 이에 문부성은 1984년부터 전문가를 구성해 가정교육에 관한 책자 『현대 가정교육—영유아기 편』(1984년 11월 출판), 『현대 가정교육—초등학교 저, 중학년 편』(1987년 3월 출판), 『현대 가정교육—초등학교 고학년 편』(1989년 3월 출판) 3권을 편찬, 출판했다.

이 자료들은 모두 일본의 저명한 학자들이 원고를 썼다. 그리고 '가정교육에 관한 자료 간담회'를 열어 연구와 토론을 진행한 후 아동의 성장기 특징, 가정교육의 과제 등에 대해 꼼꼼히 분석해 학부모에게 다양한 내용과 그 지도법을 제공했다.

일본은 대중매체를 이용해 가정교육에 관한 정보를 알리는 일에도 관심을 보였다. 문부성은 재단법인 민간 방송국 협회에 위임하여 가정교육을 다룬 《아버지의 눈, 자녀의 눈》이란 프로그램을 제작했다. 이 프로그램은 32개 방송국의 전파를 타고 매주 1회 전국에 방영되었다. 1990년에는 '지금 당신의 아이는 활기가 넘치나요?'라는 주제를 다룬 51부작 드라마를 제작해 전국에 방송하기도 했다. 이런 프로그램은 가정교육 강좌나 단체에게는 우수한 학습교재이자, 학부모에게는 생생한 이미지와 흥미로운 내용이 가득한 학습서다.

또 자녀교육 문제로 고민하고 불안해하는 학부모가 증가하는 현실을 극복하기 위해 일본 문부성은 도도부현都道府에서 전화 상담센터를 중심으로 진행하는 '건강한 가정교육을 위한 상담사업'을 조성하고 있다. 이 사업은 영유아기 아이를 둔 부모를 대상으로 전문가 상담을 실시하는 것이다. 전화로 가정교육에 관한 상담을 실시하고 TV, 토론회 등의 루트를 통해 가정교육 상담원을 양성한다.

소위 말하는 '순회 상담'은 교육자, 심리학자, 의학자 등 지식과 노하우가 풍부한 전문 상담원이 각 부현의 교육장, 시민회관, 보육장 등을 돌며 상담하는 것이다. 그 내용은 주로 자녀교육에서 느끼는 애로사항과 불안감에 대한 것으로 개인 또는 단체 상담을 실시한다.

'전화 상담'은 교육위원회, 부녀회관, 교육센터, 평생교육센터 등에 전화 상담실을 오픈하고 교육학, 심리학, 사회학, 보육학에 관한 지식 및 경험이 있고 전문적인 훈련을 마친 사람이 학부모가 제시한 여러 문제에 대해 상담을 실시한다. 가정교육 상담 전용선에 '사에코杉子전화', '빨리 전화' 등의 애칭을 붙여 좀 더 나은 분위기를 조성했다.

③ 지역 경제 간 노하우 교류

최근 도시화가 진행되면서 지역사회의 기능도 크게 변하고 있다. 아울러 학부모들 간에 육아경험을 교류할 수 있는 장소나 기회가 줄어들고 있는 실정이다. 이에 임시 교육 심의회는 '신정대회의新井臺會議'를 개최하자고 제의했다. 지역 학부모들 간의 교류 촉진, 가정과 지역교육의 기능 강화, 젊은 학부모들에게 경험 및 정보 교류를 교류하고 우정을 쌓아나갈 수 있는 편안한 분위기를 제공하자는 취지다. '정대회의'란 과거 일본 주부들이 우물에서 물을 긷고 빨래를 하는 동안 이야기를 나누면서 정보를 교환하던 것을 말한다. '신정대회의'는 많은 사람들이 각종 공공시설과 매체를 이용해 가정교육에 관한 소식이나 노하우를 교류하길 취지다.

이를 위해 일본 문부성은 1987년부터 '가정교육 지역교류 사업' 계획을 실천에 옮기기 시작했고, 시, 정, 촌 단위로 개최하는 여성 교육경험 교류회, 아버지 교실 개설, 이웃 클럽 활동 등을 적극 추진했다. 문부성은 1990년에만 이와 유사한 140여 개 활동에 재정지원을 했다. 여기서 추측할 수 있듯이, 일본 정부의 건의 및 대대적인 지원을 등에 업고 각 급 기관 및 지역 단체들의 협력을 바탕으로 일본의 가정교육은 앞으로 새로운 단계로 발전해 나갈 것이다.

7. 일본의 학력사회와 입시지옥

(1) 학력사회 일본

대부분의 일본 중등학생들은 18세에 졸업을 하고 그 해에 대입을 치르게 된다. 18세의 어느 한 날에는 대학입시에 참여해야 한다는 의미다. 이 날은 6년 간의 중등학교 생활에 마침표를 찍는 날이자, 학생들의 일생을 결정짓는 하루이기도 하다. 이 날이 그들에게 어떤 의미인지 이해한다면 일본 중등학생들의 학교생활을 어느 정도 이해할 수 있다.

일본사회는 '학력사회'로 통한다. 학력이라 함은 어떤 한 사람이 어느 수준의 학교를 졸업했는가를 의미한다. 중학교를 졸업한 사람의 학력은 중졸이고, 고등학교를 졸업한 사람의 학력은 고졸, 대학을 졸업한 사람의 학력은 말 그대로 대졸이다. 개인의 학력이 개인의 사회적 지위를 결정하는 사회, 이것이 바로 학력사회다.

일본이 학력사회를 지향한 것은 1872년부터다. 이전에는 출신이 개인의 사회적 지위를 결정했다. 무사의 아들은 무사이고 상인의 자녀는 오로지 장사만 할 수 있었으며 농민의 자식은 평생 농사만 지어야 했다. 메이지유신 당시 국가가 필요로 하는 인재를 양성한다는 취지 하에 문을 연 제국帝國대학은 개인이 자신의 '학문' 실력을 바탕으로 출세할 수 있는 길을 열어주었다. 이에 많은 평민 자녀들이 학문을 쌓음으로써 자신의 사회적 지위 향상을 꾀했고, 이것이 학력사회의 시초가 되었다. 그 후 보다 나은 사회적 지위를 누리고 싶은 사람은 반드시 교육을 받고 학력을 획득해야만 했다.

당시 일본 젊은이들에게는 제국대학 외에도 고등교육을 받을 수 있는 다양한 루트가 있었다. 예를 들어, 고등 전문 과학학교, 사범학교, 군대 인재를 양성하는 군대사관학교, 해군 사관학교 등이 대표적이다. 이 학교 졸업생들의 학력은 제국대학에는 견줄 바가 아니었지만 마찬가지로 개인의 사회적 지위를 개선할 수 있었기에 젊은이들에게 인기가 있었다.

대학 입학은 곧 관직과 부로 이어진다고 생각했고 사회적 지위 향상을 의미했다. 이런 현실은 일본국민의 교육열을 자극했고 그들은 고등교육에 열을 올렸다. 아울러 중등교육과 초등교육의 장점도 뼈저리게 느꼈다. 중등교육과 초등교육은 대학 진학을 위해 거쳐야 하는 필수 코스였고 중등학교 졸업생이 취업을 하거나 직업을 가지는 것이 대학입학보다 훨씬 쉬웠다. 이러한 '학력사회'는 모든 일본 국민이 교육을 중시하는 분위기를 조성했다.

제2차 세계대전 이전 일본의 학력사회는 안정적인 편이었다. 대학에 입학해 대학 졸업장만 따면 원하는 일자리를 찾을 수 있었으니 말이다. 당시 중등교육 졸업장을 가진 사람 역시 대학 졸업자보다는 못했지만 꽤 괜찮은 직업을 가질 수 있었다. 하지만 2차 세계대전 종식과 함께 일본경제가 빠르게 발전하면서 대학 진학자들이 큰 폭으로 증가했고 중등교육 역시 보편화되었다. 80년대 이후 일본의 고등학교 진학률은 95%에 달했고 고등교육을 받는 이도 37%를 넘어섰다. 일본국민들의 학력이 전반적으로 향상되면서 일본 학력사회의 모습에도 변화가 찾아왔다. 과거에는 학위가 곧 좋은 일자리를 찾아주는 보증수표였다. 하지만 지금의 일류기업이나 정부기관은 인재를 채용할 때 어느 학교 졸업생이냐를 따진다. 명문대 졸업생만이 일류기업이나 정부기관에 들어갈 수 있게 되었다. 비非 명문대생은 어쩔 수 없이 과거 중등교육학교 졸업생들이 하던 세일즈맨이나 서비스업 일을, 중등교육학교 졸업생들은 소위 몸으로 하는 노동을 하게 되었다. 학력사회 속에서 사람들은 유명대학의 학력을 추구하게 된다. 아이들이 학교 갈 나이가 되면 부모들은 온갖 방법을 동원해 아이를 유명 초등학교에 진학시키고, 초등학교를 졸업하면 유명 중, 고등학교에 진학하길 간절히 바라고, 또 중, 고등학교를 졸업하고 나면 명문대학에 들어가기 위해 안간힘을 쓴다.

70년대와 80년대, 일본의 일류기업들은 대학 졸업생이 매일 무더기로 쏟아져 나오는 현실에 대해 '대학 지정제도'라는 채용 방식을 채택했다. 즉 명문 대학생을 선택한다는 것이다.

일본 경제 단체 연합은 일본 문부성의 위임을 받아 도쿄 증권거래소에 상장된 152개 기업들을 대상으로 조사를 진행했다. 그 결과, 100% 또는 일부분 '대학 지정제도'를 채택하고 있다고 답한 기업 가운데 서비스업계 기업은 35%, 산업, 교통, 에너지 분야의 기술업계 기업은 47%인 것으로 나타났다. 또, 일본 취업현황 센터에서 '학력에 대한 기업의 견해'에 대해 100개 대기업과 소기업을 대상으로 조사를 실시한 결과, '지정학교제'를 실시하고 있는 기업은 대부분 가공제조업체인 것으로 나타났다.

기업의 '대학 지정제도' 채용방식 채택은 대학 졸업생들의 일자리 찾기에 많은 영향을 미쳤다. 비非 지정대학 재학생의 경우 대학을 졸업하기 전 일자리를 구하는 과정에서 이미 냉대를 당하는 경우도 있었다. 실제로 '대학 지정제도'는 일본의 학력사회가 보이던 특징에 큰 변화를 가져왔다. 과거 일본 학력사회는 '초등학교―중등학교―대학교'라는 단순한 수직적 학력 차이였다. 하지만 '대학 지정제도'를 실시한 후 일본 학력사회는 명문대학과 일반대학이라는 구별이 생겨났다. 즉 '수평적 학력 차이'가 등장한 것이다. 어느 대학의 졸업장을 가졌느냐가 대학생들의 취업기회를 결정짓게 된 것이다. '수평적 학력 차이'의 등장은 초등학교부터 중등학교까지 모든 학생들의 경쟁을 부추겼다. 그들은 향후 좋은 대학에 들어가기 위해서 명문대학 졸업장을 따야 했고, 명문대학에 들어가기 위해서는 명문 중등학교를 다녀야만 했으며, 명문 중등학교에 입학하기 위해서는 명문 초등학교가 필수가 되어버렸다. 다시 말해, '수평적인 학력'의 차이는 중, 고등학교 단계의 모든 학교기관에도 적용되었고, 명문 중등학교와 일반 중등학교의 갭은 유난히 두드러졌다. 명문 중등학교 학생은 마치 이미 명문대학 교문에 들어선 듯 보였고, 일반 중등학교 학생들은 그저 부

러운 시선으로 쳐다볼 뿐이었다. 하지만 차이는 여기서 그치지 않았다. 명문대
학들은 순위를 놓고 치열한 경쟁을 펼쳤고, 명문 중등학교 학생들 역시 순위
경쟁에 열을 올렸다. 그렇다고 일반 중등학교 학생들이 손을 놓고 있었던 것은
아니다. 그들은 전문적으로 학과시험 준비를 해주는 학원과 학교를 오가며 공
부했고, 가정교사를 두고 죽을힘을 다해 공부했다. 이 모든 것이 그들이 18세
어느 날 치르게 되는 대학 입시를 준비하기 위함이었다.

이처럼 '18세의 어느 날'은 학력사회 속에서 살아가는 일본 학생들의 진짜
학력이 결정되는 날이다. 이를 간파하고 있다면 일본 중등학생들이 보내는 6
년간의 학교생활이 어떠할지, 그리고 그들의 언행을 이해할 수 있게 된다. 명
문대학에 입학할 가능성이 있는 학생들은 6년을 하루같이 공부만 파고든다.
반면, 명문대학에 진학할 가망이 없는 학생은 일반 중등학교나 직업 중등학교
에서 최선을 다해 학업에 임하기도 하고, 아예 자포자기를 하거나 말썽을 부려
문제 학생이 되는 경우도 있다.

이런 탓에 일본교육을 두고 다음과 같이 말한 것에서 우리는 많은 것을 깨달
게 된다.

"일본사회는 태어날 때는 계급이 없다가 18세에 대학입시를 치르면 계급이
생긴다."

(2) 입시지옥 일본

'18세의 어느 날'과 직접적으로 연관된 것이 바로 시험이다.

일본의 학교 시험제도가 탄생한 것은 메이지 시대 초기로 거슬러 올라간다.
메이지 5년(1872년)에 제정된 《학제령學制令》에 진학 및 입학시험에 대한 상
세한 규정이 담겨 있다. 그 후 1876년 의사와 변호사 자격시험제도, 국가관리
채용시험제도 등이 연이어 제정, 실시되었다. 얼마 지나지 않아 이 두 가지 제
도는 학력과 긴밀히 연계되었고, 제국대학 같은 공립학교의 졸업생들은 관리,
의사, 변호사 자격시험을 전부 또는 일부 면제해주었다.

20세기 초에 이르러 일본은 학력에 따라 직업이 바뀌고 대우가 달라지는 학력사회의 모습을 완전히 갖추게 되었다. 예를 들어, 당시 대기업 직원 가운데 대학교 또는 전문대 졸업생들은 정식 직원으로 경영관리 업무를 담당하며 월급을 받았다. 하지만 중등학교와 중등전문대학 졸업생들은 준직원으로 간주해 특정 범위 내의 사무직 업무를 담당하며 일급을 받았다. 고급 초등학교 졸업생은 일반 기술직 업무를 담당하며 일급을 받았고, 일반 초등학교 졸업생은 보조 업무나 운수, 포장 등 단순노동 외엔 다른 일자리가 없었다.

전쟁이 끝난 후 일본사회에는 고등학교 졸업이 보편화 되었고 고등교육도 빠르게 발전해나가면서 '고학력' 바람이 불었다. 그러면서 학력을 바라보는 관점에도 변화가 생겼다. 기존에는 학력의 높고 낮음만을 중시하다가 이제는 명문학교냐 일반학교냐를 구분하기 시작한 것이다. 명문대학의 가치는 그 대학 졸업생들의 사회적 지위로 판가름 나곤 했다. 도쿄대학이 대표적 케이스다. 일본 4년제 대학 전체 졸업생 가운데 도쿄대학 졸업생 수는 1%에 지나지 않는다. 하지만 동경주식시장에 상장된 100여개 기업을 이끄는 인재를 보면 온통 도쿄대학 출신이다. 한 통계에 따르면 일본 중앙정부기관의 과장급 이상 간부 가운데 62%가 도쿄대 출신이고 그 비율은 점점 확대되고 있다고 한다. 학술계는 물론이고 다른 주요 분야 역시 도쿄대 출신들이 독점하면서 흔히 말하는 '학벌'을 형성하고 있다.

따라서 일본사회에서는 일류 명문대 출신이라는 간판은 안정적으로 사회에 진출하고 성장해나갈 수 있는 중요조건이 되었다. 대학입시 합격자 발표를 기점으로 일본인에게는 '우優와 열劣'이라는 낙인이 찍힌다. 과거 그 사람의 가정형편이 어땠는지는 중요하지 않다. 대학 입시는 일본인에게 있어 새로운 출발이자 새로운 기회로 인생의 중요한 전환점이 되어준다.

경제협력개발기구OECD가 70년대 일본교육을 시찰한 후 발표한 보고서 상에 다음과 같이 언급한 것도 이런 이유 때문이다.

"18세의 어느 날 취득한 성적이 한 사람의 일생을 결정짓는다."

여기서 말하는 '18세의 어느 날'이 바로 누군가는 웃음을, 누군가는 울상을 짓게 되는 그날이다.

일류기업이나 기관에 들어가려면 반드시 일류대학에 들어가야 하고 일류대학에 입학하려면 반드시 일류 고등학교에 입학해야 하며 일류 고등학교에 들어가기 위해서는 일류 중학교에 들어가야 한다. 이렇게 일류 초등학교－일류 중등학교－일류대학－일류기업으로 이어지는 연결고리가 형성되었다. 초등학교에서 중학교, 중학교에서 고등학교, 고등학교에서 대학교로 진학하기 위한 입학시험은 모든 일본 가정들의 관심사였고, '입시전쟁', '입시지옥'이라 말이 생겼을 정도로 경쟁은 치열했다. 중등학교는 그야말로 대학입시를 위한 최대의 각축장이었다.

중학생은 입학하는 그 순간부터 명문 고등학교 진학을 위해 가슴을 졸여야 했다. 일본의 고등학교 진학률은 1954년부터 꾸준히 상승하다 기존의 50%에서 1970년에는 80%, 1974년에는 90%, 1992년에는 95.9%까지 상승했다. 이 시기에는 일본의 고등학교들이 중학교 졸업생 대부분을 수용할 능력을 갖추고 있었기 때문에 고등학교 입학시험이 불필요한 듯 보였다. 하지만 실상은 그렇지 않았다. 고등학교 입학시험 경쟁이 여전히 치열했던 데는 두 가지 이유가 있다.

첫째, 일류 고등학교 진학을 위한 경쟁이 치열했다. 일본 문부성이 1993년에 실시한 통계에 따르면, 일본 전역에는 국립 17개, 공립 4,166개, 사립 1,318개로 모두 5,501개의 고등학교가 있다. 그 가운데 국립 및 일부 사립 고등학교는 까다로운 입학시험을 통해 우수학생만을 선발해 엘리트로 육성한다는 학교이념을 갖고 있다. 뿐만 아니라 이런 고등학교는 명문대 입학생을 배출해 내는 주요 근원지이기도 했다. 실제로 도쿄대학 한해 신입생 가운데 50%정도가 국립이나 사립 중학교 졸업생이다. 그중 일본 최고의 명문 사립 고등학교로 손꼽히는 나다灘고등학교는 매년 100여 명의 학생을 도쿄대학에 입학시킨다. 그래서 도인桐蔭, 나다灘, 가이세이開成, 아자부麻布 고등학교 같은 명문 고등학교들에 학생들이 문전성시를 이룬다. 이런 고등학교에 입학했다는 것은 명문대학에 한 걸음 더 가까워졌다는 의미이기 때문이다.

둘째, 일반 고등학교에도 경쟁이 존재한다. 일본 고등학교는 일반학과와 직업학과로 나뉜다. 직업학과 학생 수는 전체 학생 수의 3분의 1 정도를 차지하는데 대부분 원해서 들어왔다기보다는 성적이 나빠서 어쩔 수 없이 하향지원한 것이다. 직업학과 가운데 상업과가 56%, 공업과가 34%, 농업과가 50%를 차지하는데 대부분 선택의 여지가 없어 온 학생들이다. 일본 입시제도에 직업학과 졸업생은 대학에 응시하지 못하도록 제한한 규정은 없다. 하지만 학과 수업이 일반 고등학생들처럼 응시교육에 맞춰진 것이 아니라 직업교육에 편중되어 있기 때문에 대학, 특히 명문대학 입학과는 거리가 멀다. 이처럼 중학생의 일반학과 고등학교 진학에도 경쟁이 존재한다.

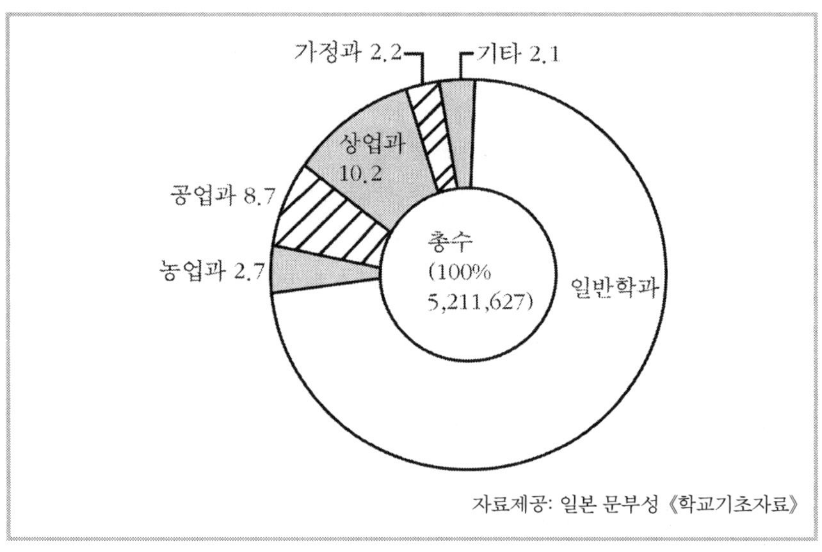

그림 5-1 고등학생 학과 구성 백분비(1992년)

다음은 도쿄 소재의 한 국립 중학교 3학년 일정표다. 우리는 이를 통해 일본 중학생의 학교생활을 짐작할 수 있다.

4월－학부모회의 개최해 고등학교 진학에 관해 상세하게 설명한다. 아울러 작년 졸업생의 진학상황에 관한 상세한 자료를 제공한다. 이를 통해 학부모들에게 지나친 기대를 하지 말 것을 당부하되 지금부터 각고의 노력을 해야 함을 강조한다.

학교에서 '월례고사'를 실시한다. 이는 중학생에게 실시하는 모의고사로서 각 학교별로 참여한다. 응시료는 교재비에 포함시켜 함께 수납하도록 한다. 4월부터 12월까지 매월 1회 실시한다. 시험 결과는 두 달 내에 통보한다. 성적표 상에는 각 학과 점수, 소재 학군내의 편차, 주요 세 과목(영어, 수학, 국어는 사립 고등학교 입학시험 과목이다) 총점, 주요 다섯 과목(영어, 수학, 국어, 이과, 사회는 도쿄도립都立 고등학교 입학시험 과목이다) 총점과 함께 학교 순위, 학군 내의 편차, 동경도 내의 편차 등이 고지되어 있다.

5월－시험장에서 모의고사를 실시한다. 학생들의 신청을 받아 각 지역의 시험장 상황에 따라 모의고사를 실시하는데, 사립 고등학교와 도립고등학교로 나눠 치른다. 시험성적은 2주 내에 통보한다. 성적표 상에는 각 과목의 점수, 주요 세 과목의 총점, 주요 다섯 과목의 총점, 학군 내의 편차, 도쿄 도내의 편차, 지원 학교 합격률 정보 등이 고지되어 있다. 사립 고등학교 학생의 경우 '학력 및 학군 내 적합한 학교' 등의 의견도 함께 제시해 준다. 이런 시험장 모의고사는 5월부터 이듬 해 1월까지 매달 실시하며 마지막 달에는 2회 실시한다.

진학희망에 대한 가정조사를 실시한다. 조사지에는 도립, 국립, 사립을 명시하고 이 중 제1지망은 어디인지, 아울러 어느 학교를 지원할 것인지 구체적인 학교명까지 기록하도록 한다.

7월－제1차 '3자 면담'을 실시한다.(담임교사, 학생, 보호자) 이때 1학기 성적의 절대 평가치를 알려주고 어느 고등학교에 응시할지를 토론하고 교사의 의견을 참고한다.

여름 방학 전 학부모 회의를 개최한다. 진학 희망 학교 및 방중 '시험공부'에 대해 상의한다.

9월─담임교사와 학생 간의 개인면담을 통해 향후 지원 고등학교에 대해 상담한다. 이미 지원학교가 결정된 학생은 2회 정도, 아직 미정인 학생은 5회 정도의 면담을 실시한다.

12월─제2차 진학희망 조사와 제2차 '3자 면담'을 실시한다. 교사는 학생의 2학기 성적에 근거해 학생의 희망지원학교가 적합한지에 대해 평가를 실시한다. 아울러 제1지망 학교를 확정한다.

1월─최종 응시 고등학교를 결정한다.

2월─고등학교에 신청서를 제출하고 시험을 친다.

이처럼 매월 치르는 시험과 모의고사 덕분에 중학생들에게 봄날은 없다. 그들은 아침부터 저녁까지 책을 들고 학교와 각종 학원을 오가면서 학업에만 전념해야 한다.

고등학교에 진학하고 나서는 더하다. 그 어떤 나태함도 용납되지 않는 고등학교 생활은 뿌연 연기가 가득한 그야말로 입시전쟁이 시작된다 하겠다. 일본에서 대학에 진학하는 일은 결코 어려운 일이 아니다. 1992년도 대학 진학률은 38.9%로, 남학생은 37%(그중 대학은 35.2%, 단기대학은 1.8%), 여학생은 40.78%(그중 대학은 17.3%, 단기대학은 23.5%)이다. 반면 대학에 진학하지 못한 학생 비율 역시 60%에 달했다. 그런데 만약 명문대학에 진학하려면 그 경쟁률은 몇 십 배로 뛰어오른다. 일부 삼류 대학의 선발 예정 신입생 수는 실제 응시자 수보다 크게 웃돌지만 대부분의 학생들은 모험을 무릅쓰고라도 마지막 명문대 배에 오르려 안간힘을 쓴다. 게다가 '로닌浪人(방랑하는 사람)'으로 불리는 수십만 명의 재수생까지 합치면 입시에 대한 스트레스는 엄청날 수밖에 없다.

일본의 대입은 크게 두 단계로 나눠 진행된다. 제1단계는 모든 대학이 공동으로 시행하는 '통일고사'로, 전국 통일 학력고사로 불리기도 한다. 이 시험은 주로 고등학생이 기본지식을 얼마나 잘 습득하고 있는지를 테스트하는 것으로, 문부성이 제정한 《고등학교 교학 대강高中教學大綱》에 따라 전국 280개 고사장에서 치러진다. 모든 시험장에는 전국 고시센터와 연락할 수 있는 팩스, 전화 등의 통신 시스템이 구비되어 있다. 또, 모든 시험지는 고시센터로 취합한 후 OMR을 통해 점수를 컴퓨터에 기록한다.

제2단계 대입시험은 각 대학이 자율적으로 실시한다. 이 시험은 1단계 통일고사에서 누락된 내용(제1단계는 선답형 시험)을 주로 다루는데, 대학과 전공의 특수성을 십분 반영해 특수상황 하에서의 학생들의 적응력과 잠재력을 테스트한다. 학력 테스트(전공에 따라 2~3과목), 논술, 면접, 실기 등의 방법으로 치러진다.

두 단계의 시험성적은 대학진학 시 상당한 비중을 차지하지만 실제 결정권은 대학의 몫이다. 대학들은 시험 과목의 총점에 대해 동일한 평가기준을 적용하지 않고 일부 과목에 편중되기도 한다. 이처럼 각 대학들은 각기 다른 고유한 스타일을 형성한다.

이 두 번의 대입을 준비하기 위해 고등학생들은 입학하는 그 순간부터 여러 '공부방'을 전전하며 부족한 학업을 채워나간다. 그들은 한 권 한 권 늘어가는 보충교재를 들고서 계속되는 모의고사에 참여할 수밖에 없다. 고등학교 수업은 입시위주로, 시험과목 위주로 진행된다. 중국의 대다수 학교가 그렇듯 일본의 고등학교 역시 입시를 목표로 문과반과 이과반으로 나눈다. 고등학교 2학년 말이나 고등학교 3학년 1학기 즈음해 교과서 진도를 모두 마치고 그 후에는 자습이나 강화훈련 등의 대학입시 준비에 돌입한다. 모의고사에 참여한 모든 학생의 시험성적은 정확한 편차까지 기록되어 있으며 대학진학 가능여부도 함께 예측해 볼 수 있다. 아래 표는 사립 도쿄 코세이가쿠인 카미야 슌이치神穀俊一 학생의 고3 복습반 시험성적표다.

표 5-4 고등학교 3학년 모의고사 성적표

모의고사 기간	주최 기관	종합 편차치	판단(이공이류二類)
1776년 10월	요요기代代木	57	가능성 40%
11월	오분샤旺文社	62.1	가능성 40% 이하
12월	요요기代代木	54	가능성 30%
1977년 1월	요요기代代木	53	가능성 30%
2월	요요기代代木학원 (특별설립)	60	E, 노력하면 합격권 가능성

표 5-5 복습반 1년차 모의고사 성적표

모의고사 기간	주최 기관	종합 편차치	판단(이공이류二類)
1977년 8월	東大公開講座	45.9	C, 노력요망
10월	요요기代代木	62	가능성 70% 이상
11월	순다이駿臺	60.2	가능성 70% 이상
12월	요요기代代木	61	가능성 65% 이상
12월	요요기代代木東大模擬	57	가능성 80% 이상
12월	東大公開講座	59.4	A, 합격권 진입
1978년 1월	요요기代代木	64	가능성 75% 이상
2월	요요기代代木학원 (특별설립)	71.5	A, 합격 확실

이런 모의고사는 시험장부터 시험지까지, 시험지의 재질부터 답안지 폼까지 실제 시험을 방불케 한다. 하지만 이런 입시교육 분위기는 학생들의 전면적인 발전을 방해해 각종 심리문제를 야기하거나 폭음, 교내폭력, 이지메, 무단결석, 가출, 자살 등의 문제로 이어지기도 한다. 1993년에 자살한 청소년 524명 가운데 고등학생이 135명으로 26%를 차지했고, 그 뒤를 이어 중학생이 91명

으로 17%였다. ‘입시지옥’ 속에 수많은 중, 고등학생들의 아름다운 청춘이 빛을 발하지 못한 채 사장되고 있다.

8. 일본 초·중·고등학교의 학칙과 관리주의

1990년 7월 6일 일본 효고兵庫현 고베神戸의 타카츠카高塚 고등학교에서 발생한 사건이다.

아침 8시 30분, 이 학교 학생 이시다石田僚子가 급히 서둘러 교문 앞에 도착했을 때 교사들은 지각생을 단속하기 위해 제정한 규정에 따라 교문을 닫고 있었다. 이때 학교로 들어가기 위해 이시다와 몇몇 학생들이 교문을 향해 전력 질주했고, 교문을 지키고 있던 호소이 토시히코細井敏彦 교사는 시간이 되자 높이 1.5m, 폭 6m, 무게 230kg에 달하는 바퀴 달린 철문을 닫았다. 전력 질주하던 이시다는 철문에 부딪쳐 2m 정도 튕겨나갔고 입과 귀에서 피를 흘리더니 그대로 기절해버렸다. 그 즉시 응급초치를 취했지만 뇌두개골에 심한 골절상을 입은 이시다는 2시간 만에 사망했다.

이시다 사건이 우리에게 무엇을 말해주고 있는 걸까. 일본교육자 카츠노 나오유키勝野尚行는 이 사건은 결코 우연이 아니라 이 학교가 오랫동안 관리주의 교육을 시행해 온 탓이라고 못 박았다.

이 고등학교의 교칙을 보면 학생 등하교부터 학교생활에 이르기까지 포함이 안 된 부분이 없다. 예를 들면, ‘학생끼리 돈을 빌리면 안 된다.’, ‘담임선생님의 허락을 받고 상의를 벗는다.’ 등으로 무려 30개 조항이 있다. 학생들은 매일 아침 8시 30분까지 등교를 해야 한다는 규정이 있는데, 이를 위해 교사들이 교대로 교문을 지키는 ‘교문 지도제도’를 시행하고 있다. 이때 교사들은 학생의 복장, 두발, 휴대품을 검사함은 물론이고 규정시간이 되면 교문을 닫아 지각생을 벌하기도 한다. 지각생은 학생수첩을 압수당하고 정해진 시간 내에 운동장을 두 바퀴 뛰어야 한다. 만약 학생이 한 달 내에 세 번 결석을 하면 1시간 30분 동안 교정을 청소해야 한다.

학생들은 이 학교의 관리주의 교육은 비단 '교문 지도제도'에서만 나타나는 것이 아니라 교외활동에서도 그대로 드러난다고 했다. 체육수업에 지각을 하면 그날 육상경기는 취소되고 그 반 학생 전체가 벌로 운동장 한 바퀴를 돌아야 한다. 교실에 들어갈 때 신발장 주위를 어지럽히면 복도에서 무릎 꿇고 앉아 있어야 하고, 수학여행을 떠날 때 학생들이 제대로 줄을 서지 않으면 엎드려 팔굽혀 펴기나 엎드렸다 일어나기 등을 100여 차례 시키기도 한다.

사실 관리주의 교육은 비단 이 고등학교에서만 등장하는 것이 아니라 일본교육체제 자체에서 나타나는 고유한 특징이다. 일본의 중, 고등학생들은 24시간 교칙의 굴레 안에서 생활하고 있는 듯하다. 옷차림만 해도 그렇다. 중, 고등학생은 머리에서 발끝까지 모두 교칙에 따라야 한다. 예를 들어 남학생이라면 잡지, 만화, 장난감, 손목시계, 현금, 간식, 빗, 솔 등을 휴대할 수 없다. 이 외에도 학생들끼리는 '○○○군', '○○○친구' 등으로 호칭해야 하고, 학생모는 검은색에 흰 줄이 들어 간 것이어야 한다. 또, 교복을 입었을 때는 모든 단추를 잠가야 하고, 두발은 1.5㎝ 이내여야 하며 드라이, 파마, 스프레이나 젤, 향수 등도 사용할 수 없다. 소매를 걷어 올려도 안 되고 벨트는 반드시 검은색에 폭은 2.3㎝여야 한다. 가슴에는 정자체로 학생학교명, 성명이 써진 명찰을 달아야 하고 트레이닝 바지를 입어도 안 된다. 바지는 일자바지만 입어야 하고 신장이 115~145㎝이면 바지통은 21~22㎝, 신장이 155~165㎝이면 바지통은 21~23㎝여야 한다. 또 운동화에는 반드시 흰색에 정자체로 이름을 새겨야 한다.

이 외에 중, 고등학생의 교외생활을 관리하는 교칙도 있다. 예를 들어 길에서 해서는 안 되는 행위로는 나란히 자전거 타기, 사람 태우고 자전거 타기, 롤러 타기, 오토바이 타기 등이 있다. 학교행사로 외부로 나갔을 때 해서는 안 되는 행위에는 스케이트장 출입, 볼링장 출입, 학교 수영장 외 다른 수영장 출입, 음식점이나 서점 출입, 늦은 밤 외출, 외박 등이 있다.

일본 대부분의 중, 고등학교에서는 교칙을 엄격히 준수한다. 한 예로 효고현의 한 고등학교는 입학교육을 하면서 학생들에게 스님처럼 책상다리를 하고 교칙을 쓰도록 했고, 교육이 진행되는 동안 규율을 어긴 학생은 체벌한다고 공개적으로 말했다. 고베시의 한 고등학교는 자주 학생의 두발, 치마 길이, 손톱, 헤어밴드, 신발, 양말 등을 불시 검사한다. 치마 길이가 1㎝만 길어도, 1㎝만 짧아도 벌을 받는다. 한 고등학교는 1년 동안 복장규정을 위반해 압수한 남학생 바지만도 200여 장에 달해 이것으로 학교 커튼을 만들었다고 한다. 교칙을 위반해 체벌을 받은 내용은 그림 5-2를 보면 잘 알 수 있다.

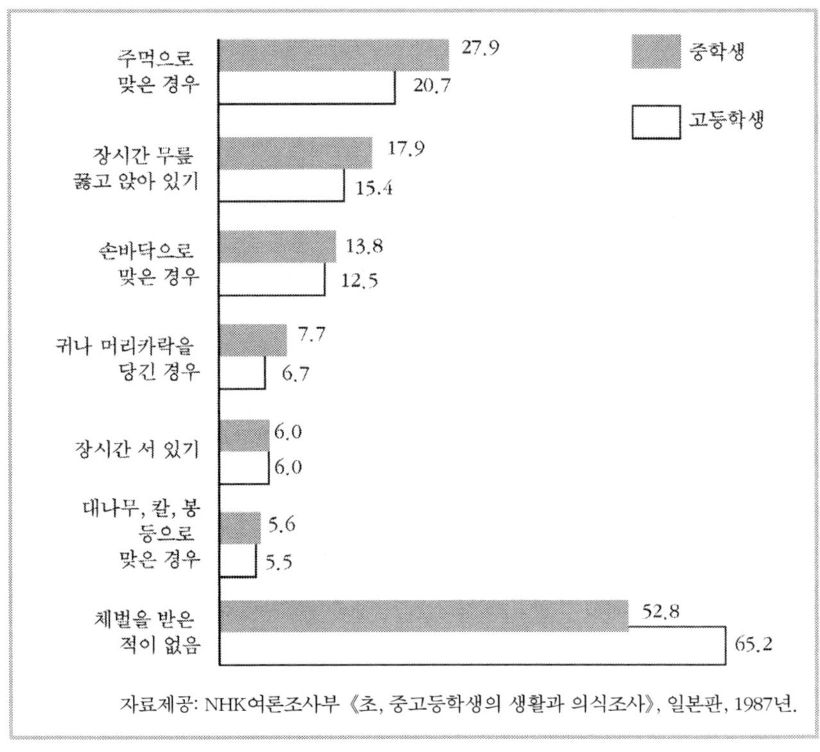

그림 5-2 학생이 교사에게 체벌을 받은 경험(%)

체벌을 받은 학생을 살펴보면 중학생이 고등학생보다 많았고, 중1, 중2 때 체벌을 많이 받다가 중3이 되면 줄어드는 경향을 보였다. 또 남학생이 여학생보다 많았고, 중1, 중2 학생 가운데 체벌을 받은 적이 없다고 답한 남학생은 60%인 반면 여학생은 70%에 달했고, 중3이 되어서는 남학생은 70.9%, 여학생은 83.5%까지 증가했다.

체벌을 받은 원인에서 중학생과 고등학생은 약간의 차이를 보였다.

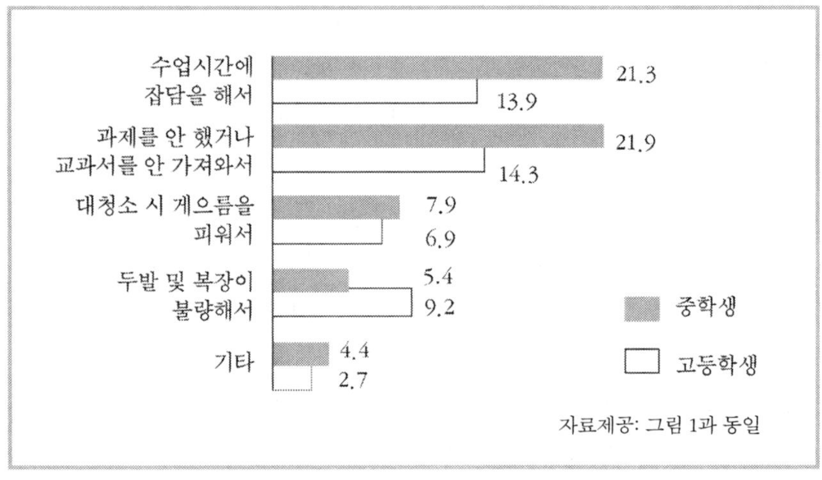

그림 5-3 학생이 교사의 체벌을 받은 이유(%)

관리주의 교육 하에서 학생들은 자유가 없음은 물론이고 복장 같은 겉모습부터 마음속 깊은 곳까지 개성이라고는 찾아볼 수 없다. 이런 관리주의 교육은 몰沒융통성, 획일성, 폐쇄성을 조장할 뿐만 아니라 학생들의 반발심을 자극해 이지메, 무단결석, 학교폭력, 교칙위반 등으로 이어진다. 심지어 '이에는 이, 눈에는 눈'이라고 학생이 교사를 폭행하기도 하고, 교칙에 항의하고자 자살을 택하는 학생도 있다. 이런 일은 일본 중, 고등학교에서 비일비재하게 발생하고 있다.

일본 교육계는 이런 현상들에 대해 많은 반성과 평가를 진행했고 학교 역시 자유로운 분위기를 조성하고자 노력을 기울였지만, '관리주의 교육'이라는 그림자는 좀처럼 가실 기미가 보이지 않는다.

'교칙이 엄격한 것이 바람직하다고 생각하십니까?'라는 질문에 대해, '그렇다.'라고 답한 아버지는 29.3%, 어머니는 18.3%, '엄격할수록 좋다.'라고 답한 아버지는 49.4%, 어머니는 56.9%였고, '학생에게 어느 정도의 자유는 허락해야 한다.'라고 답한 아버지와 어머니는 각각 4.5%와 3.4%에 그쳤다.

일본과 미국의 중, 고등학교 교사에게 '중, 고등학생을 엄하게 교육해야 하나요?'라는 질문을 했다. 그 결과 '아주 엄하게 해야 한다.'고 답한 교사는 일본 7.8%, 미국 4.9%, '약간 엄하게 해야 한다.'는 일본 32.8%, 미국 10.2%, '반드시 엄하게 할 필요는 없다.'는 일본 45.6%, 미국 26.5%, '전혀 엄하게 할 필요 없다.'는 일본 13.8%, 미국 58.4%로 나타났다.

사실 일본 중, 고등학교에 관리주의 교육이 팽배한 것은 사회문화적 배경과 역사적 이유가 숨어 있다. 그 가운데 사회문화적 배경을 꼽으라면 바로 '집단주의' 일본사회, 그리고 다양한 계급서열의 조직시스템으로 구성된 고효율의 '관리사회'다. 이런 사회구조에서는 상급자가 하급자에게 강한 요구를 하고, 하급자는 상급자에게 절대복종해야 하며 구성원 모두는 단체규율을 반드시 준수해야 한다. 이를 학교교육이라는 틀에서 보면 교사의 존엄성이 존중되고 교사는 절대적 권위를 가진다. 그렇기 때문에 학생은 교사의 지시나 문서화된 교칙에 대해 무조건 복종할 수밖에 없다.

역사적 이유를 살펴보면, 과거 씨족 연합체를 형성했던 다이와 조정시대 당시 모든 단체는 씨족이 기본 단위였다. 물론 천황제 국가 때에는 '천하공민'을 잠깐 이루기도 했지만 하부계층은 여전히 공동체 중심으로 생활했다. 그 후 무사계급이 일어났고 그들 역시 주로 '일족낭당一族郎堂'의 단체 활동을 했다. 각 단체의 모든 구성원은 명목적으로는 천황의 신하와 백성이었지만 실제로는 이익 단체에 종속된 개인에 불과했다. 이것이 바로 일본에 관리주의 교육이 만연하는 역사적 배경이다.

교육전통에서 보면 제2차 세계대전이 발발하기 전에 관리주의 교육이 한때 유행한 적이 있었다. 황국주의皇國主義와 군국주의軍國主義 사상의 영향을 받아 '모든 사람, 모든 지역이 천황에 복종하는 사회'를 만들기 위해 학교에서는 군대식 체벌을 가했고, 군대 관리조례에 근거해 학교 관리규칙을 제정했다. 관리주의는 전쟁이 발발하기 이전의 군국주의 교육의 중요한 특징이자 기본골자이다. 전쟁 후 민주교육개혁을 진행했으나 관리주의의 잔해는 쉽사리 사라지지 않고 있다. 특히, 1980년대에 들어서면서 '전통회복, 질서강화'라는 주장하에 관리주의 교육의 불씨가 다시 피어올랐다.

'관리'는 학교가 정상적인 수업질서를 유지하도록 하는 중요한 수단임에는 틀림없다. 또 규칙이 없으면 법칙이 서지 않는 것도 사실이다. 그래서 어느 정도의 교칙은 학생의 행동을 바로 잡고 학생의 올바른 행동습관을 기르는 데 필요하다. 실제로 일본이 이 분야의 교육을 강화한 덕분에 일본 학생들은 예의가 바르고 규칙을 잘 지키며 단체 명예를 소중히 여기는 정신을 가지고 있다. 하지만 과유불급이라고 했다. 지나치게 규정을 강조하다보니 교칙에 대한 반발심이 생기고 이는 교사, 학교에 대한 반발심으로 발전하기도 한다. 뿐만 아니라 학생은 주체의식을 상실하고 인도정신의 중요성을 망각하게 된다. 게다가 조화를 이루고 평등해야 할 스승과 제자의 관계가 관리자와 피被관리자의 관계로 변질되기도 한다.

9. 일본의 학교폭력

학교폭력은 일본 교육계가 가장 주목하는 문제이자 가장 골치를 앓고 있는 문제다. 학교폭력이란 약한 친구를 괴롭히는 것, 그리고 선생님에게 폭력을 행사하거나 학교시설, 설비, 물품 등을 파괴하는 것을 의미한다. 일본 문부성이 실시한 조사결과에 따르면 1982년부터 1992년까지 일본 중, 고등학교에서 발생한 학교폭력 상황은 다음과 같다.

표 5-6 일본 중, 고등학교에서 발생한 학교폭력 및 학교 수(공립학교)

연도	중학교			고등학교		
	발생 학교 수	공립학교 총수	발생률 (%)	발생 학교 수	공립학교 총수	발생률 (%)
1982	1,388	10,252	13.5	415	3,945	10.5
1983	1,373	10,314	13.3	349	4,081	8.6
1984	1,203	10,402	11.6	281	4,128	6.8
1985	1,173	10,472	11.2	283	4,147	6.8
1986	979	10,517	9.3	314	4,178	7.5
1987	988	10,555	9.4	309	4,191	7.4
1988	1,010	20,585	9.5	392	4,182	9.3
1989	1,136	10,578	10.7	452	4,183	10.8
1990	1,187	10,588	11.2	498	4,177	11.9
1991	1,237	10,595	11.7	572	4,170	13.7
1992	1,293	10,596	12.2	590	4,166	14.2
1991~ 1992 증감	56 (4.5%)	1(0.01%)	0.5	18(3.1%)	-4(-0.1%)	0.5

비고: 발생률=발생학교수/공립학교 총수×100%

표에서도 알 수 있듯이 학교폭력이 발생하는 중, 고등학교가 증가하고 있다. 그 가운데 교사에 대한 폭력 상황은 다음과 같다.

표 5-7 교사에게 폭력을 휘두른 경우(공립학교)

연도	중학교				고등학교			
	발생 건수	발생 학교 수	가해 학생 수	피해 교사 수	발생 건수	발생 학교 수	가해 학생 수	피해 교사 수
1982	1,404	657	2,810	1,715	159	118	238	165
1983	1,139	615	2,030	1,440	131	80	173	146
1984	737	446	1,343	923	122	75	182	131
1985	681	434	1,237	909	117	67	178	125
1986	624	375	1,058	838	107	64	137	116
1987	557	345	886	693	108	77	137	122
1988	721	428	1,079	915	123	82	187	147
1989	744	425	1,014	872	136	92	191	149
1990	713	409	995	890	225	129	257	263
1991	632	396	922	753	226	130	279	228
1992	724	408	977	882	239	144	277	244
1991~ 1992 증감	92 (14.6%)	12 (3.0%)	55 (6.0%)	129 (17.1%)	13 (5.8%)	14 (10.8%)	-2 (-0.7%)	16 (7.0%)

표에서 알 수 있듯이 1992년에는 교사를 폭행한 가해 학생의 연령이 어려지는 추세다. 또 중학생이 교사를 폭행한 사건이 발생한 학교 수, 발생 건수, 가해 학생 수, 피해 교사 수는 모두 전년도보다 증가했다.

학생들 사이의 폭력 역시 연령이 어려지는 경향이 나타났다. 표에서 알 수 있듯이 중학교에서 폭행사건이 발생한 학교 수, 발생건수, 가해 학생 수, 피해 학생 수 모두 증가한 반면 고등학교의 총 발생 건수는 줄어들었다.

연도	중학교				고등학교			
	발생 건수	발생 학교 수	가해 학생 수	피해 학생수	발생 건수	발생 학교 수	가해 학생 수	피해 학생수
1982	2,340	1,028		12,088	702	346		3,420
1983	1,978	977	7,701	3,747	608	308	1,988	877
1984	1,543	859	5,789	2,695	494	241	1,323	659
1985	1,477	840	5,186	2,708	478	218	1,113	646
1986	1,267	685	4,103	2,451	516	262	1,167	4,676
1987	1,457	732	4,121	2,489	617	260	1,208	715
1988	1,679	737	4,057	2,409	878	330	1,948	123
1989	1,904	878	4,825	2,729	889	406	1,987	1,130
1990	1,859	935	4,884	2,549	1,098	450	2,314	1,368
1991	2,086	965	5,122	3,095	1,829	515	2,769	1,228
1992	2,309	1,089	5,486	3,427	1,259	520	2,587	1,387
1991~ 1992 증감	223 (10.7%)	64 (6.6%)	364 (7.1%)	332 (10.7%)	-70 (-0.3%)	5 (1.0%)	-182 (-6.6%)	159 (9.1%)

학교 기기와 물품을 파손한 학생의 경우 중학생 수는 증가한 반면 고등학생 수는 전체적으로 감소했다. 하지만 그 기기와 물품을 파손한 학생 총수는 큰 폭으로 증가했는데, 이는 상당 부분이 집단행동이었음을 말해준다.

연도	중학교				고등학교			
	발생 건수	발생 학교 수	가해 학생 수	피해액 (만엔)	발생 건수	발생 학교 수	가해 학생 수	피해액 (만엔)
1982		557		6,737		23	177	177
1983	430	267	1,252	2,666	35	27	89	89
1984	238	182	727	1,596	31	22	107	107
1985	283	183	742	1,902	47	21	184	184
1986	262	176	656	1,924	30	29	137	137
1987	283	170	570	1,381	40	31	77	161
1988	458	210	749	2,271	54	39	74	130
1989	574	234	851	1,622	89	53	148	267
1990	518	210	811	2,205	98	44	120	277
1991	499	245	813	1,735	118	69	163	385
1992	636	285	1,066	2,573	96	63	156	244
1991~ 1992 증감	137 (26.9%)	40 (16.3%)	253 (31.1%)	838 (45.3%)	-22 (-18.8%)	-6 (-8.7%)	3 (-2.0%)	-141 (-41.5%)

자료제공: 일본 문부성

학교폭력 문제를 연구하는 과정에서 학교폭력과 학교규모가 상당한 관련이 있다는 사실이 드러나 주목을 끈다. 즉 학교규모가 클수록 학교폭력이 발생할 가능성이 높다는 것이다.(표 5-10)

아울러 학생들 간의 폭력 가운데 이지메 현상이 존재한다는 사실도 드러났다.

표 5-10 1992년도 학생규모와 학교폭력(공립학교)

		6 학급이하	7~12 학급	13~18 학급	19~24 학급	25~30 학급	31~36 학급	37 학급 이상	합계
전국 공립 중, 고등학교 수		2,612	2,386	2,669	1,944	830	144	11	10,596
교사에 대한 폭력	발생 학교 수	8	61	127	125	74	11	2	408
	발생률 %	0.3	2.6	4.8	6.4	8.9	7.6	18.2	3.9
학생 간의 폭력	발생 학교 수	30	203	326	296	148	23	3	1,029
	발생률 %	11	85	122	152	178	160	273	97
기기 파손	발생 학교 수	10	45	90	95	36	8	1	285
	발생률 %	0.4	1.9	3.4	4.9	4.3	5.6	9.1	2.7

비고: 발생률= 학생 중, 고등학교 수/전국 공립 중, 고등학교 수×100

아이들 집단 내에서 강한 아이가 약한 아이를 괴롭히는 현상은 새로운 현상은 아니지만 유독 일본에서 두드러지게 나타난다. 과거 10년 동안 매년 적게는 몇 명, 많게는 수십 명의 학생들이 자기보다 강한 친구에게 괴롭힘을 당하다 견디지 못해 자살하는 사건이 발생했다. 다음은 최근 몇 해 동안 일본 초, 중고등학교에서 발생한 이지메 현상을 통계한 자료다. (표 5-11)

표 5-11 일본 초, 중고등학교의 이지메 발생 및 발생 건수

구분	연도	공립학교 총 수	발 생 학교 수	발생률%	발생 건수	학교 평균 발생건수
초 등 학 교	1985	24,769	12,968	52.8	93,457	3.9
	1986	24,759	6,560	26.5	26,306	1.1
	1987	24,692	4,497	18.2	15,727	0.6
	1988	24,658	4,135	16.8	12,122	0.5
	1989	24,608	3,695	15.0	11,350	0.5
	1990	24,586	3,163	12.9	9,035	0.4
	1991	24,567	2,984	12.2	7,718	0.3
	1992	24,487	2,883	11.8	7,300	0.3
중 학 교	1985	10,847	7,113	68.8	52,891	5.1
	1986	10,517	4,538	43.1	23,690	2.3
	1987	10,555	3,681	29.0	16,796	1.6
	1988	10,585	3,696	43.0	15,452	1.5
	1989	10,578	3,578	33.6	15,215	1.4
	1990	10,588	3,403	32.1	13,121	1.2
	1991	10,595	3,234	30.5	11,922	1.1
	1992	10,595	3,440	32.5	13,632	1.3
고 등 학 교	1985	4,273	1,818	42.5	5,718	1.3
	1986	4,178	1,130	27.0	2,614	0.6
	1987	4,191	948	23.0	2,544	0.9
	1988	4,189	689	21.1	2,212	0.5
	1989	4,183	969	23.2	2,532	0.6
	1990	4,177	888	21.3	2,152	0.6
	1991	4,170	964	22.0	2,432	0.6
	1992	4,166	982	23.0	2,328	0.6

표에서 나타나듯이 중학생들 간의 이지메 현상은 증가한 반면 고등학교는
그 학생 수는 증가했지만 발생 건수는 감소했다. 전체적으로 볼 때 중학교 1학
년 때 이지메 현상이 가장 심각한 것으로 나타났다.(그림 5-4) 이는 중학교 1학
년 학생의 심신 특징, 그리고 초등학교에서 중학교로 넘어오는 전환기라는 점
과 깊은 관련이 있다. 따라서 이 시기의 교육과 지도를 강화하는 것이 무엇보
다 중요하다.

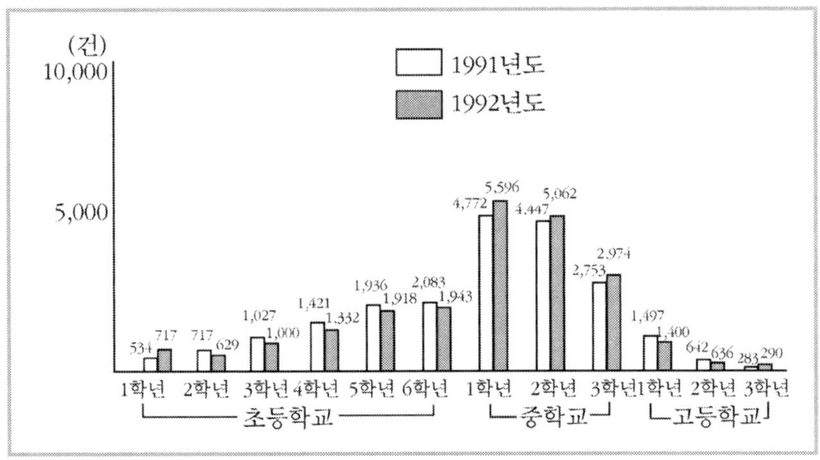

그림 5-4 학년별 이지메 현상 발생 건수

일본의 중, 고등학생들은 이지메 때문에 힘들어한다. 한 학생은 다음과 같이
말했다.

"강자가 약자를 너무나 잔인하게 괴롭힌다. 견딜 수 없을 만큼 힘들어 이 생
명을 끊으려 한다."

중, 고등학생들의 이지메 현상은 이미 세간의 화젯거리다. 가정의 식탁에서,
학부모와 교사의 만남의 자리에서, 심지어 정부 내각 회의석상에서도 이야기
되고 있다. 일본 최대 신문사인 〈아사히신문朝日新聞〉은 초등학교 저학년도

쉽게 알아볼 수 있도록 쓴 사설을 통해 이지메를 당하고 있는 학생들에게 자살하지 말 것을 당부하기도 했다. 그럼에도 불구하고 이 문제는 여전히 해결되지 않고 있다. 다음에 실린 도쿄의 한 중학생 이야기를 통해 우리는 일본의 이지메 현상에 대해 어느 정도 이해할 수 있다.

　이지메를 당하는 여느 학생처럼 히로부미鹿川博文 역시 가난한 집안의 아이였다. 그가 초등학교에 입학하기 전부터 알던 남자아이 2명은 온갖 악랄한 방법을 동원해 히로부미를 괴롭혔고, 친구들의 괴롭힘으로 히로부미는 매우 힘들어했다. 걸핏하면 심부름을 시키고 책가방을 드는 것도 그의 몫이었다. 또 복도에서 춤을 추게 하는가 하면 교정에 있는 나무에 올라가 노래를 시켰고 그의 신발을 변기통에 빠트리기도 했다. 그의 아버지가 주동자 부모님께 이 사실을 알리자 친구들의 폭행이 시작되었다. 하루는 귀가 길에 머리를 맞아 온몸이 피범벅이 된 날도 있었다.

　11월 어느 날, 히로부미가 교실에 들어섰을 때 그의 책상 위에 생화와 그의 사진이 담긴 액자가 놓여 있었다. 그를 괴롭히던 아이들 중 한 명이 히로부미의 장례식을 준비한 후 그를 위한 송사頌辭도 수집했다. 이 송사는 그의 반 친구들 대부분이 함께 쓰고 서명까지 한 것이었다. 어찌된 영문인지 히로부미의 담임교사인 57세의 후지사키 나미오富士崎波夫를 포함해 이 학교 교사 3명도 포함되어 있었다. 점심시간 무렵 가짜 장례식이 거행되었다. 향을 피우고 경서를 읽는 순으로 진행된 장례식은 오후 1교시가 시작된 후에 끝이 났다. 들은 바에 의하면 어느 선생님도 말리려 하지 않았다고 한다.

　히로부미는 1월에 11일만 등교했는데, 이마저 대부분 화장실에 숨어 지냈다. 2월 초 히로부미는 더 이상 견디지 못하고 일본 혼슈本州 북부 모리오카盛岡에 있는 할아버지 댁으로 갔다. 하지만 모리오카 역에 있는 한 쇼핑몰의 화장실 문에 목을 매 자살했다.

　히로부미 가짜 장례식이 있은 지 3개월이 채 지나지 않아서 그의 반 담임선생님은 이 아이의 진짜 영정 앞에 고개를 숙여야 했다.

이 글을 읽다보면 히로부미가 왜 자살을 선택할 수밖에 없었는지 이해할 수 있다. 이 사건의 아픔이 옅어져갈 때쯤, 일본 관계자들은 강자가 약자를 괴롭히는 것은 학교폭력의 한 형태로, 사회적 이유와 깊은 관련이 있다고 지적했다. 그럼에도 불구하고 많은 사람들이 이 점을 간과한 채 단순히 간단한 방법으로 이를 해결하려는 경향이 있다며 안타까워했다. 일본인들이 다음과 같이 말을 하듯이 중고등학생들 사이에 이런 문제가 생긴 것은 이미 오래 전 일이다.

"요즘은 대학생 운동을 보기가 힘들어. 대신 중, 고등학생들이 걸핏하면 사고를 쳐."

이런 말을 하는 일본인은 보통 60년대 말 대학생 운동을 직접 경험한 이들이다. 그때는 중, 고등학교 학생들은 얌전했던 반면 대학생들은 학생운동에 정신이 없었다. 학교건물을 점거하고 큰 소리로 나팔을 부르며 반反정부, 반反학교라는 구호를 외쳤다. 대학생 운동은 더 이상 볼 수 없게 되었으니 이도 이젠 이미 지나간 일이 되어버렸다. 반면 중, 고등학생들의 폭력사건은 매일같이 신문지상을 오르내린다.

— 매년 일본 전역에서 발생하는 중, 고등학생들의 폭력사건이 1,000건 이상, 연루된 학생은 1만 명 이상이다.
— 100여 명의 중, 고등학생 상호폭행
— 중, 고등학교 교사가 학생들의 집중공격을 받아 학생에게 칼을 휘둘러 상처를 입혔다.
— 명문 고등학교 학생이 동급생에게 칼을 휘둘러 상해를 입혔다.
— 폭주족이 사망했다.

폭주족은 굉음을 내며 오토바이를 타고 질주하는 중, 고등학생을 포함된 젊은이들을 말한다. 이들은 오토바이를 타고 귀가 멀 듯 시끄러운 굉음을 내며 거리 이곳저곳을 질주한다. 그들은 주민이나 행인은 안중에도 없다. 폭주족의 이런 행위가 범죄는 아니지만 혐오감을 불러일으키는 게 사실이다. 오사카大阪의 한 주민은 늦은 밤 폭주족이 자신의 집 앞을 지나가며 내는 굉음을 견디다 못해 대문 앞에 철판을 설치해 이곳을 지나가던 폭주족의 오토바이가 뒤집혀 2명이 사망하고 1명이 부상당했다. 주민이 취한 행동은 법에 접촉되는 행위임은 사실이다. 하지만 폭주족에 대한 주민의 반감이 얼마나 강한지 여실히 보여주는 사건이다.

폭주족의 행동이나 중, 고등학교 내의 폭력서클 등은 모두 경찰이 무력을 사용해 진압한다. 이렇게 폭력을 폭력으로 다스리다 보니 학생들은 드러나지 않게, 쉽게 잡히지 않는 방법으로 자신들의 불만을 표출하고 경찰에 대항하게 되었다. 학교 내에서 약한 동급생을 괴롭히는 것 역시 그 이유에서다.

괴롭힘을 당하는 학생이 친구나 선생님의 도움을 받지 못하게 되면 자신감을 잃고 이성을 상실해 폭력사건으로 번지게 된다.

강자가 약자를 괴롭히는 현상 외에 다른 유형의 학교폭력도 존재한다. 중, 고등학생들의 폭력 대상이 교사나 학교 밖으로 이어지는 것이다. 일본 학자 호리오 데루히사는 1992년 일본 신문지상을 떠들썩하게 했던 일련의 사건에 두려움을 표시했다. 당시 중, 고등학생들이 잔인한 방법으로 불량배 한 명을 살해했고, 두 명의 중학생이 학교 화장실에서 여교사를 강간하는 사건도 있었다. 또 명문 고등학교의 한 학생이 칼로 친구를 찔러 죽였는데 평소 두 사람은 성적이 비슷한 경쟁자였다고 한다.

일본 인사들은 이지메 현상이 발생하는 근본적인 원인이 일본교육제도에 있다고 지적했다. 전후 40여 년간 일본은 고등학교 진학률이 95%에 달했고, 그 중 40% 이상이 고등교육을 받는 등 일본 교육계는 괄목할 만한 성과를 거뒀다. 이는 다른 선진국의 부러움을 사기에 충분했다. 이에 힘입은 문부성은 성과의 단면만을 과대포장하며 교육제도의 근본적인 문제를 돌아볼 생각조차 하지 않았다. 외국인들이 일본교육을 시찰하러 왔을 때 그들은 질서를 잘 지키고 교사를 존중하는 학생, 근면하고 열심히 공부하며 학업에 열중하는 학생들의 모습을 봤다. 그런 까닭에 일본교육제도를 그대로 본국에 옮겨가고 싶어 했다.

하지만 사실 일본교육제도는 문제투성이었다. 학생들에게 강력하고 획일적인 규율과 기준을 시행하면서 또 한편으로는 지나친 경쟁을 부추기며 좋은 고등학교, 좋은 대학에 입학할 것을 조장했다. 이런 분위기가 그대로 학교폭력으로 연결된 것이다. 이런 제도는 학생들을 심한 스트레스와 긴장 속으로 내몬다. 온화한 교육환경에서 생활하는 청소년이라면 절대 상상조차 하지 못할 일이다. 이런 스트레스와 부담감이 바로 학교폭력의 온상이다.

일본교육제도의 획일성도 마찬가지다. 일본 사회는 일치성을 강조하며 개성을 억압하는 사회다. 일본 사회 속에서 그 사람이 누구든, 그가 원하든 아니든 간에 그 무리 속에서 튀면 타인에게 배척을 받게 되고 괴롭힘의 대상이 된다. 따라서 학교폭력을 뿌리 뽑으려면 사회를 변화시켜야 한다. 만약 이미 인성人性을 상실한 사회가 어떤 변화도 꾀하지 않는다면 아무리 강력한 정책도 학교폭력을 뿌리 뽑지 못한다.

10. 일본 교사 연수제도의 특징

최근 들어 일본의 교사 연수제도가 크게 변했다. 형식의 다양화, 대상의 확대, 시간적 자율성, 내용의 전면화 등 특색 있는 교사 연수제도로 탈바꿈했다. 이를 통해 교사의 자질과 능력을 향상시키고 교육의 질적 발전과 확대를 이끌고 있다.

(1) 일본, 교사 연수제도를 중시하다

1970년대 일본 중앙 교육 심의회는 《학교의 전면적인 확충 및 개편을 위한 기본정책》을 제시했다. 여기에 실린 《교원 양성 및 지위 향상을 위한 정책》의 서문에는 교사의 자질 및 전문화에 대해 구체적으로 설명하고 있다. 이 글에서 교사란 본래 고도의 전문성을 요하는 직업으로 교육이념과 인간의 성장 및 발전에 대한 정확한 이해가 선행되어야 하고 학과 내용에 대한 전문적 지식도 필요하다고 지적했다. 아울러 교육성과를 실천할 수 있는 지도력이 필요하고 높은 자질과 종합적인 문제 해결 능력도 갖추고 있어야 한다고 했다. 이런 능력과 자질은 교사가 되기 전 사범교육을 받는 과정에서 양성되는 것이 아니라 교직을 몸소 실천하는 과정에서 부족한 부분을 매우는 것이라 했다. 1980년과 1990년에 접어들면서 일본은 교사의 학력조건과 자격, 그리고 재직 과정에서의 연수 활동을 중시하기 시작했다. 이로써 교사의 연수활동은 체계적인 틀을 형성하면서 제도화되었고 나아가 전문적인 법률이 이를 뒷받침하게 되었다. 제도와 법규가 제정됨에 따라 교사 연수에 대한 권리, 자격, 그리고 연수 시간, 내용, 방식, 기관 등의 다양한 분야에서 확실한 규정이 만들어졌다. 일본은 1949년 1월 12일 제정한 《교육 공무원 특례법》 제3장 제19조條에서 '교육 공무원은 맡은 바 책임을 다하고 연구 및 연수 활동을 꾸준히 이행해야 한다. 또 공무원 임명권을 가진 자는 교육 공무원 연수에 필요한 시설을 제공할 의무가 있고 연수활동 장려 방법 및 관련 계획을 제정하고 이를 실시할 책임이 있다.' 라고 규정했다. 또 교사연수 활동에 막대한 재정적 지원을 제공했다. 1979년 일본은 모든 도도부현都道府縣에 교육센터를 설립하고 국고를 지원했으며 막대한 재정을 지원해 교사 연수활동을 적극 지원했다. 이로써 일본의 교사 연수활동은 주동적이고 적극적으로 발전해나갔다.

(2) 일본의 교사연수, 대상 및 참여 수가 증가하고 있다

수직적으로 봤을 때 교사연수에는 유아교사, 초등학교 교사, 중학교 교사, 고등학교 교사, 특수학교 교사 등이 포함된다. 수평적으로 봤을 때는 모든 유치원, 초등학교, 고등학교, 특수학교를 대상으로 하고, 아울러 새로 부임한 교사는 물론이고 오랫동안 교직에 몸담고 있는 수석교사도 연수활동에 참여함을 의미한다. 교사연수를 종류별로 살펴보면 교장, 부교장 연수, 수석교사 연수, 일반 평교사 연수 교육 등이 포함된다. 1981년 일본 무부성에서 편찬한 《일본

의 교육 수준》기록에 따르면 1960년부터 1981년까지 국가가 주최한 교장, 부교장 연수 강좌에 참석한 수는 17,199명, 1970년부터 1981년까지 초등학교, 중학교, 고등학교 교사 중 핵심 재직 교사 강좌에 참석한 수는 5, 893명, 1959년부터 1979년까지 초등학교, 중학교, 고등학교 교사 중 해외연수에 참여한 수는 3만 5천 명이었다. 이 외에 해외로 어학연수를 간 교사 수도 1979년과 1980년 2년간 무려 200여 명에 달한다. 현재 연수활동에 참여하는 교사 규모와 그 수는 점차 증가하고 있는 추세다.

(3) 일본의 교사연수, 내용이 점차 전면적이고 풍부해진다

일본이 교사의 의식수준, 지적수준, 능력수준 등 다양한 분야에서 보다 높은 기준을 적용하면서 교사연수 내용도 보다 전면적이고 풍부해지고 있다. 문부성은 신임교사가 교육의 이념, 규율, 특성을 정확히 이해하도록 10일 일정으로 진행되는 일반 교육연수를 반드시 이수하도록 규정하고 있다. 이 과정에서 교사들은 교육 이념, 교무 분담, 교육 제도, 학교 운영, 그리고 교사의 지위, 권리, 의무, 교사의 서비스 및 대우 등에 관해 배우게 된다. 10일간의 일반 교육연수가 끝나고 나면 신임교사를 위해 다시 10일 일정의 '교학 연수'가 진행된다. 이는 구체적인 교학과정에 대한 신임교사의 기초적인 이해를 돕기 위한 것이다. '교학 연수'에서는 교학 스케줄, 개요, 학기 교안, 월례 교안, 수업 교안 작성에 대해 익히고, 교구 사용법과 교수법에 대해 배울 수 있으며 도덕교육 수업을 어떻게 진행할 것인가, 학생들의 생활지도를 어떻게 할 것인지에 대한 상식을 익힐 수 있다.

반면, 재직 중인 교사들은 연수교육을 통해 교육교학 경험을 정리하고 학습교육 이론을 익힐 수 있다. 아울러 수석교사들은 각자의 교수법을 상호 교류하고 홍보할 수 있는 기회로 삼는다. 교장과 부교장은 연수를 통해 학교관리에 관한 이론을 익히고 교육과 관련된 내용 및 방법, 문화교양 등에 대해 강연을 들은 후 실습을 해 볼 수 있다. 이처럼 일반적인 연수 또는 특정 대상을 위한 연수 외에 초, 중고등학교의 특정 문제에 대해 연구 활동을 진행하는 연수교육도 비정기적으로 열리고 있어 교사들에게 어떤 문제를 인식하고 이를 처리할 수 있는 능력을 기를 수 있는 기회를 제공한다. 일본에서 재직 교사를 대상으로 진행되는 연수는 교사들이 교학활동을 펼치면서 만나게 되는 다양한 문제를 골고루 다루고 있다. 이처럼 일본 교사연수는 전반적인 내용을 다루면서 특정 문제도 놓치지 않는 '목적성'까지 분명하다.

(4) 일본 교사연수, 다양한 방법을 구사한다

교사 개개인의 여건과 요구사항구이 다르기 때문에 연수방법 역시 다양하다. 장기와 단기, 교외와 교내, 정식적인 것과 비 정식적인 것, 통신교육 형태와 면담교육 형태, 그리고 교외 연수는 다시 국내연수와 국외연수로 나눌 수 있다. 연수 내용에 따라 그 방법도 모두 다르다. 신임교사 연수의 경우, '신임교사 인도 방식'이라 해서 그 학교의 수석교사가 신임교사에게 커리큘럼의 중요내용 및 문제점을 어떻게 파악하는지, 수업 교수법 등에 대해 알려준다. 이는 보통 신임교사가 수석교사의 수업을 경청하거나 수석교사가 신임교사의 시범강의를 참관하고 지적해주는 방식, 또는 신임교사가 정기적 또는 비정기적으로 열리는 교내외 관련 강좌나 교육활동에 참여하는 방식을 통해 전수된다. 또 다른 방식은 '집중 훈련 방식'이다. 신임교사는 교단에 서기 전 1년간 국가에서 정한 내용에 따라 교육이론과 상식, 교수법 등을 집중적으로 익힌다. 그리고 1년 과정이 끝나고 나면 시험을 치러 합격한 자에 한해 정식교사로 임명된다.

또 다른 방식은 '신임교사 연수 방식'이다. 이는 신입교사들이 문제를 연구하는 과정에 동참하는 것을 의미한다. 지도교사의 책임 하에 신임교사가 수업 준비, 교재연구, 교수방법 등과 같은 문제를 이해하고 이를 연구해보는 것이다. 이를 통해 학급관리 능력을 키우고 도덕교육 실시 및 학생 생활 및 건강 지도 등에 대한 이해를 높일 수 있다. 이런 교육은 연수과정에서 신임교사가 실무능력을 배양하는 데 큰 도움을 준다. 이상 세 가지 연수방법은 신임교사를 대상으로 하는 것이다.

이 외에 재직교사에 대한 연수방식도 다양하다. 대학이나 기관 연구소에 가서 수업을 듣거나 과제연구에 직접 참여하고, 여름 방학을 이용해 각종 강좌나 연구팀에 동참한다. 일본은 초, 중고등학교 교사의 시야를 넓히기 위해 매년 일정 수의 교사를 해외로 연수 보내 다른 나라의 선진화된 학교운영 노하우, 학습내용 및 방법, 현대교육기술 등을 배우도록 하고 있다. 또 일본정부는 교사들의 연수 참여도를 높이기 위해 선진화된 통신 인터넷 망을 십분 활용해 TV교육인터넷으로 연수를 실시했고, 좋은 성과를 거두었다.

(5) 일본의 교사연수, 담당기관이 많고 전문적이다

일본 정부는 교사연수를 아주 중요하게 여기기 때문에 참여 대상이 광범위할 뿐만 아니라 관련기관 역시 상당히 많다. 관련 통계자료에 따르면 일본은 1994년에 이미 교사연수 전문기관이 60여 개에 달했다. 초등교육 교사자격 연수훈련 기관에는 단기대학, 교육대학, 종합대학 등이 포함되어 있고, 중등교육 교사자격 연수훈련은 보통 종합대학이나 교육대학에서 이루어진다. 이 외에 일본정부는 교사연수 학원, 교사 연수센터 등 교사연수를 위한 전문 기관을 설립하기도 했다. 종합적으로 볼 때, 일본의 교사연수 훈련기관은 크게 네 종류로 분류된다. 첫째, 교사 중심의 훈련센터로 교사의 수준이나 연수기준에 따라 교육이 진행된다. 둘째, 학교의 업무 필요에 의해 교육이 진행되는 학교 중심형 훈련센터다. 셋째, 행정관리 당국의 요구에 따라 진행되는 행정중심의 훈련기관으로, 이는 교육 임면권任免權을 가진 지방 교육위원회가 조직하고 실시하는 공립학교 교사에 대한 연수기관이다. 넷째, 학술연구와 해당 연구 성과의 보급이 주된 목적인 고등교육 중심의 훈련센터로, 효고兵庫, 조에츠上越 교육대학 등에 설립된 연구소가 바로 대표적인 기관이다. 이렇게 크게 네 종류로 분류된 교육 연수훈련 센터에는 다양한 교사연수 기관들이 포함되어 있다. 교사들은 자신의 필요에 의해서 해당기관에서 연수를 받거나 또는 파견되어 연수를 받게 된다.

(6) 일본 교사연수, 제도화된 관리를 실시한다

일본이 교사연수 활동에 대해 제도화된 관리를 실시한다는 가장 큰 증거는 바로 법적 규정이 마련되어 있다는 점이다. 따라서 교사연수 문제에 대해 법적 근거가 마련되어 있는데, 이는 관리 제도화의 가장 완벽한 형태라고 말할 수 있다. 이 외에 일본이 교사연수를 위한 전문적인 관리기관과 조직을 가지고 있다는 점도 높이 살만하다. 이런 조직의 거시적인 통제와 미시적인 지도 하에서 교사연수 활동에 관한 모든 단계와 내용이 정책이나 문건 등의 형식으로 규범화되었다. 예를 들면 신임교사와 수석교사의 연수제도, 국내 유학 제도, 해외 유학 제도 제정을 꼽을 수 있다. 연수교사 평가에 관한 엄격한 규정도 마련해 두었다. 《교육직원 허가법》을 보면 재직교사는 연수활동을 통해 필요한 학점을 이수하고 학력검사를 통해 고高1급 교사 허가증을 취득해야만 한다고 명시되어 있다. 이런 시스템은 현직교사들이 연수활동에 적극적이고 주동적으로 참여하게 하는 동기로 작용하고 있으며 연수활동의 실효성도 커졌다.

지금까지 일본의 재직교사 연수내용, 방식, 기관, 그리고 관리현황 등 다양한 부분의 특징을 분석하는 과정에서 한 가지 주목할 만한 사실을 발견할 수 있다. 일본정부와 교육행정당국이 이론적으로나 실질적으로나 현직교사들의 연수활동을 아주 중요하게 여기고 있고, 이는 고스란히 교사의 자질 및 능력향상으로 이어지고 있다는 점이다.

현재 중국은 현직교사의 연수교육에 대한 중요성을 인식하고 이를 실천으로 옮기고 있지만 여전히 부족한 부분이 많기 때문에 앞으로 더 많은 노력을 기울여야 한다. 일본이 실천하고 있는 현직교사 연수활동에 대한 노하우와 방법을 모델로 삼아 이를 배우는 것 역시 좋은 방법이 될 수 있다.

06

교육사상 연구

본 장에서는 마르크스, 엥겔스, 레닌, 다윈의 사상을 집중 조명한 논문 일곱 편이 실려 있다. 그중『서양 교육 철학의 변천사』에서는 서양 교육 철학의 변천 과정에서 나타난 각 시기별, 각 철학 유파별 기본 특징 및 성격을 다루고 있고,『서양 철학 방법론, 그리고 교육 연구에 미친 영향』에서는 서양 철학 방법론, 특히 서양 철학 방법론의 함축적 의미와 이 방법론이 교육 연구에 미친 영향을 정리함으로써 교육 철학 분야에 대한 작가의 관점을 이야기하고 있다.

1. 마르크스주의와 심리학

마르크스 학설은 국내외 심리학계에서 많은 주목을 받고 있다. 마르크스의 심리사상과 기타 현대 심리학의 영향에 관한 연구는 정신분석심리학, 인본주의심리학, 변증법 심리학 등의 서구 학파와 구소련 심리학을 분석 및 연구하고 중국의 심리과학 분야를 더욱 풍부하게 발전시키는 데 무엇보다 중요한 이론이자 실천적 의의를 갖는다.

본문에서는 필자가 접한 자료를 토대로 국내외 심리학계가 진행했던 마르크스 심리학 및 마르크스 심리사상에 관한 연구, 그리고 이 사상이 현대 심리학에 끼친 영향 등 3가지 문제에 대한 연구 결과를 소개하고, 부족하나마 필자의 견해를 제시하고자 한다.

(1)

전 세계적으로 마르크스 심리사상에 대한 연구를 가장 먼저 시작한 곳은 소련 심리학계이다. 10월 혁명 이후로 마르크스주의 이론은 소련 심리학계에 큰 영향을 미쳤다. 1923년 소련 심리학자인 콘스탄틴 코르닐로프Konstantin Kornilov(1879~1957 구소련의 유명한 심리학자)는 그의 저서 『현대 심리학과 마르크스주의』에서 최초로 마르크스주의를 토대로 한 심리학 이론을 정립하여 발표했다.

뒤이어 모스크바에서 출간된 『심리학과 마르크스주의』(문집)와 코르닐로프의 『변증법적 유물주의의 관점에서 상술한 심리학 교육서』 등의 저서는 마르크스주의의 기본 원리를 토대로 저술했다. 이 저서에 수록된 '심리는 두뇌의 특징이고 기능이다.', '심리는 환경을 반영하는 기능을 가진다.', '동물과 인간의 심리는 본질적으로 차이가 난다.', '개성 원칙', '결정론 원칙' 등은 소련 심리학의 주요원칙으로 제시되었다. 그러나 일반적인 관점에서 이 단계의 연구는 단순하고 대략적인 일반적인 개념을 해석해 놓은 수준에 불과했다.

1930년대부터 레프 비고츠키Lev Vygotsky(1896~1936 '심리학계의 모차르트'라 불림), 루빈슈타인Rubinstein(1889~1960), 루리야Luriya, Aleksandr Romanovich. (1902~1977) 및 레온티예프Alexei N. Leontyev(1903~1979) 등의 소련의 유명 심리학자들은 비교적 체계적이고 심도 있게 마르크스주의 심리사상에 대한 연구를 진행했다. 특히 루빈슈타인은 『심리학의 원칙과 발전 과정』이란 책에 수록한 《1844년 경제학철학원고》에서 '심리학을 정의하는 세 가지 기본 사상'에 대한 연구를 진행했다. ① 인간의 실천행동과 노동을 승인하는 것은 심리의 형성 중에 발생하는 작용이다. ② 인간의 활동으로 발생한 대상은 도처에서 인간의 감정, 인간의 심리, 인간의 의식에 이르는 발전 모두를 규제한다. ③ 인간의 심리는 역사적 산물이다 등이 있다. 레온티예프는 『마르크스와 심리과학』에서 마르크스 심리학 이론의 업적을 논하면서 다음과 같이 말했다.

"마르크스의 최대 업적은 인간의 '의식'이 자극 물질의 영향을 받아 인간의 뇌에서 방출되는 것이 아니라, 인간이 직접 참여하는 사회관계에서 인간의 두뇌, 감각기관, 운동 기관을 통해서 만들어지는 특수한 산물임을 밝혀낸 것이다.”

그는 또한 마르크스의 이론 중에서 인간의 활동에 관한 학설과 인간의 활동의 발전과 기타 형식에 관한 학설은 심리과학에 있어서 아주 중요한 의미가 있다고 여겼다.

20세기 말 또 다른 서구 심리학자도 마르크스주의를 토대로 심리학을 정립하려 했다. 1930년대, 오스본Osborn은 『프로이트와 마르크스』를 발표했다. 그는 마르크스, 다윈Darwin, 프로이트Freud를 인류 역사상 가장 혁명적인 발견을 한 인물로 꼽았다. 그는 또한 정신분석학설이 마르크스주의에서 가장 충실한 내용이라고 주장했다. '관점이나 행동에 있어서 스스로 혁명가임을 자처했으며, 이를 위해서 마르크스주의 사회발전 법칙을 충분히 이해하고 아울러 프로이트학파의 심리적 현상의 원동력에 대해 반드시 파악해야 하는 것을 마르크스주의 관점에 있어서 중요한 요소로 인식되었다.' 이 점에 있어서는 프로이트 역시 마르크스주의자와 흡사했다.

미국 신정신분석학파의 대표 인물인 에리히 프롬Erich Fromm은 마르크스를 오랫동안 연구한 심리학자였다. 1961년 출판된 『마르크스를 말하다』는 그의 대표적인 저서 중 하나이다. 이 책에서 프롬은 인성, 인간의 자기실현 등에 대해 고찰하고 논술했다. 그는 마르크스 입장에서 보면 '인간은 실체를 인식하고 확신할 수 있다. 또한 인간을 규정하는 것은 생물학적, 해부학적, 생리학적인 구분 외에 심리학적으로도 규정할 수 있다.'고 했다. 1968년 그는 '칼 마르크스가 당대 과학사상에 끼친 영향'이란 주제의 토론회에서 서면 발언을 통해, 사람들이 마르크스가 심리학에 공헌한 업적에 대해 무시하는 원인 3가지를 제시했다.

첫째, 마르크스는 여태껏 자신의 심리학적 관점을 체계적인 형식으로 나타낸 적이 없었다. 그러나 그의 모든 저서에 분산되어 있는 관점들을 정리하기만 해도, 체계화된 성질이 분명하게 드러난다.

둘째, 일반인들은 마르크스가 경제 현상이나 역사 유물주의 개념에만 관심을 가졌다고 오해한다. 이 관점에 따르면 마르크스는 경제 이익만이 사람을 추진시키는 기본 역량이라 했는데, 이것은 마르크스의 인간에 대한 진실성과 그가 심리학에 공헌한 업적을 무색케 한다.

셋째, 마르크스의 동력심리학이 출현한 이래 지금까지 그다지 주목을 받지 못 했다. 더 중요한 것은 실증주의를 목표로 하는 실험심리학 때문에 사람들은 마르크스 심리학 개념을 잘 이해하지 못 했다. 근래에 미국의 변증법 심리학 역시 마르크스에 대한 연구를 진행해 왔다. 그들이 보기에 '마르크스주의 변증논자들은 변증법을 단지 내부 생물과 외부 생리의 물질적 기초로만 보았다. 더구나 그들은 줄곧 활동과 노동, 노력에 대한 가치는 포기한 채 상품과 산물의 결과만을 선호하는 듯했다.' 이렇듯 세 번째 부분에서 필자가 말하고자 하는 것은 그들이 마르크스에 대해 전혀 이해하지 못한다는 것이다.

프랑스 심리학자인 앙리 왈롱Henri Wallon(1879~1962), 사이프 등도 마르크스의 심리학 사상에 대해 많은 연구를 했다. 왈롱은 변증유물주의와 역사유물주의를 활용해서 심리학상의 수많은 기본적 이론 문제를 해결했다. 예를 들면 의식과 무의식, 의식과 실천, 지능과 변증법, 정신의 기원 등과 같은 것들이 있다. 사이프는 다음과 같이 말했다.

"『마르크스주의와 인간의 개성이론』에서 행위간의 사회관계의 개념으로 출발하는 마르크스주의 관점을 이용해야만 개성이 심오한 사상 구조의 본질을 이해하는 것이 가능할 것이다."

이 책은 1975년까지 이미 15개국의 언어로 번역되었다.

20년대 말, 중국의 구세대 심리학자인 판슈潘菽와 가오쮀에푸高覺敷등은 소련 변증유물론 심리학파를 소개하기 시작했다. 30년대에는 궈이천郭一岑, 차오르창曹日昌, 리우저루劉澤如 등의 학자들이 변증유물론의 관점과 방법을 이용한 심리학 연구를 제창했다. 50년대 이후, 중국 각지의 심리학자들은 마르크스주의와 관계있는 고전 작가들의 심리를 논술한 선집들을 선별하여 편찬했고, 이러한 주제로 연구를 계속 진행했다.

근래에 들어서 중국의 학자들은 마르크스 엥겔스에 대한 인식, 사고, 의식, 개성에 대한 논술을 진행하는 한편, 마르크스와 인본주의 심리학 등의 문제에 대해 다각적인 연구를 진행해 왔다. 그러나 지금까지 중국에는 마르크스 심리 사상에 관해 체계적으로 정리한 소책자는 물론이고 소개된 글 역시 아주 적다. 기타 학문과의 비교는 물론이고 외국의 연구 사례와 비교해도 중국의 연구 폭과 범위는 매우 좁고 한정되어 있다. 따라서 마르크스에 대해 체계적으로 연구하면서 중국 심리학을 이끌어 나가야 하는 것은 중국의 심리학자 모두에게 당면한 막중한 임무이다.

(2)

마르크스는 『1844년 경제학 철학원고』에서 다음과 같이 밝혔다.

"공업의 역사와 공업에서 이미 발생한 대상적 존재는 인간의 본질적인 힘에 관해서 해석한 책이자, 인간의 심리학을 감성적으로 논한 책이다."

만일 외부적인 효율 측면에서만 심리학을 이해하고, 인간의 폭넓고 다양한 활동 중에서 다만 '욕구'나 '일반적 욕구'라는 말로만 의사를 표현할 수 있다고 하자. 이렇게 되면 사람들은 오만하게 인간 노동의 수많은 부분을 내팽개치게 되고, 자신에게 과학이 부족하다는 사실조차도 이해할 수 없을 것이다. 또한 이러한 심리학은 내용이 부실한데다 과학적이지 못하다.

분명한 것은, 마르크스는 인간의 노동(레온티예프가 모호하게 말한 활동이 아니다)을 심리과학의 출발점이자 기본 내용으로 보았다는 점이다. 마르크스는 노동을 경제학이나 철학 혹은 인류학의 범위에만 국한하지 않고 심리학에도 포함시켰다. 마르크스는 노동을 사람과 자연간의 물질 교류, 사람들 간의 사회교류과정이라 여겼다. 노동을 하는 과정에서 사람은 자연을 바꿀 뿐 아니라 동시에 그 스스로를 변화시킨다 하였다. 또한 인간 스스로 자연 속에 내재된 잠재력을 발휘하게 하고 게다가 이러한 힘의 활동은 자기 자신에 의해 통제가 가능하다. 인간과 인간의 심리는 모두 노동 과정에서 발생하고 발전했으며 풍부해졌다.

마르크스는 노동을 심리학의 출발점으로 보았는데 이것은 노동이 인간과 동물을 구분 짓는 본질적 특징이기 때문이다. 모두 알다시피 노동은 일종의 목적을 가진 자각 활동이고 그것은 사람들에게 노동의 결과를 상징적 형태로 머릿속에 미리 상상해보길 요구한다. 마르크스는 『자본론』에서 다음과 같은 예를 들었다.

"꿀벌의 작업과 방직공의 작업을 서로 비교해 보면, 꿀벌이 꿀벌 통을 만드는 능력은 수많은 건축가들을 부끄럽게 한다. 그러나 아주 무능력한 건축가와 솜씨 좋은 꿀벌의 가장 큰 차이점은, 꿀벌은 밀랍을 이용해서 꿀벌 통을 건축하기 전에 이미 완성된 벌통을 상상해본다는 점이다. 이는 노동을 시작할 때 노동자는 이미 노동의 결과를 떠올린다는 것이다. 즉, 노동의 결과가 이미 관념적으로 존재하는 것이다."

상징을 현실화해서 자연물을 통해 자신의 목적을 실현시키기 위해서는, 노동을 행하는 몇몇 신체 기관뿐 아니라 심리적으로도 긴장할 필요가 있다. 즉 더욱 집중하여 목적이 분명한 의지를 드러낼 필요가 있다는 것이다.

노동의 목적성과 사회성은 밀접한 관계를 맺는다. '노동은 사람 스스로에게 목적이 있는 활동을 하게하고 인간의 생명 활동의 기본이 된다. 인간은 이러한 형식을 통해서만 비로소 자신의 특수한 사회적 본질을 표현할 수 있다.' 노동은 인간과 자연, 인간과 사회(인간과 인간)와 중요한 관계를 맺는다. 마르크스는 다음과 같이 말했다.

"존재하는 모든 관계, 이러한 관계는 모두 나를 위해 존재하는 것이다. 동물에게는 어떠한 '관계'도 발생하지 않고, 근본적으로 '관계'란 것이 존재하지 않는다."

바로 이런 노동의 목적성과 사회성 때문에 인간 사회와 유인원, 인간심리(의식과 같다)와 동물심리, 인류활동(종교와 같다)과 동물생활을 구분하게 된다. 이런 까닭에 마르크스는『독일 이데올로기』에서 '의식이나 종교, 그 밖의 다른 어떤 것으로도 사람과 동물을 구분할 수 있다'고 하였다.

한 무리의 사람들이 자신들에게 필요한 생활용품을 만들기 시작했을 때(이 첫걸음은 그들의 육체 조직으로 결정된 것이다), 그들은 동물과 구분되기 시작했다.

사실 마르크스가 노동을 심리학으로 여긴 까닭은 노동이 인간의 심리를 발생시키고 발전시킨 원천이기 때문이다. 노동의 형성 과정은 대략 세 단계를 거쳐 이루어졌다.

1단계는 순수 동물의 본능적 활동으로 꿀벌이 벌집을 짓거나 거미가 거미줄을 치는 것이 이에 포함된다. 2단계는 일정한 지능을 갖춘 노동의 발아 상태의 활동으로 고등 영장류 동물과 선인들이 자연 도구를 이용하거나 가공한 활동을 말한다. 3단계는 추상적 사고에 따라 도구를 제조하는 활동인데, 이것이 바로 진정한 의미에서의 인간의 노동이다.

2단계의 노동은 참된 인간의 노동을 위한 전제 조건이다. 이런 까닭에 이것을 '전 단계의 노동'이라 칭한다. 일정한 조건 아래에서 '전 단계 노동'은 '진정한 노동'으로 전환한다. 여기서 말하는 조건은 기후 변화, 삼림 감소, 나무에서 내려온 유인원이 직립보행을 하게 되면서 손이 해방되어 동작이 복잡하게 된 것 등이 있다. 유인원은 처음에는 손짓과 표정, 소리를 지르는 등의 행위로 교류했다. 그러다가 훗날 교류의 수단인 언어가 생겨났다. 또한 구체적인 사고에서 점차 추상적인 사고로 발전해 나갔다. 처음으로 신체를 이용해 제작한 도구가 나왔을 때 비로소 인류의 조상들은 동물의 본능적 활동에서 진정한 사회적 생산 노동으로 전환되었고 의식도 생겨났다. 이에 마르크스는 다음과 같이 말했다.

"사상, 관념, 의식의 생산이 초기에는 사람들의 물질 활동과 물질 교류, 현실 생활에서 쓰는 언어에 직접적으로 뒤섞여 있었다. 관념, 사고, 사람들의 정신이 이곳에서 교류하고 또한 사람들의 물질 관계의 직접적인 산물이다.”

마르크스는 또한 인류의 심리는 노동을 통해서만 비로소 풍부해지고 발전할 수 있다고 여겼다. 노동은 인간의 체력과 지능을 표현하고, 인간의 본질적인 역량을 실현시켰다. 노동의 산물은 바로 인간화된 자연인 동시에 물질화된 인간의 심리이다. 인간화된 자연은 다시 인간의 심리 상태를 규정하고 제약한다. 마르크스는『원고』에서 인간의 본질적인 역량이 보다 풍부해지고 인간의 주체성과 감성이 풍부해진다면, 음악을 느낄 수 있는 귀와 아름다움을 느낄 수 있는 눈을 가지기만 하면, 인간은 모든 감각을 향유할 수 있다고 했다.

즉, 자기 자신이 바로 본질적 역량의 감각으로 어떤 부분은 발전시켜 나가고 다른 부분은 생겨나는 것이다. 오관(시각, 후각, 촉각, 미각, 청각)의 감각뿐만 아니라 소위 정신 감각, 실천 감각(의지, 사랑 등)은 인간의 감각, 감각의 인성 모두가 단지 그것의 대상으로서 존재하고, 인간화된 자연계에서만 생겨날 수 있기 때문이다. 예를 들면, 고대 사회에서 노비를 거느리던 주인은 금은보화나 산해진미에는 욕심을 냈어도 전기냉장고에 대한 욕구는 없었다. 봉건사회의 황제 역시 수많은 신하를 가진 고귀한 존재였어도 로봇을 사용하고자 하는 욕구를 가질 수 없었다. 이것은 바로 인간의 심리 수준과 인간의 욕구가 노동 생산력의 수준과 일치하다는 것을 잘 설명하고 있다. 즉 욕구는 욕구를 만족시키는 수단과 함께 발전해 왔고 이러한 수단에 의존해서 발전해 왔다.

마르크스는 벤담Jeremy Bentham(1748~1832, 영국의 철학자이자 법학자)의 주장을 반박하며 말했다.

“가치 원칙에 따라 사람을 평가하려는 모든 행위와 운동, 관계 등은 먼저 사람의 일반적인 본성을 연구해야 하고 그 다음으로 각 시대의 역사 속에서 발생한 변화된 인간의 본성을 연구해야 한다.”

『자본론』에서 그는 이러한 기본적인 원칙을 활용해서 수공업에서 공장제 수공업으로, 공장제 수공업에서 대공업으로의 전환에 대해 고찰했다. 그리고 대공업의 초기 단계에서 비교적 늦게 자본주의 단계로 성숙해간 시기의 인간 심리 변화에 대해서도 연구했다. 인간의 심리, 인간의 능력 구조가 노동 즉 역사적으로 변화해온 분업 형식의 의존성에 대해서 밝혔다.

『원고』에서 마르크스는 또 노동 때문에 발생되는 소외현상이 사람의 심리 발전에 미치는 영향에 대해 분석했다. 그는 사유제 통치하에서 노동자가 생산한 생산물이 오히려 자신을 소외시킨다면 노동은 노동자에게 더 이상 인간의 본질적 역량을 실현시키지 못한다고 했다. 이는 자유롭게 자신의 체력과 지능을 발휘하는 것이 아니라 자신의 육체와 정신을 학대할 뿐이다.

노동이 자발적인 것이 아니라 강제성을 띤다면 그것은 노동의 욕구를 만족시키지 못하고 단지 욕구의 수단만을 만족시킬 뿐이다. 노동의 소외현상은 분명하게 나타난다. 육체적인 강요나 기타 강요를 멈추면 사람들은 흑사병을 피해 도망치듯이 그렇게 노동을 피하려 할 것이다. 이러한 노동의 소외 현상은 인간의 소외를 초래하는데, 즉 사람이 인간성을 상실함으로써 비인간화가 되어 버린다. 결과적으로 사람은 단지 먹는 행위, 마시는 행위, 성행위 등의 동물적 기능을 할 때만 편안함을 느끼게 되고, 노동이나 인간의 기능을 할 때에는 오히려 자신이 동물에 지나지 않다고 여길 것이다. 이는 결국 동물적인 것이 인간적이 것이 되고 인간적인 것이 동물적인 것이 되는 결과를 초래한다.

마르크스는 나아가 사유제를 폐지하고 공산주의를 실현해야만 인간이 자신의 본질을 충분히 갖추게 되고, 인간의 심리 또한 전문화되고 기형화된 영향에서 해방되어 건강해지고 발전할 것이라 하였다. 이것이 바로 마르크스 심리사상의 혁명적 결론이다.

(3)

서구 현대 심리학의 수많은 학파 중에서 정신분석심리학과 인본주의심리학, 변증법 심리학은 종종 마르크스의 이름과 특별한 관계를 가진다. 몇몇 심리학자들은 마르크스의 심리학과 정신분석학을 '역동적 심리학dynamic psychology'이라 일컫는다. 또한 몇몇 심리학자들은 인본주의심리학이나 변증법 심리학을 마르크스 심리학과 한데 섞어 논하곤 한다. 그러나 그들은 단지 이들 학파와 마르크스 심리사상이 관련된 일부분만 주목했을 뿐, 그들 간의 본질적인 차이는 무시했다. 이번 기회에 필자는 비로소 세 가지 학파의 주요 관점과 마르크스 심리사상의 본질적 차이에 대한 초보적인 연구를 진행하게 되었다.

① 마르크스와 정신 분석학

정신 분석학은 19세기 말 오스트리아에서 새로이 생겨난 학파이며 이 학파의 창시자는 프로이트이다.

프로이트는 인간의 모든 행위, 즉 갓난아기가 젖을 빠는 행동부터 예술가의 창작 활동에 이르는 모든 행동을 '최초의 성욕 충돌'이라 표현했다. 인류사회가 금기시한 풍습, 종교의 살인 금지, 도덕규범, 법률조항 등은 처음부터 인간의 성욕 문제에 초점을 두고 생겨났고 제정되었다. 심지어 언어 등과 같은 심리 활동도 성적 욕구 때문에 생겨난 것이라 주장했다. 그는 일찍이 다음과 같이 말했다.

"초기의 발성은 서로 소통하고 짝을 찾는 수단이었으나 훗날 점점 발전하여 원시인이 각종 일을 할 때 사용하는 언어로 발전하였다."

프로이트의 잠재 의식론과 꿈의 학설은 모두 성욕을 기초로 하고 있다. 그는 잠재의식 중에 존재하는 성적 본능과 성적 충돌을 '리비도Libido'라 불렀다. 꿈은 억눌린 성적 본능이 위장되어 나타난 것으로 상징적인 만족을 얻을 뿐이라고 하였다. 또한 그는 인간이 하는 모든 행위의 동기가 성본능의 충동으로 귀결되기 때문에 이를 정신 분석학 또는 '범성욕주의 심리학pansexual psychology'이라 지칭했다.

오스번 등의 심리학자는 '프로이트의 범성욕주의와 마르크스주의 심리학은 서로 모순되지 않는다.'고 생각했다. 예를 들면 '엥겔스에서 토마스 모건Thomas Morgen(1866~1945, 미국의 유전학자)에 이르는 모든 이들이 프로이트의 이론에 찬사를 보내는 것은 그들도 성性이 사회의 기본임을 인정하는 것이라고 했다.' 그러나 이것은 마르크스 사상과 엥겔스의 심리사상을 왜곡한 것이 분명하다.

물론 마르크스가 인간의 기본적 행위인 먹고 마시는 것, 성적 행위를 부정하지는 않았다. 그는 다음과 같이 말한 적이 있다.

"인간과 인간의 직접적, 자연적, 필연적 관계는 남녀 간의 관계다."

그러나 마르크스는 이러한 관계가 노동이나 사회와 단절된다면 최종적인 목적을 이룰 수 없다고 보았다. 그는 재차 말했다.

"자연계에서의 인간의 본질은 사회적인 인간에게만 존재한다."

즉 사회와 자연계 안에서의 인간만이 사람 사이의 유대 관계를 형성하고, 자신과 타인을 위해서 서로 존재하게 되며, 인간의 현실적인 생활 요소를 갖출 수 있게 된다. 사회 내부와 자연계에 있어야만 비로소 인간 스스로의 존재적 기초가 성립된다. 또한 사회 안에서의 인간만이 자연적 본질로 존재할 수 있다.

인간 심리의 기원에 관한 문제는 두 번째 부분에서 이미 설명한 적이 있다. 인간 자신 및 그에 따른 심리(언어)는 모두 노동 활동 과정에서 형성되었고 계속 폭넓게 발전해왔다. 프로이트가 말한 것처럼 소위 성적 욕구로만 생겨난 것은 절대 아니다.

엥겔스는 『가족. 사유재산 및 국가의 기원』에서 '모건의 위대한 업적으로 그가 주요 특징이 있는 성문 역사의 선사시대의 기초를 발견하고 회복한 데 있다고 했다. 게다가 그는 북아메리카 인디언의 혈연 공동체를 토대로 하여 고대 그리스와 로마, 도이칠란드의 역사에서 여태껏 미해결로 남아 있던 미스테리를 풀었다. 오스번은 '선사시대의 기초'를 '성적 기초'로 보았다. 과연 그럴까? 다시 위쪽의 몇 줄을 살펴보자. '유물주의 관점에 근거한 역사중의 결정성 요소는, 궁극적으로는 직접적인 생활의 생산과 재생산이다.' 노동과 물질생활 자료의 생산만이 인류 역사의 결정성 요소임을 알 수 있다.

신정신분석의 대표인물인 칼 융Carl Jung(1875~1961, 스위스 정신과의사),

알프레드 아들러Alfred Adler(1870~1937, 오스트리아 정신의학자), 에리히 프롬Erich Pinchas Fromm(1900~1980, 미국 신 프로이트 학파의 정신분석학자이자 사회심리학자), 카렌 호나이Kare Horney(1885~1952, 독일 출생의 미국 정신분석학자) 등의 학자들은 프로이트 이론을 수정했다. 그들은 가정과 사회 환경, 문화 배경 속에서 정신병의 원인을 찾았으나 그들의 생각은 잘못되었다. 이 문제는 사회제도의 개조를 통해 해결할 수 있는 것이 아니라 먼저 환자 본인과 치료하는 사람의 비정상적인 심리를 바꿈으로써 해결할 수 있다. 바로 '인도주의 정신분석이론을 이용해야만 인간의 심리 세계를 변화 시킬 수 있고 더 나아가 전체 사회도 변화시킨다는 것이다.'

이것은 마르크스 심리사상의 혁명적 결론과는 서로 부합하지 않는다.

② 마르크스와 인본 심리학

인본주의 심리학은 50~60년대 미국에서 유행한 심리학파이다. 그것은 정신분석학, 행위주의 심리학과는 명백한 차이가 있으며, 그들 스스로 '제3의 힘'이라고 부른다. 이 학파를 대표하는 주요 인물로는 에이브러햄 매슬로Abraham Maslow(1908~1970, 미국의 심리학자이자 철학자), 칼 로저스Carl Rogers(1902~1987, 미국의 심리학자), 쿠르트 골드슈타인Kurt Goldstein(1878~1965, 인본주의 심리학의 선구자), 버클러Buchler 등이 있다.

인본주의심리학 이론의 핵심은 '자아실현'에 있다. '자아실현'이란 자신의 잠재된 능력을 충분히 완벽하게 발휘하는 것을 뜻한다. 매슬로는 인간의 욕구를 낮은 단계에서 높은 단계로 충족해 나가는 피라미드 형식으로 구분했는데 생리적 욕구, 안전에 대한 욕구, 애정과 소속에 대한 욕구, 존중과 명예의 욕구, 심미적 욕구, 지식 탐구와 이해의 욕구, 자유 창조에 대한 욕구 등이 있다. 매슬로는 낮은 단계의 욕구를 충족시켜야만 자아실현의 경지에 도달할 수 있고 인간의 잠재된 능력 또한 충분히 발휘하게 된다고 주장했다. 인본주의 심리학은 인간의 자아실현을 촉진하는 도구임을 강조했다. 그것은 전통 심리학과는 달리 중립적으로 인간의 현실을 묘사하였고 더불어 그것을 채택하고 개입하려 했다. 이것은 궁극적으로 당시 사람들이 자신을 수양하고 완전무결하게 하는 수단으로 삼은 것이었다. 버클러는 다음과 같이 말했다.

"인본주의는 전문가들에게 새로운 문제를 제시하고 그에 대한 해답을 구할 것이다. 즉 어떻게 사는 것이 의미 있는 인생이며, 어떻게 해야 만족할 만한 인간관계를 형성할 수 있을지 등의 문제를 제시할 것이다."

그렇다면 어떻게 해야 인간이 자아실현을 이룰 수 있을까? 매슬로는 인간의 자아의식을 개선하는 것이 바로 인간이 자아의 내적 잠재력이나 가치를 인식하게 되는 관건이라 여겼다.

또한 로저스는 인간과 인간간의 관계를 개선해야 한다고 주장했다. 1980년 새로 발표한 책『존재 방식』에서 서로 진심을 대하고 이해하며 존중한다면 기적을 이룰 수 있다 하였다. 또한 경직된 것을 유연하게 변화시키고 정적인 것을 동적으로 변화시키며 의존적인 상태에서 독립적인 상태로 변화시키면 누구든지 자신의 모든 잠재력을 실현할 수 있을 것이라고 주장했다.

인본주의 심리학의 주요 학자들은 일찍이 유럽 지역의 철학과 심리학 유파에서 가르침을 얻었다고 밝혔다. 이 중, 현상학과 존재주의에도 마르크스주의가 포함되어 있다.

필자는 인본주의 심리학의 몇몇 문제들이 마르크스의 관점과 비슷하다고 여긴다. 모두 알다시피 마르크스는 인간의 물질 욕구를 아주 중요하게 여겼다. '다윈이 발견한 유기계(생명의 기능이 있는 유기적인 생명 세계. 자연계를 편의상 분류한 것 중의 하나)의 발전 규칙과 같이 마르크스는 여태껏 복잡하고 엉망인 의식 형태 속에 숨겨져 있던 간단한 사실인 인류 역사의 발전 규칙을 발견했다. 그 발전규칙은 바로 사람들은 우선적으로 의식주 문제가 충족되어야만 정치, 과학, 예술, 종교 등도 참여할 수 있다는 것이다. 그러나 마르크스가 더욱 중요하게 여긴 것은 정신문화의 욕구이다. 정신상의 해방이야말로 최종적인 해방의 상징이기 때문이다. 인본주의 심리학은 인간의 욕구를 낮은 단계의 욕구와 높은 단계의 욕구로 구분한다. 그리고 이상적인 사회는 인간의 잠재력이 충분히 발휘되어 상위 단계의 욕구를 만족시키는 것을 목적으로 하는 관점에 부합하는 사회를 말한다.

그러나 욕구를 만족시키는 방식에 있어서 인간의 자아실현의 수단에 대한 마르크스와 인본주의 심리학의 주장은 극명하게 엇갈린다. 마르크스는 인간의 자아실현이 매슬로가 말한 '자신을 아는 것'이나 로저스가 말한 사람간의 관계를 개선하는 것에 있지 않고, 노동과 생산력이 크게 증가하고 고도로 발전하는 것에 좌우된다고 주장했다. 그는 노동 생산력이 고도로 발전해야만, '인류 역사상 처음으로 이러한 가능성에 도달할 수 있게 되며, 분업이 합리적으로 이뤄지면 대규모 생산 덕분에 전체 사회 구성원이 충분한 소비와 저축을 하게 되고, 모든 사람들은 충분한 여가시간과 역사적 산물인 과학, 예술, 교류 방법 등의 값진 문화를 물려받게 될 것이라고 했다. 아울러 그것을 계승하고 통치 계급의 향유물에서 사회 전체의 공동 재산으로 만들어 그것을 한 단계 더 발전시킬 것이다.'

물론 이 '가능성'은 '실천방식'을 통해서만 현실화 될 수 있다. 바꾸어 말하면, 노동자 계급이 혁명의 방식을 통해 자본주의 질서를 뒤집어야만 비로소 실현될 수 있다는 의미이다.

③ 마르크스와 변증법 심리학

변증법 심리학은 근래에 들어 서구에서 발전하기 시작한 신학파이다. 1976년 『미국 심리학자』란 잡지에 게재된 『변증법 심리학 선언』을 통해 탄생을 알렸다. 1979년 출판된 『변증법 심리학』(저자 Bass)과 『변증법 심리학 기초』(저자 Rieger) 등의 저서가 이 학파의 대표작이다.

흥미로운 점은 리거의 『변증법 심리학 선언』은 첫머리부터 결말에 이르는 모든 내용이 마르크스와 엥겔스의 『공산당 선언』을 모방한 것이다. 첫머리에 '하나의 유령. 과학의 변증법적인 유령이 서방 심리학계를 배회하고 있다. 과학 세계의 버팀목이 지금 흔들리고 있다. 그것을 개혁할 시기가 임박했다.' 라는 내용이 있는데 이는 『공산당 선언』을 모방한 것이고 또한 결말의 '변증법적 심리학자들이여 단결하라! 당신들이 잃은 것은 다만 세속적인 유물론자와 과장된 심령론자에 대한 최상의 예를 갖추는 것일 뿐이다. 당신들이 훗날 얻을 것은 바로 이 세계. 즉 오랫동안 변화해 온 인류가 창조해낸 변화된 세계이다.'라는 내용 역시 『공산당 선언』과 아주 유사하다.

변증법 심리학은 전통 심리학을 강하게 비판했는데, 전통 심리학이 주체와 객체의 독립을 강조하며, '인간은 추상적인 형식주의 즉 정지됨과 세력 균형을 중시하는 특성을 따라야 한다.'고 주장함으로써 인간은 기계론적 괴물 혹은 심령론적 환영으로 대변되어 결국 '변화하는 세계 속에서 변화하는 것이 인간'이라는 진리를 망각하게 될 것이라고 역설했다.

이런 까닭에, 변증법적 심리학은 활동과 변화에 대한 연구를 집중적으로 해야 한다고 주장했다. 즉 단기적인 인간 심리 변화에 관심을 기울이면서 장기적인 개인의 발전과 문화 발전에도 관심을 가져야 한다는 것이다. 그리고 모자지간의 상호 작용인 '원시 변증법'에 대한 연구에만 그치지 않고, 인간의 사고와 조작 등에서 나타난 '과학 변증법'에도 관심을 가져야 하며 그와 동시에 인간 내부와 외부의 변증법 등에도 주의해야 한다.

필자는 변증법 심리학이 '서양의 몇몇 심리학자들이 스스로 시작한 자발적인 변증법적 사고의 과정에서 미래로 향해 나아가는 하나의 표현임'을 알 수 있다. 그것은 또한 마르크스주의가 서양 심리학에 끼친 영향을 반영하고 있다.

그러나 마르크스주의와 변증법적 심리학의 몇 가지 문제들은 본질적인 차이가 있다. 리거는 『변증법 심리학 선언』에서 다음과 같이 주장했다.

"변증법 이론은 유물론자나 유심론자가 되기 위한 것이 아니라 여러 종류의 서로 다른 개념을 포괄한다."

그것은 겉으로 보기에는 타당하게 보이지만 사실상 이미 현실과는 거리가 먼 심리학의 환상일 뿐이다. 마르크스와 엥겔스가 여러 차례 지적하기를, 만약 변증법이 유물론의 기초가 아니고, 객관적인 사물(심리 발전을 포함)의 고유한 모순에 따른 사물 자체의 변증법을 파악하지 못한다면, 주관적인 억측으로 사물을 연구하게 될 것이고 변증법 규율을 외부로부터 자연계에 주입하게 됨으로써 유심주의의 수령에 빠져들게 될 것이라고 했다.

『변증법 심리학 선언』에서 '마르크스주의의 변증법 학자들은 변증법을 차라리 내부 생물과 외부 생리의 물질 기초로만 머물게 했다. 그러나 그들은 끝까지 활동과 노동, 노력에 대한 생각은 포기하고, 상품인 결과물만을 더 선호하는 듯했다.' 이 판단은 의심할 여지없이 잘못된 것이다.

『자본론』과 같은 마르크스 후기 작품에 따르면 분명 자본주의 사회는 상품이란 세포에서 출발하는 것이나, 이것은 결코 마르크스가 활동과 노동의 개념을 포기했음을 의미하지는 않는다. 우리가 이미 거듭 설명한 것처럼 노동은 마르크스 심리사상의 기본 내용이자 출발점이다. 또한 마르크스의 심리학은 유물변증법 심리학이다.

2. 레닌 교육사상의 기초 탐구

프롤레타리아proletarita.(노동자 계급)의 위대한 지도자인 마르크스와 엥겔스는 인류의 지혜로 창조한 우수한 성과물인 변증법 유물주의의 활용과 역사 유물주의의 기본 원리를 계속해서 비판했다. 또한 교육의 본질과 인간의 전반적인 발전에 대한 일련의 문제를 통찰력 있게 논술했고 과학교육학의 기초를 다졌다.

마르크스와 엥겔스는 사회주의를 이론에서 과학으로 전환시켰고 엥겔스는 더 나아가 사회주의를 과학에서 실천으로 바꾸었다. 레닌은 마르크스와 엥겔스를 토대로 한 교육의 기본 원리에 소련 사회주의 혁명과 건설의 실천을 결합시켰고 비교적 완전한 교육학설을 제시하는 등 마르크스주의 교육 이론을 폭넓게 발전시켰다. 이에 레닌의 교육사상과 현재의 사회주의 물질문명 건설과 정신문명 건설에 대한 학습은 아주 중요한 의미를 가진다.

(1) 젊은 세대에 대한 교육과 생산 노동의 연계 없이는 미래 사회도 없다

1897년 '사회주의' 외투를 걸친 러시아 나로드니키Narodniki(인민주의자란 의미, 19세기 러시아에서 사회주의 혁명운동을 실천한 세력)의 대표 인물인 우샤코프Ushakov는 『교육문제』란 책을 출판했다. 이 책에서는 이른바 '전 국민 교육'과 '중등학교 혁명'을 시행하는 것이 러시아를 위하는 일이라고 주장했다. 이렇게 하면 자본주의의 발전을 막을 수 있고 더불어 노동자 계급이 혁명을 일으킬 필요가 없다고 했다.

책 중에 수록된 편 명 중에 『교육의 유토피아. 전 국민에 대한 중등의무교육 계획』이 있다. 이 문장의 머리말에는, '친애하는 독자 여러분 (중략) 남녀 모든 국민들에게 완전한 중등교육을 강제적으로 시행해야 한다. 아울러 국가, 지방 자치단체, 국민 그 누구도 일체의 비용을 지불할 필요가 없다. 이것이야말로 내가 그리는 원대한 교육 유토피아이다.'라고 적혀 있다. 이 원대한 이상을 사람들에게 어떻게 설득시키고 실현시킬 것인가? 막대한 비용은 어떻게 해결할 것인가? 이에 우샤코프는 '중등학교 농장'을 설립하여 중등 교육과 동시에 비용을 마련하기 위해 학생들 각자가 생산 노동에 참여해야 한다고 주장했다.

당시 레닌은 마침 시베리아Siberia(러시아 우랄산맥에서 태평양 연안에 이르는 북아시아 지역)에서 유배 중이었다. 그는 마르크스주의를 수호하기 위해 교육과 생산 노동을 서로 결합한 사상에 관한 글 『니힐리즘Nihilism(허무주의를 일컫는 말) 유토피아 계획의 전형』을 썼다. 이 글을 통해 나로드니키 교육 계획의 반 마르크스주의와 농노제의 본질을 폭로했다. 레닌은 만약 우샤코프처럼 설계한다면 중등 학생들의 노동은 단순히 자신을 부양하기 위해서라고 했다. 그러나 부자의 경우는 28.7%의 학비를 납부하기만 하면 노동에서 벗어날 수 있지만, 가난한 사람은 학비를 갚기 위해서 또다시 잡부로 일해야만 했다. 이러한 점으로 미루어 이 교육 정책 역시 농노제 교육임을 잘 알 수 있다. 레닌은 마르크스주의 교육과 생산 노동력의 결합은 '보편적인 생산 노동과 보편적

인 교육이 서로 결합하는 것과 같은 것'이며, 모든 사람들이 생산 노동의 의무를 반드시 부담해야 함을 확고하게 밝혔다. 이것 역시 인류 전체가 보편적으로 발전하는 데 필요한 조건이다. 레닌은 또한 다음과 같이 주장했다.

"젊은 세대의 교육과 생산 노동력이 결합하지 못하면 미래사회의 이상은 불가능한 것이고, 생산 노동이 교육과 단절되며, 교육에서 생산 노동을 진행하지 않는다면 현대 기술과 과학 지식의 수준을 높일 수 없다."

마르크스주의의 창시자는 교육과 생산 노동을 결합한 이론은 2가지 의미가 있다고 했다.

이중 첫 번째 의미는 노동자의 자녀를 위해서 교육을 받을 권리를 쟁취해야 하는 것이다. 공장법factory law(노동력 보전을 위하여 제정한 법률의 총칭)은 최초로 자본가에게서 얻은 작은 양보였고, 초등 교육을 공장 노동과 결합시킨 것이었다.

두 번째로 포함된 의미는 인간의 균등한 발전을 보장한다는 것이다. '공장 제도에서 미래 교육의 새싹이 움텄다. 미래 교육이란 적정 연령에 이른 아동에게 생산 노동과 지능 교육, 신체 교육을 결합시키는 것이다. 그것은 사회 생산성을 높일 뿐만 아니라 모든 면에서 두루 발전한 새로운 인간을 양성하는 유일한 방법이다.' 필자가 생각하기에, 레닌이 밝힌 이 문장의 핵심은 두 번째 단계에서 그 의미를 상세히 밝혔다. 그는 교육과 생산 노동을 상호 결합시키는 것이 사람을 발전시키는데 적합한 조건이라고 보았다. 레닌은 나로드니키의 유토피아 계획은 마르크스와 엥겔스의 교육과 노동을 결합한 사상을 왜곡했다고 지적했다. 그들(우샤코프 등)이 주장하는 의무 생산노동은 '인류 전체를 균등하게 발전시키는 조건이 아니고 다만 중등학교 학비를 납부하기 위한 것이 목적이라고 했다.'

레닌의 이 문장은 또 하나의 중요한 사상을 담고 있다. 교육과 생산 노동이 유기적으로 결합되기 위해서는 교과목에 현대의 과학 지식과 기술을 반드시 반영해야 하고, 수업과 교육 과정이 현대의 생산 과정과 연관되도록 해야 한다. 그는 현대 생산 발전과 동떨어져 있는 교육이나 교육과는 관계없는 생산 노동은 모두 개인의 균등한 발전 및 현대 과학 기술의 발전에 전혀 도움이 되지 않는다고 주장했다.

10월 혁명 이후, 레닌은 교육과 생산 노동을 상호 결합한 사상을 《러시아 당 강령 초안》에서 서술했고, 당의 강령을 통해서 명확한 규정을 만들었다. 그 규정으로는 '① 만 18세 미만의 남녀 아동에 대해 무상 의무 종합 기술 교육을 시행한다. ② 공업 교육과 사회 생산 노동을 밀접하게 결합시켜야 한다.' 등이 있다. 전 러시아 전기화 위원회에서 계획이 통과된 이후 레닌은 《종합 기술 교육을 논하다》라는 글에서 '종합 기술에 관한절차'에 대해 언급한 바 있다.

예를 들어 학생들이 근처에 있는 발전소를 견학한다고 하자. 이때 전기를 이용해야만 실습 과제를 완성할 수 있다. 이때 모든 기술자와 농업 기사, 대학 졸업생을 교육해서 그들에게 전력과 종합 기술 교육에 관한 강연을 하게 하면, 실습 과제의 강연과 순회강연 및 기타 공업 등을 지도할 수 있게 된다. 이것이 바로 교육과 현대화된 생산을 연결시킨 것이다.

신중국 성립 이래, 중국은 교육과 생산 노동을 결합하는 과정에서 이미 몇 번의 시행착오를 겪었다. 교육과 생산 노동이 잘 결합되어 상호 보완되지 못하고 상호 충돌하여 정상적인 생산 질서에 부정적인 영향을 주어 교육의 질을 떨어뜨렸다. 이는 마르크스주의의 고전 작가가 제시한 교육과 생산 노동의 결합이 지니는 본래의 의미를 우리가 제대로 파악하지 못했기 때문이다.

(2) 풍부한 지식이 있어야만 진정한 공산주의자가 될 수 있다

1920년 소비에트연방Union of Socialist Republics.(소련. 1922~1922년까지 유라시아 대륙 북부에 존재했던 세계 최초의 공산주의 국가이자 세계 최대의 다민족 국가를 이룸, 러시아 연방의 전신국)은 전쟁을 거친 후, 경제재건 시기에 접어들었고, 이후 그들은 전쟁 상황 수습, 국민 경제 회복, 혁명 정권 명분화 등의 급박한 과제에 직면했다. 당시 문화 교육계는 여전히 '프롤레타리아트

(무산계급. 노동자 계급) 문화파' 사조가 만연했는데 그들은 과거의 모든 문화유산을 버리고 노동자 계급의 문화를 창설해야 한다고 주장했다. 보그다노프 Bogdanov는 더 나아가 기하학이 봉건사회와 자본가계급에 존재했다면, 무산계급에도 기하학이 필요할 것이라고 주장했다. 이러한 '무산계급의 문화파' 사상은 교육계와 청년들에게 악영향을 주었다. 이런 까닭에 레닌은 1920년 10월 2일 개최한 러시아 공산주의 청년단 제3차 대표총회에서 《청년단의 임무》란 주제로 유명한 연설을 했다.

레닌은 다음과 같이 주장했다.

"무산계급은 구세계의 비판자이자 인류 역사가 이룬 모든 우수한 성과물의 집대성자이다. 인류의 모든 발전 과정에서 창조된 문화를 잘 이해하고 이 문화를 개선해야만 무산계급의 문화를 건설할 수 있다. 무산계급 문화는 하늘에서 갑자기 떨어진 것도 아니고, '무산계급 문화전문가'라고 자처하는 사람들이 꾸며낸 것도 아니다. 그것은 인류가 자본주의사회, 지주사회와 관료사회의 억압 아래에서 만들어낸 모든 지식으로 규율의 발전에 부합한다."

그는 또한 우리가 구식 학교의 장점은 당연히 받아 들여야 한다고 지적했다. 우리는 구식 학교가 그랬던 것처럼 왜곡된 지식을 청소년들에게 가르쳐서는 안 된다. 그러나 이것이 공산주의 사상만 학습시키고 공산주의 구호만 외우게 하라는 것을 의미하지 않는다. 즉 인류가 창조한 지식을 많이 익혀야만 진정한 공산주의자가 될 수 있다는 것이다.

레닌은 나아가 마르크스주의의 생성 발전사를 이용하여 문화유산의 변증법적 부정관에 대해 입증했다. 레닌이 생각하기에, 마르크스 학설이 최고 혁명 계급인 1,100만 명의 마음을 사로잡은 것은 마르크스가 종전의 과학이 제공한 모든 지식에 대해 아주 정확하고 정밀한 연구를 깊이 있게 진행했기 때문이라고 하였다. '인류사회가 창조한 일체에 대해 그는 비판적인 태도로 심사하였고, 사소한 것 하나도 소홀히 하지 않았다. 또한 모든 인류사상의 업적에 대해 그는 여러 차례 연구하고 비판했고, 마지막으로 노동자들의 검증을 거쳤다. 이렇게

한 결과 자본계급의 제한된 규제와 자본계급의 편견으로 가득 찬 사람은 얻을
수 없는 결론을 얻을 수 있었다.'

레닌이 연설이 있고 3일 후, 러시아 전역의 무산계급 문화협회는 제1차 대표
총회를 개최했다. 당시 소비에트Soviet(소련의 국가 권력 기관)에서 문화 사업
을 주관한 루나차르스키Anatorii Lunacharskii(1875~1933)는 레닌이 그에게 무
산계급 문화협회로 하여금 인민위원회의 지도자를 교육하라는 지시를 받았다
고 강조했다. 10월 8일 총회에서 그는 공개적으로 구세계의 남겨진 문화유산
인 허무적인 태도를 채택하여 무산계급의 문화가 인류 문화의 발전과 유리되
도록 계획했다.

이런 까닭에 레닌은 즉각 러시아 공화국에 배속된 중앙부처의 자격으로 무
산계급 문화협회에 관한 결의 초안인 《무산계급 문화를 논하다》를 작성했다.
레닌은 재차 그의 《청년단의 임무》란 연설에서의 관점을 상세하게 설명했다.
'마르크스주의는 무산계급의 사상 체계가 승리한 첫 혁명으로 이는 세계적인
역사적 의의를 가진다. 그 의의는 자본계급시대의 값진 성과를 버리지 않으면
서 2천 년 넘도록 인류의 사상과 문화가 발전하면서 일군 모든 값진 장점을 받
아들여 개혁에 성공한 것이다.

이러한 기초와 이 방향에 따라 프롤레타리아 독재 정치(이것은 무산계급이
모든 착취에 반대한 최후의 투쟁이다.)의 실제적인 경험을 토대로 한 격려 속
에서 지속적인 사업을 진행해야만 무산계급의 참된 문화를 발전시킬 수 있다
고 생각했다.' 레닌은 더 나아가 지적하길, 루나차르스키를 대표로 하는 '무산
계급 문화파'는 자신들의 특수 문화를 주관적인 상상으로 꾸며낸 것이고, 스
스로를 세상과 단절시킨 틀 안에 가두었다고 했다. 그러나 신기루에 지나지
않는 이 같은 환상은 이론상의 오류일 뿐만 아니라 실행에도 도움이 될 만한
점이 없었다.

레닌은 청년들에게 인류가 창조한 모든 지식 자산과 공부 비결을 알려 주며

공부의 중요성을 강조했다.

첫째, 이론을 실제 상황에 적용해라. 레닌이 생각하기에 학습과 교육, 훈련을 단지 학교 안에서만 실시하고 실제 생활과는 단절한다면 그것은 아무런 소용이 없다고 여겼다. '노동, 투쟁과 동떨어진 공산주의 소책자와 책으로만 학습한 교과서적 지식 아무런 가치가 없다. 게다가 교과서적 지식은 자본주의 구 사회가 지니는 가장 혐오스러운 특징으로, 이론과 실천을 분리시킨다.'라고 했다. 레닌은 학교가 앞장서서 착취자를 투쟁에 참가하도록 바꿔야 한다고 주장했다. 공산주의 청년단은 자가 학습과 교육 그리고 훈련의 각 절차에 노동자와 함께 참가했고 이를 착취자에 대항하는 총투쟁으로 연결시켜 공산주의 청년단이라는 이름에 걸맞게 되었다. 이는 레닌이 직접 이론과 실천을 연계한 본보기였다. 그의 저서나 그의 전기를 읽어보면 그가 생활에 관련된 책을 많이 읽고 이론을 철저히 연구해서 현실 문제를 해결했음을 잘 알 수 있다. 레닌의 부인인 크루프스카야Nadezhda Krupskaya(러시아의 혁명가, 교육가)는 레닌을 한 평생 꾸준히 노력하며 일하는 이론가이자 동시에 실제적 선전가, 조직가라 불렀다.

둘째, 비판적인 태도로 학습해라. 레닌은 무작정 암기하거나 모방하는 학습은 탁상 공론가를 육성할 뿐이고, 또한 머릿속에 쓸모없는 지식만이 가득 차게 되어, 현대 지식인이 반드시 갖추어야 할 실제적 지식을 구비할 수 없게 된다고 주장했다.

"우리는 무작정 암기할 필요는 없지만, 기본적인 지식을 이용해 모든 학습자의 사고력을 발전시키고 향상시켜야 한다. 이는 학습한 지식 전부를 통달하지 못하면 공산주의는 신기루나 허울뿐인 간판에 지나지 않을 것이고, 공산주의자 역시 허풍쟁이가 될 것이기 때문이다."

레닌은 학습한 지식을 통달하려면, 단순히 파악하는 것에만 그쳐서는 안 되고, '비판적인 태도를 가지고 파악해야 하며, 아주 진지하고 힘든 시간을 보내지 않는다면 진정한 공산주의자가 될 수 없다.'고 생각했다.

마지막으로, 학습의 신념을 세워라. 레닌은 학습에는 신념이 있어야 한다고 강조하면서 힘이 들거나 실패를 두려워하지 않아야 비로소 성과를 이룰 수 있다고 했다. 1922년 3월 27일 그는 러시아 공화국의 제11차 대표총회의 정치보고에서 지적했다.

"우리는 이러한 신념을 반드시 끝까지 견지해야 한다. 이해하지 못하면 처음부터 다시 배우면 된다. (중략) 새로 시작하는 아주 힘든 일도 처음에는 실패하더라도 여러 차례 계속 하다 보면 반드시 능숙해진다. 설사 이런 시행착오를 수십 번 겪어도 상관없지만 소기의 목적에는 반드시 도달해야 한다."

레닌의 명언 중에, '공부를 하려 하면 반드시 배울 수 있다.'는 말은 아주 유명하다. 이 말은 청년들이 학습의 여정에서 힘껏 매진하고 용감하게 전진하도록 하는 영원한 촉매제가 되고 있다.

(3) 교육과 정치를 분리하는 구시대 관념을 버리고 교육 사업과 정치를 연계해야 한다

교육은 인간을 길러내는 활동이다. 이것은 인류 사회에 계속 공존해온 불변의 진리다. 정치는 일정한 계급이나 사회 집단이 자신의 통치 활동을 형성하고 보호하는 것이며, 그것은 역사 범주의 한 부분이다. 교육은 수백 만 년의 역사를 가진 반면, 정치는 이제 막 태어난 갓난아기에 불과하다. 그러나 이 갓난아기가 힘센 장사로 성장하듯, 그것의 거대한 역량으로 교육에 대한 통치를 성립했다. 이것은 결코 신비한 현상이 아니다. 인류는 계급 사회에 진입한 이후, '물질적 생산물을 지배하는 계급인 동시에 정신적 생산물을 지배하기에 이르렀다. 이런 까닭에 정신적 생산품인 인간의 의식이 없으면, 보통 통치 계급의 지배를 받았다. 통치 지위에 있는 사상은 통치 지위의 물질 관계에 있는 관념상 표현에 지나지 않고, 사상의 형식으로 표출하는 통치 지위의 물질관계에 불과하다.'

그러나 자본 계급의 교육가는 종종 위선적으로 교육과 정치의 연관성을 부인하며, 교육이 정치와 분리되어야 한다며 허풍을 떤다. 이에 대해, 마르크스와 엥겔스는 일찍이 『공산당 선언』에서 자세하게 반박했다.

"당신네들의 교육 또한 사회가 결정한 것이 아닌가? 또한 당신들의 직접적이거나 간접적인 간섭을 통해 결정된 것이 아닌가? 공산당원은 결코 사회가 교육에 미치는 영향을 밝혀낸 것이 아니라 그들은 다만 이러한 영향의 성질을 바꾸고 교육이 통치 계급의 영향에서 벗어나게 했을 뿐이다."

10월 혁명 후 소비에트 정부가 당면한 임무는 더 이상 교육을 자본 계급의 영향에서 벗어나게 하는 것이 아니라 교육을 자본계급의 영향을 없애는 수단으로 활용하고, 공산주의 사상을 이용해서 청년을 교육하는 것이었다. 그러나 사회 혁명당과 입헌 민주당은 전 러시아 연합회의 교사조직을 규제했다. 또한 '자유, 평등'과 '정치에 관심을 가지지 않는다.' 등의 구호를 이용해서 수많은 교사를 기만했다. 소비에트 정권과의 협력을 거절했고 공개적으로 직무 태만과 교사들의 동맹 파업을 선동했다. 동시에 당시의 교육부에는 정치적 공론의 편들기가 여전히 존재했다. 1920년 11월 3일 전 러시아 성. 현(행정 구획 단위의 하나)국민교육청 정치교육위원회 노동회의에서의 연설은 바로 위에서 언급한 정황을 겨냥한 것이었다. '교육이 정치와 분리되거나 정치에 무관심한 것'은 자본 계급의 위선적인 논조이며, 군중에 대한 속임수라고 주장했다. 그는 핵심을 찌르며 지적했다.

"자본계급사회에서는 민주주의 형식을 통해 노동자를 관리한다. 그들은 재산을 소유하고 교육과 과학, 자본주의 문명의 최고 업적을 착취의 수단이나 전매특허품으로 만들어 대다수의 사람들을 노비와 같은 위치로 전락시켰다."

무산계급의 정치는 이전 사회의 모든 계급 정치와는 본질적으로 다르며, 그것의 궁극적인 목적은 자신을 부정하는 것이다. 이런 까닭에, 정권을 쟁취한 후 무산계급의 정치 제도와 내용에 변화가 있었는데, 경제를 중시하는 정치로 서서히 전향해 나갔다. 즉 가능한 한 빨리 생산력을 높여 인민의 물질생활 수준과 정신생활 수준을 높이고 계급간의 대립과 계급 자체를 없애서 모든 사회 구성원들의 능력을 발전시키려고 했다.

레닌은 연설 중에 위에서 언급한 사상을 강조했다. 그는 정치와 경제는 결코 분리될 수 없음을 강조했다. 국내외의 적을 섬멸하여 그들을 정복한 후, '소비에트 정권의 주요 임무는 국가의 경제 건설에 착수하여 식량 수확량과 석탄 공급량을 증가시켜서 식량과 석탄의 오래된 기근 문제를 해결해야 하는 것이고 이것이 바로 우리가 지향하는 정치이다.' 라고 하였다. 전 러시아중앙집행위원회에서 전기화에 대한 결의가 통과된 후, 레닌은 다음과 같이 주장했다.

"학교교육과 교육자의 자질 및 사회 교육의 성질 모두가 변해야 한다."

교육자에게 요구되는 자질은 바로 '현재 일어나고 있는 변화에 잘 적응하고 현재 진행하려는 사업을 잘 파악하여 공업과 경제적 측면을 개혁하려는 국가의 원대한 계획을 잘 실행시키도록 하는 것이었다.' 이것은 무산계급의 정치와 경제, 교육이 그것의 목표와 일치하고, 그 모두가 사회주의의 물질문명 건설과 정신문명 건설을 이루기 위해서라고 설명했다. 즉 이 모든 것이 인간을 모든 방면에 걸쳐 발전시키기 위함이었다. 교육이 무산계급의 정치를 위해서 일한다는 관점은, 바로 제3자의 내재적 연계를 반영한 것이다. 이 때문에 레닌은 다음과 같이 거듭 강조했다.

"동지들과 우리는 문화 교육 사업의 가장 중요한 문제를 함께 해야 하며, 교육은 우리의 정치와 연관되는 문제이다. 만약 필요하다면, 명칭은 어떤 식으로든 정할 수 있다. 그러나 전체 교육 사업 중에서 우리 모두는 교육과 정치를 분리하는 구시대의 관점에는 지지할 수 없기 때문에 우리는 교육 사업을 정치와 연관시킬 수밖에 없다."

중국 역시 일찍이 교육이 무산계급의 정치를 위해 일하는 시행착오를 겪었다. 이렇게 되면 정치에 대한 이해가 떨어지고, 단면적이며 경직되어 나타난다. 예를 들어, 정치가 계급투쟁과 정치 운동을 크게 펼치는 것으로만 여기게 되면, 정치는 경제. 문화 건설과는 대립하게 된다.

린비아오林彪(중국 군사전문가)와 사인방四人幇〔장칭江青(모택동의 아내), 장춘차오張春橋(당간부), 야오원위안姚文元(당간부), 왕홍원王洪文(당간부) 등의 네 사람을 통틀어 이르는 말. 모택동 사후 집권 및 권력투쟁에서 패배한 신진혁명세력들〕이 최고 지위에 오르자 교육 사업은 막대한 손실을 입었다. 상처가 아문 후에 중국의 교육은 사회주의 현대화 건설을 위한 방향으로 나아갔다. 이것 역시 무산계급의 가장 중요한 정치적 과업이었다.

(4) 중국 인민 교사의 지위를 자본계급 사회에서도 이르지 못했던 아주 높은 위치까지 향상시켜야 한다

레닌은 인민 교사의 지위 향상을 아주 중요하게 여겼다. 그는 만일 성실하게 일하지 않고 자신의 임무에 정통하지 않고, 자신의 직업을 사랑하지 않는 교사나 전문가는 공산주의를 이룩할 수 없다 하였다. 이런 까닭에 그는 소비에트정권과 노동조합 등의 모든 지도자 조직에게 자신의 눈동자를 소중히 다루듯이 인민들도 똑같이 대하라고 요구했다. 1923년 1월 2일 레닌은 병상에서도 다음과 같이 말했다.

"우리는 인민 교사의 지위를 향상하는 문제에 대해 크게 주목하지 않았다. 그러나 인민 교사의 지위를 향상시키지 않고서는 무산계급과 자산계급의 문화는 물론이고 어떠한 문화도 논할 수 없다. (중략) 우리나라의 인민 교사의 지위를 자본계급 사회에서도 도달한 적이 없었던 숭고한 위치까지 반드시 향상시켜야 한다."

레닌은 인민 교사의 지위 향상을 아주 중요하게 생각했다. 레닌과 교사, 지식층의 역할에 대한 인식은 분리할 수 없었다. 레닌은 학교에서 교사의 역할은 아주 중요하며, 심지어 교사가 학교의 성격과 방향을 결정할 수 있어야 한다고 주장했다. 그는 카프리 당 학교 회원 율리 등에게 보낸 편지에서 다음과 같이 밝혔다.

"어떤 학교든 가장 중요한 것은 교육 과정에 담긴 사상의 정치적 방향이다.

그렇다면 이 방향은 무엇에 의해 결정되어야 하는가? 이는 바로 학생을 가르치는 사람만이 결정할 수 있다. (중략) 어떻게 감독하고 교수 요강이 어떻든 간에 수업하는 사람이 결정한 교육 과정의 방향은 절대 바꿀 수 없다.”

레닌은 또한 높은 식견으로 다음과 같이 지적했다.

“각종 지식과 기술, 경험을 갖추지 못한 교사가 지도하게 되면 사회주의 단계로 나아갈 수 없을 것이다.”

그는 이전의 혁명이 실패한 것은 바로 노동자가 딱딱한 독재 정치를 견디지 못했고, 독재 정치와 폭력, 강압에만 의존해서는 독재 정치를 유지할 수 없다는 것을 알지 못했기 때문이라고 하였다. 현대적이며, 선진 기술과 선진 자본주의의 모든 경험에 정통한 사람만이 혁명을 이룰 수 있다고 주장했다.

레닌이 교사의 지위를 향상시키는 것을 아주 중요하게 여긴 것 역시 그가 교사 단체에 대해 정확히 평가 내린 것과 밀접한 관계가 있다. 10월 혁명 이후 단체에서 분리되어 나온 교사들 중 일부는 소비에트 정권과 사회주의 혁명을 지지했고, 다른 일부 교사들은 여전히 구제도의 입장에서 구시대적 편견으로 가득한 교육 방침을 고수했다. 레닌은 1919년 1월 18일 전 러시아국제주의교사 제2차 대표총회에서 돌연 교사 단체에 대해 평가했다. 그는 회의에서 다음과 같이 주장했다.

“의심의 여지없이, 절대 다수의 교사들은 노동자 계급과 노동자에게 의존한다. 현재 사회주의 혁명은 뿌리가 깊으며, 반드시 전 세계로 확산 될 것이라 굳게 믿는다. 이런 까닭에 나는 사회주의 혁명의 전진을 위해서 투쟁 중에 있고, 자본계급의 구시대 편견에 사로잡혀 구제도와 위선적인 입장을 옹호하는 것에 반대한다. 구제도의 것을 지키려는 교사의 노력은 망상에 불과하며, 절대 다수의 교사들은 반드시 진심을 다해 착취당한 노동자의 입장을 옹호해야 한다.”

이것은 수많은 교사들이 단결하여 사회주의 건설을 진행하도록 독려하고, 그들의 적극성과 일에 대한 열정을 높여 주는 데 중요한 역할을 했다.

레닌은 인민 교사의 지위를 향상하려면 구두상의 허가나 칭찬에 그쳐서는 안 되며, 일련의 '절차에 따라 꾸준히 일하게 하여 그들의 의식을 향상시키고, 그들이 자신들의 숭고한 칭호에 걸맞도록 다방면의 수련을 통해 학식이나 교양을 구비하도록 해야 함을 강조했다. 가장 중요한 것은 그들의 물질적 생활 조건을 향상시키는 것이다.'라고 했다.

첫째, 교사에 대한 교육을 강화해야 한다. 교사의 노동은 막중하고 복잡하며 창조적인 활동이다. 교육자가 만약 교육을 받지 않거나, 비교적 높은 지식 수준과 업무 능력을 갖추지 못하면 타인의 존경을 받는 것은 매우 어렵다. 따라서 레닌은 교사를 포함한 국가 기관에 종사하는 인원 모두에게 다음과 같이 말했다.

"우리 스스로가 계속해서 자신에게 이러한 임무를 주입시켜야 한다. 즉 첫째도 학습, 둘째도 학습, 셋째도 학습해야 하며, 마지막으로 검토해야 한다. 학문이 혈육에 스며들 만큼 매진해야 하고, 진실 되면서 완전하게 생산을 구성하는 일부가 되어야지 학문이 죽은 조문이거나 유행하는 사조로 전락해서는 안 된다."

그는 또한 교사는 편협한 교육 활동의 테두리 속에서 안주해서는 안 되고, 충분한 자신감을 가지고 군중 속에 들어가야 함을 강조했다. 또한 다음과 같이 말했다.

"교사는 노동자들과 혼연일체가 되어 투쟁해야 하며, 신교육학의 임무는 교사의 활동과 사회주의를 건설하는 임무를 연결시키는 것이다."

이렇게 해야만, 교사가 비로소 사회의 지지와 군중의 존경을 쟁취할 수 있을 것이다.

둘째, 교사에 대한 대우를 향상시켜야 한다. 1913년, 레닌은 볼세비키Bol-sheviki(소련공상당의 전신인 러시아사회민주노동당 정통파를 가리키는 말)의 대표로서 두마Duma(제정러시아의 의회 명칭)의회에서 발언한 내용을 작성한 《국민교육부의 정책 문제를 논하다》에서 당시 러시아정부가 교사의 처우에 관한 정책에 관심을 가지지 않는 점을 규탄했다. 레닌은 비통해하며 다음과 같이 지적했다.

"교사의 임금은 러시아 전체에서도 가장 빈곤한 수준이다. 그들은 불쌍할 만큼 적은 금액을 받고 있는 까닭에, 불을 지필 수도 없고 기거할 작은 집조차도 없어 추위와 굶주림에 시달리고 있다. 심지어 겨울이면 농가의 축사에서 가축들과 함께 기거하고 있는 실정이다. 이 모든 것은 경제적인 원인이 아니라 국가 제도의 부패로 말미암은 것이다."

레닌은 다음과 같이 말했다.

"러시아의 현재 생산력 수준에서 인민들의 무지와 정보력의 부재에서 벗어나게 하는 방법으로는 수많은 교사들에게 최소한의 만족할 만한 임금을 보장해 주는 것이다. (중략) 러시아는 전체 국가 제도를 미국의 민주주의가 그랬던 것처럼 개선해야 한다."

10월 혁명 이후, 레닌은 교사들의 생활 처우에 관한 개선을 아주 중요하게 생각했다. 국민 경제의 회복시기에 국가의 예산이 부족하고 인민의 물질생활 수준이 상당히 낮음에도 불구하고 레닌은 기타 부문에서 절감한 경비를 교육인민위원회의 경비로 전환했다. 또한 '식량이 어느 정도 확보된 만큼, 교사들에게 지급하는 빵 배급량에 대해서는 미련을 갖지 말라'고 건의했다. 레닌은 또한 교사와 그 밖의 지식인이 자본주의 제도보다 사회주의제도가 더 좋다고 여겨야만 교사들이 자본계급의 지주에서 소비에트제도의 지주로 전환하게 될 것이라고 주장했다.

이렇게 되면 그들을 통해 농민을 끌어들이게 되고, 농민들이 자본계급의 연맹에서 벗어나 무산계급과의 연맹을 결성하게 될 것이라고 했다.

셋째, 우수한 교사를 지도자로 선발했다. 레닌은 두뇌가 명석하고, 학식과 경험이 풍부한 우수한 교사를 선발하여 각 계층의 지도자에 임명하는 것을 아주 중요시했다. 그는 《교육인민위원회의 업무를 논하다》란 글에서 이렇게 지적했다. '우리나라에서 두뇌가 명석하고, 학식이 풍부하며 실제적 교육 경험이 풍부한 사람은 많지 않지만 이러한 사람은 틀림없이 존재한다. 문제는 우리가 그들을 발견하지 못할 뿐만 아니라, 그들을 적절한 지도자의 자리에 배치할 수 없고, 그들과 함께 소비에트 건설을 연구한 실제적 경험이 없다는 것이다.' 이러한 점을 고려하여, 그는 당중앙위원회가 우수한 교사를 선발하여 지도자로 임명하는 '특별 지령'을 공표하도록 건의했다. 게다가 지방 노동자에게도 이 방면의 경험을 전수했다. 또한 작은 지방이건 어떤 전문적인 분야에서든 좋은 성적을 얻은 모범적인 성, 현, 구, 학교와 교사들에게 당을 도와줄 것을 요청하였다. 또한 재능과 능력을 갖춘 교사들을 이전보다 책임감이 막중하고 높은 지위로 발탁시켰다.

3. 다윈과 심리학

미국의 심리학자인 에드윈 보링Edwin Boring(1886~1968)은 『실험심리학사』란 책에서, 미국심리학은 '독일의 실험주의에서 몸통을 계승했고, 다윈에게서 영혼을 얻었다.'고 밝혔다. 이것은 미국심리학의 기원을 설명할 뿐 아니라, 현대 심리학 전체의 기원까지 거슬러 올라간다. 저명한 생물학자인 에른스트 헤켈Ernst Haeckel(1834~1919, 독일의 생물학자) 역시 『우주의 수수께끼』에서 '찰스 다윈이 진화론의 기본 규칙을 심리학에 응용한 것은, 심리학 역시 생리학의 기타 과학과 마찬가지로 고도로 진화된 결과물들로 가득한 새로운 시대를 연 것이다.'라고 평가했다.

다윈은 『종의 기원』(1859), 『인류의 기원과 성에 따르는 선택』(1871), 『인간과 동물의 감정표현』(1872), 『영아의 생활개론』 등의 저서를 통해 심리학과 관련이 있는 본능과 습관, 유전, 변이, 유기체의 환경에 대한 순응과 인간과 동물의 감정 표정 등에 관련된 문제에 대해 깊은 연구를 진행했다. 본문에서는 다윈의 심리사상 및 현대 심리학의 영향에 대한 기초 탐구를 하려 한다.

(1)

　　1859년 11월 24일 다윈은 '비글호 항해'를 통해 수집한 대량의 자료를 바탕으로 총정리하고 분석한 『종의 기원』을 출판했다. 엥겔스는 일찍이 다윈의 이 대작을 '새로운 시대를 여는 획기적인 작품'이라 칭하며 높이 평가했다. 엥겔스는 『종의 기원』에서 제기한, 자연 선택을 핵심으로 하는 진화 이론은 인간을 포함한 현재 우리 주위의 모든 유기체가 처음에는 소수의 단세포의 배아에서 시작되어 장기간에 걸친 발전으로 나타난 결과물이라고 하였다. 이 배아는 또한 화학 작용을 통해 원형질이나 단백질을 형성했다.

　　다윈의 『종의 기원』에서 심리학 문제에 대한 언급은 비교적 적다. 그러나 이 책 제7장의 본능에 관한 연구에서 다윈은 심리사상의 이론적 기초를 정의했다. 다윈은 먼저 본능의 정의를 밝혔다. 그가 생각하기에 본능은 개인의 경험에 의존하는 것이 아니라 동일한 방식에 따라 완성된 어떤 활동이라 했다. 예를 들면, 새가 둥지를 틀고, 벌이 꿀을 만드는 것과 같은 원리이다. '우리 자신이 경험해야만 비로소 완성할 수 있는 활동으로, 어떠한 경험도 없는 동물, 특히 어린 동물이 완성하거나, 나아가 수많은 개체가 결코 어떤 목적을 위해서가 아니라 동일한 방식에 따라 완성했을 때, 이것을 보통 본능이라 일컫는다.' 이 것은 본능이 목적성이 없고, 확정적임을 설명한다.

　　다윈은 이기심은 본능의 또 다른 특징이라고 했다. 본능은 이기주의 원칙에 따르며, 이타주의 원칙에 따라 생겨난 것은 아니라고 했다. 각각의 종의 본능은 모두 자신의 이익을 위한다. 우리의 판단에 따르면, 여태껏 모든 종들이 다른 종의 이익을 위해 존재한 적이 전혀 없었다.

　　다윈은 본능이 변할 수 있다고 생각했다. 만약 생활 습관과 생활 조건에서 변이가 발생한다면 본능 역시 상당한 변화를 일으킬 것이라고 했다. 자연 선택은 유전의 특성적 작용을 통해서 유리한 본능이 변이되어 후대에까지 전해지며, 무수한 세대를 거치면서 축적되어 복잡한 본능을 형성하게 된다. 다윈은 다음과 같이 말했다.

"본능은 변이된 것임이 틀림없다. 동물의 습성상 이 종에게 유리한 방향으로 자연선택을 통해서 새로운 본능이 발생하게 된다."

다윈은 또한 인류와 동물의 본능은 기본적으로 비슷하다고 여겼다. 그는 본능이 모든 심리활동의 범위에 대부분 포함되며, 다소 다른 정신 활동도 모두 이 용어 안에 포함한다고 말했다. 또 다른 저서에서 다윈은 인간과 동물이 가진 공통적인 본능에 대해 구체적으로 설명했다. 그는 인간과 비교적 고등 동물 중에 특히 대표적인 맹수 동물은 공통적인 본성을 일정 부분 가지고 있다고 자세하게 썼다. 그들 모두는 동일한 반응기관, 내부기관 및 감각을 가지고 있으며, 또한 유사한 욕망과 성욕, 감정을 가지고 있다. 설사 더욱 복잡한 것이라 해도 마찬가지다. 예를 들면, 질투나 의심하는 것, 싸워 이기려는 것이나 감사하는 것 등 수많은 기질이 있다. 그들은 또한 속이거나 보복을 하며 때때로 악의적인 조롱과 놀리는 것을 잘하며, 경악하거나 호기심의 감정을 가진다. 즉 모방과 선택, 기억, 상상, 연상, 이성 등은 모두 같은 힘을 가졌지만, 단지 정도가 다를 뿐이다.

위에서 언급한 다윈의 본능에 관한 연구에서, 우리는 그의 심리 사상의 기본 개요를 알 수 있다. 한편 다윈은 여기에서 본능의 정의와 진화의 사실을 정확하게 밝혔다. 즉 인간 심리 활동은 그 역사적 기초에 있음을 설명했으며, 고등 동물의 심리 활동 방향에서 이러한 기초를 찾으려고 노력했다. '진화론 사상에서 정신 능력의 발전을 설명한 시도는 긍정적 의의를 지닌다.' 또 다른 면에서, 다윈이 인간을 사회적 인간이 아닌 자연의 생물학적 인간으로 간주한 것은 인간과 동물의 본능 및 기타 심리 활동에 있어서 정도의 차이가 있을 뿐, 성질 측면에서는 다르지 않다고 여겼다. 이러한 점들은 인간과 기타 동물의 본질적인 차이에 혼동을 주는 동시에 인간이 내포하고 있는 본능을 명확하게 밝힐 수 없게 한다.

다윈의 본능 이론이 현대 심리학에 미치는 영향은 아주 크다. 이전에는 본능이 동물과 인간의 기초적인 행동이라 여겼지만, 이후 본능의 범위가 확대되었다. 심리학자들은 본능에 대한 연구를 강화했는데, 윌리엄 제임스William James(1842~1910, 미국의 심리학자)에서 에드워드 손다이크Edward Thorn-dike(1874~1949, 미국의 심리학자), 존 왓슨John Watson(1878~1958, 미국의 심리학자), 윌리엄 맥두걸William McDougall(1871~1938, 영국의 심리학자)에 이르는 모든 학자들이 진화론자임을 자처하며, 본능의 의의를 강조했다. 그러나 이 심리학자들은 종종 다윈의 본능 이론을 잘못된 측면으로 확대하고 부풀렸다. 제임스는 『심리학원리』에서 빼는 행위, 모방, 동정, 겸손, 부끄러움, 애정, 시기, 모성애, 추격, 살해, 이기심, 지나친 탐욕 등 물질이 가지고 있는 모든 성질을 인간의 본능으로 보았는데 이것이 바로 사회다윈주의이다.

(2)

다윈은 『종의 기원』에서 미래에는 심리학 계통의 새롭고 중요한 연구 영역을 개척하려 할 것이고, 심리학이 진화 이론의 기초 위에 단단하게 뿌리 내리게 될 것이라고 주장했다. 12년 후인 1871년 다윈은 자신의 약속을 실현시켰다. 『인류의 기원과 성에 따르는 선택』에서 다윈은 진화 이론을 이용하여 인간과 동물의 심리에 대한 비교적 체계적인 연구를 진행했다.

다윈은 우선 인간의 신체 구조는 비교적 하등 동물에서 진화되어 왔고, 심리의 진화는 신체구조의 진화와 함께 발전해 왔다고 주장했다. 두뇌의 진화 역시 이와 일치한다고 하였다. 다윈은 다음과 같이 말했다.

"인간의 뇌 크기와 지능 발달은 밀접한 관계를 가지고 있기 때문에 각종 정신이 발달함에 따라 뇌의 크기도 자연히 커졌다. 인간 뇌의 신체에 대한 비율은 고릴라나 오랑우탄과 비교하면 그것의 크기가 예사롭지 않아 차라리 높은 정신 능력과 비교했을 때 밀접한 관계가 있음을 알 수 있다."

다윈은 개미류와 막익류膜翼類의 뇌신경 마디에 대한 비교 연구를 진행했는데, 이것은 뇌와 심리 관계에 대한 더 진전된 증명으로 그는 개미가 막익류보다 지능이 더 높다고 주장했다.

그것의 뇌신경 마디는 후자보다 대략적으로도 몇 배는 더 되었다. 당시 대뇌 신경 과학의 수준은 한계가 있었다. 다윈이 뇌와 심리의 내적 관계에 대해 좀 더 발전된 설명을 하는 것이 불가능하지는 않았지만, 그는 뇌와 심리를 연계시켜서 그것들의 관계를 직접적으로 밝혔다. 1897년 독일에서 처음으로 심리 실험실을 세운 빌헬름 분트Wilhelm Wundt(1832~1920, 독일의 심리학자)가 제기한 '심리와 신체의 평행론'과 비교하면 훨씬 뛰어났다.

인간의 심리가 진화된 결과임을 증명하기 위해서, 다윈은 인간과 동물의 심리 능력에 대한 성질의 비교 조사를 진행했다. 그는 연구를 통해서 인간 외의 기타 유기물이 어떠한 심리 능력도 가지고 있지 않거나, 인간 심리 능력의 본성과 하등 동물의 심리 능력이 판이하게 달랐다면, 인간이 가진 '우수한 재능'이 점점 발전되어 온 것임을 증명할 수 없었을 것이다. 『인류의 기원과 성에 따르는 선택』에서 다윈은 수많은 생동감 있는 사례를 제시하여 그의 심리 진화론을 증명했다. 그는 인간과 동물 모두는 소위 '감정', '호기심', '모방성', '주의력', '기억력', '상상력', '이해력' 더 나아가 '언어', '심미적 감정', '종교 감정' 등의 심리 활동을 갖추고 있다고 주장했다. 종교 감정을 예로 들면, '종교 감정은 사랑, 고결하고 신비한 절대자에게 복종하는 것, 아주 강한 의존 심리, 두려움, 존경, 미래의 희망'을 포함하는 등 복잡한 심리 요소가 종합적으로 이루어져 있다. 종교 감정은 개한테도 이미 나타났다. '개는 아주 오래 전부터 주인에게 절대 복종했고, 상당한 공포심과 기타 감정을 가졌다. 이러한 개의 심리 상태를 파악하기는 아주 어려운 일이다.'

다윈은 또한 인간과 동물의 신체적 발달 변이의 규칙을 논술했다. 그는 생리와 심리의 변이 규칙을 4가지 항목으로 요약했다.

첫째, 외부 생활환경의 직접적 영향. 다윈은 다음과 같이 말했다.

"환경의 변화는 끝도 없이 새로워지는 불안정한 변이성과 모든 조직은 일정한 정도의 변이성을 가진다."

둘째, 기관을 사용하는 것과 사용하지 않는 것에 따른 영향. 다윈은 다음과 같이 말했다.

"각각의 근육은 사용할수록 강화되고 아예 사용하지 않거나 손상된 곳의 신경은 바로 약해진다."

셋째, 성장과 연관된 영향. 다윈은 인체 각 부위는 하나의 유기적인 통일체이기 때문에, 어느 한 부분에 변이가 발생하면 다른 부분 역시 이에 따른 변화가 생긴다고 주장했다. 그는 이것을 '연관 변이 법칙 또는 성장 연관 규칙'이라 불렀다.

넷째, 자연 선택의 영향. 다윈은 인간과 동물의 심신 발전은 모두 자연 선택의 결과라 주장했다. 예컨대, 생활환경의 변화로 인해서 생존 투쟁의 욕구는 인류의 선조가 직립 보행을 하게 했고, 이 결과 자유로워진 손으로 무기를 제조하게 되었다. 또한 안면 근육과 대뇌 역시 서서히 발달했고, 언어도 생겨났다. 지구상 일찍이 출현했던 동물 중 가장 힘센 동물이 된 것이다.

다윈은 『인류의 기원과 성에 따르는 선택』에서 비교적 체계적으로 인간과 동물의 심리적 연속성과 통일성에 대해 분석했다. 또한 르네 데카르트Rene Descartes(1596~1650, 근대 철학의 아버지)가 분리한 인간과 동물의 심리 사이에 존재한다는 큰 틈을 봉합했다. 엥겔스는 다윈의 역사적 업적을 아주 높이 평가했는데, 그는 인간 정신의 기원을 쫓아 선사 시대까지 거슬러 올라가면 인간 정신은 아주 간단하고 구조가 없는 것에서 출발했음을 알 수 있다고 했다. 그러나 이것은 반응에 자극하는 가장 초보적인 유기체의 원형질에서 사고하는 인간의 두뇌에 이르기까지 각 발전 단계에 토대를 제공했다.

다윈의 심리 진화론은 비교 심리학과 동물 심리학의 탄생을 촉진시켰다. 미국 현대 심리학자인 머피Murphy는 다음과 같이 말했다.

"비교 관점이 비록 각지에서 나타났지만 진화론이 심리학 사상의 기반을 이룬 후에야 비로소 성행하기 시작했다. 필연적인 결과로 동물 심리학에 대한 흥미가 빠른 속도로 증가했다."

『실험심리학의 제1세기』의 저자 역시 분명하게 지적하길, 다윈의 진화론은 사실상 비교심리학의 시작을 상징한다고 하였다.

다윈의 심리 진화론 역시 19세기 말엽 미국의 기능주의 심리학의 탄생을 이끌었다. 이 학파의 창시자인 윌리엄 제임스와 존 듀이John Dewey(1859~1952, 미국의 철학자이자 교육학자) 모두 '다윈주의자'임을 표방했다.

이 학파의 대표 인물인 제임스 에인절James Angell(1869~1949, 미국의 심리학자 교육학자)은 『심리학개론』에서 공개적으로 공언하길, '심리학은 과학적인 학문이기 때문에 정상적으로 생물학 집단에 진입할 수 있다. 이는 그것의 연구 대상이 생활 속에 나타나는 몇몇 행동이기 때문이다. 이런 친족 관계의 밀접성은 일정한 정도 위에서 심리학에 진화론의 개념을 응용하는 한편 생물체를 응용하여 생리적, 사회적 환경에 대해 진행하는 순응적 관점으로 그것의 문제를 증명하는 것은 제한될 수밖에 없다.'고 했다. 현재 서방의 '순응심리학', 더 나아가 제네바 학파 장 피아제Jean Piaget(1896~1980, 스위스의 심리학자)의 '동화' 이론 역시 진화론과 밀접한 관계가 있다.

다윈의 심리 진화론은 또한 교육심리학과 차이심리학 등에 중요한 영향을 미쳤다. 교육심리학의 창시자인 손다이크는 진화론의 영향을 받아 동물 심리의 실험 연구를 진행했다. 그가 제출한 유명한 학습인 '삼주율', '오원칙'은 사실상 오래 전 연상주의와 진화론의 결합으로 인한 결과물이다. 심지어 '응용', '실용失用', '광경'과 같은 용어는 다윈의 저서에서부터 시작되었다. 프란시스 골턴Francis Golton(1822~1911, 영국의 유전학자)은 변이와 선택, 적응의 원리를 인간 개개인과 종족에게 응용한 연구를 철저하게 진행한 최초의 인물이었다. 『종의 기원』이 세상에 발표되고 10년이 지난 후, 골턴은 『타고난 천재』란 책에서, 다윈의 수많은 기준이 되는 평균치나 기준치는 우연히 생겨난 변이 원리이며, 인간의 일반적 재능과 특별한 재능 역시 새로운 날개나 북극곰 털의 길이처럼 적응한 결과라고 주장했다. 게다가 이런 변이는 계속해서 유지되어 가는 추세라고 했다. 그가 주장하는 결론은 위대한 인물은 필연적으로 정해진 가계에서 나온다는 것이다.

이상 다윈 심리진화론의 기초 고찰에서 우리는 다윈의 업적인 인간과 동물의 심신 발전이 통일성 있고, 연속성 있게 입증된 것임을 알 수 있었다. 다윈의 심리진화론 역시 본능에 대해서는 같은 평가를 내리지만, 인간과 동물의 차이점과 비연속성은 부정했다. 생물진화론의 규칙을 이용해서 인간의 심신 발전 규칙을 증명하고, 생물 발전의 규칙을 이용하여 인간의 사회 현상을 해석했다.

이러한 심리학 생물화나 현대 심리학 중에서 '인간과 짐승을 구분하지 않는다.'는 관점은 후자에 해당한다. 골턴, 제임스, 에인절 등은 다윈의 진화론을 왜곡하고 남용했다.

(3)

1872년 다윈은 『인간과 동물의 감정표현』이 출판되었을 당시 다음과 같이 평했다.

"이 저서는 과학 역사상 최초로 진화 이론의 입장에서 동물과 인간의 각종 정서의 기원을 파헤쳤다."

다윈은 정서 심리를 전문적으로 연구하고 그것을 드러낸 이 저서에서 『표정의 분석』에서 제시한 이론을 비평했다. '즉 인간이 가진 몇몇 근육은 그가 다른 사람에게 감정을 표현하는 데에만 쓰인다.'는 견해는 정서 표현의 3가지 보편적인 원리라고 주장했다.

첫째, '유용한 연합성의 습관 원리.' 다윈은 동물과 인간의 표정 동작은 역사적으로 형성되었다고 여겼다. 각종 표정 동작에서 분노할 때는 이를 드러내고, 공포에 질렸을 때는 머리카락이 서고 심장이 급하게 뛰는 등 모두가 생물학과 직접적인 의의를 가진다 했다. 그가 지적하길, '어떤 동작은 몇몇 욕망적인 측면을 만족시키거나, 몇몇 감각적인 측면을 저하시킨다. 만약 그것들이 자주 나타나게 되면 그것이 습관적인 동작으로 바뀌게 될 것이다. 이후 이러한 동작이 아무런 쓸모가 없어도 매번 우리가 같은 욕망이나 감각이 생겨날 때, 아주 경미한 정도라 할지라도 이 동작들이 습관적으로 나타나게 된다.'

둘째, '대립 원리.' 다윈은 서로 다른 대립되는 정서, 예를 들면 슬픔과 기쁨, 증오와 우애 등은 서로 다른 표정의 동작을 가지고 있다고 했다. '반대와 흥분을 위해서 일부러 반대하는 동작을 습관적으로 취하고, 평생 행동하면 우리 몸에 확고하게 자리 잡게 된다.

따라서 만약 우리의 첫 번째 이론에 따라, 우리가 일정한 정신 상태에서 자주 지속적으로 일정한 동작을 취하고, 반대로 몹시 흥분한 정신 상태에서 정말 내키지 않는 일이 발생하게 되면 그 행동들이 쓸모가 없더라도 직접적이고 상반된 동작을 하게 될 것이다.' 이것은 바로 첫 번째 원리의 보조적인 법칙임을 알 수 있다.

셋째, '신경계통의 직접적인 영향 원리.' 다윈은 동물과 인간의 정서 표현은 의지에 지배되는 것이 아니라 동물과 인간의 신경계통의 직접적인 영향을 받아 통제할 수 없는 아주 강한 특징을 표현하는 것이라 주장했다. 다윈은 다음과 같이 말했다.

"흥분된 신경계통에서는 의지대로 할 수 없고, 대부분은 습관에 의존해서 신체에 직접적인 영향을 일으킨다. 경험을 통해 표명하길, 뇌 척추 계통에서 흥분을 일으킬 때, 신경의 양은 발생과 방출을 거듭하며, 이 신경의 작용이 지나가는 방향은 연결되어 상호간의 신경 세포와 신체의 각 부분간의 노선대로 움직인다."

다윈은 동물과 인간의 정서를 '흥분과 억압의 두 종류'로 구분했다. 그는 정서상의 흥분과 억압은 서로 전환될 수 있다고 여겼다. 예를 들어 고통은 처음에는 일종의 자극물로써 행동을 일으키지만 금방 몸을 심하게 억압하고 전신을 무기력하게 해서 쓰러지게 한다.

다윈은 또한 표정의 효과를 논술했다. 그는 정서를 외부로 표현하는 동작이 마음을 안정시키는 데 일정한 효과가 있다고 여겼다. 그는 다음과 같이 말했다.

"얼굴과 신체의 표정 동작은 그것들이 어떻게 생겨났던 간에 우리 몸을 안정시키는 데 아주 큰 영향을 준다. 만약 몸이 수동적인 상태로 유지된다면, 이런 상태에서 정서는 아주 큰 어려움을 겪게 될 것이다."

『인간과 동물의 감정표현』은 정서 심리의 걸작이라고 불릴 만하다. 다윈은 인간과 동물의 정서 표현의 기원과 작용, 규칙에 대해 밝혔고, 실제와도 부합됨을 알렸다. 그는 진화론을 이용해서 동물과 인간이 각종 다른 정서에서의 고유의 표정 동작이 일어나는데, 이러한 동작의 기원이 동일함을 확실히 했다.

심리학계는 이 저서를 아주 높게 평가했다. 『근대 심리학 역사안내』의 저자는 다음과 같이 말했다.

"『인간과 동물의 감정표현』은 우리가 다윈의 심리학 전체 맥락을 이해할 수 있게 하는 책이고, 모든 생명체의 행위에 대한 역사의 증거가 될 수 있는 책이다. 19세기 후반 동물 행위를 연구한 학자들이 수많은 시간을 들여 다윈이 도입한 행위 연구 분야의 기본을 연구한 것은 이 시대의 아주 중요한 특징이다."

다윈의 정서 이론은 그의 전체 심리학 사상 계통과 같은 맥락이다. 또한 인간 정서의 사회적 기원을 무시하는 것은 인간과 동물의 정서를 혼동하는 결과를 초래한다고 했다. 그는 인간 정서의 발생 기원을 찾을 때, 단지 기아, 자위(스스로를 방어하는 것), 번식 등의 본능적 동물계의 범위만을 주의해서 관찰했다. 또한 이런 인간의 인식 활동과 실천 활동이 인간의 정서와 관계가 있다고 했다. 다윈과 다윈의 정서 이론을 왜곡한 제임스와 랑게가 공통으로 범한 실수는 동물계의 범주를 완전히 인간에게 응용한 것이다. 이 역사적 교훈은 여전히 잘 유념해야 한다.

(4)

다윈은 아동 심리학의 창설에도 일조했다.

비록 아동 심리학이 정식으로 창설된 것은 1882년 프랑스의 한 생리학자이자 심리학자가 『아동심리학』을 출판한 이후부터이다. 그러나 쥬즈시엔 교수가 지적한 것과 같이, 다윈이 1876년 발표한 《갓난아기의 생활개론》은 최초로 관념법을 이용해서 아동 심리 발전을 연구한 저서이다. 그것은 아동 심리학의 생성을 위한 직접적인 전제 조건을 준비했다.

다윈은 이 저서에서 밝히길, 갓난아기가 생후 최초 7일 이내에 재채기나 하품을 하는 등의 반사 동작을 갖춘다고 했다. 생후 9일째에는 두 눈이 불빛을 응시할 수 있게 된다고 했다. 다윈은 또한 갓난아기의 오른손 동작이 왼손 동작보다 빨리 발달하고, 양손과 양 손목의 자유로운 움직임이 신체와 양 발의 움직임보다 빨리 나타난다고 밝혔다.

다윈은 또한 공포심이 아동에게 가장 먼저 나타나는 정서임을 지적했다. 출생 후 처음 몇 주간 아동은 두드러진 소리에 집중하게 된다. 다윈은 이에 대해, 처음 4개월까지는 피아노 연주에 귀 기울이는 모습이 나타나는데 이것은 미적 감각이 최초로 표현된 것이라 했다. 다윈은 또한 5개월째에는 아동이 어떤 교육을 받지 않고도 생각을 결합하기 시작한다고 했다. 이 시기가 아동 심리의 형성에 있어서 아주 중요한 때이다. 아동은 13개월이 되면 처음으로 도덕성이 나타나는데, 이 연령대에는 갓난아기의 감정이 아주 쉽게 영향을 받게 되고, 아이들은 모든 것을 제멋대로 하게 된다.

다윈의 아동 심리에 대한 분류와 관찰은 아주 구체적이고 상세하지만 그는 관찰하기 위해 관찰한 것이 아니라 아동 심리의 발전 규칙을 밝히기 위한 것이 목적이었다. 이런 까닭에 다윈의 연구는 아주 풍부하며 깨우침을 주는 내용들로 가득하다. 우선 다윈은 각종 심리 능력이 특정한 발전 시기를 가진다고 주장했다. '나는 아이들의 갖가지 서로 다른 능력과 습관은 일정한 성장 시기에 발달된 것이라 확신했다.' 이것은 사실상 아동 심리 발달의 결정적 시기 문제에서 이미 언급했다. 다음으로 다윈은 성숙과 발전, 교육과 발전에 대한 관계 역시 일정한 견해를 가지고 있었다. 그는 심리 발달의 전제 조건은 성숙이라고 생각했지만 교육 역시 심리 발달에 큰 영향을 준다고 여겼다.

4. 엥겔스의 이론적 사유

(1)

코엔은 『심리학자에 대한 고찰』이란 책에서 미국의 젊은 심리학자 상당수가 '만약 이론적 사유의 토론보다 사실의 수집을 중시한다면 과학의 신속한 발전을 이룩할 수 있을 것이다.'라는 관점을 가지고 있다고 밝혔다. 하지만 중국의 심리학자 중에서 이런 관점을 가지고 있다고 공개적으로 밝힌 사람은 많지 않다. 그러나 이론적 사유의 의미에서 충분히 인지하고 있는지, 업무에서 자각적으로 이론적 사유를 적용할 수 있는지의 여부는 아직도 해결해야 할 과제로 남아 있다. 오늘날 많은 학자들이 마르크스주의를 다시 익혀 그와 관련된 이론적 사유를 전문적으로 서술했다. 이론적 사유를 명확히 함으로써 심리학 연구에 큰 성과를 이루어냈으며 우리는 여전히 그에 대한 필요성과 절실함을 느낀다.

이론적 사유에는 두 가지 의미가 포함된다. 이론의 부족으로 인해 직접적인 경험을 빌려 추상적인 것을 간소화한다. 그래서 일반적 원리, 원칙에서 이성적인 판단을 내리고, 추리 및 논증을 하는 중요성을 역설하는 것이다. 또, 형이상학적인 사유방법론의 측면에서 사유의 과학성을 강조했다. 이는 변증법적 사유방식이다. 엥겔스는 많은 그의 작품 특히, 『자연변증법』이란 책에서 이론과 실천이라는 두 측면에서 이론적 사유가 가지는 모든 과학의 지도적 의의와 이론적 사유의 일반과정에 대해 서술하였다. 그중 《정신세계의 자연과학》이라는 부분은 엥겔스가 직접 이론적 사유를 가지고 심리학 영역의 경험주의, 유심론을 비판한 우수한 문장이다. 엥겔스가 이론적 사유에 미친 공헌은 다음과 같이 세 가지로 설명할 수 있다.

첫째, 엥겔스는 경험주의, 기계유물론의 오류를 비판하며 이론적 사유를 경시하면 대가를 치를 수밖에 없다는 진리를 제시했다. 엥겔스는 이미 베이컨, 로크의 철학 사상 중 유물론에 대해 높이 평가한 바 있다. 그리고 그들이 자연과학발달에 가져다 준 긍정적인 영향에 대해 평가하기도 했다. 그러나 엥겔스 역시 그들의 형이상학적, 경험주의적 방법론은 그리스 철학의 '자연스럽고 순수한' 변증법에서 도태된 것이라고 따끔하게 비판했다. 따라서 사물의 본질을 완벽하게 파악할 수 없다. 엥겔스는 다음과 같이 말했다.

"비록 18세기 초기의 자연과학이 지식적인 면에서 심지어 자료를 장악하는 면에서 고대 그리스 시대를 능가했다. 그러나 그것은 이론적으로 자료를 장악했을 뿐 일반적인 자연관은 고대 그리스 시대보다 훨씬 뒤떨어진다."

그것의 근본적인 차이는 고대 그리스 철학가가 이 세상을 혼란 속에서 만들어진 것으로 인식하는 데 있다. 또 이세상은 혼란 속에서 만들어져서 발달하고 점점 생성된 것으로 봤다. 기계유물론자는 오히려 이 세상을 영원불변한 것으로 보며 단숨에 생성된 것으로 보았다. 엥겔스는 다음과 같이 예를 들며 의견을 제시했다. 만약 당시의 자연과학자가 뉴턴과 달리 이론적 사유를 혐오했다면, 또 《자연철학과 수학원리》에서 가설에 구애받지 않는다는 말을 한 뉴턴과 달리 현상의 관찰과 철학의 사고를 뚜렷이 분리시켰다면, 칸트가 1755년에 제시한 '지구와 전 태양계가 시간의 흐름 속에서 점차적으로 생성 된다'는 이론과 상관없이 잘못된 방향의 끝없는 길로 무한의 시간과 노력을 낭비하게 될 것이다. 그래서 엥겔스는 인간들에게 다음과 같이 경고했다.

"확실히, 변증법을 무시한다면 반드시 그에 상응하는 대가를 치를 것이다. 이론적 사유를 경시하면 연달아 일어나는 두 가지 자연적 사실도 연관지을 수 없을 것이다. 혹은 양자에 존재하는 연결고리를 이해할 수 없을 것이다. 여기에서, 유일한 문제는 사유가 정확한지 아닌지 이다. 이론적 사유를 경시하는 것은 분명 자연주의이며 따라서 부정확한 사유의 가장 확실한 길이 바로 자연주의이다."

오래 전 다윈과 함께 진화론을 만들며 공을 세운 월레스는 이론적 사유를 경시하고 강신술에 몰두했다. 자신의 이론이 강신술계에 동요를 일으키자 결국에는 강신술에 깊숙이 빠져들었다. 이 사실은 사람들의 관심을 끌지 않았다.

그러나 엥겔스는 이러한 상황을 보고 다음과 같이 말했다.

"경험주의는 변증법을 경시해서 그로 인한 대가를 치렀다. 경험주의에 가장 통달한 사람 역시 황당한 미신에 빠져 현대를 강신술의 늪에 빠지게 했다."

엥겔스는 이론적 사유의 중요성을 제기했을 뿐 아니라 이론적 사유의 과학적 성질을 언급했다. 그는 다음과 같이 말했다.

"오래 전부터 모두가 익히 아는 변증법적 규율에 근거하여 잘못된 사유를 일단 관철하면 그것의 출발점과 상반되는 지점까지 가야 한다."

그래서 충분히 이론적 사유의 의미를 인식해야 할 뿐 아니라 정확한 사유방식을 배워야 한다. 변증법적 사유방식이야말로 진정한 과학적 사유방식이다. 마르크스, 엥겔스는 모두 변증법적 사고는 오늘날 가장 높은 사유방식이라고 말한 바 있다. 그리고 그것만이 자연계와 사회의 발전을 촉진할 수 있다고 했다. 심리학 연구를 깊이 하려면 변증법적 사유방식을 파악하지 않으면 안 된다.

둘째, 엥겔스는 역사적 고찰을 통해 자연과학의 발달에 따라 이론적 사유가 나날이 중요해졌음을 알았다. 그는 우선 이론적으로 다음과 같이 설명했다.

"경험과학은 이렇게 방대한 양의 실증자료를 축적했다. 이것은 모든 연구영역에서 체계적으로 근거가 되는 자료가 되었다. 이러한 자료는 정리할 필요가 있고 따라서 자연과학은 이론의 영역에 들어갔다. 여기에서 경험적 방법론은 쓸모가 없었고 이론의 사유만이 쓸모가 있었다."

그렇기에 이론자연과학이 그 자연관을 최대한 조화로운 전체로 연결시키기에 가장 사상적 기반이 없는 경험주의자마저 이론자연과학을 떠나 더 이상 발달할 수 없었다고 엥겔스는 해석했다. 이론자연과학에서 우리는 종종 완벽히 알지 못하는 수량을 계산할 수도 있으므로 항상 일관적인 사상으로 불충분한 지식에 도움을 줘야 한다.

엥겔스는 『반뒤링론反杜林論』에서 코페르니쿠스가 세운 태양계에 대한 가설을 예로 들어 현대과학이론에서의 가설의 중요성을 설명했다. 『루드비히 포이에르바하와 독일 고전철학의 종말』이라는 책에서 엥겔스는 다음과 같이 다시

한 번 언급했다.

"코페르니쿠스의 태양계에 관한 학설은 300여 년 동안 줄곧 가설이었으며 이러한 가설이 99퍼센트 아니, 99.99퍼센트의 신빙성이 있다 하더라도 그저 가설일 뿐이다. 르 베리에는 태양계학설이 주장한 증거로부터 미지의 행성을 추측했을 뿐 아니라 이 행성의 우주에서의 위치를 추측해냈다. 후에 갈릴레오가 이 행성을 확실히 발견했을 때 코페르니쿠스의 학설은 이미 증명된 것이다."

여기에서 엥겔스는 이론사유가 실천에 미치는 지도적 의의에 대해 구체적으로 설명하며 이론적 사유는 관찰에서 가설의 형성, 이론의 추론까지 일반적인 과정을 서술했다. 또 한편으로 실천이 이론에 미치는 검증의 효과를 강조했다.

엥겔스는 정 반대의 각도에서 이론적 사유가 자연과학발달을 따라잡을 수 없다고 했다. 1848년 이후 독일의 상공업은 극도로 발전하였다. 그러나 자연 과정에서의 변증법적 성질은 저항할 수 없는 능력으로 사람에게 그것을 인정하게끔 만들었다. 따라서 변증법만이 자연과학이 이론을 이길 수 있도록 돕는다. 그런데도 사람들은 어려움에 처했을 때, 변증법과 헤겔파를 함께 버렸으며 그 결과, 어쩔 수 없이 오래된 형이상학에 탐닉할 수밖에 없었다. 당시 유행하던 철학은 쇼펜하우어, 하트만 계열의 '그저 평범한 사람의 평범한 사상에만 적용하는 것'과 뷔히너 계열의 학자들이 선전하던 '유물론'이었다. 자연과학자는 출구를 찾지 못하고 그저 배회하기만 했다. 이러한 상황에서 벗어나기 위해서는 두 가지 길이 있었다. 하나는 자연과학 자체의 자연적인 발전이다. 이것은 비교적 장기적이고 완만한 과정이다. 그리고 또 다른 길은 역사적으로 존재하는 형태에서 변증철학을 자세히 연구하는 것이다. 그러면 이 과정에서 크게 그 내용을 압축할 수 있을 것이다. 사회과학 역시 이러하다. 인류의 사회운동은 우주에서 일어나는 운동 중 가장 고급스럽고 자연현상보다 훨씬 복잡하다. 그래서 사회과학은 더더욱 이론적 사유가 없어선 안 된다. 마르크스는 『자본론』에서 경제학을 예로 들어 이렇게 말했다.

"경제 방식을 분석하기 위해 현미경을 사용해선 안 될 뿐만 아니라 시약을 써서도 안 된다. 이 둘은 추상적인 힘에 대체되어야 할 것이다.”

마르크스는 구체적이고 개별적인 상품, 화폐, 자본가의 현상과 특성을 내버려두고 모든 상품, 화폐, 자본가의 본질을 추상적으로 파헤쳤다. 그로써 자본주의사회의 이론체계를 건립했다.

심리학은 자연과학과 사회과학에 속한다. 심리활동은 확실히 우주에서 가장 복잡한 것이다. 그래서 여태껏 권위 있는 통일된 이론이 없다. 심리학의 역사는 길지 않지만 상호 비판하는 가설은 그에 비해 많다. 그래서 약간의 부주의로 인해 경험주의와 유심론의 늪에 빠질 수 있다. 이러한 상황 하에, 심리학은 우선 무엇을 해야 할까? 캐나다 심리학자 J. 루이스 역시 이 점에 주의를 기울였다. 그는 다음과 같이 말했다.

“심리학은 줄곧 자료의 수집, 연구의 계획, 통계수치의 분석에만 몰두했다. 이것은 심리학사의 초기단계에서는 필요한 작업이었지만 현재 심리학의 상황에서는 매우 혼란스럽다. 따라서 심리학의 미래를 위해서 가장 우선적으로 해야 할 일은 요점과 이론을 정리하는 것이다.”

셋째, 엥겔스는 경험주의의 오류는 경험을 근거로 해서 비판할 수 없다고 했다. 이론적인 비판만이 경험주의 오류의 본질을 파헤칠 수 있다. 엥겔스의 이러한 사상은 그의 저명한 심리학 논문 《정신세계 속의 자연과학》에 담겨 있다. 엥겔스는 오직 관찰만을 통해서 얻은 경험은 필연성을 증명할 수 없다. 그는 케플러가 발견한 행성 운동의 세 가지 법칙을 이용해 이러한 사상을 증명했다. 톨레미의 ‘천동설’은 1,400여 년 동안 전 세계를 지배해 왔다. 그것은 인간이 매일 보는 해가 동쪽에서 뜨고 서쪽으로 지기 때문인데 모든 행성은 지구를 돌고 감성적인 경험이 모든 사물에 내재하는 본질을 가렸다. 덴마크 천문학자 티코는 30년을 들여 행성의 운동을 면밀히 관찰하여 많은 자료를 모았다. 본래 이것은 모두 톨레미가 주장한 ‘천동설’의 아류에 불과했다. 그가 ‘천동설’라는 틀에서 벗어날 수 없었기에 이러한 자료는 무용지물이 되었다. 그의 학생 케플러가 티코가 관찰한 자료들을 물려받아 ‘지동설’을 뒷받침하는 근거로 사용하였다. 그 자료를 이용해 '화성의 운행궤도가 타원이며, 태양은 타원의 한 초점에 위치하고 있다.'는 가설을 제시했다. 점점 정확한 계산을 하면서 이러한 가설을 검증했고 근본적으로 톨레미의 '천동설'의 주장을 뒤집었다. 윌리스 등은 이론적 사유가 부족한 관찰자여서 오로지 타인과 자신이 행했던 강신술적 '실험'만 맹신했다. 그들은 그저 자신이 본 것, 해본 것, 그리고 경험해 본 것만 믿었기에 관측기구를 사용하지 않았다. 그런 탓에 많은 노력을 기울였음에도, 많은 관측기구를 사용했음에도 그 결과는 좋지 못했다. 엥겔스는 강신술의 속임수를 비판한 후 다음과 같이 말했다.

"자연과학이 가고자 하는 길은 결코 이론화시키는 것이 아니다. 오히려 모든 이론을 무시하고 모든 사유 중에서 가장 비천한 경험론을 믿지 않는 것이다. 신의 존재를 증명하는 것은 선험적인 필연성이 아니며 윌리스와 크룩스 학파가 말한 경험된 관찰이다."

윌리스 등의 사람들이 관심 갖는 강신술을 진정으로 반박하기 위해서는 진정으로 이론에 대한 사고를 해야 하며 경험이나 실험을 행해서는 안 된다며 엥겔스는 다음과 같이 말했다.

"경험에만 의지하면 강신술에 대처할 수 없다."

첫째, 그러한 고차원적인 현상은 크룩스가 꾸밈없이 서술하는 것처럼 그와 관련된 '연구자'가 반드시 보아야 하는 것만을 보고, 보고 싶어 하는 것만을 볼 때 비로소 겉으로 드러나기 때문이다. 둘째, 강신술사가 행하는 모든 사실이 속임수로 들어나도 전혀 개의치 않았다. 신과 동일시하던 강신술사도 그저 평범한 사기꾼에 불과했음이 밝혀졌다. 그러한 기적 같은 일이 하나하나 밝혀져야지 그렇지 않으면 이런 강신술사는 여전히 활개를 치고 다닐 것이다. 이것이 바로 강신술사가 그들이 행하는 '실험'을 근거로 해서 그들이 볼 수 있는 것만을 말하고 설사 당신이 백 번, 천 번 그들의 속임수를 밝혀도 그들은 101번, 1,001번의 '발견'을 근거로 새로운 결과를 말할 것이다. 그래서 이론적으로 비판해야만 진정으로 강신술사의 허위성을 판단하고 그들의 술책을 철저히 없앨 수 있다.

(2)

엥겔스의 이론적 사유에 관한 논술은 심리학자들에게 많은 바를 시사했고 우리에게 방법론적 도구를 마련해주었다. 과거를 돌아보고 현실에 대처하고 미래를 전망함에 있어서 심리학이 이론적 사유의 지도와 정리를 필요로 함을 뼈저리게 느끼게 한 것이다.

우선, 심리과학 자체의 성질에서 보면 심리과학은 반드시 이론적 사유를 견지해야 한다. 1879년 분트가 심리실험실을 열어 심리학이 철학에 예속된 지위에서 독립되었다. 그로 인해 심리학이 두 가지 큰 양상을 보였는데 그 양상은 하나가 심리생물학이고 또 다른 하나가 심리 사회학이다. 심리생물학은 오래된 연상주의로 거슬러 올라갈 수 있으며 심리 사회학은 오래된 관능심리와 밀접한 관련을 맺고 있다. 오늘날에 이르러 이런 두 양상이 합치되어 한 심리학자가 종종 행동주의자(기계론적 입장견지), 인본주의자라는 이중적인 모습을 보인다. 현대 심리학의 상황을 한마디로 말하면 그렇다는 것이다. 그러나 이 두 양상의 논쟁은 항상 끊임없다. 중국에서 일어나는 이러한 분쟁은 비교적 심각한 편이다.

실제로 인간의 본질은 자연성과 사회성으로 이루어졌기에 인간의 심리를 연구대상으로 하는 심리학은 반드시 이 두 가지 성질을 갖추어야 한다. 현대과학의 발달에 따라 심리학의 연구방법도 나날이 현대화되고 있다. 인간이 컴퓨터를 응용해 복잡한 심리현상의 연구가 가능해지자 여러 가지 심리 활동을 할 때, 근육의 운동 및 대뇌의 각 부분의 전위 변화를 기록할 수 있게 되었다. 그러나 심리학 연구 대상의 복잡성으로 인해 실험에만 의지하기에는 다소 부족한 면이 있다. 마르크스, 엥겔스는 다음과 같이 여러 번 말한 바 있다.

"인간은 자연적인 실체일 뿐 아니라 사회적인 실체이기도 하다. 인간의 본질은 사회관계의 총체물이다."

이것은 인간의 심리과정, 심리상태 및 개성적 심리특징은 사회적 제약을 받는 것임을 의미한다. 따라서 천문학의 망원경과 미생물학의 현미경 같은 도구로 인간의 심리를 측정할 수 없는 것이다. 엥겔스는 다음과 같이 말했다.

"언젠가는 우리가 실험의 방법으로 사유의 결론을 머릿속의 분자와 화학적 운동으로 귀납할 수 있을 것이다. 그러나 이러면 사유의 본질이 빠짐없이 포함될 수 있을 것인가?"

많은 사람들이 이 말을 사유와 심리활동의 '자연과정'을 설명하는 데 사용한다. 그러나 빠트리기도 하고 반 정도는 언급하지 않는데 이는 엥겔스의 원래 취지에 맞지 않고 전체적인 맥락에서 합당하지 않다.

심리학 연구방법의 이론과 실험의 관계에서 보면, 심리과학은 이론적 사유를 기반으로 해야 한다. 어떠한 과학이든, 이론과 실험이 결합되어야만 맹목적인 실험이 자각적이고 엄격해질 수 있다. 또, 모호한 이론이 뚜렷하고 빈틈없는 이론으로 될 수 있다. 중국의 자연변증법자들은 실험과 이론 간에 '순환 가속 메커니즘'이 존재한다고 했다. 전자학의 발전을 예로 들어 말해본다.

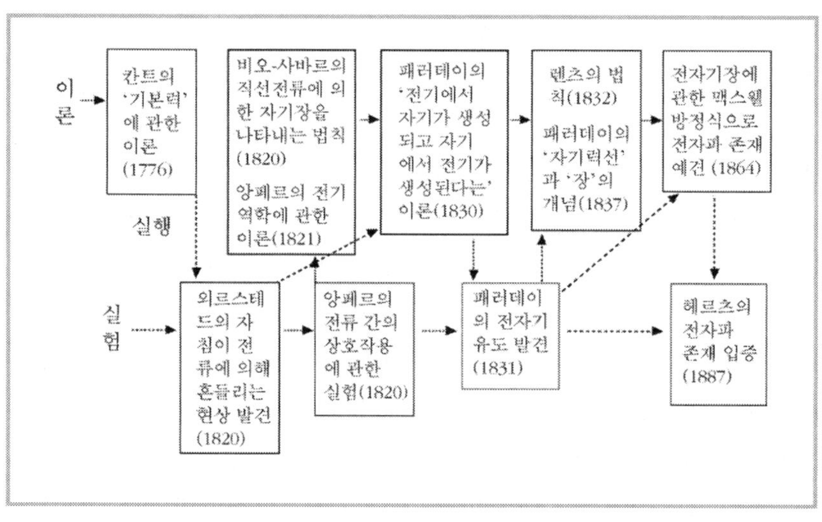

그림 6-1 이론과 실험 간의 순환 가속 메커니즘

70년이 안 되는 짧은 시간에 전자현상의 본질을 파헤쳐 전자학의 거대한 보고를 발견해냈다. 만약 이론과 실험이 독립적으로 발전하고 이론과 실험의 순환이 가속화되지 않았다면 이렇게 빠른 진전은 상상할 수도 없을 것이다.

근대 자연과학의 발전은 물리학이 이끌었다. 심리학은 철학을 떠나 독립해서 물리학의 이론적 근거를 빌려왔다. 분트 이전의 밀러, 베버, 헤링 등의 사람들은 물리학에서 생리학으로 갔다가 다시 심리학의 노선을 선택했다. 우리는 물리학의 경험적 교훈이 심리학의 본보기가 될 것이라 생각한다. 이론적 사유가 심리과학의 발전에 미친 영향을 구체적으로 말하면 다음과 같다.

첫째, 실험의 제목 선정은 이론적 사유를 필요로 한다. 이론적 사유가 있어야만 우리가 심리학 발전의 핵심을 파악할 수 있다. 또. 선인이 이미 언급한 것이 아닌 버려진 명제를 새로운 화제로 삼거나 현실생활에 관련 없는 과제를 선택한다.

둘째, 실험의 설계는 이론적 사유를 필요로 한다. 심리학 실험의 승패는 실험설계의 세심함, 정확함에 달려 있다. 고도로 복잡한 사람의 심리활동을 어떻게 간단히 할 수 있는지 고려하여 관찰과 실험을 해야 한다. 이러한 실험을 할 때와 그때 일어날 수 있는 여러 상황을 예측해볼 때 모두 이론적 사유를 필요로 한다.

셋째, 실험 데이터 처리와 결과 해석에도 이론적 사유를 필요로 한다. 200년 전, 프리스틀리는 이론적 사유의 부족으로 자기의 실험에서 얻은 결과를 해석하지 못해 산소를 만들고도 그것이 산소인줄 몰라 그 결과 진리가 바로 눈앞에 있어도 진리를 얻지 못했다. 과학사에서 이와 같은 현상은 종종 있었다.

현대과학에서 사상적 실험은 중요한 연구방법이며 이론적 사유의 중요한 형식이다. 그것을 주로 물리학에서 발전된 것이다. 사상적 실험은 실제로 실험실에서 행한 실험이 아니라 실험의 양식에 따라 행하며 논리, 수학, 추측, 연상, 직관 등의 방법을 빌려 행한다. 가상의 주체가 변화를 창조해서 가상의 객체의 형상이 사물의 내부 규율을 파헤치도록 했다. 사상적 실험의 방법을 통해 생동적이고 정확하게 예전 이론의 결함을 알아내 예전 이론의 오류를 비판하여 새로운 연구방향을 개척할 수 있다. 또 경험을 초월해 특수한 추상적인 것, 자연규율을 파악할 수 있다. 또 새로운 기본 요지나 기본관계를 인류지식체계에 끌어들일 수 있다. 유감스럽게도 사상적 실험적 방법은 심리학 연구에서 아주 적게 사용되는데, 이것이 바로 심리과학이 당면한 아주 중요한 과제이다.

또 심리학의 역사적 발달과 현상에서 보면 심리과학은 이론적 사유를 견지해야만 한다. 심리학의 발전사에서 보면 기능심리학이든 게슈탈트심리학이든, 행위주의심리학이든 정신분석학이든 모두 경험심리학 사조의 지배를 받았고 모두 실증주의철학을 지도적 사상으로 하였음을 알 수 있다. 심리학의 창시자 분트는 전형적인 유심주의 경험론자로서 심리학의 연구대상을 '직접경험'으로 확정했으며 오직 자아관찰을 통해야만 심리학을 이해할 수 있다고 했다. 자아관찰이 실험법의 도움을 받으면 받을수록 기본적 과정에 충실하면 할수록 심리학의 이해에 더 도움이 된다고 했다. 행위주의 심리학이 극단적인 길로 가 심리학을 '순수한 객관적 실험'을 행하는 자연과학으로 치부했다. 그들은 유기체의 근육운동과 선 분비에 관해 언급하며 심리학 본연의 연구대상을 포기했다. 그 결과 이도 저도 아닌 행동 기체 심리학이 되었다. 심리학사에서 인간의 심리활동이 유전에 의해 혹은 환경에 의해 결정된다는 격렬한 논쟁이 있었다. 갈톤은 유전의 작용에 대해 강조했으며 환경이 인간에게 미치는 영향을 부인했다. 이를 증명하기 위해 많은 일을 했다. 일부 심리학자들은 근본적으로 유전의 작용을 부정했고 기계적으로 환경의 결정론을 강조했다. 만약 그들이 변증적 사유를 했다면 이런 쟁론은 생기지 않았을 것이고 그리 많은 단편적인 실험설계를 하지 않았을 것이다. 전통심리학은 줄곧 이론적 사유가 부족했다. 그 부족함을 메우려고 여러 조치를 행했지만 효과가 없었다. 어떤 이는 현대심리학을 관목으로 비유하는데 가지가 많으면 많을수록 무성하게 보이지만 나무기둥이 없어지면 하늘을 치솟는 큰 나무가 될 수 없다. 왜 그럴까? 진정한 이론적 사유를 빌려 말하자면 줄곧 유심주의 경험론, 유심주의 이원론, 형이상학이 초래한 폐해에 영향을 받았기 때문이다.

심리학의 현상에서 바라보면 심리학은 현재 하나의 학문으로서 다양한 방법론, 다양한 변종된 체계, 세계관, 형식, 체계, 이론 그리고 학과를 가진 과학이다. 심리학은 그저 부분적인 규율만 있을 뿐, 전체적인 규율은 없다. 또 하나의 이론이 인간의 모든 심리활동을 관철할 수 없다. 많은 개념이 다른 과학에서 빌려온 것이다. 그것이 심리학이 그저 모방과학일 뿐 주도하는 과학일 수 없는 이유이다. 이렇게 학파가 다양하고 의견이 분분한 상황 하에 이론적 사유가 더 중요시되고 있다. 마르크스주의를 근거로 과학의 이론적 사유가 여러 심리학 유파와 전체 심리학 체계를 검증, 정리를 해나가고 예전의 심리학의 성과를 개괄해 나간다면 개념과 이론의 발전을 잘 설명할 수 있을 것이다.

파블로프는 다음과 같이 말했다.

"방법론이 성과를 얻게 됨에 따라 과학도 부단히 발전했다. 방법론의 진보로 우리는 한 단계 앞서가 더 넓은 시야를 가지고 보지 못했던 사물을 볼 수 있게 되었다."

중국의 심리학자는 이론과 실험의 구분을 타파하고 병행해야만 한다. 이론적 사유의 수준을 높이고 과학연구의 방법을 파악하는 기초 하에 심리 과학 실험을 전개해야만 중국의 특색 있는 마르크스주의 심리과학을 만들 수 있으며 사회주의 현대화건설에 크게 공헌할 수 있을 것이다.

5. 구조주의 교육사상에 대한 논평

구조주의 교육은 당대 서양에서 꽤 유행하는 교육사조이다. 구조주의의 창시자는 스위스의 저명한 심리학자 장 피아제Jean Piaget이다. 1960년대 말, 그는 『구조주의』라는 책을 내면서 모든 인지 활동은 일정한 인지구조를 지니고 있으며 지식은 바로 이런 인지활동을 통해 부단히 만들어진 결과라고 했다. 1970년에 그는 구조주의 심리학의 기본이론을 교육이라는 분야에 적용시켜 『교육과학과 아동심리학』이라는 책을 통해 '신교육의 원칙' 을 아주 심층적으로 분석했다. 그리고 그는 교육원칙이란 반드시 '아동기의 의미, 아동의 사유구조, 발전의 규율과 유아 사회생활의 메커니즘'을 근거로 해야 한다고 했다. 구조주의 교육의 대표적 인물로는 미국 하버드대 심리학 교수 브루너Jerome S. Bruner 교수를 꼽을 수 있다. 브루너는 장 피아제의 영향을 받아 미국의 초중등 교육 개혁을 주도했다. 그는『교육의 과정』이라는 책을 내면서 '가장 영향력 있는 학자'로 평가받게 되는데 이 책에서 기본구조를 갖춘 교학을 중시하고 발견된 학습방법을 제시하기를 강조하였다.

구조주의 교육사조가 중국의 교육계에 끼친 영향은 지대하다. 그러나 전반적으로 보면 연구의 범위는 그다지 넓지 않으며 심지어 단편적인 부분만 평가되고 참고하기도 했다. 따라서 이론적, 실천적 측면에서 모두 이러한 사조에 대한 심층적인 연구가 필요하다.

(1)

간단히 말하면, 구조를 학습한다는 것은 사물들이 어떤 식으로 서로 연관을 맺고 있는지 알아보는 것이다. 브루너는 우리가 어떤 과목을 가르치든지 학생들로 하여금 과목의 기본구조를 이해하도록 해야 한다고 여겼다. 교학은 학생들로 하여금 과목의 기본개념과 기교를 파악하게 하는 것이라기보다는 학습구조를 가르치는 것이다. 구조를 가르치는 교학은 모든 학생이 최고의 지적능력을 갖도록 도와 교육목적을 실현하는 데 아주 중요한 역할을 한다. 브루너는 과목 구조의 교학을 강조하는 것이 공부를 잘하는 학생보다 공부를 못하는 학생에게 더욱 더 효과가 있다고 했다. 왜냐하면 질이 낮은 교학을 할 때, 포기하는 학생은 공부를 못하는 학생이지 공부를 잘하는 학생이 아니기 때문이다. 이 밖에, 구조의 교학을 강조하는 네 가지 이유가 있다.

첫째, 과목을 이해하기 쉬워진다. 역사의 기본 원리나 관념을 이해하면 특수한 역사현상에 대해 이해하기가 더욱 수월해진다.

둘째, 오래 기억하도록 돕는다. 상세한 자료는 '간소화된 방식'을 통해서만

‘구조적으로 완벽한 모델’을 만들 수 있고 잊혀 지지 않고 기억이 오래가도록 할 수 있다.

셋째, 훈련의 변화에 도움을 준다. 기본 구성 원리를 파악하면 그와 유사한 사물까지 추론해서 알 수 있으며 지식을 확대하고 더 심화하여 다른 종류의 사물의 구조를 이해할 수 있다. 따라서 이러한 과정은 교육 과정의 핵심이 되어야 한다. 브루너는 만약 지식의 구조를 이해했다면 진도를 더 나갈 수 있고 사물의 속성을 알기 위해 굳이 모든 사물에 주의할 필요는 없다고 했다. 그저 심오한 원리만 파악한다면 개별사물에 대해 추론을 내릴 수 있다고 했다.

넷째, ‘고급지식’과 ‘기초지식’간의 격차를 줄일 수 있다. 교학과정에서 구조와 원리를 강조하면 초, 중, 고교 교재를 더 매끄럽게 연결시킬 수 있을 것이다. 특히, 뒤떨어진 초기의 학습 자료의 단점들을 보완할 수 있다. 따라서 그는 다음과 같은 한 가설을 제시했다. 어떠한 학과라도 지능개발에 효과적인 방법을 통해 모든 발전단계에 있는 어떠한 아동에게도 가르칠 수 있다.

브루너는 기본구조를 중시하는 교학을 주장했다. 여기에는 의심할 여지없이 합리적인 면이 있었다. 그것은 바로 일정한 시간 내에 비교적 많은 양의 기본적인 내용을 흡수하는 전제였으며 교학 규율에 적합했다. 그러나 그의 관점은 아동 심리 구조발전의 단계성과 습득 능력을 간과했다. 예를 들어, 초, 중, 고교의 다른 단계에서 다른 형식을 이용해 동일한 심오한 과목 지식을 가르치려 하는 것이다. 이러한 관점에서 보면 피아제의 사상에도 모순이 있다. 브루너 본인은 뒤에 이 점에 대해 수정을 가했다.

그는 1971년에 쓴 『교육의 과정 재탐구』라는 책을 통해 다음과 같이 말했다.

“지금 다시 생각해보니, 당시 나는 ‘천진하고 무지’했고 가장 불리한 상황에서 시작했던 우리는 지나치게 이성적이었다.”

(2)

　구조주의 교육의 또 다른 기본 관점은 피교육자의 능동성을 중시하는 것이다. 미국 심리학자 카뮈C.Kamii는 피아제 이론의 세 가지 기본 원칙을 정리했다.

　첫째, 학습이라는 것은 능동적인 과정이어야만 한다. 왜냐하면 지식은 학습하는 과정을 통해 형성되기 때문이다.

　둘째, 학교에서 아동 서로 간에 미치는 사회성이라는 중요한 영향을 강조한다. 그 중요성은 아동과 성인과의 상호 협조에 뒤지지 않을 정도이다.

　셋째, 아동이 실제로 경험을 통해서 지적 활동을 하도록 해야지 언어를 기초로 한 지적 활동을 하는 것을 우선순위로 두어서는 안 된다. 이 세 가지 원칙은 사실상 아동학습의 능동성 문제를 논하는 것이다.

　피아제는 소위 교육이라는 것은 개체가 주위 사회 환경에 적응해나가는 과정이라고 했다. 전통적인 교육은 학생에게 교사의 의지대로 행동하기를 강조했는데 이는 심리학의 원칙에 어긋나는 것이다. 그리고 구조주의는 아동기 고유의 충동을 이용해 심리 발달과 자발적인 활동에 맞춰 이러한 적응을 돕는다. 그는 구조주의 교육은 일종의 신교육이라고 했으며 그 핵심은 아동이 자발적인 필요성으로 인해 부지런히 노력하도록 하고 계속적으로 부단히 탐구하게 만드는 것이라고 했다. 피아제는 교육은 반드시 아동의 능동적인 활동을 중심으로 이루어져야 한다고 했다. 그는 발생인식론을 통해 주체적 활동을 중시했고 인식이 생기고 발달하는 과정에서의 주체적 활동의 중요성을 더 강조했다. 그는 《발생인식론원리》에서 다음과 같이 언급했다.

　"주체는 그저 자신의 활동을 통해 현실을 인식하는 것이다."

　따라서 피아제는 교학과정 중에 학생이 더 많이 활동하도록 강조했다. 좀 더 정확히 말해 이런 활동은 아동의 지혜와 지식의 발달 단계에서 아주 중요한 작용을 한다. 그러나 많은 초, 중등학교의 일부 교육자들은 피아제의 심리원칙에 근거하지 않고 그저 객체를 아동에게 보여주는 데 국한하여 아동이 능동적으로 행동하기를 요구하지 않는다. 심지어 어떤 이는 그림, 영상 등을 아이에게 들려주고 보여주는 것이 바로 아동이 사물을 관찰하고 구별하게 하는 직접적인 아동의 활동이라고 착각한다.

피아제는 학생이 능동적으로 배우기 위해서 아동 서로간의 협동을 고취하고 성인이 어떠한 규율을 만들어선 안 된다고 했다. 그는 전통적인 학교가 지혜교육면에서든 도덕교육면에서든 모든 사회화 과정이 일종의 약속을 설정하는 메커니즘으로 변하고 있다고 했다. 그러나 활동을 중시하는 학교는 이와 다르다. 이런 학교는 성인이 만든 약속과 아동이 상호 협력한 것을 명확히 구분해서 각 방면의 다른 효과를 보고 부족한 점을 보완하고 장점을 취한다. 피아제는 지혜교육 면에서 사상 교류와 토론을 적극 고취하기 위해 아동간의 상호 협동하는 것이 적합하다고 했다. 이는 아동의 비판적인 태도를 길러주고 객관성과 추리 사고력 등을 길러주는 행위방식이다. 도덕교육 면에서는 아동간의 상호협동과 집단 활동이 행위의 준칙을 마련해주고 외부의 구속을 일방적으로 받지 않는다.

미국의 심리학자 제레미는『브루너의 인지심리학 연구』라는 책에서 교학은 학생의 입장에서 출발한 사상에 근거해야 한다고 말했다. 브루너의 교육관에 아주 큰 영향을 끼친 이것은 주로 '발견법'을 정착시킨 것을 말한다.

이른바 발견법이라는 것은 학생 스스로 문제를 찾아 지식을 탐구하고 예전에 인지하지 못했던 관념간의 관계를 발견하는 것을 말한다. 교육과정 중의 발견된 실재는 아동이 자주적으로 활동을 통해 학습을 해나가도록 격려하는 것을 말한다.

(3)

구조주의 교육사상은 1970년대 이후 교육실천과 교육개혁에 큰 영향을 미쳤다. 구조주의교육사상의 기치 아래, 학교교육내용의 지식체계는 주목을 받았다. 발전을 위한 시대의 수요가 딱 맞아떨어져서 이러한 특징이 나타난 것이다. 20세기 말엽 지식은 빠르게 발달하여 인류는 정보화 시대에 접어들었다. 물밀듯이 나날이 증가하는 복잡한 지식정보에 대항하여 그 속에 있는 구조와 체계를 정리하고 지식의 핵심개념과 범주 및 그 간의 관계를 파악함으로써 인간의 인지능력을 형성하고 발전시켜 그 중요성이 점점 커졌다.

구조주의 교육사상은 학교교육을 받을 때 학생이 각 과목의 지식구조를 파악하는 데 도움을 주기 위한 것이다. 그로써 이에 상응하는 인지능력을 얻는다. 이런 주장이 시대의 배경과 맞물려 교육실천에 영향을 끼칠 수 있었다. 그러나 구조주의의 장점은 교육실천중에 부작용을 만들어낸 데 있다. 구조주의 교육사상의 영향아래 학교교육은 지식구조를 강조하고 교재내용은 심오하면서도 어려우며 대부분의 학생이 고난도의 내용을 따라가기 힘들어해 학업의 부담을 가중시킨다. 동시에, 사람들은 실천하는 과정에서 지식구조의 파악은 쉬운 일이 아님을 인지한다. 그리고 지식구조를 파악하는 과정에서 아동의 인지구조의 발달을 더 어렵게 한다. 실제로 구조주의 교육사상은 적당한 방식을 통해 가능하고 어떠한 지식구조든 아동에게 전수한다는 것은 근본적으로 실현불가능하다. 브루너도 자신의 이론이 비판받을 때도 역시 이 점을 인지했다. 따라서 사람들이 구조주의 교육사상의 개척적인 사상과 실천의의를 인정하는 동시에 이러한 한계를 제대로 봐야 할 것이다.

6. 서양 교육철학 변천사

(1)

서양 교육철학의 변천을 정리하는 것은 상당히 어려운 작업이다. 그러나 이러한 작업은 아주 의미 있으며 중요하다. 서양 교육철학의 변천 과정을 돌아보면 사람들은 역사상 사상적 대가들이 교육에 대해 내린 다양한 관점과 의견들을 볼 수 있을 것이다. 그리고 역사상 다양한 교육 가치관과 교육 주장들을 파악할 수 있다. 이러한 견해, 관념 및 주장은 사람들에게 현재 당면한 교육의 중요한 문제를 관찰하고 사고함으로써 실마리를 주고 이론적 자원을 제공해준다. 또한, 사람들에게 시야와 사고의 범위를 넓혀줘 당면한 교육문제를 정확히 이해하도록 해준다. 이것이 바로 본문을 쓰는 목적이다.

(2)

정치적 서비스 : 고대 그리스 교육 철학이 추구하는 가치

고대 그리스 시대에 교육철학의 내용은 상당히 풍부했다. 이 시기의 교육철학의 대표적인 특징은 바로 교육의 정치적 서비스 기능이었다. 교육철학의 일정 부분은 이러한 교육적 가치관에서부터 발전되어 온 것이라고 말할 수 있다. 소크라테스, 플라톤과 아리스토텔레스 등 고대 그리스의 가장 위대한 사상가들의 저작을 보면 고대 그리스 교육철학의 정치적으로 추구하는 가치를 분명히 볼 수 있을 것이다.

영국의 저명한 철학가 러셀은 다음과 같이 말했다.

"소크라테스가 연구한 가장 중요한 문제는 바로 재능이 있는 사람이 정권을 어떻게 장악해서 사람들로 하여금 천부적인 소질을 자연스럽게 계발할 수 있도록 한 그것이다."

소크라테스는 아무리 천부적으로 똑똑하게 태어났든, 우매하게 났든 모두 훈련을 받아들여 도의 경지에 이르러야 한다고 했다. 게다가 천부적 소질이 있는 사람일수록 교육이 필요하다고 했다. 천부적 소질을 많이 가지고 있고 힘이 왕성할수록 성취감이 높기 때문이다. 만약 교육을 통해 어떻게 사람이 되어야 하는지 배웠다면 가장 우수하고 가장 유용한 사람이 되어 크고 많은 업적을 쌓게 될 것이다. 그러나 만약 교육을 받지 않아 지식도 능력도 없다면 그들은 가장 무능하고 유용하지 않은 사람이 될 것이다. 천부적으로 우수한 사람은 교육을 통해 학식이 풍부한 사람이 되고 도시국가를 잘 다스릴 수 있다고 생각했다. 이런 통치자는 어떻게 사람을 다스릴 수 있는지 잘 안다. 또,

소크라테스는 교육을 통해 얻은 해박한 지식은 중요한 의의를 가지고 있다고 했다. 지식의 해박한 정도가 사람의 미덕에 직접적으로 좌우한다. '미덕이 바로 지식'이라는 것은 소크라테스의 윤리관이며 소크라테스의 지식관이기도 하며 그 시야로 교육의 가치를 꼼꼼히 들여다본다. 소크라테스는 이미 다음과 같이 말한 바 있다.

"모든 일에서 존경과 찬양을 받는 사람은 모두 지식이 가장 해박한 사람이며 질책과 경시를 받는 사람은 모두 무지한 사람이다."

소크라테스는 여기에서 교육의 기본가치에 대해 명확히 설명해두었으며 이러한 가치를 실현하는 방법을 진술해놓았다.

플라톤이 그의 저작『국가론』에서 구상한 교육체계는 지혜를 갖춘 철학왕인 최고통치자를 육성하는 것이라고 했다. 그리고 사회질서 속에서 여러 인사들이 상응하는 품격과 지혜를 가지도록 하는 것이다. 플라톤은 사람들 중엔 다양한 천부적인 자질을 가진 사람으로 구성되어 있다. 어떠한 사람은 동銅의 성질을 가져 수공업이나 상업에 종사하는 것이 적합하고 어떠한 사람은 은銀의 성질을 가지고 있어 전사가 되는 것이 적합하며 극소수의 사람은 금金의 성질을 가져 천성적으로 최고통치자가 될 수 있다. 플라톤은 다양한 교육을 통해 세 가지 유형의 각양각색의 성질을 가진 사람을 양성할 수 있다고 생각했다. 그리고 교육을 통해 그들로 하여금 자신의 사명을 다할 수 있도록 한다.

그는 다음과 같이 말했다.

"내가 생각하는 적합한 교육을 계속 해나갈 수만 있다면 한 나라에 있는 인성을 개조할 수 있을 것이다. 건전한 성격을 가진, 이러한 교육을 받은 사람만이 더 훌륭한 사람이 될 수 있다. 그들의 조상보다도 더 훌륭하고 그들의 후예가 그들보다 더 훌륭하도록 만든다."

플라톤의 교육체계에서 고등 교육 기구를 수용하여 전문적으로 금의 성질과 은의 성질을 가진 사람에게 군사 교육과 자연과학교육 및 특수한 철학교육을 행한다면 그들은 나라를 지키는 용사나 국가를 통치하는 철학의 제군이 될 수 있을 것이다. 플라톤의 교육적으로 추구하는 목표와 소크라테스의 그 목표는 본질적으로 상통하고 같은 방향을 향하고 있다.

고대 그리스의 '최고 위대한 사상가'인 아리스토텔레스도 교육의 정치적 기능을 강조했다. 아리스토텔레스는 자신의 저서 『정치학』과 『윤리학』에서 상당히 명확하고 체계적으로 교육과 정치의 상관관계를 설명해놓았다. 그는 국가의 통치자는 마땅히 청년의 교육에 대해 특히 관심을 가져야 하며 그것을 국가 정권 건설의 하나의 중요한 면으로 여겨야 한다고 하였다. 아리스토텔레스는 국가가 교육을 정비하고 촉진해서 교육이 국가 정치체제의 힘을 유지하는 중요한 수단이 되어야 한다고 여겼다. 이러한 맥락에서 아리스토텔레스는 국가는 교육 규율을 정해야 하며 시민국가라면 응당 교육을 행해야 한다고 했다. 또, 통일된 학제를 건립해 다양한 연령층의 교육자를 받아들이고 각 연령층에 적합한 교육을 행해짐을 보장해야 한다고 했다. 교육이 더욱 더 정치제도에 부합하도록 제도의 기초를 마련해야 한다. 아리스토텔레스는 교육의 정치적 가치를 구체화하는 것은 국가의 각급관리자를 양성하고 국민들이 법률의 내용을 이해하고 법률을 준수하는 습관을 기르도록 도와주는 것, 그래서 국민이 시민국가의 정치체제의 생활방식에 적응하도록 하는 것이라고 했다.

고대 그리스 교육 철학의 기본정신을 분석하면 사람들은 이 시기의 교육철학의 주요특징을 보면 교육이 강렬한 정치적 가치를 추구했다는 것을 발견할 수 있을 것이다. 고대 그리스 사상가들은 교육과 정치는 아주 밀접한 관련을 맺고 있어서 기존의 정치질서를 유지하기 위해 독특하고 효율이 높은 서비스를 제공한다고 생각했다.

정치를 추구하는 것은 고대 그리스 교육 철학의 기본적인 특징이라 할 수 있겠다.

철학은 시대정신을 개괄하고 반영한다. 마찬가지로 고대 그리스의 정치적 가치 철학은 당시 시대정신의 결정체이다. 기원전 5세기경, 그리스 도시국가는 이미 상당히 강성했으며 민주 정치 제도 역시 발전을 이룩하였고 보통 시민이 여태껏 불가능했던 참정의 기회를 얻었다. 그리고 당시의 정부는 시민의 참여와 정치활동을 장려했다. 시민의 정치활동에 참여할 때, 변론과 연설을 통해 정치적 지위와 정치권력을 얻을 수 있다. 따라서 변론과 연설의 능력은 전대미문의 중요성을 띠게 되었다. 그러나 이러한 재능을 얻으려면 어느 정도의 지혜, 지식 그리고 훈련이 필요하다. 지자智者파 교육활동의 흥기와 고대 그리스 사상가들의 교육철학의 추구는 모두 시대적 배경과 관련이 있다. 헤겔은 다음과 같이 언급한 바 있다.

"지자들의 활동은 인간이 지혜를 추구하는 데 없어서는 안 되는 것이다. 또, 무엇이 군중과 국가 속에서 권력을 형성하는 것인지, 어떤 것이 권력인지 지자들의 활동을 통해 알 수 있다. 그것이 바로 지혜라고 일컬어진다. 따라서 페리클레스 등 정치가가 뭇사람들의 부러움을 사는 것은 그들이 자신의 위치를 알기 때문이며 그들은 사람들의 능력에 따라 업무를 안배하는 소질이 있기 때문이다. 사람이 해야 할 일을 누구에게 분배하는 지 아는 것을 최종목표로 두는 사람은 권력을 가지는 사람이다."

또한 다음과 같이 말했다.

"지자들은 무엇이 세계의 권력이며 무엇이 모든 특수한 문제를 해결하는 보편적 사상인지 오직 철학을 통해서만 알 수 있다고 생각했다. 그래서 지자들은 모두 사변 철학가이다."

고대 그리스 노예주 민주정치의 흥성이 교육철학의 정치추구에 사회적 기초를 마련했다. 이러한 기초 하에 노예주 민주정치가 쇠락할 때에도 사상가들이 여전히 탐구하고 교육의 정치적 가치를 추구하도록 유발했다. 소크라테스, 플라톤과 아리스토텔레스는 마침 이러한 분위기에서 진일보해서 더욱 깊이 교육의 정치적 가치를 연구했다.

소크라테스는 아테네 노예주 민주정치의 흥망성쇠의 모든 과정을 다 지켜보았으며 통감했다. 한때 휘황찬란했던 아테네 민주정치제도가 쇠락의 길을 간 원인은 아테네 시민의 도덕적 타락에 있었다. 소크라테스는 당시의 아테네 시민이 특히, 권력의 중심에 있는 정치가들이 경솔하고 부주의하며 도덕성이 결여되었으며 도시국가를 다스릴 재능이 없었기 때문이라고 여겼다.

아테네가 여러 어려움에 직면해 도시국가가 쇠망하게 되자 그는 다음과 같이 말했다.

"마치 다른 사람이 매우 특출 나고 성적 역시 뛰어나서 대의를 소홀히 한 바람에 쇠망을 초래하듯이 그리스 시민도 성공을 하고 나서 대의를 소홀히 하여 쇠망하게 되었다."

이렇게 대의를 소홀히 한 것은 국가를 통치하는 사람이 국가를 다스리는 지식을 파악하지 못해서 나타난 현상이며 국가를 다스리는 지혜와 능력이 부족해서 나타난 것이다. 따라서 소크라테스는 정치가는 지식이 풍부해야 한다고 믿었다. 그리고 교육을 통해서 통치하는 데 필요한 지식을 광범위하게 흡수하고 통치 지혜를 가져 강권정치를 버려야 한다고 했다.

플라톤은 소크라테스의 사상을 좀 더 발전시켜 교육과 정치의 관계를 더 상세히 진술했다. 소크라테스는 도시국가의 통치자란 무릇 교육을 통해 광범위한 지식을 배워야 한다고 주장했다. 그리고 플라톤은 국가나 도시국가의 통치자는 응당 철학에 능해야 한다고 주장했다. 이러한 요구는 소크라테스의 국가통치자에 대한 요구사항보다 훨씬 더 앞서는 것이다. '철학 왕'이 통치자가 되어야 한다는 주장을 한 플라톤은 소크라테스와 마찬가지로 도시국가의 쇠락을 통치자의 능력과 덕행의 부족으로 여겼다. 그리고 국가가 다시 부활하는 것은 현명한 통치자로부터 비롯된다고 했다. 플라톤은 철학이야말로 가장 높은 미덕이며 전 세계의 가장 높은 선이며 보편적인 목표라고 여겼다. 따라서 철학도 역시 국가통치자가 국가를 다스리는 데 최고의 학문이 되어야 한다. 이에 대해 헤겔은 다음과 같이 말한 바 있다.

"통치자는 철학자여야 한다. 다소 과대평가한 점이 있긴 하지만 국가의 통치권은 철학가의 수중으로 돌아가야 한다. 그러나 이 말이 정확한지 판단하려면 우리는 플라톤이 의미하는 철학과 당시의 철학이 과연 무엇인지 그 개념에 대해 이해해야 한다. 우리는 플라톤이 여기에서 이해하는 철학이라는 것이 세계를 초월하는 의식이라는 것을 안다. 그리고 우리가 말하는 종교적 의미도 포함되어 있다. 철학이라는 것은 스스로 생긴 진리이며 정의를 표현하는 의식이다. 국가의 보편적 목표를 나타내는 의식과 이러한 보편적인 목표가 유효한지 아닌지를 나타내는 의식이다. 여기서 얻을 수 있는 결론은 다음과 같다. 플라톤이 철학가가 국가를 다스려야 한다고 한 말은 보편적 원칙에 따라 모든 상황을 결정해야 한다는 뜻이다. 이런 원칙이 정부와 권력의 실재를 구성한다."

아리스토텔레스는 소크라테스와 플라톤의 사상을 계승해 그의 이론을 수정했다. 아리스토텔레스는 통치하는 것과 국가를 다스리는 것은 매우 고된 작업이며 지혜와 지식을 기반으로 하여 도덕적이고 합리적인 수단을 통해서만 가치 있는 목표를 달성할 수 있다고 믿었다. 소크라테스나 플라톤처럼 아리스토텔레스도 도시국가의 정체가 나날이 쇠락하는 원인을 정치가들의 과도한 자신에 대한 믿음, 총명한 두뇌에 의지해 궤변 및 졸렬한 방법으로 선동하는 것에 있다고 여겼다. 그리고 국가의 권력을 지혜롭고 재능 있는 사람에게 주기를 호소했다. 아리스토텔레스가 보기에 이러한 사람이 국가의 정치적 목적과 과학, 예술에 정통하다고 여겼으며 국가의 성질과 목적을 이해할 수 있다고 했다. 따라서 국가가 적당한 길을 따라 발전할 수 있도록 인도할 수 있는 것이다.

사회 상류층을 향해 : 고대 로마 교육철학의 공리功利 관념

고대 그리스는 고대 로마에 매우 풍부한 지혜와 사상을 물려주었으며 고대 로마인은 고대 그리스의 지혜와 사상을 계승받고 융합해나가는 과정에서 자신의 사상적 체계를 형성했다. 이러한 상황은 교육철학에도 그대로 적용된다. 두 시대를 걸친 교육철학의 가치지향점을 보면 두 시대의 교육 사상가들은 모두 교육의 정치적 가치를 중시했음을 알 수 있다. 그러나 그들이 교육의 정치적 가치를 중시하는 동시에 그들의 입장은 오히려 매우 차이가 난다. 만약 고대 그리스 사상가의 입장이 국가 정치에서 교육의 정치적 가치를 강조했다면 고대 로마 사상가들은 오히려 다른 각도에서 교육의 정치적 가치를 중시하는 한

편 일종의 개체성을 지닌 공리적 내용으로서의 교육의 정치적 가치를 부여하
였다. 구체적으로 말하자면 고대 로마사상가들은 개체의 공리적 각도에 서서
사람들이 교육을 받아들이기를 주장했으며 교육을 통해서 당시의 상층사회로
진입할 수 있었다.

고대 로마시기에는 '웅변가'를 하나의 직업으로 여겼다. 매우 높은 사회적
지위를 가진 사람만이 웅변가가 될 수 있었고 정치무대에 진출해서 국가를 다
스리고 사회를 통치할 수 있었다. 고대 로마공화국 후기 사상가 키케로의 사상
이 전형적으로 이러한 내용을 포괄하고 있다. 키케로 본인은 웅변가이면서 고
대 로마시기의 정권을 잡기도 하였다. 『키케로의 수사학 교본 화술의 법칙』이
라는 책에서 웅변가의 소질과 그 양성에 대해 아주 체계적으로 서술해 놓았다.
키케로는 이렇게 말했다.

"웅변가라는 직업은 보상은 무한하며 명성과 명예, 부를 축적할 수 있는 지
름길이다."

키케로는 청년들에게 다음과 같이 아주 열렬히 호소했다.: 웅변가가 되기 위
한 길을 걷는다면 정신을 집중해서 웅변가의 학문을 배워야 한다. 그것을 장악
하면 자신에게 명예가 따를 것이며 벗을 위한 서비스 자원을 얻어 공화국에 유
익한 구성원이 될 것이다. 키케로는 웅변가라면 마땅히 아주 높은 소질을 지니
고 있어야 한다고 여겼다. 거기에는 우수한 천부적 자질, 엄격한 교육과 훈련,
해박한 지식, 뛰어난 언어적 감각 및 신사와 같은 행동거지가 포함된다. 이러
한 소질을 구비하려면 장기적인 훈련과 연습이 필요하다. 이에 상응하는 교육
의 최고목표는 웅변가의 양성을 통해서 정치가를 배출하는 것이다.

퀸틸리아누스는 웅변가 양성을 주장하는 고대 로마의 또 다른 사상가이다.
로마 교육사에서 퀸틸리아누스는 가장 명성이 있고 영향력이 있는 위대한 사
상가이다. 그는 『웅변교수론』이라는 책에서 로마의 교육이론과 실천경험을
체계적으로 서술해놓았으며 체계적인 웅변가의 양성을 주장했다. 그는 교육의
기본목표는 선량하고 웅변술에 능한 웅변가를 양성하는 데에 있다고 여겼다.

이러한 웅변가는 웅변술에 능할 뿐 아니라 가치 있는 여러 지식에 통달하며 비교적 많은 재능을 가지는 동시에 숭고한 이상과 고상한 정조를 가져야 한다고 생각했다. 이러한 목표를 실현하기 위해서 그는 체계적으로 웅변가의 양성과정을 서술했다.

이러한 목표에 기인해서 그는 키케로처럼 웅변술이 개인에게 주는 명예와 지위 따위에 과도하게 집중하지 않고, 어떻게 웅변가를 양성하는지에 치중했다. 『웅변교수론』에서 보면 웅변가의 양성은 4가지 단계로 나뉘는데 구체적으로 가정교육단계, 초등교육단계, 문법학교단계, 웅변술학교단계로 나뉜다.

가정교육단계에서의 주요임무는 아동의 양호한 도덕, 품행과 지식의 기초를 형성하고 이러한 과정에서 라틴어를 배운다. 아동은 가정교육단계를 거쳐 초등교육단계에 들어서는데 이 단계에서는 아동이 주로 읽기와 쓰기에 매진한다. 그런 다음에 문법학교에서 학습을 하며 문법, 수사, 음악기하, 천문, 철학, 그리스어, 라틴어 교육을 받는다. 마지막으로 아동이 청년이 되었을 때 웅변술학교에 들어가 공부를 하고 변증법, 윤리학, 물리학 등의 학과목의 교육을 받아 해박한 지식을 얻고 넓은 시야를 형성하며 웅변가로서의 기초를 단단히 다진다. 각 교육의 단계의 내용은 비록 다르지만 웅변가라는 하나의 목표를 가지고 체계적으로 교육이 이루어진다. 퀸틸리아누스는 비록 개인의 명예와 지위를 웅변가의 양성과 결부시켜 생각하진 않았지만 웅변가의 양성에는 당시의 공리성과 떼려야 뗄 수 없는 불가분의 관계임을 의심할 여지는 없다. 따라서 퀸틸리아누스는 웅변가는 결코 속세를 초탈한 추상물이 아니며 내면의 깊은 곳에는 이러한 웅변가와 국가의 정치와 개인의 명예, 이익은 밀접하게 연관을 맺고 있다고 여겼다. 물론, 시대의 변화에 따라서 퀸틸리아누스 시대의 웅변가는 더 이상 키케로시대의 정치가와 같지 않으며 오히려 법원이나 소송에 관여하는 변호사와 같았다. 퀸틸리아누스는 웅변가의 양성에 대해서 구체적으로 언급하면서 다음과 같이 강조했다.

"진정한 연설은 법정에서의 변론을 최대한 모방하고 연습해야 한다. 만약 연설이 법정에서 실제로 준비되지 않았다면 그것은 그저 배우가 격앙된 연기를 하는 것이나 미치광이가 헛소리를 지껄이는 것에 불과하다.”

다시 말해 로마시기 교육철학의 기본적인 특징은 현저한 공리성과 실천성을 바탕으로 한다는 점이다. 또 다른 특징은 공리성과 실천성을 바탕으로 봉사하는 것이다. 고대 그리스시기에 교육사상가들은 교육의 정치적 가치의 추구에 주력했지만 사람들은 이러한 사상가들이 교육실천적 의미에서 교육 철학에 관한 주장을 편 것을 찾아내기란 힘들었다. 정확히 말하자면, 그들의 교육 철학에 대한 주장은 대부분이 그 이론적 사변의 산물이었다. 그러나 로마시기의 교육사상가는 더 직접적으로 자기의 교육적 실천경험을 뽑아내서 교육실천의 상황을 되돌아보아 추상적인 교육철학을 개괄했으며 교육철학의 전형적인 실천적 특징을 드러냈다. 이 특징이 바로 고대 로마 교육사상의 구체적인 내용에 녹아들어가 있다.

로마 교육 사상은 구체적인 교육문제에 더 관심을 가졌는데, 다소 순수한 추상적인 교육문제에 대한 탐구에는 소홀히 했다. 그리스 교육사상에서 교학 과정, 교학 방법, 교사 업무 등 실천성이 비교적 강한 문제는 그다지 관심을 모으지 못했다. 로마 교육 사상에서는 그와 정반대로 그리스 교육사상가가 흥미를 가지지 않던 실천과정에 많은 관심을 가졌다. 로마 교육 사상에서 교육과 개인의 관계를 보면 교육은 일상생활에서 효과를 발휘하는데 이것은 모두 사상가들이 흥미진진해하는 화제이다. 심지어 변호사를 모방하는 변론의 훈련을 어떻게 시키는가 하는 점도 사상가들의 토론의 한 부분을 차지하기도 한다. 이러한 특징은 공리성과 사실성이 넘치는 로마시기의 민족적 심리특성을 반영한다. 교육사상가 커빌리는 로마시기 사람들의 심리적 특성에 대해 이렇게 언급한 바 있다.

“로마인의 특성은 전체적으로 본다면 모든 문제에 대해 실제로 적용하면서 문제를 해결해나간다는 점이다. 그들은 그들 자신이 한 일은 자신이 매듭짓는 것을 당연시 여긴다. 그들이 생각하기에 모든 결정해야 할 일은 반드시 완성해

야 한다. 이러한 자신감의 결과로 그들이 일에 진지하게 임하고 마침내 일을 성
취하는 것이다.”

공리와 실효성을 중시하는 심리적 특성으로 인해 로마에선 그리스의 플라
톤, 아리스토텔레스와 비견할만한 철학가가 나오지 않았다. 철학과 과학 방면
에서도 그리스보다 뒤떨어졌지만 법률, 행정, 공정, 건축 등 실용지식과 기술
면에서는 세계문명에 기여한 면이 상당히 많고 매우 위대한 성과를 창출했다.
20세기에 멍루孟祿도 이와 비슷한 평가를 한 적이 있다.

“그리스인이 이성적이고, 안정되고 균형적인 기준으로 모든 사물의 성향을
평가하는 것과는 달리 로마인은 효율적인 기준을 사용해 사물의 성향을 파악
한다. 그리스인의 지혜의 근원은 최종목표나 가치에 대한 고찰에서 비롯되며
이지적이거나 심미적인데 반해 로마인의 판단은 오히려 공리적이다. 따라서
로마인은 그리스인이 실용적이지 못하며 공상적이라고 여기는 반면 그리스인
은 로마인을 재물과 이익만 탐하는 데 정신이 팔린 야만인이라고 여긴다.”

이런 민족적 심리가 직접적으로 로마 교육 사상가의 교육문제에 대한 사고
에 제약을 가한다. 그리고 이러한 심리에 기인해 교육과정의 모든 실제적 문제
가 로마 교육 사상가의 주요 논제가 되었으며 로마 교육 철학이 공리적 성향을
띠게 되었다.

인간 중심이 아닌 신 중심의 철학 : 중세 교육철학의 종교적 특성

고대 로마 이후 서유럽은 중세에 진입한다. 이 역사적 시기가 천 여 년에 걸
쳐 끊임없이 이어져 오는데 이 끝없는 역사적 과정 속에서 발전하게 된 종교철
학은 신성적 특성을 지니고 있다. 인류가 피안세계에서의 행복에 관심을 가지
고 현세에서 물질을 추구하는 것을 반대한다. 교육철학과 모든 중세의 사상이
하나로 융합되어 모든 중세의 신학사상체계의 한 부분으로 자리 잡았다.

중세의 교육사상가에는 제레미, 아우구스티누스, 토마스 아퀴나스 등이 있
다. 제레미는 중세 초기의 교부 철학자이다. 중세 사상사에서 그는 교부철학을
대표하는 중요한 인물이다. 제레미가 보기에 교육의 종극의 목적은 인간의 영

혼을 하느님 앞으로 이끌어 인간의 영혼이 진정으로 하느님의 것으로 되어 하느님의 구원을 받는 것이다. 이러한 목표를 실현하기 위해 인간들에게 바른 훈련과 충분한 교육을 행하여야 한다. 이러한 훈련과 교육을 통해 인간의 정신세계에 영향을 주고 인간과 불가침한 신성의 발전을 촉진한다. 제레미는 주로 도덕교육과 지혜교육이라는 두 가지 방면의 내용에 관해 서술했다. 그에게 도덕교육은 아주 중요한 의의를 가지고 있다. 그는 도덕교육은 겸손하고 소박한 성품을 가지는 인류를 양성하는 것을 목표로 해야 한다고 주장했다. 이러한 성품을 기르면서 인류의 거만함과 오만한 나쁜 습관을 극복하고 하느님을 공경하는 선한 품행을 형성한다. 일상생활과 도덕교육실천과정에서 상술한 품성을 형성하는 중요한 방법은 인류의 신체적 욕망을 제어하고 제거하는 데 있다. 지혜교육은 제레미 교육철학이 중시하는 또 다른 중요한 내용이다. 지혜교육을 언급할 때라 할지라도 제레미는 여전히 종교적 추구를 잊지 않는다. 《성경》을 읽는 것은 지혜교육의 중요한 수단 중 하나이며 지혜교육의 중요한 목표이기도 하다.

따라서 제레미는 도덕교육이든 지혜교육이든 모두 종교와 밀접한 관련이 있다고 했다.

아우구스티누스는 로마 초기의 주요한 신학 사상가이다. 그 교육철학으로 말할 것 같으면 그의 논술은 제레미의 것보다 훨씬 체계적이다. 그 주요 교육철학주장을 종합하여 보면 다음과 같은 내용으로 압축된다. 첫째, 교육목표를 명확히 하는 것은 경건하게 하느님을 믿는 기독교도를 양성하고 교회의 우수한 선교사를 양성하는 것이다. 그것을 위해 도덕교육은 사람들이 이성을 통해 욕망을 절제하도록 도우며 사람의 감정을 이성이 지배하도록 한다. 게다가 정신수양에 집중하여 《성경》에서 말하는 '여덟 가지 행복'을 이룰 수 있게 한다. 여덟 가지 행복이란 심령이 가난한 자, 애통하는 자, 의에 주리고 목마른 자, 온유한 자, 긍휼한 자, 마음이 청결한 자, 화평케 하는 자, 의를 위하여 핍박을 받는 자를 말한다. 아우구스티누스에게 도덕교육이란 모든 교육의 목적인데 그것은 앞서 상술한 품성을 형성하는 것이다. 이러하기에 비로소 사람들이 하느님이 부여한 신성을 믿고 하느님의 구원을 받을 수 있는 것이다. 둘째, 지식교육이 주장하는 임무는 사람들로 하여금 하느님을 믿도록 유도하는 것이다. 여기에서 아우구스티누스는 지식교육과 신앙의 관계에 대해 명확하게 규정했다. 아우구스티누스는 신앙은 지식교육보다도 더 고차원적인 것이며 지식교육의 목적은 하느님을 아는 데 있다고 여겼다. 다른 한편으로 신앙과 지식교육은 일종의 주종관계를 형성하고 있으며 양자 간에 결코 대립관계가 존재하지 않으며 적절하게 지식교육을 안배하는 것이 신앙의 확립을 촉진할 것이며 신앙을 나날이 굳건하게 만든다고 보았다. 아우구스티누스는 지식교육은 《성경》을 주요내용으로 해야 한다고 했다. 왜냐하면 《성경》은 하느님의 말씀이고 모든 지식의 원천이며, 가장 권위 있는 지식이기 때문에 학습자가 《성경》의 가르침에 복종한다면, 무조건적으로 《성경》을 받아들인다면, 지식교육이 신앙과 모순되지 않을 것이다. 또 지식교육이 충분히 자기의 목적을 실현할 수 있을 것이다. 아우구스티누스의 교육적 주장의 요점은 사람들이 경건하게 하느님을 믿고 피안의 세계로 나아가게 이끌어주는 것이다.

아퀴나스는 중세 말에 중요하게 손꼽히는 신학자 중에 한 사람이다. 사상적으로 중세초기의 사상과 아주 밀접한 관련을 맺고 있으며 중세초기의 스콜라 철학의 주요 내용을 발전시켰다. 그가 주장한 바는 다음과 같다.

첫째, 교육의 모든 목적은 인성을 발전시키고 신성을 실현시키는 데에 있다. 도덕교육과 지식교육의 임무는 모두 이런 교육목적을 실현시키는 것이다.

둘째, 지식교육의 주요내용은 추상적인 지식을 학습하는 데에 있고 이해능력을 계발시켜 오감을 초월하는 하느님을 더 이해하도록 하는 것이다.

셋째, 도덕교육은 인간이 선을 추구하도록 유도한다. 아퀴나스는 인간이 나면서부터 자연스럽게 선을 추구하는 성향이 있다고 했으나, 이러한 자연적인 성향 때문에 인간이 시종일관 선을 행한다고 보장할 수 없으며 지선의 경지에 이르는 사람이 된다고 보장할 수 없다고 했다. 후천적인 교육을 통해야만 인간은 선의 습성을 길러 지선의 경지에 이를 수 있다. 따라서 도덕교육은 아주 중요한 의미를 가지고 있으며 인간의 좋은 품행을 기르고 고상한 정조와 선량한 습성을 기르는 가장 좋은 수단이라고 했다. 아퀴나스는 여기에서 인간의 품행, 정조 그리고 습성을 평가하는 기준이란 하느님에게 복종하느냐 아니냐에 따라 바뀌며 하느님에 대해 복종하는 정도에 따라 다르다고 했다.

중세 종교사상가의 주요 관점을 분석해보면 그 교육철학이 다음과 같은 기본적인 특징을 가지고 있다는 것을 알 수 있다.

첫째, 신성을 고양하고 인성을 폄하한다. 이것은 중세 교육철학의 가장 기본적인 특징이다. 중세 철학가는 이러한 특징을 뚜렷하게 하는 기본적인 방법은 신의 능력을 최대한 고양시키는 것이라고 했다. 아우구스티누스는 다음과 같이 말했다.

"주여, 당신은 모든 것을 알고 있습니다. 당신이 천지를 창조했습니다. 알고 있다는 모든 것은 '만물의 근원'이며 그것은 바로 당신의 지혜이며 그 지혜 속에서 당신은 모든 것을 창조했습니다. 알고 있는 모든 것은 볼 수 있고 형체가 있는 세계인 두 부분으로 나눠지며 천지 두 글자를 이용해 당신이 창조한 모든 것을 개괄할 수 있습니다. 알고 있는 모든 것은 이미 창조되었건 이미 형태가 있는 물건이든 당신의 창조에서 비롯된 것이며 형태로 될 수 있는 물건은 모두 당신이 창조할 수 있습니다. 왜냐하면 모든 것은 당신으로부터 비롯되기 때문입니다."

여기에서 알 수 있듯이 아우구스티누스는 신의 역량을 극도로 추앙했다. 그는 다음과 같이 말했다.

"하느님은 지극히 선하고 아름다우며, 할 수 없는 것이 없으며, 지극히 인자하고, 지극히 의롭다. 어느 곳을 가든 없는 곳이 없다. 그러나 변하지 않으면서도 모든 것이 변하고, 새로운 것이 없으면서도 예전 것도 없고, 모든 것을 새롭게 한다. 쉬지 않고 끊임없으며 정숙하며 항상 중요한 일이 있으면서도 필요한 것이 없다. 모든 것을 부담하며 모든 것이 풍족하며 모든 것을 창조하고 모든 것을 양육하며 모든 것을 변화시킨다. 만물이 구비되어 있으면서도 아직 안배 되지 않았다."

하느님의 위대함과 비교하면 인류는 오히려 아주 보잘것없는 존재이다. 그뿐만 아니라 인류는 원죄를 가지고 태어났으며 하느님의 구제를 필요로 한다. 아우구스티누스는 하느님과 인류를 비교하는 것을 기반으로 교육철학의 가치 방향을 도출해냈다.

그의 논리에 따르면, 교육은 인류의 모든 수행과 원죄를 벗어나는 모든 행동들을 말한다. 교육을 통해 인류는 하느님의 가르침을 깨닫고 자신의 죄악과 한계를 깨닫는다. 참회를 하고 하느님께 귀의하는 것, 이것이 바로 교육의 목표이다. 중세 말기에 아퀴나스의 교육철학주장과 아우구스티누스의 그것은 기본적으로 일치한다. 아퀴나스의 마음속에서 하느님은 지극히 아름답고 지극히 선하다. 그에 반해 인성은 복잡하고 중요한 많은 요소로 구성되어 있다. 아퀴나스는 교육이야말로 인성이 신성으로 전화되는 기본적 수단을 실현할 수 있다고 확신하며 어느 무엇보다도 중요하다고 했다. 중세 천여 년 동안 신성과 인성의 이러한 관계는 시종일관 교육철학의 이념의 기초였다.

둘째, 하느님을 믿고 하느님을 사랑한다. 이것은 중세의 종교철학계가 정한 교육의 목적이다. 이런 교육목적에 따라서 모든 교육활동은 사람들이 하느님을 사랑하고 믿도록 유도하는 궤도를 따라 활동한다. 종교철학의 관점에서 보면, 마음을 다하고, 성의를 다하여 하느님을 사랑하는 것이 생에서 가장 중요한 일이다. 인류는 하느님이 창조하셨기에 하느님은 자신의 자녀를 사랑하고 인류는 그에 부응해서 하느님을 마땅히 사랑해야 한다. 인류는 나면서부터 원죄가 있지만 하느님은 자비심 있는 존재이므로 하느님을 열렬히 사랑하고 믿는다면 인생의 근본적 목적을 이룰 수 있을 것이다. 종교 철학자의 입장에서 보면 인류의 교육은 여러 형태로 되어 있고 다양한 종류의 구체적인 양성 목표가 있지만 하느님을 열렬히 사랑하고 믿는 것이야말로 교육의 가장 근본적인 목표일 것이다.

셋째, 종교목적을 두고 교육내용을 만든다. 중세시기의 학교교육의 모든 내용은 종교적 성향을 띠었다. 《성경》과 종교 철학가의 저작은 제목 속에 교육내용의 뜻이 있었다. 세속의 지식과 종교의 목적을 파악하여 《성경》이나 종교 저작의 기초를 이해하게 되었다. 종교철학자의 관점에서 보면 《성경》 혹은 종교저작물에는 많은 파생어, 비유, 우언, 운율이 포함되어 있기 때문에 문법을 공부하면 이러한 표현양식을 이해하는 데 도움이 된다. 수사학은 사람들이 전도하는 임무를 완수하는 일을 도울 수 있으며 변증법은 사람들이 인생이나 그 기본원리를 이해하는 데 도움이 된다. 이렇게 중세의 학교교육의 모든 내용은 실제로 중요한 종교적 성격을 포함하고 있다.

요컨대, 중세의 모든 교육철학은 모두 깊은 종교 신학적 색채를 띠고 있다. 이런 색채는 모든 교육 철학 사상의 중요한 부분을 구성할 뿐 아니라 모든 교육활동의 가치를 기초로 해서 교육활동의 방향을 제시하기도 한다. 종교 역시 교육의 역량을 형성하였다. 그 대표적 예로는 교회에서 많은 교육기구를 세우고 주로 종교적 저작물을 교육의 중심내용으로 삼고 있다. 이것이 바로 중세 교육철학의 기본적 성질이자 특징이다.

인성 고양 : 인문주의 교육철학의 정신적 면모

중세 이후 서유럽 각국은 르네상스 시대를 맞이하게 된다. 이것은 중세와 완전히 다른 시대를 의미한다. 르네상스는 인문주의라는 기치를 내걸고 '고대문명을 부흥하자!'는 구호를 내걸으며 오랫동안 사랑을 받았던 복장을 입고 빌려온 언어를 사용해 세계역사에 새로운 장면을 연출한다. 르네상스 운동의 성과는 문학, 예술, 철학, 과학, 종교 그리고 교육 등 여러 방면으로 나타나고, 거기서 거둔 많은 성취는 오늘날까지 사람들로 하여금 감탄을 금치 못하게 한다. 이 시대는 거인이 필요한 시대이며 그래서 거인이 탄생한 시대이다. 이러한 거인은 현대 자산계급 문명에 튼튼한 기초를 마련해 주었으며 사람들이 봉건적 족쇄와 신학의 굴레에서 벗어날 수 있도록 도움을 주어 인류문명에 낙관적인 전망을 제시해 주었다.

르네상스 시대에는 인문주의 정신이 충만한 교육사상가들이 많이 생겨났다. 그중에 대표적 인물이 비토리노, 라블레 그리고 에라스무스 등이다. 그들의 사상에는 풍부한 교육철학주장이 담겨져 있다.

비토리노는 15세기의 이탈리아 교육사상가이다. 르네상스 초기에 인문정신이 가득한 새로운 학교를 설립하며 자신의 인문주의 교육의 추구를 실천했다. 그는 교육이 인간의 도덕적 소질을 길러줘야 할 뿐만 아니라 다방면의 소질을 길러줘야 한다고 여겼다. 그리고 학교교육과정은 즐거운 과정이어야 한다고 했다. 그는 자기가 설립한 학교의 이름을 '기쁨의 집'이라고 명명했는데 교외에 설립하여 교사校舍가 넓고 학교 환경도 아름다우며 사면이 푸르렀다. 비토리노는 이런 환경이 자연과 융화되어 사람의 성장과 조화를 이룬다고 했다.

이런 환경에서 건강한 신체, 고상한 품격, 충만한 정신, 다방면에 다재다능한 사람을 양성할 수 있다고 했다. 이러한 것은 비토리노의 교육실천 주장일 뿐 아니라 교육목적에 대한 이해이기도 했다. 여기에 비토리노의 교육 철학관이 나타난다. 다시 말해 인성을 충분히 계발하여 사람의 잠재능력이 무한대로 발전하도록 하는 것이다.

비토리노의 학교에서는 인성을 신성보다 더 중히 여겼다. 이 점에 주안점을 두고 비토리노는 기존의 중세 교육방식과 완전히 다른 방식을 설계해 나갔다. 그중 하나가 교육내용이 풍부하고 광범위하다는 점이다. 비토리노의 학교에서의 교육내용은 초보적인 읽기, 쓰기, 셈하기, 라틴어, 그리스 전통의 '칠예七藝'를 포함한다. 심지어 스콜라 철학자의 저작과 기사들의 기예 등도 교학과정에 포함되어 있다. 그래서 고전문학, 기독교 사상과 기사훈련의 내용을 종합하여 고도의 문화소질을 갖춘 훈련을 하도록 그 가치를 두고 있다. 둘째, 체육이 교육 내용의 중요한 자리를 차지하고 있다. 기마, 힘겨루기, 양궁, 펜싱, 수영, 무도, 군사 훈련 그리고 각종 유희활동 모두 비토리노의 '기쁨의 집'에서 하는 것들이다. 이는 다방면에서 학생들의 신심을 도야하는 데 효과를 발휘한다. 셋째, 시범훈련이 도덕교육의 기본형식으로 되는 것을 중시한다. '기쁨의 집'에서 도덕교육의 주요방식은 주입식이나 설교하는 방식이 아니며 구체적으로 시범을 보이며 훈련을 한다. 따라서 중세의 도덕교육의 답답하고 억제되고 단조롭고 재미없는 구조에서 벗어나 학생들이 시범을 통해 도덕의 의미를 이해하고 넓고 어질고 절약하는 성품을 가지도록 해준다.

라블레는 르네상스시기의 또 다른 인문주의 교육사상가이다. 그의 인문정신은 개성 해방에 주로 표현되어 있다. 그는 자신의 저작 『가르강튀아와 팡타그뤼엘 이야기』에서 독특한 이상적인 수도원을 묘사했다. 이 수도원은 강가에 인접해 있는데 사면이 푸르러 환경이 극히 아름다우며 수도원내의 건축은 웅장, 화려하며 각종 설비들이 완비되어 있다. 수도원에서 수도하는 청소년 남녀들의 외모도 단정하며 신체건강하고 잘 어울리며 다재다능하다. 이보다 더 중요한 것은 수도원의 규칙이 '하고 싶은 대로 하며, 각자가 옳다고 생각하는 대로 행동하라!'는 것이다. 거기에서 어떠한 개성을 속박하는 규칙이나 계율 따위 없으며 허례허식인 종교의식 따위 없어서 모든 사람이 충분히 발전할 기회와 권리가 있다.

에라스무스는 르네상스 시대의 또 다른 인문주의 사상가이다. 동시대에 다른 사상가와 비교하면 에라스무스의 사상적 특색은 중세의 '원죄의식'을 버린다는 점이다. 그는 사람들이 아동을 사랑하기를 호소했으며 자유로운 방식으로 아동을 지도하고 교육하기를 바랐다. 또 아동을 나서부터 원죄가 있는 개체로 보지 않았다. 에라스무스는 규율이라는 것은 강압적이지 않아야 하며 강제적이고 처벌이 뒤따라서는 안 된다고 했다. 아동은 성인과 다르기에 그들이 성인의 행위습관을 표현하는 것을 요구하는 것은 사리에 맞지 않다는 것을 사람들은 알아야 한다고 주장했다. 그는 아동이 자유롭게 과목을 선택해 공부해야 하며, 생활 속의 의무를 이행할 조건을 마련해야 한다고 주장했다. 에라스무스식 교육의 주장 속에 담긴 철학적 의미를 분석해보면 그것이 의미하는 것은 아동의 개성에 대해 이성적으로 파악해야 한다는 점이다. 그의 사상은 한편으로 현실 생활에서 벗어나지 못해 기발하며 또 다른 한편으로 시대를 앞서가 시대의 발전추세를 파악했다.

인문주의 교육철학자는 상당히 체계를 갖춘 인문주의적 특색이 있는 철학 관점을 제시했다.

첫째, 인간의 의지, 존엄과 가치를 드높였다. 인문주의 교육철학의 핵심적 가치는 바로 사람을 중심으로 보고 제창하는 것이며 신을 중심으로 돌아가는 것에 반대하며 인도와 인권을 제창한다. 인간의 가치, 지위와 능력을 긍정하며 개성해방을 주장하고 하느님이 되기를, 영원함을 거부한다. 그리고 인간의 광영을 부르짖고 현실생활에 만족한다. 이러한 가치가 인문주의 시대를 풍미했다. 인문주의 철학가는 체계적으로 사람의 의지와 능력에 대해 설명했는데, 사람이 이 세상에서 가장 고귀하고 하느님과 만물보다도 더 존엄하고 고귀하다고 했다. 인문주의 문학가는 문학을 빌려와 인성을 찬미했다. 세익스피어는 그의 불후의 명작인 『햄릿』에서 인성을 찬미하는 말을 많이 표현했다.

"인간이란 얼마나 대단한 작품이란 말인가? 이상은 얼마나 고귀한 것이냐? 힘이란 얼마나 무궁무진한 것인가? 풍채와 행동거지는 얼마나 단정하며 얼마나 출중하며 행동을 논하자면 천사와 같고 이해하는 능력은 천신과도 같구나! 우주의 정수이자 만물의 영장이도다!"

인문주의 예술가는 예술작품 중 인간의 숨결을 통해 세속의 생활을 그려냈다. 예술 작품 속에서 인류의 구성원은 중세의 고생을 겪은, 결단력이 없고 우유부단한 연약한 형상에서 벗어나 고상하고 총명하고 온화한 면모를 나타낸 인물로 그려졌다. 이러한 모든 것은 인문주의 교육철학의 기본적인 형식이다.

둘째, 인간의 자유의지와 개성의 자유를 북돋운다. 라블레가 묘사한 수도원 생활이라는 것은 바로 전형적인 자유의 장소를 의미한다. 이곳에서는 모든 생활 속에서 규칙 같은 구속 따윈 필요 없으며 인간의 자유의지대로 생활을 해나갈 수 있다. 어떤 일이든, 휴식하든 음식을 먹든, 이 모든 것은 사람들이 자기 의지대로 안배하여 진행시켜 나가는 것이다. 인문주의 시대에 인문주의자는 책 속에서 인문주의 자유사상을 철저하게 꿰뚫어 표현할 뿐 아니라 책 속에서의 풍격 속에서 자유의 정신을 표현해 냈다. 이 시대에는 철학가, 문학가 그리고 예술가들의 작품의 풍격이 모두 찬란하여 마치 백화가 앞 다투어 뽐내는 격이었다. 풍격이 판이하면서도 제각기 훌륭했다. 이런 사상과 관념은 직접적으로 중세의 운명론과 권위주의에 대항했으며 자유와 진보적인 교육철학사상과 교육실천을 만들어냈다.

셋째, 현실생활 속의 행복을 주장한다. 중세의 금욕주의를 조소하고 타격을 주며 인생의 목적은 바로 속세에서의 향락을 추구하는 것이라 했다. 이는 인문주의시대의 또 다른 기치이다. 인문주의자는 인간의 향락은 부도덕적이라고 한 그릇된 주장에 반대를 하며 속세생활의 행복을 주장하고 인간생활에서의 기쁜 생활을 주장했다. 영국의 인문주의자 토머스 모어는 저작『유토피아』에서 뚜렷하게 말했다. 속세의 행복을 누리는 것이 인생에서 가장 큰 목표이며 합리적이고 대자연의 뜻에 완전히 부합되는 것이다. 따라서 인류는 반드시 금욕주의의 규율을 반대해야 한다. 모어는 심지어 과학지식의 각도에서 금욕주의 규율의 그릇된 주장을 설명했다. 그는 음식을 제한하면서 자신의 몸을 혹사하는 것은 자신의 건강에 해를 끼치고 자연이 준 여러 향락들을 포기하는 것이라며 이는 이성을 상실한 것이라고 했다. 그리고 자연에 배은망덕한 행위이며 자학하는 잔인한 행위이기도 하다. 인문주의에서 바라보는 속세윤리의 방향은 교육 철학 관념에 많은 영향을 미쳤다. 르네상스 시대에 세속생활과 인간의 행복에 관심을 가졌는데 이것은 많은 교육 철학가들의 주요 주장이 되었다. 이러한 상황과 인문주의의 세속정신은 밀접한 관계가 있다.

넷째, 인간의 이성정신을 고취시킨다. 르네상스 시대에 과학은 점점 중시되어 지식에 주목했고 인간의 이성이 더욱더 중요시되었다. 자연과학은 아주 놀랄만한 장족의 발전을 거두었다. 콜럼버스와 마젤란이 먼 바다로 항해를 할 때, 지구는 둥글다는 것을 증명했고 코페르니쿠스의 지동설, 하비의 혈액순환이론, 갈릴레오의 자유낙하법칙, 관성의 법칙 및 포물선 운동 규칙 등 자연과학이 크나큰 발전을 이룩하는 데 이바지했다.

과학 발전을 계기로 인간은 이성에 눈을 뜨기 시작했다. 인류는 자기 자신에 의지해 자연을 이해하고 지식을 발견하고 생활을 바꿀 수 있다고 믿었다. 자연과학 지식의 성장은 인간이 자연계에 대한 이해를 도왔고 자신과 자연의 관계 인식 역시 교육의 방향을 바꾸었다. 새로운 형식의 교육기구들(과학단체)이 생겨나면서 서양역사에서 전문적으로 자연과학지식을 탐구하는 교육기구가 이 시기에 생겼다. 니블러스의 '자연의 신비 아카데미', 로마의 '아카데미아 데이 린체이', 피렌체의 '아카데미아 델 치멘토(실험 아카데미)', 프랑스의 프랑스 아카데미 등은 모두 르네상스 시대의 전문적인 과학교육기구였다. 르네상스 후기에 과학교육기구가 하급교육기관에까지 도입되어 일부 중등교육기구도 여러 기초과학교육을 시작하기도 했다.

인문주의 철학정신으로 인해 교육의 목적에 눈에 띄는 변화가 생겼다. 신체의 건강과 풍부한 지식, 개성과 화합을 중시하며 발전하는 것은 실제 당면한 문제를 해결할 수 있었다. 이러한 것들이 교육 목표로 자리 잡게 되었다.

첫째, 인문주의자는 교육이란 마땅히 현명한 군주와 신하를 양성해야 하며 군주 정체를 위해 이바지해야 한다고 생각했다. 이러한 사상은 그리스 시기 사상가의 교육 가치 관념이 반영되고 계승된 것이다. 그리스 시기의 사상가들과 같이 인문주의자들은 인간의 미덕과 인간의 고귀함은 동일한 것으로 믿었고 완벽한 교육과 완벽한 통치 간에는 밀접한 관계가 있다고 생각했다. 그리고 나라를 다스리는 관건은 인간의 미덕이라고 했다. 따라서 인간은 자발적인 교육과정을 통해서 미덕과 고상함을 가진 통치자와 신민을 양성해야 한다. 인문주의자는 만약 통치자가 품행이 고결하고 지혜가 충만하고 능력이 탁월하다면 사회가 맑고 깨끗하며 그 국가는 분쟁이 일체 없으며 국민의 품행은 완전히 선할 수 있다고 여겼다.

둘째, 인문주의자는 교육은 인간의 발전에 주의해야 한다고 했다. 신체 건강하고 개성 있고 화합을 중시하는 사람을 만들어야 한다. 인문주의자는 교육이 단순히 하느님과 하늘의 주장에 복종하는 것에 반대하고 교육의 목적은 마땅히 세속정신과 세속의 의지를 관철시켜야 한다고 했다. 그리고 이러한 정신을 실천에 옮기는 방법은 바로 심신이 조화를 이루는 사람을 양성하는 것이다. 이러한 사람은 미덕을 갖추고 있으며 고상하고 군주정체를 위해 일할 능력과 마음이 있다. 여기에서 조화를 이루는 사람의 양성과 사회에 이바지하는 교육의 기능이 통일을 이룰 수 있는 것이다. 인문주의자는 보통 미덕의 의미를 강조한다. 특히, 정치생활에 의미를 둔다. 따라서 도덕교육은 마땅히 인문주의자의 관심을 끈 과제였다. 도덕교육방면에서의 인문주의 철학 관점은 다음과 같다.

첫째, 미덕에 내포된 의미를 명확히 해야 한다. 인문주의자에게 미덕의 주요 내용은 정의, 의지, 절제, 지혜, 관용, 인자, 신용, 성실이다. 정의란 공공관리자가 가져야 할 가장 중요한 미덕이다. 의지란 괴롭고 힘든 일을 견디고 중대한 일을 위해 모욕을 참는 고상한 품성의 결정체이다. 절제의 미덕에는 중용과 냉정함을 유지하는 것이 있다. 지혜는 권리를 합리적으로 누리는 것을 보장한다. 통치자에게 인자함이란 가장 큰 미덕이다. 신용은 통치자가 반드시 따라야 할 미덕이며 관용의 미덕은 통치자가 신민과 잘 어울릴 수 있도록 돕는다.

둘째, 미덕의 중요한 의미를 명확히 한다. 인문주의자에게 인생의 목표는 명예를 얻고 이름을 드날리는 것이다. 이러한 모든 미덕은 모두 인생의 목적을 실현하는 조건인 셈이다. 미덕은 개인에게 유익할 뿐 아니라, 사회 공공생활에서도 가치가 있다. 미덕은 당쟁, 부패를 완화시키는 해독제이기 때문에 세시풍속과 사회의 분위기를 깨끗하게 하는 기초가 된다. 어떠한 통치자라도 만약 자기 나라가 질서정연하고 화합이 잘된다면 솔선수범하고 몸소 미덕을 행해야 할 것이다.

셋째, 미덕을 얻는 방법을 이야기한다. 인문주의자는 이러한 미덕을 얻는 중요한 방법 중 하나가 고전 문화 서적을 보고 공부하는 것이라고 했다. 그중 윤리학과 수사학의 내용이 특히 사람들이 이러한 미덕을 습득하는 데 도움이 된다. 미덕을 얻는 또 다른 중요한 방법은 청결한 환경을 만드는 것인데 그 구체적 방법은 아름다운 환경의 감화를 받는 것이다. 고전문화의 학습과 환경의 감화에서 출발하여 인문주의자는 특히 아동교육의 중요성을 강조했으며 아동을 위해 우수한 가정교육환경을 조성하고 과학교육에 대한 체계를 잡아 해박한 지식을 얻게 도와주어야 한다고 주장했다.

인문주의 교육철학의 내용은 상당히 광범위한데 이는 근현대 교육철학사상의 핵심적인 근원이다. 그리고 후세의 많은 교육철학 주장이 이로부터 직접적으로 영감을 얻었으므로 인문주의 교육철학의 의의는 상당히 크다고 할 수 있다. 권위에 반대하고 자유를 중요시하며 아동의 심신발달에 주력하자는 주장은 르네상스시기 교육철학가가 추구하는 이상적인 교육의 모토였으며 또 후세의 교육철학자들이 반복해서 주장하는 교육이상이기도 하다. 특히, 주의해야 할 점은 르네상스시기의 교육가들이 스콜라철학을 비판하면서 자연과학의 교육방식과 사상을 끌어들였고 경험을 중시하는 귀납법이 인간의 인식 발전을 방해하는 스콜라철학을 없애버렸다는 것이다. 그러면서 참신한 유물주의 세계관과 방법론을 제시해 과학교육의 기본사상을 주도했다.

경세치용經世致用 : 현실주의 교육철학의 기본 성질

현실주의 교육철학은 서양에서 근, 현대 전환기에서 가장 중요한 교육철학 중 하나이다. 그 기본성질은 현세의 생활에 지대한 관심을 가지고 참신한 지식과 경세치용을 강조하고 사회참여정신과 실사구시의 정신으로 똘똘 뭉쳐 형식주의와 복고주의를 반대했다. 이런 의미에서 보면, 현실주의적 교육 철학은 인문주의가 내포하는 귀족적 분위기에 대한 반동이다.

현실주의는 여러 방면을 기반으로 해서 탄생하였다.

첫째, 경제의 발전과 상업의 흥성은 사람들로 하여금 현실의 경제적 이익 추구에 관심을 갖게 했다. 14세기 이후, 서유럽 각국은 상품경제시기로 진입했다. 15세기와 16세기에 항해와 탐험을 통하여 상업의 활동공간을 대폭 넓혔다. 상품생산, 분배, 교환 그리고 이윤은 직접적으로 인간의 생활공간에 영향을 미쳤다. 은행업, 고리대업 그리고 신흥 산업이 잇달아 흥성하였고 중세의 길드(동업조합)제도와 경제 방식이 나날이 쇠퇴하였다. 통치자는 신흥 산업을 강력하게 지원했고 대외무역을 격려했는데 이는 국력을 증강하고 사회질서를 공고히 하는 데 적절한 방법이었다. 따라서 종교에 대한 관심을 경제와 실제 이익으로 돌렸다.

둘째, 자연과학과 그 방법의 진보로 사람들이 관심을 갖는 현실세계에서 원하는 바를 실현할 수 있는 가능성이 커졌고 실제적 방법을 제시해주었다. 뉴턴이 주장한 만유인력의 법칙, 길버트가 발명한 자기학은 18세기의 물리학 발전에 계기를 마련해주었고 로버트 보일은 자신의 저서 『의심 많은 화학자』에서 연금술사를 비판하고 화학을 독립된 별개의 분과로 만들었다. 로버트 혹은 식물세포의 구조를 발견했고, 안토니 반 레벤후쿠는 원생동물과 세균을 발견하였고 스왐메르담은 『곤충 생명사』를 저술하며 생물학의 체계화와 과학화를 실현시키는 데 이바지했다. 과학의 진보는 인간의 인식방법과 사유방식의 변화를 가져다주었고 사람들이 과학지식을 통해 실제적 문제를 해결하게끔 해주었다. 따라서 현실주의가 과학의 기초를 다지는 데 이바지를 했다는 점은 부인할 수 없다.

셋째, 신흥중산계급의 출현으로 사람들의 가치관에 변화가 생겼고 더 실용적인 추세로 흘렀다. 르네상스후기에 원래 사람들이 비천하게 여겼던 직업인 상인, 예술가, 작가, 의사 그리고 대학교수 등이 더 많은 존경과 존중을 받았으며 사회적 지위가 있는 계층으로 성장하여 이들이 대부분의 사회적 부를 차지했다. 중산계급은 한편으론 자신의 노력과 여러 활동을 통해서 더 많은 사회적 지위를 얻었고 한편으론 더 많은 서민들이 중산계급의 대열에 낄 수 있도록 노력하는 계기를 마련해 주었다. 중산계급의 인사는 개인의 노력을 중시하며 적극적으로 부를 축적했으며 사회상층계층에 오르기 위해 각고의 노력을 했다. 이는 전형적인 공리주의의 추세를 나타내는 것이다. 이 모든 것이 현실주의의 사회적 기반이 되었다.

현실주의 교육 철학의 대표적 인물에는 몽테뉴, 로크, 코메니우스 그리고 프랭클린이 있다.

몽테뉴는 16세기 프랑스의 저명한 사상가로 그의 철학사상에는 철저한 비판정신이 담겨 있다. 교육철학의 영역에서 몽테뉴는 철학사상의 면모와 같은 기풍을 표현해냈다. 구체적으로 언급하자면, 몽테뉴의 교육철학적 주장은 다음과 같은 여러 측면을 다룬다.

첫째, 권위주의를 반대하고 회의주의를 주장한다. 몽테뉴는 다음과 같이 말했다.

"그저 다른 사람이 하는 것만 쫓아 하는 사람은 어떠한 것도 탐구해낼 수 없을 뿐 아니라 어떠한 것도 찾을 수 없다."

회의주의는 권위주의와 신앙주의에 대한 반대를 발로로 생겨났다.

"나 스스로 사물의 권위에 대항한다. 다른 사람은 이러한 사물의 권력에 대해 설명해주지 않는다."

이러한 회의정신은 기존의 권위에 직접적으로 도전하는 것일 뿐만 아니라 사람의 시선을 형이상학적 세계로부터 자신을 외부세계의 현실세계로 강력하게 끌어다 온 것이다.

둘째, 암기하는 것을 반대하고 능력의 키우는 데 주력한다. 몽테뉴는 무조건 외우면 케케묵은 학자는 양성할 수 있겠지만, 개인에게도 사회에게도 어떠한 도움도 되지 않는다고 여겼다. 그는 다음과 같이 말했다.

"만약 학습이 우리의 마음을 고상하게 만들어 줄 수 없다면, 우리가 정확하게 판단하게 도움을 주지 않는다면 학습을 당장 중지해야만 한다. 또 만약 이해력과 판단력의 개선에 유해하다면 지식의 학습은 아무런 가치가 없다고 했다."

셋째, 공소하고 무용함에 반대하고 실제 효용이 있는 것을 추구했다. 몽테뉴는 다음과 같이 강조했다.

"진정으로 유용한 것에만 한해서 공부해야 한다."

또 그는 이렇게 말했다.

"문자는 사물을 위해 존재하는 것이지 사물이 문자를 위해서 존재하는 것이 아니다.”

사물이 문자보다 더 고귀하다. 즉 사물은 일정한 능력을 가지는데, 유용하지 않는 지식보다 가치가 있다. 이것이 바로 몽테뉴가 지식과 능력의 관계를 설명한 원칙이다. 이러한 원칙에 근거해서 몽테뉴는 화려한 수식이 가득한 그리스어와 라틴어에만 과도하게 관심을 가지는 것에 반대하고 실제 효용이 있는 언어가 그리스어와 라틴어처럼 의미가 없는 화려한 수사에 치중하는 문자보다 훨씬 더 중요하다고 했다.

넷째, 책 속의 지식에만 의지하는 것을 반대하고 실제 행동과 실천을 중시했다. 이것은 몽테뉴가 책에서의 지식과 실제 능력, 이론, 실천의 관계를 규명하는 아주 중요한 원칙이다. 그래서 몽테뉴는 지식과 실천능력을 구분하였다. 그는 지식은 지혜와 다르며 지식은 지혜의 근원이 아니라고 했다. 지혜는 생활로부터 오는 것이며 만약 사람들이 책 속의 지식에 얽매인다면 더 어리석은 사람이 될 것이다. 따라서 그는 교육과정에서 ‘일단 아이들이 사실을 접하게 하고 사실을 근거로 교육을 해나가야 한다.’고 했으며 행동을 통해 아이를 가르치는 것은 수업 중에 직접 얼굴을 마주하고 수업하는 것이 아니라고 했다. 구체적인 생활 과정에서 아이들이 하나하나 체득해나가고 구체적인 모범예시를 들어 아이를 가르치면 지혜로운 아이로 성장할 수 있다. 그것은 결코 규칙과 문자를 통해 얻을 수 있는 것이 아니다.

다섯째, 한쪽으로 치우친 발달을 반대하고 심신의 단련을 주장한다. 심신단련을 병행하는 것은 몽테뉴의 교육의 이상이자 교육목적이다. 이러한 이상과 목적아래 피교육자의 외모, 태도, 혹은 예절과 그의 신체, 그리고 그의 지혜가 함께 형성되는 것이다. 이에 그는 다음과 같이 역설했다.

“우리가 훈련하는 것은 지혜가 아니며 신체도 아니요, 그저 하나의 인간일 뿐이다. 우리는 결코 그 두 가지를 나눠서 생각해서는 안 된다.”

여섯째, 강압적인 것에 반대하고 자연스럽게 발달하는 것을 주장한다. 몽테뉴는 엄격한 처벌이 본래 고귀한 본성을 타락시키고 우둔하게 만들며 모든 학습의 동기와 기대가 한순간에 무너져버릴 것이라고 했다. 또 그는 욕망과 편향된 성향들에 대해 인간이 할 수 있는 유일한 방법은 바로 그들을 좋은 길로 인도하는 것이라 했다. 이와 반대로 강제적인 방법으로 아이들을 교육한다면 학생들이 책벌레가 될 것이다. 몽테뉴는 피교육자가 각기 차이가 있음에 주시하고 다양한 방법으로 피교육자를 교육한다면 실제적인 도움이 되는 효과를 거둘 수 있다고 주장했다.

몽테뉴의 교육철학관념의 기본적인 특징은 여러 방면에서 현실적 효용을 추구하는 것이다. 초기의 현실주의 사상가로써 그의 관념은 중세 이후로 추구했던 형식과 책 속의 지식에만 얽매여 실제적 효용에서 벗어나는 경향을 비판했다. 당시의 교육 철학의 주장과 교육 실천 방안은 여러 면에 있어서 광범위한 영향력을 발휘했다.

현실주의 교육철학가 중에서 로크는 명사 교육의 목적에 대해 언급했고 더 나아가 현실주의의 교육철학주장을 펼쳤다. 몽테뉴와 비교하면 로크의 사상은 더 실용적이었다. 그들의 사상적 내용을 살펴보면 몽테뉴의 사상관념, 언어적 기풍이 자기만의 독특한 개성과 강한 비판성을 가지고 있었다. 그러나 그가 살았던 시대에 그의 철학적 관념은 다소 이상주의적 색채를 띠었기에 실천에는 비교적 한계가 있었다. 몽테뉴와는 달리, 로크가 주장하는 것은 실제로 실천가능성이 크기 때문에 어떠한 의미에서 보면, 몽테뉴의 사상보다 더욱 더 큰 영향을 발휘하게 되었다.

걸출한 사상가로서 로크의 철학관념, 정치이론 및 교육철학사상은 모두 심오하고 객관적이며 생명력을 가지고 있다. 유물주의 경험론에 근거하여 로크는 타불라 라사tabula rasa라는 개념을 언급하였다. 선인의 정치적 주장과 당시의 자본계급의 혁명 형세를 종합적으로 고려하여 로크는 체계적으로 군주입헌이론을 제시했다. 자신의 교육 실천과 교육 의의에 대한 정확한 파악을 통해 로크는 명사교육의 내용과 형식에 대해 논술했다.

로크의 현실주의적 교육철학은 다음과 같은 주요 내용을 담고 있다.

첫째, 실용 가능성이 적은 고전주의 교육 경향을 비판한다. 로크가 살던 시대에 학교의 교육은 주로 실용성이 적은 고전주의 교육 내용을 위주로 이루어졌다. 그래서 로크는 이에 대해 통렬히 비판했다.

"현재 유럽의 일반 학교에서 유행하는 학문과 문장들은 명사에게는 대부분 쓸모없는 것이다. 그러나 여기에 평가 절하된 부분은 없으며 이런 평가가 그의 일에 어떠한 방해도 되진 않는다. 우리가 공부하는 이유는 생활을 위해서가 아니라 변론하기 위해서이다. 우리가 교육을 받고도 그저 학교 안에서만 머무른다면 실제 세상으로 나아갈 수 없을 것이다."

그는 이러한 교육은 이루어져선 안 된다고 했다. 그는 학교교육이란 학생이 가장 필요로 하고 가장 실용적인 것을 가르쳐줘야 한다고 주장했다. 그래서 학생이 덕을 행하고 사회에 유용하고 재주 있는 인재가 될 수 있도록 도와야 하며 세상사를 잘 처리하는 명사가 될 수 있도록 도와야 한다고 했다. 이러한 명사는 사업가가 되는 방법에 관한 지식을 잘 파악한다.

둘째, 경세치용의 명사의 소질을 묘사한다. 로크는 명사라 하면 반드시 지덕체가 조화를 이루며 발전해야 한다고 했다. 세 가지 소질 중에서 덕이 최우선이다. 그는 다음과 같이 말했다.

"한 사람이나 한 명사의 각 성품에서 덕행이 최우선이 되어야 하며 없어서는 안 될 것이다."

덕행의 주요 내용은 이성, 예의, 지혜 그리고 용감함으로 구성되어 있다. 이성이라는 것은 사람들로 하여금 적당히 자신을 조종하고 지배할 수 있도록 하며 자신의 욕망을 절제하여 남이 가진 것에 탐욕을 가지지 않게끔 한다. 또, 공공의 도리에 어긋나지 않고 사실을 왜곡시키지 않으며 언행일치를 행하는 것, 그것이 바로 이성에 순종하는 구체적 방법이다. 예의는 주로 예절과 태도를 가리킨다. 로크는 예절이 지식보다 훨씬 더 중요한 의의를 담고 있다고 했다. 예의 바르고 세상사에 밝으면 명사가 상층사회의 생활과 요구사항을 이해하는 데 도움이 된다. 혹은 사람들이 상류사회로 들어가는 데 도움이 되어 자신의 사회적 지위를 업그레이드시킬 수 있다. 그렇지 않으면 친구와 발전의 공간을 잃을 수도 있다. 지혜는 주로 여러 일에 관해 처리하는 능력과 재간을 말하며 그것은 그저 지식만을 가리키지 않는다. 용감한 품성은 주로 재앙, 곤란함, 위험, 공포에 맞서 두려워하지 않는 것을 가리키는 데 아주 험난하고 힘든 것에 맞서는 용기와 의지를 말한다. 로크는 정확한 방법으로 행해야 도덕교육의 목표를 달성할 수 있다고 했다. 그는 다음과 같이 말했다.

"만약 하나의 정당한 수단을 선택한다면 아동이 타인의 신임, 존중, 명예를 얻을 수 있고 대다수의 아동이 이러한 경지에 이를 수 있을 것이다. 이 점은 결코 믿어 의심치 않는다."

확실한 도덕교육의 방법에는 설득, 규칙, 모범, 연습, 놀이, 격려, 징벌, 엄격 그리고 관용 등이 있다.

지의 품성은 주로 학문을 가리킨다. 이에 대한 로크의 입장은 다음과 같다.

"학문을 반드시 행해야 하지만 그것이 가장 중요하지는 않다."

로크는 여기서 학문의 의미를 덕행의 의미와 비교해서 언급했다.

로크는 비록 지의 품성을 덕행보다 중요시하지 않았지만 이로써 로크가 전혀 지의 품성을 중시하지 않았다고는 추정할 수 없다. 실제로 로크는 지식교육에 관해 상당히 체계적인 관점을 설파한 바 있다. 로크의 지식 교육과정의 내용은 현실주의, 공리주의에서 출발하여 명사 교육은 무릇 '가장 쓸모 있고 가장 효과가 있는' 학습을 행하고 가장 기본적인 지식을 전수해야 한다고 한 바 있다. 그는 또 다음과 같이 말했다.

"우리는 학생이 모든 것을 공부할 시간과 노력에 쏟아 붓기를 희망해서는 안 된다. 가장 큰 노력은 가장 필요한 것에만 적당히 써져야 한다."

그렇기 때문에 로크는 전형적인 공리성을 띤 체계적인 과정을 만들었으며 그 구체적 내용은 주로 실용성이 있는 지식을 다루고 있다. 예를 들어, 읽기, 쓰기, 셈하기, 속기, 지리, 역사, 윤리, 법률, 천문, 물리, 수학, 화학 그리고 해부 과정을 개설했다. 교양 과목에는 그리스어, 라틴어, 수사학, 논리학, 음악,

회화 과정을 개설했다. 예체능 과목으로는 무용, 기마, 펜싱, 원예, 목공예, 금속공예 과정을 개설했다. 로크가 제시한 과정의 체계에서 볼 수 있듯이, 그는 학생들이 공부하는 지식이 아주 광범위하고 해박하기를 바랐다는 것을 알 수 있다. 그래서 로크는 지력을 덕행보다는 덜 중요시 했지만 지력에 대한 요구도 결코 낮진 않았다. 그러나 그와 반대로 오늘날과 비교하면 오히려 그 요구는 가장 높았다고 볼 수 있다.

신체 단련 역시 로크가 명사에게 요구한 사항 중 하나이다. 로크는 자신의 저작 『교육론』이라는 책에서 체육에 대해 먼저 언급하였다. 바꿔 말하면, 신체 단련이 로크가 명사에게 요구하는 첫 번째 사항이다. 그 이유는 바로 건강한 정신은 건강한 신체에서 만들어지기 때문이다. 신체가 건강해야만 비로소 고통을 감내할 수 있고 여러 곳에서 두각을 나타낼 수 있다. 그리하여 부도 얻고 지위 행복까지 얻을 수 있다. 로크의 체육관은 덕행관, 지혜 교육관과 마찬가지로 전형적인 현실주의와 공리주의적 색채가 농후하다.

로크는 명사의 자질에 관한 구상 및 그와 관련 있는 교육에 관해 주장함으로써 현실주의적 교육철학의 대표인물이 되었다. 현실주의적인 관점에서 보면 명사는 어지러운 속세에서 결코 멀리 떨어져 있는 존재가 아니라 반대로 실제 문제 해결능력이 뛰어난 사람이다. 강한 탐구정신을 가지고 있어 하나의 일을 착수하는 데 능한 인재가 될 수 있다. 명사 교육은 하나의 교육적 이상으로서 아주 중요하고도 심오한 계몽적 의의가 있다.

유럽에서 유행하던 현실주의적 교육철학은 미국에서 아주 큰 공감을 얻었으며 미국 식민지시기에 끼친 교육적 실천의 영향은 지대했다. 이러한 면에서 가장 대표적 인물은 프랭클린이다.

프랭클린의 현실주의적 교육철학사상의 주요 내용은 다음과 같다.

첫째, 교육의 내면의 의미를 분명히 하는 것이다. 프랭클린은 인류사회에 두 가지 의미의 교육이 존재한다고 했다. 그중 하나가 사회 교육이고 다른 하나가 학교교육인데 그 두 교육이 함께 생활의 과정 속에서 행해진다. 실제로 사회

교육과 생활 과정은 긴밀한 관련을 맺고 있지만 학교교육은 생활할 때 그다지 활용되지 않는다. 따라서 프랭클린은 교육개혁의 핵심은 마땅히 학교교육이어야 한다고 주장했다. 학교교육개혁의 주요 사항은 종교적 색채와 고전주의적 공소함에서 탈피하고 현실생활에서 필요로 하는 내용을 증가하고 사회의 상공업계 및 사람들의 현실생활에 이바지 할 수 있도록 해야 한다.

둘째, 사회교육을 제창한다. 프랭클린은 사회교육이 특히 중요한 의미를 가진다고 여긴다. 각자가 생활하는 사회 속에서 사회교육은 실용적인 지식을 선전하고 실용적인 인재를 양성하는 임무를 맡고 있다. 그로써 사회가 발전하는 발판을 마련하는 것이다. 따라서 사회교육을 위해서는 광범위한 연계망을 가져야 한다. 프랭클린은 사회교육의 방법에 여러 길이 있다고 했는데 그중 하나가 강독 모임을 만드는 것이다. 이것은 일종의 청년의 모임인데 그 활동 방식은 다 같이 모여 사회생활 속의 도덕, 정치, 과학 문제에 대해 탐구하고 그 문제에 관한 토론을 진행하며 그 대안을 모색하는 것이다. 또 다른 하나는 도서관이다. 도서관의 효용은 바로 대중에게 많은 양의 과학, 역사, 지리, 문학 서적을 제공하여 대중에게 독서의 흥미를 유발하고 실용적 지식을 알려주어 사람들의 작업능력과 생활의 재미를 업그레이드 시켜준다는 점이다. 또 다른 방법은 철학 모임이다. 이것은 일종의 문화수준이 비교적 높은 인사들의 집회방식으로 진행되는 것이다. 이러한 방식은 과학자, 기술인재 및 기타 학자간의 교류와 협력을 증진하여 복잡한 사회문제를 해결하여 사회의 발전을 촉진하는 역할을 한다. 프랭클린은 생전에 세 가지 사회교육의 방식을 강력하게 제안했다. 그 방법은 아주 뚜렷한 효과를 나타냈다. 또한 아주 중요한 의미에서 현실주의적 교육철학의 주장을 표출했다.

세 번째, 직업학교를 설립하기를 주장했다. 프랭클린이 살던 시대에 미국의 많은 기초교육기관은 대다수가 영국 식민지 하의 공립학교 형태를 띠었고 커리큘럼도 주로 고전주의 교육이 위주였다. 이러한 교육은 더 많은 사람들이 교육을 받고자 하는 욕망을 충족시킬 수 없었고 사회에서 원하는 실제 업무를 할 수 있는 인재를 양성하기는 더더욱 힘들었다.

따라서 프랭클린은 학교교육 목적을 바꾸기를 원했다. 그와 동시에 승급제도와 취업준비라는 두 가지의 임무를 완수하게 만들었다. 새로운 교육 목적을 두고 프랭클린은 더 많은 직업학교를 설립하기를 희망했고 많은 실용적인 과정이 개설되었다. 그 일환으로 과학적인 관찰과 실험이라는 방법을 운용해 학생들이 농업, 상업, 공업 등 광범위한 생활에 관한 지식을 체득할 수 있도록 하였다. 이러한 주장은 프랭클린의 현실주의를 근거로 해서 표출된 것이며 훗날 미국의 교육관에 아주 중요한 영향력을 행사했다.

현실주의적 교육철학 유파에 여러 사상가들이 포함되어 있다. 주요 특징을 개괄적으로 살펴보면 다음과 같이 정리해 볼 수 있다.

첫째, 현실주의적 교육철학은 세속적이며 현실적인 교육사상으로 17세기 교육과 고전주의 교육을 탈피했다. 이러한 사조로 인해 사람들이 더욱더 많이 현실생활에 관심을 갖게 되었고 현실 생활에 직접적인 관련이 없는 고전 학문이 약세를 띠게 되었다. 근현대 교육전환기에 이러한 사조는 눈에 띄는 발전을 맞이하게 되는데 교육의 사회에 대한 공헌도를 높이는 동시에 교육의 존재감을 드높이고 더 많은 발전공간을 얻도록 했다.

둘째, 현실주의적 교육은 실용사상을 구현해 냈다. 현실주의적 교육철학의 영향아래, 교육의 목적, 교육의 내용 그리고 교육의 방법에는 상당히 눈에 띄는 변혁이 일어났다. 고전성과 종교성을 띠는 교육관은 점점 지배적인 성향을 잃었고 그 대신 자본주의 상공업발전에 유용한 실용적인 인재를 양성하기에 주력했다. 이러한 인재는 상공업을 경영하는 데 필요한 재능을 갖추고 실용적인 학문을 익혔다.

셋째, 현실주의적 교육철학에 민주사상이 포함되어 있다. 고전주의 교육과는 달리 현실주의적 교육관은 더 많은 중 하급 계층의 인사들에게 교육기회를 제공하고 또한 그들이 실제생활에서 필요한 것에 주목해서 그와 관련된 교육을 받기를 원하도록 한다. 따라서 엘리트위주의 교육인 고전교육의 장벽을 허물고 학교가 민생을 위한 방향으로 한걸음 나아가도록 촉진했다.

천성 발달 : 자연주의 교육철학이 추구하는 목표

자연주의 교육철학이 기본적으로 추구하는 것은 교육이 어떠한 사람에게도 제약을 가하지 않고 자연 법칙에 순응하여 아동의 천성을 충분히 발달시키는 것이다.

자연주의 교육철학은 17~19세기에 형성되었는데, 역사적으로 자연주의 교육철학은 그 역사가 유구할 뿐 아니라 영향력마저 광범위하다. 르네상스 시기의 일부 인문주의 사상에는 자연주의 교육철학적 주장이 담겨 있다. 르네상스 시기에 활동하던 인문주의 사상가들의 자연주의 교육철학적 주장은 여러 방면의 내용을 담고 있는데 그것은 다음과 같다.

첫째, 교육은 반드시 아동의 자연적 본성에 따라 행해져야 한다고 강조했다. 에라스무스는 천부적 능력인 인간의 자연적 본성의 존재를 확실히 하고 교육이란 마땅히 아동의 천성을 다루어야 한다고 주장했다. 몽테뉴는 아동의 천성은 '자연적인 성향'을 띠고 있다고 명확히 밝힌 바 있다. 교육자는 마땅히 이러한 성향을 내버려두고 그 발달을 유도해야 한다. 그 뒤에 출현한 일부 사상가들은 이러한 사고의 맥락에서 더 발전해 자연주의 교육철학의 영향력을 확대시켰다.

둘째, 사람과 자연의 관계에 주목한다. 이것은 르네상스시기의 자연주의 교육철학이 주목하는 또 다른 측면의 내용이다. 이 측면에서는 베이컨의 사상이 대표적이다. 베이컨은 사람이 만약 자연을 지배, 조정, 개조하기를 원한다면 반드시 자연을 인식하고 순종해야 한다고 했다. 여기서 출발하여 일부 철학가는 교육 과정에서 교육자는 마땅히 자연규칙과 아동의 자연적 천성을 존중해야 한다고 했다. 그래야만 비로소 아동의 천성이 성장할 수 있다. 이런 사상은 후에 자연주의 교육철학의 주요 논점이 된다.

셋째, 자연에 접근하는 방법을 통해서 자연의 지식을 얻기를 주장한다. 이러한 주장은 이전의 단순히 책 속에서 지식을 공부하는 교육방식에서 벗어났다.

르네상스시기에 비토리노의 사상이 이러한 경향을 충분히 반영했다. 비토리노의 주장에 따르면 학교는 마땅히 우아하고 아름다운 자연환경에 있어야 하며 교육 과정에서 교육자의 천성은 반드시 관심을 받고 존중받아야 하며 어떠한 속박이나 억압을 받아선 안 된다. 이 과정에서 피교육자가 지식을 파악하기를 유도해서 양호한 품행을 형성할 수 있도록 한다. 인문주의 교육철학에서 자연주의 관념이 자연주의 교육철학의 형성에 아주 깊은 계몽적 의의를 갖고 있다. 이를 출발점으로 하여 자연주의 교육철학에서 자연에 적응하는 원칙이 중요시되었다.

자연주의 교육철학의 대표적 인물로는 코메니우스, 루소, 프뢰벨 등이다. 코메니우스는 17세기 체코의 교육사상가인데 일생 동안 교육 실천과 저술 활동에 종사했다. 그가 언급한 교육 주장에서 '자연 순응 원칙'이 아주 중요하다. 그렇기 때문에 사람들은 자연주의 교육 철학을 대표하는 인물로 여기는 것이다.

코메니우스는 교육이란 반드시 자연에 순응해야 하는데 모든 면에서 자연과 순응해야 한다고 했다. 코메니우스가 말하는 자연이란 것은 자연계의 법칙과 인간이 나면서부터 가지고 있는 천성을 의미한다. 구체적으로 말하면 코메니우스의 자연 순응 원칙은 다음과 같다.

첫째, 자연 법칙을 존중하고 교육의 자연규율에 따른다. 코메니우스는 자연계에는 보편적 법칙이 존재하며 교육 과정에서 역시 엄격한 자연의 질서가 존재하기에 학교의 개혁은 반드시 이러한 자연의 질서에 따라야 한다고 했다. 만약 우리가 자연을 우리의 인도자로 본다면 그것은 결코 우리들을 잘못된 길로 인도하지 않을 것이다. 자연의 인도 하에 방향을 상실한다는 것은 있을 수 없는 일이다. 코메니우스는 모든 자연이 하나의 기계와 같고 이 세상에 존재하는 모든 사물은 기계의 원칙에 따라 배치된 것이며 고도의 엄격한 질서에 따라야 한다고 생각했다. 이러한 질서는 사물의 영혼이다. 모든 양질의 물건은 자신의 질서를 유지해야만 자신의 역량을 충분히 발휘하고 자신의 지위를 지킬 수 있다. 그래서 자신의 진가를 발휘할 수 있는 것이다. 교육도 그와 마찬가지로 자신의 질서를 가지고 있기 때문에 '최고의 기교를 발휘하고 최상의 공구를 사용해 조각한 종'과 같이 자연스럽고 효과 있는 교육이 이루어져야 한다. 그는 사람들에게 인류는 자연과 결코 떨어질 수 없기에 인간은 물고기가 물속에서 헤엄치는 것을 모방하고 동물의 발성기관을 모방해 악기를 만들고 하늘의 천둥번개 소리를 모방해 화약을 만들었다고 했다. 이런 모든 것을 보면 교육이란 자연의 질서를 본받고 모방을 받은 것임을 강조하며 다음과 같이 말했다.

"질서란 것은 모든 사물을 모든 사람에게 가르치는 주요 원칙이며 이것은 자연의 원리에 따라 이루어져야 한다."

둘째, 인간의 천성에 따라 인간의 자연스런 잠재능력을 발달시킨다. 코메니우스는 일종의 완벽한 인성관을 가지고 있다. 그는 인간이란 조물주 중에서 가장 고상하고 가장 완벽하고 가장 아름다우며 모든 사람은 각자 천부적 능력을 가지고 있어 만물을 깨우칠 수 있다고 하였다. 그는 다음과 같이 말했다.

"이 세상에 존재하는 사람들의 심리는 하나의 씨나 한 알의 쌀과 같은 개념이다. 식물이나 나무속에는 씨가 들어 있는데 그것의 형상은 겉으로 보이지 않기 때문이다. 우리는 겉모습만 가지고 사람들에게 이야기 할 것이 아니라 원래 하나의사물속에 숨어 있는 무언가를 드러내야만 하고 모든 요소들에 주의를 해야 한다."

이렇게 모든 교육의 의미는 우리 자신의 내부에 있는 자연스런 잠재력을 파헤치는 것이며 그것으로 해방을 얻어 완벽한 인격을 형성하는 것이다.

셋째, 아동의 연령적 특징에 맞춰 아동의 지력 발달을 촉진한다. 코메니우스는 다른 연령의 아동은 다른 특징을 가지고 있음을 발견하였다. 따라서 자연 순응 원칙에 따라 아동의 연령에 상응하는 교육을 행해야만 한다. 따라서 코메니우스는 다음과 같은 상세한 설명을 한 바 있다. 그는 지식이 여러 학생 개개인의 마음에 맞지 않는다면 결코 적합한 것이 아니다. 사람의 마음은 식물과 나무, 혹은 동물과는 다르기 때문이다. 이것은 이렇게 행해져야 하고 저것은 반드시 저렇게 행해져야 하고, 같은 방법으로 모든 사람에게 적용시킬 수 는 없는 것이다. 교사는 자연이 고용한 고용인이지 자연의 주인이 아니다. 그의 사명은 인재양성에 있지 변화를 가하는 데 있지 않다. 그래서 교사는 어떠한 과목이 한 학생의 천성과 잘 맞지 않다는 것을 발견했다면 학생에게 강압적으로 공부하게 해서는 결코 안 된다. 왜냐하면 어떠한 한 방면에서 부족한 것은 대부분 다른 방면에서 보충할 수 있기 때문이다. 예를 들어 한 학생이 본인의 의지에 따라 억지로 공부하지 않는다면 우리는 앞으로 억지로 지식을 쌓고 지력에 억압을 받는 상황은 절대 발생하지 않을 것이다. 모든 사람은 그의 자연적 성향에 따라 발달하게 마련이다. 여기에서 코메니우스는 자연 순응 원칙을 강조할 뿐만 아니라 교육은 마땅히 아동의 다양한 천성에 맞게 이루어져야 한다고 주장했다. 이러한 주장은 그 자연 순응 원칙을 더 풍부하게 만들었다.

자연주의 교육철학의 또 다른 대표적 인물로는 프랑스의 사상가 루소가 있다. 코메니우스와 비교해서 루소의 자연주의 교육철학의 주장은 더 체계적이다. 루소의 모든 교육 주장은 전형적인 자연주의 교육철학의 성질을 담고 있다고 말할 수 있겠다. 루소의 자연주의 교육철학의 내용에는 자연 교육 원칙이 깔려 있다. 이러한 원칙의 목표는 바로 자연에 순응하는 것이다. 그는 인성관과 밀접한 연관성을 띠는 이러한 원칙을 확립하기를 주장했다.

그는 다음과 같이 말했다.

"조물주의 손에서 나온 물건은 원래 모두 좋은 것인데 사람의 손에 들어가자 모두 변질되었다."

또 루소는 말년에 다음과 같이 언급했다.

"내가 천지만물과 융화될 때, 내가 모든 대자연과 혼연일체가 되었을 때, 나는 너무 기뻤고 그 기쁨은 말로는 형용할 수 없을 지경이었다."

이러한 심경은 루소의 자연에 대한 애정을 여실히 보여주는 것이다. 루소는 사람들이 사회에 나가기 전에는 자연 상태에 놓여 있었고 그땐 선한 자유본성을 가지고 있었으며 빈부귀천에 어떠한 차이도 없었다고 생각했다. 그러나 사

람들이 문명사회에 진입하고 난 후 사람의 자연적 선한 덕성을 상실하기 시작
했다. 문명사회에서 사람들은 자신의 자유본성을 남용하고 자연법칙을 위배했
으며 이는 사람들 간의 차별과 불평등현상을 야기했다. 따라서 교육은 자연에
적응하는 방향으로 이루어져야 하고 자연환경 속에서 교육이 이루어져야 하며
문명사회의 혼탁함을 멀리해야 한다. 루소는 인간의 교육을 세 가지 유형으로
나눴다. 첫째는 자연의 교육이고 둘째는 사물의 교육이며 셋째는 사람의 교육
이다. 그는 다음과 같이 말했다.

“우리의 재능과 기관 내부을 발달시키는 것이 바로 자연의 교육이다. 그리
고 타인이 우리에게 어떻게 이러한 발달을 이용하는지 알려주는 것이 사람의
교육이다. 마지막으로 우리가 우리에게 영향을 주는 사물에 관해 좋은 경험을
쌓는 것, 그것이 사물의 교육이다.”

이러한 세 가지 교육 중에서 사람들은 자연의 교육은 전혀 컨트롤할 수 없
다. 그리고 사물의 교육은 일부분만 컨트롤할 수 있을 뿐이며 사람의 교육은
스스로 제어하여 컨트롤할 수 있다. 따라서 사람들은 자기가 컨트롤할 수 있는
교육이 컨트롤할 수 없는 자연의 교육에 적응하는 훈련이 필요하다. 이래야만
세 가지 교육이 일치할 수 있으며 사람들에게 좋은 영향을 미칠 수 있다. 이 영
향이 바로 자연의 교육인 셈이다. 여기에서 우리는 루소의 자연 교육 원칙이
근본으로 돌아가면 그것이 바로 교육이란 자연에 복종하는 것이며 아동의 천
성에 적합한 교육을 실천하여 아동의 심신이 자연스럽게 발달하기를 촉진하는
것임을 알 수 있다. 루소는 이렇게 역설했다.

“대자연은 아동이 성인이 되기 전에 아동 본연의 천진난만함을 간직하길 바
란다. 만약 우리의 생각과 감정으로 그들의 생각과 감정을 이해하려 한다면 그
것이야말로 가장 어리석은 일인 것이다.”

루소의 자연주의 교육철학의 또 다른 내용은 자연 교육 목적에 관해 서술한
것이다.

루소는 자연교육의 목적이 ‘자연인’을 양성하는 것임을 밝혔다. 이러한 자연

인은 심신이 발달하고 두뇌가 건강하며 전통의 속박을 받지 않고 천성이 발달한 새로운 사람을 말한다, 그는 오직 자신을 위해 살아가며 어떠한 고정된 사회적 지위라든지 직업에 얽매이지 않고 모든 발전하고 변화하는 이 세상의 요구에 발 빠르게 대처할 수 있다. 루소는『에밀』에서 다음과 같이 자연인을 묘사했다.

"자연인은 현재 이미 20세가 지났고 체격이 건장하고 심신이 건강하며 근육 역시 탄탄하며 동작이 기민하다. 그는 감정이 풍부하고 이성적이며 심지는 굳고 매우 인자하며 선량하다. 그는 좋은 품행을 지니고 있으며 심미능력을 갖추고 있어 미를 사랑하고 선을 행한다. 그는 여러 잔혹한 욕망의 지배와 편견의 속박에서 벗어나 그의 모든 행동은 이성의 원칙에 근거하며 우애로운 목소리에 귀를 기울인다. 그는 유용한 기량을 갖추고 있으며 여러 예술에 능하다. 그는 돈을 중요시하지 않으며 그가 생활하는 밑천은 오직 그의 건강한 신체이며 어딜 가든 밥 굶을 걱정을 하지 않는다."

이러한 '자연인'은 일종의 완벽한 인간임을 알 수 있다.

루소는 '자연인'의 소양에 대해 묘사하는 한편 '자연인'을 양성하는 방안을 제시한 바 있다. 그의 교육구상 중, 자연인의 양성은 영아기, 아동기, 소년기, 청소년기로 나눠 행한다. 영아기의 교육 목표는 보호와 단련인데 영아의 신체 발육 성장을 촉진한다. 아동기에는 주로 감각 교육을 행하고 감각교육을 통해 아동의 감성 경험을 풍부하게 한다. 소년기는 인간의 일생에서 가장 중요한 교육 시기로서 주로 지혜교육과 노동교육을 행한다. 청년기의 교육은 주로 도덕교육, 신앙교육, 성교육에 주력하는데 청년이 사회활동을 준비하는 데 도움을 주고 능력과 소양에 좋지 않은 영향을 주는 것들을 억제하도록 만든다. 매 교육단계마다 그에 맞게 교육의 방식과 방법 역시 각각 다르다. 이렇게 루소는 완벽한 자연 교육 체계를 언급했다. 이런 체계는 서양교육사에 큰 영향을 미쳤다.

프뢰벨은 19세기 독일의 교육가이다. 그로 인해 자연주의가 본체론의 의미를 가지고 종교적 색채를 띤다는 원칙을 구축하게 되었다. 프뢰벨은 다음과 같이 믿었다.

"그저 하나의 영원불변의 법칙이 한 사물 속에 존재하여 영향을 미치고 지배하면 된다. 이러한 법칙은 자연이라는 외부에서든 정신이라는 내부에서든 양자가 결합한 생활에서든 시종일관 뚜렷이 일관되게 작용한다."

이 영원불변의 법칙은 마찬가지로 교육과정을 지배하기도 한다. 이 법칙에 따라 교육은 반드시 인간의 본성에 순응해야 하며 피교육자가 자발적으로 원만히 자신의 천성을 계발하고 이끌어낼 수 있도록 해야 한다. 이것이 바로 자연교육의 목적이다.

프뢰벨은 구체적으로 '자연'의 함의에 대해 연구했다. 자연이라는 것은 인간의 심신에 잠재되어 있는 역량이자 능력이라 했다. 이렇게 자연과 인간의 본성, 본능 혹은 천성은 같은 내용이 되었다. 프뢰벨은 인간의 본능에는 네 가지 유형으로 구성되어 있다고 했다. 활동의 본능, 인지의 본능, 예술의 본능 그리고 종교의 본능이다. 인간의 자연, 본능, 천성 등은 줄곧 발전하는 양상을 띠었으며 하나의 발전 단계가 다른 발전 단계로 나아갈 때 통일된 최종의 목표를 향해 끊임없이 나아갔다. 교육의 목표는 바로 자연의 본성에 따르는 것이다. 다양한 발전단계의 필요에 따라 다양한 방법을 채택하고 인간의 자연스런 발달을 촉진한다.

루소처럼 프뢰벨 역시 완벽한 교육 방안을 구상했다. 자신의 구상을 통해 자연의 교육을 실행하기를 기대했다. 프뢰벨의 구상에서 인생의 교육을 영아기, 유아기, 소년기로 나눴는데 각 단계에서 각각 다른 교육이 행해져야 한다고 했다. 프뢰벨은 유아원 교육에 관해 상세히 언급한 바 있다. 따라서 사람들은 특히 유아 교육사상에 관심을 가졌다. 프뢰벨의 사상체계 중, 유아교육은 아주 중요한 의의를 지니고 있다. 프뢰벨은 유아교육을 인간의 일생 중에서 가장 중요한 교육 단계라 여기고 놀이, 숙제 그리고 '자신이 좋아하는 것' 등을 포함한 체계를 갖춘 교육 방법을 제시했다. 그리고 각 방법의 운용 과정 및 그 원칙에 대해서 언급했다. 이것으로 인해 프뢰벨의 자연주의 교육철학 주장의 실천적 의미가 더욱 더 농후해졌다.

여러 자연주의 교육사상가들의 철학적 주장과 실천을 분석해보면 다음과 같이 자연주의 교육철학의 몇 가지 기본적 특징을 정리할 수 있다.

첫째, 자연주의 교육철학의 주장에는 강렬한 비판 정신이 담겨 있다. 현실주의적 교육철학 주장과 같이 자연주의 역시 전통적인 공소함과 고전적 봉건 교육을 비판을 기점으로 이론을 펼친다. 이러한 특징은 루소의 사상에서 아주 극명히 나타난다. 루소가 생활하던 시대는 격렬하게 비판하는 분위기였으며 전통 교육의 폐단에 대해 대담하게 폭로하기도 했다. 이것이 교육 철학적 주장과 그 정치적 주장이 하나가 되어 교육 주장이 더 비판적으로 되었다.

둘째, 자연주의 교육철학은 아동을 사랑하고 아동의 천성을 존중하는 원칙을 강력하게 주장한다. 이러한 원칙은 봉건교육이 아동의 천성을 소홀히 하는 폐단을 직접적으로 지적한 것이다. 모든 자연주의 교육 철학은 기본적으로 자연 철학사상에 근간을 둔 것인데 자연주의사상가들이 약속이나 한 듯이 교육은 반드시 영원불변의 자연법칙에 따라 행해져야 하며 아동의 천성을 존중해야 한다고 주장했다. 루소는 봉건교육이 아동의 천성을 억제하는 것에 대해 다음과 같이 말했다.

"당신은 왜 천진난만한 아동이 금방 지나가는 그 시기를 마음껏 누리지 못하게 하고 왜 그들에게 진귀한 부를 빼앗으려 하는가? 당신은 왜 눈 깜짝할 사이에 지나갈 세월을 슬픔과 고통으로만 보내려고 하는가?"

루소는 봉건교육이 아주 엄격하게 아동의 천성을 억압하고 있을 뿐 아니라 아동을 도덕적으로 타락하는 방향으로 인도한다고 여겼다. 그러한 주요 원인으로는 봉건교육이 아동의 천성을 위배하고 어른의 세계의 진부한 관념을 아동에게 주입시키는 데 있다. 따라서 루소는 참신한 교육적 주장을 하게 되고 이것이 자연주의 교육철학을 구성하는 내용이 된다.

셋째, 자연주의 교육철학은 활동을 통한 학습을 강조했다. 루소든 프뢰벨이든 활동하면서 하는 교육의 중요한 의의를 강조했다. 루소는 다음과 같이 말했다.

"생활은 호흡이 아니고 활동이며 그것은 바로 우리의 신체 기관을 사용하는 것이다. 우리의 감각, 우리의 재능 그리고 우리가 우리의 존재를 느끼게 하는 본연의 모든 것을 말한다. 의미 있는 생활을 하는 사람은 생활에 대해 가장 많이 느끼는 사람이다."

프뢰벨은 심지어 놀이의 의의에 대해 상세히 진술했고 놀이를 통해 학습하는 원칙을 제시했다. 자연주의 교육사상가는 대자연이 아동에게 주는 모든 역량을 사용하도록 해야 하며 동시에 아동에게 진정한 자유를 더 많이 주어 그들이 스스로 일을 처리해야 한다고 주장했다. 이렇듯 자연을 접하며 학습하는 것은 그저 책 속에 있는 지식을 공부하는 것은 아니다.

교육 만능 : 유물주의 교육철학의 명백한 입장

18세기 중기 이후, 현실주의적 교육철학과 자연주의 교육철학이 형성되어 발달할 때 프랑스의 유물주의 교육철학이 역사의 무대에 등장했다.

유물주의 교육철학은 특정한 사회와 문화를 배경으로 탄생했다. 18세기에 프랑스의 계급 모순은 극에 달했다. 당시의 프랑스 사회는 크게 세 개의 계급으로 나뉘었다. 사회에서 가장 높은 계급은 승려였으며 하층 계급은 대다수의 농민, 수공업자, 도시민과 자산계급이었다. 중간에 속한 계급이 바로 봉건귀족이었다. 프랑스 사회에서 승려와 봉건귀족이 차지하는 비율은 3%에도 미치지 않았다. 그러나 사회의 부의 70%를 그들이 차지했다. 승려는 신앙을 통해 사회제도를 견고히 하는 역할을 했으며 귀족은 그들의 수중에 있는 검으로 같은 역할을 해냈다. 제 3등급의 지위는 극히 낮은 계급이었으며 그들은 상류층을 위해서 재물을 봉헌하는 역할을 했으며 동시에 정치적으로 제약을 받았다. 경제적 지위의 상승과 부의 축적으로 제3등급의 사람들은 현실에 만족하지 못하고 철저히 기존의 사회질서를 바꾸길 희망했으며 정치적 무대에 등장하기를 바랐다. 제 3등급의 사회지위와 정치적 요구가 18세기 프랑스 전역에서 유물주의 교육철학과 유물주의가 탄생하는 사회적 배경이 되었다.

유물주의 교육철학이 출현하게 된 또 다른 중요한 요소로는 과학기술의 발전을 들 수 있다. 18세기에 프랑스의 자연과학, 특히 프랑스의 물리학과 천문학은 장족의 발전을 했다. 이와 동시에 외국의 과학적 성취가 프랑스로 들어와 광범위하게 교육계로 흘러 들어왔다. 과학의 발전이 프랑스의 유물주의 철학의 맹아와 성장에 문화적 배경이 된 것이다.

사회의 요소와 문화의 요소가 직접적으로 프랑스의 계몽운동 흥기에 영향을 미쳤다. 이의 구체적 예로는 기세가 굉장한 자본계급의 사상해방운동이 일어난 것이다. 이 사상해방운동에서 계몽 사상가를 대거 배출했고 유물주의 사상가는 그중에서 아주 중요한 인물이다. 그들과 대다수 계몽 사상가들은 이성이라는 기치를 높이 걸고 오래된 사회질서와 신권통치를 맹렬히 비판하고 이성왕국을 건설하자고 호소했으며 이성을 척도로 모든 것을 재평가했다. 계몽 사상가들의 사상은 아주 예리하고 학식이 매우 풍부했다. 그들은 어떠한 권위도 배척했으며 모든 것을 의심하고 비판하기도 했다. 그들은 다음과 같이 말했다.

"사람들을 계몽하는 이렇게 위대한 사람들은 본래 아주 혁명적이다. 그들은 어떠한 외부의 어떠한 권력에도 굴복하지 않았다. 종교, 자연관, 사회, 국가제도 등 모든 것에 냉철한 비판을 가했다. 모든 것은 이성적인 법정 앞에서 자신의 존재를 변호하거나 자기 존재의 권리를 포기해야 했다. 사유하는 오성은 모든 것을 저울질하는 척도가 되었다."

프랑스에서 18세기에 계몽운동을 주도했던 유물주의 사상가들이 '백과전서파'를 조직했는데 이 조직은 계몽운동 과정에서 가장 진보된 사상 역량을 발휘했다.

유물주의 사상가들은 일반적으로 자연, 사회, 인간 그리고 인간의 관계를 탐구했을 뿐 아니라 자본계급의 혁명을 위해 계몽과 이론적 자원을 제공해 주었다. 게다가 구체적으로 교육문제에 대해 논술하며 유물주의 교육철학의 유파를 형성하였다. 그중에 걸출한 대표인물로 애드리언과 디드로를 들 수 있다.

애드리언은 프랑스의 '백과전서파'를 대표하는 위대한 인물로 교육 만능론을 제창한 사람이다. 그의 관점은 가히 18세기 프랑스의 유물주의 철학 중에서 가장 훌륭하다고 말할 수 있다. 일단, 애드리언은 사람의 감각이야말로 지식의 원천이라고 믿었다. 인간의 인식은 객관세계로부터 오고 인간이 주로 감각에 의지해 세계를 파악한다고 했다. 따라서 사람들의 지능과 관념 등은 본질적으로 모두 외부세계에서 부여한 것이다. 사람들이 태어난 초기에는 지식과 관념이 거의 없었으나 후천적으로 이러한 지식, 관념을 얻었다. 이런 내용을 기반으로 애드리언은 모든 정상인이 감각기관을 가지고 있어 외부세계를 느낄 수 있다고 말했다. 이어 그는 외부세계에서 얻은 지식이 관념을 형성한다고 했다. 외부세계가 얼마나 복잡하든 이미 생겨난 지식이 얼마나 심오하든 사람들은 모두 자신의 정상적인 감각기관으로 받아들여 이해할 수 있다. 애드리언의 이러한 관점은 서양에서 뿌리 깊었던 '천부관념'과 지능의 신비한 베일을 벗겨내며 '천부관념'에 직접적인 충격을 주었다. 또, 애드리언은 정상적인 감각기관을 가진 모든 사람은 지력이 같다며 다음과 같이 말했다.

"정신적으로 우월한 정도와 감각기관의 완벽한 정도는 지력과 무관하며 모든 사람이 지력이 양호한 상태로 태어났다. 이는 수학, 화학, 정치학, 물리학 방면에서 위대한 능력을 발휘할 수 있도록 한다."

인간의 외형이나 외모에는 차이가 있으나 인간의 지력은 어떠한 영향도 받지 않고 차이가 없다. 인간의 지력의 같다는 증거로는 다음과 같은 것들이 있다. 인간이 같은 장소를 원할 때 같은 기술이 발명된다. 이러한 장소를 필요로 하는 정부는 역시 이러한 기술의 발명을 지지하고 보호할 것이다. 개개인간에 지력이 같다는 말은 다른 민족과 다른 국가의 사람의 지력이 같다고 설명하는 데 똑같이 적용된다.

태어나면서 지력이 같다는 전제하에 애드리언은 현실생활에서 인간들의 지력의 차이는 완전히 후천적인 환경과 교육이 야기한 것이라 강조했다. 다시 말하면, 인간의 생활이 어떤 환경 속에서 이루어지며 어떠한 교육을 받는지가 그에 상응한 지력을 형성한다는 말이다. 따라서 어떠한 지력의 차이도 결코 천성적으로 생긴 것이 아니다. 인간은 나면서 그저 알지 못하는 상태였으며 결코 나면서부터 우둔한 것이 아니다. 이렇게 애드리언은 교육을 아주 중요한 지위로 올려놓았으며 심지어 '교육만능'을 주장하기도 했다. '교육만능'이란 주장은 애드리언의 기본적인 교육 철학 관점이기도 하고 이는 어떤 의미에서 유물주의 교육 철학의 기본 주장을 반영하기도 한다. 여기서 더 자세히 언급하자면, 애드리언이 말하는 교육이라는 것은 일종의 광범위한 교육이다. 여기에는 사회 환경, 가정환경, 문화 환경, 생존조건, 학교교육과 인간의 발달에 영향을 미치는 모든 요소들이 내재된 총체물이 포함된다.

애드리언은 인간의 형태와 그가 받은 교육이 일치한다고 믿었다. 환경과 교육의 결과로 천차만별의 인간이 생겼다. 교육을 기반으로 인간의 습관과 성격이 형성된다. 인간에게 교육은 만능의 것이다. 교육을 통해 이루지 못할 것이 없으며 다시 말해서 교육은 모든 것을 창조할 수 있다. 따라서 애드리언은 모든 사람이 명인이 될 수 있다고 단언했다.

애드리언의 '교육만능'론은 교육과 인간의 관계를 해석할 뿐 아니라 동시에 교육과 사회의 관계도 설명했다. 애드리언은 교육이란 사회를 바꾸는 유일한 수단이라 믿었다. 그래서 교육을 통해 인류의 행복, 사회의 발전을 실현할 수 있다.

애드리언은 교육이 사회 속에 존재하는 우매함, 타락, 더러움을 제거하고 인류의 발전을 촉진한다고 믿었다. 그는 다음과 같이 말한 바 있다.

"만약 내가 사람이 교육의 산물이라는 것을 증명할 수 있다면 여러 나라에 이런 위대한 진리를 알려줄 것이다. 자신이 장악한 강력한 공구가 자신을 행복하고 강대하게 해줄 것이다. 단지 문제는 교육 과학을 어떻게 개선하느냐에 달려 있다."

애드리언은 지력의 동일함과 교육만능을 주장할 뿐만 아니라 자기주장의 사상적 체계를 확립하기도 했다. 이러한 체계의 기점은 스콜라 교육철학에 대한 비판에 있다. 그는 스콜라철학과 그 실천은 국가의 발전과 국민 행복의 최대의 방해물이라고 생각했다. 여기서 방해라는 것을 구체적으로 말하자면, 아동의 정신을 파괴하고 인간의 성격에 심각한 피해를 입히고 인간의 일생을 무참히 빼앗고 인간의 정신을 비틀리게 하는 것이다. 더 심각한 것은 스콜라철학이 인간들이 어리석은 책과 위선자들의 말을 공부하도록 유도하기에 문명의 이기를 받은 민족들이 다 우둔하게 되었으며 이런 우둔함은 전염성을 띤다고 했다. 스콜라철학의 주장과 실천 하에 어불성설이 진리가 되고 우매함이 찬양받으며 타락이 추앙을 받았다. 왜냐하면 스콜라철학이 요구하는 것은 '오직 맹종하고 경신하는 것이며, 유치하고도 까닭 없이 두려움을 느끼는 것'이기 때문이다. 따라서 사람들은 스콜라철학을 버리고 그것을 대신하는 새로운 교육이 필요하다고 강력히 주장했다.

이러한 새로운 교육의 특징 중 하나는 교육권이 국가 소유로 있으며 교회에 있지 아니하다. 애드리언은 한 민족이 국민 교육을 교회에 위탁했다면 반드시 이 민족은 거대한 재앙에 맞닥뜨릴 것이라고 했다. 왜냐하면 교회가 학교를 장악하면 우둔함이 가득하고 사회가 어두워질 것이기 때문이다. 그와 반대로 국가가 국민 교육을 책임지면 교육은 세속에서의 행복을 추구하도록 요구하기에 이러한 교육 여건 하에 사람들은 완벽한 사람이 되어 사회도 이와 더불어 발전하게 될 것이다.

애드리언의 교육체계 중에 도덕교육, 지식교육, 체육교육 모두 중요한 내용이다. 도덕교육은 다함께 행복하며 진리를 추구하기를 제창했으며 지식교육 과정은 과학지식을 전수하고 학생이 독립적으로 사고하도록 유도하는 과정이다. 그리고 체육교육의 목표는 신체건강과 심신의 건장함을 촉진하는 것이다. 이렇게 애드리언은 상당히 완벽한 교육체계를 확립한 것이다.

디드로는 애드리언과 동시대에 활동했던 유물주의 교육철학유파를 대표하는 또 다른 인물이다. 애드리언과 달리 디드로는 교육만능을 주장하진 않았다. 그러나 디드로는 교육의 효용에 대해서는 높은 평가를 내렸다.

디드로는 교육이 인간의 자연적 소질의 발달에 아주 중요한 작용을 한다고 여겼다. 교육을 통해서 인간이 우수한 자연적 소질을 발달시키고 저급의 자연의 소질을 억제할 수 있다. 스콜라철학의 지배하에 교육은 이러한 대단한 효용을 간과했다. 많은 사회구성원이 진정한 교육을 누리는 기회를 가지지 못했으며 어리석은 것만 받아들여 무수히 많은 천재들이 우리 세계에서 멀리 떠나버렸다. 디드로는 다음과 같이 말했다.

"많은 사람들은 그들이 무엇인지 표현하기 전에 죽어버린다. 나는 그들을 어두운 화랑 속에 숨겨진 한 폭의 아름다운 그림에 비견하고 싶다. 안에는 빛이 들어오지 않고 어느 누구도 그것을 보지 못해 어떠한 사람의 주목도 끌지 못하고 그저 그렇게 매장되어 버린 것이다."

디드로는 모든 사람이 우수한 소질을 갖추고 있으며 그것은 소수의 소유물이 아니라고 믿었다. 만약 모든 사람들이 교육의 기회를 가진다면 이러한 우수한 소질을 갖추고 있는 것은 더욱 더 보편적인 현상이 될 것이며 인류는 우매하고 무지함에서, 암흑 속에서도 벗어날 수 있다. 바로 그렇기 때문에 디드로는 전제군주와 교회가 교육을 독점하고 조정하는 것에 분개했다. 디드로는 교육을 통해 개인의 발전을 도모할 수 있다고 분명히 밝힌 바 있다.

교육과 사회의 관계에서 디드로는 마찬가지로 아주 낙관적인 태도를 가지고 있다. 그는 교육이란 민족이 발전하고 국가가 발전하는 원동력이라고 했다. 따라서 국가는 마땅히 보편적이고 강제적이며 무료의 초등교육제도를 보급해야 한다. 왜냐하면 국가 원수부터 가장 아래에 있는 농민까지 모든 사람이 읽고 쓰고 계산하는 것을 배워야 하기 때문이다. 이 정도에 이르러야 민족의 발전과 국가의 발전이 비로소 실천될 것이다. 그 때문에 디드로는 국민교육제도를 마련해야 한다고 주장했고 국가의 교육 관리를 강화하고 교회가 교육을 관장하는 권리를 박탈해야 한다고 했다.

위에서 언급한 내용을 분석해보면, 유물주의 교육철학의 기본정신을 엿볼 수 있다.

첫째, 반박과 비판정신이 농후하다. 많은 교육철학주장은 모두 비판정신을 담고 있는데 비판정신이라는 것은 모든 철학과 교육철학의 기본적 특징이다. 그러나 다른 교육철학유파와 비교해보면 18세기의 프랑스 유물주의 교육철학의 비판은 더욱 예리하다. 유물주의 교육철학의 시야에서 보면 봉건사회제도, 종교 신학 관념과 형식주의 모두 인간의 발달과 교육의 발달의 요소를 속박한다. 따라서 이 모든 것은 비판받고 변화되어야 할 대상이다. 이보다 더 중요한 것은 유물주의 교육철학이 비판하면서 새로운 교육 관념과 기준을 도출해냈으며 이성적 비판을 행하기를 제창했다는 점이다. 따라서 교육과 사회발전을 저해하는 종교적이고 봉건적인 권위가 사그라지게 했다. 이러한 의미에서 유물주의 교육철학의 비판은 더 건설적인 의미를 지니고 있는 것이다.

둘째, 유물주의 교육철학은 교육철학이론의 영역을 확대하고 그 내용을 알차게 했다. 유물주의 교육철학의 시선에서 보면 개인, 교육, 환경의 관계, 교육의 다방면의 효용 등은 모두 철학이 다루는 내용이 되었다. 이러한 경향을 이전의 교육철학과 비교해보면 인간의 사고 확장과 인간의 사상을 해방시키는데 도움을 준다는 걸 알 수 있다.

셋째, 유물주의 교육철학은 시대의 산물이다. 한편으론 아주 뚜렷한 진보적의미를 담고 있으며 또 다른 한편으론 시대적 한계를 가지고 있다. 이로 인해 시대의 산물인 유물주의는 마르크스의 유물주의와 달랐다. 오늘날 사람들이 이 시대의 유물주의를 주의 깊게 볼 때, 그 역사적 혁명의 의의에 주시할 뿐 아니라 그 관점의 단편적인 성질 역시 주시해야 한다.

사회진보 : 진보주의 교육철학의 역사적 책임

진보주의 교육철학은 19세기 말과 20세기 초에 미국사회에 나타났으며 이는 미국 전 사회에 사회적 진보주의운동이 보급되어 생긴 것이다.

19세기 말에 미국은 세계의 최고 경제대국이 되어 국가의 공업화를 실현한다. 그러나 미국사회의 위기는 나날이 심해지고 많은 사회적 모순이 출현하게 되었다. 가장 심한 것이 바로 정치적 위기가 심해지고 빈부격차가 심화된 것이다.

또한 계급간의 충돌이 격렬해져 시장질서가 혼란해지고 정신문화가 타락하게 되었다. 그리하여 대부분의 도시 빈민들이 기본적인 생계를 유지하기 힘들었다. 최소한의 노동시간의 보장이 어려운 것은 물론이고 기본적 업무 조건이 열악했다. 그와는 달리, 소수의 부유한 계층이 사회의 절대다수의 부와 정보를 독점했다. 이러한 위기의 존재는 사회의 발전을 저해할 뿐 아니라 사회제도와 경제 질서의 정상적인 운행에 영향을 미쳤다. 미국의 진보주의 운동은 바로 이러한 사회 배경 하에 출현한 것이다.

진보주의 운동은 정치혁신을 주장하고 경제의 독점을 반대했으며 빈곤한 상황을 개선하기를 요구했다. 또, 노사 간의 관계가 원만해지기를 주장했으며 사람들의 사상, 관념을 새로이 하여 사회발전과정에 어려움을 주는 것들을 극복해 나가기를 바랐으며 그를 발판으로 사회의 발달에 새로운 활력을 제공하기를 원했다. 진보주의 교육철학은 진보주의운동의 일환으로써 모든 진보주의운동과 같은 가치성향을 띠고 있다.

진보주의 교육 철학을 대표하는 인물로는 파커, 존슨, 듀이 등이 있다. 그들의 사상은 완전히 일치하는 것은 아니며 사람들은 그들을 진보주의와 실용주의 등 다른 철학유파로 나누기도 한다. 그러나 기본적인 교육철학의 문제를 따지고 보면 그들의 표현에서 더 많은 공통점이 보이기도 한다. 따라서 우리는 이쯤에서 그들이 경시하는 차이점과 주요 공통적인 교육철학주장이 무엇인지 알아보기로 한다.

첫째, 경험의 중요한 의의를 중시한다. 진보주의 사상가들은 경험의 의의를 아주 중시했다. 경험이라는 것은 인간과 환경이 상호 작용하는 결과이며 인간의 행위와 환경이 서로 작용하여 생겨난 결합물이다. 듀이는 다음과 같이 말했다.

"경험은 곧 자연 속에 존재하며 자연에 관한 것이기도 하다. 경험되어진 것은 경험이 아니며 그저 자연일 뿐이다. ―돌, 식물, 동물, 질병, 온도, 전력 등.

어떠한 방식으로 상호작용을 하는 사물이 바로 경험이다. 그것들은 경험되어 진 것이다. 그것들이 다른 방식으로 다른 자연대상―인간의 유기체―과 연결 될 때, 또 다른 식으로 경험된다.”

듀이의 주장에서 경험의 내포된 의미는 아주 풍부하며 거의 포함하지 않는 것이 없을 정도이다. 경험이 중요한 이유는 모든 교육이 경험을 기초로 이루어 져야 하기 때문이다.

듀이는 교육에 대해 다음과 같이 정의 내렸다.

“교육은 바로 경험의 재편을 말한다. 이러한 개조나 개편은 경험의 의의를 더욱 증가시킬 수 있을 뿐 아니라, 학생이 지도 받고 난 후 직접 경험할 수 있는 능력을 기를 수 있다.”

파커는 이에 뜻을 함께 했다. 그는 아동은 자신의 경험과 인상, 표현에 의해 발달한다고 했다. 아동기는 모든 외재적인 자극과 내재적인 역량이 형성된 활 동으로 충만하다. 존슨은 아동의 성장과 발달은 오직 활동에 의지하며 학교 커리큘럼은 아동을 위해 그들의 심신에 맞는 활동과 경험을 할 수 있도록 해 야 한다고 주장했다. 진보주의 교육철학에서 경험은 본체론의 측면에서 중요 한 의미로 표현될 뿐 아니라, 교육에서 역시 가장 기본적인 요소로 중시되기 도 하다.

둘째, 교육과 생활의 연관성을 강조한다. 파커는 학교란 마땅히 하나의 공동 체여야 한다고 했다. 공동체형태의 학교는 완전한 민주제도와 건전한 공공생 활을 보장하고 학생활동의 내용은 생활로부터 온다. 이러한 환경에서 아동은 자유로운 민주사회가 필요로 하는 시민으로 성장하며 다방면의 발전을 이룩할 것이다. 파커는 다음과 같이 강조했다.

“학교란 반드시 이상적인 가정이며 완전한 공동체이자 민주정치가 행해지 는 모형이어야 한다.”

존슨은 미국의 학교교육이 사회와 분리되는 현상에 대해 비판했다. 그녀는 학교에서 아동을 학교 내에만 두고 사회와 격리시키는데 이러한 현상은 화초를 온실에만 두어 화초의 천성에 변화를 가하는 것과 같다고 했다. 그러면 화초는 그저 꽃만 피울 뿐 더 이상의 발전은 없는 것이다. 사회와 격리되는 학교생활에서 아동은 성장할 기회가 부족해 자주적으로 지식을 발견할 수 없으며 장기적으로 이러한 환경에서 생활하다 보면, 아동은 학교와 공부를 싫어하게 될 것이다. 듀이는 교육이 바로 생활이며 학교가 바로 사회라고 했다. 그는 다음과 같이 말했다.

"교육과정을 두 가지로 나눌 수 있다. 하나는 심리학이고 또 다른 하나는 사회학이다. 그것은 동등하게 중요하며, 어느 것도 경시해선 안 된다. 그렇지 않으면 좋지 않은 결과가 곧 나타날 것이다."

'교육이 곧 생활이다.'라는 말의 구체적인 의미는 교육이란 바로 아동이 현재 생활하는 과정을 의미하지 장래의 생활을 준비하는 것이 아니다. 그렇기에 교육은 아동을 위해 충분히 성장하고 생활할 조건을 제공해야 한다. 거기에는 아동신체의 성장, 지식의 증진과 도덕의 함양 등의 조건이 포함된다.

'교육이 곧 생활이다'라는 것에 이어 '학교가 곧 사회이다'라는 말의 의미는 학교가 '하나의 작은 사회를 이루고 그래서 학교란 하나의 사회의 모형이다.'는 뜻이다. 이러한 작은 사회에서 각 작업과 활동이 사회의 생활을 반영한다. 듀이는 교육이 실패한 주요 원인이 '학교가 곧 사회'라는 관점을 버린 데에 있다고 했다. 그리고 잘못된 생각으로 교육활동을 해나갔기 때문이라고 했다. 이러한 잘못을 더 이상 범하지 않으려면 학교가 특수한 환경을 설계해야 한다. 이러한 환경은 '발전시켜야 할 성향의 각 요소를 간단히 하고 정리한다. 현존하는 사회의 풍습을 순화시키고 이상화한다. 청소년을 그대로 내버려두기보다는 더 넓고 아름다운 균형을 이루는 환경을 접할 수 있도록 그런 환경을 조성해준다.'라는 세 가지 기능을 가지고 있다.

셋째, 아동의 중심 지위를 강조한다. 진보주의 교육가는 아동이 교육과정에서 중심지위를 차지하기를 특히 강조하며 그것을 교육의 기본 원칙으로 삼는다. 파커는 다음과 같이 역설한 바 있다.

"학교에서 가장 중요한 핵심은 어떠한 교과목도 아닌 아동이다."

학교 교학의 설계는 아동의 수요와 흥미에 따라 행해져야 하고 아동의 심신 특징에 맞는 놀이, 활동 그리고 일의 기회를 마련해줘야 한다. 필요하다면 아동에게 보충 지도를 해주고 아동이 풍부하고 다양한 경험을 쌓도록 해줘야 한다. 그리하여 그들로 하여금 어떠한 환경의 속박 없이 생활하고 공부할 수 있도록 한다. 파커는 자신의 학교에서 자신의 이념을 실천했는데 이것이 당시 사회에 미친 영향력은 아주 컸다. 그의 학교에서 아동은 교육과정의 중심이었으며 교사는 아동의 천성과 내재된 능력의 발달에 주의했다. 존슨은 필요한 교육에 부합하기 위해서 아동의 성장에 도움이 되는 교육이 행해져야 된다고 했다. 교사의 주요임무는 바로 아동의 성장을 위한 적당한 조건을 마련해 주는 것이다. 존슨은 아동이 교육과정에서 성장하는 것을 교육의 목표로 확정했다. 그녀는 학교교육의 목적은 최선을 다해서 아동의 신체건강에 주의하고 지력을 발휘하게 하고 아동에게 감정이 풍부한 생활을 보장하는 것에 있다고 했다.

듀이의 아동중심사상은 확고하다. 그는 다음과 같이 말했다.

"아동이 기점이며 중심이다. 게다가 목적이기도 하다."

듀이는 전통학교교육이 아동을 소홀히 하는 사실을 비판했다.

"전통 학교의 중심은 아동의 외부에 있는데, 선생이나 교과서, 그 외에 당신이 즐거워하는 장소에 있다."

이러한 학교교육이 학생에게 행하는 제약은 너무나 많으며 아동의 흥미와 경험의 필요성에 대한 관심은 너무나도 적다. 듀이는 학교생활의 조직은 아동을 중심으로 이루어져야 하며 모든 조치는 아동의 성장에 도움이 되어야만 한다. 학교의 교학계획, 과정, 방법 및 모든 학교활동은 아동의 흥미와 경험의 필요성에 따라 행해져야 한다. 듀이는 다음과 같이 말했다.

"우리의 교육에서 추구하는 변화는 중심의 이동이다. 이것은 일종의 변혁이며 혁명이다. 이것은 코페르니쿠스가 천문학의 중심을 지구에서 태양으로 옮긴 혁명과도 같다. 여기에서 아동은 태양으로 변했으며 교육의 모든 조치는 그들을 둘러싸고 그들의 조직을 둘러싸고 이루어진다.”

듀이는 아동의 학습이 능동적이기 때문에 심리적으로 적극적인 발전을 유도하고 심리내부에서 시작하는 유기체의 동화작용을 끌어낸다고 말했다. 그리고 아동을 중심으로 하면 아동을 자극하는 능동적인 활동이 가능하고 모든 심신이 교육 교학과정에 녹아들게 할 수 있다.

넷째, ‘활동을 통한 학습’을 주장한다. 이것은 진보주의 교육철학의 또 다른 중요한 원칙이다. ‘활동을 통한 학습’의 원칙에 내포된 의미는 교학과정이란 마땅히 현재 아동의 생활 경험에서 출발해야 하며 아동은 자신의 활동을 통해 학습을 진행해야 한다는 것이다. 이러한 원칙을 견지하는 이유는 바로 인간이 애초에 가지고 있는 지식과 가장 정확히 알고 있는 지식은 어떻게 지식으로 굳히게 되었는지, 활동을 통한 학습에서 자연이 발전하는 과정을 알아야 하기 때문이다. 간단히 말하면, ‘활동을 통한 학습’이란 실제로 활동 속에서 공부를 하고 경험을 통해 공부를 하는 것이다. 파커는 자신의 학교에서 이러한 원칙을 최선을 다해서 실천했다. 그는 아동이 흥미를 가지고 있는 활동을 통해 교학을 진행하기를 주장했다.

그리고 자연관찰, 여행활동, 수공업 노동과 예술 활동을 통해 아동이 학습하기를 강조했다. 그는 다음과 같이 역설했다.

“모든 아동이 자연을 사랑한다. 새, 꽃과 동물은 끊임없는 호기심과 놀라움의 원천이다. 우리는 이러한 열정을 교실로 가져와야 한다. 아동은 구체적으로 사상적 바람을 구체적으로 표현하는데 우리는 그런 바람을 교실로 가져와야 한다.”

존슨은 아동이 성장하고 발달하는 것은 활동에 기인한다고 믿었으며 학교 교학 계획은 아동의 흥미와 필요에 따라 세워야 한다고 했다. 존슨의 학교에서는 활동이 바로 주요 교학방식이며 지력의 성장과정과 활동의 과정은 같은 것이다. 체조, 자연연구, 음악, 수공예, 놀이, 감각훈련, 표현, 경기 그리고 이야기는 일반 과정을 대체하고 시험 및 유급 따윈 없다. 존슨은 다음과 같이 강조했다.

"모든 아동은 창조적인 수공예 활동을 해야 한다. 이것은 사유의 기본 문법이다."

'활동을 통한 학습'이라는 원칙은 듀이가 더 구체적이고 명확하게 규명했고 그의 사상 체계에서 아주 중요한 부분을 차지했다. 듀이는 아동이 나면서 가지고 있는 자연적인 바람은 일을 하고 싶어 하는 것이며 업무에 대해 강렬한 흥미를 가지고 있다고 했다. 아동의 활동의 방식은 여러 재료와 공구를 사용하는 것이다. 그리고 의식적으로 효과 있는 기교를 사용한다. 여기에는 모든 형식의 표현 활동과 건축 활동, 예술 활동과 수공예 활동이 포함되어 있다. 이러한 활동을 통해 아동이 지식을 배우도록 하고 아동의 성장을 촉진한다. 파커와 존슨과 달리 듀이는 활동과 직업 교육을 구분했다. 듀이는 '활동을 통한 학습'은 직업교육이 아니며 '활동을 통한 학습'의 원칙을 견지하는 것은 공리목적에서 나오는 것이 아니라 여겼다. 그래서 이러한 활동을 채택하는 것은 그것에 부합되는 행동은 바로 개인의 발전과정에서 통일된 실제적인 심리학적 가설이라는 사실에서 기인한다. 듀이는 이러한 중요한 의의는 아동과 사회 양자 간에 조화로운 관계를 형성하고 유지할 수 있게 하는 것이라고 했다. '활동을 통한 학습'은 바로 진보주의 교육철학의 교육관과 인식관이다. 이것은 교육을 이해하고 사회와 교육의 발전의 상관관계에 관해 이해하는 것을 돕는다.

이상 진보주의 교육철학의 기본적이고 중요한 사상적 관점을 설명했다. 진보주의 교육철학의 바람이 교육의 개혁을 통해서 이루어진다. 또, 교육 과정에서 일어나는 여러 문제를 제거하며 사회의 병폐를 바꿔서 교육이 민주적이고 진보된 사회에서 효과를 발휘할 수 있도록 한다. 광범위한 사회를 기초로 해서 진보주의 교육철학은 극대한 흡인력을 발휘했다. 20세기 초에 진보주의 교육철학은 교사를 대거 응집했다. 1919년에 미국에 진보교육협회가 성립되고 같은 해 〈진보교육〉이라는 잡지가 창간되었으며 진보주의 교육철학사상의 선전이 더 광범위한 공간을 얻게 되었다. 20세기 전반기에 진보주의 교육철학사상과 그 이론을 기초로 한 진보적인 교육운동은 많은 교사의 열정과 충성과 활력을 불러일으켰다. 이는 대부분의 미국 민중의 인정과 찬성, 지지를 받았다. 진보주의 교육철학 뒤에 나타난 미국의 개조주의 교육운동은 그 교육적 주장과 철학적 주장을 계승했다. 교육의 목적을 성명함으로써 사회의 변화를 촉진했으며 이상적인 사회를 설계하고 실현시켰다. 따라서 진보주의 교육철학과 그 실천은 미국 20세기 상반기의 주요 교육철학사상이 되었다.

영원을 향해 : 보수주의 교육철학의 숭고한 이념

모든 사회 운동과 교육 철학적 주장은 항상 자가 모순에 봉착한다. 진보주의 운동과 진보주의 교육철학도 예외는 아니다. 1930년에 서양에 특히, 미국에 보수주의 교육철학이 등장했다. 교육철학의 영역에서 '보수주의'의 범주는 정치학에서의 보수주의와 의미가 다르다. 정치학에서는 보수주의를 일종의 정치 사조와 정치적 주장으로 여긴다. 그 주요 정신은 자유 시장 질서를 신봉하고 서양 사회가 사회 제도를 오랫동안 유지하기를 주장하고 엘리트 통치를 강조했으며 사회 변혁을 시도하기를 꺼려했다. 정치학에서의 보수주의와 달리 교육철학에서의 보수주의는 진보주의 교육활동, 진보주의 교육철학과 직접적인 관계가 있다.

보수주의 교육철학은 본질주의, 신토마스주의, 항존주의 등 세 유파를 포함한다. 본질주의가 강조하는 교육의 핵심은 전해내려 오는 인류 문화유산에서 우수한 '공동요소'를 보존하여 학생의 발전과 사회의 진보를 촉진하는 것이다.

신토마스주의의 토마스 아퀴나스의 종교 신학 이론을 기초로 하는 교육 철학 사조이다. 본질주의가 '공동요소'를 주시하는 것과는 달리 신토마스주의는 기독교의의 기본 가치를 주시한다. 이러한 가치의 선전을 통해 인간 보편적인 기독교 신앙을 형성하여 전통의 우수한 질서를 회복하기를 희망했다. 항존주의 역시 복고를 제창하였는데 인류에 존재하는 공동의 인성과 영원한 가치를 믿었다. 교육과정에 있는 과목을 통해 공통된 인류 가치의 번영을 이룩하고 이로써 사회 안정에 도달해 진보된 목적을 촉진할 수 있다. 본질주의와 신토마스

주의는 비록 항존주의와 같이 직접적으로 영원한 가치와 영원한 교육을 주장
하진 않지만 그 철학적으로 추구하는 객관적 효과는 항존주의와 같거나 항존
주의에 가깝다.

시간상으로 본질주의, 신토마스주의 그리고 항존주의는 거의 같은 시기에
생겨나 영향력을 발휘했다. 그러나 그것을 대표하는 인물과 구체적인 언어 체
계는 같지 않다.

본질주의 교육철학을 대표하는 인물로는 베글리, 코넌트, 버틀러가 있다.
1930년대 진보주의 교육운동의 기세가 커져 당시 미국 학교에는 진보주의 교
육사상의 영향을 벗어난 학교는 한 군데도 없었다. 그러나 가장 기세가 높을
때 비판의 목소리도 그만큼 컸다. 본질주의는 주로 다음과 같은 비판을 받았
다. 본질주의는 진보주의 교육운동과 그 철학적 주장은 맹목적으로 낙관적으
로 바라본 반이성주의, 인도주의, 적나라한 공리주의라고 했으며 이것들이 미
국에서 중등교육을 받는 학생의 지식수준을 저하 시켰다. 1938년에 본질주의
학자가 미국의 교육위원회를 설립했으며 본질주의 교육사상이라는 새로운 교
육철학을 형성했다. 본질주의의 기본정신은 교육과정에서의 교사와 학생의 노
력을 강조하고 과정 체계는 학과를 중심으로 이루어져야 함을 강조했다. 또 교
육체계의 논리적인 순서를 중시하고 교사가 교육과정에서 주도적인 역할을 하
기를 강조했다. 본질주의의 기본관점에는 다음과 같은 몇 가지 사항이 포함된
다.

첫째, 교육과정에서 지력훈련의 전통을 강조하고 고양시킨다. 본질주의 철
학자들은 교육의 주요책무는 지력을 훈련하는 것이며 모든 활동은 지력을 훈
련시키고 발달을 촉진하는 데 있다고 주장했다. 교육은 결코 직업훈련이나 미
래를 위한 준비활동이 아니다. 만약 교육자체의 책무를 버린다면 학교는 직업
교육기구로 전락할 것이며 이런 학교는 사회가 부여한 위대한 사명을 다하지
못할 것이다.

둘째, 지식의 체계성, 논리성, 학술성에 주의한다. 본질주의는 경험과 활동

이 학교 교학의 전제조건가 되어선 안 되며 경험과 활동조직에 따라 교학계획을 세워야 한다고 여겼다. 그렇지 않으면 학생은 산발적이고 단편적인 지식을 얻을 수밖에 없고 이러한 지식의 조각들은 아무런 의미가 없기 때문에 학생의 지력을 발달시킬 수 없다고 했다. 이와 반대로 본질주의는 엄격한 체계성과 학술성, 논리성을 띤 지식체계이며 이러한 지식체계는 인류사회에 누적되어 온 '공동요소'로, 이것이 교학계획의 주된 골자여야 한다. 이것은 진보주의의 '활동을 통한 학습'의 원칙과 활동중심사상과 직접적으로 충돌하며 본질주의의 기본정신을 표현해낸다.

셋째, 교사의 중심적 지위를 두드러지게 한다. 진보주의 교육철학의 '아동중심'원칙과 반대로 진보주의는 '교사중심'을 강조한다. 진보주의자에겐 문화와 지식의 '공동요소'는 마땅히 교사를 통해 학생에게 전수해야 하며 학생의 노력, 끈기를 통해 이러한 '공동요소'를 파악해야 한다고 했다. 그와 함께 학교는 엄격한 규율을 마련하고 학생이 공부라는 임무를 완수할 수 있도록 여건을 조성해야 한다.

넷째, 학습과정에서 지력경쟁을 유도한다. 본질주의는 지력경쟁을 시키는 학습으로 인재가 두각을 나타내는 데 좋은 조건을 마련해 준다. 따라서 학교는 엘리트를 집중적으로 양성하고 그런 엘리트로 인해 안정적이고 번영한 사회로 된다.

다섯째, 지식의 성격을 파악하는 것은 인류가 각 민족에게 전수해준 경험과 문화유산을 아는 것이다. 본질주의는 이러한 각 민족의 경험과 문화적 유산은 아주 중요한 의의를 가지고 있다고 믿었다. 각 민족의 경험과 문화적 유산의 전수는 사회의 정상화와 발전을 보장하기도 하면서도 그것 역시 민주사회의 공동 재산이다. 이러한 공동의 문화유산과 각 민족의 경험을 연결하는 것은 민주사회의 번영을 촉진한다. 이는 의심할 여지가 없다. 따라서 교육은 '영구적인 혹은 상대적으로 영구적인 문화요소'를 명확히 해야 하는데 이는 교육이 마땅히 해야 하는 책임으로서 다른 것에 그 책임을 떠넘겨서는 안 된다. 이것이 바로 민주 사회가 가지는 공통적인 특징이 되고 또 교육 과정을 통해 민주 사회의 공통된 가치가 되도록 해야 한다.

신토마스주의 교육철학은 본질주의 교육철학과 마찬가지로 직접적으로 영원한 주장을 하지 않는다. 그러나 그 정신의 실재는 오히려 영원불변하는 것을 추구한다. 구체적으로 보면 첫째, 영원불변한 인성을 강조한다. 신토마스주의는 인간의 본질에 두 가지 내용이 포함된다고 했다. 그 하나는 본체론 의미의 사람인데 이것은 인간의 본질적 존재를 말한다.

또 다른 하나는 경험적 의미에서의 사람인데 이것은 인간의 현상적 특징을 말한다. 시대가 어떻게 변하든, 사람이 생명역사에서 어떻게 발전을 하든, 인간의 본질은 영원하고 불변하며 정신적인 초월을 경험할 수 있다. 인간의 본질의 구체적 내용은 하느님을 사랑하고 하느님이 부여한 인류의 존엄, 지혜, 이성을 사랑하는 것이다. 인간의 불변하는 본질과 상응해서 교육의 최종목표 역시 영원불변하는 것이다. 이것은 바로 인간의 존엄, 지혜, 이성을 북돋아 강렬하고 견고한 기독신앙을 가진 영원한 인간을 양성하는 것이다.

신토마스주의는 구 종교 신학이 가지는 종교적 전통을 버리고 자기의 주장과 사회의 현실생활을 결합해서 교육이 종극의 목적만 가지고 있을 뿐 아니라 부차적인 목적도 가지고 있다고 했다. 이러한 교육목적은 변화하며 시대의 요구에 순응한다. 신토마스주의의 교육목적을 분석하면 그 목적은 직접적으로 영원한 가치를 추구하는 것은 아니지만 실제로 가치지향점이 영원을 향한다는 것을 알 수 있다. 신토마스주의의 대표적 인물인 쟈크 마리탱이 대학교육에 대해 언급하면서 이러한 특징에 대해 언급했다. 마리탱은 이상적인 대학은 보편성을 가져야 하고 보편적인 교학원칙을 관철해서 보편적 가치를 가진 신학, 철학지식과 실용적인 예술, 과학, 실천지식을 융합시켜야 한다고 했다. 그렇게 해서 한편으로 불변하는 인성의 교학목적을 견지하고 또 다른 한편으론 다양한 시대의 요구에 적응해 실용적인 지식을 전수한다.

신토마스주의는 심오하고 전형적인 종교적 성질을 가지고 있다. 물론 그렇

다 하더라도 그 기독 철학적 주장은 여전히 일정한 적극적인 의의를 가지고 있
다. 현대 물질문명과 과학기술의 진보에 맞서서 사람들은 물질의 노역을 가볍
게 하고 정신적으로 초월하도록 해야 한다. 이것이 바로 신토마스주의가 부르
짖는 바이다. 신토마스주의는 불변하는 인성을 강조하며 교육의 임무는 인간
의 본성에 숨어 있는 인애, 존엄, 지혜와 이성을 환기시키는 것이라 했다. 이것
이 바로 당시 사회에 흐르던 물욕을 해소하는 해독제라고 했다. 이러한 관념으
로 인해 사람들이 현대교육의 병폐를 되돌아보는 계기가 되었다.

항존주의 역시 1930년대에 생겨났는데 후에 영국과 프랑스에 영향을 미쳤
다. 대표인물은 허친스와 아들러 등이 있다. 항존주의는 우주정신, 인성, 교육
목적과 교육기본원칙의 항구성을 부르짖으며 그 이름을 떨쳤다. 항존주의의
주요 특징으로 다음을 꼽을 수 있다.

첫째, 인성의 영원불변을 믿는다. 사회, 정치, 경제, 혹은 시대가 어떻게 변
하든 인성은 영원히 불변한다. 인성의 내포된 의미는 이성이다. 만약 인간이
이성적 동물이고 전체 역사적 흐름에서 그 본성이 영원히 불변한다면 어떤 문
화와 어떤 시대든 모든 건전한 교육 방안은 영원불변한 특징을 가져야 한다.

둘째, 서양 고전명저를 공부하기를 주장했다. 항존주의자는 이러한 고전명
저에 가장 위대한 진리가 담겨 있다고 여겼고 모든 지식의 영역과 모든 진리를
포괄하는 기초라 했다. 따라서 지력을 키우고 진리를 파악하는 기본적 방법은
이러한 명저를 읽고 이해하는 것이라고 했다.

셋째, 영원불변의 교육취지를 강조한다. 항존주의 교육철학의 대표인물 허
친스는 다음과 같이 말했다.

"인생은 일종의 도덕적이고 이성적, 정신적인 존재이다."

이러한 인생의 함의가 교육의 기초를 형성했다. 이러한 기초를 근거로 교육
의 목적 역시 영원불변한 것이어야 한다.

넷째, 보편교육의 의의를 강조한다. 보편교육의 이론적 기초는 인간의 영원
한 공통점이다. 이러한 영원한 공통점이 있는 철학이 보통 철학이며 보통철학

이 주도하는 교육이 보통교육이며 그것은 전공교육과 직업교육과는 또 다르다. 보통교육의 목적은 학생들이 스스로 사고하고 독립된 판단을 내리도록 도움을 주어 책임감 있는 국민이 되도록 한다. 허친스는 이미 백 권의 명저를 선별, 편집해서 명저교육에 앞장선 바 있다. 이런 명저교육을 통해 인류의 영원불변하는 위대한 가치를 보존하고 널리 알렸다. 허친스는 이러한 명저를 영원한 과정으로 칭하고 그 영원한 의미를 부여했다. 그는 명저를 배우는 것은 인성의 공통요소와 공통된 유산을 연역할 수 있다고 여겼다. 그 속에는 인류지식영역의 모든 성분을 포함하고 있는데 이것이 모든 과학의 기초가 된다. 항존주의는 인간에게 다음과 같이 말하고 있다.

"한 권의 고전저작은 시대와 상관없이 모든 시대를 아우를 수 있다. 이것이 바로 고전 저작이 시대를 막론하고 많이 읽히는 이유다."

여기에서 항존주의는 고전저작의 기준을 확정하지 않으며 고전저작의 영원한 가치를 진술한다.

보수주의 교육철학은 진보주의 교육철학과 대립되는 것으로 간주되는데 서양 교육사상의 역할은 진보주의 운동의 소극적 요소를 없애는 데 있다. 서양 교육사에서 특히, 미국 교육사에서 진보주의 교육철학의 영향은 크며 이와 함께 교육 실천과 교육 관념의 부작용 역시 뚜렷하다. 경험을 기초로 해서 '활동을 통한 학습', '아동중심의 교학'과 '학교는 사회다.'라는 진보주의 교육철학의 기본원칙은 전통교육을 비판하는 과정에서 인간의 교육의 질을 낮추고 학교교육과 사회생활의 구별을 어렵게 한다. 그래서 체계적인 지식의 전수가 더 이상 중시되지 않으며 학생의 지력발달을 기능의 진보로 여겨 교학이라는 인식과정의 특수성이 말살당하고 만다. 진보주의 교육철학과 그 교육적 실천의 중대한 결합은 미국 교육제도 전체의 질적 저하 및 학술의 질적 저하를 직접적으로 초래했다. 따라서 보수주의의 많은 교육 철학 주장이 나오고 나서 곧 사람들의 인정과 공감을 얻어 진보주의 교육철학과 대치하는 형상을 띠었다.

다원적 구조 : 20세기 후기 서양 교육철학의 모습

20세기 후반 인류는 제2차 세계대전을 경험하게 된다. 전쟁과 죽음이 인간의 가치관과 세계를 바라보는 심미관을 바꿨고 인간의 심리상태에도 심각한 충격을 안겨 주었다. 새로운 사회와 문화의 배경아래 존재주의 교육철학, 분석교육철학, 그리고 후 현대주의가 잇달아 등장하였다. 이는 각 영역에서 논란을 일으켰지만 교육철학에 아주 풍부한 색채를 더해주었다.

존재주의 철학은 인간의 존재와 인간의 현실 생활 상태를 중시했다. 더 정확히 말하자면, 현실인생의 의의는 존재주의 철학의 출발점이며 귀결점이기도 하다. 존재주의 철학의 이러한 경향은 본질적으로 2차 세계대전이 인류에게 안겨준 상처이자 사고이며 인간이 자신에게 닥친 생존의 위기에 대한 철저한 인식이기도 하다. 그렇기에 존재주의 철학은 인간에게 큰 매력을 가져다주었다. 왜냐하면 당시 인간은 생활이 무료하고 아무런 의미가 없다고 느꼈고 그들 눈에 비친 모습은 온통 잔인하고 억압적이며 공포가 가득한 모습이었기 때문이다.

존재주의 교육철학과 존재주의 철학은 밀접한 연관성이 있다. 달리 표현하자면, 존재주의 교육철학이란 것은 존재주의 철학이 교육의 영역에서 형태와 존재방식에 대해 표현하는 것이다. 존재주의 교육철학을 이해하는 것은 존재주의철학을 이해하는 데 필요한 전제조건인 것이다.

존재주의는 일종의 철학유파로 대표적인 인물이 아주 많다. 하이데거, 야스퍼스, 샤르트르 등. 그들은 존재주의의 철학유파에서 영향력이 가장 큰 철학가들이다. 동시에 그들의 철학관은 공통된 정신을 표현하면서 철학가 자신의 개성적인 정신을 표현하기도 한다. 본문에서는 그들 각자의 주요 사상을 상세히 설명하기란 어려우므로 그저 하나의 철학유파로서 존재주의가 관심을 가지는 주요논지를 다루기로 한다.

존재주의 철학은 강력한 주관적 색채와 비이성주의 경향을 띠고 있다. 따라서 존재주의 철학은 체계화된 이론과 일치된 사상적 내용을 가지고 있지 않다. 그러나 존재주의 철학이 관심을 가지는 논제는 같다. 존재주의 철학이론의 문헌을 보면 집중적으로 관심을 가지는 논제로 다음 몇 가지를 들 수 있다.

첫째, 존재이다. 존재주의 철학이라는 말 속의 '존재'가 가리키는 것은 바로 주체로서의 인간 자신을 말한다. 인간의 존재를 실현하는 방법은 개인과 세계가 왕래하며 자연을 인식하고 정복하며 객관적 존재를 체험한다. 개인과 타인이 왕래하며 인애의 관계가 생기고 주관적인 존재를 체험한다. 개인과 신이 왕래하며 신앙이 형성되며 자아의 존재를 체험한다. 존재주의 철학에서 존재란 것은 일종의 개체생성과 변화하는 과정이다.

둘째, 본질이다. 인간의 본질이란 존재하고 있는 인간이 자신이 얼굴을 드러내고, 등장하고, 선택하고, 활동을 통해 드러낸 결과라고 존재주의 철학에서는 말한다. 존재는 본질보다 앞선다. 이것은 존재주의 철학의 대표인물 샤르트르의 명언이다. 샤르트르는 다음과 같이 말했다.

"먼저 인간이 존재하고, 얼굴을 드러내고, 등장하고, 그 다음에야 비로소 자신을 설명할 수 있다. 만약 존재주의자에게 인간에 대해 어떠한 정의를 내릴 수 없다고 한다면 이것은 인간이 처음에는 아무것도 가진 것이 없기 때문이다. 후에 인간이 어떠한 것으로 변해야만 인간은 자신의 의지에 따라 자신을 만든다. 그래서 세간에는 인류의 본성이라는 것은 존재하지 않는데 이는 세간에는 인류본성을 설정한 하느님이 없기 때문이다. 인간은 그 자신이 설정한 사람일 뿐 아니라 그가 존재하고 난 후에 자기가 원하는 사람으로 변한 것이다."

이렇게 존재주의가 본질을 확정하는 동시에 존재와 본질의 관계를 설명한다. 존재주의는 본질이란 결코 절대적이고 보편적인 규정이 아니라고 여겼다. 인간은 먼저 존재하고 그 뒤에 비로소 자신의 정의나 본질에 관해 정의할 수 있다.

셋째, 존재의 특성이다. 인간이란 아무런 이유도 없이 우연히 이 세상에 내버려진 것이라고 존재주의는 믿는다. 여기서 말하는 우연이란 것은 어떠한 미리 정해진 법칙, 규칙 따위가 인간이나 물건의 상태와 내용을 구속하지 않는 것이다. 존재는 결코 어떠한 절대적인 관념, 사상 혹은 정신에 근거해 나오지 않는다. 따라서 존재의 기본특성은 바로 우연성이다. 우연성과 상응해서 존재는 황당함도 갖추고 있다. 황당함이란 인간이 존재의 이유를 설명할 수 없고 따라서 존재는 예상할 수 없으며 설명하거나 해석할 수 없는 것이다. 현실생활에서 인간은 존재의 황당함을 이해할 수 없다. 그 주요한 원인으로는 인간이 이성의 편견을 가지고 미신, 규율 그리고 자신의 이성의 영향을 받기 때문이다. 실제로, 이 황당함은 매분매초 시종일관 우리 인간생활에 존재한다.

넷째, 선택이다. 존재는 우연함과 황당한 특징을 가지고 있다. 따라서 인간은 먼저 존재하고 그 뒤에 자신의 선택을 통해 자신의 본질을 결정한다. 인간의 존재와 인간의 선택은 직접적인 관계가 있다. 인간은 자유롭게 선택을 한다. 우연적이고 황당한 존재라는 인간은 고립무원의 세계에서 생활하고 하느님, 과학, 이성, 도덕으로부터 생활의 진리와 생활의 방식을 알아낼 수 없다. 인간은 완전한 선택의 자유를 갖고 있으며 어떠한 예견된 한계도 없다. 그러나 인간은 자유선택을 향유하는 동시에 이에 상응하는 책임을 가진다. 선택은 자유, 책임과 관련 있을 뿐 아니라, 행동과도 관련이 있다. 인간은 자신의 행동을 통해서 비로소 자신의 선택을 할 수 있으며 자유를 누리고 책임을 질 수 있다. 물론, 존재주의 철학세계에서는 선택, 자유, 책임 그리고 행동은 내부적으로 연관이 있으며 심지어 완전히 같다고 할 수도 있으며 같이 인간의 본질을 창조하기도 한다.

다섯째, 실재이다. 존재주의에서 실재라는 것은 인간의 외부세계를 말한다.

존재주의라는 것은 존재를 본질보다 먼저 확인하고 선택이라는 중요한 의미를 긍정한다. 또 한편으론 외부세계의 존재에 의지하지 않는다. 그러나 존재주의 철학에서의 실재나 외부세계의 의미는 인간의 존재의 제약을 받는다. 인간의 존재가 없으면 실재는 어떠한 의미도 없다. 대천세계에는 여러 현상이 있어 복잡한 규율을 갖고 있으며 여러 기능을 갖추고 있다. 그러나 이 모든 것의 의미는 존재를 기초로 하며 이러한 기초가 없으면 실재는 게시, 설명 혹은 증명할 수도 없다. 하이데거는 인간의 존재가 없으면 외부사물 역시 존재하는 것이 없다고 했다. 야스퍼스는 인간의 존재를 벗어난 모든 사물은 통일성을 잃고 복잡하고 무질서한 상태에 놓일 것이라 했다. 샤르트르는 인간의 의식이 없다면 인간 이외의 사물은 혼돈에 사로잡힐 것이며 일종의 거대한 허상일 거라고 했다. 존재주의 철학에서 존재가 가장 중요하고 실재는 존재에 따라다니는 것으로 두 번째로 중요하다.

여섯째, 진리이다. 실재와 진리의 상관관계를 말한다. 인간과 실재가 관계를 가지는 목적은 진리를 얻고 존재가 무엇인지 명확히 하는 것이다. 진리를 얻는 방법은 선택과 행동에 있다. 사람들에게 무엇을 믿어야 하는지 규정을 선택하고 그것을 기초로 하여 자아라는 존재를 이해하며 '나는 누구인가?'에 대한 문제에 답한다. 존재주의는 진리란 것은 주관적이며 어떤 지식이나 진리든, 어떤 방식을 통해 지식이나 진리를 얻었든, 마지막엔 꼭 개인의 선택과 판단이 필요하며 그렇기에 모든 진리는 주관적이라고 했다.

일곱째, 가치이다. 진리처럼 존재주의에서 가치는 선택과 밀접한 관련을 맺고 있다. 존재주의는 절대적 가치를 부정하고 가치가 인간의 선택 속에서 존재함을 인정했다. 존재주의자는 만약 인간이 존재의 절대적 가치를 확신한다면 인간의 선택능력은 억압이나 부정을 받을 것이기에 이와 관련된 도덕적 판단능력도 억압이나 부정을 받을 것이라고 생각했다. 가치와 선택을 관련지음으로써 존재주의는 하느님과 사회가 정해준 가치기준을 거절하고 어떠한 권위적인 규범을 거절하며 개인의 선택을 최고의 가치로 두었다.

여덟째, 책임이다. 책임은 존재주의 철학의 중요한 지위를 차지한다. 자신의 본질을 창조함으로써 자아선택과 가치판단을 하는 개인은 자기행동에 책임을 져야 한다. 따라서 존재주의 철학에서 책임은 기타 요소와 밀접한 관련을 맺고 있을 뿐 아니라 존재주의 철학 속에서 중요한 조건으로 자리 잡았다. 존재주의는 인간의 본질이 자아선택과 행동의 결과라고 믿었다. 이러한 명제는 고전철학의 보편적 규율에 대한 추구와 인간의 본질을 정하는 전통을 타파했다. 인간은 고전철학의 사고에 따라 선택할 필요가 없는데 이는 인간의 선택과 인간의 본질이 외부세계의 규정의 영향을 받기 때문이다. 따라서 인간은 자기의 선택과 행위에 대해 책임을 질 필요가 없다. 고전철학의 이러한 사고는 개인이 책임을 도피하는 여러 이론적 변명의 구실을 제공해준다. 존재주의 철학은 이것이 아주 어리석은 관념이며 구체적인 생활에서 인간은 이러한 관념을 버려야 한다고 했다.

아홉째, 인생 관념이다. 존재주의는 전쟁, 위기, 분란이 있는 분위기에서 탄생했다. 따라서 전형적인 위기의식을 가지고 있다. 이러한 위기의식은 존재주의 철학의 사회위기에 대한 사고에서 나왔다. 모든 존재주의 철학의 형성과 발전과정은 자본주의 사회의 경제, 정치와 사회위기와 관련이 있다. 야스퍼스는 다음과 같이 말했다. 존재주의 철학사유의 원천은 1914년 이래 모든 사람에게 맞닥뜨린 개인 생존의 위기와 위험한 상황에서 온 것이다. 위기의 상황에서 탄생한 존재주의 철학이 위기를 구하는 것을 사명으로 인생과 사회를 돌이켜 봄으로써 새로운 철학을 확립하고 전통철학에 닥친 위기를 벗어나고 사회위기를 해소하는 사명을 해내기를 바랐다. 존재주의 철학 속에 내포된 위기의식은 비관적인 색채를 띠게 했다. 존재주의 철학은 인생은 비극이며 개인은 두려움, 번뇌, 사망의 압박을 받는 과정에 처해 있다고 했다. 두려움은 고독한 개인이 자유를 실현하고자 할 때 장애물에 맞닥뜨려 버려진 것을 느끼며 망연자실한 상태이다. 번뇌는 일종의 감정 상태를 말하는데 개인과 사회, 개인과 타인간의 험악한 관계를 반영한다. 죽음은 인생에서 피할 수 없는 종착점이다. 그렇기에 살면서 죽음을 피할 수는 없다. 두려움, 번뇌 그리고 죽음에 직면하여 우리는 자신과 대립하고 실망스런 세상에서 생활한다.

인간이 이 세상에서 차지하는 위치를 한마디로 표현하기 힘들다. 인간은 선택의 자유를 누리지만 우리가 직면한 현실은 오히려 혼돈스럽고 갈피를 잡기 힘들다. 이렇게 존재주의 철학은 인생에 극단적인 비관적 색채를 입혀주었다.

위에서 언급한 철학적 주장에 기인하여 존재주의 철학은 자신만의 교육철학 관념을 형성했다. 존재주의 철학 관념에 따르면 교육의 목표는 바로 모든 사람이 자신의 존재를 인식하고 타인과 다른 자신만의 생활방식을 가지도록 유도하는 것이다. 이러한 목표를 실현하려면 교육은 피교육자의 참된 품성, 선택하는 능력과 책임의식을 길러주어야 한다.

학생의 참된 품성을 기르는 것은 학생의 변별능력을 기르는 것을 의미한다. 또 부화뇌동하며 자기를 기만하고 남을 속이는 의식과 습성을 부정하는 것을 의미한다. 참된 품성을 잃으면 자아를 잃게 될 것이며 부자연스러워져 정신적으로 매우 피곤하고 체력이 고갈될 것이다. 참된 품성을 형성하려면 인성을 억압하고 인간의 발전을 방해하는 규칙, 방식, 제도가 있는 교육을 없애야 할 것이다. 그리고 온순하고 규칙에만 복종하는 인간을 양성하는 교육 목표를 버리고 진실한 환경과 분위기를 만들어야 할 것이다.

선택하는 능력을 기르는 것은 또 다른 교육의 목표이다. 이러한 목표를 실현하려면 교육은 학생이 자유롭게 인식하도록 유도하고 선택의 의미와 책임이 무엇인지 알게 해야 한다. 이로써 교육을 통해 학생의 선택하는 능력을 기르고 선택할 기회를 학생에게 제공해야 한다. 또 다른 한편으론 학생이 끝없이 넓은 선택의 공간을 이해하도록 돕고 학생이 적극적으로 선택할 동기를 마련해 주어야 한다.

책임의식은 존재주의 교육철학이 부여한 교육의 또 다른 중요한 목표이다. 존재주의 철학은 인간의 선택을 확인하는 것이며, 개인의 선택은 항상 일정한 상황에서 이루어진다고 했다. 그 상황이란 환경, 사회 그리고 타인을 말한다. 따라서 살아가면서 인간은 선택을 회피할 수 없고 동시에 이것이 인간의 책임이기도 하다. 인간은 자기가 선택한 환경, 사회, 타인에 대해 책임을 져야 한다. 개인이 절대적인 선택의 자유를 가지기에 책임의식은 더욱 더 중요하다. 교육과정에서 학생의 책임의식을 기르는 방법은 학생이 책임을 지는 것을 깨우치도록 돕는 것이지 책임을 환경, 타인, 사회에 전가하는 것이 결코 아니다. 학교는 학생이 스스로 선택하고 그에 상응하는 책임을 지는 훈련 장소여야 한다. 그리고 학생이 선택과 그에 수반된 책임을 경험하도록 해줘야 한다.

존재주의철학과 그 교육 관념을 분석해 보면 개인의 지위와 주관적인 역할을 강조했다는 것을 알 수 있다. 이러한 특징은 존재주의 교육철학이 교사와 학생의 관계에 대한 이해와 교육방법을 다룰 때 충분히 표현되었다.

분석철학은 20세기 후반에 광범위한 영향을 미친 주요 유파의 한 갈래이다. 분석철학 내부를 보면 다른 두 갈래로 나뉠 수 있음을 알 수 있다. 한 부류는 논리 실증주의이고 또 다른 한 부류는 일상 언어 유파이다. 정확히 말하면, 분석철학은 주로 하나의 철학방법이자 교육철학관념이나 내용 자체에 대한 영향은 뚜렷하지 않다. 그러나 하나의 철학방법으로서 인간의 이해, 사고, 이미 나온 교육사상과 교육범주를 운용하는 것에 영향을 미치며 분석철학이 분석교육철학을 형성하게 된다. 20세기 후반기의 교육철학사상을 정리할 때 교육철학의 분석을 빠뜨려선 안 된다.

분석철학 속의 논리실증주의에는 몇 가지 주요 관점이 있다.

첫째, 자연과학방법을 운용해서 지식을 얻고 지식을 증명하는 것을 강조한다. 자연과학 영역에서 인간은 경험을 이용해 지식을 얻고 지식을 증명한다. 분석철학은 전통철학이 형이상학에 주의했기에 자연과학방식으로 결론을 도출할 수 없다고 여겼다. 때문에 전통철학의 언어, 명제, 개념 등은 아무런 의미가 없다. 분석철학은 실증적 원칙을 내고 형이상학과 진리를 각각 사용한다. 이러한 원칙에 의거해서 모든 경험을 통해 얻어진 지식이 의미가 있다. 만약 경험을 통해 검증과 실증을 할 수 없다면 어떠한 명제, 개념도 그 존재의 이유가 없게 된다. 이렇게 분석철학은 모든 전통철학을 비판했는데 이는 전통철학에서 거의 모든 명제, 개념, 범주가 경험을 통해 증명 될 수 없기 때문이다.

둘째, 철학의 임무는 논리분석에 있다고 강조했다. 경험이나 원래로 돌아갈 수 있는 경험의 논리를 빌려서 인간이 사용하는 개념과 명사간의 관계를 분석, 비판하고 혼동할 수 있는 언어의 뜻을 분명히 하고 기존의 지식을 설명한다.

셋째, 가장 간결한 방식, 심지어 자연과학 영역의 법칙을 운용하기를 강조한다. 지식을 반영하는 명제, 개념간의 관계를 알아낸다.

분석철학의 이와 같은 관점은 강한 임팩트를 가지고 있다. 분석철학의 실증 원칙의 관점에서 보면 전통철학과 모든 규범, 가치 그리고 의식 상태는 와해될 위기에 직면해 있다. 그렇기 때문에 분석철학은 상당히 강한 비판과 저항을 받고 있다. 분석철학은 이러한 비판에 대처하는 기본적인 방법으로 지식의 기준을 완화하는 것을 선택했다. 이것은 바로 분석철학에서 일상 언어 학파의 주요정신이다. 구체적으로 말하자면, 일상 언어 학파는 인간이 일상생활 속에서 어떤 개념에 판단을 가하지 않고 어떤 해석도 하지 않으면 개념의 혼란을 가져온다고 여겼다. 따라서 철학의 임무는 혼동을 가져오는 개념을 분명히 정리하고 그 의미를 확정하는 것이라 했다. 이런 방법을 통해서 개념이 모호하고 의미가 혼동되고 이론에 이견이 있는 현상은 감소하게 될 것이다. 분석철학의 논리실증주의에서 일상 언어는 부정확하고 마땅히 버려져야 할 언어라고 여긴다. 논리실증주의는 새로운 정확한 인공의 언어가 일상 언어를 대신하기를 주장한다. 일상 언어 학파는 이와 상반된 의견을 가지고 있다. 일상 언어 학파는 인간이 일상 언어를 대체할 인공언어를 만들 필요도 없을뿐더러 이러한 목표는 실현될 수 없다고 했다. 일상 언어를 대하는 태도와 입장은 논리실증주의와 일상 언어 학파가 가장 크게 의견 차이를 보이는 부분이다. 분석철학은 일상 언어에 대해 두 가지 태도를 지니고 있을 뿐 아니라 형이상학, 윤리규범에 대해 두 가지 태도를 수용하고 있다. 논리실증주의의 기준에서는 모든 형이상학과 윤리규범은 아무런 의미가 없고 철학영역에서 나와야 한다. 이러한 모든 것들은 경험을 통해서 검증과 실증이 불가능하기 때문이다. 일상 언어학파의 주장은 이와 달리 형이상학과 윤리규범은 모두 언어의 의미를 파악하고 그 함의를 명확히 할 수 있다고 했다. 그로써 효용이 있는 것이다. 일상 언어 학파는 지식이나 진리의 기준을 완화함으로써 논리실증주의의 한쪽에 치우친 관점을 수정할 수 있다고 했다. 그리고 분석철학이 비판에 대응할 수 있도록 도울 뿐 아니라 분석철학의 내용을 풍부하게 만든다고 보았다.

분석철학은 교육이론에 아주 지대한 영향을 끼치며 분석교육철학을 형성했다. 분석교육철학은 전통 교육이론을 비판했으며 분석철학의 입장에서 전통의 교육이론이 경험으로 검증할 수 없다고 했다. 그러므로 인간은 전통적 교육이론과 연관된 윤리규범을 포기해야 한다. 그러나 과도하게 범위가 넓은 것을 부정하면 교육이론과 교육 실천 영역에서 전개되기가 힘들기 때문에 분석철학이 점점 제한을 완화하기 시작했다.

분석철학 후기에는 형이상학과 교육영역에서의 윤리규범이 분석철학의 연구의 틀로 돌아가 교육의 특정한 연구영역에 의해 받아들여졌다. 이와 함께 교육실천의 특수성도 나날이 분석교육철학의 관심을 받았다. 분석교육철학의 형성, 발전궤도는 대체적으로 모든 분석철학의 노선과 일치한다. 분석교육철학이 운용하는 분석방법은 교육에 아주 큰 영향을 끼쳤다. 이러한 영향은 교육개념의 집중적인 분석에 나타났다.

첫째, '교육'분석이다. 분석교육철학에 따르면 교육이란 광범위하고 복잡한 의미를 내포하고 있으며 동시에 사용되는 장소가 많고 그 사용빈도가 많다고 했다. 그리고 교육영역과 일상생활에서 인간이 이러한 개념의 형세를 혼동하는데 이는 '교육이란 뜻을 오해하고 착각하게 했다. 따라서 분석교육철학은 이러한 가장 기본적인 개념에 대해 분석하기를 결심했다. 이 분야에서 피터스 교수는 훌륭한 업적을 남겼고 큰 영향력을 발휘했다. 피터스의 '교육' 방법에 대한 분석은 인간이 분석교육철학의 정신을 파악하는 데 도움이 되었다. 피터스는 두 가지 사고맥락에서 '교육'을 분석했는데, 그중 하나가 어떠한 인재가 교육을 받는지, '피교육자'를 분석함으로써 '교육'의 개념을 분석하는 것이다. 이러한 사고의 과정에서 피교육자의 재능, 태도, 성향의 분석을 통해 교육의 기준을 확립한다. 또 다른 면에서는 분석교육과정 자체를 통해서 교육활동의 특성을 파악해 '교육'을 분석하는 것이다.

피터스는 교육을 받은 경험이 있는 사람은 다음과 같은 특징이 있다고 했다.

첫째, 전문적인 재주와 다양한 지식을 파악하고 있다. 전문적인 재주만을 갖춘 사람은 교육을 받은 이들이 아니다. 예를 들어, 사람들은 기계조립공이나

차 수리공이 교육을 받은 사람이라고 단언하기 어렵다. 그러나 만약 기계조립공이나 차 수리공이 뛰어난 재능뿐만 아니라 풍부한 지식과 도식에 대한 개념을 정확히 알고 있다면 사람들은 그들이 교육을 받았다고 단언한다.

둘째, 장악한 지식이 활력이 있다. 활력을 갖추고 있다는 것은 이러한 지식이 피교육자의 추리능력을 형성할 수 있고 그의 경험을 재편할 수 있으며 그 사상방식과 행동능력을 바꿀 수 있다. 이러한 지식을 가지고 있는 사람이 만약 지식을 운용해서 자신의 신앙과 생활방식을 바꿀 수 없다면 지식의 활력을 표현해 낼 수 없을 것이다. 이러한 사람은 교육을 받은 사람이 아니다. 이런 매우 전문화된 지식은 생명력이 있는 지식이 아니다. 예를 들어, 골프를 치는 지식은 지식과의 연관성이 매우 적다. 따라서 활력이 매우 적게 표현된다. 이러한 지식을 갖추고 있는 사람은 결코 교육을 받은 사람이 아니다.

셋째, 지식을 탐구하는 목적은 생계를 초월하는 것이다. 피교육자는 지식을 그저 생계 수단으로만 보지 않는다. 이러한 사람들에겐 일의 목적은 바로 일 자체이며 지식을 탐구하는 목적은 마찬가지로 지식을 탐구하는 그 자체이며 구체적인 생계목적을 갖춘 것은 아니다.

피터스는 교육과정을 분석해 일련의 기준을 확립했는데, 네 가지 기준에 부합해야만 교육이라 할 수 있다고 했다. 피교육자의 정신이 활동적으로 움직일 수 있도록 해야 한다. 특정한 목적을 가지고 있어야지 임의의 활동이 되어선 안 된다고 했다. 학습자는 일정한 기초와 이해능력을 갖춰서 '인지관점'을 가지고 활동을 해야 한다고 했다. 지식을 전수하거나 기술의 방법을 전수하려면 도덕적인 면도 받아들여야 한다. 네 가지 기준은 피터스가 '교육'을 분석하고 '교육'을 판단할 때 사용하던 분석철학의 사고의 맥락이다. 이러한 사고의 맥락은 분석철학의 기본정신을 명확하게 구현했고 이것이 바로 지식의 기준을 확립하는 것을 토대로 지식을 흡수하고 비非지식적 내용을 배척하는 것이다.

둘째, '지식' 개념을 분석한다. 지식을 분석하는 면에서 영국의 분석교육철학을 대표하는 학자는 바로 허스트이다. 그는 자신의 저서 『자유교육과 지식의 성질』에서 전형적인 분석철학방법을 제시했다. 허스트는 지식의 형식이 실제로는 경험의 체계적인 표현방식이며 지식에는 네 가지 특징이 있다고 했다.

첫째, 모든 지식에는 특유의 중심개념을 가지고 있다. 도덕의 중심개념은 선, 악이고 종교의 중심개념은 하느님, 원죄, 천당 등이다.

둘째, 특정한 지식의 형식에서 많은 중심개념이 실현가능한 관계적 네트워크를 형성하고 있다. 경험은 그 속에서 이해할 수 있는 것이다.

셋째, 하나의 지식은 그 특수한 전문용어에 의거해 표현방식이나 진술방식을 가지고 이러한 표현방식이 얼마나 간접적이든지 모두 일정한 방식을 통해 경험의 검증을 얻을 수 있다.

넷째, 이러한 지식의 형식에 대해 사람들은 이미 특정한 운용경험을 통해 검증하는 기술과 기교를 형성했다.

지식의 네 가지 특성은 허스트가 지식에 대해 분류한 기본적 기준으로 되었다. 이러한 기준에 따라 허스트는 지식을 일곱 가지 유형으로 정리했다.

① 형식 논리와 수학이다. 이러한 지식은 추상적인 관계까지 포함하는 개념이다. 진리의 검증은 한 공리체계내부의 추리가능성을 결정한다.

② 자연과학이다. 이러한 종류의 지식은 관찰 증명이 가능하거나 부정적 논술에까지 영향을 준다.

③ 자기와 타인의 심리에 대한 이해다. 이러한 지식은 인간관계, 사회과학과 심리학에서 중요한 위치를 차지하는데 사람들이 생활과 업무를 더 잘할 수 있도록 도와준다.

④ 도덕 판단과 의식이다. 이러한 지식이 사용하는 개념은 '반드시', '틀렸다', '책임' 등의 개념이 포함되는 것으로 다른 지식에는 없는 것이다.

⑤ 미의식의 경험이다. 이러한 지식은 개념을 사용할 뿐 아니라 음표, 선, 색채 등 부호를 사용해 표현한다.

⑥ 종교적 주장이다. 종교주장을 판단하는 기준은 다른 지식과는 여실히 다

르다.

⑦ 철학적 이해이다. 이러한 지식은 유일무이한 개념을 포함한다. 이러한 개
  념을 운용하면 다른 지식의 이성적 기초를 찾을 수 있고 그 기본적 특징
  이 그 방법론으로서 존재한다.

허스트의 지식분류는 학교교육과정에 직접적인 영향을 미쳤다. 인간은 지식
의 특성과 유형에 따라 과정체계와 분류를 구상했으며 과정내용의 범위와 심
리훈련의 관계를 확정했다.

셋째, '교학'의 개념을 분석한다. 분석교육철학이 '교학'이라는 이 개념에
대해 다섯 가지 기준을 마련했다. 그중 첫째는 가르치는 사람, 둘째는 배우는
사람, 셋째는 교학의 내용, 넷째는 교학을 행하는 사람은 더 많은 교육자를 바
란다는 것이다. 마지막으로 가르치는 방법으로 도덕적으로나 교육학적으로나
받아들일 수 있는 것이다. 이러한 기준에 따라 분석교육철학이 교학개념과 다
른 현상을 분명히 구별한다.

분석교육철학이 자신의 교육 관념을 표명한 적은 없다. 그러나 교육철학과
교육실천에 관해서는 상당히 큰 충격을 안겨 주었다. 그 주요 원인은 바로 분
석교육철학이 교육과학연구에 과학적인 방법론을 제시했기 때문인데 이로 인
해 자각적으로 지식의 기준을 추구하고자 하는 의식이 생겼다. 이러한 의식은
전통적인 교육철학과 예전의 모든 교육과학에서 결여되어 있던 것이다. 20세
기 후반의 교육철학의 또 다른 중요한 사조는 후 현대주의의 출현이다.

후後현대주의(포스트 모더니즘)는 아주 복잡한 철학사조이다. 한편으로는
후 현대주의 자체에 여러 의미를 포함하고 있어 사람들이 후 현대주의를 이해
하기가 어려웠고, 또 다른 한편으론 후 현대주의에 많은 다양한 뜻을 포용했
는데 그중에는 체계화되거나 일치된 사상관념이 없어 고정되지 않고 사람들
이 언뜻 파악하기 힘든 형태와 내용밖에 없었다. 그래서 본문에서는 그 기본
정신, 특징 그리고 교육철학의 영향을 집중적으로 서술하고자 한다. 후 현대

주의는 역사적 내력이 깊은데 니체가 후 현대주의의 선구자이다. 신이 죽고 종극의 가치와 기본적 규범이 없어지면서 사람들의 권력과 의지로 이 세상에 모든 것을 만들었다. 이런 놀라운 선언은 후 현대주의사상의 원천이 되었다. 후에 오니스F. Onis, 프랑크푸르트학파, 푸코M. Foucault, 데리다J. Derrida, 리오타Jean Francois Lyotand 등 후 현대주의 대가들의 등장과 발전을 통해 후 현대주의가 여러 학과영역, 사람의 사상관념과 행위방식에 영향을 미쳤다. 후 현대주의가 교육영역에서 다방면으로 영향을 미치면서 후 현대주의 교육철학을 형성하였다.

후 현대주의의 기본특징은 주로 다섯 가지가 있다.

첫째, 권위를 부정한다. 니체는 신은 죽었다고 말하며 도덕의 권위가 사라졌음을 선포했다. 2차 세계대전 이후 각 영역의 권위는 모두 비판을 받았다. 후 현대주의는 어떠한 권위든지 더 이상 존재하지 않을 것이며 사물과 행동을 판단하는 모든 권위는 이미 없어졌으며 인간은 주체적이고 다원적인 가치기준으로 자신의 행동을 판단하고 사물과 사회현상을 평가하며 자기의 생활방식을 선택한다고 했다. 권위를 부정하는 것은 각 사회과학영역에서 표현되었으며 의식형태영역과 심지어 자연과학에도 반영되었다. 거의 모든 사회과학영역의 권위 있는 이론이 비판을 받았다. 의식형태영역의 모든 논리는 비판을 받았고 심지어 자연과학의 규칙 역시 도전을 받았다.

둘째, 과학이성을 부정했다. 과학은 이미 인간의 인식을 한 단계 끌어올렸고 자연의 능력을 바꾸었다. 그리고 과학이 발전함에 따라 생산성도 높아졌으며 생활의 질이 눈에 띄게 개선되었다. 과학은 인간이 복잡한 자연과 사회문제를 해결하도록 도와주었다. 과학이성능력은 이렇게 최고조에 달했다. 그러나 후 현대주의는 이 모든 것을 의심하였다. 과학의 발달이 사회의 변화, 사상의 변화, 행위의 변화를 가져다주는 동시에 인류에게 많은 중대한 위기를 안겨주었다. 환경오염, 핵전쟁 위기, 자원고갈, 생태계 파괴 모두가 과학이성의 한계를 말해준다. 산드라 하딩Sandra Harding은 25회 노벨상 시상식에서 다음과 같이 말했다.

"내가 여기에서 말하는 후 현대주의는 아주 중요한 역사적 시기에 생겨났으며 현대 서양과 엘리트가 세운 기본적인 가설의 합법성에 의문을 제기했다. 과학, 그것의 윤리, 이성과 기능은 의심을 받았던 일부분이다."

셋째, 자아를 부정한다. 후 현대주의의 기수 푸코는 인류의 지식의 유형이 18세기 후기에 이미 '자아반성과 비판'의 시대에 들어섰다고 말했다. 푸코는 인류지식의 유형이 세 번의 진보단계를 거쳤다고 했다. 첫 번째 단계는 지식유형이 비슷한 성질을 띠며 이 단계는 중세말기부터 르네상스시기까지를 말한다. 이 시기의 지식의 특징은 '협약, 모방, 미화, 감응'으로 축약할 수 있다. 그리고 비슷하고 공통된 관념을 통해 지식을 형성한다. 두 번째 단계에서 지식의 특징은 정확히 표현하고 체계적으로 분류하는 것으로 바뀌었다. 이 단계는 17~18세기를 말하며 이 단계에서 비슷하거나 공통적인 특징을 가진 지식은 버리고 인간이 개성과 차이를 모색하기 시작했다. 세 번째 단계에서 지식의 특징은 체계의 붕괴이다. 이 단계는 당대를 말한다. 자아반성과 비판을 중시하는 것은 당대지식유형의 전형적인 성질이다. 푸코는 비록 지식의 발생과 발달진 행사항을 알기 위해 고고학을 분석했으나 당대 후 현대주의의 자아비판을 위해 사상적 자원을 제공하기를 부정했다.

넷째, 본질주의를 부정했다. 근대 이전의 철학은 본체론적 의미에서 이원화 경향을 띠었다. 인간이 종극의 존재를 이해할 때, 두 가지 대립되는 이론을 말했다. 한 가지 이론은 세계가 실재로 통일됨을 확신하는 것이고 또 다른 이론은 그와 상반되게 이 세계의 종극의 존재는 인간의 정신이라 믿는 것이다. 후 현대주의는 이런 이원화된 경향을 부정했다. 리오타는 사회는 방법론적으로 매우 철저한 사람이 발견한 '단일성'이나 전체를 기다리지 않는다고 했다. 모든 지식이 언어의 놀이로 이루어져 있으며 각 언어의 놀이는 다 다르기 때문에 어떠한 현실이든 모두에게 공인된 절대적인 본질은 있을 수 없다. 언어 놀이라는 배경 하에 현상과 본질, 외재와 내재의 분열 그리고 대립은 더 이상 존재하지 않는다. 그러므로 방향을 바꾸어 다원적으로 살펴보고 이해해야 한다.

다섯째, 확정성을 부정한다. 후 현대주의는 세계는 불확정성으로 충만하다고 여긴다. 불확정성이라는 것은 언어, 실체, 현상 등을 가리키는 것으로 모호성, 단절성, 이단적인 학설, 다원론, 반박, 곡해, 변형 등을 빌려 표현해내는 것이다. 후 현대주의는 이러한 사고의 흐름에 따라 모든 것이 불확실하고 변하고 있다. 후 현대주의의 이러한 관점의 효과로 차이, 신기함, 개성 그리고 독특함이 추앙을 받았다.

후 현대주의 철학사조는 교육과정에서 침투되어 광범위해졌으며 대표적 인물로는 리오타, 지루Henry Giroux 등이 있다. 그 관점은 교육의 각 방면에 침투되어 교육의 각 영역에 충격을 안겨주었다.

"후 현대주의는 교육에서 형이상학, 인식론에 선입견을 갖는 약점 등을 폭로하고 교육에서 나타나는 편견을 비판했다. 이것은 근본적으로 현대교육을 위협할 수 있다고 했으며 서양역사상에서 처음 있는 일이다."

이것은 한 서양교육자가 후 현대주의가 교육에 끼친 영향에 대해 평가한 것이다. 교육이 만들어낸 변화를 보면 이러한 평가는 적절하다.

후 현대주의 사조와 마찬가지로 후 현대주의 교육철학의 내용도 매우 복잡하다. 간단하게 말하면 그 주요관점은 다음과 같다.

첫째, 차이점을 강조한다. 후 현대주의의 관찰 아래 교육에서 권위의 기준, 제도, 동일성은 더 이상 존재하지 않으며 그 대신 차이성을 띤 교육제도, 교육목표, 과정내용 그리고 교육방법이 존재한다. 후 현대주의는 교육 체계 속에 어떠한 종극의 권위를 없애기를 바라고 다원화된 차이가 있는 기준으로 교육의 각 방면에 작용하기를 바란다.

둘째, 교육의 신성성을 비판한다. 후 현대주의는 교육의 신성성을 비판한다. 이러한 경향은 전체 학술의 경향과 맥락을 같이 한다. 후 현대주의가 보면 세계에서 모든 것을 독점하고 조절하는 권위란 있을 수 없으며 그렇기에 교육과정에서 역시 이러한 것은 존재할 수 없다고 했다. 이러한 태도는 교육이 더 이상 인간의 미래를 예견할 수 없음을 의미한다. 그리고 인간은 교육을 통해 관념 속에 먼저 존재하는 사물을 얻을 수 없다고 했다. 따라서 인간의 교육 가치 관념은 변해야 한다. 미래인을 양성하는 수단적 관념이든 사회질서를 복제하는 도구적 관념이든 교육은 변해야만 한다. 후 현대주의 철학은 당대사회에서 교육의 기능이 절대 인간이 상상하는 것만큼 훌륭한 것이 아니라고 생각했다.

셋째, 중심주의에서 벗어난다. 후 현대주의 교육철학의 이러한 주장은 정신적 양상과 그 뜻을 같이 한다. 후 현대주의는 전체 학술영역에서 권위의 해체를 주장한다. 이러한 구호에는 중심의 해체를 포함한다. 후 현대주의 대가가 분석한 개념은 실제로 전체 지식의 큰 구조, 질서 그리고 중심에 대해 분석한 것이다. 그것은 모든 구조, 중심, 질서를 없애고 구조, 중심, 질서의 방향을 바꾼다. 중심과 주변의 관계를 뒤바꿔 주변이 지위를 차지하고 주변과 중심이 병렬하는 다원적인 구조를 형성한다. 이러한 사상은 교육철학영역에서 모든 권위적인 제도를 가진 교육기구가 교육의 권리를 독점하는 것을 타파하기를 원하고 전통적인 규칙에 얽매인 교육제도에 벗어나기를 원했다. 후 현대주의는 교육활동이 제도교육의 체계 안에 존재하고 있다고 했다. 또, 제도 교육 체계 외에 인간의 많은 활동 역시 풍부한 교육적 의의가 있다고 했다. 인간이 정식 교육을 받았는지를 판단하는 기준으로 삼기를 거부했고 진부한 규범교육을 받은 사람인지 판단하는 것에 반대했다. 교육을 받은 이는 더 이상 졸업증서를 가진 사람이 아니며 모든 사람은 다양한 수준에서 다양한 분야의 교육을 받을 수 있다. 이렇게 제도교육과 학교교육의 중심은 후 현대주의의 언어체계에 의해 와해되었다.

넷째, 새로운 교육목표를 제시한다. 후 현대주의는 현대사회교육의 목적 중에 많은 내용이 비판을 받고 있다고 말한다. 이러한 교육의 목적아래 학교교육은 사회의 우월한 문화를 피교육자에게 전수하고 사회의 우수한 문화의 체제와 전승자를 배출해낸다고 했다. 따라서 소위 교육의 '중립'이라는 것은 실

제로 교육이라는 거짓된 껍데기에 싸여 있는 것일 뿐이다. 후 현대주의 교육
철학은 교육의 위선과 폐단을 폭로하는 동시에 자기의 교육목적을 제시했다.

그러나 후 현대주의는 하나의 체계를 갖춘 통일된 철학유파는 아니다. 후 현
대주의의 관점과 인물은 각기 다른 경향과 추구를 가지고 있기 때문에 후 현대
주의 철학은 결코 전통교육의 목적을 비판하는 기초 하에 공통된 교육목적을
형성하는 것이 아니다. 비록 그렇다 할지라도, 인간은 여전히 다른 후 현대주
의 교육철학의 주장에서 공통의 요소를 뽑아낼 수 있다. 후 현대주의 교육철학
의 주장은 교육이 우월한 문화에서 해방되어 나와 주변문화와 특수문화, 개체
의 경험을 충분히 인정해야 한다고 했다. 그걸 기반으로 후 현대주의는 변별능
력, 비평능력, 비판능력을 갖춘 사람을 배양하기를 호소했고 이러한 사람이 도
전하고 우월한 문화를 뒤집어 주도적인 위치를 차지함으로서 각종문화와 특수
한 경험을 갖춘 다원화된 사회를 형성할 수 있다. 후 현대주의는 이러한 교육
목적을 가지고 교육활동을 한다면 피교육자가 그 속에서 비판의식과 비판능력
을 갖출 수 있을 것이라 믿었다.

후 현대주의 교육철학은 여전히 교육목적에서 생태적 요소를 끌어들인다.
교육목적의 생태적요소를 강조하는 주요원인은 현대문명이 인류의 생활환경
과 생존공간에 만든 파괴와 소멸 등의 효과를 후 현대주의가 보았기 때문이며
생태의 악화, 환경오염, 자원 고갈 등 모두 인류의 생존과 발전을 위협하였기
때문이다. 후 현대주의 교육철학은 교육이 현대문명의 제약에서 벗어남으로써
자연, 생태, 환경과 조화를 이루는 교육을 행하고 자연, 생태, 환경을 소중히
다루는 인간을 양성한다.

후 현대주의 교육철학자의 눈에는 당대 사회란 이익분쟁의 사회이며 이익충
돌이 격렬하며 경쟁과정이 참혹한 사회라고 보았다. 이러한 사회에서 생활하
는 사람의 정신은 평정을 이루기 힘들며 가정에서도 긴장된 분위기가 흐른다.
이러한 경험을 토대로 후 현대주의는 교육이란 사회에 관심을 가지는 정신이
평화로운 사람을 양성해야 하며 이러한 사람이 사회 전체의 안정과 가정생활

의 평정을 보장해 줄 수 있다고 했다. 이렇게 사회비판능력이 있고 생태환경에 관심을 갖고 심리가 안정을 이루는 사람이 후 현대주의 교육목적의 중심 내용이 될 수 있다.

다섯째, 평등한 교사와 제자간의 관계를 주장한다. 후 현대주의의 철학가들은 다른 각도에서 교사와 제자간의 관계를 바라보며 다른 의견을 보여주고 있다.

종합적으로 그의 관점을 보면 공통점은 바로 교사와 제자의 평등한 관계를 주장한다는 것이다. 이러한 주장은 다양한 것을 근거로 한 것이다. 하나는 당대 사회가 점차 정보화 사회로 되기 때문이다. 정보화시대에 학생은 이미 많은 변화를 이뤘고 그들은 더 이상 과거의 엘리트 청년이 아니며 대중적인 청년이다. 그들의 지식은 교사를 통해서만 얻은 것이 아니라 매체를 통해서 서로 왕래를 하며 배운 것이다. 더 중요한 것은 정보화시대에는 절대적인 권위적인 지식이나 비밀스러운 지식이 없다는 것이다. 이러한 상황은 교사의 지위에 변화를 일으켰다. 대중적인 청년은 여러 경로를 통해 지식을 얻고 교사의 역할은 그저 학생이 지식을 어떻게 얻는지 지도하는 것뿐이다. 즉 지식을 쟁취하는 규칙을 알게 한다. 두 번째는 사회의 차이가 나날이 사람들의 관심의 대상이 된다. 당대사회는 정보화 사회일 뿐 아니라 동시에 차이가 나날이 커지는 사회이기도 하다. 인간의 문화, 정치 그리고 신분의 차이가 나날이 명확해진다. 이러한 차이가 존재하는 상황 하에 교사는 통일된 주류적인 지식체계로 학생들에게 가르칠 수 없고 그에 맞게 학생도 나날이 민감한 자신의 변화로 인해 통일된 지식과 문화체계를 받아들일 수 없다. 이러한 차이에 직면해서 교사의 역할은 그저 도움을 주는 평등한 교류를 하는 사람일 뿐이다. 교사가 교학과정에서 할 수 있는 일은 학생들이 역사, 민족, 차이, 성별, 문화, 계급 그리고 의식의 형태를 이해하도록 돕는 것이다. 그래서 특정한 의식과 소질을 형성한다. 후 현대주의는 지식의 진보와 사회의 변화라는 두 가지 각도에서 교사와 학생의 평등한 관계와 현실적 원인을 설명한다.

여섯째, 개방적인 과정(커리큘럼) 체계를 호소한다. 커리큘럼은 줄곧 교육철학의 중대한 과제였는데 후 현대주의 역시 이에 큰 관심을 가지고 있었다. 후 현대주의에서 커리큘럼을 연구하는 각도는 매우 다양하다. 문화, 계급, 민족, 성별, 과정, 의식상태, 개인주의, 권력, 생태, 철학 등 다방면에서 학교 커리큘럼을 연구한다. 후 현대주의자는 커리큘럼을 바라보는 각도가 얼마나 다양하든 그들은 전통커리큘럼사상에 대한 비판을 약속이나 한 듯이 같이 전개하고 있다. 후 현대주의는 전통커리큘럼이론의 가장 큰 결점이 인과결정론사상이 커리큘럼에 관심을 보인다는 것이다. 이러한 사상의 지배하에 커리큘럼의 내용은 고도의 체계화되고 구조화된 특성을 보이고 있으며 풍부한 현실생활과는 아주 거리가 멀다. 이러한 커리큘럼에 구애되어서는 생동적이고 건전한 인간을 양성할 수 없다. 따라서 후 현대주의 교육철학은 자기의 커리큘럼 관념을 제시하고 이러한 관념을 통해 학교의 커리큘럼을 바꾸기를 희망한다. 풍부성은 후 현대주의가 강조하는 커리큘럼의 중요한 특성 중 하나이다. 이러한 특성은 커리큘럼의 깊이를 상징한다. 후 현대주의는 학교의 학술적인 커리큘럼은 모두 그 자신의 역사적 배경 및 기본적인 용어와 상관이 있다고 했고 모든 커리큘럼은 자기의 독특한 방식에 따라 풍부해진다. 예를 들어, 언어는 독해, 쓰기, 문학, 읽기연습, 비유, 신화, 서사 등 자기 자신을 표현하는 풍부성이 있다. 수학은 주로 여러 도식을 연구하고 그 풍부성을 표현한다. 물리, 생물 등 자연과학학과는 주로 가설과 증명을 통해 풍부성을 표현한다. 사회과학은 주로 대화, 협상의 방식으로 풍부성을 표현한다. 풍부성은 각 학과내부에 표현될 뿐만 아니라 다른 학과 간의 교류를 증진하기도 한다.

순환성은 후 현대주의가 강조하는 커리큘럼의 또 다른 특징이다. 이러한 특징은 후 현대주의가 커리큘럼의 풍부성을 근거로 제시한 것이다. 커리큘럼의 풍부성은 커리큘럼의 내용이 어느 정도 복잡하고 난이도를 가지고 있음을 의미하기 때문에 이러한 커리큘럼을 배우려면 일정한 순환이 있어야 하고 그래야 완벽히 파악할 수 있다고 했다. 그러나 순환은 중복과는 다르다. 후자의 목적은 고정된 경직된 지식의 기억력을 강조한다. 순환의 목적은 다시 살펴보고 다시 사고하고 다시 조직하고 다시 세우는 기회를 제공하는 것이다. 그래서 순환은 지식의 건설적인 전환과정이고, 순환을 통해서 학생은 진정으로 지식을 파악하고 능력을 형성한다.

관련성은 후 현대주의가 강조하는 커리큘럼의 또 다른 특징이다. 관련의 뜻은 커리큘럼의 조직적 연관성을 말한다. 당대사회에서 커리큘럼의 조직방식은 네트워크 및 각 구체적인 커리큘럼을 포함한다. 네트워크 커리큘럼 조직과 각기 구체적인 커리큘럼 조직은 모두 지식간의 연관성을 구현하고 특히 각각 다른 학과 지식간의 연관성을 중시한다. 학생에게 관련 있는 커리큘럼의 지식을 제공해줌으로써 학생의 능력의 발전을 촉진한다. 관련성이란 또 모든 커리큘럼 체계가 문화, 우주 그리고 세계를 연결시켜 사람들의 관심을 끄는 것을 의미한다. 따라서 커리큘럼의 조직은 관련성을 띌 뿐 아니라 문화, 우주, 세계 등 다방면의 복잡한 관계를 반영하도록 한다.

7. 현대 서양 교육 방법론, 그리고 교육 연구에 끼친 영향

방법론은 과학자가 연구 활동과정에서 공동으로 준수하는 과학적 신념, 과학적 기준, 연구과정 및 과학적 방식과 과학적 입장을 말한다. 인류사회는 매 시기마다 그에 맞는 다양한 방법론으로 연구 활동이 이루어졌다. 그리고 방법론의 전환은 과학연구의 위대한 역사적 성과의 탄생과 사회 과학 지식의 진보를 의미한다. 방법론은 매우 중요한 역사적 범주를 포함한다. 실로 그것은 인간이 세계를 바라보고 연구에 종사하며 생활에 적응하는 인지방식과 기본신념을 포함한다. 이는 인간의 과학 연구 활동과 사회생활에 중요한 계몽적 의의를 띠고 있다. 이런 의미에서 방법론과 철학본체론, 인식론과 가치론은 밀접한 관련을 맺고 있다고 말할 수 있다.

(1) 방법론의 함의含意

　　방법론은 일반적으로 두 가지 차원으로 나뉜다. 일단 철학적 차원에서의 방법론이 있다. 그것은 인식의 가장 높은 차원의 것으로 지식전체를 대상으로 하며 인식론과 가치론의 각도에서 인식의 보편적 원칙을 파악한다. 또, 개념의 틀을 형식으로 특정한 사유 패턴을 제공한다. 또 다른 하나는 구체적 과학 방법론이다. 그것은 특정한 학과범위를 대상으로 해서 특정한 학과 지식의 진보와 이론발전을 촉진하는 방법이다. 예를 들면, 심리학의 특수한 사례에 대한 연구, 자연관찰 그리고 심리 테스트 등이 있다. 서양의 각 방법론의 형태를 분석할 때 우리는 주로 일반적인 방법론이나 철학적 의미의 방법론을 다룬다.

　　철학방법론은 가장 고차원적인 방법론으로써 인류 과학 문화의 발달과정에 큰 영향을 미쳤다. 철학방법론의 인류문명 발달과정에 끼친 영향은 주로 사유방식의 전환과 특정한 사유원칙을 확립함으로써 이루어진 것이다.

　　전체 방법론 체계에서 철학방법론은 일반 과학방법론의 특징과는 다르다. 철학방법론은 인간의 인식과정이나 진리를 습득하는 과정을 통해서 탐구하는 것이다. 또, 지식의 유형에 따라 탐구하고 이러한 다양한 유형별 지식이 필요로 하는 방법대로 고찰하며 과학과 가치, 심미관을 되돌아봄으로써 효과적인 인식세계의 방법론적 구조를 제시한다. 이러한 방법론적 구조는 직접적인 조작 가능성을 가지고 있지 않아 과학, 문화를 연구할 때 직접적으로 이용할 수는 없다. 그러나 이러한 방식은 반복적인 논증과 사고를 통해 인간의 방법론적 인식으로 점점 내재화되어 인간이 문제를 관찰하고 사고하는 시각을 형성한다. 이는 결국 여러 다양한 사유방식과 사유원칙으로 되어 철학적인 차원의 방법론을 형성한다. 일반적인 과학방법이 특정한 대상을 충족시키고 상대적으로 독립적인 실체이자 현상으로써 존재한다. 일반적인 과학방법을 통해서 인간은 대상을 분석할 수 있고 혹은, 실험을 통해 어떠한 인식이 참인지 거짓인지 증명해낸다. 그래서 구체적인 개념, 명제, 이론 혹은 지식을 형성한다.

　　철학방법론은 비록 특정한 대상의 범주를 확정하지 않지만 인간의 인식과정, 지식의 유형과 각종 구체적 방법에 관심 가지고 탐구하기에 특별히 중요한 의의를 가지고 있다.

첫째, 방법론은 인간의 세계관을 구현한다. 일반적인 의미에서 세계관이란 인간이 세계를 바라보는 관점을 말한다. 구체적으로 말하면, 세계관은 대체적으로 세 가지 의미를 포함한다. 그중 하나는 세계가 도대체 무엇인지 답하는 것이다. 이러한 문제를 이해하면 세계의 본질이나 근본을 이해할 수 있다. 또 다른 하나는 세계가 어떤 상태인지 답하는 것이다. 이러한 문제를 이해하면 인간은 세계를 정적이거나 혹은 변화하는 것이라고 생각할 수 있다. 만약 세계가 변화하는 것이라고 확신하면 인간은 그와 동시에 세계의 변화규율에 대한 견해를 형성할 수 있을 것이다. 마지막으로 인간과 세계의 관계에 대한 문제에 답하는 것이다. 이러한 문제를 이해하면 인간이 세계를 인식할 수 있는지 어떻게 세계를 인식하는지 하는 관념과 방법을 형성할 수 있다. 또 세계를 인식하는 기초 하에 목적 있는 상호작용을 하게 된다. 인간은 다방면의 각도에서 세계를 체계화시켜 철학적 의미의 세계관을 형성한다. 인간의 과학 연구 활동에서 이러한 세계관은 방법론을 통해 충분히 구현된다. 심지어 인간은 세계관에 맞는 방법론을 취한다. 과학 연구 활동의 역사적 발자취를 돌아보면 이러한 점을 충분히 알 수 있다. 베이컨은 유물주의 철학의 원리에서 출발하여 경험적, 실증적, 귀납적 방법론을 형성하고 구체적 방법을 강구해냈다. 데카르트는 이원적 본체론과 합리적 인식론에서 세계관을 형성하고 분명하고 확실한 진리성 법칙이나 선천적 이념에서 과학지식의 총체적 논리연역방법을 추론한다. 그것은 정확하고 보편적인 유일한 과학적 방법론이다.

둘째, 방법론이 인간의 세계관에 영향을 미친다. 방법론은 세계관을 구현하고, 그 세계관은 방법론과의 관계를 결정짓는다. 이것은 그저 세계관과 방법론의 관계를 단편적으로 다룬 내용일 뿐이다. 세계관과 방법론의 관계를 다룬 또 다른 내용은 방법론이 세계관을 구현하고 세계관의 내용을 반영함과 동시에 세계관을 바꾸는 데 영향을 미친다는 것이다. 세계관의 형성과정은 인간이 부지불식간에 일정한 방법을 통해 세계를 인식하고 세계를 바꾸는 과정을 말한다. 이러한 과정에서 세계를 인식하고 세계를 바꾸는 방법상의 차이가 인간의 세계관의 차이를 만든다. 또, 방법론의 변화는 인간이 이미 형성한 세계관을 바꾸도록 촉진한다. 방법론과 세계관의 이러한 관계는 당대 사회에서 아주 선명하게 드러난다. 계통론, 인포메이서니즘, 사이버네틱스를 방법론의 사상으로 해서 다양한 영역에 있는 사람의 구체적 활동을 바꿀 뿐 아니라 모든 인류의 세계관을 바꿨다. 한 세기 전쯤에 엥겔스는 실제로 이러한 관계를 정확히 보았다. 그는 유물주의와 유심론이라는 두 가지 세계관이 모두 과학의 발달에 따라 자신의 형태를 바꾸었다고 말했다.

셋째, 방법론은 세계관이 지시하는 인식 활동과 실천 활동이 서로 소통할 수 있도록 그 둘의 중개를 담당하였다. 만약 방법론의 이러한 중개가 없었다면 세계관의 의미, 특히 세계관이 지시하는 인간의 인식 활동과 실천 활동의 의미는 실현될 수 없었을 것이다. 이론적으로 말하면 세계관과 방법론은 두 가지 다른 범주에 속해 있다. 둘을 구별하면 다음과 같은 차이점을 볼 수 있다. 하나, 양자가 지향하는 대상이 다르다. 세계관은 자연, 사회, 인류의 사유를 포함하는 전체 세계를 지향한다. 그러나 방법론은 인간이 세계를 인식하고 세계를 바꾸는 구체적인 과정, 구체적인 방법, 평가기준을 지향한다. 둘째, 세계관은 주로 완전한 이론체계와 고도의 추상적인 범주체계로 표현된다. 그와 달리 방법론은 주로 일련의 원칙, 기준, 준칙, 규범과 순서로 표현된다. 세계관의 특징을 보면 인간이 직접적으로 세계관을 통해 자신의 활동을 지시할 수 없음을 알 수 있다. 세계관은 방대한 이론체계이고 구조가 복잡하고 내용이 풍부하기 때문이다. 따라서 세계관은 일정한 중개를 통해 방법론으로 전환되어 방법론을 형성한다. 이로써 비로소 인간의 활동을 지시할 수 있다. 세계관이 방법론으로 전환되는 메커니즘은 농축된 정수만 취하여 방법론의 기본원칙으로 삼는다. 그래서 인간의 활동에 방향을 제공하고 규범적 의미의 지시를 한다. 그러나 방법론이 일단 형성되면 세계관과 다른 두 가지 범주로 나누어지게 된다. 여기서 방법론이 실천적 의의를 갖는다. 인간은 직접적으로 방법론에 의지하여 과학연구 활동에 종사할 수 있고 세계를 인식하고 세계를 바꾸는 활동전체를 지도할 수도 있다. 철학사상 세계관이 방법론으로 전환되어 실천가능성이 높은 지도적 원칙을 확립한다. 실증주의의 사실을 증명하는 원칙, 비판적 이성주의의 거짓을 증명하는 원칙, 역사주의의 범례사상, 이 모든 것은 일정한 의의에서 세계관이 방법론으로 전환되는 과정을 나타낸다. 또 구체적인 방법론의 원칙을 형성해서 과학발전사상에 아주 휘황찬란한 업적을 남겼다. 그중 마르크스주의 철학적 세계관은 방법론의 사상으로 전환되고 난 후 혁명적인 의미를 띤 방법론을 제시하였다.

넷째, 방법론 원칙이 연구대상 선택을 지배하고 제약을 가한다. 인간이 무엇을 연구하든 대부분 방법론의 원칙의 지배와 영향을 받는다. 다른 방법론의 원칙을 받아들이는 사람들의 그 연구대상에는 차이점이 존재한다. 실증원칙을 받아들인 사람은 주로 감지할 수 있은 현상을 연구대상으로 한다. 교육 연구 영역에서 많은 심리학자들이 특정한 구체적인 교육현실을 자신의 연구대상으로 선택하고, 일부 교육학자가 거시적으로 전체적인 교육현상을 심층 연구하는 초점으로 삼는 것은 모두 그 다른 방법론의 방향을 반영한 것이다. 또, 그 받아들인 방법론의 원칙의 지배를 받았기 때문이다. 이와 마찬가지로, 사실을 증명하는 원칙과 거짓을 증명하는 원칙을 받아들이는 사람은 사실을 증명하고, 거짓을 증명할 수 없는 현상은 연구 대상에서 열외로 둔다. 상대주의의 원칙을 가진 사람은 연구대상의 감정과 상황을 그것을 탐구하는 틀 속에 끌어들인다. 이러한 모든 현상은 방법론의 직접적인 산물이다.

다섯째, 방법론의 원칙이 연구 방법과 연구 수단의 운용에 제약을 가하고 지배를 한다. 사실을 증명하는 원칙은 실험과 측량이 가능한 방법을 통해 연구대상을 증명하기를 요구한다. 이와 반대로, 비판주의 원칙은 이론을 통해 역사를 해석하는 방법을 사용해 관찰과 측량이 가능한 인과관계를 버리기를 강조한다. 연구방법과 수단의 차이는 역시 방법론이 영향을 미친 결과이다.

여섯째, 방법론은 연구자의 연구태도를 제약하고 영향을 미친다. 사실을 증명하는 원칙을 받아들이는 사람은 검증가능성의 기준을 강조했으며 어떠한 연구과정과 연구결과든 검증가능성이 부족하다면 아무런 의미가 없다고 했다. 거짓을 증명하는 원칙을 믿는 사람은 문제―이론가설과 탐색―오류제거―새로운 문제라는 네 가지 단계의 연구과정을 설계했다. 여기에서 과학연구는 관찰로부터 시작하는 것이 아니라 문제로부터 시작함을 알 수 있다. 과학연구과정은 본질적으로 끊임없이 거짓을 증명하는 과정이다. 방법론의 의의는 연구과정에서 그 지위를 반영할 뿐 아니라 다방면의 성질과 특성을 명시하는 것이다. 방법론의 의의를 파악하면 인간이 방법론의 복잡하고 풍부한 내포된 의미를 파악하는 데 도움이 될 것이다.

(2) 방법론의 형태

현대 서양 철학사와 사상사에는 다양한 형태의 방법론이 존재해왔다. 이러한 모든 방법론은 각 사회과학연구에 영향을 끼쳤으며, 사회 과학 발전 방향을 바꾸거나 사회 과학 연구의 공간, 대상, 구체적 방법에 제약을 가했다.

① 실증주의 방법론

현대 서양에서 가장 빨리 체계를 갖춘 방법론의 형태는 실증주의 방법론이다. 사회과학영역에서의 실증주의 방법론은 콩트가 창시한 방법론이다. 그 뒤에 부단한 수정과 보충을 통해 실증주의 방법론이 나날이 완전한 형태를 갖추게 되었다.

실증주의 방법론은 인식과 경험의 관계 혹은 현상과 원인의 관계를 어떻게 명확히 표현하는지 시종일관 주목했다. 실증주의 입장에서 보면 과학은 경험 사실 혹은 경험현상의 묘사여야만 하고 과학의 임무는 사물의 본질이나 규율을 들추어내는 것이 아니라 진실한 연구대상을 재현하는 것이다. 실증주의는 철학과 사회과학 영역에서 세계를 경험하고 현상을 파악하는 것을 초월하는 사물을 자신의 연구대상으로 삼아야 한다고 했다. 그래서 과학의 규범을 멀리하고 심지어 그것을 버리고 제거해야만 한다. 여기에서 실증주의 방법론은 어떠한 형이상학적 철학 사변이나 연구노선을 반대했다. 실증주의 방법론의 사고의 맥락에 따라 사회과학연구는 반드시 분산되어야 한다. 사회과학의 발견과 지식의 증가로 인해 상당히 복잡하고 심지어 분산된 구조를 보일 것이다. 왜냐하면 실증주의가 다루는 연구대상이 시종일관 실증가능하거나 검증 가능한 구체적 대상이기 때문이다. 이런 대상에 의거해 형성된 경험적 지식 역시 구체적이고 분산적이며 연속성이 없다. 이러한 난제나 지적에 직면해 실증주의 방법론은 다양한 지식을 하나의 통일된 전체로 정리하기를 시도하고 이런 지식이 실증 가능하도록 만든다. 따라서 실재, 실용, 실증, 정확, 단정 등이 실증주의 방법론의 기본정신이 되었다. 실증주의는 이런 정신을 가지면 형이상학을 배제할 수 있을 뿐 아니라 인류의 가장 높은 지혜를 하나의 총체적 사물로 통합할 수 있다고 여겼다.

본체론에서 실증주의 방법론은 인간의 의식이나 사상 외에 객관적이고 불변하는 경험이나 현상이 존재한다고 믿는다. 이러한 경험이나 현상은 인간이 느끼고 관찰할 수 있는 것이다. 인간의 의식이나 연구대상은 바로 인간의식의 실제적인 경험이나 현상밖에 있다. 인식론에서 실증주의는 주체를 인식할 때 인식과정과 인식대상에 영향을 미치거나 바꿀 수 없다고 믿는다. 현상과 현상간의 관계, 경험과 경험 간의 관계를 실제적으로 반영해서 묘사하고 보여줄 수 있을 뿐이다. 가치론에서 실증주의는 가치중립을 견지하고 인식과정과 결과가 외부세계, 경험 혹은 현상을 객관적으로 유지되어야 한다고 강조한다. 연구대상이나 연구외부세계, 경험, 현상을 인식하는 과정에서, 어떠한 주체적 요소를 다루어선 안 된다. 그렇지 않으면 인간이 외부대상을 왜곡하거나 오해를 할 수가 있고 인간 세계에 대한 총체적 파악에 악영향을 끼칠 수 있다.

실증주의는 사실을 증명하는 원칙이 방법론의 기본적인 원칙이라 믿는다. 이러한 원칙을 고수하면 철학, 인식과 사유는 관찰 가능한 사실이나 현상만을 대상으로 할 수 있고 귀납법을 통해서 사실, 현상 혹은 경험의 의미와 그 관계를 모색할 수 있다. 이러한 원칙과 방법만이 진정한 과학적 방법과 진리를 발견하는 방법이다. 또한 이러한 방법은 통해서만 관련성 있고 총체적인 지식을 세울 수 있을 것이다. 실증주의 방법론은 실용적이고 실재하는 지식을 제창하고 우주의 기원, 우주의 목적 파악을 추구하는 사변철학 특히, 신학을 반대한다. 이러한 정신은 과학과 문명이 진보하는 역사적 과정에서 아주 중요한 의의를 가지고 있다. 아무리 과대평가해도 지나침이 없을 만큼 인류의 과학연구에 끼친 영향은 대단하다.

그러나 실증주의 방법론의 결함 역시 아주 뚜렷이 드러난다. 실증주의 방법론은 사실, 현상, 경험에 내재하는 원인, 본질, 규율과 내부에 관련된 것을 연구하기를 포기한다. 이러한 결함은 실증주의 방법론을 표면적으로 드러나고 속되게 하여 실증주의의 실증정신에 조금도 어울리지 않을 것이다. 인류사회의 역사적 발전과정과 인류과학의 역사적 발전과정 속에는 사회가 어떻게 변화하고 발전하든 모두 특정한 규율이 내재한다. 이러한 규율을 드러내는 것이 과학의 가장 근본적인 임무이자 과학이 효과를 발휘하는 가장 기본적인 조건이어야 한다. 이것이 바로 실증주의 정신이 추구해야 하는 문제이기도 하다.

② 경험 비판주의 방법론

경험비판주의는 실증주의를 계승한 이후의 방법론의 형태이다. 어떤 의미에서는 실증주의방법론에 수정을 가한 형태라고도 말할 수 있다. 경험비판주의의 대표적 인물은 마하로, 경험 비판주의를 마하주의라고도 한다. 이 방법론은 실증주의 이론을 견고하게 하고 과학발전의 보조를 맞추는 배경 하에 생긴 것이다. 그것의 목표는 과학의 통일을 추구하고 '요소의 일원화'를 강조하는 것이다. 구체적으로 말하면 그것은 여러 가지 내용을 포함하는데, 이는 다음과 같이 정리할 수 있다.

첫째, 모든 현상을 설명할 수 있는 과학의 유형을 구축한다. 이러한 유형은 어떠한 제한도 받지 않고 모든 대상을 통합할 수 있다.

둘째, 첫 번째 것과 관련지어 철저한 경험주의 노선을 주장하고 세계를 경험으로 통일시킨다. 마하는 다음과 같이 말한 바 있다.

"어느 누군가가 각 분과로 나눠진 과학을 하나로 통합하려 한다면 그 누군가는 모든 과학영역에서 견지할 수 있는 개념을 찾아내야 한다."

이러한 개념은 바로 경험적 요소이며 혹은 세계요소라고도 한다. 이렇게 모든 세계는 통일된 기초를 가지고 있으며 이것이 바로 경험요소이다.

셋째, 과학의 임무는 바로 이러한 요소와 상호간의 모든 관계를 간결하고 효율적으로 묘사와 개괄을 하는 것이다. 분산되고 복잡한 요소를 간단한 요소로 귀납하여 세계를 인식하는 방법을 간단하게 하여 인간이 광활한 세계를 인식하는 데 도움을 준다.

넷째, 과학의 임무를 완성하려면 경험요소를 최대한 추상적으로 묘사하고 이해해야 한다. 이러한 목적을 실현하려면 모든 현상을 이해할 수 있는 과학의 유형을 확립해야 한다. 일단 확립했다면 과학영역에 더 이상 형이상학적인 모호함은 없을 것이다.

과학지식의 통일을 추구하는 것은 인간의 장기적인 과학 활동의 가장 위대한 지향점이다. 마르크스주의자이든 마르크스주의자가 아니든 모두 정도와 관점은 다르지만 이러한 목표를 추구한다. 그러나 마르크스주의가 세계가 하나의 물질로 통일된다는 것을 명확히 제시한 바 있다. 이것과 달리, 경험 비판주의는 연구, 인식대상, 인식방식의 한계로 인해 세계의 구성에 대한 이해나 과학 지식의 통일을 추구하는 데 아주 많은 어려움을 겪고 있다.

③ 논리 경험주의 방법론

논리 경험주의 방법론은 경험비판주의 방법론에 대해 재수정을 가한 방법론의 형태이다. 논리 경험주의 방법론의 목표는 루소의 수리논리방법론과 언어분석의 사상이 과학 연구 활동을 운용하는 데에 있다. 그 특징은 첫째, 과학지식의 구조를 방법론의 핵심 문제로 여긴다. 둘째, 방법론이 귀납적 논리를 운용해 하나의 이론 속에 있는 가설 문제를 귀납한다. 셋째, 지식의 발전을 이론

간의 환원으로 귀납하고 앞서 나온 이론이 뒤에 나온 이론을 논리적으로 유도한다고 믿는다. 논리경험주의 방법론이 관심을 갖는 핵심 문제는 지식의 기초, 이론의 구조, 이론의 확인이다. 이러한 핵심문제를 둘러싸고 무엇이 과학적 설명이고 무엇이 경험적으로 의미가 있는 것이며 무엇이 확인되는 것인지 하는 이 모든 것이 바로 논리 경험주의 방법론이 주로 다루는 문제이다.

논리경험주의 방법론의 강령은 과학지식의 합리적인 재건이다. 이는 바로 과학지식과 감각적 경험의 논리적 관계를 드러내는 것이다. 과학의 개념은 감각적 경험으로 얻은 사실로부터 만들어내는 것이고 과학이론은 진리를 경험하며 만들어내는 것이다. 합리적인 재건의 과정은 과학개념의 정의를 감각적 경험의 개념으로 환원하고 과학이론을 기본적 경험의 명제로 환원하는 과정이다. 이러한 과정을 심리학자는 지식의 유래를 알아내는 과정이라 인식했고 논리경험주의방법론에서는 이러한 과정과 당면한 임무를 지식의 기초를 마련하는 것이라고 인식했다. 이러한 문제는 논리경험주의방법론의 기본 명제이다.

논리 경험주의 방법론은 과학적 진리가 세계를 경험한 것을 기록한 것인데, 이 세계를 경험한 것을 하나로 통합할 수 있다면 과학지식 역시 하나로 통합되어야 한다고 했다. 논리 경험주의 방법론에서 모든 분과적 지식이 다른 개념을 운용해 지식을 서술하면 언어의 혼란을 야기한다고 했다. 따라서 논리 경험주의 방법론은 물리언어를 통해 과학의 진리와 과학의 지식을 통일하기를 원한다. 이러한 언어는 공공성, 보편성, 정확성을 띠고 있어 과학지식의 통일이라는 임무를 달성할 수 있을 것이다.

논리 경험주의 방법론사상은 다음과 같다. 경험의 어구로 조성되어 주관적이고 가치 있는 요소에서 벗어나 수학공식과 그에 상응하는 부호체계를 빌려 엄격한 논리추리를 진행할 수 있다. 여기서 논리적 추리는 정확한 개념과 확고한 체계의 지식을 토대로 한다. 논리 경험주의에서는 이런 지식이어야만 진정한 과학지식으로 여긴다.

논리경험주의의 방법론사상에는 다음과 같은 여러 특징이 있다.

첫째, 철저히 경험주의를 기초로 한다. 이러한 기초 하에 논리경험주의는 인간의 감성경험이 모든 과학지식을 의심할 여지없는 근원이며 모든 합리적인 지식은 감성자료, 즉 경험으로 귀납할 수 있다고 믿었다.

둘째, 철저히 주체적인 성향을 없앤다. 논리경험주의에서 과학지식은 모든 개인적 요소를 초월하는 성질을 가지고 있다. 과학 활동은 비록 인간의 활동이지만 만약 과학 활동의 결과가 과학지식으로 되길 원한다면 그 속에 있는 인간의 주관적 성질과 가치요소를 버려야 하고 어떠한 인간의 흔적도 씻어내야 한다.

셋째, 획일적인 동일성을 지닌다. 어떠한 과학영역의 지식도 진위를 판정하는 기준은 유일하고 동일할 수밖에 없다. 그 기준은 바로 검증가능성과 중복가능성이다. 이러한 동일성으로 인해 다른 영역의 과학지식이 통일된 과학범주 내에서 통합될 수 있다.

넷째, 절대적이고 보편적 활용이 가능한 지식이 합리적인 기준을 갖추고 있다. 이러한 특징은 과학적 지식과 비 과학 활동의 결과를 구별하는 경계이다. 논리 경험주의의 관점에 따라 이러한 경계는 시간의 변화에 따라 변화하지 않으며 사람에 따라 다르지 않다. 지식이 합리적인지 평가하는 기준은 영원불변하는 것이다.

그러나 과학기술이 진보함에 따라 많은 과학명제는 실제로 주체의 감각을 통해 검증이 불가능하다. 따라서 논리경험주의는 논리적 검증을 빌린다. 이러한 검증의 정신은 명제가 주체의 감각과 일치할 수 없다면 공인된 과학의 명제를 빌려 추리해나가는 것이다. 이러한 순환이 무수히 많은 명제를 검증해낸다. 여기서 논리적 추리는 논리 경험주의의 결함을 보완하고 여러 비판에 대응하는 도구가 된다. 아무리 그렇다 하더라도 논리경험주의의 결함은 여전히 많다. 그것은 바로 경험실증과 논리추리가 실제적으로 논리경험주의에서 조화를 이루지 못하고 모순을 가지고 있다는 점이다.

④ 비판 이성주의 방법론

비판 이성주의 방법론은 논리경험주의 방법론에 대한 일종의 반응이다. 대표적인 인물이 포퍼이다. 일찍이 1920년대에 포퍼는 직접 과학과 비非과학간의 경계를 나누는 방법을 모색했다. 그러나 논리경험주의와는 달리 포퍼는 사실을 증명하는 원칙을 계승하진 않았다. 그와 반대로 처음 거짓을 증명하는 원칙을 운용해 과학과 비과학을 구분하는 기준으로 삼았다. 그는 인간은 하나의 과학체계가 단 한 번만으로 과학적으로 증명되기를 바라면 안 된다고 했으며 그저 기존의 경험과 과학적 명제로 그것의 여부를 판단해야 한다고 했다. 시간이 흐름에 따라 과학이 진보하고 인간의 감각이 발달하여 과학적 지식이 도전을 받았다. 그러나 어떠한 사실을 증명하거나 거짓을 증명할 수 없었다. 따라서 거짓을 증명하는 원칙은 비판이성주의의 기본정신이 되었다.

앞에서 말한 바와 같이 논리경험주의 자체에 결함이 있어 많은 비판을 받았다. 그리하여 논리경험주의 방법론과 그 과학적 유형의 '비판운동'을 다시 검토하게 되었다. 포퍼의 비판이성주의는 바로 논리경험주의에 대한 비판에서 생겨난 것이다.

비판이성주의 방법론의 핵심 범주는 바로 '거짓을 증명해내는 것이다.' 거짓을 증명함으로써 귀납적이고 경험의의를 강조하는 논리경험주의방법론에 대치되는 것을 찾게 되었다. 포퍼는 귀납적이고 경험적인 것은 존재하지 않는다고 생각했다.

그중 하나가 유한한 경험은 무한을 증명할 수 없고 과거는 미래를 증명할 수 없다는 것이다.

또 다른 하나는 귀납원리의 기초는 과거에 형성된 지식이나 이론인데 이러한 형세는 실제로 진정한 귀납은 존재하지 않는 것을 설명한다. 왜냐하면 과거의 경험이나 지식은 그 본원을 찾기 어려운 과정이며 실제로 귀납을 기초로 해서 경험주의의 목표와 모순이 되기 때문이다.

셋째, 귀납과 경험은 우리에게 다가오는 미래의 필연성을 알려주지 않으며 미래의 개연성도 알려주지 않는다.

넷째, 과거에 얼마나 시도했든 경험의 실증에는 한계가 있으며 무한한 경험을 모두 경험하고 귀납하는 것은 불가능하다.

비판 이성주의 방법론의 거짓을 증명하는 것은 거짓된 경험의 증명을 말한다. 비판이성주의 방법론에서 과학적 지식이나 이론의 명제는 경험에 의해 사실을 증명할 수 없으며 거짓의 증명은 가능하다. 거짓을 증명하기 전에 어떠한 학과 지식이나 이론의 명제는 보편성을 가지고 있다.

논리 경험주의와 같이 비판 이성주의는 과학지식의 구분을 짓는 것을 강조한다. 구분 짓는 기준은 비판이성주의방법론의 또 다른 중요한 원칙이라 할 수 있다. 구분 짓는 것은 과학과 형이상학의 구분을 의미한다. 논리 경험주의는 과학과 형이상학의 구분 짓는 기준이 경험의 사실을 증명하는 원칙이라 여긴다. 어떠한 명제든 경험에 의해 증명되기만 하면 과학적이라고 한다. 비판이성주의 방법론은 이와 달리 경험의 거짓을 증명하는 원칙이 과학과 형이상학을 구분하는 기준이라 강조한다. 어떠한 명제든 거짓을 증명할 수만 있다면 과학적이라기보다는 오히려 형이상학적이라 할 수 있다. 왜냐하면 그것은 경험을 통해 거짓을 증명할 수 없기 때문이다. 포퍼가 여기에서 말한 거짓을 증명한다는 것은 논리적으로 경험을 통해 거짓을 증명하는 것을 말한다는 점에 주의해야 한다.

형이상학에 대해 포퍼는 완전히 부정하지 않았다. 오히려 그는 형이상학이 다음과 같은 적극적 의의를 지니고 있다고 말했다.

첫째, 과학연구에 지도적 의의를 지니고 있다.
둘째, 인생태도에 지도적 의의를 지니고 있다.
셋째, 사회관계와 윤리관계에 적극적 의의가 있다.

과학연구과정은 우선 대담하게 추측해야 하며, 이것이 과학연구의 첫걸음이다. 그 다음 관정 과정은 이해를 통해 이루어져야 한다. 그렇지 않으면 관찰은 그저 눈여겨보는 것에 불과하다. 이렇게 과학연구의 과정에서 이론이 관찰을 앞서고 과학은 문제로부터 시작된다. 과학 지식 발전의 포인트는 하나, 과학은 문제로부터 시작한다. 둘, 문제를 추측한다. 셋, 경쟁과 비판을 통해 이론이 형성된다. 넷, 새로운 이론이 한걸음 더 나아가 거짓으로 증명된다. 이런 순환과정이 바로 지식의 진보과정이다.

구체적으로 말하면 비판이성주의는 다음과 같은 몇 가지 내용을 포함한다.

첫째, 과학 발견의 논리문제를 모든 과학 체계의 우선으로 두고 과학지식의 성장 메커니즘에 관심을 가진다. 포퍼는 과학지식의 성장은 인간이 감지하는 문제에서 비롯된다고 했다. 문제가 없으면 문제에 대한 답을 향한 노력도 없을 것이고 과학지식의 진보와 과학지식의 증가는 있을 수 없다.

둘째, 과학과 비 과학을 구분 짓는 기준을 제시하며 거짓을 증명하는 원칙이 모든 과학지식의 성장과정에 관철하게끔 했다. 포퍼는 과학과 비 과학의 경계를 구분 짓는 것은 절대 불변하는 과학지식이 아니라고 했다. 왜냐하면 과학지식 자체가 그저 순간적이며 시간이 흐름에 따라 거짓으로 판명될 수 있기 때문이다. 진정으로 확실한 과학과 비 과학을 구분 짓는 기준은 과학 지식의 성장과정에 존재한다. 이러한 과정에서 일부 과학지식이 부단히 생겨나며 일부 과학지식은 거짓으로 판명된다.

셋째, 과학 지식의 성장단계를 구분하며 과학연구과정의 유형을 만든다. 포퍼는 과학지식의 성장이 네 가지 부분을 순환하며 반복한다고 했다.

(1) 문제제기를 통해 과학 연구 활동을 계발한다.
(2) 추측은 이론의 가설을 마련한다.
(3) 경험 자료를 통해 검증하는 것은 검증과정에서 오류를 제거하는 것이다.
(4) 새로운 학과지식과 새로운 경험 자료를 비교하여 비교와 검증에서 거짓을 재증명한다.

포퍼는 과학지식의 성장이 시종일관 이러한 논리의 진보를 따라 이루어진다
고 믿었다.

거짓을 증명하는 원칙의 역사적 공로는 비판에 있다. 비판을 통해 거짓을 증
명하고 과학지식의 성장을 얻은 것이다. 거짓을 증명하는 원칙을 이전의 방법
론과 비교해보면 아주 큰 발전을 이룬 것임을 알 수 있다. 거짓을 증명하는 원
칙에 의해 과학진보의 역사는 인간이 부단히 거짓을 증명해내서 신지식이 구
지식을 대체하는 역사임을 확신할 수 있다. 혹은, 끊임없이 기존에 있는 지식
의 거짓을 증명해서 구지식을 버리고 신지식을 발견한 역사이다.

포퍼는 과학지식의 상대성이나 거짓을 증명하는 것은 진보한다고 했다. 그
러나 어떠한 과학지식의 상대성도 오류를 가질 수 있다. 이러한 오류는 과학에
대한 회의주의를 초래할 수 있으며 과학 자체를 부정할 수도 있다. 포퍼의 거
짓을 증명하는 원칙은 이전의 방법론과 같이 검증가능성을 원칙을 기초로 확
립되어야 하며 실제로 많은 과학체계나 과학지식은 직접적으로 경험하여 검증
된 것이다. 또, 거짓을 증명하는 원칙이 확고해지면 이 원칙에 따라 거짓으로
증명될 가능성이 존재한다. 정말 그렇다면 모든 과학은 연약한 기반 위에 지어
진 것임에 틀림없다.

⑤ 역사주의 방법론

비판이성주의가 비판을 받을 때 쿤이 대표인물인 역사주의가 생겨났다. 이
전의 방법론에서 느꼈던 경험은 절대적으로 중요한 것이며 지식의 원천이거나
지식을 검증하는 수단이었다. 그러나 역사주의 방법론은 여기에 부정적인 의
견을 제시했다.

역사주의 방법론은 쿤의 『과학혁명구조』를 주요 내용으로 한다. 역사주의
방법론의 기본정신을 파악하려면 그것의 기본 범주를 이해해야 한다.

첫째, 과학 공동체이다. 쿤은 과학 공동체는 공동의 양식에 기인해 과학 연
구 활동을 진행한다고 했다. 그들이 공유하는 과학적 평가의 기준은 공동의 과
학신념을 가지고 있으며 공동의 방식과 순서를 이용해 과학지식을 발견하고

과학 지식을 검증한다. 역사주의방법론은 과학 연구 활동을 할 때 주로 과학 공동체가 과학 연구 활동을 좌우하고 영향을 미친다고 했다. 과학 연구 활동을 지배하는 양식도 과학 공동체의 주도에 의해 결정되고 이에 따라 과학은 정상적이고 안정적으로 발전한다. 그러나 주도적인 과학 공동체는 영원히 주도적인 위치를 차지할 수 없다. 과학지식의 진보과정에서 필연적으로 새로운 과학 공동체가 생겨나 새로운 과학연구양식이 형성되기 때문이다. 따라서 인류사회에 존재하는 다양한 과학 공동체는 상호경쟁을 하는 상태를 지속하고 있다. 이러한 경쟁에서 과학은 '위기'를 맞이하게 되고 이러한 단계에서 새로운 과학 공동체와 새로운 양식이 두각을 나타내며 주도적인 위치를 차지하게 된다. 그리고 이미 주도적인 위치를 차지했던 과학 공동체와 양식은 여전히 발버둥을 친다. 그러나 역사적인 추세는 새로운 과학 공동체와 새로운 과학연구양식 모두 끊임없이 기존의 과학 공동체와 과학연구양식을 대체하고 있다. 따라서 부단히 과학의 혁명을 일으키고 과학의 진보를 주도한다.

둘째, 양식이다. 쿤의 이론체계에서 양식이란 아주 중요한 개념이다. 쿤 본인은 이러한 개념을 명확히 구분하지 않았다. 하지만 책 내용을 살펴보면 이 개념의 대체적인 주요정신을 파악할 수 있을 것이다. 쿤의 저작에서 양식이란 것은 공인된 이론을 말하며 이러한 이론에는 연구방법, 기술, 평가기준이 포함된다. 연구자는 어떠한 난제를 연구하는지, 어떤 방법을 통해 난제를 해결하는지 지정해야 한다. 내용적인 측면에서 보면 양식의 내용은 세 가지 측면으로 나뉜다.

하나, 철학적 요소이다. 주로 철학사상, 과학신념, 세계관, 가치관 등을 가리킨다.

둘, 사회적 요소이다. 주로 각 사회요소가 과학연구에 끼치는 영향을 의미하는데 역사, 경제, 문화, 민족전통, 사회심리를 포함하는데 특히, 과학 공동체가 약속한 원칙, 규칙 및 관습을 말한다. 이러한 규칙, 원칙, 관습은 모두 과학 연구 활동에 제약을 가한다.

셋, 구조적 요소이다. 주로 과학연구자가 과학이론과 그 성과에 따라서 확립한 과학양식, 도구 및 방식을 의미한다. 양식은 일정한 시간 내에 과학성취로 인해 조성된 '과학 공동체'가 만든 이론, 규율, 준칙 및 방법이다.

양식은 방법론의 동의어라 할 수 있다. 구체적으로 말하면 과학 연구 활동에 임할 때의 기본적 입장, 관점, 방법, 표준, 신념, 세계관의 총체물이다. 다른 과학 공동체가 다른 양식을 준수하여 과학 연구 활동을 진행해나가기 때문에 과학지식을 대하는 태도 역시 다르다. 그 태도에는 과학지식을 발견하고 과학지식을 검증하고 평가하는 태도를 말하며 이러한 태도는 직접적으로 과학 공동체의 과학 활동을 지배한다.

양식의 의의는 다음과 같다.

하나, 양식을 신념으로 하여 특정한 지향하는 바를 가진다. 양식은 과학의 집단적인 공동의 신념이며 과학자를 위해 공동의 이론양식과 문제해결의 틀을 제공한다. 따라서 학과 공동의 전통을 형성하여 학과 발전을 위해 공동의 방향, 목표 그리고 구조를 제공하고 과학 연구 활동에 이성적 근거를 부여해준다.

둘째, 양식을 본보기로 삼아 지도적 역할을 한다. 과학 연구 활동은 어떠한 양식의 지도하에 난제를 해결하는 활동이다. 양식은 과학자에게 난제를 제기하고 난제를 해결하는 방법을 가르쳐준다. 여기에서 양식의 지도적 역할은 본보기의 역할을 통해 더욱 뚜렷해진다.

셋째, 양식은 과학과 비과학을 구분하는 기준이다. 쿤은 논리경험주의의 사실을 증명하는 기준을 운용해 과학과 비과학을 구분하는 것에 반대하고 또 포퍼의 비판이성주의의 거짓을 증명하는 원칙을 운용해 과학과 비과학을 구분하는 것에도 반대했다. 쿤에게는 과학이론은 직접적인 경험적 증거가 부족해서 과학성을 상실한 것이 아니라 간접적인 경험적 증거가 부족해서 효력을 잃은 것도 아니다. 쿤의 의견에 의하면 양식은 과학과 비과학을 구분하는 필요조건 혹은 상징이다. 양식을 가진 이론적 명제는 모두 과학적이지만 만약 그렇지 않다면 이전 과학 단계에 머물 것이다.

쿤의 양식이론은 혁명적 의의를 담고 있다. 양식이론을 통해 쿤은 과학과 사회의 밀접한 관계를 확립했다. 과학 연구 활동 중 확실히 존재하는 양식은 인간이 다양한 학과에서 바라본 다양한 특징인데 어떤 의미 있는 양식의 존재를 설명하기도 한다.

쿤은 과학발전을 세 가지 단계로 나누었다.

하나는 정상과학단계이다. 이 단계에서 과학자는 공동의 양식을 준수하고 공동의 신념을 가지고 공동의 난제를 해결한다. 정상과학단계에서는 오래 전부터 존재하는 해결하기 힘든 문제에 직면해 과학자들이 양식에 수정을 가해 특별한 난제를 해결하기도 했다.

두 번째는 위기시기단계이다. 기존에 있는 양식이 새로운 난제를 해결할 때 인간은 기존의 양식에 의문을 제기하고 이때 양식이 새로운 위기에 직면한다. 이러한 단계는 과학발전의 위기단계에 속한다.

세 번째는 새로운 정상과학단계이다. 위기시기에 각종이론이 상호경쟁을 하고 인간이 새로운 방법을 운용해 문제를 해결하고자 하는데 그로써 새로운 양식을 만들어내고 과학발전이 새로운 정상단계로 진입하게 된다.

역사주의 방법론사상에 따라서 양식-위기-새로운 양식이라는 순환은 과학의 발전과정과 과학의 혁명구조를 상징한다. 동시에 이것 역시 역사주의 방법론의 기본원칙이기도 하다.

이러한 원칙에 따라 과학지식의 합리성의 기준은 과학의 역사적 변천 속에 존재하고 일정한 과학 공동체와 과학연구양식에 의거해 판정을 내려야 한다. 그래서 과학 공동체, 과학연구양식, 과학의 평가기준은 모두 역사적인 것이며 영원불변한 기준은 없고 모두 변화한다. 어떤 역사시기 내의 합리적인 과학지식과 평가기준은 또 다른 역사시기에서 보면 불합리할 수도 있다. 과학지식의 합리성을 따지는 기준은 모든 절대적인 이념이 아니며 역사적이고 구체적이며 변화하고 현실적인 산물이다.

역사주의방법론의 의의는 역사적으로 주류였던 감각적 경험, 실증주의적 방법론에 동요를 일으킨 점에 있고 새로운 방법론의 사고를 개척한 데 있다. 이러한 사고의 흐름은 과학연구 활동에 혁명과 해방을 가져다주었다. 역사주의방법론에서의 과학연구는 금기하는 것이 없어져 연구공간이 더욱 더 넓어졌고 방식과 내용면에서도 아주 풍부해졌다. 그러나 역사주의의 결점은 장점만큼 두드러졌다.

첫째, 역사주의에서 보면 양식의 변혁은 과학의 변혁을 초래했는데 이러한 단계는 갑자기 돌변하는 성격과 비이성적인 성격을 띠고 있으며 연관성이 없는 과도적 단계이다. 과학의 진보는 이와 달랐다. 정확히 말하면, 역사적으로 과학의 진보는 모두 기존의 과학이 누적되어 온 것이다.

둘째, 역사주의는 감각적 경험의 작용을 부정하고 극단적으로 치달았다. 역사주의 방법론에서 구체적인 경험의 의의, 과학지식의 검증기준 등 중대한 기본적인 문제는 '역사'에 의해 해소되었다.

⑥ 과학 연구 강령 방법론

과학 연구 강령 방법론은 라카토스가 제시한 것이다. 그는 경험주의의 틀 내부에 있는 방법론은 경험적 증거에 대한 지지와 반박에만 집중하고 과학의 합리성을 드러내지는 못했다고 말한 바 있다. 왜냐하면 과학의 역사는 경험의 역량을 갖추고 있을 뿐 아니라 과학이론을 받아들일지 배척할지 결정할 수 없기 때문이다. 이와 반대로 역사주의는 방법론을 과학속의 유동적인 주관적 범주에 끌어내려 이론의 선택을 위해 합리적인 기준을 마련할 수 없다. 그래서 상대주의와 비이성주의에 빠진다. 그 때문에 라카토스는 '과학발전공동강령'을 자신의 방법론적 원칙으로 삼았다. 과학발전공동강령은 과학의 기본적 단위이다. 라카토스는 과학이론의 단위가 각자 고립된 경험이나 그로 인해 증명된 명제나 양식도 아니며 과학발전의 공동강령이라고 했다. 이러한 강령은 상호 연관성을 가지고 있으며 엄밀히 내재하는 구조의 완전한 이론체계를 가지고 있다. 과학이론체계나 과학연구공동강령을 운용해야만 과학발전을 설명할 수 있으며 과학의 합리성에 대해 설명할 수 있다.

과학연구공동강령에는 네 가지 요소를 포함한다.

첫째, 핵심이다. 이것은 과학연구공동강령의 기본적 이론을 구성하는 부분으로 기본적인 가설로 이루어져 있다.

둘째, 보호 띠이다. 라카토스는 보호 띠가 핵심의 주위에 있어 가설을 보조하며 핵심을 보호하는 임무를 행한다고 했다. 경험적 사실의 충격과 반박을 막을 수 있다. 과학 연구 강령의 관찰과 경험이 불일치할 때, 보호 띠는 가설을 수정하고 조정함으로써 핵심을 보호하는 것이다.

셋째, 간접계시법이다. 이것은 보조적으로 발견하는 방법인데 간접적으로 인간이 핵심을 보호하도록 유도한다. 이 방법의 주요 경향은 도전적인 가설과 이론을 반박하는 것이다.

넷째, 직접 계시법이다. 이것은 적극적으로 미래를 탐구하기 위해 직접 과학연구영역을 변호하고 규정을 제시한다. 그것은 연구하는 학자를 직접 격려해서 조치를 취하게 한다. 또, 보조적인 가설을 수정하고 완벽하게 만들게 하여 과학연구공동강령의 발전을 이룩하도록 한다.

과학 연구 강령의 발전은 과학이 중요한 성과를 냈음을 의미한다. 이러한 과정은 과학 연구 강령 진화단계, 과학 연구 강령 퇴화단계, 새로운 연구 강령이 퇴화된 연구 강령을 대신하는 단계 등 세 단계를 포함한다.

과학 연구 강령의 방법론은 과학진보에 대한 평가를 내렸다. 라카토스는 과학진보와 과학연구공동강령의 진보적인 평가의 기준은 과학사발전의 역사적 사실이라고 했다. 이러한 기준은 모든 학술영역에 적용 가능하다.

과학 연구 강령 방법론과 역사주의방법론은 정신적으로 상통한다. 어떤 의미에서는 과학 연구 강령 방법론이 역사주의를 또 달리 표현한 것이라고도 말할 수 있다. 군이 구별하자면, 전자가 술어의 범주를 확정할 때 후자보다 좀 더 엄격하다는 것이다. 따라서 역사주의 방법론이 곤란한 상황에 처하면 과학 연구 강령 방법론 역시 곤란한 상황에 직면하게 된다.

⑦ 신역사주의 방법론

라카토스의 과학 공동 강령은 학술 연구 활동에 영향을 끼친 동시에 신역사주의 방법론 출현을 촉진하였다.

신역사주의 방법론은 샤피어Shapere가 창안해낸 것이다. 신新역사주의에서 보면 방법론에서 가장 우선 고려해야 할 문제는 바로 지식의 합리성의 문제이다. 논리경험주의 방법론은 지식의 합리성의 기준이 영원불변하고 보편적인 것으로 여긴다. 쿤의 역사양식은 지식의 합리적 기준은 역사의 흐름에 따라 변화한다고 여기지만 다른 기준 간에 비교할 수 없다고 했다. 이러한 두 가지 다른 기준은 모두 결함이 존재한다고 증명되어, 샤피어는 새로운 지식의 합리적 기준을 제시했다. 이러한 기준은 첫째, 결과가 지식이 성공적임을 분명히 드러낸다. 둘째, 어떤 지식에 대해 의심할 이유는 없다. 셋째, 결과가 지식이 어떤 영역에서 운용되는지 이 영역에 적합한지 분명히 드러낸다. 지식의 합리성 문제는 신역사주의 방법론의 가장 중요한 문제이다.

샤피어는 한걸음 더 나아가 방법론의 범주를 확정할 때, 신역사주의 방법론의 핵심개념이 정보망이라는 것을 주장한 바 있다. 정보망은 연관성을 띠고 중대한 문제를 만드는 일련의 정보들을 말한다. 그 특징은 하나, 정보망에 형성된 여러 정보들 간에 일정한 연관성을 띤다. 둘, 이러한 정보는 인간이 심사숙고해야 할 문제를 포함하고 있다. 셋, 이러한 문제는 매우 중요한다. 넷, 현재 과학연구는 이미 이러한 문제를 해결할 능력이 있다.

정보망 사상을 기반으로 하여 샤피어는 과학지식의 추리구조를 언급한 바 있다. 첫째는 구조형 추리구조이다. 이 구조는 정보가 문제를 제시하면 인간에게 구조적 측면, 특히 심층구조 속에서 문제의 답을 찾도록 유도한다. 둘째는 심화형 추리구조이다. 이러한 추리구조는 인간에게 시간적 측면에서 사물을 연구하는 각종 구성요소의 앞뒤 상관관계를 계시해주고 정보를 구성하는 개체요소의 시간에 따른 발전을 연구하도록 유도한다. 셋째는 종합추리구조이다. 이 구조는 앞의 두 가지 구조의 장점만을 취합하여 인간에게 공간적, 시간적인 두 측면에서 동시에 문제를 연구하고 답을 찾도록 유도한다.

역사주의 방법론과 비교하여 신역사주의 방법론은 지식의 합리성 기준이라는 측면에서 제한을 넓혔다. 그렇기에 신역사주의 방법론은 더 많은 도전에 대항하고 더 많은 비판에 대응할 수 있었다.

이처럼 많은 방법론적 형태를 언급했는데, 모두 일정한 의미에서 과학주의 철학방법론의 형태를 띠고 있다. 이런 모든 방법론은 서양사회과학의 연구과정에 많은 영향을 끼쳤으며 사회과학 연구과정과 연구결과의 평가에 제약을 가하기도 했다. 그래서 어떤 의미에서 인간이 사회과학연구를 바라보는 일반적인 방법론이 되었다고 할 수 있다.

(3) 방법론의 가치 특성

여기서 가치특성이라는 것은 사회과학연구의 가치요소를 관찰하고 평가하고 유도하는 것을 가리킨다. 철학방법론에 가치특성이 내재되어 있다. 방법론은 구체적 운용과정에서 모두 특정한 가치요소를 내포하고 있다. 모든 방법론의 형성과 변천과정은 가치요소와 떨어질 수 없다. 지식의 근원, 지식의 의미, 지식의 평가기준 그리고 직접 관찰이 가능한 경험이 일치하는 초기의 실증주의 방법론을 강조하더라도 예외는 아니다. 초기 실증주의 방법론은 사실을 증명하고 객관성을 검증하는 동시에 형이상학적인 것을 배척했다. 또 세계에 대한 관점, 인간과 세계의 관계에 대한 관점, 인간이 어떻게 세계를 파악하는가 하는 관점 등을 보여준다. 이러한 관점은 다양한 사람이 개인과 사회, 사회와 자연, 개인과 타인의 관계를 이해하는 데 영향을 미친다. 부분을 조성하는 철학으로서의 방법론은 항상 가치와 분리할 수 없는데 이는 철학의 본성과 부분을 조성하는 철학의 방법론의 본성이 규정한 것이다.

방법론에 포함되는 가치 요소 중 두 가지 극단적인 가치성질이 존재한다. 과학주의와 상대주의이다. 여러 형태의 방법론은 본질적으로 두 가지 가치체계 사이에 있는데 일부는 과학주의에 편향되어 있고 일부는 상대주의에 편향되어 있다. 따라서 방법론의 형태 및 내용을 이해하려면 이 두 가지 가치를 참고로 체계를 파악할 수밖에 없다. 여러 종류의 방법론의 형성과 사회 과학 연구의 구체적인 표현을 이해할 때, 인간은 이러한 가치를 참고로 체계를 파악할 수밖에 없는 것이다.

사회과학에서 과학주의가 가정한 자연과학의 방법론과 방법순서는 직접 사회과학을 연구할 때 운용될 수 있으며 사회과학을 연구하는 학자를 사회현상의 방관자로 본다. 과학주의자는 사회과학의 연구결과가 규율을 운용해 자연과학의 방식을 표현할 수 있다고 여긴다.

과학주의는 다음과 같은 몇 가지 기본원칙을 가지고 있다.

첫째, 결정론이다. 그 함의는 모든 사건에는 원인이 있다는 뜻이다. 사건과 원인간의 인과관계는 발견되기 쉬운 것이다. 과학자의 임무가 바로 이러한 인과관계의 규율이나 사물의 규율을 밝혀내는 것이다. 주변 세계의 현상을 해석함으로써 외부세계를 예측하고 제어하는 기초를 마련한다.

둘째, 경험론이다. 과학주의는 믿을만한 지식은 경험에서 비롯된다고 믿는다. 이론이나 가설의 신뢰성은 경험적 증거의 정확한 정도에 의해 좌우된다. 경험과학의 연구과정은 다섯 단계로 나뉜다. ① 경험 ② 분류 ③ 계량화 ④ 관계의 발견 ⑤ 진실에 다가가기.

셋째, 경제원칙이다. 이는 과학연구의 기본 사고의 맥락이 가장 경제적인 방식으로 각종 현상을 해석해야 한다는 것이다.

넷째, 일반원칙이다. 이 원칙은 과학연구의 결과가 마땅히 보편적인 활용가능성이 있어야 한다고 했다. 과학주의 경향을 연구할 때, 개념, 변수, 명제, 격식은 공동의 요소이다. 과학주의에서 이론은 개념으로 구성된 것이고 개념은 현상을 의미하며 현상과 관련된 특징을 추출해내어 정의를 통해 표현한다. 변수는 개념의 하나이다. 실증주의자는 개념을 변수로 전환하여 하나의 현상이 다른 현상과 어떠한 관계를 나타내는지 이해한다. 개념의 결합이 이론을 형성하여 개념이 지칭하는 사건의 연결방식을 설명하고 사건이 어떻게 서로 연관성을 띠는지 해석한다.

다섯째, 가치중립이다. 이것의 특징은 체계를 참조하여 조성된 부분이 주체의 외부에 존재한다는 것이다.

과학주의의 반대말은 상대주의이다. 본체론에서 보면 상대주의는 절대적, 객관적 존재를 반대하고 모든 사물이 매 주체마다 다른 의미를 지니고 있다고 믿는다. 인식론에서는 상대주의는 불변하는 객관규율을 추구하기를 부인하고 만약 객관규율이 존재한다면 그것은 그저 특정한 환경이나 조건 하의 규율이라고 믿는다. 또, 상대주의는 연구과정에서 주체와 연구대상 간에 서로 관계하고 제약하며 영향을 준다고 강조한다. 가치론에서는 상대주의가 가치다원화와 가치주체화, 가치객체화가 동시에 병존한다고 믿는다. 방법론에서는 상대주의가 보편적으로 활용되는 절대적이고 정확한 과학의 방법은 없다고 믿는다. 상대주의는 특히 특정한 환경에서 묘사하고 연구할 때, 특정한 조건 하의 교육현상을 해석할 때 적용된다. 상대주의 가치 관념에서 어떤 연구든 모두 완전히 객관적이고 정확하기란 쉽지 않다고 했다. 왜냐하면 연구란 본국의 언어, 부호를 빌려 표현해야 하기 때문에 군중 속의 일부인 연구자는 자신의 지식구조와 관념체계를 초월하기 힘들기 때문이다.

앞에서 정리한 여러 종류의 방법론의 형태 중 실증주의 방법론, 경험 비판주의 방법론, 논리경험주의 방법론과 비판 이성주의 방법론은 과학주의적 성질을 띠고 있다. 그리고 역사주의 방법론, 과학 연구 강령 방법론 그리고 신역사주의 방법론은 오히려 상대주의에 속한다. 다양한 방법론의 가치특성을 이해하려면 다양한 방법론에 내포된 의미를 이해해야 할 뿐 아니라 다양한 방법론과 각각의 연구조건을 평가하고 선택하고 운용해야 할 것이다.

(4) 방법론과 교육연구

방법론은 절대적인 과학주의에서 나날이 상대주의로 변천해 나간다. 방법론의 이러한 변천 과정은 교육연구 영역에 크나큰 영향을 미쳤다.

　방법론이 교육연구에 끼친 영향은 인간이 교육연구대상을 이해하는 일에 주로 표현되었다. 19세기에 실증주의가 교육연구영역에 침투하고 난 후 인간의 교육연구대상에 대한 인식을 크게 바꿔 놓았다. 콩트는 사회과학을 물리학과 같은 학과로 만들기를 희망했다. 교육과학 속에 포함된 사회과학의 연구대상은 인간의 객관적 존재 밖에 존재한다고 믿었으며 인간은 이에 대해 정확하게 관찰하고 묘사하고 해석해야 한다고 했다. 이러한 관찰, 묘사, 해석은 중복될 수 있으며 검증 가능한 것이다. 그 이유는 연구대상이 인간의 주관적 의지의 제약을 받지 않았기 때문이다. 19세기의 실험교육학연구가 세상에 나온 것은 그때 실증주의가 가장 활발했음을 반증한다. 20세기 후에 분석철학이 생기고 분석교육철학이 형성되었다. 분석교육철학의 시야에서 교육과학연구는 혼란스럽기 그지없으며 장기적으로 형이상학의 지배를 받았다. 인간은 교육연구영역에서 연구대상을 객관적으로 존재하는 실체로 이해하지 않았으며 다른 연구자의 눈에서는 연구대상이 다른 형태와 성질을 나타내며 연구과정과 그 결과의 표현은 천차만별이었다. 연구대상에 대한 이러한 이해는 교육 과정을 사실의 묘사와 가치의 제창을 구분하지 않도록 했고 형이상학적 관념, 명제, 결론이 도처에 산재하도록 만들었다. 그래서 교육연구의 뜻은 광범위해졌다. 분석교육 철학적 주장은 논리와 경험의 기준을 확립했으며 교육연구의 전체 범주와 개념에 대해 정리와 분석을 가했다. 모든 논리와 경험의 증명 및 검증을 받을 수 없는 개념은 교육영역에서 제거되었다. 이렇게 논리와 경험이 마치 '오컴'의 면도날처럼 교육연구중의 경험과 논리적으로 증명이 불가능한 모든 것을 제거하는 사명을 지녔다. 분석교육철학에서 보면 이러한 주장이 만약 실천에 옮겨진다면 교육연구를 의미 있게 만들 뿐 아니라 교육연구과정에서 무의미한 쟁론을 줄일 수 있을 것이다. 분석교육철학이 많은 교육개념의 검증기준과 분석적 사고의 맥락을 확립함으로써 교육에서 중요한 개념을 분석하고 규명했다. 이러한 모든 것이 교육연구대상에 대한 확정에서 비롯된 객관적으로 존재하는 신념이다.

실증주의전통, 분석철학과는 달리 고대의 교육연구는 교육연구대상의 객관성을 강조하지 않았다. 인간은 그저 자신의 주관적인 감각, 지식구조와 가치관으로 교육연구를 행하며 교육과정이 만든 결론과 중대한 교육원칙 역시 경험을 통해 증명될 필요는 없다. 20세기 후기에 현대주의가 생기고 난 후 교육연구과정을 포함한 모든 영역에서 모든 객관적인 존재는 없어져버렸고 그것을 대신해서 주관상상에 의한 세계가 생겼다. 따라서 교육연구대상 역시 객관적으로 존재하는 것이 아니다. 교육연구의 모든 대상은 주체에 의해 결정된다. 다른 주체는 다른 연구대상에 관심을 가진다. 같은 연구대상이라도 다른 연구자에 의해 다른 성질과 형태로 표현되기도 한다. 따라서 교육연구대상은 상대적이고 비현실적인 것이며 그것이 존재하기에 연구주체의 감각에 의해 결정되는 것이다.

방법론의 변화에 따른 인간의 교육연구대상에 대한 이해를 돌이켜보면 근현대의 교육연구대상이 방법론과 상응하는 성질과 형태를 드러냈음을 알 수 있다.

첫째, 교육연구대상은 순수한 객관성을 가지고 있다. 인간이 연구대상을 바꿀 수 없다는 객관적 특징을 지니고 있는 것이다.

둘째, 교육연구대상이 비록 기본적으로 객관적 성질을 가지고 있지만 인간의 주관적 요소의 영향으로 다른 주체의 연구과정에서는 연구대상이 다르게 표현되기도 한다.

셋째, 교육연구대상이 비록 기본적으로 객관적 성질을 가지고 있지만 인간의 주관적 요소의 영향으로 인해 특히, 연구주체가 특정한 사회역사시기와 특정한 사회관계 속에 있어 연구대상은 실제로 연구주체의 영향을 받는다. 게다가 연구주체가 그 속에 있는 역사적, 사회적 요소의 제약을 받는다.

넷째, 다원화시대에 어떠한 것도 객관적으로 존재하는 교육연구대상이란 없다. 모든 것은 인간이 사고한 결과이다.

교육연구대상의 변화와 차이에 대한 인간의 이해는 실제로 연구주체와 연구

대상간의 관계를 파악하는 것이다. 연구대상의 단순하고도 불변하는 실재성을 확인한 연구자는 의심할 여지없이 믿겠지만 연구자는 연구대상을 바꿀 수 없다. 그저 실제로 관찰하여 연구대상을 서술할 수밖에 없는 것이다. 연구대상이 연구주체를 완전히 제약한다. 또는 연구주체가 그저 피동적으로 거울처럼 연구대상을 보여줄 뿐이다. 이와 달리, 외부에 실재하는 모든 연구대상은 그저 주체가 상상해낸 산물이고 연구대상과 연구주체간의 관계는 연구주체가 연구대상을 결정하고 해석하는 것이라 믿었다. 상술한 양극화된 인간은 연구주체와 연구 대상 간에 서로 어떠한 관계가 있다는 것을 믿는다. 한편으로 주체가 대면하는 연구대상을 연구할 때 연구주체의 주관적 요소와 연구주체의 역사적 사회적 조건의 제약을 받는다. 따라서 그 성질과 형태는 주체의 영향을 받는다. 또 다른 한편으로는 연구대상이 객관적인 외부에 존재하여 연구주체를 제약하고 연구주체가 최대한 연구대상에 접근할 수 있도록 요구한다.

연구대상, 연구주체, 연구대상간의 관계의 복잡성은 교육연구결과에 대한 평가기준에 따라 결정된다. 교육연구결과는 그저 논리와 경험을 통한 검증으로 의미 있는 실증기준을 갖게 되는데 이것이 여러 평가기준 중의 하나이다. 또, 연구결과의 다원화는 다른 교육연구결과의 평가기준과는 별개로 교육연구결과는 특정한 권위적인 평가기준을 가지고 있지 않다.

철학방법론과 그것이 교육연구에 미친 영향을 탐구하여 알 수 있는 것은 교육연구의 전 과정이 철학방법론의 제약을 절대 벗어날 수 없다는 것이다. 본문의 제1부분에서 말했듯이 방법론은 연구과정에서 인간에게 영향을 끼침으로써 모든 연구과정에서 영향력을 행사한다. 따라서 우리가 우리 사회의 교육 연구 상황을 바꾸기를 희망한다면 교육연구의 진보를 촉진하는 방법론을 확립하는 일이 시급하다.

주영신의 『반성과 배움―중외 교육 평론』을 읽고 감개가 무량했다.

쑤저우는 경제, 문화, 사회가 고루 발달한 지역으로 교육 사업 역시 선두권을 지키고 있다. 주영신 선생은 오랫동안 쑤저우시 부시장을 지내며 막중한 임무를 담당했다. 쑤저우의 교육 개혁에 직접 참여하여 시 전체에 고등학교 교육을 보급하고 대학 입학률을 크게 늘렸다. 교육 규모를 확대하는 과정에서 쑤저우시는 시의 실제 상황에 적합한 여러 가지 개혁 방안을 모색했다. 이 책에는 쑤저우 기초교육의 균형적인 발전 추세, 고등학교 교육 자원의 최적화, 중등직업기술학교 학생의 소양 제고, 타지에서 유입된 유동 인구 자녀의 교육 관리 모델과 규범화, 개성적인 교육 형성, 교육 행정 관리 시스템의 개혁, 도시와 농촌 교육의 현대화, 교육의 정보화 추진, 유명한 교사와 학교장 양성 등 쑤저우시 정부가 추진한 교육 사업의 모든 것이 담겨 있으며, 또한 주영신 선생의 교육 사상을 반영한다.

주영신 선생이 한 지역의 교육 발전 사업에 역량을 발휘할 수 있었던 것은, 다시 말해 쑤저우시 교육 사업에 자신의 이론을 능숙하고 구체적으로, 또 성공적으로 응용할 수 있었던 것은 그의 방대한 이론 지식 덕분이었다. 이 책을 다 읽고 나면 독자들도 그가 고금과 중국, 외국에 대해 풍부한 학식이 있는 '브레인'이자 이를 자유자재로 응용하는 '능력자'임을 알 수 있을 것이다.

주영신 선생은 쑤저우시 부시장을 지내면서 전국정치협회 상임위원으로서도 자신의 역할에 충실했다. 두 가지 직무를 모두 충실히 해내는 것이 버거웠을 법도 한데 그는 아무 문제없이 훌륭하게 '이중생활'을 해냈다. 국가 독서의 날을 제창하고, 노무자 자녀의 교육 문제에 주목하고, 특수 교육의 발전을 중시하고, 교육을 통한 탈脫빈곤 프로젝트를 진행하고, 사회 환경의 개선을 외치고, 교육 이론 연구의 발전을 이끄는 이 모든 것은 전국정치협회 상임위원회의 직책이자 교육 담당 부시장의 임무이기도 했다. 주영신 선생은 부시장으로서 사명을 다하는 한편, 자신의 역할을 계속해서 확장해나갔다.

　주영신 선생은 공무로 바쁜 와중에도 쑤저우대학의 교육 철학 전공 박사생의 지도 교수를 담당했다. 그러나 그는 이름뿐인 교수가 아니었다. 열의를 다해 학생들을 가르쳤고, 학생들은 그러한 그의 열정에 감동했다. 그는 교육 철학 전공의 주요 과목 강의를 담당하여 직접 강단에 섰고 박사생의 논문을 지도했다. 한 달에 네 번씩 학생들과 반나절의 시간을 함께하는 것이 그의 고정 스케줄이었다. 그는 지칠 줄 모르는 에너지로 제자들을 격려했고, 제자들은 선생에게서 지식뿐만 아니라 삶과 생명을 이해하는 법을 배웠다.

　1980년대 말, 필자가 아직 석사 학위를 준비하는 대학원생이었을 당시 주영신 선생의 '중외 교육사 연구'라는 강의를 수강했다. 이것이 주영신 선생과 필자의 인연의 시작이었다. 시간이 흘러 주영신 선생과 인연을 맺은 지도 어느덧 15년이 되어간다. 인생에서 15년은 그리 짧다고만 할 수 없는 시간이다. 이렇게 오랜 시간 가까운 곳에서 그를 알아가면서 나는 선생이 성공한 이유를 이해할 수 있었다. 주영신 선생의 근면성실함은 그야말로 상상을 초월할 정도다. 그는 찬바람에 뼈가 시린 겨울날이나 무더운 여름날에도 휴일, 주말 따지지 않고 늘 새벽같이 일어나 일을 시작했다. 당시만 해도 어떻게 이불 속의 따뜻함을 뒤로 하고 추운 겨울 새벽 5시에 출근할 수 있는지, 어떻게 무더위가 한풀 꺾인 여름밤의 유혹을 뿌리치고 묵묵히 서재를 지킬 수 있는지 이해하기 어려웠던 것이 사실이다. 하지만 이제는 알게 되었다. 주영신 선생이 단순히 자신의 지혜와 총기에 기대어 정치·교육 인사가 된 게 아니라는 사실을 말이다. 그는 자신의 사회적 책임감과 사명감으로, 또 자신의 노력과 의지로 계속해서 자신을 담금질해온 것이다. 이러한 점은 주영신 선생이 자신의 연구 성과에서 결정판이라고 할 수 있는 이 책을 완성할 수 있었던 힘이기도 하다.

쉬칭위許慶豫
2003년 6월 30일

마음과 교육의 동행(후기)

이 책에는 중국과 외국의 교육에 대한 나의 생각과 사고의 과정이 담겨 있다. 나는 일찍이『교육, 나의 사랑敎育, 我的至愛』이라는 책을 집필해 나의 마음과 교육이 함께한 여정을 담아낸 바 있다.

이 책은 나의 두 발로 완성한 책이다. 나는 진정한 교육 전문가가 아니라 그저 교육 여행자일 뿐이라고 입버릇처럼 말한다. 나는 교육이 진행되는 풍경을 참 좋아한다. 만 권의 책을 읽고 만 리의 길을 걷는 것이 바로 교육자로서 나의 바람이기도 하다. 그동안 나는 중국과 해외의 여러 지역을 두루 방문했고, 어느 곳을 가든지 나의 최고 관심사는 단연 교육이었다. 원저우에 강의하러 가서『창난 교육 여행』을 썼고, 산시에 출장 가서는『딩볜 교육 여행』을 썼다. 일본에서 연구할 때에도 일본교육에 관한 일련의 연구 성과를 얻었다.

이 책은 나의 마음으로 완성한 책이다. 그동안 나는 여러 차례 업무 변동을 겪었고, 그때마다 연구 방향을 조정했다. 쑤저우대학 교무처장을 지낼 당시에는 고등교육에 주목했고, 특히 대학의 교육 문제에 눈을 돌렸다. 쑤저우시 부시장이 되고 나서는 쑤저우의 교육 개혁과 발전에 더욱 관심을 기울였고, 전국 정치협회 상임위원이 되고 나서는 국가의 교육 정책과 지역의 공동 발전이라는 문제를 중시했다.

인문사회과학 연구는 반드시 우리의 생활, 우리의 실천과 밀접하게 연결되어야 한다. 이러한 나의 생각은 예전에도, 지금도, 그리고 앞으로도 변함이 없을 것이다. 어쩌면 나의 많은 문장은 그저 상황에 맞춰 쓰인 것으로 보일지도 모르겠다. 실제로 중국공산당 탄생 80주년이 되던 해에 '중국공산당과 중국교육'이라는 문장을 썼고, 장쩌민 전 중국 국가 주석이 혁신 교육을 제창했을 때는 '혁신 교육과 교육 혁신'이라는 문장을 썼다. 하지만 나는 그저 어록을 남기고 자신의 관점을 보여주는 데만 급급해하지 않고 모든 문장에 나만의 무언가를 남기고자 노력했다.

이 책을 출판하기까지 많은 선생님과 동료, 친구, 학생들로부터 아낌없는 도움을 받았다. 이 책의 4, 5편은 실제로 그들과 함께 토론을 벌인 끝에 쓴 글이다. 지면을 빌어 미국 텍사스 주 공과대학 교육대학의 란윈藍雲 교수, 미야자키宮崎공립대학의 왕즈신王智新 교수, 일본 도쿄대학의 장러췬蔣樂群 박사, 쑤저우 과학원의 런쑤민任蘇民 선생에게 감사의 뜻을 전하고 싶다. 특히 업무 처리하랴 연구하랴 바쁜 와중에도 나를 도와 이 책의 원고를 정리해주고 멋진 발문까지 써준 쑤저우대학 교육대학 부원장이자 홍콩 중문대학 교육학 박사인 쉬칭위許慶豫 교수에게 감사하다. 석사 과정 학생인 제자 양수빙楊樹兵과 왕밍저우王明洲도 인쇄와 원고 교열에 수고해주었다. 이번 기회를 통해 다시 한 번 감사의 뜻을 전하는 바이다.

마지막으로 예전에, 지금 이 순간에, 그리고 앞으로 나와 함께 교육의 길에 설 동료들에게 이 책을 바친다.

주 영 신
2003년 7월

중국 주영신 교육문집 6

반성과 배움–중외(中外) 교육 평론

초판 1쇄 발행일 | 2009년 12월 15일

저자 | 주영신
역자 | 최영준
펴낸이 | 박영희
표지 | 강지영
편집 | 이선희, 전왕록, 원녕경
교정·교열 | 이은혜
책임편집 | 강지영
펴낸곳 | 도서출판 어문학사
　　　　132-891 서울특별시 도봉구 쌍문동 525-13
　　　　전화: 02-998-0094 / 팩스: 02-998-2268
　　　　홈페이지: www.amhbook.com
　　　　e-mail: am@amhbook.com
　　　　등록: 2004년 4월 6일 제7-276호

인 지 는
저 자 와 의
합 의 하 에
생 략 함

ISBN 978-89-6184-087-3 94370
　　　　978-89-6184-081-1 (set)

정가 | 30,000원

※ 잘못 만들어진 책은 교환해 드립니다.